Sven Kramer · Die Subversion der Literatur

April 96

Herrn Wergin,

mit einem herzlichen Dank
für die Betreuung,

von

S. Kramer

Sven Kramer

Die Subversion der Literatur

Christian Geisslers „kamalatta", sein Gesamtwerk und ein Vergleich mit Peter Weiss

VERLAG FÜR WISSENSCHAFT
UND FORSCHUNG

Gedruckt mit Unterstützung der Universität Hamburg

Die Deutsche Bibliothek – CIP-Einheitsaufnahme

Kramer, Sven:
Die Subversion der Literatur : Christian Geisslers „kamalatta", sein Gesamtwerk und ein Vergleich mit Peter Weiss / Sven Kramer.
- Stuttgart : M und P, Verl. für Wiss. und Forschung, 1996
  Zugl.: Hamburg, Univ., Diss., 1994
  ISBN 3-476-45157-7

ISBN 3-476-45157-7

M & P Verlag für Wissenschaft und Forschung
ein Verlag der J.B. Metzlerschen Verlagsbuchhandlung und
Carl Ernst Poeschel Verlag GmbH in Stuttgart

© 1996 J.B. Metzlersche Verlagsbuchhandlung
und Carl Ernst Poeschel Verlag GmbH in Stuttgart

Druck und Bindung: Pocket Edition Printing GmbH Darmstadt
Printed in Germany

Inhalt

1. Einleitung

1.1. Vorbemerkungen zu Gegenstand und Methode

Wie alle geisteswissenschaftlichen Disziplinen zerfällt heute auch die Literaturwissenschaft in verschiedene Schulen, die im günstigsten Falle miteinander kommunizieren, im ungünstigsten einander bekämpfen, die sich aber in der Regel gleichgültig gegeneinander verhalten und unbeirrt ihre eigene Forschungsorientierung vorantreiben. Der Methodenpluralismus bringt auch eine Aufsplitterung des Forschungsgegenstandes mit sich. Es scheint daher sinnvoll zu sein, einige Worte über den Gegenstand und zur Methode der folgenden Untersuchung voranzuschicken.

Die Studie geht davon aus, daß die literarischen Werke selbst der erste, aber natürlich nicht der einzige Gegenstand der Literaturwissenschaft sein sollten. Diese sollte an ihnen Lektüren entwickeln, die neben dem Geltungsanspruch auf Richtigkeit auch einen auf Wahrheit erheben.[1] Wo sie über die Werke hinwegredet, verfehlt sie das dort Materialisierte. Weder die auf den Autor noch die auf die Rezeption zentrierte Perspektive kann das in den Werken je anders Gebundene fassen. Und doch ist das Werk keine absolute Größe, sondern es

---

1 Dieser Wahrheitsanspruch darf bei ästhetischen Werken nicht konsensual verifiziert werden, denn die Heterogenität der Lektüren indiziert die irreduzible Singularität sowohl des Werkes allen einzelnen Lesern gegenüber, aber auch aller Leser untereinander. Das Verhältnis der Singularitäten funktioniert hier nicht nach dem Habermasschen Konsensschema (vgl. hierzu seine noch für die *Theorie des kommunikativen Handelns* gültige Erläuterung der Konsensustheorie der Wahrheit: Habermas, J., Wahrheitstheorien, in: H. Fahrenbach (Hg.), Wirklichkeit und Reflexion, Pfullingen 1973, S. 211-265), sondern viel eher nach dem Nancyschen Kommunikationsgedanken, der die Gemeinkeit zu fassen trachtet, ohne das Singuläre in einen Horizont formalisierter Rationalität zu überführen. Das Stichwort hierfür wäre ›Mit-Teilung‹ (partage): Die »singulären Seienden werden [...] durch die Mit-Teilung konstituiert; sie werden durch die Mit-Teilung, die sie zu *anderen* macht, verteilt und im Raum plaziert oder besser gesagt *im Raum verstreut*: Sie werden so füreinander jeweils andere und sind andere, unendlich andere für das Subjekt ihrer Verschmelzung, das in der Mit-Teilung, in der Ekstase der Mit-Teilung, verschwindet, und ›mitteilt‹, daß es nicht ›vereint‹. Diese ›Orte der Kommunikation‹ sind keine Orte der Verschmelzung mehr, auch wenn man dort von einem zum anderen *übergeht*; sie werden gerade durch ihr Aus-einander bestimmt und exponiert. So wäre das Kommunizieren der Mit-Teilung diese dislocatio selbst.« (Nancy, J.-L., Die entwerkte Gemeinschaft, in: ders., Die undarstellbare Gemeinschaft, Stuttgart 1988 (zuerst 1986), S. 9-92, hier: S. 57).

7

steht in einem Wechselverhältnis zu zahlreichen Faktoren. Im Fortgang der Geschichte bleibt zwar seine in Druckbuchstaben fixierte Gestalt in der Regel identisch und jede stringente Lektüre richtig, doch die Wertigkeit der im Werk materialisierten Welt verändert sich mit den sich verändernden Lektürebedingungen. Individuelle, historische, sozialhistorische, politische und weitere Einflüsse modifizieren das Kraftfeld, in das das Werk eingespannt ist. Obwohl diese Arbeit beansprucht, objektiv im Werk vorhandene Momente zu erfassen, verleugnet sie deshalb nicht das subjektive Moment jeder Interpretation, das sich aus der historischen und individuellen Situation des Interpreten ergibt, die sein Erkenntnisinteresse und sein Vorgehen mitbestimmen. Jede Interpretation betritt den Bau des Werkes durch eine andere Tür, und mitunter erscheint das gesamte Gebäude in einem neuen Licht. Die Lektüren wandeln sich im historischen Fortgang, so daß die richtigen Erkenntnisse über ein Werk immer wieder neu zum emphatischen Versuch der Bestimmung seiner Wahrheit herangezogen werden müssen.

Walter Benjamin zufolge, in dessen ästhetischer Theorie er ein zentrales Erkenntnisinteresse bildet, tritt der Wahrheitsgehalt mit Hilfe der Kritik in die Erkenntnis ein:»Die Kritik sucht den Wahrheitsgehalt eines Kunstwerkes, der Kommentar seinen Sachgehalt.«[2] Der Kommentar bleibt aber zur Untersuchung des Werkes ebenfalls von Bedeutung, denn der Wahrheitsgehalt erschließt sich dem Interpreten nur durch den Sachgehalt hindurch. Nur die Kritik erfasse, unterstreicht auch Adorno, den Wahrheitsgehalt:»Den Wahrheitsgehalt begreifen postuliert Kritik. Nichts ist begriffen, dessen Wahrheit oder Unwahrheit nicht begriffen wäre, und das ist das kritische Geschäft.«[3]

Die genuin ästhetische Gestalt der Wahrheit ist dadurch bestimmt, daß sie auf je eigene Art in den Kunstwerken erscheint. Sie kann aus keiner philosophischen Idee abgeleitet werden:»Der Gehalt ist nicht in die Idee auflöslich, sondern Extrapolation des Unauflöslichen.«[4] Die Wahrheit eines jeden Werkes, so Benjamin und Adorno, sei im Werk verborgen. Die Kritik treibe ihre individuelle Gestalt erst hervor. Dem Appell des Werkes, dem der Literaturwissen-

---

2   Benjamin, W., Goethes Wahlverwandtschaften, in: ders., Gesammelte Schriften, hg. von R. Tiedemann und H. Schweppenhäuser, Bd. I, Frankfurt/M. 1974 (geschrieben 1921/ 22), S. 123-201, hier: S. 125
3   Adorno, Th. W., Ästhetische Theorie, in: ders., Gesammelte Schriften, Bd. 7, Frankfurt/M. 1970, S. 194
4   ebd.

schaftler unterstellt, es wolle gelesen, kommentiert und kritisiert werden, antwortet dieser mit seiner analysierenden und deutenden Tätigkeit. Sie ist tendenziell unendlich, denn die Formulierung des Wahrheitsgehaltes transponiert die im Werk ästhetisch gebundene Wahrheit in eine andere, in die philosophische Gestalt. Das Genuine jedes einzelnen Werkes entzieht sich jedoch der Kritik. Was die Kritik im Kunstwerk zuletzt aufweist, so Benjamin,

ist die virtuelle Formulierbarkeit seines Wahrheitsgehalts als höchsten philosophischen Problems; wovor sie aber, wie aus Ehrfurcht vor dem Werk, gleich sehr jedoch aus Achtung vor der Wahrheit innehält, das ist eben diese Formulierung selbst. Wäre doch jene Formulierbarkeit allein, wenn das System erfragbar wäre, einzulösen und würde damit aus einer Erscheinung des Ideals sich in den nie gegebenen Bestand des Ideals selbst verwandeln.[5]

Die Anstrengung, den Wahrheitsgehalt in seiner Verhülltheit zu begreifen, gelingt nur prozessual, ohne je an einen Endpunkt zu gelangen. Der Aufforderung, den Wahrheitsgehalt dieses oder jenes Werkes bündig zu formulieren, kann deshalb nicht nachgekommen werden. Der Begriff gibt der Analyse eine spekulativ untermauerte Richtung vor, er dient als heuristisches Arbeitsmittel.

Weil die Werke immer in Relation zu einer historisch bestimmten Lektüre stehen, verändern sie sich in gewisser Weise selbst. Diese Veränderung ist gemeint, wenn Adorno, Benjaminsche Gedankengänge aufgreifend, von ihrem Nachleben spricht:

Das Fixierte ist Zeichen, Funktion, nicht an sich; der Prozeß zwischen ihm und dem Geist ist die Geschichte der Werke. Ist jedes Werk Einstand, so vermag ein jedes abermals in Bewegung zu geraten. Die einstehenden Momente sind unversöhnlich miteinander. Die Entfaltung der Werke ist das Nachleben ihrer immanenten Dynamik. Was Werke durch die Konfiguration ihrer Elemente sagen, bedeutet in verschiedenen Epochen objektiv Verschiedenes, und das affiziert schließlich ihren Wahrheitsgehalt.[6]

Werk und Lektüre, sowie das Verhältnis, in dem beide stehen, tragen einen historischen Index.

Die am Gegenstand entwickelte Fragestellung muß also über die Werkimmanenz hinausgetrieben werden und, gleichsam durch die Analyse des Werkes hindurch, jene Kräfte thematisieren, die sich in ihm niedergeschlagen haben. Entsprechend setzt die vorliegende Analyse an nachweisbaren Formmomenten des Werkes an, weiß aber zugleich, daß ihr eigenes Erkenntnisinteresse auch historisch motiviert ist. Dieses situiert sich also in einem Spannungsfeld, in dem

---

5   Benjamin, Goethes Wahlverwandtschaften, a. a. O., S. 173
6   Adorno, Ästhetische Theorie, a. a. O., S. 288 f.

das Werk systematisch der Subjektivität des Analysierenden und der Lektüre vorangeht, weil die im Werk materialisierten Gehalte erschlossen werden sollen. Die Analyse setzt im Leser Erfahrungs- und Erkenntnisprozesse frei.

Hauptgegenstand der folgenden Untersuchung ist Christian Geisslers Roman *kamalatta*[7]. Dieses bislang von der Literaturwissenschaft nicht beachtete Hauptwerk Geisslers schreibt sich auf eigentümliche Art einer Sprache der politischen Systemopposition zu. Es verbindet die in der westdeutschen Nachkriegsliteratur seltene Parteilichkeit für diese Opposition mit dem Experiment innovativen Schreibens. Das geschieht in einer Situation, die vom möglichen Scheitern der eigenen Partei gekennzeichnet ist. Diese Ausgangsposition verspricht – neben anderen Gründen – eine lohnende literaturwissenschaftliche Auseinandersetzung mit dem Werk. Die folgende Untersuchung möchte einen ersten Schritt zur Analyse *kamalattas* leisten.

Kamalatta legt in Form und Inhalt bestimmte Untersuchungsbereiche nahe, denen die Analyse folgen wird. Einer dieser Bereiche betrifft die Darstellung der Opposition. Die vorausgesetzte Parteilichkeit des Werkes und dessen ästhetisch eigenständiger Modus rücken *kamalatta* an die Seite der *Ästhetik des Widerstands*[8] von Peter Weiss, die deshalb ebenfalls thematisiert werden soll. Die Fragestellung, unter der zunächst *kamalatta*, später im Vergleich auch *Die Ästhetik des Widerstands* befragt werden sollen, betrifft die von beiden Autoren gegebene Darstellung der Fundamentalopposition, sowohl was den geistigen und politischen Standort angeht, an dem sie sie verorten, als auch was das aus ihm hervorgehende und auf ihn reagierende literarische Sprechen betrifft. Beide Werke nähern sich einem Sprechen der Oppositionellen, in dem die objektiven Tendenzen sich niedergeschlagen haben, von denen es modelliert wurde, also das Machtgeflecht, in das es eingelassen ist und das sich in es einschreibt oder es sogar zum Verstummen bringt. Die Werke integrieren sowohl die subjektiven als auch die objektiven Züge dieses Sprechens, sie sind Ausdruck und Geprägtes zugleich. Der ästhetische Modus ihrer Integration impliziert eine Überschreitung

---

7   Geissler, Chr., kamalatta, Berlin/West 1988 – Zitate aus diesem Roman werden im folgenden, der Übersichtlichkeit halber, direkt im Text unter Angabe der Seitenzahl in einfachen Klammern ausgewiesen.
8   Weiss, P., Die Ästhetik des Widerstands, 3 Bände, Frankfurt/M. 1983 (zuerst 1975, 1978, 1981). – Aus diesem Werk wird im folgenden direkt im Text zitiert, und zwar unter Angabe des Bandes in römischen, der Seite in arabischen Ziffern.

beider Momente, die das Werk selbst in Gang setzt und die nur aus ihm erschlossen werden können. Die Lektüre muß auf diese Gehalte zielen und damit das Nachleben des Werkes zu einem jederzeit aktuellen machen. Dazu muß sie auch auf ihren eigenen Standpunkt reflektieren.

Adorno schreibt den Kunstwerken eine immanente Logizität zu.[9] Sie umfasse Form und Inhalt, die ohnehin nicht unabhängig voneinander gesehen werden dürften, denn Form sei selbst »sedimentierter Inhalt«[10]. Das bedeutet aber, daß in der Bestimmung des Gehaltes des Werkes auch die inhaltlichen Momente als auf die Form bezogene angesehen werden müssen. Die Lektüre kann diese Überlegung methodologisch einholen, indem sie die im Werk gestalteten inhaltlichen Momente auf deren begriffliche Implikationen bezieht und dann fragt, wo der ästhetische Modus die begrifflichen Fixierungen überschreitet. Die folgende Arbeit verfährt so mit den existentialistischen und den nihilistischen Gehalten *kamalattas*. Die philosophischen Bezüge ergeben sich aus der Interpretation der im Werk von den Figuren vorgebrachten Ideen sowie aus der Analyse der Rhetorik des Werkes. Sie haben also einen Grund in der Sache des Gegenstandes und werden nicht willkürlich an den Text herangetragen. Indem die Analyse nachweist, daß diese Gehalte im Werk wirken, zeigt sie zugleich, daß sie keine Metaphysik des Werkes darstellen, sondern in den Sog des ästhetischen Verfahrens gerissen werden und als solcherart umfunktionierte die zu erschließende Logizität des Werkes ausmachen.[11]

Dabei kommt es auf die Werke an, ob sie bekannte philosophische Muster reproduzieren oder ob sie sie als ästhetische Gebilde zu überschreiten vermögen. Kunstwerke mit einem politischen Anspruch gehen allzu oft in einer Botschaft auf, auf die alle ihre Formmomente hingeordnet sind. Die ästhetische Erscheinungsweise wird hier zur Camouflage der politischen Überzeugung. Was Ador-

---

9 vgl. Adorno, Ästhetische Theorie, a. a. O., S. 205 ff.

10 a. a. O., S. 217

11 Ähnlich verfährt Adorno mit Becketts *Endspiel*. Er geht von der Feststellung aus, daß Becketts Œuvre »manches mit dem Pariser Existentialismus gemeinsam« (Adorno, Th. W., Versuch, das Endspiel zu verstehen, in: ders., Noten zur Literatur, Gesammelte Schriften Bd. 11, Frankfurt/M. 1974, S. 281-321, hier: S. 281) hat, um dann aber fortzufahren: »Was Beckett an Philosophie aufbietet, depraviert er selber zum Kulturmüll« (ebd.). Adorno geht es um das Verständnis des ästhetisch Eigenständigen des Werkes, welches Verfahren er ablehnt, formuliert er folgendermaßen: »Die Interpretation des Endspiels kann [...] nicht der Schimäre nachjagen, seinen Sinn philosophisch vermittelt auszusprechen« (a. a. O., S. 283).

no als das Signum des Wahrheitsgehaltes analysiert, den Rätselcharakter,[12] verfehlen solche Werke. Mit Hilfe einer Interpretation, die die immanenten weltanschaulichen Voraussetzungen expliziert, können ästhetische Schwächen dieser Werke nachgewiesen werden.

In diskurstheoretische Terme gefaßt, kann davon gesprochen werden, daß die Literatur selbst einen Diskurstyp bildet, der in der Geschichte mannigfache Ausformungen erlebt hat. Er liegt demjenigen des Einzelwerkes als sein Material zugrunde. Entscheidend ist die Art, in der sich der Diskurs, den das Werk bildet, auf die Diskurse bezieht, die es durchqueren. Verhält es sich affirmativ zu ihnen, wie in der Tendenzkunst oder wie im epigonalen Stil, so kommt ihm keine ästhetische Eigenwertigkeit zu. Steht es aber in einem anderen Verhältnis zu ihnen, so muß der Modus untersucht werden, in dem dieses geschieht. So könnte die Eigenart mancher Werke ergeben, daß der Diskurs, den sie selbst bilden, die Diskurse, aus denen sie schöpfen, gleichsam unterminiert, ad absurdum führt und stillstellt. Hier setzt die Subversion der Literatur ein, ihr dekonstruierender, diskursunterbrechender Gehalt. Ihn zu aktualisieren bedarf es der Lektüre und der Kritik. Wie der Diskurs im einzelnen funktioniert, den *kamalatta* bildet, ist eine Hauptfrage dieser Arbeit. Sie fällt zusammen mit der Konstruktion seines Wahrheitsgehaltes im Medium der Kritik.

An der Untersuchung *kamalattas* wird sich zeigen, daß dieses Werk mit keiner philosophischen Richtung erklärend in den Griff zu bekommen ist. Es läßt sich auf kein homogenes Weltbild reduzieren. Die philosophischen Gehalte werden vielmehr von der Fragmentierung des gesamten Werkes ergriffen. Daraus lenkt sich die Aufmerksamkeit erneut auf die ästhetische Praxis des Werkes als auf ein Schreiben, dem nicht nur die existentiellen und politischen, sondern auch die philosophischen Orientierungen problematisch geworden sind. *Kamalatta* arbeitet mit überlieferten Sinnbeständen, doch bietet es, wie zu zeigen sein wird, keine kohärente, philosophisch abgesicherte Weltanschauung an. Dieses Moment unterscheidet die parteilich-sozialistische Literatur von der sozialistischen Parteiliteratur. Es verleiht *kamalatta* – neben anderen Momenten – jenen Rätselcharakter, in dem der Wahrheitsgehalt der Werke aufzusuchen ist. An seiner Bestimmung muß die Arbeit der Kritik ansetzen.

---

12 »In oberster Instanz sind die Kunstwerke rätselhaft [...] ihrem Wahrheitsgehalt nach.« (Adorno, Ästhetische Theorie, a. a. O., S. 192)

Zur Konstruktion des Ortes ihres Fragens bedient sich die folgende Untersuchung einer Operation, die Walter Benjamin gelegentlich ausübte. Unmittelbar in Zeitgenossenschaft zum Surrealismus stehend, entwirft er ihm gegenüber einen Lektürestandpunkt, der hypothetisch einen Einschnitt markiert. Die externe Position des deutschen Betrachters zum Anlaß nehmend,[13] behauptet er, der Surrealismus befinde sich in einer Entscheidungssituation:

> Denn es ist kein Zweifel, daß das heroische Stadium [...] beendet ist. Es gibt in solchen Bewegungen immer einen Augenblick, da die ursprüngliche Spannung des Geheimbundes im sachlichen, profanen Kampf um Macht und Herrschaft explodieren oder als öffentliche Manifestation zerfallen und sich transformieren muß. In dieser Transformationsphase steht augenblicklich der Sürrealismus.[14]

Durch die Dramatisierung eines hypothetischen Einschnittes an einem Gegenstand, dem er grundsätzlich sympathisierend gegenübersteht, eröffnet Benjamin den Spielraum für eine Konfrontation des vom Surrealismus Erreichten mit der Richtung, in der es zukünftig überschritten werden könnte. Zu dieser Überschreitung trägt die Praxis seines Essays selbst bei.[15] Benjamin entwirft ein Modell, in dem die Beziehung des Surrealismus zu einem imaginären Kritiker eine Konstellation ausmacht, die auf die Gründung eines neuen Jetzt der surrealistischen Bewegung zielt, nicht jedoch auf die kanonisierende Bewahrung einer ›heroischen‹ Vergangenheit.

Im November 1989 fällt die Berliner Mauer. Die Dramatisierung eines hypothetischen Lektürebruches bezieht die folgende Arbeit auf die Situation nach diesem Jahr. Wie alle Zeitgenossen wurden auch die politischen Beobachter vom Umschwung, der sich in diesen Jahren zutrug, überrascht. Er bringt einen Perzeptionswandel mit sich; die Zeit vor ›1989‹[16] rückt ins Jüngstvergangene

---

13   vgl. Benjamin, W., Der Sürrealismus, in: ders., Gesammelte Schriften, hg. von R. Tiedemann und H. Schweppenhäuser, Bd. II, Frankfurt/M. 1977, S. 295-310, hier: S. 295
14   a. a. O., S. 296
15   Besonders gilt dieses für die wichtigen dialektischen Passagen des Schlusses mit der Einführung der Begriffe Bild- und Leibraum (vgl. a. a. O., S. 309 f.), aber auch für das politische Verständnis, indem er fragt, ob des den Surrealisten gelinge, »die Revolte an die Revolution zu binden« (a. a. O., S. 307).
16   Steht eine Jahreszahl in einfachen Anführungszeichen, so ist mit ihr symbolisch der Einschnitt gemeint, den sie markiert. ›1989‹ umfaßt daher die Ära Gorbatschow ebensogut wie den Beitritt der DDR zur BRD, obwohl beide Datierungen nicht ausschließlich oder gar nicht in das Jahr 1989 fallen.

ein. Schon heute mutet die Blockmentalität der zweigeteilten Kalte-Kriegs-Welt merkwürdig vorweltlich an. ›1989‹ wird zu einer Rezeptionsschwelle, die ein Abrücken von der Unmittelbarkeit der Lektüre erlaubt. Dabei sollen politische Daten wie ›1989‹, später auch ›1945‹ und ›1968‹, nicht umstandslos als literaturgeschichtliche aufgenommen werden, doch gerade für die hier zu untersuchende Literatur, die sich wesentlich als politische versteht, müssen sie hypothetisch zugrundelegt werden, um an ihnen entlang das Politische der Werke, aber auch das die Politik überschreitende Ästhetische, fassen zu können.

›1989‹ beginnt eine neue politische Zeitrechnung, die das zuvor Geschriebene in den historischen Rahmen des Jüngstvergangenen einrückt. Texte wie die von Geissler und Weiss treten in ein neues Koordinatensystem ein, aus dem die Achse des real existierenden Sozialismus, den es seit 1917 gegeben hatte, nur noch als vergangene gegenwärtig ist. Spätestens seit dieser Implosion des Ostblocks gehören die sozialistischen Bewegungen zu den Verlierern der Geschichte. Nachdem der Sozialismus als Staatsdoktrin aus der Welt nahezu entschwunden ist und nachdem die Deutsche Demokratische Republik der Bundesrepublik Deutschland beitrat, hat sich ein geistiger Klimawechsel vollzogen. Heute scheint eine Epoche zuende zu gehen, in der seit 150 Jahren die Berufung auf den Sozialismus Massen bewegen konnte.[17]

Anders als die derzeit wieder auflebenden Utopien der politischen Rechten, die eine hierarchisch strukturierte Gesellschaft befürworten, war das kommunistische bzw. sozialistische Geschichtsziel immer ein emanzipatives. Die Leitworte der bürgerlichen Revolution – Freiheit, Gleichheit, Brüderlichkeit – sollten auch auf die Sphäre der Ökonomie angewandt werden. Dem humanen, radikaldemokratischen Anspruch stand bekanntlich die Praxis vieler sozialistischer Bewegungen wie auch diejenige der an die Macht gelangten Revolutionäre häufig genug entgegen. Aber verwahrt nicht die Idee des Sozialismus ein utopisches Potential? Sie geht über den ökonomischen Horizont weit hinaus, indem sie die Verheißung transportiert, daß nach Abschaffung des die Menschen

---

17 Im Zusammenhang mit Geisslers fundamentaloppositionellen Sujets wird die Rezeptionsschwelle ›1989‹ auch in anderer Hinsicht bedeutsam. In den siebziger und achtziger Jahren war es kaum möglich, das Thema ›Terrorismus‹ anzubringen, ohne auf die staatserhaltende oder auf die umstürzlerische Seite verrechnet zu werden. Dieser Polarisierungsdruck ist heute aus dem entsprechenden Diskurs gewichen. Darin liegt die große Chance, daß das bundesrepublikanische Gemeinwesen etwas über sich selbst lernen könnte, indem es sich die Reaktion des eigenen Staates, etwa auf die Vorgänge des Jahres 1977, vergegenwärtigte.

modelnden Kapitalverhältnisses, nach Abschaffung der privaten Aneignung kollektiv produzierten Reichtums, nach Abschaffung auch des Wertgesetzes und des mit ihm zusammenhängenden Fetischcharakters der Ware, die Menschen selbst sich ändern würden und noch unbekannte Kräfte in den Aufbau eines Gemeinwesens investieren könnten, das den Bedürfnissen aller besser entspricht als das bestehende. Die Utopie des Sozialismus impliziert das Verlangen nach einem völlig veränderten, umgestürzten Gemeinwesen.

Diese Sehnsucht materialisiert sich in visuellen und sprachlichen Bildern. Nicht die Marxische Warenanalyse mobilisierte im 19. und 20. Jahrhundert die Massen, sondern es war die utopische Kraft kollektiver Wunschbilder. Benjamin entwickelt im Exposé zur Passagenarbeit einen dialektischen Begriff dieser Wunschbilder, der sowohl auf die progressiven wie auch auf die regressiven, auf die ökonomischen und die psychischen Momente eingeht, die sich in ihnen materialisiert haben. Auf Benjamins Begriff des Wunschbildes greift auch die folgende Studie zurück:

Der Form des neuen Produktionsmittels, die im Anfang noch von der des alten beherrscht wird (Marx), entsprechen im Kollektivbewußtsein Bilder, in denen das Neue sich mit dem Alten durchdringt. Diese Bilder sind Wunschbilder und in ihnen sucht das Kollektiv die Unfertigkeit des gesellschaftlichen Produkts sowie die Mängel der gesellschaftlichen Produktionsordnung sowohl aufzuheben wie zu verklären. Daneben tritt in diesen Wunschbildern das nachdrückliche Streben hervor, sich gegen das Veraltete – das heißt aber: gegen das Jüngstvergangene – abzusetzen.[18]

Zu diesen Wunschbildern gehören im hier erörterten Zusammenhang – um einige wenige zu nennen – das Bild von der Befreiung, von der letzten Schlacht, vom großen Angriff auf das System, von der Eroberung des Staates und von seinem Absterben. Symbole wie die rote Fahne und die geballte Faust besiedelten artenreich die Vorstellungswelt der Sozialisten. Zu den bei Benjamin definierten Funktionen tritt hier eine weitere hinzu, denn für die Systemopposition erfüllten die Wunschbilder oft eine einheitsstiftende Funktion, die notwendig für die politische Formierung der eigenen Seite war und die im Rahmen militärischer Auseinandersetzungen unverzichtbar wurde.

---

18 Benjamin, W., Paris, die Hauptstadt des XIX. Jahrhunderts, in: ders., Gesammelte Schriften, hg. von R. Tiedemann und H. Schweppenhäuser, Bd. V, Frankfurt/M. 1982, S. 45-59, hier: S. 46 f.

Der Erzähler in Peter Weiss' *Die Ästhetik des Widerstands* benennt diese Funktion, wenn er, auf den Abwehrkampf der Spanischen Republik gegen den Faschismus bezogen, die Meinung vertritt:

Mochte von Verirrungen, Fehlgriffen und Panik die Rede sein, für uns war jedes Zuschlagen, jede Gewalt berechtigt. Das Land stand allein, so wie wir allein standen, und in diesem Alleinstehn waren wir miteinander verbunden. In dieser Verbundenheit ließ sich die einzig denkbare Ausdauer finden, und in dieser Ausdauer lebten die einzigartigen, mitreißenden Bilder aus dem Oktober. Keine Zweifel, keine Bedenken konnten diese Bilder trüben. Sie überragten alles, wischten alles weg, was uns verdüstern wollte. Von ihnen ging jede unsrer Handlungen, unsrer Bezugnahmen aus, sowohl diejenigen, die geprägt waren von Emotionen und Träumen als auch die genau erwogenen, berechneten, konstruktiven. (I, 170 f.)

Hier heftet sich an das Bild der Russischen Revolution ein Glaube, gepaart mit einem Verlangen.

Die ›mitreißenden Bilder‹ unterliegen selbst zahlreichen Wandlungen. Sie haben ihre Situationen, d. h. ihre Orte, Konstellationen und Zeiten. Und doch wahren sie in der kollektiven Vorstellungswelt der Revolutionäre ihren Platz. Zwar lag die sozialistische Seite nicht immer militärisch im Krieg mit dem Kapitalismus, immer aber stand sie in Fundamentalopposition zu ihm, denn wo der Sozialismus eingeführt werden soll, so die Ansicht der Sozialisten, müsse der Kapitalismus eliminiert werden.[19] Die Formierung der eigenen Gruppe in Opposition zu einer anderen wurde zum integralen Teil ihres Selbstverständnisses. Entsprechend durchzog alle ihre Artikulationen die zugrundegelegte Hypothese von der vorgängigen Spaltung der Gesellschaft, die als eine Klassengesellschaft begriffen wurde. Die Denk- und Sprechweise organisierte sich in Opposition zu einem präsupponierten Feind und in dessen Ausgrenzung. Alles Sprechen der den Umsturz anstrebenden Politik war kämpferisch und parteilich.

Die im obigen Weiss-Zitat dokumentierte Formierung der eigenen Seite wurde jedoch in der Geschichte immer wieder praktisch zurückgenommen und theoretisch in Frage gestellt. Die supponierte Einheit der eigenen Seite war in der Realität stets eine prekäre. In der *Ästhetik des Widerstands* wird die Einheit der Spanienkämpfer angesichtes der sowjetischen ›Säuberungen‹ aufgerieben;

---

19 Daß dieses im Sozialismus des Ostblock nicht der Fall war, daß vielmehr das Wertgesetz mit allen seinen Implikationen in letzter Instanz noch galt, steht auf einem anderen Blatt. Der Grad des Glaubens aber an eine ›ganz andere‹ Ökonomie transportiert auch den Überschuß des Verlangens nach einem ›ganz anderen‹ Zustand. Die Unvereinbarkeitsthese, an der das Revolutionspostulat hängt, wird zum Index der Wunschintensität.

Weiss thematisiert die Vielstimmigkeit der eigenen Seite, die in Uneinigkeit überzugehen droht. In der Geschichte des Sozialismus hat es viele solcher Einschnitte gegeben, die mit den entsprechenden Ausgrenzungsvokabeln flankiert wurde, von denen die Bezeichnung ›Renegat‹ vielleicht die unrühmlichste ist.

Das im politischen Handlungsgeflecht situierte Sprechen, zumal wenn es für die Veränderung des Bestehenden eintritt, muß, weil es auf praktische Wirksamkeit zielt, die einheitsstiftende Funktion betonen. Es knüpft an das Ungenügen mit dem Bestehenden an und wählt eine Rhetorik der Verheißung, in der – neben anderen Mitteln – Wunschbilder für den politischen Zweck mobilisiert werden. Das Sprechen im politischen Raum tendiert, sofern es viele Menschen für seine Zwecke gewinnen möchte, zum rhetorischen Populismus. Dabei hat sich die utopische Schicht der fundamentaloppositionellen Bilderwelt, gerade auch in der Geschichte der Arbeiterbewegung, immer wieder auf das Bild einer herzustellenden Totalität hingeordnet, die nach dem Sturz der alten entstehen soll. Der Wunsch nach einer Gemeinschaft, in der der im Wirtschaftsliberalismus herrschende Kampf aller gegen alle abgeschafft wäre, dürfte ein Grund für die Massenwirksamkeit des umstürzlerischen Gedankengutes gewesen sein. Die oft beschworene Solidarität der Oppositionellen galt als ein Vorschein des künftigen Gemeinwesens.

Eine Literatur wie die hier zu untersuchende, die in die politische Parteilichkeit eingebunden ist und zugleich den Erschütterungen des utopischen Gedankengutes bis auf deren Grund nachgeht, steht im Spannungsfeld zwischen Wahrheits- und Wirkungsorientierung. Wo sie die Umwälzung des Bestehenden als Notwendigkeit begreift, steht sie unter Druck, mit den eigenen Mitteln zur Umwälzung beizutragen. Damit tendiert sie zur Wirkungsästhetik. Das in der idealistischen Philosophie der Kunst erarbeitete Autonomiepostulat kann sie unter den selbstgesetzten ideologischen Vorzeichen nicht unterschreiben. Sobald sie aber die Wirkungsorientierung zu ihrer einzigen Richtschnur macht, wird sie zur propagandistischen Werbung für den Aufstand. Ihr Erfolgskriterium wäre dann die Fähigkeit, die Systemopposition zu mobilisieren. Damit unterwürfe sie sich einem Zweck und verfehlte den ästhetischen Wahrheitsanspruch.

Kamalatta und *Die Ästhetik des Widerstands* verwerfen die platte Wirkungsorientierung, ohne damit das politisch eingreifende Schreiben zu verneinen. Beide Texte streben formal und inhaltlich eine der Situation angemessene Sprechweise an, die sich ästhetisch jeweils genuin artikuliert. Deshalb sind beide

Texte vor aller Wirkungs- zunächst der Wahrheitsorientierung verpflichtet. Wie sich der Widerstreit zwischen Wirkungs- und Wahrheitsorientierung in der parteilichen fundamentaloppositionellen Kunst organisiert, soll im folgenden näher untersucht werden.

Beide hier zu untersuchenden literarischen Werke, die nicht für das politisch-rhetorische Tagesgeschäft taugen, stellen die auf eine Totalität abzielenden utopischen Vorstellungen in Frage. Während die philosophische Kritik an einer solchen Utopie den ideellen Gehalt der oppositionellen Kraftentfaltung angreift, indem zum Beispiel Nancy zeigt, wie die utopischen Vorstellungen an Mechanismen teilhaben, die eine Gemeinschaft neuen Sinnes verhindern,[20] findet die Zersetzung der Sprech- und Denkweisen in der Literatur aus der Mitte des fundamentaloppositionellen Sprechens selbst statt. Die Werkgestalt reproduziert Wunschbilder und befragt sie zugleich. Beide Werke sind Laboratorien des Begehrens. Sie bezeichnen den Mangel und setzen sich in ein Verhältnis zum Defizitären. In der literarischen Praxis versuchen beide Autoren darüber hinaus ein neues Sprechen, das die Befragung produktiv wendet und dergestalt dem Utopischen eine erneuerte, angemessene Gestalt geben soll.

Befreiung wurde lange Zeit in Verbindung mit der Kategorie des Umsturzes gedacht. Das Bestehende sollte total durch das Neue ersetzt werden. Wenn dieses Wunschbild heute aufgegeben werden muß, stirbt mit ihm eine utopische Perspektive des Gemeinwesens. Eine auf das Scheitern der sozialistischen Orientierung gerichtete Lektüre muß deshalb gleichsam Trauerarbeit leisten, denn nur die reflektierende und wiederholende Durcharbeitung des Erlebten bietet die Chance eines Neubeginns. »Trauer ist regelmäßig die Reaktion auf den Verlust einer geliebten Person oder einer an ihre Stelle gerückten Abstraktion wie Vaterland, Freiheit, ein Ideal usw.«[21] Stirbt die geliebte Person oder werden die

---

20 Insbesondere greift er jede Tendenz zur kollektiven Einswerdung an:»die Wahrheit derjenigen politischen oder kollektiven Unternehmungen, die von einem Wollen zur absoluten Immanenz beherrscht werden, [ist] die Wahrheit des Todes. Die Immanenz, d. h. die einheitsstiftende Verschmelzung, birgt keine andere Logik in sich als die des Selbstmordes der Gemeinschaft« (Nancy, a. a. O., S. 32). Alle Orientierungen, die auf solche Einswerdungsszenarien ausgerichtet sind, sollten seines Erachtens aufgegeben werden, um einen neuen Typ von Gemeinschaft vorzubereiten.

21 Freud, S., Trauer und Melancholie, in: ders., Studienausgabe, Bd. III, Frankfurt/M. 1975 (zuerst 1917), S. 193-212, hier: S. 197

Abstraktionen diskreditiert, so wird die an sie gebundene Triebenergie in der Trauerarbeit abgelöst, um sich an neue Objekte zu heften. Entfällt die Trauerarbeit, so kann sich die gebundene Libido nicht lösen und es kommt zu Fehlfunktionen des Ichs. Bezogen auf Gruppen und Gemeinschaften können Symptome auftreten wie sie Alexander und Margarete Mitscherlich am deutschen Nachkriegskollektiv analysiert haben: eine libidinöse Bindung an das Dritte Reich blieb untergründig bestehen, weil keine kollektive Trauerphase stattfand, die sie hätte lösen können.[22]

Verschwindet ein Regime wie der nationalsozialistische Staat, der die rassisch definierte Ungleichheit zur Voraussetzung seiner Politik machte,[23] so kann in ihm kein utopisches Potential betrauert werden, das den Errungenschaften der westlichen Zivilisation, insbesondere ihrer bürgerlichen Epoche, standhielte. Anderes gilt für die sozialistischen Utopien, die beanspruchen, produktiv über das Erreichte hinauszugehen. Wäre die Loslösung von diesen Utopien also, anders als die vom Nationalsozialismus, verbunden mit einer Regression der regulativen Ideen kollektiven Handelns? Der Sozialismus ist ein ums andere Mal real gescheitert, zuletzt ›1989‹. Trauer war am Platze. Doch sind auch die utopischen Gehalte, die er der Idee nach transportiert, hinfällig? Hier muß die Realitätsprüfung erst noch einsetzen.[24]

Kamalatta und *Die Ästhetik des Widerstands* befragen schon vor ›1989‹ die sozialistischen Wunschbilder. Aus der Realität der zweigeteilten Kalte-Kriegs-Welt herausschreibend, wenden sie sich mit den Mitteln der Literatur auf die Grundlagen des oppositionellen Anliegens zurück. Schon vor ›1989‹ stellen sie damit die Frage nach der Überlebensfähigkeit der sozialistischen Orientierung.

---

22 Die Mitscherlichs vertreten die These, »daß zwischen einem intensiven Zur-Wehr-Setzen gegen Tatsachen aus dem versunkenen Dritten Reich und einem psychosozialen Immobilismus in unserer augenblicklichen Gegenwart direkte und nachweisbare Beziehungen bestehen« (Mitscherlich, A. und M., Die Unfähigkeit zu trauern, München 1977 (zuerst 1967), S. 84).

23 Neben zahlreichen anderen Autoren zeichnet Diner diese Ideologie der Ungleichheit nach; vgl. Diner, D., Rassistisches Völkerrecht. Elemente einer nationalsozialistischen Weltordnung, in: ders., Weltordnungen, Frankfurt/M. 1993, S. 77-123.

24 Neben der hier versuchten Reflexion auf die Wunschbilder und deren literarische Durcharbeitung wird über den vergangenen Sozialismus sowie auf die in der sozialistischen Theorie liegenden Gehalte auch in anderen Sparten einzugehen sein, allen voran in der Ökonomie, die zum Beispiel die planwirtschaftlichen Ansätze, die es im Ostblock gegeben hat, bewerten muß sowie in der Politikwissenschaft, wo sich schon eine neue Totalitarismusdebatte entwickelt hat, die auf das Verhältnis von Sozialismus und demokratischer Partizipation zielt.

Sie praktizieren ein Fragen, das seit dem Zusammenbruch des Ostblocks an Aktualität gewonnen hat. Dieses Fragen geht aufs Ganze, indem es die Totalität und die an sie gebundenen Bilder thematisiert. Geissler und Weiss problematisieren jede einfache Identifikation mit dem kommunistischen Ideal, und sie verwerfen die unreflektierte Übernahme neuer Orientierungen, in denen die alten Muster fortwirken. Es scheint, als werde in der Literatur die Identifikation selbst verflüssigt, als gerate die vorausgesetzte parteiliche Bindung an den Sozialismus in den Sog der Dekonstruktion aller Bindungen, weil ihr Realgrund fragwürdig wurde.

Trauerarbeit ermöglicht den Abzug gebundener Triebenergien von geliebten Objekten. Doch wohin werden sie gelenkt? Zur Stabilisierung des Ichs können sie sich in konservative Residuen zurückziehen. Der progressive Weg ist ungleich schwerer, denn das wahrhaft Neue ist bilderlos und es bedarf großer Anstrengungen, neue Orientierungen zu erarbeiten oder zu erfinden. Hier setzt die Literatur produktiv ein. Gerade *kamalatta* und *Die Ästhetik des Widerstands* dekonstruieren eingeschliffene Funtionsweisen der politischen Vorstellungswelt und der ästhetischen Praxis. Doch sie bieten keine neue Orientierung an, die die Leser als programmatische Forderung übernehmen und in ihr praktisch-politisches Handeln einbauen könnten. Die Literatur unterläuft an dieser Stelle den politischen Diskurs. Ihre Emphase findet sie in seiner Überschreitung. Damit wird sie zum Modell künftiger Möglichkeiten und zum Experiment eines neuen Sprechens, eines neuen Denkens und eines neuen Verhaltens.

1.2. Gang der Untersuchung

Die folgende Studie untersucht in der Hauptsache Christian Geisslers *kamalatta*, das 1988 publiziert wurde. Durch die Analyse dieses Werkes hindurch und aus dem Aufeinandertreffen des Werkes mit einer Lektüre, die nach ›1989‹ situiert ist, beschreitet sie einen Raum, in dem die Ambitionen und die Hinterlassenschaften fundamentaloppositioneller Anschauungen thematisch sind. Weil *kamalatta* die Frage nach der Aktualität des Kampfes gegen das System nachdrücklich wie kein anderer deutschsprachiger Roman stellt, geraten hier die Wunschstruktur vieler Oppositioneller, aber auch die Aporien, in die sie sich verwickeln, in den Blick. In der zugrundegelegten Parteilichkeit für den antikapitalistischen Umsturz und in dem Bestreben, ein Kunstwerk zu produzieren, das durch die Erfahrung der künstlerischen Moderne hindurchgegangen ist, ist *kamalatta* mit der *Ästhetik des Widerstands* von Peter Weiss verwandt. Beide Werke sind großangelegte Versuche, die Wahrheit fundamentaloppositionellen Agierens, im Zeitalter ihres drohenden Scheiterns, mit all ihren Brüchen in ein Kunstwerk zu bannen.

Im dritten Jahrzehnt seiner schriftstellerischen Tätigkeit entwickelt Geissler in *kamalatta* eine Schreibweise[25], die formal Neues bringt und die die von ihm dargestellten Sujets auf bislang ungehörte, eigene Art präsentiert. Weder bemächtigt er sich eines vorab feststehenden Musters, in das ein neuer Inhalt gegossen würde, noch kleidet er ein altes Thema ledigleich neu ein. Alle Schichten des Werkes – die zu benennen das Raster Form-Inhalt ohnehin zu grob ist – entwickeln sich vielmehr in ihrer Eigengesetzlichkeit und verschränken sich in Korrespondenz zueinander, so daß ein neues Ganzes entsteht, ein Werk, das in diesem Falle dennoch Fragment bleibt.[26] Dieser hier nur angedeuteten ästhetischen Eigentümlichkeit *kamalattas* gilt das primäre Erkenntnisinteresse der Studie. Zu ihm tritt die Frage nach den politischen Gehalten des Werkes hinzu, ohne die die ästhetischen Schichten nicht hinreichend zu verstehen sind. Gleiches gilt auch für das in beiden Bereichen, in den Implikationen der Figurenrede und der Rhetorik, subkutan wirkende philosophische Ideengut, das ebenfalls untersucht werden soll. Dem Werk nähert sie sich deshalb in drei Etappen, in denen es unter politischen, philosophischen und ästhetischen Gesichtspunkten analysiert wird. An die aus dem Werk selbst extrahierten Problembereiche werden nach Bedarf ergänzende Erklärungshorizonte herangeführt. Alle Schritte der Untersuchung situieren sich dabei in der oben umrissenen Lektüresituation.

Der Untersuchung *kamalattas* vorgeschaltet sind die Kapitel zwei und drei, den Hauptteil der Arbeit bilden die Kapitel vier bis sechs. Für die Herausbildung

---

25 Diesen Begriff führte bekanntlich Roland Barthes in die Literaturtheorie ein. Er grenzt ihn von der Sprache als dem gegebenen Horizont und dem Stil als einem ebenfalls gegebenen, an das Individuum gebundenen Phänomen ab: »Sprache und Stil sind das natürliche Produkt der Zeit und der biologischen Person.« (Barthes, R., Am Nullpunkt der Literatur, Frankfurt/M. 1982 (franz. zuerst 1953), S. 20) Indem er aber einen Ton und ein Ethos wähle und sich dergestalt engagiere, produziere der Schriftsteller eine Schreibweise: »die Scheibweise ist eine Funktion: sie bedeutet die Beziehung zwischen dem Geschaffenen und der Gesellschaft, sie ist die durch ihre soziale Bestimmung umgewandelte literarische Ausdrucksweise, sie ist die in ihrer menschlichen Intention ergriffene Form, die somit an die großen Krisen der Geschichte gebunden ist.« (a. a. O., S. 20 f.)

26 Zum Fragmentcharakter von *kamalatta* vgl. unter 6.2.

von Geisslers Personalstil ist ein Blick auf seine Werkentwicklung förderlich (Kapitel 2). Das entsprechende Kapitel erfüllt zugleich die Funktion, der Literaturgeschichte das Werk eines Autors zu erschließen, der von der Forschung zu Unrecht bislang kaum beachtet wurde. Diese Berührungsangst resultiert aus den radikalen politischen Positionen, die der Autor und viele seiner Figuren vertreten. Doch mit dem Erscheinen von *kamalatta* wird vollends klar, daß Geissler einer der wenigen bundesrepublikanischen Autoren ist, bei denen die sozialistische Parteilichkeit nicht in das von der Kommunistischen Partei verordnete Realismusprogramm mündet. Eine literaturwissenschaftliche Auseinandersetzung mit seinem Werk ist also längst überfällig. Die vorliegende Studie möchte zur Schließung der Forschungslücke beitragen.

Erste Hinweise auf ästhetische Besonderheiten finden sich in den Rezensionen von Geisslers Werken, die ausgewertet werden sollen (Kapitel 2.2). Die Sichtung der Rezensionen wird dann für *kamalatta* fortgesetzt (Kapitel 3). Dabei fällt auch ein Licht auf Geisslers nicht zuletzt politisch bedingte Wirkungsgeschichte in den beiden deutschen Staaten.

Kamalatta thematisiert das Politische aus der Sicht der Systemopposition und legt die oppositionelle Parteilichkeit als angemessene politische Haltung zugrunde. Sein Material entnimmt es dem politischen Diskurs, den es in der literarischen Rede transformiert und zu dem es, indem es die Literatur unweigerlich wieder in den Diskurs entläßt, zugleich einen Beitrag leistet. Die Austauschprozesse literarischer und politischer Rede im Werk selbst zu durchdringen, bildet den heuristischen Ausgangspunkt für die Analyse dieses Bereiches (Kapitel 4). Der erste Untersuchungsschwerpunkt wendet sich deshalb den im Roman aufgemachten Grenzen des Kampfes sowie den rhetorischen Legitimationsfiguren zu, die ihn trotz widriger Umstände zu rechtfertigen versuchen. Den größtmöglichen Eingriff in die intimen Rückzugsräume des opponierenden Subjekts erreicht ein autoritärer Staat mit dem Herrschaftsmittel der Folter. Sie impliziert das maximale Gewaltverhältnis, das der absoluten Herrschaft. Geisslers Roman thematisiert die Folter und mißt damit eine mögliche Grenze politischen Engagements aus. Um seinen Roman gültig verorten zu können, müssen signifikante Positionen aus der Folterforschung aufgeführt werden, die in *kamalatta* nicht vorkommen. Dieses gilt insbesondere für die Vorstellung, eine Person könne unter der Folter irreversibel beschädigt werden, obwohl sie ihr widerstehen will.

Gegen die Folterdrohung, die die individuelle Existenz der Oppositionellen betrifft, sofern diese sich für das bewaffnete, revolutionäre Engagement entscheiden, mobilisiert der Roman mit der Rede vom Leben einen Rechtfertigungsdiskurs. Mit Hilfe einer Rhetorik des Lebendigen artikulieren viele Figuren die Notwendigkeit des Kampfes. Als spiegelbildlicher, zweiter Schritt der Analyse des Romandiskurses ergibt sich aufgrund der Behandlung des Folterthemas in *kamalatta* also die Notwendigkeit, den Lebensbegriff und seine ideologische Verwendung zu untersuchen.

Die Rede über die Folter und das Leben findet im Roman nicht in systematisch strenger Gestalt, sondern unter den Vorzeichen der Weltanschauung statt. Doch die Ansichten der einzelnen Figuren sowie die Handlungsführung des Textes leiten sich aus einer geistigen Prädisposition her, die dem Roman einbeschrieben ist. Neben lebensphilosophischen Tendenzen, die das Kapitel über die Rede vom Leben benennt, sind es existentialistische Philosopheme, die die Problemlage, aber auch die Schreibweise Geisslers wesentlich motivieren. Im fünften Kapitel soll deshalb nachgewiesen werden, daß *kamalatta* existentialistisches Gedankengut transportiert und daß es an einer aus der existentialistischen Hypostasierung der Freiheitskategorie hervorgehenden Weltanschauung partizipiert. Jean-Paul Sartre hat den Existentialismus auf das lebensweltliche Handeln des einzelnen bezogen und damit eine philosophische Weltanschauung begründet, die die Freiheit des Handelns konzipiert. Die Ausgangsposition des für sich selbst verantwortlichen Menschen, der in der Gefahr des Scheiterns steht, sofern er nicht agiert, kehrt in *kamalatta* in einer politischen Brechung wieder, indem oppositionelles Handeln eingeklagt wird, das aber, wenn es nicht erfolgreich ist, das existentielle Scheitern impliziert. Sartres Philosophie wirkt untergründig in *kamalatta*. Sie muß deshalb zur Interpretation herangezogen werden.

Die Dynamik der existentialistischen Problemstellungen motiviert eine Tendenz des Romans, die, wie schon im Verhältnis von Gewaltandrohung und Lebensaffirmation im vorherigen Abschnitt, wiederum in Opposition zueinander strukturiert ist. Der Existentialismus führt als sein Schreckbild den Nihilismus mit, die positive, handlungsorientierte Ausrichtung des Romans wird von der Überlegung bedroht, es sei alles nichts. Der Nihilismus begleitet den Existentialismus auch in der Philosophiegeschichte wie ein Schatten. Diese Arbeit wird die existentialistisch-nihilistische Spaltungsstruktur in Geisslers Roman aufweisen und ihrem Grund in der Sache nachgehen. So läßt sich zum Beispiel das

Scheitern der Hauptfigur als ein Scheitern des immanenten Existentialismus interpretieren. Was in *kamalatta* als politische Frage thematisiert wird, speist sich wesentlich aus impliziten Philosophemen.

Geisslers Verfahrungsweise im ästhetischen, textuellen Sinne steht im sechsten Kapitel im Zentrum des Interesses. Das Titelwort signalisiert exemplarisch die Verschlungenheit des Ästhetischen und des Politischen. Die Funktionsweise dieser Überschneidung soll analysiert und an einigen Beispielen geprüft werden. Dabei zeigt sich, daß Geisslers Text sich auf literarische Vorläufer bezieht, und daß sein eigenes Schreiben in der Auseinandersetzung mit ihnen steht. Der offenen und verdeckten Zitatstruktur wird nachzugehen sein. Neben der intelligiblen Zitatschicht komponiert Geissler auch die sprachmateriale aus, die insbesondere durch Reime und Alliterationen sowie durch Rhythmisierungen gekennzeichnet ist. Der Buchtitel exponiert ferner das Namens- und Benennungsproblem. Hier muß der Frage nachgegangen werden, ob wahre Benennung überhaupt gelingen kann und welche Konsequenzen sich für ein Schreiben ergeben, dem sein eigenes Material – die Worte – fraglich geworden ist. Dieser Zweifel schlägt sich im Roman als Experiment mit verschiedenen Sprechweisen nieder. Zwei einander geradezu opponierende sollen näher charakterisiert werden: eine lyrisch angelegte, hochmetaphorische und eine exoterisch-realitätsnahe. Diese Sprechweisen koppelt Geissler an verschiedene Figurengruppen. Er zieht eine sprachreflexive Schicht in seinen Roman ein, die Auskünfte über verschiedenen Funktionen der Sprache bietet und Spuren für die Interpretation des Sprachcharakters von *kamalatta* legt. Die in sich gebrochene Totalität aller Sprechweisen ergibt den Ort, von dem aus der Roman spricht. Ihn gilt es interpretierend zu erschließen, denn mit ihm situiert Geissler zugleich das oppositionelle Sprechen im politischen Raum.

Hierzu soll zunächst die Gattungsbezeichnung »romantisches fragment« ernstgenommen werden. Um prüfen zu können, wie tief die Bezugnahme reicht, werden in einem Exkurs die Hauptüberlegungen der frühromantischen Fragmentkonzeption vorgestellt. Inhaltlich kehrt mit dem Fragmentgedanken das Problem der Einheit in der Spaltung wieder, das sich in allen untersuchten Schichten *kamalattas* als ein formbildendes Prinzip findet. Mit dem Gedanken von einem esoterischen Stil, in dem aber der Keim zur Allgemeinheit gebunden liegt, nehmen die Romantiker eine Trennung des Publikums in sympathisierende und verständnislose Geister vor. Die in *kamalatta* vorausgesetzte Parteilichkeit hat hier ihre konzeptionellen Vorläufer. Aber auch das Problem, wie die Vielfalt der Verständigen vermittelt werden kann, findet sich sowohl in der romantischen Reflexion auf das Fragment als auch in *kamalatta* wieder.

Im Anschluß an diese Erörterungen kann dann die Frage aufgenommen werden, inwieweit die Gattungsbezeichnung romantisches Fragment zutrifft und welche Funktionen es, bezogen auf die Darstellung des Sprechens der Opposition, erfüllt. Die fragmentarische Integration bezieht sich, wie nachzuweisen sein wird, nicht nur auf politische Positionen, sondern auch auf literarhistorisch zu verortende Stilphänomene, die in eine Konstellation miteinander treten. Es sind Phänomene, die in der Regel von Literaturen mit politischem Anspruch entwickelt wurden. Dergestalt thematisiert die Untersuchung der Poetik der fragmentierten Schreibweise erneut den Schnittpunkt von Politik und Literatur. Das Spektrum der integrierten Momente reicht dabei von der parteilichen Wirkungsorientierung bis zur resignativen Infragestellung aller Literatur.

Kamalatta integriert – ganz in der Gattungstradition des Romans stehend – mehrere, einander widerstreitende Sprechweisen. Die Interpretation soll zeigen, daß Geissler diese heterogenen Momente nicht naiv verwendet, sondern daß sein Text künstlerisch durchgebildet ist. Dieses gilt nicht nur für die Motivverkettungen und den Rhythmus, sondern auch für die von vielen Figuren verwendete Umgangssprache, die auf den ersten Blick unkünstlerisch wirkt. Geissler schreibt einen Text, der in der Geschichte der literarischen Moderne steht. Dem von vielen Figuren vertretenen politischen Anspruch, mit dem System zu brechen und aus ihm herauszuspringen, steht sein Roman als ein in der bürgerlichen Epoche verhaftetes Produkt gegenüber. Er springt nicht aus der Formgeschichte des Romans heraus. Allenfalls löst er die eigene Form von innen her auf – doch noch in diesem Punkt steht er innerhalb der Geschichte des Romans.

Die Selbstauflösung vollzieht sich in zwei Richtungen. Die erste funktioniert als Auflösung überlieferter Formmomente, spielt sich aber wesentlich im Werk ab. Die zweite stellt den Wert der ästhetischen Arbeit und ihres Produktes, das Werk, am Maßstab des revolutionären Vorgehens selbst in Frage und verlangt die Überschreitung der Literatur in Richtung auf Politik oder sogar die Abschaffung der Literatur. Beide Selbstauflösungstendenzen sollen in der Formel von der Subversion der Literatur zusammengefaßt werden. Am Ende der Untersuchung *kamalattas* steht also die Frage, inwieweit eine parteilich ausgerichtete Literatur mit dem Verschwinden der Partei, der sie sich verbunden fühlt, selbst hinfällig ist.

Diese Frage soll im Vergleich mit der *Ästhetik des Widerstands* ausführlicher erörtert werden (Kapitel 7). Der vergleichende Seitenblick auf das Werk von Peter Weiss bringt eine leicht geänderte Fragerichtung mit sich, die die Ergebnisse der Analyse von *kamalatta* an einem verwandten Fall überprüft und damit die Einzelwerkanalyse auf eine vergleichende Fragestellung hin überschreitet. Gefragt wird, wie im Schreiben nach ›1968‹ und vor ›1989‹ von einem vorausgesetzten Standpunkt sozialistischer Parteilichkeit aus die Lage der Opposition geschildert wird und, wichtiger noch, welche Gestalt diese Beschreibung annimmt.

Geissler und Weiss stellen sich in die sozialistische Tradition hinein. Wie immer sie sich aber als Autoren bezeichnen mögen, die Variationsbreite der in *kamalatta* und der *Ästhetik des Widerstands* auftretenden oppositionellen Figuren umfaßt auch Positionen, wie den Anarchismus, die von den sozialistischen abgegrenzt werden sollten. Gemeinsam ist der überwiegenden Mehrheit aller dargestellten Oppositionellen jedoch der grundsätzliche und aufs Ganze gehende Widerspruch gegen das bestehende System. Deshalb sollen sie hier unter dem Terminus ›fundamentaloppositionell‹ zusammengefaßt werden, in dem das Umsturzbegehren aufgehoben ist, ohne die Unterschiede zwischen den Positionen zu nivellieren. Dieser Terminus wird auch gegenüber dem der ›revolutionären Orientierung‹ bevorzugt, weil das Oppositionelle oft vortheoretisch, etwa vitalistisch, artikuliert wird, so daß viele Figuren nicht auf eine Revolutionstheorie verrechnet werden können.

Trotz der gemeinsamen ideologischen Ausgangsposition schreiben Geissler und Weiss zwei wesentlich voneinander verschiedene Werke, an denen die Probleme, mit denen die Fundamentalopposition und eine sich mit ihr solidarisch stellende Literatur konfrontiert ist, herausgearbeitet werden können. Zunächst gilt es, Geisslers explizite Rezeption der *Ästhetik des Widerstands* zu untersuchen, um dann die inneren Parallelen beider Romane zu thematisieren, die sich neben dem Sujet auch in anderen Aspekten der Werke finden. Besonders aufschlußreich sind dabei die Unterschiede in der Schreibweise, die die politische Ausgangsposition – einer Parteinahme für eine dem Scheitern ausgesetzte Bewegung – einer je anderen ästhetischen Lösung zuführen. Dabei ist die Reflexion auf das mögliche Scheitern von beiden Autoren betrieben worden und in die Konstruktion ihrer Romane eingegangen. Ihre Texte stehen im Vorfeld von ›1989‹.

2. Geisslers literarisches Werk vor ›kamalatta‹

2.1. Biographie und Werkübersicht

Da Christian Geissler der literaturwissenschaftlichen Forschung weithin ein Unbekannter geblieben ist, soll kurz auf seine Biographie eingegangen werden. Die Kürze der folgenden Einlassungen ist dabei nicht nur dem Vorbehalt geschuldet, den der Interpret jeder autorzentrierten oder gar autorintentionalen Deutung gegenüber hat, sondern auch der Scheu, mit der Geissler in der Öffentlichkeit agiert. Vielleicht hat diese sympathische Zurückhaltung dazu beigetragen, daß der Betrieb sich seiner Person nicht bemächtigte. Auf jeden Fall führte sie zu dem Ergebnis, daß über diesen Autor nur wenige Lebensdaten greifbar sind.[1]

Geissler wird am 25. 12. 1928 als Sohn eines Bauunternehmers in Hamburg geboren. Er wächst im wohlhabenden Stadtteil Volksdorf auf, das vor den Toren der Stadt liegt. 1944, im Alter von 15 Jahren, wird er zur Verteidigung Hamburgs als Flakhelfer eingezogen. Die damit verbundene traumatische Erfahrung prägt ihn bis heute.[2] Sein Vater war in der SA organisiert. Er fällt an der Ostfront. Geissler beginnt nach dem Abitur 1949 in Hamburg ein Studium der evangelischen Theologie, bricht es aber bald ab, um 1950 eine kaufmännische Lehre zu beginnen. 1951 arbeitet er als Landarbeiter in England und fängt dann in Tübingen wieder an zu studieren. 1953 konvertiert er zum Katholizismus. Doch auch dieses Mal führt er sein Studium nicht zuende, sondern wechselt

---

1   Im folgenden stütze ich mich auf die einschlägigen Veröffentlichungen: Munzinger-Archiv/Internationales Biographisches Archiv 42/90, Artikel ›Christian Geissler‹, sowie: Schröder, H. J., Artikel ›Christian Geissler‹, in: KLG, 34. Nlg./1990. – Meine briefliche Anfrage bei Geissler, ob er mir weitere Informationen zu seiner Biographie geben könne, beantwortete er negativ.

2   In *kamalatta* implantiert er Proff diese Erfahrung. Immer wieder weist Geissler außerdem in Vor- und Nachworten sowie in seinen nichtfiktionalen Texten auf den Schlüsselcharakter der nationalsozialistischen Erfahrung hin. Vgl. zum Beispiel: »ich komme aus einer ganz gewöhnlichen freundlichen hamburger nazifamilie. durch die hin allerdings ein riß lief. der vater seht still streng allein in den langen (bürger-)stiefeln der SA, die mutter liest uns josef conrad vor und raucht pfeife. meine zuversichtliche mutter war aus polen, über dresden, in eine wohlgeordnete hanseatische ehe gegangen.« (Geissler, Chr., peter weiss wäre nicht erstaunt, in: Prozeß im Bruch, Hamburg 1992, S. 182-201, hier: S. 182)

zunächst das Fach (Psychologie), um dann allerlei Gelegenheitsarbeiten – als Landvermessungsgehilfe, Forstarbeiter, Jugendleiter, Nachtportier – anzunehmen. 1956 bricht er das Studium endgültig ab, um zu schreiben. Erste Drehbücher für Funk und Fernsehen entstehen, die er zum Teil zusammen mit Egon Monk realisiert. 1960 erscheint sein erster Roman *Anfrage*[3]. Währenddessen arbeitet Geissler (bis 1964) in der Redaktion der *Werkhefte katholischer Laien*. 1961 gibt er die Anthologie *Das Dritte Reich mit seiner Vorgeschichte* heraus. Im nächsten Jahr tritt er aus der katholischen Kirche aus. Er schreibt weitere Drehbücher (*Anfrage*, 1962; *Schlachtvieh*, 1963, *Wilhelmsburger Freitag*, 1964). 1964 erhält er den Literaturpreis *Libera Stampa* der Mailänder Zeitschrift *Questo e Altro*.

Nachdem Egon Monks Verfilmung des Drehbuchs zu *Wilhelmsburger Freitag* Geissler nicht zufriedenstellte, schrieb er es zu der Erzählung *Kalte Zeiten* um. Die sich darin ausdrückende Politisierung führt er konsequent weiter, sie kennzeichnet seither seine Arbeit. Die Sammlung kleiner Schriften, die 1967 unter dem Titel *Ende der Anfrage* erscheint, dokumentiert diesen Prozeß. Geissler gehört von 1962-1968 der Ostermarschbewegung an, zum Teil in aktiv-verantwortlicher Funktion. 1967 tritt er der illegalen KPD bei, aus der er 1968, wegen der bevorstehenden Gründung der DKP wieder austritt, ohne aber nach der Gründung in diese einzutreten. Von 1965 bis 1969 ist er Mitherausgeber der Literaturzeitschrift *kürbiskern*.

Seit 1969 dreht er immer wieder Dokumentarfilme und Berichte für das Fernsehen, unter anderen für das politische Magazin *Panorama*. 1970 erscheint das Drehbuch zum Fernsehspiel *Altersgenossen*, 1971 folgt: *Wer das aus dir gemacht hat, Max, der zahlt!* (Szenen fürs Theater). Von 1972 bis 1974 lehrt er als Dozent an der Deutschen Film- und Fernsehakademie in West-Berlin. 1972 und 1973 erhält er den begehrten *Adolf-Grimme-Preis*, 1974 den *Fernsehpreis der Arbeiterwohlfahrt*. Seit 1971 ist er Mitglied im Verband deutscher Schriftsteller, von 1971 bis 1976 des PEN-Clubs.

Die politische Radikalisierung, die ihn in das Umfeld der Roten Armee Fraktion führt, schlägt sich sowohl in seinen Arbeiten als auch in den von ihm unterstützten politischen Aktionen nieder. 1973 gründet er das Hamburger Komitee gegen Folter an politischen Gefangenen in der BRD mit. Sein zweiter

---

3   Vgl. für die bibliographischen Angaben der in diesem Kapitel erwähnten, der Übersichtlichkeit halber aber nicht nachgewiesenen Werke Geisslers den Abschnitt 9.1.

großer Roman, *Das Brot mit der Feile* von 1973, setzt sich mit den Wegen der Revolte auseinander. Im Roman *Wird Zeit, daß wir leben* von 1976 transponiert er das Thema des Widerstandes in die Zeit des Nationalsozialismus. 1978 erscheint unter dem Titel *Die Plage gegen den Stein* eine weitere Sammlung seiner Arbeiten aus den Jahren 1958 bis 1965.

Dann wechselt Geissler, unter dem Eindruck des sogenannten Deutschen Herbstes 1977, die Gattung. Zwei Lyrikbände, *Im Vorfeld einer Schußverletzung* von 1980 und *spiel auf ungeheuer* von 1983, sind die Niederschläge der neuen Ausdrucksform. Außerdem erscheint mit *Frau eines Führers* 1983 eine weitere Fernsehproduktion. 1988 kehrt Geissler zur Romanform zurück. Für *kamalatta* erhält er den *Literaturpreis der Irmgard Heilmann-Stiftung* sowie den *Hamburger Autorenpreis*. Nach diesem vorläufigen Höhepunkt seines Schaffens erscheinen Texte, die den zentralen Stellenwert *kamalattas* betont, indem Geissler sie dem Werk als *kamalatta*-Flugschriften zuordnet. *Dissonanzen der klärung* von 1990 ist ein offener Brief an die Mitglieder der Roten Armee Fraktion, *winterdeutsch* von 1992 ein politisch-literarischer Aufruf an die Linke. 1993 erscheint *Prozeß im Bruch*, eine Sammlung mit Texten aus der Zeit nach *kamalatta*. 1994 bekommt er für das Hörspiel *Unser Boot nach Bir Ould Brini* den 43. Hörspielpreis der Kriegsblinden zugesprochen.[4] Weitere Hörspiele folgen. Zur Zeit arbeitet er an einem Romanmanuskript, das ihn voraussichtlich bis 1998 beanspruchen und das die Ausmaße *kamalattas* noch überschreiten wird.[5]

Geisslers privater Lebensweg ist von Ortswechseln geprägt. Bis zum Ende der siebziger Jahre lebte er in Hamburg, danach zeitweise in Südfrankreich, Schottland und Portugal. Seit 1985 wohnt er im Reiderland an der Emsmündung. Er hat vier Kinder.

2.2. Rezeption

2.2.1. Feuilleton

Mit *Anfrage*, seinem Erstling, erlangte Geissler sofort breite Aufmerksamkeit in den Feuilletons. Die von ihm eingeleitete Befragung der nationalsozialistischen

---

4 Vgl. zur Berichterstattung über dieses Ereignis und zum Wortlaut von Geisslers Rede: »So möge es sein«. Christian Geisslers Dankesrede bei der Hörspielpreis-Verleihungsfeier, in: Der Kriegsblinde, Juli/Aug. 1994, Nr. 7/8, 45. Jg., S. 3-5
5 Persönliche Mitteilung vom 12. 4. 1994

Väter nach ihrer Mitverantwortung für die Geschehnisse im Deutschen Reich Hitlers trafen den Nerv der Wirtschaftswundergesellschaft. Lange bevor die Studentenbewegung sich dieses Themas annahm, das zu ihrer Haupttriebfeder wurde, durchbrach Geissler das Schweigen, in dem die Nachkriegsgesellschaft ihren politischen Konsens gefunden hatte.[6] Das Buch löste eine politische Debatte um den Umgang mit der Vergangenheit aus. Während Vertriebenenverbände Geissler wegen Landesverrats verklagen wollten,[7] nehmen ihn die meisten Rezensenten in Schutz,[8] weil seinem Buch ein für richtig erachteter Impuls zugrunde liege und, wie Liepman formuliert, »seine Aussage stimmt«[9]. Er habe endlich, so Reich-Ranicki, eines jener Bücher geschrieben, »die die lesende Welt seit mehr als einem Jahrzehnt von den deutschen Autoren verlangt«[10]. R. H. widerspricht detailliert Geisslers Kritikern von der politischen Rechten und Giordano markiert den Einschnitt in der politischen Kultur der BRD, den Bücher wie das von Geissler bedeuteten: »Das Buch ist eine Antwort auf 15 Jahre Versäumnisse«, es frage erstmals nachdrücklich: »Was war mit den Juden?‹« Dabei nenne Geissler, »was sich hierzulande fast ganz abgewöhnt worden ist, die Dinge und die Figuren beim Namen«.[11]

Die inhaltliche Seite des Romans steht in allen Rezensionen im Vordergrund. Wilk und von Kleist kümmert die literarische Dimension überhaupt nicht, sie nehmen ihn als Politikum.[12] Auch die DDR-Rezensenten loben die moralische Unnachgiebigkeit der *Anfrage*.[13] Die Direktheit, die »ungehemmte Gerad-

---

6   vgl. zu den psychischen Ursachen dieses Schweigens: Mitscherlich, A./Mitscherlich, M., Die Unfähigkeit zu trauern, München 1977
7   vgl. Her–, Das aktuelle Buch, in: Deutscher Ostdienst, Nr. 15/16 vom 13. 4. 1960, Ausgabe B
8   Allen voran H., R., Der Ruf nach dem Staatsanwalt, in: Neue deutsche Hefte, 1960, S. 359 ff. und Giordano, R., Landesverräter?, in: Allgemeine Wochenzeitung der Juden in Deutschland vom 20. 1. 1961.
9   Liepman, H., »So haben sie ausgesehen, die es getan haben«, in: Die Welt vom 14. 5. 1960
10   Reich-Ranicki, M., Abrechnung mit dem Vätern, in: Die Zeit vom 27. 5. 1960
11   Giordano, a. a. O.
12   vgl. Wilk, W., Die Väter ins Verhör genommen, in: Tagesspiegel vom 3. 7. 1960; Kleist, W. v., Zu Christian Geisslers ›Anfrage‹, in: Deutsch-Polnische Hefte, 1960, S. 456 f.
13   vgl. Ordnung, C., Die Väter und die Spuren ihrer Schuld, in: Neue Zeit vom 4. 11. 1960; Kant, H., Ein echtes Versprechen, in: Neue Deutsche Literatur, H. 10/1960, S. 111-114

heit«[14], die »Ehrlichkeit«[15], die »Echtheit des Gefühls«[16], findet den Beifall der Kritiker. Das Zornige, Authentische an Geisslers Schreibweise scheint ihnen ein taugliches Mittel gegen die »verlogenen oder schweigenden Väter«[17] zu sein. Meist wird der Roman allerdings nur in bezug auf das Inhaltliche ungebrochen positiv gewertet. Formal, meinen viel Kritiker, sei er noch »unreif«[18]. Anders bewerten ihn Semmer – »In diesem Buch ist keine flaue oder falsche Stelle«[19] – und Helwig, der ihm »erzählerische Einsprengsel von erstaunlicher Kraft«[20] zuspricht. Das härteste Urteil fällt Mudrich, der von »verkrampften Stil-Bemühungen« und vom Versagen des Lektors spricht.[21] Helwig scheint der Roman »in der Symbolik etwas dünn«[22] zu sein. Im Allgemeinen herrscht aber Liepmans Urteil vor: »was dem Autor manchmal an Form und Stil ermangelt, das ersetzt er durch den Zorn seiner Überzeugung«[23].

Die große Zustimmung zu Geisslers radikaler Befragung änderte sich in dem Maße, in dem der Autor nicht mehr nur Revanchisten und Alt-Nationalsozialisten befragte, sondern immer offener auch die Einstellungen zeitgenössischer Demokraten. Wurde in den sechziger Jahren in den Feuilletons um eine nationale Identität gestritten, die sich in Abgrenzung zum Faschismus definieren sollte, so unterminierte Geissler nun auch den Konsens der Demokraten, indem er seine Kapitalismuskritik verstärkte. Dadurch polarisierte er das liberale Feuilleton und wurde immer stärker an den Rand des Literaturbetriebes gedrängt.

Der nächste vielbeachtete Text Geisslers ist die Erzählung *Kalte Zeiten*. Unisono stellen die Rezensenten – wie schon für *Anfrage* – heraus, daß das behandelte Thema, die Arbeitswelt, für die Bundesrepublik neuartig und lohnend

14 Moebius, J., Man wird fragen dürfen, in: Frankfurter Hefte, Sept. 1961, S. 635 f.
15 Reich-Ranicki, a. a. O.
16 Liepman, a. a. O.
17 Semmer, G., Auf der Suche nach den Vätern, in: Deutsche Woche vom 23. 11. 1960
18 Reich-Ranicki, a. a. O. – vgl. in diesem Sinne auch: Liepman, a. a. O.; Mudrich, H., Blick um dich im Zorn, in: Saarbrücker Zeitung vom 2. 4. 1960; Wieser, Th., Anklage gegen die Väter, in: Neue Zürcher Zeitung vom 23. 9. 1960; Kant, a. a. O.
19 Semmer, a. a. O.
20 Helwig, W., Die Wiederkehr des Vatermords, in: Frankfurter Allgemeine Zeitung vom 14. 5. 1960
21 Mudrich, a. a. O.
22 Helwig, a. a. O.
23 Liepman, a. a. O. – Hier nicht zitierte Rezensionen werden unter 9.3.2. in der Bibliographie nachgewiesen.

sei. In den großen Blättern wird aber durchweg die literarische Umsetzung bemängelt. Baumgart intoniert diese Lektüre im *Spiegel*: Selten treffe Geissler »zwischen bloßer Reportage und bloßer Rhetorik eine Mittellage. Erzählung aber läßt sich nicht ersetzen durch eine Litanei aus Fakten, beklebt mit Gebrauchsanweisungen. Immer wieder verdeckt uns streng und plump ein didaktischer Zeigefinger die Wunden, auf die er zu zeigen beteuert.«[24] Geissler typisiere zu heftig und wolle belehren. Auch Karasek[25] und Schonauer[26] stoßen sich hieran. Dagegen halten viele Kritiker kleinerer Blätter gerade die von Geissler gewählte Form für innovativ. Diametral der Typisierungsthese entgegengesetzt werten Brüdigam – »In seiner Schilderung [...] schematisiert Geissler nicht«[27] – und Walter: »Geisslers Gestalten sind Modelle für ein bestimmtes soziales Verhalten, aber er verflacht sie keineswegs; sie sind komplex und vielschichtig, Menschen in ihrem Widerspruch.«[28]

Erstmals wird Geisslers Verarbeitung der Alltagssprache aufgegriffen. Von der Grün, der in der Gruppe 61 – wie Geissler – mit der Darstellung der Arbeitswelt experimentiert, hält, obwohl er den Roman lobt, dessen Sprache für »blutarm«:

der Arbeiter [...] denkt und spricht nicht, wie bei Geissler, in Aphorismen, in einer kompromißlos kompromittierten Sprache, der Arbeiter geht vielmehr nie direkt auf sein Ziel los, seine Sprache ist die des Umweges. Das vermisse ich in ›Kalte Zeiten‹. Manche seiner Dialoge oder auch Reaktionen seines unheldischen Helden sind mir zu intellektuell.[29]

Walter legt nicht den Maßstab der Abbildungstreue an die von Geissler ins Werk gesetzte Sprache an und kommt daher zu einem anderen Ergebnis:

Was man zunächst für bloße Abbildung des Jargons ansieht, was als sprachliche Kargheit erscheint, ist in Wahrheit genau stilisiertes Mittel der Charakterisierung. Innerer Monolog, Dialog, indirekte Beschreibung wechseln unvermittelt, Werbeslogans, Schlagzeilen, Schlagerfetzen sind immer wieder in den Text montiert, eine legitime Methode, die gelegentlich an Dos Passos erinnert.[30]

---

24   Baumgart, R., Aus zweiter, heißer Hand, in: Der Spiegel vom 24. 11. 1965
25   Karasek, H., Täuschung durch Wohlstand, in: Süddeutsche Zeitung vom 4. 12. 1965
26   Schonauer, F., Geisslers Sorge um den kleinen Mann, in: Stuttgarter Zeitung vom 15. 1. 1966
27   Brüdigam, H., Kalte Zeiten, in: Die Andere Zeitung vom 2. 9. 1965
28   Walter, H.-A., Porträt der Opfer, in: Frankfurter Hefte, 1965, S. 797 ff.
29   Grün, M. v. d., Der seelenlose Alltag, in: Frankfurter Rundschau vom 15. 10. 1965
30   Walter, a. a. O.

So fanden einige Rezensenten erstmals ungeteilte Zustimmung zu Geisslers Darstellungweise. Diese Tendenz sollte sich bei der Beurteilung seiner Romane verstärken, sie blieb aber immer begleitet von einer entgegengesetzten, die mit Geisslers Form- und Stileigenheiten ins Gericht ging.

Den Tiefpunkt in der Wertung der Feuilletons erreichte Geissler mit *Ende der Anfrage*. Jansen formuliert in der *FAZ* das vernichtende Urteil:»Literarische Formen dienen Geissler nur als Gefäße oder Vehikel für seine Meinungen. Er ist kein analytisch-kritischer Kopf, weder philosophisch noch ökonomisch noch politisch noch ästhetisch.«[31] Schonauer sekundiert; er hält die in *Ende der Anfrage* veröffentlichten Drehbücher und Reden für »plump, [...] klischeehaft und unpräzis«[32].

Die Rezeption von *Das Brot mit der Feile* fällt in eine Zeit intensiver Realismusdebatten. Nach ›1968‹ wandte sich die Literatur mit der sogenannten Neuen Subjektivität den Wünschen und Gefühlen der einzelnen zu. Neue Realismuskonzeptionen wurden gesucht, um den Abbildrealismus östlicher Provenienz zu überwinden, den die DKP-nahen Literaten verfochten. Für einige Rezensenten stellt Geisslers Roman den gesuchten Typus dar. Vormweg hebt dieses »außerordentliche Buch« von den übrigen Neuerscheinungen der AutorenEdition ab. Der Roman widerlege »die recht banale Realismus-Programmatik der neuen Buchreihe [...], indem er vorführt, wie schwierig es ist, welche methodisch-technischen Voraussetzungen und wieviel durchaus auch artistische Intensität erforderlich sind, um glaubhaft an gegenwärtige gesellschaftliche Realität heranzukommen«[33]. Auch thematisch hält er ihn für innovativ:»Dieser Roman ist die erste komplexe erzählerische Realisation des Widerstands, des Protests, des Veränderungswillens, wie sie in den sechziger Jahren in der Bundesrepublik aufkamen. Ein zeitgeschichtlicher Roman, der seinem Gegenstand gewachsen ist.«[34] Karsunke hält Geisslers Text gar für den Vorboten einer »neuen Kultur«[35], und auch Baier hebt dessen literarische Seiten hervor:»Geissler gelingt es, schon mit wenigen Romanseiten so etwas wie ein episches Vertrauen in sein Projekt herzustellen [...]. Ich halte das für weitaus erstaun-

---

31   Jansen, P. W., Der militante Pazifist, in: Frankfurter Allgemeine Zeitung vom 10. 10. 1967
32   Schonauer, a. a . O.
33   Vormweg, H., Sozialismus – fürs breite Publikum, in: Süddeutsche Zeitung vom 15. 11. 1973
34   ebd.
35   Karsunke, Y., Der Krimi, wo wir mitmachen, in: Frankfurter Rundschau vom 22. 12. 1973

licher als den Befund, daß Geissler [...] dem Einmarsch der ›sozialistischen Brüder‹ in die CSSR gegenüber eine kritische Haltung einnimmt.«[36]

Das Sprachinnovative an Geisslers Roman heben die Rezensenten besonders hervor. Der Autor habe »die ganze widersprüchliche Masse des Vokabulars verschiedener Subsprachen in seinen Text hereingezogen und sie durch Verknappung und eine verhaltene Rhythmisierung zu einer eigenen, zu seiner Sprache gemacht«[37], habe in einer Sprache geschrieben, »die ihren proletarischen Grundgestus nicht verleugnet, der Anpassung ans repressive Hochdeutsch kräftig und sinnlich widersteht«[38], eine »verkürzte und stilisierte Sprache«[39] erfunden, die sozial und geographisch akzentuiert sei und mit »literarisch verfremdete[n] Kraftsprüche[n]«[40] arbeite.

Diese Lobpreisungen stammen überwiegend von Kritikern, die den Intentionen der Studentenbewegung mehr oder weniger verbunden waren. Insofern ist die emphatische Aufnahme des Geisslerschen Textes auf bestimmte Teile der Linken beschränkt. Anders als *Anfrage* vermochte *Das Brot mit der Feile* über dieses Spektrum hinaus keine Debatte auszulösen. Doch in den Kritiken steht kaum noch die Sympathie für das Thematische im Vordergrund, vielmehr motiviert nun das Ästhetische die Zustimmung. Dieses war ansatzweise in *Kalte Zeiten* der Fall, doch *Das Brot mit der Feile* traf offensichtlich die Bedürfnisstruktur einer bestimmten Rezensentengruppe genau. Zusammen mit *Wird Zeit, daß wir leben* und Geisslers erstem Lyrikband bildet dieser Roman den Zustimmungshöhepunkt des Feuilletons zum gesamten Werk des Autors.

An *Wird Zeit, daß wir leben* wiederholen sich die Muster der Kritik aus dem vorangegangenen Roman. Das Buch wird überwiegend positiv aufgenommen. Stilistisch sei Geissler, so die meisten Interpreten, weiter gereift. Sein Text sei

---

36 Baier, L., Zum Zähneausbeißen, in: Frankfurter Allgemeine Zeitung vom 16. 4. 1974 – Nur Becker teilt die positive Einschätzung nicht ohne weiteres: »Die spezifische Realitätshaltigkeit des Romans und Geisslers hitziges, wie atemlos vorwärtsdrängendes Erzählen geben dem ›Brot mit der Feile‹ zunächst einen geradezu überrumpelnden Schwung. Doch der hält nicht durch. Bei fortschreitender Lektüre machen sich die mit diesem Erzähl-Drive überspielten (aus früheren Geissler-Werken bekannten) agitatorischen Vereinfachungen bemerkbar, hinter dem scheinbar ganz unideologischen, nichts als plebejischen Kraftton fallen saure Sentimentalität und linke Pathetik auf.« (Becker, R., Das Ziel heißt Parteinahme, in: Der Spiegel, Nr. 6/1974)
37 Vormweg, a. a. O.
38 Karsunke, a. a. O.
39 Baier, a. a. O.
40 Högemann-Ledwohn, E., Wohin mit dem Haß?, in: kürbiskern, H. 2/1974, S. 109-116

»als Roman außerordentlich. Das ist nicht zuletzt begründet in seiner sprachlichen Originalität, die aus der Alltagssprache der kleinen Leute Kraft holt, sie systematisch auf eine das Konkrete greifende Kunstsprache hin verknappend.«[41] Böll rühmt Stil, Aufbau und Tempo, »die balladenhaft-lyrische Präzision und Konzentration, mit der hier sozialkritisch-realistisch ausführliche Beschreibungen vermieden werden«[42] sowie »das konsequente Weglassen aller Weichteile. Und doch fehlt nichts«[43].

Gelegentlich wird noch der Realismustopos verwendet – Schröder spricht von einem »›artistische[n]‹ Realismus«[44] –, doch spiegelt sich in den Rezensionen schon ein neues Modethema – die Heimat – wider.[45] Schöller nennt den Roman ein »Heimatbuch für Linke«[46], Herms einen »proletarischen Heimatroman«[47]. Insgesamt herrscht Konsens darüber, daß es sich um ein wegweisendes politisches Buch handelt.[48] Vormweg spricht von einem »eminent politische[n] Roman«[49] und schreibt: »Geissler ist der nach meiner Meinung gegen-

41   Vormweg, H., Eine Jeanne d'Arc der Roten, in: Süddeutsche Zeitung vom 9. 12. 1976
42   Böll, H., Blank wie ein Stachel, in: Die Weltwoche vom 16. 3. 1977
43   ebd.
44   Schröder, H. J., Allein für dich selbst bist du nichts, in: Frankfurter Hefte, H. 5/1977, S. 67 f. – vgl. auch Karsunke, Y., Einer macht Ernst mit dem Realismus, in: konkret, H. 1/1977, S. 32
45   Dieses Schlagwort wurde auch auf Die Ästhetik des Widerstands angewandt. In den Rezensionen zu Wird Zeit, daß wir leben wird übrigens immer wieder der Roman von Weiss als Vergleichspunkt herangezogen (vgl. Schoeller, W. F., Geschichte im Fadenkreuz von heute, in: Frankfurter Rundschau vom 18. 9. 1976; vgl. Lüdke, M. W., Von der Kraft des Widerstands, in: Die Zeit vom 12. 11. 1976).
46   Schöller, a. a. O.
47   Herms, U., Wird Zeit, daß wir lesen!, in: das da, Dezember 1976, S. 40 ff.
48   Schütt bildet eine Ausnahme. Sein Verriß bedient sich der Argumente östlicher Realismusauffassung: »Die ›Revolutionäre‹, wie Geissler sie darstellt, haben keinen Charakter, kein Ethos, keine Weltanschauung, keine Entwicklung, sie handeln fast blind und ›reagieren‹ nur auf die ›Verhältnisse‹. Das ist in hohem Maße vulgär-marxistisch. Ebensowenig ist die Sprache realistisch oder proletarisch.« (Schütt, P., Literarische Verzweiflungstat, in: die tat, Nr. 46/1976, S. 15 f.) Schütt legt offensichtlich den sozialistischen Realismus als Maßstab zugrunde. Ein Lob der zeitgenössischen DDR-Politik klingt in folgender Passage an: »Mir fehlt der Sinn für Geisslers Arbeiterblut- und Wundenkult, für das verzweifelte Rede-Genosse-Mauser-Pathos. Unser Ziel ist nun einmal nicht die ›allseitige Entfaltung des Aufstands‹, sondern die Sicherung des Friedens. Unsere Hoffnung ist nicht die exemplarische ›Aktion in Waffen‹, sondern die Abrüstung« (ebd.). – Geisslers Texte erschienen übrigens, seit sich der Autor gegen den Einmarsch in die CSSR ausgesprochen hatte, nicht mehr in der DDR.
49   Vormweg, a. a. O.

wärtig einzige Schriftsteller in der Bundesrepublik, der radikale politische und moralische Intentionen zu ästhetischen methodisch in unmittelbare Beziehung setzt.«[50] Lüdke bringt es prägnant auf den Nenner: »Das Buch ist politisch – in seiner Ästhetik«[51].

Gegenüber dieser positiven Wertung, die das Politische im Ästhethischen entdeckt, waren einige Kritiker nicht einverstanden mit der inhaltlichen Tendenz, die sie aus dem Buch herauslasen. Insbesondere in der Frage der revolutionären Gewaltanwendung grenzte sich mancher von Geissler ab. Was im Nationalsozialismus Geltung beanspruchen konnte, gelte in der Demokratie nicht ohne weiteres.[52] Doch verglichen mit dem öffentlichen Diskurs über die Gewalt, der später – etwa im Rahmen der Abrüstungsbewegung der achtziger Jahre – einsetzte, war die Bereitschaft der Rezensenten, den sogenannten Verlierern der Gesellschaft legitimen Haß zuzugestehen, aus dem oppositionelle Gewaltanwendung entspringen kann, erstaunlich hoch – denn im Gegensatz zur Reaktion auf *kamalatta* grenzte sich kaum ein Rezensent von der dargestellten Gewaltausübung ab.[53]

Einen neuen Akzent in die Bewertung des Geisslerschen Werkes bringt der Historiker Roth[54] ein, der die Richtigkeit der historischen Angaben Geisslers bestätigt:

---

50 ebd.

51 Lüdke, a. a. O.

52 vgl. Schütt a. a. O.; vgl. Quack, J., All die Brüder von meiner Frau sein Schwager, in: Frankfurter Allgemeine Zeitung vom 16. 11. 1976

53 Vormweg erläutert, wie Geissler durch einen Zeitsprung die Kategorien durcheinanderwirbelt:»Selbst die verherrlichende Darstellung einer bewaffneten linken Terroraktion etwa gegen die von Kräften in den USA gedeckte Juntaherrschaft in Chile dürfte hier und da höchst fragwürdige Bedenken um Legitimität und Legalität auslösen, weil ja doch klar ist, wer da fürs erste die Obrigkeit stellt. [...] Geisslers bewaffneter Überfall auf ein Hamburger Gefängnis zwecks Kommunistenbefreiung findet Weihnachten 1933 statt. Das ändert die Situation. Das erlaubt ihm, öffentlich Punkte zu sammeln für seine Überzeugung, daß Gegengewalt als aktive Résistance unerläßlich ist, wenn – wie in der Endphase der Zerstörung der Weimarer Republik und ihrer Auslieferung an den Hitler-Faschismus – die legitime Gewalt des Staates zu Unrecht verkommt, von reaktionären Gruppen, gar politischen Verbrechern okkupiert wird. Geisslers Terroristen, wenn sie gelebt hätten, wären von der Geschichte freigesprochen.« (Vormweg, a. a. O.)

54 Roth hat über die nichtorganisierte Arbeiterbewegung gearbeitet und machte sich außerdem mit Publikationen zur Zwangsarbeit im Nationalsozialismus einen Namen. Er ist darüber hinaus praktischer Arzt und betreibt eine Praxis in Hamburg-St. Pauli. Wegen seiner Verbindungen zur illegalen politischen Szene geriet er in einen Schußwechsel mit der Polizei und wurde verletzt.

Der Ablauf der Ereignisse stimmt bis in die Details mit der Chronologie der Kämpfe zwischen 1929 und 1933/34 nicht nur exakt überein, er wird vor allem endlich und überhaupt zum ersten Mal der reaktionären Geschichtsschreibung entrissen und vom Arbeiterstandpunkt dargestellt. Die Treffsicherheit, mit der Geissler klasseninterne Verschiebungen ausdrückt, beweist, daß ihm die unterdrückte Klassengeschichte der Region Hamburg vertraut ist wie keinem anderen. Die verzweifelte Ambivalenz, mit der Karo, Leo, Rigo und all die anderen sich zwischen einem hemmungslos verselbständigten Funktionärsapparat und der sich radikalisierenden Klassenbasis aufrieben, ist nicht zuletzt auch historisch authentisch und einwandfrei belegt.[55]

Somit ist Geisslers Roman für Roth »nicht nur ein Stück Literatur [...], sondern zugleich ein höchst brisantes Stück revolutionärer Geschichtsschreibung.«[56] Geisslers Roman-Geschichte sei

vor allem eine enorme Provokation gegen die bisherige ›linke‹ Geschichtsschreibung. Sie verkehrt die Legende, nach der die Klasse vor dem ›Faschismus‹ kapituliert und so die Organisation gezwungen habe, einen einsamen und historischen Kampf fortzusetzen, an einem ihrer Knotenpunkte in ihr Gegenteil: Die Basis wollte kämpfen, die Leitung war mehr für Papier.[57]

Ob die Wertung Roths zutrifft, müssen die Historiker entscheiden, Geisslers Romanen kommt sie jedenfalls sehr nahe.

Geisslers Wendung zur Lyrik folgten die Kritiker in der Regel zustimmend. Die naheliegende Frage, warum der Autor erstmals Lyrik produziere, beantwortet Götze mit einer These zum Zusammenhang von »ethische[m] Rigorismus«[58] und lyrischer Kompression: »Warum [...] der Übergang zur Lyrik? Was Geissler an ihr wohl vor allem angezogen hat, ist ihre Fähigkeit, in der Verknappung und Verdichtung Vermittlungen verschwinden zu lassen«[59]. Das Unversöhnliche, aus dem die »verstörte Wortlosigkeit« der Gedichte motiviert werde, sei für Geissler Stammheim. Gegenüber einer Gesellschaft, die den Schrecken dieses Gefängnisses hervorbringe, herrsche bei Geissler »die Ablehnung des geringsten Zugeständnisses an die Gesellschaft wie sie ist«[60] vor. Deshalb lasse er sich auch in seinen Texten nicht auf das Transitorische ein. Auch Vormweg stellt den Schrecken in den Vordergrund, leitet aber die Herkunft von Geisslers »fragmentarischem« Stil vor allem aus dem Moment

---

55 Roth, K. H., Auf den Spuren des Widerstands, in: Autonomie, Nr. 5/1977, S. 43-48, hier: S. 47 f.
56 a. a. O., S. 47
57 a. a. O., S. 48
58 Götze, K.-H., schlußkürze/kurzschlüsse, in: Frankfurter Rundschau vom 11. 10. 1980
59 ebd.
60 ebd.

unmittelbarer Sprachlosigkeit ab, die aus der Überwältigung durch die Übermacht der Verhältnisse hervorgehe.[61] Kesting hebt ebenfalls diese Erfahrung hervor:»Kein Tag ohne Schock. Aus dem Schock kommt die Angst. Aus der Angst kommt der Haß.«[62]

Kesting und Götze verweisen auf die Todesnähe in Geisslers Gedichten: »eine Lust auf Zerstörung geht durch sie hindurch, der die Lust auf Selbstzerstörung nahe verwandt ist.«[63] »So dominiert [...] der Tod, der Mord, der Selbstmord, das Dunkel [...] die Gedichte.«[64] Diese sich bis in *kamalatta* hinein fortsetzende Thematik tritt in *Im Vorfeld einer Schußverletzung* erstmals in Geisslers Werk ein. Der Übergang zur Lyrik muß mit ihrem Auftauchen in Zusammenhang gebracht werden.

Spiel auf ungeheuer nahm die Kritik weniger positiv auf als den vorangegangenen Lyrikband. Krolow charakterisiert die Gedichte als »expressive Emotionalität, die immer dicht vor der Explosion zu stehen scheint [...], soweit nicht das außerordentlich Einfache, [...] das Volksliedähnliche auftaucht, um wieder vom Gestammel verdrängt zu werden.«[65] Er hält Geissler dessen »›gesteigerte[s]‹ Sprechen«[66] vor, das schließlich monoton und langweilig werde und das er der »verbrauchten expressionistischen Emphase«[67] zurechnet. Riha hält Geisslers Lyrik für »etwas angestrengt«[68]. Pickerodt dagegen lehnt den Vergleich mit einer »neoexpressionistische[n] ›O Mensch‹-Lyrik«[69] ab und hält die Gedichte für »höchst kunstvoll gearbeitet«[70].

Zusammenfassend läßt sich sagen, daß sich die Wertung der liberalen Feuilletons in bezug auf Geisslers Stil im Laufe der Zeit verbessert hat. Während *Anfrage* als unreif galt, mehrten sich seit *Kalte Zeiten* Stimmen, die Geissler ästhetische Innovationskraft zusprachen. Während für *Ende der Anfrage* noch einmal das Muster von *Anfrage* dominierte, wurden jene Stimmen mit *Das Brot*

---

61 vgl. Vormweg, H., Suche nach Worten, in: Süddeutsche Zeitung vom 22. 11. 1980

62 Kesting, H., Im Vorfeld einer Schußverletzung, in: Literatur Konkret, 1980, S. 50-52

63 ebd.

64 Götze, a. a. O.

65 Krolow, K., Wörterfeuer, Wörterqualm, in: Frankfurter Allgemeine Zeitung vom 3. 10. 1983

66 ebd.

67 ebd.

68 Riha, K., du tränen geschluct aufblitzend, in: Frankfurter Rundschau vom 12. 10. 1983

69 Pickerodt, G., Berühren sich die Extreme?, in: Deutsche Volkszeitung vom 14. 10. 1983

70 ebd.

mit der Feile beherrschend und ließen auch anläßlich von *Wird Zeit, daß wir le-*
ben und von *Im Vorfeld einer Schußverletzung* nicht nach. Erst mit dem Lyrikband *spiel auf ungeheuer* wurden sie leiser.

Das eigentliche Terrain für die Polarisierung der Meinungen ist aber bis
heute Geisslers Moralismus und seine Wahl tabuisierter Sujets. Die Reaktion der
Kritiker hängt einerseits vom behandelten Thema, andererseits vom politischen
Standort des Rezensenten ab. *Anfrage* stellte das liberale Feuilleton heraus, weil
Geisslers radikaler Gestus in der Lage war, das übermächtige Schweigen der
Väter anzugreifen – ein gegen Ende der Adenauer-Ära durchaus erwünschter
Effekt. Sobald aber die Notstandsgesetze (*Schlachtvieh*) oder die mentales Elend
produzierende Verfaßtheit der Demokratie thematisiert wurden, ging das Feuil-
leton auf Distanz. Vollends polarisierte das Thema revolutionäre Gewalt die
Meinungen. Kritiker wie Reich-Ranicki, der *Anfrage* gerade aus inhaltlichen
Gründen gelobt hatte, schwiegen fortan zu Geisslers Werken. Im aufgeheizten
Klima der siebziger Jahre setzte Böll die Autorität seines Namens ein, um Geissler als Literaten zu loben. Zustimmung erhielt dieser nun nur noch von Linken,
und in den liberalen Blättern waren es die in der Studentenbewegung soziali-
sierten Kritiker, die ihm bis in die Erwägung der moralischen Legitimation von
›Gegengewalt‹ folgten. Ende der achtziger Jahre jedoch, nachdem in Bonn schon
längst die politische Wende stattgefunden hatte, waren solche Kritiker in den
genannten Blättern seicht oder selten geworden. Einem Autor, der sich mit
kamalatta noch einmal radikalisierte, konnten selbst von den Verbliebenen viele
nicht mehr folgen.

2.2.2. Forschung

Die Forschungslage zum Werk Christian Geisslers ist traurig; es wurde von der
Literaturwissenschaft, trotz der regelmäßigen Kritiken in den Feuilletons, kaum
beachtet. Soweit es Beachtung fand, interessierte erstaunlicherweise kaum das
von vielen Rezensenten hervorgehobene sprachlich Innovative, sondern vorwiegend Geisslers politische Einstellung. Dieses gilt sowohl für die Forschung in
West- als auch für die in Ostdeutschland. Zur Phase seines in poetologischer
Hinsicht besonders zu berücksichtigenden Schaffens seit *Das Brot mit der Feile*
liegen nur zwei bundesrepublikanische Aufsätze vor.

Hier beginnt die Rezeption mit einem Abschnitt in Möbius' frühem Buch über die Arbeiterliteratur,[71] so daß die Frage nach der spezifisch Geisslerschen Präsentation der Arbeitswelt naturgemäß im Zentrum des Interesses steht.[72] Hierzu untersucht Möbius vor allem das Verhältnis der dargestellten Figuren zum Erzähler. Auf die Protagonisten Jan und Renate Ahlers wendet er den Begriff der Entfremdung an. Durch primäre und sekundäre Sozialisationsfaktoren in die Welt der Arbeiter hineingefügt,[73] die zu derjenigen der Arbeitgeber bei Geissler jederzeit antagonistisch stehe,[74] zeige sich bei ihnen die »unmittelbare Entfremdung der Produzenten von sich, ihrer Arbeit, dem Produkt ihrer Arbeit sowie dem Gesellschaftlichen der menschlichen Sozietät«[75], die sie zu einem »falsche[n] Bewußtsein«[76] über ihre eigene Lage führten. Ahlers' Aufstiegsnormen und sein unsolidarisches Verhalten gegenüber seinen Kollegen deutet Möbius in diesem Horizont. Der Protagonist sei verstrickt in die entfremdete Welt, der Erzähler aber durchschaue sie. Ihm ordne der Autor stilistische Mittel zu, die geeignet seien, die Entfremdung zu kennzeichnen, etwa die Kursivierung omnipräsenter Werbeslogans, die die »Außenleitung von Menschen«[77] markiere, oder die Typisierung der Figuren und ihrer Erlebnisse.[78] Auch die Reportagetechnik interpretiert er als »ein Korrektiv der subjektiven Ahlersschen Einstellungen«[79].

Doch während der Erzähler »typische soziale Prozesse und Befunde vermitteln«[80] wolle, könne er keine Lösungen für sie anbieten. Auch er ist, nach Möbius, nicht der Hoffnungsträger der Erzählung, da er als bürgerlicher Intellektueller nur eine »Besuchssituation«[81] bei Arbeitern beschreiben könne, die in

---

71   vgl. Möbius, H., Arbeiterliteratur in der BRD, Köln 1970, S. 77-91
72   Diese Interpretationsrichtung hatten Brenner/Fülbert (Brenner, H./Fülberth, G., Die Romane Max von der Grüns und eine Erzählung von Christian Geissler, in: alternative H. 51/1966, S. 163-169) sowie Gallas (Gallas, H., Über neue Besonderheiten des Alltäglichen, in: alternative H. 51/1966, S. 170-173) bereits 1966 gewiesen.
73   vgl. Möbius, a. a. O., S. 82 f.
74   vgl. a. a. O., S. 77
75   a. a. O., S. 78
76   a. a. O., S. 86
77   ebd.
78   vgl. a. a. O., S. 90
79   a. a. O., S. 89
80   a. a. O., S. 90
81   a. a. O., S. 86

einer »rastlose[n] Beobachtung«[82] verbleibe. Hoffnung knüpfe sich an die Lektüre: »Die Rolle des aktiven Veränderers ist in ›Kalte Zeiten‹ für den Leser freigelassen.«[83] Deshalb interpretiert Möbius die Erzählung, wegen ihrer »wirkungsästhetisch durchdachte[n] Anlage«[84], als »ein Moment der Aufklärung und Veränderung«[85].

Mißt Möbius Geissler in den sechziger Jahren am Maße der Arbeiterliteratur und reproduziert damit, wie zu zeigen sein wird, ein Muster, dessen sich auch die Forschung in der DDR bediente, so interessiert Hosfeld und Peitsch in den siebziger Jahren seine Darstellung der Studentenrevolte und sein Begriff des Politischen. Ihrem Aufsatz liegt die Frontstellung gegenüber spontaneistischen Politikkonzepten zugrunde, die sie in der Studentenbewegung zu finden glauben. Diese stelle – »ihrer ideologischen Form nach – eine existentialistische Revolte«[86] dar, weil »die sozialen Konflikte, die der Studentenbewegung zugrunde lagen, ihren antiautoritären Akteuren im ideologischen ›Raum‹ des Existentialismus bewußt wurden, der damals unter der Intelligenz Massenwirksamkeit besaß.«[87] Auf der Folie einer ungenügenden, kursorischen Kritik Heideggers, Marcuses und Sartres interpretieren sie unter anderen Texten auch *Das Brot mit der Feile*. Mit Hilfe der polemischen, thesenhaften Zuspitzung ihrer Lektüre gelingt es ihnen aber, einige Defizite von Geisslers Roman aufzuspüren, ohne sie jedoch in eine fundierte Interpretation einzubetten.

So verweisen sie erstmals auf Geisslers Affinität zum Existentialismus, die sie – etwas willkürlich – an den Motiven der Geworfenheit und der Angst[88] festmachen, um dann Geisslers Herrschaftsbegriff zu kritisieren: »Überall […], wo gesellschaftliche Strukturen als solche der Herrschaft und Gewalt dargestellt werden, geschieht dies in archaischen oder in exotischen Situationen«[89].

---

82 ebd.
83 a. a. O., S. 87
84 a. a. O., S. 91
85 ebd.
86 Hosfeld, R./Peitsch, H., ›Weil uns diese Aktionen innerlich verändern, sind sie politisch‹, in: Basis. Jahrbuch für deutsche Gegenwartsliteratur, hg. von R. Grimm und J. Hermand, Bd. 8, Frankfurt/M. 1978, S. 92-126, hier: S. 95
87 ebd.
88 vgl. a. a. O., S. 121
89 a. a. O., S. 122

Geisslers personales Verständnis von Herrschaft sei vom Marxischen abzugrenzen:

> Es kann nämlich wirklich in Frage gestellt werden, ob dieser ›humanistische‹ Reduktionismus, daß Politik ein Gewaltverhältnis zwischen Menschen sei, tatsächlich zutrifft: Marx zumindest hat die These aufgestellt, daß Gewaltverhältnisse in der kapitalistischen Gesellschaft durch sachliche Abhängigkeitsverhältnisse vermittelt sind. Man könnte hier geradezu von einem vollständig konträren Standpunkt sprechen. Denn während der antireduktionistische Standpunkt Marxens den Weg der Analyse ökonomischer und politischer Mechanismen beschreitet, ebnet der humanistische Reduktionismus Geisslers einer antipolitischen Kontestation der Strukturen des Politischen überhaupt den Weg.[90]

Hosfeld und Peitsch kritisieren weiter, daß bei Geissler »fürs proletarische Bewußtsein mit seinen angeblich ›notwendig elementaren‹ Denkmöglichkeiten geradezu mit Händen greifbar« sei, »was Gewalt ist und woher sie kommt«[91]. Ein ähnlich unmittelbares Verhältnis der Protagonisten stelle sich bei Geissler auch in bezug auf die Natur her, die als ein »vor und nach der Entfremdung liegender Ruhepunkt«[92] dargestellt werde, an die sich mithin eine utopische Gegenbildlichkeit »transzendente[n] Charakter[s]«[93] hefte. Der Erotik komme eine ähnliche Funktion zu. In der Aufdeckung solcher nicht weiter hinterfragten Muster erlangt ihr Aufsatz für die Bewertung von Geisslers Werk Bedeutung. Hierdurch, sowie mit den Hinweisen auf dessen Existentialismus, auf seine dichotomische Weltsicht und sein Verständnis von Herrschaft stoßen sie Themen an, die für die vorliegende Studie bedeutsam werden sollen.

Schröders Beitrag für das *KLG* stellt Geisslers Werk erstmals in der BRD im Zusammenhang dar. Nach dreißig Jahren schriftstellerischer Arbeit des Autors findet es endlich eine institutionalisierte Beachtung. Die einzelnen Werke wertet Schröder im Wesentlichen im Horizont der zu ihnen erschienenen Rezensionen, seine Periodisierung der Werkabschnitte schreibt Schneiders Einteilung fort. Mit *Kalte Zeiten* finde Geissler erstmals »eine selbständige, eigenwertige Sprache [...], in der Mimetisches und Artistisches zu einer unverwechselbaren Einheit gelangen.«[94] Nach *Ende der Anfrage* trete zum moralischen der explizit politisch begründete Widerstand gegen die Verhältnisse hinzu. Den Wechsel zur

---

90 a. a. O., S. 126
91 a. a. O., S. 122
92 a. a. O., S. 125
93 a. a. O., S. 124
94 Schröder, H. J., Artikel ›Christian Geissler‹, in: KLG, 34. Nlg./1990, S. 5

Lyrik deutet Schröder mit der »Erfahrung eines Zusammenbruchs, einer nicht mehr zu bewältigenden Krise«[95], die auf die zeitweilige Preisgabe der politischen Handlungsorientierung zurückzuführen sei: »Der Übergang Geisslers zur Lyrik bedeutet Reduktion, Rückzug, verzweiflungsvolle Niederlage.«[96] Mit der Interpretation von *kamalatta* hat Schröder Schwierigkeiten. Er diagnostiziert die Rückkehr des politischen Handlungswillens: »Geissler ist, entschiedener als jemals zuvor, zu der Überzeugung gelangt, daß die Zentren der Macht, die er als Verursacher und Ursache allen gesellschaftlichen Elends begreift, mit eben den Gewaltmitteln angegriffen werden müssen, deren diese Zentren sich selbst zur Sicherung ihrer Herrschaft bedienen.«[97] Daß dieses in *kamalatta* nur für bestimmte Personengruppen gilt, nicht aber für den Roman insgesamt – und deshalb auch nicht auf Geissler selbst übertragen werden darf – soll in den folgenden Kapiteln gezeigt werden. Schröder bleibt letztlich ratlos,[98] was angesichts des widersprüchlichen Echos auf den Roman in den Feuilletons und wegen seiner fragmentarischen Anlage nicht erstaunt. Eine eingehende Analyse des Romans, wie sie im folgenden gegeben werden soll, muß auf die ästhetischen Gründe für die Unsicherheit vieler Rezipienten reflektieren.

Schröders Aufsatz ist der vorerst letzte zu Geissler. Es bleibt zu vermerken, daß die Literaturwissenschaft der Bundesrepublik Geisslers Werk kaum zur Kenntnis nahm. Anläßlich übergreifender Fragestellungen fand es hier und da Erwähnung – um seiner selbst willen beachtete man es bei uns bislang noch nicht.

In der DDR wurde 1984 immerhin eine Dissertation über den Autor angefertigt. Vorangegangen war ihr eine immer wieder erneuerte Standortfindung der östlichen Meinungsführer. Einerseits klopften sie Geisslers politische Einstellung ab, andererseits mußte die offiziöse Literaturkritik eine Position zu der in der Bundesrepublik in den sechziger Jahren entstehenden Arbeiterliteratur entwickeln.

---

95 a. a. O., S. 7
96 ebd.
97 a. a. O., S. 9
98 Vgl.: »Die Frage, ob es sich bei ›kamalatta‹ um einen ›reichen‹, komplexen oder um einen ›mageren‹, letztlich engstirnigen Roman handelt, ist schwer zu beantworten. [...] Möglicherweise enthalten die geschilderten Personen, Handlungen und Schauplätze in ihrer Vielfalt und ihrem Wechsel einen ›Mehrwert‹, der auch sozusagen gegen die Anschauungen des Autors erhalten bleibt.« (a. a. O., S. 10)

Das generelle Problem der Literaturwissenschaft in der DDR bestand bekanntlich in der Ausrichtung ihrer Hypothesenbildung auf die jeweiligen Regierungsdoktrinen. Abweichende Meinungen wurden nur in geringstem Umfang geduldet, deshalb kann von freier Forschung keine Rede sein. Die Rezeption des Geisslerschen Werkes in der DDR sagt deshalb mehr über den jeweiligen kulturpolitischen Standort des Regimes als über die untersuchten Texte aus. In den meisten Beiträgen geht es um eine politische Bewertung der Geisslerschen Literatur, und damit zugleich um ein offiziöses Urteil, das auf die Möglichkeiten der Publikation Einfluß hatte, das aber auch auf die Meinungsbildung im Westen, vermittelt etwa durch DKP-Mitglieder, Einfluß nahm. Nur wo das politische Urteil in den Hintergrund trat – und dies ist nur in einigen Passagen von Schneiders Arbeit der Fall –, vermögen diese Forschungen zur heutigen Auseinandersetzung mit den Texten Geisslers beizutragen.[99]

Die Kritiker begrüßten Geisslers frühe Werke, die auch in der DDR verlegt wurden. Auch der Autor schien der DDR mit Sympathie gegenüberzustehen.[100] Interessant ist hierbei, daß Geissler für die DDR immer unberechenbar blieb. Wie gezeigt, lobten Kant und Ordnung zwar die *Anfrage*, Kant bemängelte aber, daß Geissler »vom Zusammenhang zwischen ökonomischen und politisch-ideologischen Prozessen [...] so gut wie keine Ahnung«[101] habe. Röhner hebt *Kalte Zeiten* positiv von Max von der Grüns *Irrlicht und Feuer* ab und interpretiert einen wirkungsästhetischen Impuls, der aus dem Leser einen Lernenden mache, in den Roman hinein. Geissler hoffe »auf Einsichten der Leser, die über die

---

99 Ansonsten können ihre Texte zu einer Geschichtsschreibung östlicher literarischer Doktrinen herangezogen werden. Auch die Frage, inwiefern mit der Arbeit zu Geissler eine Position öffentlich gemacht werden konnte, die sonst in der politischen Landschaft nicht vertreten war und die Forschung somit als subtiles Sprachrohr der Systemkritik fungieren sollte, könnte untersucht werden. Im Falle der Weiss-Rezeption gab es ähnliche Intentionen. J. Pischel deutet dies an:»Peter Weiss' *Die Ästhetik des Widerstands* war für mich – und ich unterstelle: für viele ›linke‹ Intellektuelle in der DDR – eines der wichtigsten Angebote einer wenigstens halb-öffentlichen Verständigung über die wirkliche Geschichte der sozialistischen Bewegung und über den unübersehbaren Widerspruch von Kunst und Politik, von Macht und Geist. Weiss historisierte diese Widersprüche von einer Position aus, die wir für undogmatisch, aber doch prinzipiell sozialistisch hielten.« (Pischel, J., Peter-Weiss-Lektüre nach der Wende, in: Koch, R. u. a. (Hg.), Peter Weiss Jahrbuch, Bd. 1, Opladen 1992, S. 131-146, hier: S. 131 f.) Einen ähnlichen Einsatzpunkt hätten auch Geisslers Bücher bieten können.
100 Vgl. das Interview Geisslers in: Kultur und Gesellschaft, Nr. 1/1971, S. 10, das von Sympathie getragen ist, ohne anbiedernd zu werden.
101 Kant, a. a. O.

Einsichten seiner literarischen Gestalten hinausgehen«[102]. Diesen obliege die Aufgabe der Gesellschaftsveränderung. »Das Fazit aus Geißlers Erzählung ist: Die Umstände müßten anders sein, dann könnten auch Ahlers und seine Frau andere Menschen werden.«[103]

Nachdem sich Geissler, wie Kant gefordert hatte, im Vorfeld und zur Zeit der Studentenbewegung politisierte, wurden die Bewertungen der DDR-Forschung interessanterweise zurückhaltender, weil er sich nicht in die geforderte Richtung politisierte. Er lehnte den Einmarsch der Warschauer Pakt-Staaten in die CSSR ab und trat nicht in die neu gegründete DKP ein, die die Politik der DDR im Westen verteidigte und propagierte. Geisslers existentialistischer Zug stellt sich nach seiner Politisierung am Ende der sechziger Jahre immer mehr als anarchistische Tendenz dar, die der Osten von sich weisen mußte. Neumann bewertet diese Position anläßlich *Das Brot mit der Feile*. Er wirft Geissler vor, die Erfahrungen seiner Hauptfigur sagten mehr aus »über ideologische Reflexe internationaler Ereignisse bei schlecht informierten Intellektuellen als über tatsächliche Vorgänge und Zusammenhänge des Mai 1968 in Frankreich oder der tschechoslowakischen Krise.«[104] An diesen politischen Grenzen orientiert sich Neumanns Kritik. Seine Anerkennung gilt der Gesellschaftskritik, die sich an Ahlers manifestiert, sein Tadel dem Mangel an sichtbarer Handlungsorientierung: »Genau in dieser Spannung sehe ich Größe und Grenze des Ahlers. Wie weit kommt er von Angst und Haß zum Erkennen, zum bewußten und schließlich organisierten Tätigsein für das Neue?«[105] Zu den sprachlichen Eigenheiten des Geisslerschen Stils hat auch er nicht viel anzumerken.[106]

1976 unterstreicht Reinhold in ihrem auch im Westen beachteten Buch[107] die Stellung der DDR-Forschung zu Geissler. Der besondere Wert ihrer Publikation in bezug auf dessen Rezeptionsgeschichte liegt darin, daß sie erstmals die

---

102 Röhner, E., Arbeiter in der Gegenwartsliteratur, Berlin/DDR 1967, S. 166
103 a. a. O., S. 167
104 Neumann, O., Christian Geissler: Das Brot mit der Feile, in: Weimarer Beiträge, H. 12/ 1974, S. 139-146, hier: S. 145 – Geissler war übrigens ausgezeichnet informiert, denn er hielt sich während des Prager Frühlings selbst in Prag auf.
105 a. a. O., S. 141
106 Zur Bewertung des charakteristischen Gebrauchs der Umgangssprache bei Geissler fällt ihm nur das Kriterium der Angemessenheit an die wirklich von Arbeitern gesprochene Sprache ein (vgl. a. a. O., S. 144 f.).
107 vgl. Reinhold, U., Literatur und Klassenkampf, Berlin/DDR 1976

Werkentwicklung thematisiert. Die Frühschriften lobt sie vorbehaltlos; Geisslers Stellung zum Einmarsch in die CSSR faßt sie in den Kategorien eines Ausrutschers: »ein sehr geschicktes Vorgehen der Konterrevolution und sein ethischer Rigorismus«[108] hätten ihn daran gehindert, »die Lage in der CSSR den Realitäten entsprechend einzuschätzen«[109]. Dieses Urteil ist aber, wie bei Neumann, kein Verdikt, sondern scheint einer kulturpolitischen Pflichtübung zu entsprechen, derer sich die Forscher entledigen mußten. Dementsprechend hebt auch sie *Das Brot mit der Feile* positiv hervor. Insbesondere tritt dabei das schon für die Rezeption der frühen Werke gängige Muster hervor, den Stoff zu loben: »Geissler bezieht gesellschaftliche Bereiche in die literarische Gestaltung ein, die bisher in der Literatur der BRD noch kaum gestaltet worden sind: Bundeswehr, halbfeudale bäuerliche Abhängigkeitsverhältnisse, illegaler Kampf von Genossen der KPD«[110] sowie »erstmalig die politischen und ideologischen Differenzierungsprozesse der sechziger Jahre«[111]. Auch seine Sprachbehandlung, den »stilisierten Jargon«[112], die Ineinanderblendung von Erzähler- und Figurenperspektive[113] sowie seine Technik, ein »Geflecht poetischer Kontrastbilder«[114] zu entwickeln, hebt sie hervor. Trotz dessen Fauxpas von 1968 suchte die Literaturwissenschaft der DDR also noch immer das mögliche Identifikationspotential mit Geissler.

Dieses trifft auch auf die Arbeit von Schneider zu. Er rekonstruiert die »politisch-weltanschauliche Standortfindung«[115] Geisslers in den Jahren 1960-1976. Indem er die ästhetischen Fragen bewußt in den Hintergrund rückt[116], lastet auch auf seiner Dissertation das oben kritisierte Übergewicht des dogmatischen Interesses. Den politischen Standort Geisslers entwickelt er am Leitfaden der östlichen Doktrinen. Positiv erscheint ihm deshalb die gesellschaftskritische

---

108 a. a. O., S. 147
109 ebd.
110 a. a. O., S. 263 – Wie Neumann hält sie den letzten Teil des Romans allerdings für mißlungen, weil er kompositorisch auseinanderfalle (vgl. a. a. O., S. 268).
111 a. a. O., S. 271
112 a. a. O., S. 265
113 vgl. ebd.
114 a. a. O., S. 267
115 Schneider, J., »Die Plage gegen den Stein«. Der Schriftsteller Christian Geissler zwischen Resignation und »zorniger Hoffnung«. Zur politisch-weltanschaulichen Standortfindung eines BRD-Autors in den Jahren 1960-1976, Diss. (masch.) Humboldt-Universität, Berlin/DDR 1984
116 vgl. a. a. O., S. 2

Ausrichtung von Geisslers Werk, die sich in der »politisch engagierte[n] Kunst«[117] des Autors niederschlägt. Negativ hingegen verbucht er Geisslers Drang nach revolutionärer Aktion, den er mit Lenin als linken Radikalismus interpretiert:

Im Rahmen dieser Arbeit sollte nachgewiesen werden, daß in der Geisslerschen Entwicklung gerade an möglichen Wendepunkten aufgrund einer spezifischen Weltsicht und trotz aller Unentschiedenheit und Offenheit die Tendenz zur Verabsolutierung und scheinbar historischen Rechtfertigung der direkten politisch-praktischen Aktion in Abgrenzung zu notwendigen strategischen Zielsetzungen und einer abgeleiteten und angemessenen revolutionären Taktik, wie sie in der BRD durch die Deutsche Kommunistische Partei entwickelt wird, überwiegt.[118]

Geisslers politische Orientierung findet nun, nachdem er sich immer offener dem bewaffneten Guerillakampf zugewandt hat, mit dem Verdikt des Ultralinken eine aus dem überlieferten sozialistischen Wortschatz entlehnte Prägung. Eine radikal antistaatlich orientierte Denkweise, die das eigenverantwortliche politische Handeln der ›Unteren‹ propagiert, lehnt die DDR, mithin auch Schneider, ab:

Die Verabsolutierung des ›Unten‹ und seine rigorose Parteinahme dafür erschweren Geissler gerade an Wendepunkten und in Bewährungsproben die Einsicht in Doktrin und Praxis einer marxistisch-leninistischen Partei, in die Notwendigkeit, den sozialistischen Staat als Macht zu schützen und die Einheit der sozialistischen Staatengemeinschaft zu wahren.[119]

Trotz aller Kritik schlägt Schneider – und hier offenbart er ein wichtiges Forschungsinteresse der DDR-Literaturwissenschaft an Geissler – den Autor »als ein[en] ernstzunehmende[n] Bündnispartner im Kampf um die Erhaltung des Friedens«[120] vor, obwohl er zu verstehen gibt, daß er ihn für einen unsicheren Kantonisten hält: »So [...] bleibt Geisslers Entwicklung weiterhin unentschieden, mögliche Wendungen sind nicht ausgeschlossen.«[121]

Die Hauptverdienste von Schneiders Arbeit bilden sein Periodisierungsversuch von Geisslers Gesamtwerk, die Interpretationen einiger Einzelwerke, besonders diejenige von *Wird Zeit, daß wir leben*, sowie der Hinweis auf die zentrale Stellung des Lebensbegriffs in diesem Werk. Schneider nimmt zwei Phasen in Geisslers Werkentwicklung an, die »mit den politischen Prozessen in

---

117 a. a. O., S. 3
118 a. a. O., S. 153
119 a. a. O., S. 19
120 a. a. O., S. 154
121 a. a. O., S. 155

der BRD der sechziger und siebziger Jahre in Korrespondenz stehen«[122]: »Die erste Etappe der künstlerischen Entwicklung reicht von Geisslers Debüt um 1959/60 [...] bis etwa 1964/65«[123], in der die Auseinandersetzung mit der nationalsozialistischen Vergangenheit im Vordergrund gestanden habe. Die zweite Etappe beginne mit *Kalte Zeiten* und reiche bis *Wird Zeit, daß wir leben*: »die Erzählung ›Kalte Zeiten‹ markiert sowohl in thematischer als auch in stofflicher Hinsicht einen Umbruch im Geisslerschen Schaffen«[124], weil eine »direkte Zuwendung zum Lebensbereich des Arbeiters«[125] stattfinde und die »Problematik der Entfremdung«[126], und damit die sozialen Ursachen subjektiven Betroffenseins, hervorgehoben würden. Die immer wieder behauptete ›Korrespondenz‹ von Geisslers Entwicklung und der ökonomischen Entwicklung der Bundesrepublik vermag Schneider nicht zu belegen. Schwerer wiegt aber, daß er die Wahl und die politische Bewertung des Stoffes zum alleinigen Kriterium des Phasenwechsels erhebt und damit andere Faktoren von Geisslers Schreibweise unterdrückt.

In Schneiders Analyse von *Wird Zeit, daß wir leben* finden sich, über die vom politischen Bewertungshorizont diktierten Einschätzungen hinaus, auch Hinweise auf die Bauform des Romans. Besonders die Verbindung von verknapptem, hastigen Stil und dem Leben als dem höchstem Wert, das Ineinander von Schreibweise und geistigem Gehalt also, arbeitet er hier höchst plausibel heraus: »›Wird Zeit, daß wir leben‹ intendiert das Leben-Wollen um jeden Preis und so schnell wie irgend möglich.«[127] Die Selbstverwirklichung des Lebens verlangt die Umwälzung aller es hemmenden Faktoren, und zwar ohne Aufschub. Gegen die revolutionäre Geduld parteipolitischen Vorgehens dringt das anarchistische Selbstverwirklichungsmotiv auf die sofortige Einlösung des Glücksanspruchs. Von der sich hieraus ableitenden Eile sei Geisslers Stil maßgeblich bestimmt: »Da ist nichts, was weitschweifige Beschreibungen zuläßt. Sofort wird zum Kern des Auszusagenden vorgestoßen.«[128] Die Verknappung des Stils auf allen Ebenen, vom Wort bis zum architektonischen Rhythmus, sei

---

122 a. a. O., S. 3
123 a. a. O., S. 4
124 a. a. O., S. 114
125 ebd.
126 ebd.
127 a. a. O., S. 45
128 a. a. O., S. 60

die Folge. Hierin sieht Schneider eine in *Wird Zeit, daß wir leben* positiv akzentuierte Tendenz. Die Welt der erstarrten Verhältnisse, die mit dem Bild des Steins bezeichnet werde, behalte nicht das letzte Wort; vielmehr ist an die mit der Opposition verknüpfte Stilschicht eine »Form von existentieller Hoffnung«[129] gebunden.

Schneider gibt mit seiner Deutung der Stilschicht auch der hier versuchten von *kamalatta* einen wichtigen Hinweis. Insgesamt erbringt die Durchsicht der Forschung zu Geisslers Werk aber allenfalls Anregungen, ausgearbeitete und am Text belegte Thesen oder gar Forschungsergebnisse, auf denen die hier versuchte Annäherung an Geissler aufbauen könnte, fehlen. Damit bestätigt sich die eingangs gegebene Einschätzung, daß die Forschungslage zu Geisslers Werk spärlich sei. Darzulegen, daß die Vernachlässigung dieses Werkes durch die Forschung und die drohende Ausgrenzung des Autors aus der deutschen Literaturgeschichte keinesfalls gerechtfertigt werden kann, ist eines der Ziele dieser Studie.

2.3. Werkentwicklung

Geisslers Werkentwicklung weist Einschnitte auf, an denen entlang nun eine Einteilung in Phasen vorgenommen werden soll. Da jedes einzelne Werk eine Fülle von Merkmalen trägt, sich aber von Werk zu Werk niemals alle Parameter ändern, liegt es in der Natur der aufzuzeigenden Brüche, daß sie solche nur in besonderer, jeweils anzugebender Hinsicht sind. Durch sie hindurch aber schreibt sich eine Kontinuität fort, die letztlich die Einheit des Geisslerschen Personalstils ausmacht.

Die mit *Anfrage* beginnende Frühphase beendet Geissler 1967 selbst mit dem programmatischen Titel *Ende der Anfrage*. Von Beginn an kennzeichnet ein rigoroser Moralismus seine Schreibweise.[130] Die Anfragen des Frühwerkes sind in Wahrheit Anklagen: die nationalsozialistischen Väter und die ihr Schweigen hegende Bundesrepublik (*Anfrage*), die Notstandsgesetzgebung (*Schlachtvieh*) sowie die unbarmherzige ökonomische Gesetzmäßigkeit der zeitgenössischen

---

129 a. a. O., S. 69

130 Dieser hat sich im Laufe der Entwicklung verwandelt, doch die das Feuilleton polarisierende Kraft *kamalattas* belegt, daß er auch im Spätwerk noch vorhanden ist. Möglicherweise bildet er den Hauptimpuls für Geisslers Schreiben insgesamt.

Gesellschaft und die aus ihr resultierende zwischenmenschliche Kälte (*Kalte Zeiten*) werden angeklagt. Geissler registriert die Doppelmoral des Gemeinwesens und die Schwierigkeit, sich ihr zu entwinden, indem er Instanzen schafft, die sich vom herrschenden Konsens abheben. Sie fungieren als Instrumente der Anklage, da sie Konflikte in Gang setzen, in deren Folge sich das Falsche am Bestehenden enthüllt, oder sich von diesem abgrenzen, indem sie es aufzeichnen. Im Gegensatz zur folgenden Phase herrscht die distanzierte Betrachtung vor. Köhler bildet in *Anfrage* gleichsam nur ein Enthüllungsinstrument, das Geissler an den Nachkriegskonsens anlegt, um Eingänge zu öffnen, die dorthin leiten könnten, von wo aus die herrschende Abwehr der Vergangenheit motiviert ist.

Im Zentrum der *Anfrage* steht der Gegner, und auch *Schlachtvieh* funktioniert entsprechend: Das Schreibabteilmädchen löst das Mißtrauen aus und zwingt die Versammelten, indem sie unnachgiebig bleibt, zu Reaktionen, die sowohl deutlich machen, daß die Gesellschaft auf einem Fundament stiller Gewalt ruht als auch die Bereitschaft der Mehrheit, die Gewaltausübung des Staates gegen das abweichende Handeln einzelner durchzusetzen. Damit greift Geissler ein Ausgrenzungsschema auf, dessen sich schon die nationalsozialistische ›Volksgemeinschaft‹ bediente, die solchen, die sie als Unzugehörige definierte – also Juden, Kommunisten, Homosexuelle etc. –, das Recht verweigerte, in ihr zu leben. Er führt im Medium der Kunst vor, daß überwunden geglaubte Verhaltensmuster fortleben.

Geisslers Akzent auf der Entlarvung herrschender Doppelmoral wird besonders daran ersichtlich, daß er diese an einer Vielzahl von Berufsständen aufzuweisen versucht. Besonders Personen des öffentlichen Lebens in Staat und Kirche sowie wohlangesehene Berufsgruppen, aber auch das mangelnde Schuldbewußtsein der einfachen Leute demontiert er. Die oppositionellen Kräfte bleiben dagegen blaß. In *Kalte Zeiten* steigert sich diese Tendenz bis zur Herausnahme der moralischen Instanz aus dem Handlungsgeschehen. Geissler zeichnet Ahlers und seine Frau kühl und distanziert, mit analytischem Interesse. Sein fiktionales Alter ego[131] teilt die Welt der Arbeiter nicht. Kritik und Forschung stellten zurecht heraus, daß die mögliche Veränderung der Verhältnisse an den Leser delegiert wird. Ahlers jedenfalls ist kein Hoffnungsträger, er versteht seine Lage nicht und kann sie deshalb nicht verändern.

---

131 vgl. Geissler, Chr., Kalte Zeiten, Hamburg 1965, S. 61

Während Geissler zuvor die Repräsentanten des herrschenden Zustandes direkt angriff, wechselt er Mitte der sechziger Jahre die Perspektive und begibt sich in die Welt der Unterdrückten. Ihnen lastet er ihr Unterdrücktsein nicht an; angeklagt sind weiterhin die Oberen, in *Kalte Zeiten* der Bauunternehmer Ratjen, die manipulative Werbeindustrie und ihresgleichen. Durch die suggestive Montage von Werbewelt und Wirklichkeit soll der Leser auf jene oppositionelle Fährte gesetzt werden, die Ahlers nicht erkennen kann. Durch die Schilderung des desensibilisierenden Alltags, mit dessen Hilfe die herrschende Ordnung jeden Gedanken an einen Ausweg tilgt, und durch das oppositionelle, reflexive Moment, das in diese Schilderung einwandert, wird die Suche nach einem Ausweg betrieben. Allerdings nicht von Ahlers, sondern vom Erzähler, dem Intellektuellen. Er verkörpert hier die moralische Instanz.

Nach *Ende der Anfrage* beginnt eine Phase, die die Politisierung des moralischen Impulses und einen reifen, homogenen Stil mit sich bringt. Die distanzierte Position des Fragens und des Anklagens wandelt sich in die engagierte »Herstellung von Antworten«[132] und schlußendlich in die parteiische Identifikation mit den oppositionellen Kräften.[133] Die Oberen treten mehr und mehr in den Hintergrund des Interesses, ihre scheinbar unverrückbare Herrschaftsposition faßt Geissler in das stereotype Bild des Steins.[134] Die Frontstellung gegen sie bleibt bestehen, doch das Interesse des Autors wendet sich nun vor allem den eigenen Verbündeten zu. Geisslers Bewertung zweier politischer Ereignisse aus dem Jahre 1968 verdeutlicht, daß er seine frühere Frage- und Zaungasthaltung aufgegeben und ein neues Selbstverständnis als Teilnehmer eines außerparlamentarischen Prozesses ausgebildet hat. Nach der Verabschiedung der Notstandsgesetze und vor der anstehenden Bundestagswahl verwirft er im Heft 4/ 1968 des *kürbiskern* den Parlamentarismus, hebt die »Rolle des Parlaments als

132 Geissler, Chr., Vorwort, in: Ende der Anfrage, München 1967, S. 9
133 Diese Identifikation liegt in *Kalte Zeiten* noch nicht vor, weshalb dieses Werk noch in die erste Phase gehört. Der Wechsel des Sujets, den Schneider als Grund für den Beginn eines neuen Werkabschnittes angibt (vgl. oben den Abschnitt 2.2.2., Forschung), ist im Vergleich zum Perspektivenwechsel nach *Ende der Anfrage* nachrangig, und auch die stilistische Entwicklung Geisslers erhält erst mit dem Roman von 1973 ihre entscheidende Richtungsänderung.
134 Vgl. den Titel des Sammelbandes *Die Plage gegen den Stein* von 1978, wo Geissler die Herkunft dieses Bildes aus einem Traum erzählt (vgl. Geissler, Chr., Vorwort, in: Die Plage gegen den Stein, Reinbek b. H. 1978, S. 5-8).

Machtinstrument der herrschenden Klasse«[135] hervor und tritt dafür ein, den »sich entwickelnden Klassenkampf«[136] zu unterstützen sowie die verbotene KPD zu stärken. Die Transformation des moralischen Impulses in den politischen schlägt sich bei Geissler in der Forderung nach einer oppositionellen, ja sogar revolutionären, nichtdelegierten Tätigkeit jedes einzelnen nieder. Der revolutionäre Prozeß der Massen wird ihm zur höchsten politischen Legitimationsinstanz. Anläßlich des Einmarsches der Warschauer Pakt-Staaten in die CSSR unterstreicht er, daß eine spontane emanzipative Bewegung mindestens ebenso hoch einzuschätzen ist wie die etablierte sozialistische Staatsmacht, die sich auf den historischen Wahrheitsanspruch ihres Handelns beruft: »Ich schäme mich über Freunde, die imstande sind, internationalen Klassenverrat umzu(denken?) in historische Zwecke; und darüber, daß ich jahrelang so etwas für unmöglich gehalten habe trotz aller historischen Beispiele.«[137] Mit kaum zu überbietender Deutlichkeit nimmt er in diesem Fall gegen den Ostblock, dem er bislang sympathisierend gegenüberstand, Stellung: »Panzerkanonen, die sich auf die Arbeitermiliz und auf die Parteizentralen eines sozialistischen Landes richten, sind undiskutabel.«[138] Er betont, »daß die Arbeiterklasse und mit ihr die revolutionäre Intelligenz der CSSR in den vergangenen Monaten buchstäblich zu Boden geschlagen, buchstäblich verraten und verkauft worden ist«[139] und grenzt sich mit dieser Ansicht sowohl von der neugegründeten DKP ab, der er nicht beitritt, als auch vom Herausgeberkollektiv des *kürbiskern*, dem er ab der Nummer 2/1969 deshalb nicht mehr angehört. Insbesondere greift er die seines Erachtens bevorstehenden Prozesse von Kommunisten gegen Kommunisten an, die »künftigen Verfolgungen«[140], und formuliert damit eine selbstkritische Position innerhalb des sozialistischen Lagers, die dort erst Jahre später enttabuisiert wurde.[141]

---

135 Geissler, Chr./Karsunke, Y., Wahlen als Alternative?, in: kürbiskern 4/1968, S. 664-672, hier: S. 665
136 a. a. O., S. 669
137 Geissler, Chr., Anstelle eines Berichtes aus Prag, in: kürbiskern 1/1969, S. 82-84, hier: S. 83
138 a. a. O., S. 82
139 ebd.
140 a. a. O., S. 83
141 Nicht zuletzt die Schilderung der Moskauer Prozesse sowie diejenige des Vorgehens der Stalinisten im Spanischen Bürgerkrieg in der *Ästhetik des Widerstands* trugen zur Verbreitung

Geisslers Schwerpunktwechsel von der Anklage des Falschen zur Identifikation mit dem Aufbegehren gegen es schlägt sich stilistisch darin nieder, daß er die Beschreibung der Oppositionellen ausdifferenziert und aus ihr die analytische Kälte herausnimmt. Der Paradigmenwechsel von der distanzierten zur identifikatorischen Schilderung oppositioneller Akteure kann exemplarisch an der Wiederaufnahme der Ahlers-Figur verdeutlicht werden. In *Kalte Zeiten* legt Geissler den Akzent der Beschreibung auf die vom Leser reflektierend zu überschreitenden Grenzen dieser Figur. Ahlers hat das herrschende Leistungsprinzip verinnerlicht. Für seinen Chef fährt er nach Arbeitsschluß private Extratouren, während er sich gegenüber den Kollegen auf dem Bau unsolidarisch verhält: einen kranken Italiener möchte er nicht in seinem Privatwagen transportieren. Als Baggerführer fühlt er sich den anderen Arbeitern überlegen, obwohl er kaum mehr verdient als sie. Ahlers' Frau stellt Geissler als ebenso unpolitisch dar wie ihn:

als sie aus dem Dampf herauskam, stand vor ihr ein Mann mit einem großen Schild. *Höcherl ablösen*, stand auf dem Schild, und *Notstandsgesetze verhindern*. Sie sah sich den Mann an. Der sah so ähnlich aus wie der, der in der alten Wohnung immer mal klingeln kam wegen Jehovas Zeugen. Ein zweiter Mann gab ihr einen grünen Zettel. Sie ging ans Brückengeländer und las: *Raus mit der SS aus unseren Telephonleitungen. Heute Abend, 20 Uhr, Protestkundgebung vor dem Gewerkschaftshaus. Es spricht der Schriftsteller Christian Geissler.* [...] Renate Ahlers sah dem Zettelverteiler noch ein Weilchen zu. Und was die immer haben mit SS. Der sieht aus wie'n Hausierer, bloß jünger. Selbst Schuld. Arbeit kannst du heute überall kriegen.[142]

Jan und Renate Ahlers haben die Normen, die täglich an sie herangetragen werden, verinnerlicht, ein undurchschauter oppositioneller Impuls bricht lediglich in sporadischen Wutausbrüchen des Mannes hervor.[143] Die Grenzen beider Figuren zeigt der Erzähler durch suggestive Montagen[144] oder, direkter, durch wertende Einschübe auf: »Die können mit uns machen, was sie wollen, sagt Ahlers, sagen viele, ohne Vorwurf, treu.«[145] Ahlers verharrt in Unwissenheit über die gesell-

---

dieser Debatte bei. Vollends ohne Rücksichten auf existierende realsozialistische Staaten können die entsprechenden Fragen seit dem Zusammenbruch ihrer politischen Systeme erörtert werden.
142 Geissler, Kalte Zeiten, a. a. O., S. 61 f.
143 Zum Beispiel gegen die italienischen Kollegen, vgl. a. a. O., S. 73.
144 Zum Beispiel, wenn er die Realität des Abhängigkeitsverhältnisses, die in Ahlers' zusätzlicher Arbeit für den Chef ihren Ausdruck findet, gegen die Wunschwelten montiert, die von der Filmindustrie inszeniert werden und denen sich Renate Ahlers hingibt (vgl. a. a. O., S. 109 ff.).
145 a. a. O., S. 12

schaftliche Lage und über sich selbst, der Erzähler aber inszeniert jene Kritik an der Gesellschaft, die Ahlers nicht formulieren kann.

Mit der Wiederaufnahme der Ahlers-Figur in *Das Brot mit der Feile* beginnt Geissler, seine Figuren fort- und umzuschreiben. Wie in Balzacs *Comédie Humaine* kehren vertraute Charaktere wieder, die er in verwandelte Situationen versetzt. Ahlers, der auch in *kamalatta* in Erscheinung tritt, formt Geissler so stark um, daß vor allem der Name bleibt, ansonsten aber von einer neuen Identität gesprochen werden kann. Dabei kommt Geissler entgegen, daß in *Kalte Zeiten* nur ein Tag im Leben der Ahlers' geschildert wird, deren Vergangenheit aber außenvor bleibt. Nun gibt Geissler Jan Ahlers eine Biographie. Äußerlich die Episode aus *Kalte Zeiten* integrierend, verändert er ihren Sinn. Er wertet Ahlers' Haß in Rebellion, in die Vorstufe politischen Engagements um. Der utopische Horizont dieser Figur ist nicht mehr nur noch auf Konsum orientiert, sondern verbindet sich mit dem Verlangen nach etwas ganz anderem. In Ahlers' Wunsch, Baggerführer zu werden, vereinen sich der aus *Kalte Zeiten* bekannte Zerstörungswunsch, etwas »wegreißen«[146] zu wollen, das ebenfalls bekannte Konsumbedürfnis – der Autokauf[147] –, ein Sicherheitsbedürfnis, das mit dem Stichwort »Weiterbildung«[148] umschrieben ist, mit einer neu hinzugekommenen Sehnsucht: Ahlers hält sich oft im Bereich der Bagger auf »in der Mittagspause Montagehof Bergiusstraße, die riesigen Löffelhochbagger 401 für Australien, Tagebau irgendwo in der Wüste, da fährst du schon beinah mit, wenn du das siehst«[149]. Geissler stellt Ahlers' Beschäftigung bei Ratjen, wie er sie in *Kalte Zeiten* gezeigt hatte, nun als eine Erfahrungsstufe seines Helden dar und inszeniert dessen unbeholfene Abrechnung mit dem Chef.[150] Die Aufstiegs- und Konsumorientierung der Figur bricht zusammen, Ahlers begnügt sich mit Gelegenheitsarbeiten und wird später Taxifahrer. Sein politischer Bewußtwerdungsprozeß, die in der Bayern-Episode aufkeimende Erfahrung, daß die Gesellschaft auf einem Gewaltverhältnis beruht, dem auch er unterworfen ist, führt dazu, daß er den beruflichen Aufstieg nicht schafft. Diese Linie schreibt Geissler in *kamalatta* fort. Ahlers gibt das Taxifahren auf und übernimmt eine Waldarbeiterstelle,

---

146 Geissler, Chr., Das Brot mit der Feile, Berlin/West 1986 (erste Ausgabe München - Gütersloh - Wien 1973), S. 44
147 vgl. a. a. O., S. 225
148 a. a. O., S. 105
149 a. a. O., S. 43 f.
150 vgl. a. a. O., S. 324-331

wo er mit großen Maschinen seine Aggressionen kanalisieren kann, ohne jemanden zu gefährden.

Ahlers' Haß und seine Zerstörungsbereitschaft erscheinen in *Das Brot mit der Feile* nicht mehr hilflos und resignativ, sondern als ein erster Schritt zur politischen Rebellion. Er erlangt, anders als in *Kalte Zeiten*, das angemessene Bewußtsein von sich selbst, etwa wenn er feststellt:»So krank, daß ich hier in der Scheiße gesund bin, war ich noch nie. Und will ich auch niemals sein.«[151] Um die Abwehr des sie Krankmachenden und um die Herbeiführung dessen, was ihnen guttut, ringen Geisslers Figuren in *Das Brot mit der Feile*. Das Neue an diesem Text gegenüber denjenigen aus der ersten Phase besteht im gestärkten utopischen Impuls. Er macht sich seit dieser Phase von Geisslers Entwicklung immer stärker an der Rede vom Leben fest. Ahlers spricht es aus:»Ich hab Haß. Weil das hier alles nicht lebt.«[152]

Das Leben, dieser immer wichtiger werdende Hoffnungsträger, sucht Geissler in *Das Brot mit der Feile* vor allem in der privaten Liebesbeziehung. Wohl deshalb tilgt er Renate Ahlers aus Jan Ahlers' neuem Leben und stellt ihm die lebensfrohe, kämpferische Nina an die Seite. Mit ihr erlebt Ahlers Glücksmomente, die in *Kalte Zeiten* nicht vorkamen, zentral hierfür – und als Metaphernzitat für das glückhafte, abgeschottete Beieinandersein auch im späteren Werk immer wieder vorkommend – ist die Insel-Episode:»Auf der Insel im Mondlicht im Moos im Schlafsack war alles einfach mal Glück.«[153] Zwar wird das Glück später gestört, doch kann es sich punktuell ohne störende Einwirkungen des drohenden Unglücks entfalten. Die Frage, wie die Unteren schon im bestehenden Herrschaftsverhältnis ein gutes Leben führen können, gerät fortan immer mehr in Geisslers Blick. Das vitalistisch-anarchistische Interesse, hier und jetzt ohne äußere Zwänge zu leben, motiviert den oben genannten Perspektivenwechsel.

Geissler steht mit diesem Interesse mitten in einer Zeitströmung der außerparlamentarischen Bewegung, die sich nach der mißglückten Revolte an den Aufbau einer sogenannten Gegenkultur machte[154] und sich an der Illusion

---

151 a. a. O., S. 434
152 ebd.
153 a. a. O., S. 192
154 Huber beschreibt deren Intentionen aus der damaligen Perspektive (vgl. Huber, J., Wer soll das alles ändern, Berlin/West 1981). Heute noch sichtbare Institutionen dieses Versuches sind die *tageszeitung* und die Partei der Grünen. Mit ihrem Schicksal wird zugleich das der Idee der Ge-

nährte, im Kapitalismus selbst könnten antikapitalistische Enklaven geschaffen werden. In *Das Brot mit der Feile* fungiert die Liebe als eine dieser Inseln; eine andere stellt das oppositionelle Kollektiv dar, das in dem Roman, je weiter er voranschreitet, desto stärker vertreten ist und das für alle weiteren Romane Geisslers zentral bleibt – über die Aktivitäten einer Widerstandsgruppe gegen den Nationalsozialismus in *Wird Zeit, daß wir leben* bis hin zur revolutionären Gruppe in *kamalatta*, die sich am Vorbild der Stadtguerilla orientiert. Ahlers' Veränderung indiziert somit an hervorgehobener Stelle diejenige Geisslers, dessen moralisierende Anklage sich in einen politisch motivierten Widerstand verwandelt. Die Triebkräfte des Eigenen aufzuspüren, das für Geissler in dieser Phase ungebrochen das Oppositionelle verbürgt, und die Opposition gegen das Fremde und das Tote zu organisieren, beschäftigt ihn und bewirkt neben den aufgezeigten Veränderungen in der Figurenanalyse insbesondere auch eine Veränderung des Stils. Der Funktionswandel der in Geisslers Texte montierten Zitate exemplifiziert dieses.

In *Anfrage* montiert er wiederholt Originalzitate in die Fiktion und weist im Anhang jedes einzelne Zitat mit der Quellenangabe nach.[155] In *Kalte Zeiten* verzichtet er hierauf, hebt aber, wie schon im ersten Roman, das Zitierte durch Kursivierung hervor: »Er bückte sich, ging unterm Greifarm her bis vor das gelbe Blechschild, *Der Aufenthalt im Schwenkbereich des Baggers ist Unbefugten untersagt*, lehnte sich an die blaue nasse Stahlwand des Motorkastens [...]«[156]. Der Kontext des Zitierten ist klar ersichtlich, es funktioniert im Rahmen eines auktorialen Erzählmusters, das von der östlichen Literaturdoktrin für den sozialistischen Realismus reklamiert wurde. Es suggeriert, eine objektive Beschreibung der Welt sei möglich. Das Wissens über die Welt ist an den Erzähler geknüpft, er gibt die Kontrolle über das Erzählte nicht aus den Händen. Neben ganzen Sätzen zitiert Geissler zunehmend Satzfragmente, die zum Beispiel aus der Werbewelt in den Bewußtseinsstrom der Figuren eintreten: »*von jetzt an Glänzer, glänzern kann man nur mit Glänzer*«[157]. Wie in *Anfrage* sind die Zitate auch hier exoterisch angelegt, sie sind als Zitate identifizierbar und erfüllen eine

genkultur deutlich: die herrschende Kultur gemeindete sich die ursprünglich gegen sie gerichtete als eine interessante abweichende Stimme ein.

155   vgl. Geissler, Chr., Anfrage, Hamburg 1960, S. II-XIV
156   Geissler, Kalte Zeiten, a. a. O., S. 19
157   a. a. O., S. 29

Enthüllungsfunktion, sei es gegenüber der nationalsozialistischen Ideologie, sei es gegenüber den Manipulationen der Werbewelt.

Mit dem Perspektivenwechsel gegen Ende der sechziger Jahre verlieren sich diese Zitate mitsamt ihrer aufklärerischen Funktion zunächst wieder. Das Faktische wandert nun als exakt recherchierte Zeitgeschichte in die oppositionelle Perspektive ein.[158] Eine Anti-Schah-Demonstration aus dem Jahre 1967 beschreibt Geissler mit den Worten: »Aber im Laufe des Tages zogen sie viertausend Mann Polizei in der Stadt zusammen für diesen Obereumel aus Persien und seine Schnalle aus Neue Revue, Flughafen elf Uhr zwanzig, Rathaus halb eins [...]«[159]. Die Authentizität der zeitgeschichtlichen Ereignisse hebt Geissler nun nicht mehr eigens im Zitat hervor, um diejenige der widerständigen Perspektive bemüht er sich mit Hilfe der Hereinnahme zeittypischer Prägungen des Jargons wie ›Obereumel‹ und ›Schnalle‹. Behausten in *Kalte Zeiten* noch systemkonforme Zitatfragmente die Bewußtseinsinhalte der Ahlers', so integriert Geissler seit *Das Brot mit der Feile* dem oppositionellen bzw. potentiell oppositionellen Milieu abgelauschte Versatzstücke in seinen Stil. Der Funktionswandel des Zitierens macht deutlich, daß er nicht mehr primär für die bürgerliche Öffentlichkeit schreibt, um deren Meinung zu verändern, sondern daß er sich an das eigene politische Spektrum wendet. Dergestalt geht seine politische Wandlung zur Parteilichkeit in die Schreibweise ein.

Parallel zur Wiederaufnahme von Figuren aus früheren Texten beginnt Geissler, seine eigenen Texte zu zitieren: »Hier saß und stand und lief nun auch Ahlers, sortierte Schrauben [...], Muffen und Warnschilder: Der Aufenthalt im Schwenkbereich des Baggers ist verboten, Gelb auf Blau«[160]. Die Verflüssigung einst gefundener Prägungen, die dauernde selbstreflexive Infragestellung des einst für gültig Gehaltenen, der Impuls, die Sprache angesichts der sich wandelnden Wirklichkeit immer wieder zu verändern, bezeugt das Vertrauen Geisslers in die Sprache und in die produktive Funktion der schriftstellerischen Arbeit als einer aufklärerischen der Verständigung und der Selbstverständigung.

Die oppositionellen Sujets, die Figurenführung und die Authentizität der aus der Umgangssprache übernommenen Prägungen treten nun zu einem perspekti-

---

158 Für *Wird Zeit, daß wir leben* beglaubigt Roth (vgl. ders., Auf den Spuren des Widerstands, in: Autonomie, Nr. 5/1977, S. 43-48) die Faktentreue des Erzählten.
159 Geissler, Das Brot mit der Feile, a. a. O., S. 346
160 a. a. O., S. 43

visch akzentuierten Stil zusammen, den Geissler durch die Verknappung, Rhythmisierung und durch Arbeit am Text als einem Klangkörper, zum Beispiel durch Alliterationen, zu seinem unverwechselbaren Personalstil macht. *Wird Zeit, daß wir leben*, der reifste und geschlossenste Roman aus dieser Phase, steigert diese Tendenzen bis zur Virtuosität. Die atemberaubende Verknappung in der Figurenzeichnung, die Böll bewunderte, die Akzeleration des Sprachrhythmus, aber auch des spannenden Handlungsverlaufes, die ineinander umschlagenden Perspektiven und viele andere Merkmale dieses Romans bestätigen Schneiders Analyse, daß die revolutionäre Ungeduld sich hier stilistisch als Beschleunigung niederschlägt. Was der Titel verlangt, durchzieht auch die Schreibweise. Emphatisch, geradezu rauschhaft beschwört Geissler das Leben. In den Text selbst scheint er es bannen zu wollen, so daß es in der Lektüre als Lust, die zum rebellischen Impuls werden könnte, freigesetzt wird. Der Schriftsteller erfährt hier eine Apotheose als Anreger des oppositionellen Begehrens.

Dann geschieht Überraschendes: Geissler wechselt die Form. Die dritte Phase beginnt, in der er erstmals Lyrik produziert. Als Motiv für den Wechsel gibt er im Eröffnungs- und im Schlußgedicht seines ersten Lyrikbandes die »suche nach worten«[161] an. Ein Hinweis auf das Stammheimer Gefängnis und einer auf den nach langer Isolationshaft erkrankten Werner Hoppe, einem Mitglied der RAF, der »im achtzehnten stock des allgemeinen krankenhauses altona lag«[162], deutet die Gründe für den Tonwechsel an[163]:

> auf der suche nach worten
> wortzierderitt aus gekniffenem maul
> kandarrenlieder im wortewald
> dickicht der liebsten verstellung
> buchstabengitter ins ohr gespreizt
> gegen hexenpfiff
> spring ich im dreieck
> über den schrund
> keiner worte
> nieder
> stürzend
> netzt mich
> verspinnung verknüpfung
> schmetternd tonlos

161 Geissler, Chr., Im Vorfeld einer Schußverletzung, Berlin/West 1980, S. 8, 85
162 a. a. O., S. 86
163 a. a. O., S. 85

vor der stammheimer sieben
vor der hamburger dreizehn
vor dem trick achtzehn aka

Seit diesem Gedichtband ist das Vertrauen Geisslers in die das Leben anregende
Funktion der Literatur erschüttert. Nicht die Fülle revolutionärer Lust durchwirkt
mehr diese Zeilen, sondern der Mangel an Worten. Angesichts der überwältigenden Faktizität des Bestehenden stellt er die Möglichkeit jeglicher lebendiger
Kommunikation in Frage. In der Lyrik ist das lyrische Ich auf sich zurückgeworf-
fen. Das Sprechen nimmt sich zurück, macht sich klein[164] und verkriecht sich
esoterisch in sich selbst. Geissler läßt das oppositionelle Kollektiv als Adressat
seiner Literatur hinter sich und spricht nur noch zu sich selbst. Wer ihm als Leser
folgen mag, wird in seine private, individuelle Erfahrungswelt hineingezogen.

Doch durch das Individuelle hindurch öffnen sich kollektive Erfahrungsbe-
züge. ›1977‹ bildet einen von der Forschung noch viel zu wenig beachteten Einschnitt in der Geschichte der außerparlamentarischen Opposition nach ›1968‹.[165]
Der sogenannte Deutsche Herbst machte der Opposition deutlich, daß der sozial-
demokratisch regierte Staat alle Mittel gegen sie ausschöpfen würde, sobald er
sich in seinen Grundfesten bedroht sieht.[166] Als *bleierne Zeit*[167], in der das politische Handeln gelähmt war, ging dieses Jahr in die Erfahrung vieler Oppositioneller ein.

Im Nachklang dieser Erfahrungen fragt Geissler, welche Worte die Übermacht der Systemtreuen und die eigene Ohnmacht fassen könnten. Ein Sprachstrom, wie er *Wird Zeit, daß wir leben* durchzog, geriete zum »wortzierderitt«.
Die Worte sind eitel geworden, weil sie über einen »schrund« hinweglügen, in
den sie nicht hineinreichen. Am Rande des Verstummens entlang erschreibt sich
Geissler diese Gedichte. Erstmals taucht hier der Gedanke auf, daß angesichts
der übermächtigen Verhältnisse keine Hoffnung mehr gehegt werden kann, der
sich in *kamalatta* als nihilistische Schicht niederschlagen wird. In *spiel auf*

---

164 Dieses könnte ein Motiv für die nun beginnende Kleinschreibung sein, ein weiteres ist
sicherlich die auf diese Weise demonstrierte Solidarität mit der RAF, die ebenfalls zur Kleinschreibung wechselte.
165 Briegleb weist auf den zentralen Charakter des Jahres 1977 hin (vgl. Briegleb, Kl., Unmittelbar zur Epoche des NS-Faschismus, Frankfurt/M 1989, S. 79-95).
166 Diese Atmosphäre wird in einem zeitgenössischen Gemeinschaftsfilmprojekt eingefangen,
das sich auf den Herbst 1977 bezieht und *Deutschland im Herbst* heißt.
167 Zeitgenössischer Filmtitel von M. v. Trotta.

ungeheuer gelingt die Sprachfindung wieder besser, die Gedichte wirken liedhafter. Der spracherfahrene Krolow bemerkt expressionistische Untertöne.[168] Der »moment der verstummung«[169] beginnt sich zu verflüchtigen, Geissler findet langsam die Beredtsamkeit wieder.

In der Wendung zur Lyrik manifestiert sich die Veränderung des politischen Kräfteverhältnisses. Der Wechsel in der Schreibweise und der Zustand der Opposition stehen hier in einem offensichtlichen Zusammenhang miteinander. Je mehr das Handeln der außerparlamentarischen Opposition blockiert wird, desto weniger versuchen Geisslers Texte, revolutionäre Lust anzufachen. Weil sie nicht mehr in ein aufnahmebereites, sympathetisches Umfeld hineingeschrieben werden können, verliert sich ihre Wirkungsorientierung. Für Geisslers Werkentwicklung wäre die These zu prüfen, ob die Wirkungsorientierung gegenüber der Wahrheitsorientierung in dem Maße in den Hintergrund rückt, wie die gesellschaftlichen Bedingungen des Kampfes sich verschlechtern. Wie Proff in *kamalatta*, schweigt auch Geissler in dem Moment, wo das Gewaltverhältnis übermächtig wird. Die Gedichte sind diesem Schweigen abgerungen.

In *kamalatta* setzt der Autor die Suche nach Worten fort. 1986, mitten in der Arbeit zu diesem großen Roman, schreibt er: »ich suche nach worten. auch gegen die eigne verstummung. genügt das. genügt mir das aber.«[170] Die Erfahrung der Lyrik bleibt in Kraft, doch in der vierten Phase, die mit der Rückkehr zur Romanform beginnt, tritt der Impuls, mit der Literatur etwas bewirken zu wollen, wieder stärker hervor.

Mit *kamalatta* bestätigt Geissler, daß für seine Literatur die Wahl tabuisierter und bislang nicht aufgegriffener Sujets ein wichtiges Merkmal bleibt. Wie schon in *Anfrage* das verdrängte Nachleben des Nationalsozialismus, in *Kalte Zeiten* die bis dato kaum beachtete Arbeitswelt, in *Das Brot mit der Feile* die Schilderung der außerparlamentarischen Bewegung und wie in *Wird Zeit, daß wir leben* die Betrachtung des Widerstandes gegen das Dritte Reich jenseits von orthodox kommunistischer (KPD) und bürgerlicher Sicht (Attentat des 20. Juli), so begeht er in *kamalatta* einen Tabubruch, dessen Kraft an den emotionalen Reaktionen im Feuilleton abzulesen ist: er stellt eine bewaffnete Gruppe dar, die

---

168 vgl. unter 2.2.1. (Feuilleton)

169 Geissler, Chr., spiel auf ungeheuer, Berlin/West 1983, S. 7

170 Geissler, Chr., Nachwort 1986, in: Das Brot mit der Feile, Berlin/West 1986 (erste Ausgabe München - Gütersloh - Wien 1973), S. 477-484, hier: S. 482

die Züge der RAF trägt, ohne die geforderten Abgrenzungsrituale gegen eine Politik, die Gewalt für ein legitimes Mittel hält, mitzumachen. Damit steht er erstens außerhalb des von den Parlamentariern aller Parteien geforderten Konsenses der Demokraten, zweitens außerhalb der übrigen Literatur über das Thema ›Terrorismus‹.[171] Die Parteilichkeit für all jene, die sich selbst in die sozialistische Tradition stellen, verbindet ihn mit Peter Weiss, der für *Die Ästhetik des Widerstands* im Feuilleton ebenfalls angefeindet wurde.

Indem er sich seit den sechziger bis in die neunziger Jahre hinein immer wieder den verschiedenen Strömungen innerhalb der außerparlamentarischen Bewegung zuwandte, wurde Geissler zu einem Chronisten der Fundamentalopposition in der Bundesrepublik. In seinen Büchern schlagen sich die Wendungen, die die Opposition politisch, aber auch von ihren Bewußtseinslagen her vollzog, unmittelbar nieder.

Christian Geissler gehört zu den wenigen Schriftstellern, die sich in ihren späteren Werken radikalisieren. Dieses betrifft nicht nur die politische Einstellung des Autors, die sich auch in seinen Texten niederschlägt. Es betrifft die gesamte Schreibweise, die an ästhetischer Radikalität gewinnt. Die Radikalisierung des Inhalts betrifft in *kamalatta* neben der Darstellung der kämpfenden Gruppe auch den Suizid des Protagonisten und die an ihn geknüpften, resignativen Tendenzen. Diese Radikalisierung geht mit einer solchen des Stils Hand in Hand. Die detaillierte Analyse *kamalattas* wird in den folgenden Kapiteln nachweisen, daß dieses Werk schriftstellerisch ambitioniert ist und in vielerlei Hinsicht die Synthese der bisherigen Arbeit Geisslers darstellt. Es integriert auf eine neue Art lustvoll-kämpferische und resignative Tendenzen, greift also zurück auf die frühen Phasen, ohne die Erfahrung des Überwältigtwerdens zu verdrängen. *Kamalatta* ist zweifellos Geisslers Hauptwerk, an ihm sollte er als Schriftsteller gemessen werden.

Nach *kamalatta* veröffentlicht Geissler kleinere Texte, die gesammelt unter dem Titel *Prozeß im Bruch* erscheinen.[172] Zwei von ihnen heben sich durch Form und Umfang ab: *dissonanzen der klärung*, zuerst 1990 erschienen, ist ein offener Brief »an die genossinnen und genossen der roten armee fraktion«[173] in

171 Vgl. etwa die Romane von Delius – *Ein Held der inneren Sicherheit, Mogadischu Fensterplatz, Himmelfahrt eines Staatsfeindes* – von Goetz – *Kontrolliert* – oder von Böll – *Die verlorene Ehre der Katharina Blum, Fürsorgliche Belagerung* – etc.
172 Geissler, Chr., Prozeß im Bruch, Hamburg 1992
173 Geissler, Chr., dissonanzen der klärung, Kiel 1990, S. 3

Gedichtform. Geissler differenziert darin seine Position gegenüber der RAF aus, indem er sich von deren verhärteten Praktiken abgrenzt und für einen offenen Dialog plädiert.[174] *Winterdeutsch* ist ein literarischer Aufruf zu einer »Permanenten Kommunistischen Konferenz«[175], mit deren Hilfe Geissler die Erstarrung überwinden möchte, die die Linke seit der Vereinigung ergriffen hat. Beide Texte, wie auch viele der in *Prozeß im Bruch* abgedruckten Reden greifen direkt in politische Debatten ein. Geissler nennt sie Flugschriften zu *kamalatta*. Die literarische Entwicklung Geisslers bringen sie zwar nicht voran, sie zeigen aber einmal mehr, daß er an seinem Perspektivenwechsel aus den sechziger Jahren auch nach dem Zusammenbruch des Ostblocks festhält. Erst die neueste Produktion von Hörspielen sowie insbesondere die Arbeit an einem neuen, umfangreichen Roman[176] lassen die Rückkehr zum in *kamalatta* gesetzten literarischen Standard erwarten.

---

174 Vgl.: »dort / wo ihr / selbstbestimmt / den banker totschmeißt« – gemeint ist der tödliche Anschlag auf den Vorstandsvorsitzenden der Deutschen Bank, Alfred Herrhausen – »ist nichts mehr offen / ist etwas nicht mehr diskutabel / schließt ihr den beziehungsprozeß / als den / diskussionsprozeß des lernenden streitens / des gegenseitigen lernens / ab / zerschmeißt ihr uns das offene wort« (a. a. O., S. 62 f.)
175 Geissler, Chr., winterdeutsch, in: Die Aktion, Heft 89/92, S. 1451-1513, hier: S. 1470
176 Geissler las am 11. 4. 1994 im Hamburger Literaturhaus aus dem Manuskript mit dem Titel *Reisebilder mit Halsabschneidern* vor.

3. Die Rezeption ›kamalattas‹

Während die Literaturwissenschaft Geisslers Werk praktisch ignoriert, polarisiert es die Feuilletons. Besonders zu *kamalatta* gibt es diametral entgegengesetzte Einschätzungen. Im gleichen Jahr wird es als künstlerisches Meisterwerk und als politische Durchhaltepropaganda gewertet. Diese Reaktionen machen deutlich, daß die Kriterien für die Bewertung von Geisslers Text selbst noch umstritten sind, und daß diese Unklarheit einen Grad an Emotionalität freisetzt, der zu jubelnden oder vernichtenden Urteilen führt. Das Umstrittene entzündet sich an jenem Punkt des Diskurses, an dem sich ästhetische und politische Linien schneiden und an dem sie sich gegenseitig aus ihren vertrauten Bezügen reißen. Die Tabuverletzung, die Geissler begeht, indem er gegen die Regeln der herrschenden politischen Meinung über den bewaffneten Kampf schreibt und diesen Kampf nicht als terroristisch verwirft, sondern sich außerhalb des noch immer gültigen »antiterroristisch geregelten Konsens[es]«[1] stellt, präsentiert sich als künstlerische Rede. Sie darf als Figurenrede nicht auf den Autor verrechnet werden. Und doch vermag sie Sätze in die Öffentlichkeit zu entlassen, die als politische Aussagen in ihr nicht repräsentiert sind. So unterläuft die Fiktion den herrschenden politischen Diskurs. Andererseits funkt die Politik auf andere Art in den ästhetischen Diskurs hinein, indem das für *kamalatta* zentrale Thema des fundamentaloppositionellen Widerstandes nahelegt, die Kunst auf politische Praxis hin zu überschreiten. Der Autonomiestatus des Werkes wird durch den politischen Anspruch bis zum Zerspringen in Frage gestellt.

Diese Verwerfungen von Politik und Ästhetik strukturieren die Reaktionen auf den Roman, die nun in chronologischer Folge betrachtet werden sollen. Die erste Reaktion ist bis heute die schärfste politische Kritik an *kamalatta* geblieben. Sie stammt von Christoph Wackernagel[2], der ein Mitglied der RAF war, zehn Jahre lang im Gefängnis saß und in dieser Zeit zur schriftstellerischen Tätigkeit fand. Wackernagel reagiert idiosynkratisch auf Geissler, der die RAF feiere, ohne ihr selbst anzugehören:»Tatsächlich ist Geissler das, was die rechte Presse Böll und anderen zu Unrecht vorgeworfen hat: Der Durchhaltepropagandist aus dem sicheren Hinterland.« Hinter dieser Invektive steht nicht nur

---

1   Briegleb, Kl., Unmittelbar zur Epoche des NS-Faschismus, Frankfurt/M. 1989, S. 85
2   vgl. Wackernagel, Chr., Politik als Religion, in: Basler Zeitung vom 5. 10. 1988

Wackernagels eigene Lebensgeschichte, der, indem er einst die Entscheidung für den bewaffneten Kampf traf, getan hat, was manche Geisslersche Figur verlangt, sondern Wackernagel hält *kamalatta* für mißglückt, weil seine Auffassung von Literatur sich nicht mit Geisslers Roman arrangieren kann. Für ihn gehört *kamalatta* zur Tendenzkunst, dazu geschrieben, den bewaffneten Kampf zu verherrlichen und ihm neue Mitkämpfer zuzuführen. Diesem Zweck würden die literarischen Mittel untergeordnet. Legitimiert werde der Kampf mit einem »abstrakten Begriff von ›Leben an sich‹«, der »stets unmittelbar, nicht in Erzählung übertragen« erscheine. Die bewaffnete Gruppe und der Roman insgesamt machten Politik zu einer »Glaubenssache«: »Geisslers Personen kennen keine Widersprüche zur Sache, nur Zweifel an sich selbst, Innerlichkeitsgebrodel.« Politik werde durch »kollektive Selbstsuggestion« ersetzt. Die propagandistischen Momente in Geisslers Roman schlügen aber gegen ihn zurück, indem sie ihn in den »Kitsch« und in andere »literarische Kapitalverbrechen« führten. Das Fazit von Wackernagels Verriß lautet deshalb: »Dieser Text ist ein Beispiel für die Gerechtigkeit der Sprache und für die Unmöglichkeit, Literatur als Mittel zu mißbrauchen.«

Agnes Hüfner[3] beschreibt erstmals Geisslers Sprache: »Balladenhaft-lyrisch wirkt die Prosa insgesamt, Reime, Alliterationen, Wortmalereien, Slang- und Dialektausdrücke, in unvollständigen Sätzen einander folgend, vermitteln den Eindruck wörtlicher Rede, einer Umgangssprache allerdings, die das Gegenteil von arm und kaputt, vielmehr kunstvolle Volkssprache ist.« In der Bezeichnung ›romantisches fragment‹ sieht Hüfner eine Selbstironisierung Geisslers bezüglich seines unzeitgemäßen »Beharren[s] auf den Begriffen und dem Tatbestand der Klassengeschichte«.

»Zwiespältig« sind die Leseeindrücke von Hannes Krauss[4], der einige Widersprüche in Geisslers Roman benennt. Negativ bewertet er, ähnlich wie Wackernagel, daß die intendierte Unterstützung des politischen Kampfes dem Roman nicht bekomme, sondern zur »pathetischen Idealisierung« gerate und »eine heroisierte Widerstandsidylle« zeige. Der Umschlag von »kunstvoller Sprache in Manierismus« entstehe, weil Geissler sich verzweifelt bemühe, »mit Sprache künstlich am Leben zu halten, was in der Realität längst tot ist«. Aber

---

3   vgl. Hüfner, A., ›ach, wer hat uns so festgebunden‹, Süddeutsche Zeitung vom 5. 10. 1988
4   vgl. Krauss, H., Mit einem Bein im Stachelgelände, in: Deutsche Volkszeitung/die tat vom 7. 10. 1988

auch die Stärken des Romans setzt Krauss in der sprachlichen Arbeit an. Sie kämen zur Geltung, wenn Geissler seine »genauen, messerscharfen Alltagsbeobachtungen« umsetze in »Passagen von eindrucksvoller Prägnanz, von fast lyrischer Intensität und Schärfe«. Interpretierte Wackernagel *kamalatta* als Tendenz- und Propagandawerk, so sieht Krauss in ihm ein Substitut: »Wo der Gegenstand der Hoffnung längst aufgerieben wurde zwischen erbarmungsloser Rache und kläglichem Waffenfetischismus, da muß ein kunstvoller Wiederbelebungsversuch romantisches Fragment bleiben, das nur notdürftig die an der Gegenwart zerbrochenen Utopien ersetzen kann.«

Thomas Rothschild[5] schreibt die erste Hymne auf Geisslers Roman. Er wirft dem Literaturbetrieb vor, diesen Autor »von Rang, von wirklicher Bedeutung«, »durch Verschweigen« für dessen politisches Selbstverständnis zu bestrafen. Geisslers »moralische Rigidität« wertet er vorbehaltlos positiv. Dabei verwickelt er sich allerdings in einen Widerspruch, indem er die Meinung des Autors Geissler in der folgenden Einschätzung wieder völlig hinter dem Werk verschwinden läßt: »Denn so nah Geissler sich an der Wirklichkeit befindet, vergißt er doch nie, daß sein Material die Sprache, daß sein Verfahren die Schaffung, nicht die Abbildung einer Wahrheit ist.« Während Wackernagel und Krauss den Überschuß der Autormeinung tadelten, den Krauss als Manierismus bezeichnete, kontert Rothschild mit einer These: »was bisweilen wie Manierismus wirken mag, ist doch nur Ausdruck einer Anstrengung des künstlerischen Intellekts«. Der sprachlich-gestalterischen Dimension mißt Rothschild besondere Bedeutung zu. Neben den schon von Hüfner hervorgehobenen Wortverwendungen verweist er auf Geisslers Gebrauch der Montage und des »harten Schnitt[s]«: »übergangslos wechselt er von einer Perspektive in die andere, von einem Jargon in den anderen«. Hatten Wackernagel und Krauss die Idealisierung politischer Bewegungen und deren positive Überzeichnung durch Geissler kritisiert, so vermag Rothschild nichts von allem zu erblicken. Er interpretiert *kamalatta* als einen durchgängig pessimistischen Roman, der den Stoff, den er darstellt, angemessen wiedergebe.

Die bisherigen Stellungnahmen resümiert Franz Lerchenmüller[6] implizit, wenn er schreibt: »An Christian Geissler scheiden sich schon immer die Leser.

---

5   vgl. Rothschild, Th., Motiv Gefangenschaft, in: Frankfurter Rundschau vom 3. 10. 1988
6   vgl. Lerchenmüller, Fr., Ein Bericht über Politik aus dem Bauch, in: die tageszeitung vom 3. 12. 1988

Nach *kamalatta* wird das nicht anders sein [...]. Nichts ist leicht an *kamalatta*, aber auch nichts unfaßbar.« Auch er hebt zunächst die Qualitäten der Spracharbeit hervor und nennt die Sprache »eine sehr lyrische, häufig in den Rhythmus altgriechischer Epen gefaßt[e], die dazu verleitet, ganze Abschnitte laut vor sich hin zu lesen, eine Kunstsprache, in die sich Hamburger Platt, RAF-Diktion und Rotwelschbrocken mischen«. Er sieht die Gefahr des Kitsches, fragt aber sogleich: »aber was heißt das: welcher Maßstab wird an eine ganz fremde Sprachwelt gelegt? An eine Welt, in der grelle, expressionistische Bilder aus unverständlichen Satztrümmern, Chiffren und Silben aufleuchten, verschlüsselte Botschaften weitergegeben werden«. Dann wendet er sich dem politischen Gehalt zu und vertritt eine abgewogene Linie. Er sieht, daß sich für die Romanfiguren »der Grad der Radikalität [...] am Ausmaß der persönlichen Konsequenz« bemißt und rechnet es Geissler hoch an, daß er »einen Roman geschrieben [hat], kein Bekenntnis«. Dessen Schreibweise ziele, was Lerchenmüller nicht bewertet, eher auf die Affekte als auf die Ratio: »*kamalatta* [...], ein Bericht über Politik aus dem Bauch, fürs Gefühl, zielt auf den Bauch.« Der zentrale Inhalt des anregenden Schreibens liege dabei im Sich-Wehren, im Kampf und im Lebendigsein.

Karin Schulze[7] bietet eine Interpretation des Untertitels ›romantisches fragment‹ an:

Damit wird [...] auf das Ideal einer alle im Widerstand stehenden Menschen umfassenden Kommunikation, eines gemeinsamen Gesprächs Bezug genommen. Und eben dieses Gespräch leistet der Roman selbst: mit seiner Vielstimmigkeit; mit den vielfältigen Berührungen, die er unter seinen Figuren stiftet [...]. Proff ist selbst eine romantische Gestalt, die versucht, die Spaltungen zwischen legalem und illegalem Widerstand, zwischen politischem Kampf und privatem Glück aufzuheben.

Auch Martin Hielscher[8] nimmt das Stichwort ›Romantik‹ auf: »›Romantisch‹ mag die Utopie der kämpfenden Gruppe und die vom Roman sprachlich inszenierte, so nicht vorhandene Einheit aller Menschen im Widerstand genannt werden.« Besonderes Gewicht legt auch Hielscher auf die sprachlichen Implikationen des Werkes, die er eine »Sprache des Widerstandes« nennt, die an der Hölderlinschen »Utopie des Gesprächs« partizipiere, indem sie einerseits die Alltagssprache kunstvoll nachahme und andererseits »die Strukturen der Herr-

---

7 vgl. Schulze, K., Die schwere Kälte der allgemeinen Gewalt, in: Szene Hamburg, 12/1988
8 vgl. Hielscher, M., Leben und kämpfen gegen das Pack, in: Deutsches Allgemeines Sonntagsblatt vom 4. 12. 1988

schaftssprache bricht, verdreht, ignoriert oder aus ihr die Wahrheit heraus-klopft«.

In Claus-Ulrich Bielefelds[9] Rezension steht abermals der sprachlich-künstlerische Wert des Romans im Zentrum des Interesses. Bielefeld beschreibt Geisslers Sprachverwendung und entwickelt die These, daß dessen »Sprach-experiment« gescheitert sei. Dabei mißt er nicht – wie viele andere – die politische Radikalität des Textes an Geisslers Stil, sondern geht den in der Sprach-verwendung materialisierten Intentionen nach. Die »›wilde‹ Form« gebrochenen Schreibens wolle Geissler wieder zusammenführen, er will »diese synthetische Sprache rhythmisieren, will wie ein Rhapsode ein Epos des Widerstandes ent-stehen lassen, in dem die Sprünge, Verschlingungen und Verwerfungen des all-täglichen Kampfes aufgehoben sind«. Dieses gelinge nicht: »Ganz gegen die erklärte Absicht[10] verdunkelt seine Sprache jedoch Denken, Handeln und Arti-kulation der handelnden Personen«. Im Ansatz benennt Bielefeld die für *kama-latta* charakteristische Spannung zwischen ambitionierter Reflektiertheit und Darstellung naturwüchsiger, ›naiver‹ politischer Prozesse: »Schein-naiv und aus-geklügelt ist diese ganz gegen ihren Willen regressive Sprache«.[11] Letztlich erzähle Geissler konventionell und erreiche »die sprachliche Komplexität nur mit Hilfe von Sprachtricks und -ticks«. Damit treibt Bielefeld die Diskussion um die ästhetische, vom politischen Anspruch entkoppelte Bewertung des Romans voran. Er faßt zusammen, »daß dieser groß konzipierte Text durch ästhetische Überanstrengung und politische Vereinfachung entscheidend beschädigt worden ist.«

Einen möglichen Konnex zwischen dem Roman und dessen politischer Wirkung stellt Ulrich Hammerschmidt[12] her. Er sei

wahre Volksliteratur und einsames Kunstwerk, […] ein Widerspruch gegen die Gesellschaft und, viel schmerzlicher, in und gegen sich selbst. […] Aber wer sich durchkämpft, durchfühlt, durch-hält, wer beim Lesen als solches bei ›kamalatta‹ etwas durchmacht (sagen wir ruhig: Sprachfol-ter, Wortquälerei, anstelle von Textkonsum), übt Widerstand (übt im doppelten Wortsinn), erlebt

---

9   vgl. Bielefeld, Cl.-U., Epos des Widerstandes, in: Frankfurter Allgemeine Zeitung vom 20. 12. 1988
10   Bielefeld gibt nicht an, wo Geissler dieses erkläre. Der Rezensent benutzt einen rhetori-schen Trick. Er unterschiebt Geissler eine ›Position‹ – »Geissler *will* […] wie ein Rhapsode« [Hervorhebung S.K.] usw. – um diese »erklärte Absicht« dann aus den Angeln zu heben.
11   Wieder weiß Bielefeld, was die Sprache ›will‹, um dann an diesem Maßstab seine Kritik auszurichten.
12   vgl. Hammerschmidt, U., Wut der langen Jahre, in: Nürnberger Nachrichten vom 7. 2. 1989

die Gegenwart des Lesens [...] und damit des Lebens, worauf sich im Idealfall die Erkenntnis einstellt.

Die Selbstgeißelung durch Literatur bewirke das Bewußtsein, zu leben, und speise dergestalt den Widerstand gegen das Tötende. Hammerschmidt benennt mit dieser Überlegung zweifellos eine in *kamalatta* angelegte Tendenz, wenn der Widerstand radikal vom einzelnen Subjekt und dessen Erleben her thematisiert und wo durch das Leiden ein Weg zum Selbst eröffnet wird. Er unterschlägt dabei allerdings die mitreißenden, lustanregenden Elemente in Geisslers Spracharbeit, auf die zuvor Lerchenmüller und Hielscher hinwiesen.

Ähnlich wie Wackernagel interessiert auch den RAF-Aussteiger Klaus Jünschke[13] besonders der politische Aspekt an Geisslers Roman. Seine Kritik verbindet er mit einer Schelte des Literaturbetriebes, der sich nicht getraut habe, das politisch Fatale des Buches zu bezeichnen und sich davon abzugrenzen. Geissler beschreibt er als einen Schriftsteller, »der wie ein Sprecher der RAF auftritt«, *kamalatta* als »RAF-Agitation«: »Sein Kassiber-Roman, in welchem Passagen aus RAF-Informationsbroschüren zum Teil wörtlich übernommen sind, gerät Geissler da zur Auftragskunst, wo er nicht mehr Tatsachen sprechen läßt, sondern Glaubenssätze verkündet.« Als Beispiel führt Jünschke die Stammheimer Tode an, die im Roman unwidersprochen als Morde dargestellt würden. Er verrechnet die Figurenrede dadurch auf die Wirklichkeitssicht des Autors. Den Anschlag der Gruppe sieht er als einen Versuch, »den Glauben von der befreienden Kraft der Gewalt« literarisch in Szene zu setzen. Dieser Versuch, »auf dem Papier eine Aktion darzustellen, die geeignet wäre, die Existenz terroristischer Gruppen hier und jetzt in der Bundesrepublik zu legitimieren«, sei gescheitert. Jünschke liefert mit dieser These einen Einwand gegen seine eigene Argumentation. Wenn der Anschlag der Gruppe als ein Scheitern interpretiert werden kann, dann nur deshalb, weil im Text diese Interpretation als Möglichkeit angelegt ist. In diesem Moment aber wäre Geissler kein Propagandist der RAF mehr. Um sein Argument zu entfalten, muß Jünschke jene Handlungsträger übergehen, die sich im Roman gegen den bewaffneten Kampf abgrenzen.

Für den von ihm herausgelösten Bereich des vielschichtigen Werkes entwickelt er eine provozierende These: Der »Stalinist« Geissler berühre faschistische Textpraxen:

---

13 vgl. Jünschke, Kl., ›begreifen, daß Krieg ist, und sich entscheiden‹, in: Der Spiegel, Nr. 12 vom 20. 3. 1989

Aus seinem ideologischen Bunker heraus [...] formuliert Christian Geissler dann Sätze wie aus einem Landser-Heftchen: ›man muß zu jedem opfer entschlossen sein und sogar, wenn es sein muß, alle möglichen schliche, listen und illegalen methoden anwenden, die wahrheit verschweigen und verheimlichen, nur um – um jeden preis – kommunistische arbeit zu leisten.‹ [...] ›Um jeden Preis‹: Das ist ein Gedanke der politischen Rechten. Es gibt keine linke Ästhetik des Krieges.

Jünschke grenzt Geisslers Text deshalb explizit von Peter Weiss' *Ästhetik des Widerstands* ab.

Eine Apologie des Romans legt Michael Wildenhain[14] vor. Auch er stellt die sprachlichen Qualitäten heraus, um durch sie hindurch den radikalen politischen Gehalt zu ergreifen. Neben den schon erörterten Stilmitteln verweist er auf die verschiedenen Gestaltungsebenen, in denen Gleichnisse und Symboliken errichtet und wieder zerbrochen würden sowie auf die integrierende Kraft des Rhythmus: »Nicht nur faßt der Rhythmus die auf den ersten Blick divergierenden Erzählfäden auf einer übergreifenden Ebene zusammen, sondern verstärkt, begründet möglicherweise den Eindruck, sich in einem, wenn auch brüchigen Kontinuum linker Wirklichkeitswahrnehmung zu bewegen«. Es gelinge Geissler mit solchen Stilmitteln, »das Kontinuum ›*kommunistischer* Kämpfe‹ [...] in der BRD literarisch zu begreifen«. Damit schreibe er Geschichte und befrage sie zugleich. Die Vielgestaltigkeit dieser Geschichte werde nicht unterschlagen. Wildenhain wendet sich explizit gegen Wackernagels Rede von der Durchhalteprosa. Die äußerste Zuspitzung alltäglicher Lebensabläufe im Lichte des bewaffneten Kampfes ermögliche vielmehr das Aufbrechen des Verlautbarungscharakters von RAF-Texten, ermögliche »das, was [...] häufig zum sprachlichen Fetisch verkommt [...] der Pose zu entreißen«. Wildenhain betont, daß die Frage nach dem Sinn und der Möglichkeit des bewaffneten Kampfes zwar jede Überlegung durchdringe, daß die Entscheidung für dieses Vorgehen aber an keiner Stelle, am wenigsten aber mit der Hauptfigur Proff, unproblematisiert bleibe:

Was Christian Geissler will, ist die Haltung zu ergründen, aus der allein die Aufnahme der Kämpfe sinnvoll wird. An diesem Punkt bis ans Ende gedacht zu haben, obwohl nahezu nichts in der herrschenden Realität auch bloß irgendwie für ein derartiges Unternehmen spricht [...] ist die Leistung dieses Buches. Sich aber damit zusätzlich der Gefahr, das eigene Anliegen eventuell zu widerlegen, ausgesetzt zu haben, macht die Arbeit unnachahmlich.

---

14 vgl. Wildenhain, M., Linke Kämpfe in einer recht dürftigen Zeit, in: der literat, 31. Jg., Nr. 4 vom 15. 4. 1989, S. 116-118

Diese Anstrengung nennt der Rezensent politisch: »*Kamalatta* ist eine politische Handlung.«

Wildenhains Beitrag, der gegen Ende des Rezensionenreigens erscheint, verknüpft als erster die politischen und die ästhetischen Momente synthetisch miteinander. Während einige Rezensenten das Buch aus politischen Gründen ablehnen, die meisten die drastischen politischen Bekenntnisse der Figuren aber gegen das Formexperiment Geisslers abwiegen, spricht sich für Wildenhain das Politische an *kamalatta* in dessen Form aus. Dagegen wandelt Barbara Meyer[15] auf bekannten Pfaden. Sie beschreibt lobend Geisslers Spracharbeit, um ihn wegen seiner politischen Tendenz zu schelten: »Da Christian Geissler an der politischen Identifikation seiner Figuren teilhat, unterwirft er seine gegenüber früheren Werken innovative Ästhetik propagandistischen Inhalten.« Am 27. Juni 1989 gelangen die Rezensionen mit dieser Besprechung an ihr Ende. Ein Nachzügler im Medium Buch, der zugleich den Übergang zur fachwissenschaftlichen Rubrizierung *kamalattas* markiert, ist Volker Hages 1990 erschienener Text.[16] Er konzediert Geissler eine raffinierte Erzählweise, um dann, ähnlich wie schon Bielefeld, seine Kritik an dessen Sprachverwendung festzumachen: »Geisslers Personen verschwinden mit ihren Äußerungen und Ansichten hinter dem Schleier einer extrem stilisierten und gekünstelten Sprache.«[17] Hage spricht von »Gewaltkitsch«, von einem »verblasene[n], verdrücke[n] Stil«[18] und fällt damit das schärfste Urteil über die Sprachverwendung.

Geisslers eigene Äußerungen in diesem Zeitraum reichen übrigens an die Komplexität des Romans nicht annähernd heran.[19] Er spricht vorwiegend über sein Selbstverständnis als Schriftsteller, kaum über *kamalatta* selbst. In der Dankrede[20] an die Jury der Irmgard Heilmann-Stiftung für Literatur, die ihn 1988 für *kamalatta* mit ihrem Preis auszeichnet, betont er: »ich bin mit meiner arbeit in die zeitgenössischen klassenkämpfe seit je her mitten reingegangen, hab

---

15   vgl. Meyer, B., Literarischer Umsturz, in: Neue Zürcher Zeitung vom 27. 6. 1989

16   vgl. Hage, V., Schriftproben, Reinbek bei Hamburg 1990, S. 209-214

17   a. a. O., S. 211

18   a. a. O., S. 212

19   Vgl. etwa das Interview in der *konkret* (Kriegsgespräche, in: konkret, H. 2, Februar 1989, S. 54-57). Hier sagt Geissler zwar, er halte seinen Roman auch literarisch für wichtig (vgl. a. a. O., S. 55), geht dann aber auf die Gründe für diese Meinung nicht weiter ein.

20   vgl. Geissler, Chr., ›einer kriegt hier blumen. nicht knast‹. Dokumentation der Rede im Wortlaut, in: die tageszeitung vom 3. 10. 1988

sie aus ihnen entwickelt«; »ich unterstütze mit meiner arbeit die widerstandsinteressen.«

Der chronologische Durchgang macht deutlich: Die Rezensenten widersprechen einander teilweise diametral, sowohl was den literarischen Wert der Geisslerschen Erzählweise angeht als auch was die Einschätzung der politischen Gehalte betrifft. Über *kamalatta* existiert keine kanonisierte Meinung in der Öffentlichkeit. Der Roman ist umstritten wie kaum ein anderer. Dieses ist Grund genug, den in den Rezensionen aufgestellten Wegweisern zu folgen und die Fragen nach der Schreibweise und ihrem politischem Gehalt in der wissenschaftlichen Arbeit am Text zu vertiefen.

4. Lebenspathos und Zerstörung des Individuums in ›kamalatta‹

4.1. Folterdrohung und Gewaltverhältnis

4.1.1. Löschen der Bilder

Der Protagonist in *kamalatta* heißt Rupert Koch (vgl. 37), wird aber meist Proff genannt. Er wird, so läßt sich schließen, um 1930 geboren.[1] Seine Mutter ist »luise halka koch geborene zelasko« (536), sein Vater der »nazi*betriebsführer* gustav koch« (535).[2] Proff hat eine Schwester (vgl. 229). Er wächst in Hamburg auf. Vor dem Schulalter wird er »rübchen« (229) genannt. Mit acht Jahren, als er mit einer Kindergruppe in die Niederlande fährt, ist der Vater schon von der Familie getrennt. Mit fünfzehn, als »kind im faschismus« (41), wird Proff eingezogen; »als b6« (290) leistet er seinen Dienst an einer Flak ab. Danach will er »pfaffe werden« (82), läuft »einem alten englischen pfaffen« (241) nach, »nach dem krieg, als hamburger hungerbursche, im südlichen waldreichen devon, austauschschüler, *democracy*« (241), von dem er sich aber fluchtartig wieder entfernt. Während der darauf folgenden Phase, die er in Franken verbringt, lernt er seine erste Frau, die »winzertochter hildburga« (222) kennen. Mit seiner zweiten Frau, »Juliane Koch« (535), genannt Juli, nun wieder in der Hamburger Heimhuderstraße lebend, hat er »vier Kinder« (534), »lauter jungs« (141). Nur auf Moritz, den ältesten, und Felix, den jüngsten, geht der Roman ein. Mittlerweile hat Proff seine Neigung zur Religion verloren und beim Norddeutschen Rundfunk, Abteilung Fernsehen, gelegentlich die Möglichkeit, Dokumentarfilme zu drehen und damit Geld zu verdienen.

Zu Filmarbeiten wird er auch 1968 nach Mexiko geschickt, wo er über die Olympiade berichten soll. Stattdessen filmt er, am »zweite[n] oktober achtundsechzig« (23), eine Demonstration gegen die USA, in deren Verlauf von seiten der Ordnungskräfte auf Demonstranten geschossen wird. Einer der Polizisten

---

1 Es heißt, mit 15 sei er bei der Flakabwehr während der Städtebombardierungen vor Hamburg eingesetzt gewesen (vgl. 41). Diese fanden 1943 ihren Höhepunkt. Auch der 1928 geborene Geissler war 1943 fünfzehn Jahre alt und wurde bei der Flak eingesetzt. In der Figur des Proff finden sich autobiographische Züge.

2 Er »war gefangen in nazigedanken« (536).

befindet sich unmittelbar in seiner Nähe, als er einen demonstrierenden Indianer mit dem Stiefel tritt. Daraufhin schlägt Proff dem Täter im Affekt seine Kamera in den Nacken: »und im bildfeld sieht er den aufgetretenen hals eines jungen indianers, runder stiefel leise langbeinig gummi gegen den atem der klasse, da habe er, heißt es im viertel, plötzlich seine beobachterarbeit verlassen, die siebzehn kilo kamera sich von der schulter weg hochgerissen und sie niedergebracht ins genick von pack.« (23) Proff wird verhaftet und nach Guatemala verschleppt, wo man ihn in einem Ausbildungslager der Green Berets mißhandelt.[3] Bis zum 15. 5. 1970 (vgl. 23) bleibt er, mittlerweile aus der Haft entlassen und nach Hamburg zurückgekehrt, stumm. Mit seiner Frau und dem jüngsten Sohn lebt er in der Heimhuderstraße im Stadtteil Harvestehude; an den Wochenenden fahren sie oft in ihr Haus auf dem Lande bei Zachun, im Grenzgebiet zur DDR. Politisch wandelt sich Proff zum Kommunisten, hat »Verbindungen zur verbotenen KPD« (534), zu einer bewaffneten Gruppe, die der Roten Armee Fraktion ähnelt sowie zu zahlreichen Personen aus dem linken Spektrum. Die Handlung von *kamalatta* im engeren Sinne macht die Vorbereitung und Durchführung eines Anschlages auf die Zentrale der internationalen Antiterroreinheiten in Bad Tölz aus.

Dieser biographische Steckbrief von Proff bleibt der Schreibweise des Romans äußerlich, denn der Lebenslauf erschließt sich nur der recherchierenden Lektüre, die alle relevanten Sätze und Satzteile, die verstreut und unchronologisch vorkommen, zu einer geschlossenen Lebenslinie zusammenfügt. Dennoch kann die Interpretation nicht auf die Vergegenwärtigung des chronologischen Lebensweges verzichten, denn Proffs psychologische Motiviertheit bildet einen wichtigen Ansatz zum Verständnis der Handlung. Diese verdichtet sich in einem Gespräch, das Proff mit der bewaffneten Gruppe über sein politisches Engagement führt und aufgrund dessen die Gruppe ihn nicht in ihre Reihen aufnimmt.

---

3   Die Vorkommnisse in Mexiko haben, bis hin zu der Verwicklung eines Kameramannes, dessen Verschleppung allerdings nicht dokumentiert ist, einen Anhalt in der Wirklichkeit des Jahres 1968: »Granaderos (Bereitschaftspolizisten), Fallschirmjäger und Panzer umstellten die Plaza de las Tres Culturas [...] und schlossen 10.000 Demonstraten ein, die dort den Abzug der Polizei-Besatzung aus dem Nationalen Polytechnischen Institut forderten. Im Díaz-Geist feuerten Polizisten und Soldaten eine halbe Stunde lang mit Sturmkarabinern und Maschinengewehren in die Menschenmenge«. »Stundenlang durchkämmten die mexikanischen Milizen sämtliche Häuser am Drei-Kulturen-Platz. [...] Dem UPI-Filmmann Jan Borg entrissen sie die Kamera, schlugen ihn mit Gewehrkolben auf den Kopf und hetzten ihn auf allen vieren treppauf, treppab.« (Der Spiegel, Nr. 41/1968, S. 147) Mindestens 40 Menschen kamen bei der Aktion ums Leben.

Die Peripetie ist im Text wesentlich durch einen Erfahrungsunterschied motiviert, der sich auf seiten der Gruppe und auf Proffs Seite in der Handlungsorientierung niederschlägt. Die Erfahrung, um die es dabei zentral geht, ist diejenige des Verlassenwerdens, des Allein- und Ausgesetztseins. Sie kommt im Roman im Diskurs der Figuren, aber auch in der Darstellung durch den Erzähler, mit dem Thema der Folter zum Tragen.

Diese Interpretation begreift die Verarbeitung des Folterthemas als einen Kristallisationspunkt des Textes, an dem sie – durch die Romanhandlung und durch die Ansichten der Figuren hindurch – dessen diskursive Disposition analysieren kann. Im zweiten Teil dieses Kapitels soll die Analyse des Folterthemas durch diejenige der Rede vom Leben ergänzt werden. Die beiden Abschnitte umreißen exemplarisch das diskursive Feld, aus dem *kamalatta* hervorgeht und in das der Roman sich einschreibt. Im Falle des Folterthemas wird Geisslers Darstellung in ihrer Tragweite erst durch den Vergleich mit anderen Auffassungen von der Folter deutlich. Diese müssen kurz angegeben werden, damit ersichtlich wird, welche Momente Geissler betont und welche er vernachlässigt. Insgesamt zielt dieses Verfahren auf die Analyse des den Roman durchziehenden Diskurses im Foucaultschen Sinne.[4] Dieses geschieht, wie in der Vergegenwärtigung des

---

4 Foucault nennt ›Diskurs‹ »eine Menge von Aussagen, die einem gleichen Formationssystem zugehören« (Foucault, M., Archäologie des Wissens, Frankfurt/M. 1973, S. 156), bzw. »zur selben diskursiven Formation gehören« (a. a. O., S. 170). Er sei »durch und durch historisch« (ebd.) beschaffen. Die ›diskursive Praxis‹ »ist eine Gesamtheit von anonymen, historischen, stets im Raum und in der Zeit determinierten Regeln, die in einer gegebenen Epoche und für eine gegebene soziale, ökonomische, geographische oder sprachliche Umgebung die Wirkungsbedingungen der Aussagefunktion definiert haben« (a. a. O., S. 171). Der weite, strukturalistische Diskursbegriff – der von dem engen, kommunikationstheoretisch begründeten, den z. B. Habermas vertritt, abzugrenzen ist – bietet ein Instrumentarium zur Analyse literarischer Texte. Literatur arbeitet mit sprachlichem Material, das auch in nichtliterarischen Zusammenhängen vorkommt, in Diskursen also, die von demjenigen des Werkes analytisch getrennt werden müssen. Foucault hat die historischen Formationen dieser Diskurse zum Hauptgegenstand seiner Analysen gemacht. Die Fachdiskurse durchqueren die Literatur, der Diskursbegriff erfaßt das Kontinuum beider Sphären. Der Autor schreibt den Text in bestimmte Diskurse ein, doch zugleich hebt er ihn aus ihnen heraus, indem er eine besondere Art des Sagens einführt, die nur in seiner literarischen Schreibweise erscheinen kann. Die vorliegende Analyse untersucht die Diskurse über die ›Folter‹ und über das ›Leben‹ und fragt, welchen Regeln die in beiden Sparten vorkommenden Äußerungen gehorchen. Sowohl hinsichtlich der Folter als auch für die Rede vom Leben gilt für *kamalatta*, daß der Roman nur einen Ausschnitt der kursierenden diskursiven Praxen gestaltet. Mit Hilfe des Diskursbegriffs erschließt sich somit – exemplarisch an den untersuchten Begriffen – der ideologische Rahmen des Textes, der sich einem spezifischen Aus-

Lebenslaufs, durch eine systematisch motivierte Lektüre des Interpreten. Die dem Text eigentümliche Verfahrensweise der Zersplitterung der Handlungselemente und der sich dem ordnenden Verständnis entziehenden Leserführung werden dagegen im sechsten Kapitel thematisiert.

Proffs Verstummen im Anschluß an die Erfahrungen in Guatemala zeigt, daß sie einen Wendepunkt in seinem Leben bedeuten. Die an ihm ausgeübte, staatlich organisierte Gewalt scheint ihn innerlich gebrochen zu haben. Seine Zermürbung beginnt, als ihn der Colonel eines Tages aus dem Lager fortführt und scheinbar ins Vertrauen zieht: »was sie nicht wissen [...] will ich aber jetzt einem vertrauen, ihnen, [...] ich habe sonst niemand, es ist die hölle, wie man so sagt, ich rede offen« (418). Er erzählt ihm von der Ausbildungsmethode der Special Forces, die auf Folter beruhe und die er ersonnen habe. Er zeigt Schuldgefühle und nähert sich dabei einem nervlichen Zusammenbruch. Ihn scheint die Drohung umzutreiben, daß Proff im Lager getötet werden könnte: »dann hing er mir zuckend im arm [...] ich konnte nichts sehen, nur weiß, nur hören, *nicht sterben nicht sterben menschen du lieber.* und dann küßte er mich. und ich hielt ihn und nahm ihn so auf. wollte uns beide nur retten« (419). Das homoerotische Motiv ist mit dem »sturz ins vertrauen« (418), das später enttäuscht werden wird, gekoppelt. Zunächst aber soll Proff sich selbst, schlägt der Colonel ihm vor, Wunden beibringen, damit er ihn später unauffällig mitnehmen und retten könne. Nachdem dieses geschehen ist, täuscht Proff, mit dem stillen Einverständnis des Colonel, eine Flucht vor. Dabei trifft er auf den verletzten José, der gefesselt im Urwald liegt. Proff entscheidet sich gegen den Fluchtplan mit dem Colonel und beschließt, mit José zu fliehen: »ich hab eine schwester, die kämpft, flüstert josé.« (421) Sie soll sie befreien: »jetzt führte das Kind mich. [...] unsre hand, die einander vertraut [...] wir werden kämpfen, flüstert josé.« (421) Der Junge führt Proff in eine Höhle, wo beide einschlafen. Durch das vermeintliche

---

schlußmechanismus verdankt, den es zu beschreiben gilt. Diese Arbeit verläßt die Diskurstheorie an der Stelle, wo diese die Intention auf die im Kunstwerk materialisierte Wahrheit als einen eigenen Diskurstyp identifiziert, dekonstruiert und den Wahrheitsanspruch damit aufgibt. Bei Foucault geht die interpretatorische Anstrengung, die Wahrheit bestimmen zu wollen, in der Kritik des »Willen[s] zur Wahrheit« (Foucault, M., Die Ordnung des Diskurses, Frankfurt/M. 1991 (zuerst 1972), S. 15) als einer »gewaltige[n] Ausschließungsmaschinerie«« (a. a. O., S. 17) unter. Demgegenüber postuliert die materialistische Literaturanalyse, daß die Wahrheit im Werk gebunden sei und durch die Anstrengung der interpretierenden Subjekte ins Bewußtsein treten könne. Die Intention auf die Wahrheit wirkt erschließend, nicht ausgrenzend. Sie ist die Voraussetzung dafür, daß sich an den Werken geistige Erfahrung und Lernprozesse bilden.

Zeichen von Josés Schwester wird Proff geweckt. José selbst ist nicht mehr da. Proff steigt aus der Höhle und ruft Josés Namen. In diesem Moment wird ersichtlich, daß alles Vorangegangene vom Colonel inszeniert war: »das grinsen josés gescheitelt am stiefel des colonel. die weißen augen. nichts weint. seine hand auf dem kind. klar geordnet die gestalt des verbrechens gewaltig. das. hätte er mir jetzt seine webley gegeben, ich hätte mich selbst weggeschossen.« (423) Für Proff ist dieses Erlebnis das »zentrum der schande« (411); er verstummt danach.

Ob diese systematisch an Proff vorgenommene Demütigung als Folter bezeichnet werden kann, kommt auf die zugrundegelegte Definition an.[5] Die Folterintention liegt vor, die Grausamkeit wird institutionell ausgeübt und Proff wird nachhaltig, besonders seelisch, verletzt. Insofern kann in diesem Falle von Folter gesprochen werden.[6] Im Zentrum des Romaninteresses stehen jedoch die Folgen der Folterdrohung und des mit ihr einhergehenden Gewaltverhältnisses.

Denn der Folterdrohung ist Proff im Lager von Anfang an ausgesetzt, indem er sieht, wie Indiojungen gefoltert werden (vgl. 413 f.). Er ergibt sich, bis zu jenem Gespräch mit dem Colonel, in sein Schicksal, anstatt zu rebellieren. Erst

---

5   Die offizielle, international anerkannte Definition von Folter lautet: »Unter Folter im Sinne dieser Erklärung ist jede Handlung zu verstehen, durch die einer Person von einem Träger staatlicher Gewalt oder auf dessen Veranlassung hin vorsätzlich starke körperliche oder geistig-seelische Schmerzen oder Leiden zugefügt werden, um von ihr oder einem Dritten eine Aussage oder ein Geständnis zu erzwingen, sie für eine tatsächlich oder mutmaßlich von ihr begangene Tat zu bestrafen oder sie oder andere Personen einzuschüchtern. Nicht darunter fallen Schmerzen oder Leiden, die sich lediglich in einem mit den Mindestbestimmungen über die Behandlung von Strafgefangenen zu vereinbarenden Maß aus gesetzlich zulässigen Zwangsmaßnahmen ergeben, diesen anhaften oder als deren Nebenwirkung auftreten.« (Generalversammlung der Vereinten Nationen, Erklärung über den Schutz vor Folter und anderer grausamer Behandlung vom 9.12.1975, Art. 1, Abs. 1, in: G. Keller, Die Psychologie der Folter, Frankfurt/M. 1981, S. 88-90, hier: S. 88)

6   Die Grenze zwischen physischer und psychischer Folter weicht mit der Entwicklung subtiler psychischer Foltermethoden immer weiter auf: »Le pouvoir, aujourd'hui, renonce progressivement aux méthodes traditionelles, directes et brutales, de l'autorité pour recourir aux procédés plus subtils du conditionnement mental. [...] La répression est en train de devenir l'affaire exclusive des manipulateurs du psychisme.« (Lauret, J.-Cl./Lassiera, R., La Torture Propre, Paris 1975, S. 13). Die These von Lauret/Lassiera lautet: »N'importe, une mutation est en cours. La torture devient ›propre‹.« (a. a. O., S. 16) Auch Amnesty International betont den zugrundeliegenden Gedanken: »It has become unacceptable to insist upon a division between ›physical‹ and ›mental‹ experiences of pain.« (Amnesty International, Report on Torture, London (2)1975, S. 39)

als sich ihm unverhofft die Alternative zwischen Folter und Flucht auftut,[7] wird er aktiv. Im Gegensatz zur im Roman geschilderten bewaffneten Gruppe konzipiert er nicht die Alternative, der Folter standzuhalten. Vielmehr verbündet er sich mit seinem Folterer, der ihm dieses Identifikationsangebot nur macht, um das zunächst hergestellte Vertrauensverhältnis später desillusionieren zu können und Proff auf sich selbst zurückzuwerfen. Mit demselben Ziel setzt der Colonel auch José ein. Als Proff glaubt, einen Mitkämpfer gefunden zu haben, entzieht ihm der Colonel José wieder. Die Befreiung scheitert, Proff bricht zusammen und wird, weil er den Folterern keinerlei Widerstand mehr entgegensetzt, von ihnen begnadigt.

Der Colonel verfolgt mit seinem Handeln zwei Ziele. Erstens verwendet er Proff im Rahmen seines Ausbildungsprogramms, in dem »kinderkader im auftrag der *forces*« (414) herangebildet werden. Zweitens bricht er das letzte widerständige Flackern in ihm. Beide Ziele erreicht er, indem er Identifikationsangebote anbietet und wieder entzieht, an die sich eine »hoffnung« (418) knüpft. Das von ihm ausgearbeitete Folterprogramm hat die gewaltsame Zerstörung von Befreiungs- und Widerstandsbildern zum Ziel. Proff genießt im Lager den Ruf des Oppositionellen: »sie haben mut, sie haben sich auf einen Mörder gestürzt, schutzlos der eigene sprung« (418), sagt der Colonel. Für die gefangenen Indiojungen nimmt Proff deshalb eine Vorbild- und Vaterrolle ein. Diese potentielle Kraftquelle sei »die schwachstelle im programm, die lücke, jeder junge sucht seinen vater, die welt schließlich alles in allem sucht den mann, alther den gott« (418). Einer der Gefangenen, den die anderen, warum auch immer, verehren, wird absichtlich als symbolischer Vater zugelassen. Das Identifikationsangebot gegen die Ausbilder installieren diese absichtlich, um es wieder zu entreißen: »im programm der höhepunkt dann ist die gruppenfolter am vater, [...] bis der gelöscht ist, dann sind sie wirklich selbst gelöscht, nichts wird mehr brennen, nichts mehr den tauben stumpf rühren« (418). Der totemistische Vorgang soll die Identifikation mit Hoffnungen zerstören, die außerhalb des Lagers ihren Ursprung haben. Wenn in den Jungen der symbolische Vater abgetötet ist, können die Ausbilder »alles machen mit ihnen.« (419)

Um foltern zu können, müssen die zukünftigen Folterer selbst gefoltert sein. Nur wenn sie als Opfer erlitten haben, was sie anderen als Täter zufügen sollen,

---

7 Entweder sei der Zusammenbruch des Colonel »jetzt meine chance, die letzte, hier rauszukommen, doch noch vom lager weg, oder ich würde irgendwann bald zerfoltert liegen« (419).

wird ihnen die Folter gelingen. Die Indianerjungen werden dergestalt in das System unbedingten Gehorsams hineinerzogen, nachdem ihre Prädisposition zuvor auf schreckliche Art bewertet wurde. Proff hört im Lager, daß unter der Anleitung von zwei Deutschen aus Heidelberg[8] ganze Indiodörfer vernichtet und deren Bewohner getötet werden.[9] Die Mörder schonen einige Jungen, um sie für die Special Forces auszubilden. Wer leben darf, entscheidet sich in der ersten Prüfung:

8   Proff berichtet: »beide [...] sprachen heidelberger akzent.« (373) Für eine deutsche Beteiligung an den in Guatemala stattfindenden Grausamkeiten habe ich keine Belege ermitteln können. Amnesty International erwähnt nur inländische Gruppen – Todesschwadronen, Polizei und Armee (vgl. Amnesty International, Guatemala. The Human Rights Record, London 1987, S. 6). Die von Geissler gebrauchte Wendung bezeichnet Personen, die Deutsch als Muttersprache sprechen. Zugleich ist mit Heidelberg der Ort angegeben, in dem sich das Hauptquartier der US-Army in Europa befindet. Im Rahmen der Special Warfare-Konzeption der US-Army und der CIA sind die USA in Mittelamerika aktiv. 1954 initiierte die CIA den Sturz des guatemaltekischen Präsidenten Arbenz (vgl. Powers, Th., CIA, Hamburg 1980, S. 147 ff.) und gewährte dem Land danach Wirtschafts- und Militärhilfe. Neuburger/Opperskalski sprechen von einer »massive[n] Aufrüstung der gualtemaltekischen Armee durch die USA« und »durch Israel« (Neuburger, G./Opperskalski, M., CIA in Mittelamerika, Bornheim-Merten 1983, S. 148). Aussagen über diese Sachverhalte können nur bruchstückhaft sein, da die von Proff benannten Operationen, sollten sie in der Wirklichkeit ein Vorbild haben und sollten die USA daran beteiligt gewesen sein, als Covert Action Operations der Geheimhaltung unterliegen. Eventuelle Eingriffe der CIA geraten allenfalls durch Untersuchungsausschüsse (Watergate, Iran-Contra-Affäre) an die Öffentlichkeit.

9   In Guatemala wurde in den achtziger Jahren und wird vermutlich noch heute Völkermord betrieben. Dafür seien zwei Belege angeführt: 1984 »faßte eine britische parlamentarische Nachforschung zusammen, daß ›sich (die Lage) seit 1983 auf jeden Fall verschlechtert hat‹, in Richtung eines ständigen Gemetzels, das die konservative Bischofskonferez als ›Völkermord‹ beschreibt. ›Die erbarmungslosen Statistiken, die Guatemalas politische Wirklichkeit zusammenfassen – 100.000 Menschen seit 1960 ermordet, 1984 100 politische Morde pro Monat, 10 Verschwundene pro Woche, 100.000 Waisen, 500.000 Vertriebene – erreichen kaum die nordamerikanischen, geschweige denn die europäischen Zeitungen.‹« (Chomsky, N., Vom politischen Gebrauch der Waffen, Berlin - Wien - Mülheim a. d. Ruhr 1987, S. 36) »In 1982 many thousands of non-combatant civilians, most of them Indian peasants, were massacred in the Guatemalan countryside. They were the victims of the counter-insurgency strategy of a military government led by General Efraín Ríos Montt which seized power in March 1982; killed by the army in a drive to crush growing rural guerrilla opposition. The exact number of dead is not known, but all estimates put the toll in the tens of thousands.« (Amnesty International, Guatemala, a. a. O., S. 53) Diese Politik wurde bereits in den sechziger Jahren ins Leben gerufen: »The counter-insurgency apparatus originally developed to combat Guatemala's guerrilla movement in the 1960s was later used to quell all real or perceived opposition to the government.« (a. a. O., S. 6).

die jungen werden in der aktion nicht gebunden, nicht befohlen, man pfeift ihnen lachend wie hunden, dann entweder stellen sie sich an den stiefel, das bein, die hüfte des mörders, unter die waffe, zaudernd, kann sein, aber die stürzen nicht hin. wer stürzt, wird erschossen wie der, der aufs lachende pfeifen mit einem fluchtversuch reagiert. dies anfangsverhalten im mord wird ausschlaggebend für jeden noch weiteren schritt. sie haben mir gesagt, es sind in jedem größeren dorf von hunderten maximal zwei jungen, die nach der aktion bei den killern bleiben. oft müssen auch alle jungen erschossen werden. (373)

Im weiteren Verlauf der Ausbildung sollen die Jungen sich ein Lebewesen heranzüchten, das sie auf Befehl langsam sterben lassen. Nach der Tierquälerei lernen sie die Folterung von Menschen. Die »gruppenfolter am vater« (418) setzt ein. So soll den Jungen ihre letzte Verwurzelung außerhalb der Forces, ihr letztes Rückzugsgebiet entzogen werden, in das sie regredieren und aus dem sie einen Halt gegen das Militär schöpfen könnten.[10]

---

10   Für die beschriebenen Ausbildungsmethoden der Special Forces sowie deren Beteiligung an Folterungen in Guatemala habe ich keine Belege finden können. Neuberger/ Opperskalski schreiben für das nahegelegene El Salvador: »Angehörige der US-Eliteruppe *Green Berets* unterweisen die Salvadorianische Armee in Foltermethoden – und foltern selber mit. Die *New York Times* lieferte am 11. Januar 1982 den Beweis« (Neuberger/Opperskalski, a. a. O., S. 141), und drucken das dort veröffentlichte Interview mit einem desertierten Armeeangehörigen ab. – Daß Folterer im Verlaufe ihrer Ausbildung selbst gefoltert werden, ist keineswegs unüblich. »Folter und das ›richtige Verhalten als Folterer‹ werden gelehrt und gelernt. Das Wissen über diese Ausbildungsgänge ist nachlesbar, wenn auch nicht über den Buchmarkt zugänglich. Die Berichte von Menschen [...], die einzig zu Ausbildungszwecken gefoltert worden sind, sind bekannt.« (Reemtsma, J. Ph., »Wir sind alles für dich!«, in: ders. (Hg.), Folter, Hamburg 1991, S. 7-23, hier: S. 15) Mika Haritos-Fatouros beschreibt dieses exemplarisch am Beispiel der griechischen Obristendiktatur. 1,5% der normalen Wehrpflichtigen wurden dort alljährlich zu Folterern ausgebildet. Die Ausbildung war von systematischen Folterungen der Kadetten geprägt, die bis zu Scheinexekutionen gesteigert wurden. Die »Werte der Gewalttätigkeit [...] und des blinden Gehorsams« (Haritos-Fatouros, M., Die Ausbildung des Folterers, in: Reemtsma, J. Ph. (Hg.), Folter, Hamburg 1991, S. 73-90, hier: S. 75) wurden ihnen eingeimpft: »Wir haben es hier mit einem gut durchdachten Ausbildungsmodell zu tun, das in erster Linie darauf ausgerichtet war, jedweden inneren Widerstand gegen Befehle zu brechen, die jeder Logik entbehrten. Auf diese Weise wurden die Rekruten sorgfältig darauf vorbereitet, grausame Gewalttaten zu verüben, die für sie selbst kaum einen oder gar keinen Sinn ergaben.« (a. a. O., S. 80) Die »professionelle Sozialisation des Folterers« (Keller, G., Die Psychologie der Folter, Frankfurt/M. 1981, S. 28) beinhaltet außerdem die Eingliederung in eine Schutz versprechende Herrschaftsstruktur, die Ausbildung von »Abwehrmechanismen gegen eventuell auftretende Zweifel, Schuldgefühle, Empfindungen des Mitleids« (ebd.) und vieles mehr. Am Ende seiner Lehrzeit hat er ein Handwerk erlernt: »Das Ausüben der institutionalisierten Aggression erlebt er als dienstlich notwendig, normativ geregelt und mit dem Gewissen vereinbar. Dieser ›sozialisierte‹ Folterer ist

Die Foltermethode des Colonel zielt auf die Tilgung einer psychischen Disposition. Der körperliche Schmerz ist dabei nur ein Vehikel. Letztendlich möchte der Colonel die Produktion von Hoffnungsbildern unterbrechen, in der er jene »lücke« (418) sieht, in der sich immer wieder neue Identifikationen verfangen. In diese wandert unablässig ein Hoffnungs- und Vertrauensimpuls ein. José materialisiert sich für Proff, Proff sich für die Jungen zum Symbol für etwas, das die im Lager geforderte Einstellung transzendiert. Der Colonel entzaubert die Hoffnungsträger und entleert deren Symbolwert. Er fügt den hoffenden Subjekten eine Enttäuschung zu, zeigt ihnen, daß jede Hoffnung betrogen werden kann und vermindert dadurch ihre Bereitschaft, überhaupt noch zu hoffen. Er löscht die brennenden Wünsche.

4.1.2. Panzern oder kippen

Proffs Erfahrung enthält eine resignative Tendenz. Sein Wille zum Widerstand kann sich nicht gegen die institutionell ausgeübte Gewalt behaupten. Die Gewaltausübung wirft ihn auf sich selbst zurück und hält ihn vom politischen Handeln ab. Der Roman schildert aber neben Proffs Fall auch einen solchen, in dem die Gewaltausübung bei den ihr Unterworfenen keine Resignation bewirkt.

Die Folterdrohung betrifft in *kamalatta* auch die Bundesrepublik Deutschland. Hier operiert eine bewaffnete, revolutionäre Gruppe, die die Züge der Roten Armee Fraktion (RAF) trägt, ohne als diese benannt zu werden.[11] Gefangenen Gruppenmitgliedern droht die Isolationshaft, die einige Figuren aus der Gruppe und einige aus ihrem Umfeld als Folter bezeichnen. Der Altkommunist Jakob Kargow vertritt die Ansicht, die Gruppe werde »weggefoltert« (485) und spricht von der »vernichtung [...] in celle, in straubing, in frankenthal, in köln und ossendorf, marliring, in stammheim und stadelheim« (485). Jojo, ein Grup-

---

kein Psychopath. [...] Er leistet seine Arbeit in einem System kollektiv und arbeitsteilig ausgeübter Aggression« (a. a. O., S. 29).

11 Der Name »raf« (457) fällt in *kamalatta*, braucht aber nicht auf die dargestellte Gruppe bezogen zu werden. Der Roman beansprucht nicht, die RAF im Sinne eines dokumentarisch-realistischen Literaturkonzeptes abzuschildern. Der Vergleich von Geisslers Gruppe mit der RAF der siebziger und achtziger Jahre soll deshalb in dieser Arbeit nur mit einem Seitenblick Beachtung finden. Die Fraktionierungen innerhalb der oppositionellen Figurengruppen müssen dagegen im Zentrum des Interesses stehen, um die von Geissler aufgemachte Konfliktlage erörtern zu können.

penmitglied, schreibt im Gefängnis: »alles ungeniert offen donnerstag niere gequetscht freitag lunge samstag sonntag regenerierung weiter folter die absicht« (57).[12] Ein Gefängnisarzt protokolliert die Folgen der Haft:

Der Gefangene wird schläfrig, am blauen kontrollglas in der zentrale der büttel schrieb schulungsnotiz, durch chronische Unterwässerung, durch gleichzeitig die überhöhte Zufuhr von Cloriden wird der Gefangene allmählich in einen Zustand gebracht, wo er nicht mehr orientiert ist, er wird schläfrig, er hat Falschwahrnehmungen. Bei regelmäßiger Fortsetzung führt diese Behandlung nach etwa drei Wochen zu verlaufsinteressanten Aufschwemmungen im Gehirn. (57 f.)

Ob gefoltert werde oder nicht, ist in der Gruppe und in ihrem Umfeld kein Thema der Auseinandersetzung. Sie setzt die massive Gewaltanwendung von seiten des Staates als einen Sachverhalt voraus.[13] Die entgegengesetzte Meinung, Isolationshaft sei keine Folter, kommt im Roman nicht vor. Der Fragehorizont der Gruppe richtet sich darauf, ob und mit welchen Mitteln Gefangene der Staatsgewalt widerstehen können. Die Frage nach der Widerstandsfähigkeit nimmt diejenige, ob Menschen der Folter standhalten können, wieder auf. Die

---

12 Im Original ist diese Passage kursiv gesetzt.

13 Scheerer legt plausibel dar, daß es der RAF mit ihren Hungerstreiks nicht darum ging, den Foltervorwurf zu popularisieren und die Bundesrepublik Deutschland als einen Folterstaat erscheinen zu lassen: »1975 erklärte Andreas Baader: ›folter ist kein revolutionärer kampfbegriff.‹ Die Aufklärung über die Folter an den Gefangenen müsse sich letztlich gegen die Politik der RAF wenden, ›wenn sie nicht mit der propaganda bewaffneter politik vermittelt ist – ihre moral und strategie propagiert, was immer heißt, selbst zur bewaffneten aktion zu kommen‹. [...] Am 18. Juni verlas Baader [...] seine Erklärung zur Isolationshaft und zur Folter und sprach von der ›empörung des verkommenen bürgerlichen antifaschismus‹, die nur die Tatsache verschleiere, daß die Folter ›in den widersprüchen der kapitalbewegung selbst bedingt ist‹, der Staat also foltern müsse.« (Scheerer, S., »Folter ist kein revolutionärer Kampfbegriff«, in: Reemtsma, J. Ph. (Hg.), Folter, Hamburg 1991, S. 209-237, hier: S. 219) Baader kritisiere »die diskurstaktische Verwendung des letztlich ja auf den rechtsstaatlichen Wertehimmel bezogenen Foltervorwurfs durch eine revolutionäre Gruppe« (a. a. O., S. 216). Es waren« so Scheerer, die Rechtsanwälte, die den Foltervorwurf aufbrachten, um die Haftbedingungen ihrer Mandanten zu verbessern. Die Häftlinge verstanden sich als Gefangene im Volkskrieg. Die Verteidiger jedoch sahen sie als politisch motivierte Straftäter im Gefängnis eines Rechtsstaates an. Für jemanden, dem es um die Verteidigung und Reformierung der Verfassung geht, ist der Foltervorwurf, gerichtet an einen demokratischen Staat, ein mächtiges Mittel. Zumal die Bundesrepublik, deren Rechtsvorgänger Hitlers Folterstaat ist, von dem sie sich, aufgrund ihres rechtsstaatlichen Selbstverständnisses, abgrenzen muß, trifft der Foltervorwurf an einer sensiblen Stelle. Er stößt sie auf ihre eigene Verdrängungsgeschichte. Für alle Staaten gilt, daß der Foltervorwurf ein politisches Stigma ist: »Er beinhaltet nicht nur die Aussage über eine als wahr angenommene Tatsache, sondern ist darüber hinaus eine entehrende und vom normalen gesellschaftlichen Umgang ausschließende Auffälligkeit im internationalen Rahmen.« (a. a. O., S. 212)

Gruppe behauptet, der Gefangene könne seine Widerstandskraft noch unter der Folter aufrecht erhalten und dieser dergestalt widerstehen. Die Drohung, daß die Folter jede Persönlichkeit brechen könne, wenn die Folterer dies wollten, wäre außer Kraft gesetzt. Sie verlöre ihren größten Schrecken. Dieses impliziert, daß es für jeden Gefangenen eine Rückzugsmöglichkeit gäbe, eine Nische in seinem Inneren, aus der er Kraft ziehen könne, um den Kampf fortzusetzen. Proff war in der Folter allein. Die Gruppe versucht, die Kollektivität bis in die Foltersituation hinein zu verlängern, um die äußersten Reserven gegen die Folter mobilisieren zu können.

Die Strategie der Gruppe gegenüber dem unterstellten »*vollzugsziel* [...] löschung« (101) beruht auf der Panzerung. Larry, der »schon seit jahren den trakt durchgestanden« (102) hat, sagt zu Jojo: »wer sich hier nicht gleich panzert, undurchdringlich als kollektiv, als nur wir sich dichtmacht im allerersten Moment, den haben sie.« (102) Blues, ein weiteres Gruppenmitglied, denkt über Proff: »er wollte alles allein. er wollte sich selbst am liebsten allein« (48), und fährt verallgemeinernd fort: »sie wollen uns alle, jeden, allein. *vereinzelung ist die bedingung für manipulation*« (48). Über das inhaftierte Gruppenmitglied Olga heißt es: »olga hatten sie nicht zerworfen. die gruppe war stärker gewesen, als [...] ihr schmerz. da mußten sie töten.« (48) Larry und Olga hätten die Isolationshaft ungebrochen überstanden, behaupten für Larry der Erzähler und für Olga Blues.

Im Roman ist das Mittel einer Panzerung ins Kollektiv, die zugleich eine kollektive Panzerung ist, erfolgreich, denn bei den Gruppenmitgliedern, die sich im Gefängnis panzern, versagt die Folter. Der Roman suggeriert, sie könnten ihr Innerstes vor ihr schützen. Trotz aller erlittenen Qualen und Versehrungen wurde ihr Widerstandswille nicht gebrochen. Durch den Entschluß, nur Gruppenmitgliedern zu vertrauen, und der daraus folgenden Praxis, allen übrigen feindlich und kämpferisch entgegenzutreten, soll jeder Vertrauensmißbrauch ausgeschaltet sein. Das Kollektiv bildet in *kamalatta* jenen Rückzugsraum, in den der Folterer nicht nachkommen kann und somit den intimsten Ort der Kämpfenden. Nur der Tod, nicht die Folter kann ihn zerstören. Das Innerste der Gruppenmitglieder, der die Identität gewährleistende »kern des kampfes« (293), bleibt unversehrt. Per Entschluß führt die Gruppe eine Lebensform herbei, die sich in der härtesten Auseinandersetzung mit den Staatsorganen bewährt. Diese Gruppenstrategie ist dem Einzelkämpfertum überlegen, weil sie eine Resistenz gegenüber der Folter und damit die schlagkräftigere Organisationsform ermöglicht.

Die Identität des einzelnen ist in der der Gruppe aufgehoben. Selbst die Folter kann das Mit-sich-selbst-Identischsein nicht brechen. Kämpfen darf in den Reihen der Gruppe nur, wer die positive Identität aufweist, die der Gruppe eine Stütze ist. Proffs Verhör durch die Gruppe (vgl. 409-440) läuft auf die Entscheidung hinaus, ob sie ihm vertrauen könne oder nicht. In Proffs Fall findet die Initiation nicht statt, da die Gruppe ihn für einen Einzelgänger hält. Wer jedoch initiiert ist, wer als Mitglied des Kollektivs bezeichnet ist, gehört dazu; ihm wird Vertrauen geschenkt. Allen anderen muß aus Selbstschutz mißtraut werden.

Vom Dogma der Panzerung weichen manche der Gruppe Nahestehende ab, die dafür gerügt werden. Proff hat kein Vertrauen in die Panzerung. Er möchte lieber sterben als noch einmal gefangen werden: »die fangen mich nicht. vorher bring ich mich um.« (60) Die eigene Erfahrung hat ihn gelehrt, die Folterdrohung höher als die Möglichkeit der Panzerung gegen sie zu bewerten. Auch das Gruppenmitglied Jojo führt Argumente gegen die Panzerung an. Er wendet ein, die Kämpfenden würden dadurch berechenbar und leichter zu bekämpfen: »sie rechnen uns aus. das möchten sie gern. ich bin aber unberechenbar.« (103) Er hält das Konzept der Unberechenbarkeit und Spontaneität des Kampfes für wirkungsvoller: »die panzern sich selbst, gegen uns, [...] wachtürme wachtürme, mauern und mauern [...], da sickern wir ein, [...] bis der stein bricht.« (102) Für diese spontaneistische Auffassung, die nicht die Strategie der Gruppe darstellt, isolieren ihn die Mitgefangenen. Wagner schließlich, ein ehemaliger Aktivist der Revolutionären Zellen, der »rz« (277), meint: »die techniken der zerstörung sind unerschöpflich. [...] sie haben gegen uns alles studiert.« (277) Der Staat könne den einzelnen jederzeit brechen. Allerdings habe es in den RZ kein wirkliches Kollektiv gegeben. Die Vereinzelung nach der Tat sei nie aufgehoben gewesen. Hier liegt ein Unterschied zum Anspruch der revolutionären Gruppe des Romans. Sie glaubt, schon jetzt kollektiv leben zu können. Der Text läßt die Interpretation zu, Wagner und die RZ seien gescheitert, weil sie zu wenig als Kollektiv gearbeitet hätten. Die optimistische Gegenthese der Gruppe zu Wagners Einschätzung lautet: Nicht jeden kann der Staat brechen; wer in ein Kollektiv integriert ist, kann sich gegen das Zerstörungsbestreben wehren. Wagner hat sich im Anschluß an seine politische Zeit frustriert für den Weg nach innen entschieden. Er erlangt seine Lebenskraft nun nicht mehr aus der Interaktion mit anderen, sondern, indem er Meditationspraktiken ausübt, aus seinem Körper. Diese Handlungsführung diskreditiert ihn, weil er die aktive politische Einflußnahme aufgegeben hat. Der Erzähler nimmt Wagners Argumente gegen die Panzerung nicht ernst. Er stellt ihn als unaufrichtig dar.[14]

Die Strategie der Panzerung macht die Überlegenheit des Geistes über den Körper geltend. Solange der Gefangene an den Widerstand glaube, könne der Staat ihm diesen nicht zerstören, mit welchen Mitteln auch immer. Der Roman nimmt diese Idee mit der Rede vom ›Kippen‹ auf. Ahlers wirft Proff vor, sich nicht entscheiden zu können. Dadurch stehe er in der Gefahr, durch die kleinsten Anlässe aus seiner wankelmütigen Haltung gestoßen zu werden: »ein stoß [...] und du kippst« (71). Die Gegenseite legt es auf dieses Kippen an. Ein Polizeispitzel fragt sich, ob Proff »über kindheitsmuster zu kippen« (241) sei. Diese spielen in Proffs Folterung eine entscheidende Rolle.[15]

Die Rede vom Kippen ist im Roman hauptsächlich der Gruppe zugeordnet. Sie wendet die Idee der Überlegenheit des Geistes über den Körper in die Forderung an ihre Mitglieder, nicht zu kippen. Nicht gekippt zu sein deutet sie als einen Vertrauensbeweis. Das Widerstehen wird zu einem Erfolgskriterium. Wer kippt, dem mangelt es an Glauben und existentieller Hingabe an die Gruppenziele.[16] Das Gruppenmitglied Feder konzipiert das Widerstehen des einzelnen im Zusammenhang mit der Sicherheit, die die Gruppe zu gewähren vermag: »kippst dich. oder du hältst dich aus. einfach weil wir uns halten, standhalten« (294). Der einzelne, ohne Gruppe, entfalte nicht die gleiche Widerstandskraft: »dein zusammenbruch, wenn sie dich fangen, dann die steigerung ihrer torturen, das weiß deiner schmerzen, das kann dich [...] am ende nur niedermachen« (293). Deshalb ist der Gruppenzusammenhalt ein unerläßliches Dogma in der Praxis der Gruppe.

Marie und Boye nehmen in ihr einen Sonderstatus ein. Marie erhält »nach vier jahren trakt« (186) Haftverschonung. Sie wäre beinahe im Gefängnis gestorben. Am Rande ihres Stehvermögens angelangt, mußte sie, um freizukommen, ihren Zusammenbruch vor den Offiziellen eingestehen und hierdurch das Gruppendogma verraten. Boye, die im Gefängnis als Ärztin arbeitet, macht ihr die Situation klar: »als boye verstanden hatte, daß marie ihren mut verloren, allen, also sich selbst, schlug sie ihr vor, das auszusprechen, anders kriegst dus nicht

---

14 Vgl. zu den pejorativen existentialistischen Implikationen dieses Terminus unter 5.1.1. (Trauung).

15 Vgl. unten den Abschnitt 4.1.4. (Widerstandsfähigkeit und Gewalterfahrung)

16 Vgl. zu den existentialistischen Implikationen ausführlicher den Abschnitt 5.1.3. (Wählen und glauben).

hinter dich« (187). Marie verschwört sich mit Boye gegen die Polizei: »so werden wir ihnen einfach sagen, daß sie dich haben« (187). Boye stellt Maries Rettung aus der Haft als ein oppositionelles Handeln dar. Vor der neu gewonnenen Handlungsfähigkeit steht aber eine bittere Niederlage. Marie *hatte* ihren Mut verloren. Sie gestand sich und anderen ihre Niederlage ein. In diesem Moment griff sie nicht mehr an. Diese Erfahrung des Zusammenbruchs, die »ein tod« (186) ist, trägt sie seither als Versehrung an sich. Einige Gefangene der Gruppe, berichtet Boye, wollten Marie sofort ausgrenzen: »kutte und spitz [...] hatten [...] maries begnadigung denunziert als verrat« (191), sie verbreiteten, sie sei im Gefängnis gekippt (vgl. 191). Doch die Gruppe außerhalb des Gefängnisses nahm sie wieder auf. Dennoch bleibt sie vom sich in der Isolationshaft ausdrückenden Gewaltverhältnis im Innersten betroffen: »oft stand marie mit ihrer erfahrung aus widerstand und vernichtung so fremd wie ganz allein auf der welt« (190). Auch Boye wird nach dieser Aktion von einigen Gruppenmitgliedern »beschimpft als der büttel der psychiatrie, *wenn das pack nicht mehr weiter weiß, holt es sich boye* als das schwein, als *counterfigur*« (191). Nur »das harte verständnis von karst« (192), einem weiteren Gruppenmitglied, bewahrt sie vor dem Kippen.

Die innere Logik des Kollektivgedankens, zusammengenommen mit der Theorie vom Angriff auf den kapitalistischen Staat und angereichert durch die Idee der Panzerung, nimmt groteske Formen an. Den Hungerstreik wählt die Gruppe als eine Form des Kampfes, die ihren ungebrochenen Willen zum Angriff auf das System zeigen soll. Hier tritt die paradoxe Situation ein, daß die Häftlinge ihren Körper verletzen und sich in die Gefahr des Hungertodes begeben, um ihren Lebens- und Kampfeswillen zu bekräftigen. Die Strategie der Panzerung bis zum Tode setzt sich deshalb einem Widerspruch aus. Das Leben, das sie herbeiführen möchte, können die verhungerten Gruppenmitglieder nicht mehr teilen. Dem Vorgehen eignet ein heroischer Zug: einzig für andere können sie mit diesem Verhalten das Leben erkämpfen. Jojo distanziert sich von der Panzerung während des Hungerstreiks, weil er den Widerspruch zwischen herbeigeführtem Tod und in Anspruch genommenem Leben sieht: »es soll von uns keiner sterben in unklarheiten und widersprüchen, wir haben arbeit zu machen, für uns, ums leben, nicht die der schweine, den tod.« (104) Die Gruppe übernimmt seine Haltung nicht. Sie versucht, anhand des Hungerstreiks ihre Zusammengehörigkeit gegen die staatlichen Institutionen zu festigen. Der Hungerstreik ist für sie eine defensive Strategie, indem sich die Teilnehmer gegen die Vereinzelung schützen, und eine offensive, indem sie nicht aufhören, dem Staat den Krieg zu erklären und sich der von ihm ausgeübten Gewalt nicht beugen.

Die Todesdrohung ist mit dem Selbstverständnis der Gruppe als einer kriegführenden Guerillaeinheit immer mitgesetzt. Dieses wirft, immanent befragt, Probleme auf, die an dessen Substanz gehen. Die These »*drinnen und draußen ein kampf*« (492), die besagt, daß die eingesperrten Gruppenmitglieder ihren Kampf im Gefängnis bruchlos weiterführen können, ist gefährdet, denn die Gefangenen können auf keine Hilfe von ›draußen‹ hoffen. Sie sind von ihren Mitkämpfern isoliert. Ferner können sie den Anspruch der Gruppe nicht einlösen, während des Kampfes kollektive Lebensformen vorwegzunehmen, die nach dem siegreich beendeten Kampf allgemein würden, denn der Gefängnisaufenthalt ist, gemäß ihrer eigenen Analyse, gleichbedeutend mit Vereinzelung. Des weiteren wird der Anspruch desavouiert, der Kampf geschehe um des Lebens willen. Die Wahrscheinlichkeit, daß der Kampf gewonnen werden könnte, wird immer kleiner, je länger der historische Versuch andauert, mit einer Guerillataktik in den Metropolen zu operieren. Die Gefahr für jeden Kämpfer, ins Gefängnis zu geraten oder bei einem Schußwechsel getötet zu werden, wird hingegen immer größer. Wenn aber am Ende des Kampfes immer öfter die Zerstörung des individuellen Lebens steht, wird die Rede vom Kampf für das Leben zur Makulatur oder zur sinnlosen Opfergeste. Die Welt des Steines, der als ein Bild für das Undurchdringliche der Herrschaft steht, bleibt unversehrt vom Widerstand gegen sie.

Mit der Möglichkeit, im Hungerstreik zu sterben oder von den Vollzugsorganen getötet zu werden, wenn diese den Gefangenen nicht ›kippen‹ können,[17] tritt zur Folter- die Todesdrohung hinzu. Ist die saubere Folter nicht erfolgreich, so suggerieren einige Gruppenmitglieder, drohe den Gefangenen die Liquidierung. Mit der Todesdrohung verschiebt sich das Verhältnis von physischem und mentalem Widerstand. Die Tötung des politischen Gegners löscht ihn aus. Sie kann erreichen, was die erfolglose Folter nicht vermochte: den Widerstand, der vom Individuum ausgeht, zu eliminieren. Solange die Todesdrohung besteht, ist es müßig, über eine mögliche Folterresistenz zu spekulieren. Sie würde sich nur subjektiv, in der Einstellung des Individuums zu seinem Kampf niederschlagen, nicht aber objektiv im Kräfteverhältnis. Auch die Gruppe glaubt, daß die Staats-

---

17   Vgl. Olgas Geschichte (48) und Wachtels Einschätzung: »sieben gefangene sind umgebracht worden im knastkampf« (492).

schützer ihr »internationales programm, die vernichtung von widerstand« (492), mit Hilfe des jeweils notwendigen Grades von Gewalt durchsetzen werden. Und doch hält sie noch unter diesen Bedingungen an der Vorstellung vom Sieg des Gefolterten über seine Peiniger fest und vertritt diese Linie als politisches Programm.

Aus der Sicht der Folternden ist mit der Tötung zwar der Widerstand, der vom Individuum ausging, objektiv gebrochen, doch auch die Geschichte des Kampfes und die Überlegenheit des Siegers droht, wenn dieser nicht selbst an beides erinnert, aus dem allgemeinen Bewußtsein zu schwinden. Anders funktioniert die Folter. Wird sie, im Sinne der Folterer, erfolgreich angewendet, so bricht auch sie den Widerstand des Gegners, doch die Geschichte dieser Niederlage haftet dem Leib des Gefolterten an. Herrschaftstechnologisch gedacht, ist die Folter wirksamer als die Tötung, denn neben der Auslöschung des Widerstandes bietet sie zusätzlich einen Multiplikatoreneffekt. Der Gefolterte wird zum Siegesdenkmal der Folterer. Er inkorporiert die Sinnlosigkeit des Aufbegehrens, erinnert an die Omnipotenz der Mächtigen und steht für ein Mittel, das es gegen die Hoffnung gab. All dieses zementiert die bestehende Herrschaft, indem die Kosten der Rebellion im Bewußtsein der Bevölkerung wachgehalten werden.[18]

In diesem Sinne deutet Proff seine Verschleppung, in deren Verlauf es der Geheimpolizei mit Hilfe der psychischen Folter gelingt, ihn zu paralysieren:

unser wissen als unsere lähmung, das möchten sie gern, sagte schlosser, und dann, wer nicht mehr leben will, der ist nicht mal mehr zum verfoltern gut. das hatte der colonel verstanden. als er mich sah, sagte proff, stumm sah, sagte er, *leise im eise*, und gab mir ticket und stempel. sie mögen uns stumm am liebsten. (437)

Gefoltert wird demnach nicht nur, um das Rebellionsbegehren der Oppositionellen zu löschen, sondern auch, um es als erloschenes auszustellen. Um dieses

---

18 Eine weitere, besonders in Lateinamerika systematisch angewendete Herrschaftstechnologie, die auf dem Wachhalten der Erinnerung an die Niederlage beruht, ist das ›Verschwindenlassen‹. Die Entführten werden meist gefoltert, bevor man sie ermordet. Die Angehörigen läßt man aber in Ungewißheit über deren Schicksal. Ihnen wird dadurch die Möglichkeit der Trauer genommen, die zur Verarbeitung solch eines Verlustes für das psychische Gleichgewicht nötig ist: »Es ist die erdrückende Gegenwart des Verlustes verbunden mit der Nichtgegenwärtigkeit des Todes, die die Familien der ›Verschwundenen‹ peinigt. Das Ergebnis ist eine Art seelischer Folter« (Amnesty International, Nicht die Erde hat sie verschluckt, Frankfurt/M. 1982, S. 117) »Der Fall Guatemala gehört im Hinblick auf die Anzahl der Opfer zu den schwerwiegendsten.« (a. a. O., S. 25)

Handwerk betreiben zu können, müssen die Folterer die Psyche ihrer Gegner zunächst ergründen. Proff nimmt als ein Ziel seiner Folterung die Erforschung des Widerstandes an: »warum haben sie das alles mit dir gemacht« (436) fragt Flügel, und er antwortet: »sie jagen danach, wer wir sind.« (436) Die Kenntnis des Gegners ist der erste Schritt zu seiner Unterwerfung.[19] Den Polizisten ist die Hartnäckigkeit und die Risikobereitschaft der bewaffneten Gruppe, die dieser nicht befohlen wurde, fremd. Deshalb testet der Colonel mit der psychischen Folter auch Proffs Belastbarkeit.[20]

In der Gruppe ist die Rede vom Scheitern tabuisiert. Da sie den Glauben an das ›Es geht‹ als notwendige Voraussetzung für ihren Kampf begreift und als den gemeinsamen Impuls ansieht, der die lebendige Kollektivität allererst herstellt, muß jede defätistische Äußerung verboten sein. Als Konsequenz der Folter- und der Todesdrohung treten bei einigen Figuren Suizidgedanken auf, um sich nicht in Haft begeben zu müssen. Dieses gilt für Proff (vgl. 60), für Jakob[21] und für Pauli, der in der Erzählzeit relativ früh angeschossen wird und mit dessen Tod der Roman endet: »besser, ich bin ein toter mann, als drin da im stein, nie wieder knast« (263). Ihn schreckt die Anstrengung der Panzerung, die er,

---

19 Schon Horkheimer und Adorno verwiesen auf die Verquickung von Forschung und Herrschaft. Jene ist aneignende Verwandlung des Fremden und bietet ein neues Wissen, das sofort zur Unterjochung verwendet werden kann: »Die Aufklärung verhält sich zu den Dingen wie der Diktator zu den Menschen. Er kennt sie, insofern er sie manipulieren kann. Der Mann der Wissenschaft kennt die Dinge, insofern er sie machen kann. Dadurch wird ihr An sich Für ihn. In der Verwandlung enthüllt sich das Wesen der Dinge immer als je dasselbe, als Substrat von Herrschaft.« (Horkheimer, M./Adorno, Th. W., Dialektik der Aufklärung, in: M. Horkheimer, Gesammelte Schriften, hg. v. A. Schmidt und G. Schmid Noerr, Bd. 5, Frankfurt/M. 1987, S. 11-290, hier: S. 31)

20 Woher der Colonel allerdings jene Charakterzüge Proffs kennt, die diesen für die vom Colonel gewählte Folter anfällig machen, wird im Roman nicht gesagt. Mit dem Hinweis auf allgemein gültige Bedürfnisse des Menschen ist es in diesem Fall nicht getan, denn der Roman baut für Proff – wie oben gezeigt – eine biographische Linie auf, die ihn als Individuum meint. Seine Folter in Guatemala bezieht sich auf persönliche Erlebnisse. Wird aber jeder Gefangene auf die gleiche Weise mit dem Mittel ›Erschütterung des Vertrauens‹ gefoltert, so wäre Proffs Vorgeschichte entwertet. Ferner entfiele das Motiv des Geheimdienstes, die Revolutionäre kennenlernen zu wollen. Wüßte die Polizei aber um Proffs persönliche Erfahrungen, so legt dieses eine universelle Informiertheit des Geheimdienstes nahe, die dämonische Ausmaße annimmt und die vom Text nicht erläutert wird.

21 Er sagt: »[...] und wenn ich [...] in kämpfe komm, wo ich erkennen kann, da komm ich nun nicht mehr raus, [...] dann will ich kämpfen, bis ich da weg bin, oder ich mache mich selber weg, jedenfalls geh ich nicht knast, solange der knast von uns nicht gepackt wird« (485).

ganz im Sinne der Gruppe, für nötig hält: »geht denn«, fragt Boye, »kein Leben drinnen, kein prozeß, nur panzer.« (263) Pauli antwortet: »ja, denn sie können sich alles vom menschen, alles, boye, auch deine liebe, zur ware, die ist ihre waffe, [...] verwandeln« (263). Daraufhin wirft ihm Boye Feigheit vor. Er wähle den Tod, obwohl er leben könnte. Pauli antwortet: »es ist krieg, genossin, mach mich gesund. [...] oder ich schieß mich ab.« (264) Er glaubt, die Panzerung psychisch und physisch nicht durchhalten zu können. Damit hat die Folterdrohung ihre Wirksamkeit selbst in ihm, dem Gruppenmitglied, entfaltet. Aufgeben möchte er nicht. So bleibt ihm nur der Tod. Dergestalt verhärten die Todes- und die Folterdrohung die Strategie der Revolutionäre zu einem Denken des Krieges, das in schwarz-weiß-Alternativen verfährt.

Für die Gruppe ist das Gefängnis derjenige Ort, an dem das Gewaltverhältnis, das das Bestehen des Staates ermöglicht und das der Staat durch es fortschreibt, manifest wird. Der Rechtsstaat dagegen begreift es als den Verwahrungsort für Straftäter, vor denen die Öffentlichkeit und die bestehende Ordnung geschützt werden müssen. Geissler verhandelt das Problem ›Knast‹ ausschließlich aus der Sicht der Systemgegner. Ihrer Auffassung nach ist er »vom zentrum die mitte« (486), derjenige Bereich des Kapitals, der seine Herrschaft letztlich sichert. Das Zugeständnis, im Gefängnis seien die Gefangenen dem Staat hilflos ausgeliefert, wäre das Zugeständnis ihrer Ohnmacht den Machtmitteln des Systems gegenüber. Eine solche Situation der Abwesenheit aller Gegenwehr hätte zur Konsequenz, daß ein gewaltsamer Kampf gegen das System nicht geführt werden kann, weil er keine Aussicht auf Erfolg hätte. Wer andererseits den Kampf gegen den Kapitalismus militärisch aufnehmen will, so der Umkehrschluß der Gruppe, darf das Gefängnis nicht als Kampfgebiet aufgeben. In diesem Sinne argumentiert Proff: »es geht nicht, [...] daß das so bleibt, wo in klassenkämpfen der knast nicht aufgemacht wird, schlägt er schatten auf jeden von uns. es darf kein terrain geben, das sie uns unantastbar machen. was wir nicht angreifen, lähmt uns.« (311) Proff läßt seiner Meinung keine Taten folgen. Im Roman wird, anders als in *Wird Zeit, daß wir leben*, niemand aus dem Gefängnis befreit. Die Drohung des Ausgeliefertseins im Gefängnis bleibt unwiderlegt stehen.

Die Grenze, hinter der kein Engagement mehr Sinn hätte und mit der das Kräfteverhältnis zugunsten des Staates entschieden wäre, bezeichnet Jakob Kargow mit einer bangen Frage:

manchmal plötzlich hab ich die furcht, sie hätten das mittel gefunden, sie könnten es finden, sie haben es schon, im menschen was auszulöschen, so daß am ende er lebt und liebt sein leben nicht mehr, und lebt aber weiter, schon ganz verbrannt, geht das, otto, was meinst du, zu leben ohne zu lieben, jetzt zupfte kargow den ärmel an otto [...] und flehentlich, daß er nicht recht hat, sagte er arm, dann sind wir alle verloren. [...] dann wären wir alle verloren, wenn wir sie vorher nicht niedermachen (445 f.).

Diese Passage bezeichnet die totale Verfügungsgewalt des Staates über den einzelnen als einen reale Möglichkeit. Das extreme Mittel, etwas irreparabel auszulöschen, ist die Folter. Die Figur, an der sich obige Frage im Roman entscheidet, nachdem die Gruppenstrategie weder scheitert noch Erfolg hat, sondern als eine Durchhaltetaktik den faktischen Fortbestand der Gruppe gewährleistet, ohne den Staat in seinem Bestehen zu gefährden, ist Proff.

4.1.3. Brechen

Die paralysierende Erfahrung Proffs steht der alle Widerstandsenergien mobilisierenden der Gruppenmitglieder entgegen. Der Roman beschreibt den Unterschied zwischen einem individuellen und einem politisch motivierten, kollektiven Vorgehen. Letzteres setzt sich über die Folterdrohung hinweg, indem sich die Mitglieder des Kollektivs nicht einschüchtern lassen, und es vermag darüber hinaus die Folter siegreich zu bekämpfen. Um die ideologische Prädisposition einer solchen Handlungsführung bewerten zu können, ist ein Blick auf den Diskurs über die Folter nötig.

Ist Proff in der Folter ›gebrochen‹ worden? Diese Frage zu stellen heißt, eine Metapher an den Roman anzulegen, die in ihm selbst keine tragende Rolle spielt. Dennoch ist sie für die Folterforschung sowie für viele literarische Umsetzungen des Folterthemas von zentraler Bedeutung; sie dominiert den zeitgenössischen Diskurs über die Folter. Ihr geistiger Gehalt soll deshalb zunächst schlaglichtartig beleuchtet werden, um zu erhellen, warum Geissler diese Metapher in bestimmten Zusammenhängen nicht benutzt.

Mit der Metapher des Brechens ist ausgedrückt, daß etwas Irreparables passiert ist. Wer besonderen Grausamkeiten ausgesetzt war, ist verwandelt. Doch bis zu welchem Grade? Handelt es sich um einen Knick oder um einen Bruch in der Lebenslinie?[22] Die Rede vom Brechen der Persönlichkeit meint etwas kate-

---

22   Reemtsma (vgl. Reemtsma, »Wir sind ...«, a. a. O., S. 23) verweist mit Recht auf das Buch des Psychiaters W. G. Niederland: Folgen der Verfolgung. Das Überlebenden-Syndrom Seelen-

gorial von anderen Bezeichnungen zu Trennendes. Ohne das Individuum zu töten, ist es den Folterern gelungen, seine Willenskraft zu löschen. Wer gebrochen wurde, kann nicht wieder zurück in die psychische Seelenlage, in der er sich vorher befand.[23]

Wenn die Folter Personen ›brechen‹ kann, so kann ein Staat sich dieser Technik bedienen, um Oppositionelle seelisch zu zerstören. Für die Gegner der herrschenden Ordnung macht es einen Unterschied, ob sie unter der Folter einen Halt in sich selbst finden können oder ob sie den Folterern wehrlos ausgeliefert sind. Im ersten Falle könnte ihr Widerstand nur mit ihrem Tode beendet werden, im zweiten hätte der Staat die Möglichkeit, in die Art ihrer Lebensdefinition manipulierend einzugreifen. Der Drohung des Staates, ihnen die Willens- und Widerstandskraft zu rauben, hätten sie dann nichts entgegenzusetzen. Es gelänge ihm, ohne daß die Gefolterten sich diesem staatlichen Handeln entziehen könnten, sie zu deformieren und zu unterwerfen. Das Unterwerfungsinstrumentarium würde zu einem wirksamen Drohmittel gegen potentielle Staatsfeinde. ›Brechen‹ heißt im politischen Kontext, daß die Entscheidung, den eigenen Willen gegen den des politischen Gegners durchzusetzen, unter dessen Machtentfaltung besiegt wird, indem dieser die Willensproduktion seiner Gegner hemmt.

Die Schmerzforschung hat herausgefunden, daß die innere Einstellung schmerzleidender Personen sich somatisch auswirkt. Die Schmerztoleranz erhöht sich mit Hilfe von individuell oder durch kulturelle Muster herbeigeführten Schmerzbewältigungsstrategien.[24] Doch die Schmerzforschung hat es mit natür-

---

mord, Frankfurt/M. 1980. An Verfolgten des Nationalsozialismus beschreibt er das von ihm so genannte »Überlebenden-Syndrom« (vgl. die Definition auf den Seiten 231-233, a. a. O.) und nennt als Hauptursache dieses Syndroms »die Erschütterung und die Tatsache, daß ihre Lebenslinie [diejenige der Verfolgten, S. K.] durch die Verfolgung abgeschnitten wurde – vollständig und oft in grausamster Weise.« (a. a. O., S. 229) Er fügt hinzu:»So entstand ein zumeist unheilbarer *Knick in der Lebenslinie*.« (Ebd.)

23 Die Gefolterten bleiben Opfer, selbst wenn der Sturz des Folterregimes gelingt. Jean Améry und Primo Levi brachten sich um, weil sie der Erinnerung nicht mehr standhielten. Adolf Eichmann und seinesgleichen mußten sich vor ihrer Erinnerung nicht schützen. Ihr Weltvertrauen war ungebrochen. In Jerusalem gab Eichmann wochenlang freimütig Auskunft über sein früheres Leben. Ihn stürzte die Erinnerung nicht in jene Qualen, denen die sich erinnernden ehemaligen KZ-Insassen in Claude Lanzmanns Film *Shoah* ausgesetzt waren.

24 So erzielt die Hypnose durch Aufmerksamkeitsablenkung und -einengung eine Schmerztoleranz, die operative Eingriffe ohne Betäubung zuläßt. W. Bongartz stellt fest, »daß mit Hypnose schmerzfreie operative Eingriffe wie Kaiserschnitt, Mandeloperationen, Zahnextraktionen und so fort ohne pharmakologische Schmerzblockade möglich sind und daß mit Hypnose eben-

lichem und kontingentem Schmerz zu tun. In der Folter handelt es sich um einen willentlich induzierten, der aufrechterhalten werden kann, bis der Widerstand des Gefolterten schwindet. Würde die Schmerzforschung herausfinden wollen, wo genau dieser Aufgabepunkt liegt, stünde sie in der Gefahr, den Folterern zuzuarbeiten, indem sie ihnen klinisches Grundwissen vermittelte.[25]

Die medizinische Forschung hilft also kaum weiter. Sie kann nicht sagen, unter welchen Folterbedingungen jemand gebrochen wird. Die Resistenzschwelle differiert individuell: »The anxieties, susceptibilities and tolerances of each person are variables – what will ›break‹ one victim may be ›only a scratch‹ to another.«[26] Bei manchen Opfern scheint das Brechen auszubleiben.[27] Jean Améry, der von den Nationalsozialisten gefoltert wurde, möchte die Auswirkungen, die die Folter auf ihn hatte, nicht verallgemeinern: »Man wird die Folter ebensowenig los wie die Frage nach den Möglichkeiten und Grenzen der Widerstandskraft. [...] Ist es so, daß der tapfere Mann widersteht? Ich bin nicht sicher.«[28] Ob die Amputation der Widerstandskraft regelmäßig gelingt, ist

---

falls schwerste chronische Schmerzzustände beseitigt werden können.« (Bongartz, W., Hypnose contra Schmerz, in: Schultz, H. J. (Hg.), Schmerz, Stuttgart 1990, S. 142-155, hier: S. 144) Verwundete Soldaten spüren schwere Verletzungen zunächst oft nicht, weil ihre Aufmerksamkeit auf das Schlachtfeld und die Todesdrohung gerichtet ist. Kulturelle Praktiken wie Zen-Meditation, Tanz oder gemeinsam abgehaltene Riten befördern eine hohe Schmerzunempfindlichkeit, die es z. B. griechischen Feuerläufern ermöglicht, auf glühenden Kohlen zu tanzen, ohne Verletzungen fortzutragen. An diesem Beispiel stellen Larbig u. a. den »Zusammenhang zwischen veränderten Bewußtseinszuständen, EEG-Veränderungen und behaupteter subjektiver Schmerzregulation« (Larbig, W. u. a., Thetaaktivität und Schmerzkontrolle, in: Keeser, W. u. a. (Hg.), Schmerz, München - Wien - Baltimore 1982, S. 83-112, hier: S. 94) dar. Vgl. zum Thema Schmerzforschung auch das Grundlagenwerk: Larbig, W., Schmerz, Stuttgart - Berlin - Köln - Mainz 1982.

25   Seit Teuns das Hamburger »Laboratorium für klinische Verhaltensforschung« wegen seiner Experimente zur sensorischen Deprivation in diesem Sinne angriff, gerät es immer wieder in die Kritik der Gegner der Isolationshaft. (vgl. Teuns, S., Isolation/Sensorische Deprivation: die programmierte Folter, in: Kursbuch 32, hg. von K. M. Michel und H. M. Enzensberger, Berlin 1973, S. 118-126, hier: S. 124-126)

26   Amnesty International, Report..., a. a. O., S. 40

27   Freilich bleibt den Folterern das Mittel der Tötung. Auch hierdurch wird der Widerstand ausgeschaltet.

28   Améry, J., Die Tortur, in: ders., Jenseits von Schuld und Sühne, Stuttgart 1977 (zuerst 1966), S. 37-58, hier: S. 54

umstritten.[29] Folgenlos aber bleibt die Folter nie. Sie ist ein Einschnitt im Leben eines jeden Gefolterten; wenige entgehen ihren traumatisierenden Folgen: »Wer gefoltert wurde, bleibt gefoltert.«[30] Praktizierende Psychologen schätzen die Therapierbarkeit von Folteropfern skeptisch ein.[31] Zum physischen Schmerz kommen in der Folter seelische Momente, z. B. das des Gedemütigtwerdens hinzu, so daß eine mehr oder minder starke Versehrtheit zurückbleibt. Hier greifen Schmerzforschung und -therapie zu kurz. Die Therapie Gefolterter setzt am einzelnen an, doch seine Verletzung kam zustande durch den Apparat des Gemeinwesens. Die Scham des Gefolterten über seine Folterung kann durch keine private, therapeutische Lösung gelöscht werden. Solange die Folterer und das sie stützende Kollektiv nichts mit der von ihnen induzierten Verletzung zu schaffen haben möchten, ist kein Prozeß denkbar, der die Opfer einer Heilung zuführte. Die Heilung ist eine gesellschaftliche Aufgabe.[32]

---

29 Levi berichtet, daß einige Häftlinge in Birkenau ein Krematorium gesprengt hätten: »Tatsache ist, daß in Birkenau einige hundert Menschen, wehrlose, schwache Sklaven wie wir, in sich selbst noch die Kraft gefunden haben, zu handeln, die Frucht ihres Hasses zur Reife zu bringen.« (Levi, Pr., Ist das ein Mensch? München - Wien 1991 (zuerst 1958), S. 142) Die Willenskraft, die sie zu dieser Aktion aufbringen mußten, bleibt ihm ein Rätsel, denn sie wußten, was später mit ihnen geschehen würde: die Aufbegehrenden wurden hingerichtet.

30 Améry, a. a. O., S. 51

31 Der Psychiater und Psychoanalytiker A. Drees gibt am Ende seines Artikels über Folter und mögliche Therapiemethoden zu bedenken, daß die pessimistische Aussage von J. Améry, die Schmach der Folter lasse sich nicht tilgen, »nicht zu widerlegen, auch nicht wegzutherapieren« (Drees, A., »Wer der Folter erlag, kann nicht mehr heimisch werden in dieser Welt«, in: Schulz, H. J. (Hg.), Schmerz, Stuttgart 1990, S. 188-201, hier: S. 201) sei. Der Psychiater W. G. Niederland macht schon in seiner Begriffswahl die Abschlußhaftigkeit des Geschehenen deutlich. Bezogen auf die Konzentrations- und Vernichtungslager der Nationalsozialisten schreibt er: »An Millionen Menschen wurde […] tatsächlicher Mord verübt. An den meisten derjenigen, die entkamen und überlebten, war es Seelenmord.« (Niederland, a. a. O., S. 234)

32 Vgl. Reemtsma: »Therapie kann […] wohl nur gelingen […], wenn sie beides einbezöge: den niemals zu heilenden, niemals wiedergutzumachenden Schaden, den der Einzelne davonzutragen gezwungen war, und die Wunde, die durch seine Pein die Sozietät erhalten hat.« (Reemtsma, »Wir sind…«, a. a. O., S. 17) Vgl. Drees: »Viele Berichte sprechen dafür, daß die Qualen, die verscharrten Opfer und die zerstörten Gestalten, die aus den Folterverliesen entlassen werden, zur Einschüchterung der übrigen Bevölkerung dienen und unmenschliche Herrschaft stabilisieren helfen. Die Folter einzelner wird damit mittelbar zur Folter einer ganzen Gesellschaft. Vielleicht läßt sich darüber verstehen, daß Nicht-Hinsehen ebenso wie Vergessen und Verdrängen inhumaner Gewalt-Herrschaft nur gemeinsam aufgebrochen und aufgearbeitet werden kann und daß sich nur hierüber die aktive freiheitliche Entfaltung des einzelnen in einem

Amnesty International sieht das Brechen der Persönlichkeit als Folge einer extremen Unterwerfungsgeste:»there is implicit in the notion of torture the effort by the torturer, through the infliction of pain, to make the victim submit, to ›break him‹.«[33] Reemtsma erkennt dieselbe Ursache als tragend an:»Denn das ist die Folter: der oft gelungene Versuch, den Menschen ohne Rest an Leib und Seele zu unterwerfen, ihn, um dieses Ziel zu erreichen, grenzenloser Qual zu unterwerfen.«[34] Statt des Bildes des Brechens wählt er das des Aus-der-Welt-Fallens:»Die Folter ist die Negation jenes [...] Trostes aus dem Kinderbuch: ›Man fällt nicht aus der Welt.‹«[35] Vor einer solchen Erfahrung versagen die medizinischen und psychologischen Fachbegriffe, wenn nicht die Sprache überhaupt. Die vom Bild des Brechens angedeutete subjektive Ungeheuerlichkeit kann in der Sprache nicht jene Macht entfalten, die sie in der Wirklichkeit hat. Die Einbildungskraft kennt Grenzen, die sich u. a. an der individuellen Erfahrung bilden. Wo die Alltagserfahrung nicht hinreicht, kann Sprache das Ungeheuerliche nur noch transportieren, indem sie es nicht ausspricht: im Verstummen.

Améry beschreibt die Folter, die er erleiden mußte und ihre Spätfolgen in den Kategorien des Bruches. Von zentraler Wichtigkeit ist für ihn der Verlust des Weltvertrauens. Das absolute Machtgefälle zwischen Folterer und Opfer läßt die Möglichkeit zu, daß der Folterer den Gefolterten in dessen intimster Rückzugssphäre aufsucht und zerstört:

Mit dem ersten Schlag [...] bricht dieses Weltvertrauen zusammen. Der andere, *gegen* den ich physisch in der Welt bin und *mit* dem ich nur solange sein kann, wie er meine Hautoberfläche als Grenze nicht tangiert, zwingt mir mit dem Schlag seine eigene Körperlichkeit auf. Er ist an mir und vernichtet mich damit.[36]

Améry beschreibt die Herrschaft der Physis in der Folter, die totale Verfleischlichung des Gefolterten, den Entzug des letzten Schonungsraumes und, daraus hervorgehend, den Verlust des Weltvertrauens. Zusammengenommen bedeutet

---

demokratischen, toleranten und humanen Gesellschaftssystem entfalten läßt.« (Drees, a. a. O., S. 195)

33   Amnesty International, Report..., a. a. O., S. 34 – Amnesty diskutiert zwei Theorien dieses Breakdown-Prozesses, vgl. a. a. O., S. 45 f.

34   Reemtsma, J. Ph., Das Heer schätzt den Menschen als solchen, in: ders. (Hg.), Folter, Hamburg 1991, S. 25-36, hier: S. 26

35   ebd.

36   Améry, a. a. O., S. 44 f.

dieses, daß der individuelle Lebens- und Widerstandswille gebrochen wurde.[37] Die psychischen und physischen Dimensionen der Folter bewirken ihren »character indelebilis«[38]:

Wer der Folter erlag, kann nicht mehr heimisch werden in der Welt. Die Schmach der Vernichtung läßt sich nicht austilgen. Das zum Teil schon mit dem ersten Schlag, in vollem Umfang aber schließlich in der Tortur eingestürzte Weltvertrauen wird nicht wiedergewonnen. Daß der Mitmensch als Gegenmensch erfahren wurde, bleibt als gestauter Schrecken im Gefolterten liegen: Darüber blickt keiner hinaus in eine Welt, in der das Prinzip Hoffnung herrscht. Der gemartert wurde, ist waffenlos der Angst ausgeliefert. *Sie* ist es, die fürderhin über ihm das Zepter schwingt. Sie – und dann auch das, was man die Ressentiments nennt. Die bleiben und haben kaum die Chance, sich in schäumend reinigendem Rachedurst zu verdichten.[39]

Nach Améry wirft die Folter den Gefolterten auf sich selbst zurück, auf nichts als auf seinen eigenen Körper; der Folterer ist »Herr über Fleisch und Geist«[40]. Die einsitzenden Gruppenmitglieder panzern sich aber nur im Geiste. Als leidende Körper sind sie auf sich selbst zurückgeworfen. Mit Améry gedacht, kann die Strategie der Panzerung zwar – vermutlich – die Quälbarkeitsschwelle heraufsetzen, sie kann aber, weil sie als eine Panzerung der Gedanken nie vollständig den Körper beherrschen kann, der Folterdrohung nicht ihren Schrecken nehmen. Trotz aller entgegengesetzten Rede der Gruppenmitglieder bleibt die Folterdrohung, die ihren furchtbesetzten, erfahrungsgeladenen Kern in Amérys Bestimmung der Folter gefunden hat, auch für die Gruppe bestehen. Das Thema ›Knast‹ ist aus diesem Grunde in der Gruppe umstritten und bildet das Zentrum ihrer Auseinandersetzung mit der Strategie des Kampfes gegen das System.

Auch Überlebende der nationalsozialistischen Konzentrations- und Todeslager berichten von der Wirkung der Folter und reflektieren auf ihren Charakter. Das Bild des Gebrochenseins kehrt regelmäßig wieder. Zwei Stimmen seien hier wiedergegeben. Bruno Bettelheim, der in den Jahren 1938/39, also noch vor der Wannsee-Konferenz, die Konzentrationslager Dachau und Buchenwald überlebt hat, beschreibt die von den Nationalsozialisten verwendeten Techniken der Depersonalisierung, die sie ständig verfeinerten und systematisch anwandten. Jeder Häftling wurde auf dem Transport ins Lager gefoltert: »Zweck dieser

---

37 Améry nahm sich, nachdem er Bücher über das Altern und den Suizid verfaßt hatte, das Leben.
38 a. a. O., S. 51
39 a. a. O., S. 58
40 Améry, a. a. O., S. 52

ersten Folterung war es, den Widerstand des Häftlings durch ein traumatisches Erlebnis zu brechen und zumindest sein Verhalten, wenn auch noch nicht seine Persönlichkeit zu verändern.«[41] Der Lageraufenthalt schwächte die Häftlinge bald. Nun kam es für sie darauf an, sich nicht aufzugeben und nicht zum ›Muselmann‹[42] zu werden: »solange ein Häftling auf irgendeine Weise um sein Überleben kämpfte, für eine gewisse Selbstbehauptung innerhalb einer überwältigenden Umwelt und gegen diese Umwelt, solange konnte er kein ›Muselmann‹ werden.«[43] Bettelheim setzt gegen das Brechen seine Erfahrung, daß nur solche eine Chance hatten, das Konzentrationslager zu überleben, die es vermochten, aus sich selbst eine Kraft gegen die sie umgebenden Zustände zu setzen. Es sei »zum Überleben notwendig [...], sich unter widrigsten Umständen einige Winkel zu schaffen, in denen man Handlungsfreiheit und Gedankenfreiheit besaß, wie winzig diese Winkel auch sein mochten.«[44] Den Folterern kommt es darauf an, diese Winkel aufzustöbern und zu zerstören.

Ab 1942 begann die planmäßige Ermordung der Juden. Zuerst wurden die körperlich Schwachen selektiert und umgebracht. Primo Levi, der 1944/45 Auschwitz überlebte, schreibt:

Wer es nicht fertigbringt, Organisator, Kombinator, Prominenter zu werden (welch grauenvolle Beredsamkeit der Ausdrücke!), der endet bald als Muselmann. Einen dritten Weg gibt es im Leben, und da ist er sogar die Regel; aber im Konzentrationslager gibt es ihn nicht. Unterliegen ist am leichtesten: dazu braucht man nur alles auszuführen, was befohlen wird, nichts zu essen als die Ration und die Arbeits- und Lagerdisziplin zu befolgen. Die Erfahrung hat gezeigt, daß man solcherart nur in Ausnahmefällen länger als drei Monate durchhalten kann. Alle Muselmänner, die im Gas enden, haben die gleiche Geschichte, besser gesagt, sie haben gar keine Geschichte; sie sind dem Gefälle gefolgt bis in die Tiefe, ganz natürlich, wie die Bäche, die schließlich im Meer enden.[45]

---

41 Bettelheim, Br., Aufstand gegen die Masse, Frankfurt/M. 1980 (zuerst 1960), S. 137
42 »Häftlinge, die den wiederholten Erklärungen der Bewacher schließlich glaubten – daß nämlich keine Hoffnung für sie bestand, daß sie das Lager nur als Leiche verlassen würden – und die schließlich überzeugt waren, auf ihre Umgebung keinerlei Einfluß ausüben zu können, solche Häftlinge waren im buchstäblichen Sinn wandelnde Leichen. In den Lagern wurden sie wegen ihrer fatalistischen Kapitulation vor ihrer Umwelt ›Muselmänner‹ genannt, da die Ansicht herrschte, Mohammedaner nähmen ihr Schicksal bedingungslos hin.« (a. a. O., S. 167)
43 a. a. O., S. 167
44 a. a. O., S. 163 – Vgl. auch: »Wenn ich [...] mein größtes Problem während der ganzen Zeit im Konzentrationslager auf eine kurze Formel bringen müßte, würde ich sagen: Es bestand darin, mein Inneres abzuschirmen« (a. a. O., S. 139).
45 Levi, a. a. O., S. 86.

Levi wurde als Chemiker einer speziellen Brigade zugeteilt. Dies ermöglichte ihm das Überleben. Doch er bezeichnet sich selbst als einen Gebrochenen:

> Den Menschen zu vernichten ist [...] schwer [...]: Es war nicht leicht, es ging auch nicht schnell, aber ihr Deutschen habt das fertiggebracht. Da sind wir nun, willfährig unter euren Augen. Von uns habt ihr nichts mehr zu fürchten. Keinen Akt der Auflehnung, kein Wort der Herausforderung, nicht einmal einen richtenden Blick. [...] wir sind zerbrochen, sind besiegt: auch wenn wir verstanden haben, uns anzupassen, auch wenn wir endlich gelernt haben, unsere Nahrung zu finden und Mühsal und Kälte zu widerstehen, selbst wenn wir zurückkehren werden.[46]

Wo das Individuum tragende Bestandteile seiner früheren Identität ablegen mußte und zu einer gänzlich veränderten Person gemacht wurde, bleibt es unwiderruflich beschädigt.[47]

Levi wählt statt des Augenzeugenberichtes die Literatur als das Medium der Erinnerung. In der Geschichte der Literatur kehrt das Thema Folter wieder seit es sie gibt. Die Literatur überliefert die Erfahrungen der Unterdrückten auf andere Weise als die Historie. Sie zieht durch ihre Form Konsequenzen. Dieses trifft auch auf *kamalatta* zu.[48] Wegen des diskursiven Zusammenhanges, der sich auf das Brechen zentriert, aber auch als motivischer Vorläufer von Geisslers Roman, muß an George Orwells *1984* erinnert werden. Hier wendet der allmächtige Staat die psychische Folter an, die zum unwiderruflichen Zusammenbruch des Protagonisten Winston Smith führt. Mit Hilfe der Drohung, Ratten auf ihn loszulassen – für Winston »das Schlimmste auf der Welt«[49] –, gelingt es dem Geheimdienst, seine Liebe zu Julia zu zerstören. Ein Vertrauensbündnis gegen den allmächtigen Staat ist nicht möglich:

> ›In dein Inneres können sie nicht eindringen‹, hatte Julia gesagt. Aber sie konnten in einen eindringen. ›Was Ihnen hier widerfährt, gilt für *immer*‹, hatte O'Brien gesagt. Das war ein wahres Wort. Es gab Dinge, eigene Taten, die man nie wieder los wurde. Etwas in der eigenen Brust war getötet worden: ausgebrannt und ausgeätzt.[50]

---

46 a. a. O., S. 142 f.

47 Deshalb ist alle faktische und alle postulierte Dezentrierung des Subjekts, wie sie von manchen Poststrukturalisten idealisiert wird, immer auf die Einheit der Person als ihren Ausgangspunkt verwiesen. Wo die Synthesis der Person nicht gelingt, wo sich das Ich nicht zunächst etabliert, ist keine Dezentrierung möglich, die dann auf neue Erfahrungen oder gar auf das ganz Andere vertraute.

48 Vgl. das Kapitel 6. (Geisslers Schreibweise in ›kamalatta‹).

49 Orwell, G., 1984, Frankfurt/M. - Berlin - Wien 1976, (zuerst 1950), S. 260

50 a. a. O., S. 266

Für Edward Peters ist das Zimmer 101, in dem Smiths Folterung stattfindet, ein Bild für die moderne Folter, die keine Spuren hinterläßt und keine Informationen herauspressen möchte:

> Als Winston Smith [...] schließlich von Beamten verhaftet wird, wird er zunächst in eine Einzelzelle gesperrt und sensorischer Deprivation unterworfen, um dann mit einem komplizierten technischen Gerät gefoltert zu werden, das eine Reihe von ausgeklügelten elektrischen Übergriffen auf sein Nervensystem möglich macht. Die Informationen, die diese Apparatur zutage fördert, sind jedoch den Beamten, die Smith verhören, längst bekannt – die Folterungen zielen eher darauf ab, seine Kooperation zu erreichen. Die letzte und schwerste Folterung bezweckt, durch das endgültige Zerbrechen seines Willens die erzwungene Kooperation in uneingeschränkte Zustimmung zu den Grundsätzen der Partei umzuwandeln.[51]

Der Staat kann das geheimste Gegenbild des Oppositionellen finden und zerstören. Er vollzieht gewaltsam die psychische Gleichschaltung und eliminiert den individuellen Antrieb zum Widerstand. Smith mag sich nach der Folterung in den vorgegebenen Tagesablauf einfügen oder sich umbringen – Umsturz- und Ausbruchsversuche wird er, daran läßt der Roman keinen Zweifel, nicht mehr unternehmen: Smith ist gebrochen worden.

Im Lichte der Erfahrungen Gefolterter und nach den Aussagen der Folterforschung erscheint die im Roman beschriebene Strategie der Panzerung, die die Möglichkeit der irreversiblen Beschädigung des Individuums und seines Willens zum Widerstand leugnet, in einem anderen Licht. Ob die Irreversibilität mit der Kategorie des Bruches glücklich bezeichnet ist, bleibt jedoch fraglich, denn im Bild des Brechens gehen die unterschiedlichen Arten und Grade der Versehrung in der Gleichheit der angenommenen totalen Zerstörung unter. Jeder Einzelfall ist aber anders gelagert, in jedem Gefolterten wirkt das Erlebte anders nach. Das Bild des Brechens ontologisiert ein individuelles Geschehen und verrechnet den einzelnen Menschen als ein Exemplar auf die zugrundegelegte Kategorie. Demgegenüber muß auf der Verschiedenheit jeder einzelnen Versehrung beharrt werden. Human an der Kategorie des Brechens bleibt aber der Gedanke von der irreversiblen Verletzlichkeit des Menschen. Mit dieser rechnet die politische Strategie der Panzerung in Geisslers Roman nicht, in der der verletzliche einzelne zur Kampfmaschine umdefiniert wird. Baut Proffs Fall ein konzeptionelles Gegenbild auf?

---

51 Peters, E., Folter. Geschichte der Peinlichen Befragung, Hamburg 1991, S. 207 f.

4.1.4. Widerstandsfähigkeit und Gewalterfahrung

Proff ist traumatisiert; er ist gescheitert; doch wurde er gebrochen? Als größtmöglicher Eingriff des Politischen in die Existenz des einzelnen nimmt die Foltererfahrung auch in Proffs Fall einen hervorgehobenen Stellenwert ein. Sie wirkt sich unmittelbar und drastisch auf seinen Alltag aus, indem er zeitweise die Sprache verliert. Langfristig setzt sie sich in ihm als ein Trauma fest.

Doch sein Scheitern ist überdeterminiert. Der Vertrauensverlust leitet sich nicht ausschließlich aus der Foltererfahrung in Guatemala her, sondern er ergibt sich auch aus Proffs Biographie. Zu ihr gehört wesentlich die Erfahrung, daß mehrmals in seinem Leben Vertrauensverhältnisse, die er aufgebaut hatte, zerstört werden. Schon früh läßt ihn sein Vater allein: »war schon so vieles zerrissen, die mutter wird rufen, aber wo ruft ihn der vater, der trat gestiefelt« (411). Der Vater geht in eine paramilitärische Organisation der Nazis oder in die Armee. Er wird im Roman nicht mehr erwähnt. Noch im Kindesalter baut Proff sich mit seinem Freund eine Höhle und trifft sich mit ihm zu kindlich-erotischen Spielen. Diese werden jedoch von einer Gruppe Jugendlicher entdeckt: »da traten tritte das höhlendach ein. da standen sie oben über der grube und zeigten und lachten und kreischten.« (413) Die Wahrnehmung des jungen Proff nimmt das sich durch den Roman ziehende Motiv des Löschens und dasjenige der Farbe weiß auf: »unterm blitz alle farben gelöscht, nur noch weiß.« (413)

Aufgrund politischer Entwicklungen geht der Vater aus dem Hause. Durch den Eingriff des Politischen verändert sich der private Raum des Jungen entscheidend. Auch der Rückzug in die Intimsphäre eines Liebesspiels ist nicht mehr möglich, denn die spitzelnde und denunzierende Gemeinschaft läßt ihn nicht zu. Als Proff als Flakhelfer zum Militär eingezogen wird, um Hamburg vor den angreifenden Bombern zu verteidigen, gerät er in eine »verängstung« (291), für die viele Gründe verantwortlich sind, nicht zuletzt die Todesangst, die den am Hals mit einer Mikrophonschlinge festgebundenen Jungen während seiner Einsätze befällt. Wie »umhalst von angst« (241)[52] kommt Proff dem englischen Geistlichen nach dem Kriege vor. Auch später kann er keine Vertrauensverhältnisse mehr aufbauen, er kann sich nirgends sicher und geborgen fühlen.

---

52 Im Original kursiv gesetzt.

Diese Prädisposition nutzen die Folterer. Als die Folter Proff trifft, kann er ihr keinen Widerstand entgegensetzen. Das Verlassenwerden und der Vertrauensmißbrauch sind Erfahrungen, die er schon seit der Kindheit machen mußte. Proff wird nicht erst mit der Folter aus dem inneren Gleichgewicht geworfen, sondern kann der Folter nicht widerstehen, weil er schwach und verletzlich in sie hineingeht.[53] Die Folter ist zwar ein signifikanter Einschnitt in seinem Leben, sie treibt aber nur Dispositionen auf die Spitze, die er schon vorher in sich trug. Alle Enttäuschungen und erlittenen Qualen zusammen wirken sich als Unfähigkeit aus, einen im Sinne der Gruppe lebensbejahenden Angriff auf das System zu führen.

Auch der Vergleich zweier Handlungsmotivationen Proffs zeigt, daß er im Grunde vor und nach seiner Folterung derselbe geblieben ist. Die Handlung in Mexiko, die ihn den Ruf eines militanten Systemgegners eingebracht hat, geschah als ein unmittelbarer, nicht theoretisch angeleiteter Reflex. Es war nicht der von der Gruppe postulierte Angriff, sondern eher ein Akt der Notwehr: »es war der schlag auf der straße aus angst kein angriff, nur wirr der schauder im allgemeinen, das erbrechen, kein bruch« (285); »der schlag ins genick des killers, war nicht mein schlag, nur meine erschlagung« (285), sagt Proff. Insofern hat er, wenn er später den Angriff auf Bad Tölz wählt, keine Qualität eingebüßt, die ihm vorher zugekommen wäre.[54]

Zu Proffs Beteiligung am Tölzer Anschlag kommt es darüber hinaus eher zufällig:

proff hatte von tölz nur so hingeredet. er redete leicht und gern von seiner *nähe, zum, feind*, er hatte dabei das gereizte gefühl, dem kampf der genossen verbunden zu sein. aber sie meinten nicht bindung, sie meinten bewegung, die eigene, wir, jetzt heut noch. das ist ganz klar, sagte proff zu karst, du kannst ja mein assi sein, fahr mit. (35 f.)

---

53 Die Plausibilität dieses Handlungsverlaufes wird durch Aussagen von Sachverständigen gestützt: »Kein Zweifel, daß viele Gefolterte krank, psychisch oder physisch versehrt bleiben oder zu lebenden Toten werden. Offensichtlich haben die jeweiligen Folgen auch etwas mit der Organisation ihrer Persönlichkeit vor der Folter zu tun« (Amati, S., Reflektionen über die Folter, in: Psyche 1977, S. 228-245, hier: S. 243), schreibt die Psychoanalytikerin S. Amati. Unter *welchen* Bedingungen jemand der Folter widerstehen kann, ist – wie oben erwähnt – noch nicht erforscht.

54 Andere machten einen Militanten aus ihm: »sie hoben mich auf ihre schultern« (285). Vgl. auch die Rezeption dieser Geschichte im ›Viertel‹ (23).

Ohne die geringste argumentative Auseinandersetzung mit dem Anschlag, nur aus dem situationsbedingten Gefühl heraus, gibt Proff das Einverständnis, den Anschlag zu unterstützen. Am Ende des Abschnittes heißt es lakonisch: »also tölz. also nicht mehr nur fernsehfilm.« (37) Wie in Mexiko handelt er auch hier spontan. Die theoretisch-argumentative Seite ist vollständig abwesend.

Proff hat Erfahrungen gemacht, »aus denen kein angriff mehr geht, nur noch der auf dich selbst« (440). Den Anschlag in Bad Tölz möchte er ausführen, weil seine eigene Biographie, das Foltererlebnis und die politischen Verhältnisse ihn dazu nötigen. Passivisch formuliert er, als Anna ihn auffordert, sich zu entscheiden: »proff setzte sacht jedes wort, sorgfältig alles allein, ich bin entschieden, er tastete, worden« (437). Dem Ideal der Gruppe, die eine freie, d. h. aktivisch formulierte Entscheidung verlangt, die einem lebenserhaltenden, keinem autodestruktiven Zug entspringen soll, kann er nicht genügen. Folgerichtig nimmt sie ihn nicht auf. Der schon früh Verletzte und immer wieder Frustrierte wird in der Folter vollends zu jemandem, der nur noch zur Zerstörung fähig ist, sei es die der politischen Gegner, sei es die eigene.

Die politische Motivationsstruktur des Protagonisten hat sich durch die Folterung, die in dieser Hinsicht keinen Einschnitt darstellt, nicht verändert. Wenn er also gebrochen ist, so ist er nicht erst in der Folter gebrochen worden. Zwar aktualisiert sie die Hauptversehrungen, die in seiner Biographie angelegt sind und treibt sie auf die Spitze; sie ist schrecklich für ihn und schlägt sich als Trauma nieder. Aber sie wirkt nur graduell und produziert keine neue Qualität. Seine Identität als mit sich und seinen Wünschen Nicht-Identischer kommt ihm nicht abhanden. Er bleibt letztendlich derjenige, der er schon vorher war. Hierin unterscheidet er sich radikal von Winston Smith, der in der Folter zu jemand anderem wird.

Juli erkennt Proffs Versehrtheit. Sie benutzt das Bild des Brechens, spricht von seinem »gebrochnen rücken« (175), meint aber, er habe ihn sich selbst gebrochen. Wegen dieses Gebrochenseins scheitert die Ehe mit Proff.[55] Auch das Verhältnis zu seinem Sohn dominiert dieser Charakterzug. Die bewaffnete Gruppe nimmt Proff nicht auf, weil er die von ihr geforderten Eigenschaften nicht einbringen kann. Schließlich bringt er sich um.[56] Damit hebt er einen Zustand auf, in dem sein Charakter, der wesentlich vom nationalsozialistischen

---

55 Vgl. hierzu den Abschnitt 4.2.2. (Privates Leben).
56 Vgl. hierzu das Kapitel 5.2.1. (Proffs Scheitern).

Kollektiv geformt wurde, keinen Grund zur Hoffnung auf die eigene Veränderung mehr zuläßt. Proff führt einen »folterschatten« (12) mit sich, den er nicht mehr los wird. Alle seine Handlungen, insbesondere jede Form von Nähe, findet im Einflußbereich dieses Schattens statt: »weder kannst du hinaus, noch kann dich der andre drin finden.« (12) Letztlich gründet sein Tod in diesem Schatten. Die Verletzungen, die ihm die Herrschaft zugefügt hat und die bis zur Folter gesteigert wurden, kann er nicht mehr abschütteln. Sie haben seinen Körper und seinen Geist geformt, so daß sie ins Wesen seiner Existenz einsickerten und der Tod die einzige, zynische Waffe bietet, um sie zu negieren.[57]

Proffs Kindheitserfahrung spiegelt sich in der ›Ausbildung‹ des Nachwuchses der Special Forces. Hier wie dort bewirkt die Erziehung im Rahmen der totalitären Ordnung eine Modifikation der psychischen Struktur. In Guatemala ist diese Struktur geradezu das Selektionsprinzip, nach dem die Jungen ausgewählt werden. Angst und das Einfordern unbedingten Gehorsams sind die vorherrschenden Erziehungsmittel, vor allem aber die Tilgung aller individuellen Bedürfnisse. Das Eigenste, metaphorisch das Innerste oder der Kern, wird dort systematisch frustriert und aberzogen. Damit trägt die Prädisposition, mit der die verschiedenen Personengruppen in die Folter gehen, einen historischen und einen geographischen Index. Sie ist an diktatorische Regimes der politischen Rechten geknüpft.

Proffs Erfahrung, aus der kein Angriff mehr geht, trägt den historischen Index, denn einzig Nele de Winter, eine Niederländerin in Proffs Alter, kann sie verstehen (vgl. 437). Da die ersten biographischen Erfahrungen des Vertrauensmißbrauchs und des Verlassenwerdens in der Zeit des Nationalsozialismus liegen, verweist diese Konstellation auf die geschichtliche Bedingtheit von Ohnmachtsgefühlen, Hoffnungslosigkeit und politischem Fatalismus. Die Mitglieder der Gruppe gehören einer Generation an, deren Kindheit nicht durch Krieg und Nationalsozialismus, sondern durch die behütete Atmosphäre der fünfziger Jahre geprägt wurde.[58] Ihnen fällt es im Roman leichter, auf die Einlösung der Utopie

---

57 Nur der Tod läßt sie unwirksam werden. Will Proff das verhaßte System abschaffen, so muß er einen genuinen Teil seiner selbst abschaffen. Soll das Ganze sich wandeln, so gibt es für ihn keinen Platz mehr in der neuen Ordnung. In seinem Tod mischen sich deshalb das Opfermotiv und das des Nicht-mehr-Aushaltens.

58 Vgl. z. B. die Beschreibung der Kinderphotos von Jojo: »jojo mit seppelhut, jojo mit schulzuckertüte, jojo verprallt im turnerhöschen, jojo geschlipst zur konfirmation, jojo fettbackig, etwas zu klein.« (96)

in der Wirklichkeit zu hoffen. Sie sind von der Staatsmacht in ihren frühen Entwicklungsphasen nicht drangsaliert worden.

Geographisch ist die frühe Gewalterfahrung für die Zeit nach dem Zweiten Weltkrieg auf Guatemala beschränkt, das für alle folterbereiten diktatorischen Regimes der sogenannten Dritten Welt steht. Proffs psychische Disposition gerät durch seine Biographie, durch die Kindheitserfahrungen während des Nationalsozialismus, in die Nähe zu den Special Forces-Polizisten. Die Destruktivität, die die Effekte von Herrschaft und Folter an Proff zeitigen, stellt sich bei den gefolterten Indianerjungen ebenfalls ein. Die Special Forces wünschen diesen Charakterzug. Er wird in der Couterinsurgency-Politik erfolgreich angewendet. Die Gewaltanwendung gegenüber Auszubildenden gibt zu verstehen, daß auch die Vertreter der Exekutive vom gesellschaftlichen Gewaltverhältnis versehrt werden. Beide sind unfähig zur rückhaltlosen Vertrauensbindung, an die in *kamalatta* die emphatische Idee der Kollektivität gebunden ist.

Die Zerstörung des Charakters findet in *kamalatta* nur im faschisierten Gemeinwesen statt. Die Folter verlegt Geissler dagegen sowohl in die ›Dritte‹ als auch in die ›Erste Welt‹. Damit plaziert er die These vom universellen kapitalistischen Gewaltverhältnis an zentraler systematischer Stelle. Der auf beide Sphären angewendete Foltervorwurf besagt, daß die kapitalistische Herrschaft auf einem Gewaltverhältnis errichtet wurde und daß dieses Gewaltverhältnis, sobald sich eine Opposition gegen es formiert, in welchem Teil seines Herrschaftsbereiches auch immer, mit Hilfe von grausamster Gewalt geschützt wird. Auch die westliche Demokratie entgeht diesem Mechanismus nicht, obwohl sie die Idee des Rechtsstaates für sich in Anspruch nimmt. An der Systemgrenze aber, so die immanente Argumentation aller tragenden Figuren in *kamalatta*, hört der Rechtsstaat auf und schlägt in unmittelbare Gewaltausübung um.[59]

---

59 Den gewaltsamen Ursprung aller Rechtsetzung arbeitete kürzlich Derrida heraus: »Weil sie sich definitionsgemäß auf nichts anderes stützen können als auf sich selbst, sind der Ursprung der Autorität, die (Be)gründung oder der Grund, die Setzung des Gesetzes in sich selbst eine grund-lose Gewalt(tat).« (Derrida, J., Gesetzeskraft, Frankfurt/M. 1991, S. 29) Ist es einmal installiert, tendiert das Gewaltmonopol »nicht dazu, diesen oder jenen Rechtszweck in Schutz zu nehmen, sondern dazu, das Recht selber zu beschützen.« (a. a. O., S. 73) – Klassisch ist für den gesamten Zusammenhang Marxens Untersuchung der ursprünglichen Akkumulation des Kapitals im 24. Kapitel seines Hauptwerkes, wo er den Ursprung der kapitalistischen Produktionsweise am Beispiel Englands nachzeichnet (vgl. Marx, K., Das Kapital, in: Marx Engels Werke, Bd. 23, hg. v. Inst. für Marxismus-Leninismus beim ZK der SED, Berlin/DDR 1962, S. 741 ff.). Er ist gekennzeichnet von der »Expropriation des ländlichen Produzenten, des Bauern, von Grund und

Die Tötungsschwelle liegt in der Romanhandlung von *kamalatta* in der Bundesrepublik höher als in Guatemala. Die geschilderten Tötungen von Gefangenen in Gefängnissen der Bundesrepublik sind im Roman Ausnahmen. Auf diesen Unterschied reflektiert jedoch keine Figur. Ein demokratischer Staat, der, wen auch immer, hinrichtet, steht unter großem Legitimationsdruck. Diesen Sachverhalt thematisieren Geisslers Figuren nicht. Die Frage nach dem Widerstehen unter der Folter kann in Geisslers Text nur deshalb ins Zentrum der Handlung rücken, weil die westlichen Demokratien sich in der Art ihrer Herrschaftsausübung von Diktaturen der ›Dritten Welt‹ unterscheiden, indem sie politische Gegner nicht wie selbstverständlich töten. Der Roman stellt aber die saubere Folter[60] in der Isolationshaft auf dieselbe Stufe wie die physische und psychische Folter im Ausbildungslager.[61]

Deshalb muß der erzählerische Kunstgriff Geisslers, Proffs Folterung in ein Land der ›Dritten Welt‹ zu verlegen, kritisch befragt werden. Für sein Vergehen wäre Proff in Zentraleuropa kaum gefoltert worden. Hätte er im Mai '68 in Paris dieselbe Handlung begangen, so wäre ihm zwar der Prozeß gemacht worden, vor der Folter im eigenen Land wäre der französische Staat aber zurückgeschreckt, obwohl er kurz zuvor im Algerienkrieg systematisch Folterungen veranlaßte.[62] Die Folter erleidet das Individuum im kapitalistischen Machtbereich hauptsächlich an dessen ›Peripherie‹.[63] Die Foltererfahrung ist in den ›Zentren‹ – anders

---

Boden« (a. a. O., S. 744). Dabei wird plausibel: »die Geschichte dieser [...] Expropriation ist in die Annalen der Menschheit eingeschrieben mit Zügen von Blut und Feuer.« (a. a. O., S. 743)

60 Vgl. zu diesem Begriff die Fußnote 6 in diesem Kapitel.

61 Damit nimmt er in der Debatte über die Isolationshaft die Position der ›Linken‹ ein, die die ›saubere‹ und die ›schutzige‹ Folter nicht mehr dem Grad nach trennt: »Wenn man die Foltermaßnahmen [...] nicht als Selbstzweck sieht [...], sondern als Mittel zu einem ›höheren‹ Zweck, nämlich den Widerstand des Gefangenen zu brechen, ihn exemplarisch fertigzumachen, dann konvergieren die alten und die neuen Mittel in Wirkung und Ziel. Schon wird in der Guerilla-Bekämpfung zu der modernen, wissenschaftlich fundierten Technik der ›sauberen‹ Folter durch Isolation übergegangen: Sie ist das effektivere Mittel.« (Michel, K. M., Zu diesem Heft, in: Kursbuch 32, a. a. O., S. 1-10, hier: S. 9)

62 Der Psychiater F. Fanon beschreibt die Foltermethoden, die im Algerienkrieg angewendet wurden sowie deren Folgen (vgl. Fanon, F., Die Verdammten dieser Erde, Frankfurt/M. 1966 (zuerst 1961), S. 210-245).

63 Das Begriffspaar Zentren–Peripherie wird in *kamalatta* von zahlreichen Figuren als theoretisches Gerüst ihres Antiimperialismus benutzt. Kargow formuliert: »das lügen von einer welt ohne krieg, deren funktionieren nur noch geht aus ununterbrochener gewaltanwendung gegenüber der weltmenschenmehrheit [...] das faule bild der angeblich zivilisierten welt ohne krieg,

als in vielen Teilen der ›Dritten Welt‹ – kein Massenphänomen. Manifeste Gewalt ist in den westlichen Gesellschaften objektiv und subjektiv in geringerem Maße vorhanden als in anderen Teilen der Welt. Die Erfahrung des nach wie vor bestehenden Gewaltverhältnisses ist hier nur in verminderter Form möglich. Der objektiven Schwierigkeit, die Individuen der ›Zentren‹ der Erfahrung des unsichtbaren Gewaltverhältnisses auszusetzen, ohne daß diese sich zuvor schon für

---

das uns doch täglich nur vormachen soll, daß das unfriedliche leben draußen, das aber doch hier in den zentren produziert, zur profitproduktion gebraucht wird, uns fremd sei, weg damit an die ränder, asien, afrika, lateinamerika, bloßes spektakel aus affenwald« (480). Auch die RAF wählte es als Schema für ihren ›antiimperialistischen Kampf‹. Zur Aktion der arabischen Gruppe ›Schwarzer September‹ bei den Olympischen Spielen in München 1972 schreibt sie: »Der Schwarze September hat seinen Krieg von der arabischen Peripherie des Imperialismus ins Zentrum getragen. Zentrum heißt: Zentrale der multinationalen Konzerne, die die Märkte beherrschen, die das Gesetz der ökonomischen, politischen, militärischen, kultuellen, technologischen Entwicklung der Länder bestimmen, die zu ihrem Markt gehören. Zentren sind: die USA, Japan, Westeuropa unter Führung der BRD.« (Rote Armee Fraktion, Die Aktion des Schwarzen September in München, in: GNN (Hg.), a. a. O., (zuerst 1972), S. 31-40, hier: S. 32) Dieses auf Lenins Imperialismustheorie zurückgehende Modell wird auch von manchen Theoretikern verwendet, die über den Zusammenhang der Weltmarktproduktion arbeiten (vgl. D. Senghaas (Hg.), Peripherer Kapitalismus. Analysen über Abhängigkeit und Unterentwicklung, Frankfurt/M. 1974) und erscheint dort unter dem Namen der Dependenztheorie. In der Anwendung der RAF und einigen von Geisslers Figuren bringt es das Problem mit sich, daß über dem Theorem vom ungeteilten kapitalistischen Herrschaftsbereich die nationalen Unterschiede in der Machtausübung aus dem Blickfeld geraten. Der Unterschied zwischen einer parlamentarischen Demokratie – z. B. der der Bundesrepublik – und einer Diktatur – z. B. der Guatemalas – schrumpft aus dieser Perspektive zur Nichtigkeit zusammen. Gerade für den Alltag der Lohnabhängigen ergeben sich aus diesen Regierungsformen, die sich einer Arbeitsteilung innerhalb des kapitalistischen Machtbereiches verdanken, große Unterschiede. Die theoretische Konstruktion eines universellen Kapitalismus unterstellt, er zeige überall den gleichen Phänotyp. Weil dieses Bild nicht stimmt, sollten Binnendifferenzierungen in der Gewaltausübung von seiten des Staates und verschiedene Erfahrungshorizonte der Individuen diese Gewalt betreffend in Rechnung gestellt werden. Nur durch Polit-Tourismus oder in Ausnahmesituationen bekommen bundesrepublikanische Systemgegner die sedimentierte Gewalt des Systems, auf dem es errichtet wurde, zu spüren. Der Kunstgriff in der Handlungsführung von *kamalatta* kann, vermutlich entgegen der Autorintention, die wohl die Universalität der Unterdrückungserfahrung ins Werk setzen möchte, als ein Beleg dafür gelesen werden, daß das universelle kapitalistische Gewaltverhältnis ein in sich gegliedertes ist.

den bewaffneten Kampf entschieden hätten,[64] entgeht Geissler durch die Verlegung von Proffs Folterung nach Guatemala.[65]

Die Untersuchung des Folter-Diskurses in *kamalatta* führt zu dem Ergebnis, daß eine Panzerung gegen die Folter gelingen kann, wenn das Individuum sich einer Gruppenidentität verschreibt und unter der Folter willentlich an ihr festhält. Damit führt Geissler eine politische Position an, die auf der geistigen Verhärtung von Gruppenmitgliedern besteht, indem sie ihnen absolute Loyalität abverlangt. Diese Politik wird – gemessen an ihrem eigenen Maßstab – ein gewisser ›Erfolg‹ zugebilligt, indem der geforderte Dogmatismus in *kamalatta* ein Widerstehen unter der Folter ermöglicht. Der bewaffnete Kampf gegen das feindliche kapitalistische System im Sinne der geschilderten Gruppe wird im Roman nicht verworfen, aber auch nicht gefordert. Er erscheint als eine mögliche politische Orientierung, die hohe Kosten für das Individuum mit sich bringt. Die Kategorien der Entscheidung und des Willens nehmen im gesamten Roman eine zentrale ideologische Stellung ein. Sie sollen im fünften Kapitel untersucht werden.

An Proff scheint der Roman zeigen zu wollen, daß die Folter dem Sytemgegner seinen Widerstandsimpuls entziehen könne. Doch der Zusammenbruch des Protagonisten in Guatemala bedeutet nicht, daß eine widerständige psychische Disposition von der omnipotenten Staatsmacht getilgt worden wäre. Bei näherem Hinsehen wird vielmehr deutlich, daß Proff schon seit der Jugend versehrt war. Deshalb konnte er die Entscheidung für den aktiven, rückhaltlosen Widerstand nie treffen. Die Versehrung wurde schon vor langer Zeit an einem Wehrlosen, weil Willenlosen vorgenommen. Etwas wurde Proff amputiert, das die Kämpfer der Gruppe noch besitzen. Es ist eine Art Grundimpuls des Wider-

---

64 Die Gewalt des Staates muß vor der Gegengewalt der Guerilla da sein, damit diese sich als eine politische verstehen kann.

65 Einen ähnlichen Kunstgriff kritisieren Hosfeld/Peitsch an der Handlung von *Das Brot mit der Feile*. Dort findet die Erfahrung unmittelbarer staatlicher Gewalt im faschistischen Griechenland statt: »Erst […] in der griechischen Wirklichkeit […] verifiziert sich, was anfangs, bezogen auf die westdeutsche Realität, metaphorisch vorausgesetzt war: das umstellte Land. Daß Geissler diesen zentralen Punkt seiner Kritik an der westdeutschen Realität nicht an dieser selbst, sondern an der griechischen zu verifizieren gezwungen ist, erhellt einen problematischen Aspekt nicht nur der kompositionellen Anlage des Romans, sondern ebenso der konzeptionellen Anlage der Gesellschaftskritik seines Autors.« (Hosfeld, R./ Peitsch, H., ›Weil uns diese Aktionen innerlich verändern, sind sie politisch‹, in: Basis. Jahrbuch für deutsche Gegenwartsliteratur, hg. von R. Grimm und J. Hermand, Bd. 8, Frankfurt/M. 1978, S. 92-126, hier: S. 126)

standes, der nötig ist, damit Widerstand überhaupt entstehen kann. Sofern er vor der Folterung unzerstört ist, könnten die Individuen der herrschenden Gewalt unter allen Umständen etwas entgegensetzen. Der Staat kann diesen »kern des kampfes« (293) nur äußerlich, durch die Liquidation der Oppositionellen vernichten, es sei denn, er modelt die einzelnen schon im Kindesalter, solange sie noch keinen eigenen Willen entfalten können, der ihm opponieren könnte.

Der Widerstand entspringt in Geisslers Roman diesem Impus, der wie ein Kern im Innersten des psychischen Apparates sitzt und der noch vor aller willentlichen Entscheidung liegt. Ein Kern kann nicht gebrochen werden, denn das Bild eines Kernes impliziert die Vorstellung von einer letzten, unteilbaren Einheit, von einem Ens. Er ist oder er ist nicht. Wenn er ist, kann der Staat ihn nicht zerstören, er kann nur seinen physischen Träger eliminieren. Wenn er nicht ist, hat der Staat schon immer gesiegt. Brechen kann man das Eis auf einem See, der unverändert aussähe, aber keine Last mehr tragen könnte. Die Rede vom Brechen der Person, die im Diskurs über Folter so häufig geführt wird, rechnet mit der Verwundbarkeit des Individuums, mit dessen Zerbrechlichkeit. Während hier die Ohnmachtssituation Folgen hat, gelangt die Ohnmacht in der anderen Vorstellung nicht an den Kern, der entweder die Kapitulation schon enthält oder sich nach dem Erlebnis der Ohnmacht wieder auf sich selbst besinnt. Während das Bild des Kernes eine ontologische Vorstellung vom Menschen nahelegt, bietet das des Brechens eine historische. In *kamalatta* trägt die Ontologie, exakt formuliert, einen historischen Index. Die Personen sind wie sie sind, weil die Gesellschaft sie in Kindheit und Jugend zu denen gemacht hat, die sie wurden. Doch sind sie einmal erwachsen, werden Erlebnisse nicht mehr zu Erfahrungen, die die Prädisposition eingreifend ändern könnten. Dem Widerstandskern, der in *kamalatta* selbst der Folter standzuhalten vermag, und dem mit ihm verbundenen Menschenbild, wird in der Folge nachzugehen sein.

4.2. Berufung auf das Leben

Der unversehrte Persönlichkeitskern setzt in *kamalatta* das politische Handeln frei. Er bewirkt, daß die Folter im Roman niemanden zerbricht. Daß die größtmögliche Steigerung des Gewaltverhältnisses gegenüber den einzelnen letztlich unwirksam bleibt, motiviert der Romandiskurs mit der Berufung auf die Kategorie des Lebens, die der Text in hoher Frequenz reproduziert. An sie knüpft er die Legitimität und die Möglichkeit oppositioneller Aktivitäten. Der Lebensbegriff bildet deshalb einen zweiten Verdichtungspunkt in der Konstruktion des Romans. Er strahlt sowohl auf die inhaltliche als auch auf die formale Gestaltung ab. Zum Thema der Folter steht er in einem spiegelbildlichen Verhältnis; während die in der Folter am Individuum ausgeübte Gewalt seine Integrität nicht beeinträchtigen kann, spricht die Vorstellung vom Leben dieses Nichtzerstörbare affirmativ an. Der Lebensbegriff ist positiv konnotiert, an ihm kristallisiert sich utopisches Potential.

Obwohl der Lebensbegriff einen tragenden ideologischen Bestandteil sowohl der meisten oppositionellen Figuren wie auch des Romans insgesamt ausmacht, ist er nicht eindeutig fixiert. Nicht jeder, der das Wort Leben benutzt, faßt mit seiner Nennung denselben Gehalt. Es ist im Roman äquivok. Dennoch läßt sich eine Hauptgebrauchsweise isolieren, um die der Roman oszilliert. Der Wille zum Leben wird als das identische Moment in den Lebensvorstellungen in *kamalatta* bestimmt werden. Zunächst soll deren Palette differenziert beschrieben werden, um diese nach den mit ihnen verbundenen weltanschaulichen Momenten zu befragen, die kritisch gewertet werden müssen. Insgesamt soll die Analyse zeigen, wie die diskursiven Muster, die um die Vorstellung vom Leben zentriert sind, funktionieren, welche Gedankengänge sie kanonisieren und welche sie ausgrenzen. Analysierend und interpretierend soll dergestalt der geistige Gehalt des Werkes erschlossen werden.

4.2.1. Leben als Angriff

Die bewaffnete Gruppe beruft sich emphatisch auf das Leben.[66] Ihren Kampf legitimiert sie nicht, indem sie die Kämpfer auf ferne Zeiten vertröstet, sondern indem sie während des Kampfes eine radikal von den angebotenen Möglichkeiten unterschiedene Lebensform zu führen beansprucht. Diese belegt sie mit dem Wort Leben. Obwohl es auch innerhalb der Gruppe Nuancierungen in der Auffassung vom Leben gibt, sind sich ihre Mitglieder insoweit einig, als sie diejenigen als Tote bezeichnen, die keinen emphatischen Lebensbegriff ver-

---

66 Diese Studie arbeitet an den Gebrauchsweisen des Wortes ›Leben‹ entlang, sie macht sie sich aber nicht zu eigen. Der unvermeidlich immer wieder verwendete, ideologisch aufgeladenen Lebensbegriff, der sich vom kurrenten Wortgebrauch unterscheidet, indem er als ›tot‹ ausgrenzt, was ›nur‹ existiert und nicht im nachdrücklichen Sinne mit sich identisch ist, sollte deshalb gleichsam wie in Anführungszeichen gelesen werden.

treten, an erster Stelle die Repräsentanten des Staates: »unser land ist in der hand von toten. wir leben.« (15) Sie nehmen das Leben hypothetisch, es anrufend, in Anspruch; die Verifikation der Hypothese ist eine Kategorie des Kampfes gegen das Herrschaftsverhältnis. Nicht die Abschaffung eines bestimmten Wirtschaftssystems ist das Endziel und der Legitimitätsnachweis für den Kampf, sondern das in der Aktion anwesende und durch sie zu erkämpfende Leben.

Mit dem Leben ist dabei unauflöslich die Befreiung verknüpft, deshalb artikuliert es sich in der gegebenen historischen Situation als Angriff auf das bestehende Tote. Schlosser: »wir sagen, das leben ist unser angriff.« (366) Boye bezeichnet den Widerspruch der Interessen in den Kategorien der Gruppe: »dort der markt der vernichtung, hier wir, unser leben.« (194) Der Angriff verbürgt das Leben. Der Erzähler nimmt in erlebter Rede die Perspektive von Larry und Jojo ein: »der tag jeden tag als angriff, ob du noch lebst. oder stirbst ihnen zu und kippst. und gekippt wird allein. und das leben sind wir, unser kampf.« (101) War der Angriff ursprünglich die Reaktion auf die tote Umwelt, so wird er nun substantialisiert, indem er als Beleg für das vorhandene Leben fungiert. In Flügels Worten ist diese Tendenz drastisch ausgedrückt: »warum sterben die alle denn lieber, als wenden ihr leben, als lieben ihr leben zur waffe.« (198) Hier ist der Angriff kein von der Situation erzwungenes Übel mehr, sondern ein Wert an sich selbst: das bewaffnete Leben soll geliebt werden.[67] Unter den herrschenden Bedingungen des ›Toten‹ muß sich jeder einzelne für das Leben *entscheiden*. Proff wird die Entscheidung von Anna abverlangt: »er soll sich entscheiden.« (437) Erst nach einer bewußten Wahl für den Angriff und für das Kollektiv ist jemand in den Augen der Gruppe in die Lage versetzt, des Lebens teilhaftig zu werden. Die Entscheidung ist eine weitere notwendige Bedingung für das Leben.[68] Dieses unterstreicht, daß der Lebensbegriff der Gruppe das Leben sowohl in der Entscheidung zu kämpfen als auch im Kampf selbst sucht und einfordert.[69] Der Grad, in dem dieses gelingt, ist für sie der Maßstab des Urteils

---

67 Vgl. auch Karsts Meinung, der die Liebe zum Leben an den Kampf bindet (vgl. 215).

68 Der einzelne entscheidet sich autonom für das Kollektiv – das mündige Subjekt wird vorausgesetzt, obwohl das Kollektiv, das der Gesellschaft, die aus Unterdrückten besteht, überlegen sein soll, erst noch errichtet werden muß. Dieser logische Zirkel wird unten zu kritisieren sein. – Vgl. zu den existentialistischen Implikationen der Kategorie der Entscheidung unter 5.1.3. (Wählen und glauben).

69 Vgl. auch: »nichts hat die schweine bewegt, ihr internationales programm, die vernichtung von widerstand, aufstand, zurückzunehmen, die wären ja blöde, und sind sie nicht, es ist krieg, da

über ihre Politik. Solange sie das Leben, also den Angriff führen kann, hält sie ihre Politik nicht für verfehlt.

Kollektivität ist ein weiterer notwendiger Bestandteil dieses Lebensbegriffs:

> erst dort sind wir kollektiv, sagte feder, wo in der gruppe der einzelne für die gewinnung seines lebens kein rückzugsgebiet, kein individuelles terrain mehr sieht. [...] weil [...] die aneignung deines lebens ohne die gruppe im angriff nicht geht. weil einzeln gegen das prinzip der entfremdung, [...] in dir und draußen, nichts geht. (273 f.)

Gelungene Kollektivität radikal zu leben ist der Motor ihres Kampfes und das unterscheidende Merkmal gegenüber allen anderen politisch Aktiven im Roman. Die Voraussetzungen für gelungene Kollektivität sind erstens ein Vertrauensverhältnis, in dem sich jeder auf den anderen verlassen kann und zweitens ein Freiraum, der dem Zugriff des Staates und aller nicht zum Kollektiv gehörenden Personen entzogen ist. Die Gruppe glaubt an die Möglichkeit, solche Freiräume herstellen zu können.

Der Erzähler nimmt Stellung zu einem Modell von Kollektivität, mit dem die einzelnen nicht ihren Lebenswunsch verbinden. Er beschreibt eine Landkommune (vgl. 275-277), deren Mitglieder auf Abruf leben, bis sich für sie etwas Vorteilhafteres ergibt. Zwar berufen sie sich auch, wie fast alle Oppositionellen in *kamalatta*, auf das Leben – »wir wollen [...] leben« (274), sagt Monique –, aber diese falsche Kollektivität, in der die Lebensführung nicht auf einer rückhaltlosen Wahl und dem damit verbundenen Bekenntnis beruht, schildert er als negatives Gegenbild zu der der Gruppe.[70]

Geissler akzentuiert die Kollektivität der bewaffneten Gruppe positiv und die der Landkommune negativ, indem er den vertrauensvollen Zusammenhalt zu einem Formprinzip macht. Die Frage: Wo bist du?, gestellt an die Mitkämpfer, bleibt in der Gruppe nie unbeantwortet. Über mehrere Abschnitte hinweg bildet

---

passen sie auf und wissen genau, wer von uns lebt, so lange er lebt, der greift sie an, bis sie verreckt sind.« (492)

70 En passant kann hier auf einen wenig souveränen Zug von *kamalatta* verwiesen werden. Geissler verwirft die politische Intention der Landkommune und nimmt sie als Folge davon in der literarischen Darstellung nicht ernst. Denunziatorisch kehrt nach jedem Absatz, in dem das individuell Falsche an der Lebensauffassung der Mitglieder der Kommune aufgezeigt wird, der Verweis auf dieses Falsche als ein moralisierender Refrain wieder (vgl.: »noch bleiben sie kollektiv« (275), »noch sind wir im kollektiv« (276), »florian bleibt kollektiv« (276) etc.). Der politische Überschwang des engagierten Autors verhindert die Durchorganisation des Textmaterials und nimmt die Landkommune aus der widersprüchlichen Vermittlung oppositioneller Themen im Roman heraus.

das Fragen und Antwortgeben ein Stilprinzip der Verknüpfung.[71] Wenn Feder Wagner, der nicht zur Gruppe gehört, sondern früher bei den Revolutionären Zellen mitgearbeitet hat, in einem Kontext, in dem über Kollektivität gesprochen wird, fragt: »wo bist du« (277), und dieser nicht antwortet, so unterstreicht Geissler die These der Gruppe, daß nur derjenige kollektiv leben könne, der politisch die richtige Einstellung gefunden habe.[72]

Die radikale Kollektivität, die sowohl das »ziel des angriffs« (212) als auch »die struktur [...] des kriegs [...] der klasse« (212) ist, hat in Geisslers Roman den Status eines großen utopischen Entwurfs für das gelungene Zusammenleben. Durch das rückhaltlose Vertrauen der einander kennenden und liebenden Gruppenmitglieder soll die »kollektivität die konkretion neuer wirklichkeit« (212) erbringen:

> wenn es richtig läuft, sagte marie, sind auch die fehler einzelner die fehler aller, und alle lernen daran, indem sie die bedingungen der fehler im kollektiv suchen. unsere kontinuität bedeutet, [...] diese psychologie der macht unter uns so oft und so lange zu brechen, bis wir menschen sind, stärker sind als das pack, kollektiv. (436)

Die Gruppe soll den einzelnen tragen und auffangen. Was ihm zustößt, sollen alle verarbeiten. Das utopische Ziel der Gruppe ist das vollständig solidarische Gemeinwesen, das durch direkte, nichtdelegierte Kontakte entsteht. Diesem Ziel haftet die Vorstellung vom Aufgehen des Individuums in der Gruppe an, das mit dem Eingehen ins Leben zusammenfällt. Nicht den autonomen, nur sich selbst verantwortlichen, aufgeklärten Bürger strebt die Gruppe an, sondern das »klassenleben« (101). Hier könne der einzelne der zugrundeliegenden Solidarität vertrauen und müsse sich nicht, wie in der Ellenbogengesellschaft des Kapitalismus, seinen Vorteil gegen andere erkämpfen.

Deshalb ist, wie oben gezeigt, das Gefängnis, nicht so sehr der Tod im Kampf, die größte Anfechtung der Politik der Gruppe. Wachtel: »sieben gefangene sind umgebracht worden im knastkampf, einige ganz verstummt, zu tode

---

71 Vgl. 201, 205, 217, 384 usw.
72 Interessant ist, daß Geissler das Konzept der Revolutionären Zellen aus der Perspektive eines Ausgestiegenen, mittels dessen Sehnsucht nach dem Kollektiv abqualifiziert. Die politische Kritik an den RZ bleibt oberflächlich, obwohl die RZ eine Strategie des bewaffneten Kampfes ausgearbeitet haben, die dazu führte, daß ihre Mitglieder in viel geringerem Maße gefaßt wurden als die der RAF. Vgl. zum Programm der RZ: ID-Archiv im IISG/Amsterdam (Hg.), Früchte des Zorns. Texte und Materialien zur Geschichte der Revolutionären Zellen und der Roten Zora, 2 Bde, Berlin 1993.

gemüdet, mancher versteint, alle krank im körper, doch, alle, und keine demo, kein kampf, weder drinnen noch draußen, haben bisher erreicht, was wir brauchen, genossenleben, prozeß« (492). Kann das Gefängnis nicht zum Ort des Lebens gemacht werden, dann stimmt die These nicht, daß die Kollektivität einen Zustand produziere, der »vom Feind nicht erreichbar« (212) sei. Hiermit bräche das Konzept der Gruppe in sich zusammen, hier und jetzt zu leben. Der Tod stellt dieses Konzept nicht nachhaltig in Frage, denn bis zu seinem Eintritt könnte der Kämpfer ein erfülltes Leben geführt haben.

Die Gruppe ist nicht bereit, individuellen Triebverzicht zugunsten der herrschenden Definition vom Gemeinwohl zu erbringen. Leben heißt für sie vor allem, die gesellschaftlichen Fesseln zu sprengen, die sich ihrer Lust entgegenstellen. Diese frei strömende Lust führt einen Zustand herbei, den sie mit der Metaphorik des Fliegens thematisiert.[73] Die freigesetzte Lust entsteht aus der Identität des individuellen Handelns mit den politischen Motiven. An diesen euphorischen Zustand, der die vertrauende Liebe des Kollektivs voraussetzt, ist bei vielen Gruppenmitgliedern eine Überlegenheitsgewißheit gegenüber ihren Gegnern geknüpft.

Marie verbindet das gelungene kollektive Leben mit dessen Unberechenbarkeit (vgl. 366), und auch Jojo gebraucht Leben und Unberechenbarkeit synonym: »ich bin aber unberechenbar. [...] wir leben.« (103) Larry und die Strategie der Panzerung im Gefängnis setzen die Unzerbrechlichkeit des einzelnen voraus. Der Streit zwischen ihm und Jojo (vgl. 101-103) stellt nicht in Frage, daß die Gefangenen sich dem Zugriff des Staates entziehen könnten, sondern problematisiert die Art und Weise, in der dieses geschehen sollte. Der These von der entfesselten Lebensenergie, die unberechenbar sei, steht Larrys Konzept der Panzerung entgegen. Auch dieses baut auf die Lebenskraft, die aus der Verschworenheit der Gruppe auf den einzelnen übergeht. Feder hält das Moment der Kollektivität für einen Schritt, der »vom feind nicht erreichbar, für ihn nicht mehr faßbar« (212) sei. Der kollektive »kern des kampfes« (293) sei – wie oben gezeigt – nicht zerquälbar. Das wahrhaft Eigene ist dem Zugriff der Verfolgung entzogen. Es ist der staatlichen Herrschaft, entweder durch seine Unberechenbarkeit oder durch seine Fähigkeit zur Panzerung oder aber durch die transsubjek-

---

73 Vgl.: »fliegen können wir [...] nur aus lust.« (220) Vgl. unten den Abschnitt 4.2.5. (Die bewegte Natur).

tive »geschichtsrichtigkeit der internationalen klassenbewegung« (293) überlegen.

Dieser utopische Entwurf der Gruppe beinhaltet die radikalste Berufung auf
das Leben, indem das Leben die herbeizuführende Revolution legitimiert. Der
Anspruch der Gruppe besagt, daß das Leben gelebt werden müsse, und sie
glaubt, es leben zu können. Hier fallen die weltanschaulich-existentielle und die
politische Orientierung unmittelbar zusammen. Denn angesichts des herrschenden Toten sei es revolutionär, im emphatischen Sinne zu leben. Das praktizierte
Leben *ist* der Gruppe ein schon vorhandener, befreiter Bereich, der potentiell jedem zugänglich ist, weil der Lebenswille jedem eignet. Durch eine Entscheidung
für das Leben kann er aktualisiert werden und bleibt dann unversehrbar, solange
die physische Existenz währt.

4.2.2. Privates Leben

Proffs Frau nimmt den Lebensbegriff ähnlich zentral in Anspruch wie die
Gruppe. Jedoch akzentuiert sie ihn anders und zieht andere Konsequenzen als
diese. Proffs Beziehungskrise zu Juli kann auf deren unterschiedliche Stellungen
zum Leben zurückgeführt werden. Warnend appelliert sie an ihn, sich nicht über
ihre Beziehung und die Familie hinwegzusetzen und benutzt dazu den Lebensbegriff: »paß jetzt auf, wir leben.« (175) Auch während der letzten Begegnung
des Paares bleibt Julis Vorwurf an ihre Auffassung vom Leben gebunden: »es
geht ums leben, proff.« (509) Gegen Proffs Veränderungswünsche, gegen seine
»vertrauenstumulte« (175), stellt Juli die von einem Vertrauensverhältnis
geprägte zwischenmenschliche Beziehung. Gegen die Bewegung – »proff wollte
[…] bewegen« (62) – setzt sie das Feste, das Bekannte, das Vertraute: »alles hat
seinen platz und was ruhe findet und wurzeln schlägt, das kann auch mal blühen
vielleicht« (63). Sie glaubt, daß privates Glück möglich sei und daß diese
Möglichkeit die Lebensqualität ausmache. Für sie steht das intersubjektive Vertrauen, das sie Verschwörung nennt, an der höchsten Stelle ihrer Werteordnung.
Hierin stimmt sie mit der Gruppe überein; auch das Überlegenheitsgefühl gegenüber dem Staat und dem Toten teilt sie, obgleich es bei ihr ausschließlich eine
Kategorie des moralisierenden Urteils ist und nicht auf das Handeln bezogen
wird.

Als sie von Proff ein Kind erwartet, nachdem beide auf Verhütungsmittel verzichtet hatten, um das Lusterleben zu maximieren, entwickelt sie ihre Vorstellung:

klar kommt das kind, diese schönheit aus liebe und lernen, in den dreck einer tückisch bestimmten welt. es gibt keine rettung. aber es gibt unsre liebe. noch mitten im wühlen der lügner könnten wir uns verschwören mit uns, [...] dem pack unerreichbar. da wär jedes kind eins von uns, eins wie wir, geliebt, egal wie besiegt. mehr können wir alle ja nicht. aber das, sagte juli stolz. so kamen wir auf unsre liebe als auf die verschwörung, und daß die verschwörung voraussetzung ist für leben. (307)

Zu dieser Verschwörung sei Proff nicht fähig, deshalb trennt sie sich von ihm.

Aus dem höchsten Wert, den ihre Weltanschauung kennt, dem Leben, leitet Juli ihr Handeln ab. Sie gibt »für felix und proff und paar freunde ihr bestes täglich. bis irgendwann alles kaputt ist. mehr ist nicht drin.« (79) Durch die Einsicht in das politische Kräfteverhältnis beschränkt sie sich auf dasjenige Handlungsfeld, in dem ihr Tun sichtbare Wirkungen zeigt. Doch diese negativ bestimmte Dimension ist nicht der einzige Grund für ihre Auffassung. Für sie ist der direkte Kontakt zu anderen eine Voraussetzung für das gelungene Leben. Sie begreift jedes Individuum als ein einzigartiges und verlangt, in dieser Einzigartigkeit müsse es angenommen werden: »jeder von uns da am leben, kostbare einzelstücke, das nahe ist immer das einzelne, sicherlich schwach, ich weiß, aber doch schönheit.« (240) Nur mit bekannten Personen des Vertrauens könne die Verschwörung gelingen: »es gibt [...] keine verschwörung *ins große und ganze.*« (310) Als Juli merkt, daß Proff etwas anderes unter Verschwörung versteht als sie, daß er den Umsturz des Ganzen, des Systems meint, dafür seinen eigenen Tod riskiert und zugleich das Vertrauensbündnis zu ihr verrät, treibt sie sein Kind ab und verläßt ihn.

Julis Berufung auf das Leben rechnet damit, daß das gelebte Leben dem Begriff des Lebens gerecht werden könne, auch wenn die Gesellschaft durch ein Gewaltverhältnis bestimmt sei und insgesamt tendenziell zugrundegehe. Sie glaubt an Enklaven in der Privatsphäre, in denen sich das so verstandene Leben ereigne: »hier ist es doch schön« (60), sagt sie von ihrem Haus auf dem Lande und von ihrem Zusammenleben mit Proff. Ihre Lebensauffassung rechnet, wie die der Gruppe, mit dem gelingenden Leben. Jedoch sucht sie es nicht im Angriff auf das System. Auch sie bindet es an das gelingende Zusammenleben, wählt jedoch mit der Kleinfamilie eine andere Einheit als die Gruppe mit dem Kollektiv.

Der Roman widerlegt Julis Modell von der privaten Verschwörung der Liebe und dem im kleinen Maßstab gelungenen Leben nicht. Allerdings stellt er es durch gegenläufige Momente in Frage. Schon erwähnt wurde die Überlegung Proffs, die auf einer Erfahrung beruht, nach der der Staat »vertrauen nutzen« (175) kann. Für den Systemoppositionellen sei es gefährlich, ein privates Vertrauensverhältnis einzugehen. Diese Auffassung rechnet mit dem Einbruch des Gewaltverhältnisses in die Privatsphäre. Während ihres Schottlandaufenthaltes beschließen die Eheleute: »wir wollen zusammen leben.« (121) Doch die Idylle wird durch »markierungen der armee« (122) und durch ein vorbeifahrendes Kriegsschiff getrübt. Wer die dünn besiedelten Ränder des Kontinents aufsucht, um bei sich selbst zu sein und das private Leben im Einklang mit der Natur zu führen, verfällt, so die Anfechtung des Textes, der »lüge vom frieden« (123). Der Rückzug ins private Glück oder in die Naturidylle verlangt das Wegsehen von politischen Prozessen, die überall auf der Welt wirksam sind. Diese Überlegungen klagt Proff gegenüber Juli ein, mit seiner Person verbindet sich der Gedanke, das Leben im vorgegebenen Gewaltverhältnis könne nicht gelingen.

4.2.3. Lebensunwertes Leben?

Die Weltanschauung der Gruppe basiert auf der wertenden Polarisierung von Leben und Tod. Ihr Weltbild kennt keine Zwischentöne. Demgegenüber setzt der Roman im längsten Kapitel unter dem Schlagwort »die mühe ums leben« (179) verschiedene Vorstellungen vom Leben in Szene. Der Begriff der Krankheit bringt gegenüber der von der Gruppe vertretenen Polarisierungsstrategie eine Abstufung in den Text, die für einige Figuren zum Problem wird. Denn wer das Leben emphatisch mit Gesundheit ineinssetzt, dem erscheint das erkrankte Leben als lebensunwert. Diesen Gedanken führt Geissler anhand der Geschichte des Kindes von Ahlers und Nina, Rocker, durch. Er stellt die soeben angesprochene Alternative als ernstzunehmendes Problem dar. Damit begibt er sich auf politisch umstrittenes Terrain. Indem er eine in der Linken ungeklärte moralische Schlüsselfrage aufnimmt, beweist er, daß er als Autor bereit ist, auch auf der eigenen Seite mit radikalen Fragen zu intervenieren. Die Art, in der dieses geschieht, zeigt allerdings viel eher, welche Effekte der Diskurs zeitigt, dem *kamalatta* mit der im Roman verhandelten Vorstellung vom Leben verhaftet ist. Die radikale Frage nach dem Wert des Lebens stellt sich nur jenen, die das

Leben zuvor hypostasierten. Teilt man diese in *kamalatta* zugrundegelegte Ansicht nicht, so erscheint die radikale Frage als eine Scheinfrage und der Gestus, daß es um letzte moralische Dinge gehe, als gespreizt.

Immerhin findet anläßlich der Krankheit des kleinen Jungen eine Auseinandersetzung um den Begriff des Lebens statt. Können die Figuren diesen im Roman oft in Anspruch nehmen, ohne wissen zu müssen, was sie mit ihm verbinden, so ist diese Möglichkeit wegen des Entscheidungsdruckes, unter dem sie stehen, hier blockiert. Rockers Krankheit, deren Ursache wahrscheinlich ein Tumor ist (vgl. 159), stellt sich medizinisch folgendermaßen dar: Der Arzt »sagt, gefährliche operation mit chance ist möglich, kann aber sein, das kind stirbt. oder wir schnüren nur ab, dann tritt die erblindung ein unausweichlich, und ganz gewiß lebt unser kind.« (234) Das Kind spürt von dieser Erkrankung nichts und ist zu klein, um ihre möglichen Folgen zu verstehen.

Seine Mutter Nina nimmt zunächst den Standpunkt ein, Rocker müsse, auch auf die Gefahr des Todes hin, operiert werden. Sie rechtfertigt diese Haltung mit ihrer Vorstellung vom Leben: »gefährlich ist alles, kann sein tot, kann auch nicht sein, wir powern das durch, rocker, los, [...]. weil blind, das ist schluß, kein leben.« (234) Ihre Abneigung gegen die Krankheit und die bleibende Versehrung begründet sie mit der einhergehenden Beschränkung des Handlungsspielraumes: »weils mir kein leben ist, wenn was nicht geht.« (331) Dieser Absolutheitsanspruch an das Leben motiviert, wie den der Gruppe, auch Ninas politischen Widerstand. Der Glaube an das Gelingen und die Überzeugung, Widerstand in diesem Glauben sei schon gelingend, definiert ihn geradezu. Dabei richtet sich das Gelingen immer am Optimum aller absehbaren Möglichkeiten aus. Politisch ist es die Revolution: »blind und kämpfer geht nicht, tocktock kommst du nicht bis nach wladiwostok, und da sollen wir ja alle so unbedingt hin« (233).[74] Hier spricht sich die ganze Gnadenlosigkeit von Ninas politischer Überzeugung aus: die Revolution wird von Gesunden gemacht. Jemandem, der gesund sein könnte, dafür aber die Gefahr des Todes hinnehmen müßte, spricht Nina das Recht ab, lebendig und krank zu bleiben. Krankheit erscheint als ein Verrat am Leben. Die Polarisierung der Möglichkeiten wird, um des Lebens willen, immer bis ins Extrem vorangetrieben, so daß nur die Alternative bleibt: Leben oder Tod, vor der sich auch die Gruppe dauernd befindet. Weil das Leben in Ninas Denken die

---

74 ›Tocktock‹ steht für das Geräusch des Blindenstockes.

zentrale Legitimationsinstanz bezeichnet, muß sie die Möglichkeit des Todes in Kauf nehmen.

Geissler moduliert die Seitenhandlung mit dem kranken Rocker in eine andere Tonart, indem er die Euthanasiedebatte in den Text holt. Damit trägt er dem exponierten, politisch gefährlichen Standpunkt Ninas Rechnung.[75] Diese liest mit ihrer Freundin Trude einen Artikel, der mit der Zeile überschrieben ist: »die ermordung kranker menschen in der sowjetunion« (330)[76] und assoziiert – wie Trude –, die Kommunisten hätten Euthanasie betrieben. Es stellt sich aber heraus, daß die Morde während der Besetzung der Sowjetunion von den Nationalsozialisten begangen worden waren. Als Konsequenz dieses Mißverstehens befragt Trude sich selbst:

obgleich ihr als kommunistin das kleine stück zeile rätselhaft ekelhaft war, fand sie dann doch, beim tappen ins halblicht der raschen momente in uns, die wir nicht auszählen können, die wir nicht einfach in ordnung haben, die also auch kommunistentage irrlichterlich durchflunkern, […] die schande, […] daß überall alles geht, keine niedertracht ist uns unmöglich. (330)

Nina hingegen sucht den Grund für die spontan falsche Lesart im System, das in ihr wirke: »wir haben es aber für möglich gehalten, so als könnte es doch was von uns sein. es ohne zu lesen falsch gelesen. wo lernen wir das. wer macht das mit uns.« (330) Während Trude das Falsche als einen integralen Teil ihres Selbst begreift, versucht Nina, es von sich zu isolieren und es anzugreifen. Als ihr ›Selbst‹ läßt sie nur diejenigen ihrer Charakterzüge gelten, die vor ihrem Ideal standhalten.

Wieder begegnet hier die schon für die Gruppe nachgewiesene Polarisierungsstrategie. Mit dem Thema der Euthanasiedebatte deutet Geissler an, daß die polarisierende Weltanschauung zur Zeit des Nationalsozialismus unmittelbar in praktische Politik umgesetzt wurde. Er spricht die Folgen dieser Politik im Roman nur nebenbei an. Das damit zusammenhängende Problem, ob es eine Strukturgleichheit in den Polarisierungsstrategien der Gruppe, Ninas und den Nationalsozialisten gibt, soll deshalb mit einem Exkurs über die nationalsozialistische Verfahrensweise eingeleitet werden.

---

75 Zugleich bewegt er sich selbst auf gefährlichem Boden, indem er eine Euthanasiedebatte von links führt. Die Frage nach dem ›lebensunwerten Leben‹ ist im nationalsozialistischen Diskurs situiert. – Geissler läßt an anderer Stelle Feder den historischen Sachverhalt, »den deutschen mord gegen geisteskranke« (208), benennen.

76 Im Original kursiv gesetzt.

4.2.4. Exkurs: Abtrennen und ausmerzen

Das Falsche, das Kranke isolieren, um es zu vernichten, es auszumerzen, um das Gute, das Reine, das Gesunde zu sich selbst zu bringen: dieser Rigiditätswahn führte zu den Nürnberger Rassegesetzen. Die reale Vermischung der sich auf dem Gebiet des Deutschen Reiches befindenden Population mit allen umliegenden Bevölkerungsgruppen seit Jahrhunderten und Jahrtausenden wurde ignoriert und mit Hilfe der dezisionistisch begrenzten Fiktion von einer ›arischen Rasse‹ umgedeutet. An die Spitze der ›Herrenmenschen‹ trat bekanntlich ein genetisch ›minderwertiges‹ Exemplar, das weder blond, noch blauäugig, noch von hohem Wuchse war. Doch solche Widersprüche löst noch jedes Wahnsystem auf. Der Nationalsozialismus definierte, was der Deutsche genetisch und moralisch sei, und er schuf sich den Gegner des Deutschen, der all dieses nicht sei. Das Freund-Feind-Schema hing nicht vom Willen oder vom Verhalten des einzelnen ab, sondern von seinem Sein: entweder er war gut (= arisch) oder er war minderwertig (= nicht-arisch, vor allem: jüdisch). Diese Ontologie des Freund-Feind-Denkens verbürgte der Stammbaum, gegen den niemand etwas vermochte: alle Juden sollten restlos isoliert und eliminiert werden, auf die Mißachtung der ›Rassenhygiene‹, auf die ›Rassenschande‹, standen harte Strafen. Längst zum Christentum übergetretene oder religiös indifferente, assimilierte Deutsche mit jüdischen Vorfahren, sogenannte ›Halb‹- oder ›Vierteljuden‹, wurden aufgrund der Polarisierungspraxis des zuschreibenden Täterkollektivs stigmatisiert und verfolgt.

Horkheimer und Adorno analysieren diesen Prozeß schon früh als falsche Projektion, die zur Paranoia tendiere. Jede Wahrnehmung beruht, wie Kant mit dem Begriff der ursprünglich-synthetischen Einheit der Apperzeption gezeigt hat, in dem der Einbildungskraft zentrale Bedeutung zukommt, auf Projektion. Wird diese schon immer betriebene Projektion nicht vom Denken vergegenwärtigt und befragt, so sitzt die Wahrnehmung dem Schein der vorgebildeten Muster auf, die das Subjekt dann für Objektivität hält. Kants kritische Philosophie destruiert den Schein dieses An-sich-Seins. Wo die Kritik der projektiven Wahrnehmung nicht betrieben wird, verfestigt sich, wie im Nationalsozialismus, das Denken: »Das Pathische am Antisemitismus ist nicht das projektive Verhalten als solches, sondern der Ausfall der Reflexion darin.«[77] Horkheimer und Adorno erklären dies psychologisch: »Die psychoanalytische Theorie der pathischen Projektion hat als deren Substanz die Übertragung gesellschaftlich tabuierter Regungen des Subjekts auf das Objekt erkannt.«[78] Das Eigene gelangt nicht in die Selbstwahrnehmung, sondern wird als ein außerhalb liegendes Phänomen gedeutet. Als dergestalt isoliertes kann es verfolgt und zerstört werden, ohne den eigenen Körper anzutasten. Der Haß findet ein Objekt, und indem er sich nicht gegen seinen Träger kehrt, braucht er keine Rücksicht auf Selbsterhaltungsimperative zu nehmen; der Projizierende zügelt sich nicht mehr in seiner Aggression gegen Stigmatisierte.

Im Nationalsozialismus wird die falsche Projektion »von Politik ergriffen, [...] das Wahnsystem zur vernünftigen Norm in der Welt, die Abweichung zur Neurose gemacht.«[79] Das paranoisch geprägte, projektive Denken produziert zur Beschreibung der Welt Stereotypen. Es teilt alles in schwarz-weiß-Kategorien, in Freund-Feind-Schemata ein. Mit der »Halbbildung, die [...] das beschränkte Wissen als Wahrheit hypostasiert«[80] und die »unter den Bedingungen des Spätkapitalismus [...] zum objektiven Geist geworden«[81] ist, gewinnt die falsche Projektion an Einfluß.

Horkheimer und Adorno zählen als Gegenbewegung zu dieser gesellschaftlichen Tendenz die »bewußte Projektion«[82] auf, in der das Denken auf seine Vermitteltheit reflektiert und in diesem Lichte urteilt. Dazu muß das begriffliche Differenzierungsvermögen kultiviert werden. Erst durch diesen Prozeß hindurch könne Emanzipation stattfinden. Neben der individuellen – theoretischen oder therapeutischen –, komme auch der »gesellschaftliche[n] Emanzipation von Herrschaft«[83] Bedeutung zu. Differenzierung der Wahrnehmung und der Begriffe, Eingedenken der Vermitteltheit des Denkens und praktische Emanzipation infolge dieser Prozesse sind die Instanzen der Hoffnung, die die Autoren der *Dialektik der Aufklärung* gegen falsche Projektion und Halbbildung mobilisieren.

---

77 Horkheimer/Adorno, a. a. O., S. 219
78 a. a. O., S. 222
79 a. a. O., S. 217
80 a. a. O., S. 226
81 a. a. O., S. 228
82 a. a. O., S. 219
83 a. a. O., S. 230

Ninas Auffassung besagt, daß krankes Leben nicht lebenswert sei: »blind, das ist [...] kein leben.« (234) Ginge es nach ihr, würde Rocker operiert werden. Sie griffe in die Existenz eines anderen nachhaltig, mit der Gefahr seines Todes ein und begründet dieses mit ihrer privaten Auffassung davon, wie die menschliche Existenz definiert werden solle. Sie verallgemeinert ihre private Meinung und übertrüge die sich aus ihr ergebenden Handlungskonsequenzen auf jemand anders. Da Nina Rockers Mutter ist, erlaubt der Rechtsstaat ihr Verhalten. Dessen ungeachtet ist Ninas Begründung faschistoid. Sie definiert, was Leben sei und merzt das Kranke aus, das der Definition nicht entspricht.[84]

Sie sagt: »ich bin kein nazi« (332), doch die Rigidität ihres Freund-Feind-Denkens, ihre Polarisierung von Leben und Tod, funktioniert strukturell wie die der Arier-Juden-Fiktion. Indem die meisten Oppositionellen in *kamalatta* polarisieren, holt Geissler das Problem der Strukturgleichheit zu nationalsozialistischen Beurteilungspraktiken in die Handlung. Die Parallelisierung von kommunistischer und nationalsozialistischer Politik gelangt durch das erwähnte Mißverständnis in den Text, wo selbst Kommunistinnen, die der Sowjetunion gegenüber positiv eingestellt sind, ihr faschistische Praktiken zutrauen (vgl. 330). Der Roman thematisiert die Totalitarismusthese von links. Ninas Ringen um ihre Haltung zu Rockers Krankheit trifft deshalb nicht nur die kontingente Entscheidung einer Person, sondern zugleich, neben der Utopie des Lebens, auch deren politisches Durchsetzungsinstrumentarium.

Geissler nimmt sich 1991 des gleichen Problems unter einer veränderten Akzentsetzung an. Sein Drehbuch *Der Pannwitzblick* richtet sich gegen zeitgenössische Bestrebungen der politischen Rechten, die die Sterbehilfe oder sogar die Euthanasie wieder einführen wollen. Dabei zeichnet er einen Fall, der Ähnlichkeit mit dem Rockers hat. Der körperlich behinderte Udo sagt:

---

84 Die Nationalsozialisten drehten Propagandafilme zur ideologischen Vorbereitung ihres Vernichtungsprogrammes gegen Behinderte. Einer hieß *Dasein ohne Leben*. Dieser Titel macht eine ähnliche Unterscheidung zwischen Existenz und Leben wie Nina. Das Dasein, dem die nationalsozialistischen Mörder das Leben absprachen, galt nichts. Der fiktive Bereich des Lebens, der einzig durch die Projektion der Täter festgelegt wurde, war der Inbegriff des Gesunden. Die willkürlich polarisierende Zuschreibungspraxis generierte den Ausschließungsmechanismus Dasein vs. Leben, der dazu führte, daß die Tötung von Menschen veranlaßt wurde, die angeblich ein Dasein ohne Leben führten. Dieses wurde darüber hinaus als ein Akt der Gnade verklärt, so daß die Mörder, mit Hilfe der Medizin und der Ethik, noch ihres schlechten Gewissens enthoben wurden.

Wenn ich daran denke, was Eltern sagen, die [...] ein behindertes neugeborenes Kind bekommen. Daß sie eigentlich fast alle Todeswünsche haben gegenüber diesem behinderten Neugeborenen – dann ist es, denke ich, schon faktisch 'ne ziemliche Bedrohung, wenn gleichzeitig der Akt des Tötens von behinderten Neugeborenen immer weiter enttabuisiert wird und auch verkleidet wird als großzügiges Handeln im Sinne des Behinderten. / Also, wo immer mehr so argumentiert wird: Der Tod ist im Prinzip die bessere Alternative zum Leben für behinderte Neugeborene.[85]

Das Problem ist nicht die Behinderung, sondern deren Wahrnehmung sowie die Konsequenz dieser Wahrnehmung für den Behinderten: »Wenn man sich die Gesichter anguckt von den Leuten, die einen sehen, ne. Da merkst du schon, wo das eigentliche Leiden steckt: nämlich in deren Köpfen! (lacht) ... und das ist das eigentliche Problem.«[86] Im *Pannwitzblick* ist die politische Ausrichtung eindeutig, hier geht es um die Abwehr ideologischer Konstrukte, die zu Herrschaftszwecken eingesetzt werden können. Die behinderte Theresia sagt: »Ich glaube, daß viele Nichtbehinderte ganz starke Aggressionen gegen Behinderte haben. [...] Und diese Aggressionen kommen raus bei Leuten, die diese Kosten-Nutzen-Analysen durchziehen; die kommen raus bei Leuten, die wir stören in ihrem Programm, die uns normalisieren wollen«[87]. Im Falle Ninas stellt sich die Frage aber unter dem Vorzeichen der Rede vom Leben. Hier verwischen sich die Fronten, indem die politische Linke plötzlich in die Denkfiguren der Rechten verfällt.[88]

Auf der gesellschaftlichen Ebene trifft derselbe Vorwurf die Polarisierungsstrategie und die daraus abgeleiteten Handlungen der Systemgegner. Wer, im Sinne der Gruppe, nicht lebt, wie Proff, bleibt sich selbst überlassen – auf die Gefahr seines Todes hin – oder er wird als Toter identifiziert und wie ein Gegner behandelt. Die Berufung auf das Leben, kombiniert mit der Polarisierung der Wahrnehmung, generiert Rücksichtslosigkeit, die im Faschismus, im Krieg und in allen Situationen anzutreffen ist, in denen einzelne ihre körperliche Unversehrtheit für die Masse aufgeben müssen.

Die Nähe oppositioneller Praxen zu denen des Nationalsozialismus ist die größte denkbare Anfechtung für die kommunistische Politik. Daß Geissler diese

---

85   Geissler, Chr., Der Pannwitzblick. Filmtext, in: Sierck, U./Danquart, D. (Hg.), Der Pannwitzblick. Wie Gewalt gegen Behinderte entsteht, Hamburg 1993, S. 99-128, hier: S. 118.
86   ebd.
87   a. a. O., S. 127
88   Geissler spart übrigens die moralische Nagelprobe, die Abtreibung aus eugenischen Gründen, in beiden Texten aus.

Strukturgleichheit thematisiert und die Implikationen der konsequent weiterge-
dachten Politik der Revolutionäre nicht verschweigt, ist eine Stärke seines
Textes. Damit legt er den Finger auf die Wunde: auf die »raschen momente in
uns, die wir nicht auszählen können« (330), auf die Prozesse, die sich aus einem
Gedankengut herleiten, mit dem die im Roman gezeigten Oppositionellen willentlich nichts zu tun haben möchten, mit dem sie aber durch ihre eigenen,
unwillkürlichen Reaktionen konfrontiert werden. Daß der Lebensbegriff in
kamalatta aber insgesamt bedenkliche Ausmaße erreicht und für legitimatorische
Zwecke überstrapaziert wird, schwächt den Roman.

Die Auflösung der Seitenhandlung um Rocker hat nicht den Bankrott von
Ninas Lebensbegriff zur Folge, sondern sie entzieht den Einzelfall dem grund-
sätzlichen Problemfeld, indem eine pragmatische Lösung gefunden wird. Ninas
Rigiditätsdenken gerät in dem Moment in Schwierigkeiten, in dem sie den
Defekt des Eigenen, den ihres Kindes, nicht mehr in Fremdes projizieren kann.
Zwar rückt sie ab von ihrer Haltung, Rocker solle operiert werden, doch vermag
sie, nachdem er blind geworden ist, nicht den Alltag mit ihm zu teilen. Der
Freund Adam übernimmt die Betreuung des Kindes.[89] Nina hingegen engagiert
sich für Arbeitslose und gegen die Haftbedingungen Gefangener. Ihre Entscheidung für die politische Arbeit begründet sie folgendermaßen: »da geh ich gegen
die bullen. wir. und hier wogegen, ich, doch blind.« (474) Der letzte Satz bezieht
sich auf Rockers Blindheit. Weil Nina sich selbst über den Angriff gegen den
äußeren Feind definiert, weil sie nur in diesem Angriff ihre Identität findet, kann
sie Rockers Krankheit nicht bewältigen. Sie scheitert an ihr.

Geissler fängt das individuelle Scheitern durch die Reaktion des Kollektivs
auf. Das für Juli und für die Gruppe zentrale Motiv des Vertrauens wird auch
hier als Gütesiegel der gefundenen Lösung mobilisiert (vgl. 473). Nina legt ihr
polarisierendes Denken nicht ab, doch das Kollektiv bewahrt sie (und Rocker)
vor den Konsequenzen, indem es eine Praxis unterstützt, die Ninas Impuls entgegensteht. Diese braucht ihre Einstellung nicht zu ändern. Indem sie darauf verzichtet, sie durchzusetzen, zeigt Geissler eine pragmatische Lösung des Gewis-

---

89 Adam übernimmt diese Aufgabe, weil er sich mit Rocker gut versteht. Das Verständnis
kommt primär seinem Sein zu, nicht dem Gewordenen, das sich in der Beziehung zu Rocker
entwickelt haben könnte: »da steckt was bei dir ganz allein, keine ahnung, das hat hier kein
schwein« (473). Auch Nina ist nicht zu einem Lernprozeß fähig, der ihre ursprüngliche Einstellung grundlegend änderte. Überhaupt bleiben in *kamalatta* Lernprozesse häufig aus. Nur
Ahlers macht im Falle Rockers einen durch.

senskonfliktes auf. Weder gerät Nina in den Strudel eines Lernprozesses, der ihre Alles-oder-nichts-Mentalität gefährdete, noch braucht sie die Konsequenzen dieser Mentalität zu tragen.

Das Kollektiv entlastet den einzelnen von dem Druck, den der Handlungszwang ausübt und hilft ihm, die Wirklichkeit zu meistern. Indem Geissler die in der Handlung angelegte dramatische Zuspitzung nicht heroisch löst, verläßt er den emphatischen Lebensbegriff an der Stelle, wo die polarisierende Begrifflichkeit in Inhumanität umzuschlagen droht.

Seine Figuren thematisieren den Punkt des Umschlagens kaum. Für sie bleibt das Leben unwidersprochen der höchste Wert. Nur Ahlers, der Vater Rockers, setzt Ninas Reaktion etwas entgegen. Er lernt, als er die Nachricht von der bevorstehenden Blindheit seines Sohnes erhält, etwas über Blinde, indem er sie aufsucht und sich mit ihnen unterhält. Ein blinder Simultanübersetzer, der Rechtsanwälte in Strafverfahren gegen Oppositionelle unterstützt, lehrt ihn, daß auch Blinde politisch aktiv sein können. Mit Ahlers führt Geissler einen Oppositionellen ein, der die Hypostasierung des Lebens und die damit verbundene Bewertung der Behinderten nicht mitmacht. Damit treten andere, politisch ernstzunehmende Handlungsvarianten in den Text ein. Die Handlungsführung artikuliert leise einen Widerspruch. Zu Ende gedacht bedeutet Ahlers' Haltung das Ende von der Berufung auf den hypostasierten Lebensbegriff.[90] Das Kranke, dasjenige, woran die Gesellschaft und durch sie hindurch jeder einzelne krankt, müßte für jedes Individuum in Rechnung gestellt werden.

Würden die Figuren die Konsequenz aus Ninas Anwendung des Lebensbegriffs auf Rockers Krankheit ziehen, müßten sie zugeben, daß die Verwirklichung ihrer Vorstellung vom Leben an eine Naturschranke stößt. Das aufgeführte Dilemma wäre nur der extremste Fall des Fortwirkens der Natur im Menschen. Denn die Übereinstimmung des Willens mit dem Sein, des Geistes mit der Natur, die ihre Lebensvorstellung kennzeichnet, kann aufgrund der Beschaffenheit der Antipoden nicht dauerhaft erreicht werden. Mag sie temporär – ekstatisch, als Handlung, subjektiv – möglich sein, mag sie auch durch die Zügelung der Bedürfnisse und die Beschneidung der Gedanken in falscher Versöhntheit auf längere Sicht dauern, so wird sie doch nie vollkommen gelingen, solange der Mensch als geistiges Wesen zugleich Natur und getrennt von Natur ist.

---

90   Vgl. hierzu auch den Abschnitt 4.2.9. (Das richtige Leben im falschen).

Die Kategorie der Versöhnung benennt einen Zustand, in dem die Entzweiung aufgehoben wäre. Sie macht zugleich klar, daß die existierenden Individuen immer schon einer Spaltung unterliegen, die den politischen Willen an seine Grenzen führt. Der Natur im Subjekt einzugedenken, die dem nicht materialistisch auf seine Grundlagen reflektierenden Geist als ein ihm Äußerliches erscheint, wäre die adäquate Operation, die auf Solidarität, auf fraternité, verwiese.[91] Die Beschränkung des Menschen durch die Natur müßte, neben der durch die Gesellschaft, in dem Blick genommen werden. Dann ergäbe sich ein Begriff des Lebens, der Krankheit nicht mit dessen Negation ineinssetzte, sondern der die Beschädigung und das konstitutive Zurückbleiben des Seins hinter dem Sollen zur Grundlage des Zusammenlebens machte. Damit wäre die Spaltung nicht festgeschrieben, sondern der hybride Versuch beendet, die Naturschranken zu leugnen.

4.2.5. Die bewegte Natur

Neben der Inanspruchnahme des Lebensbegriffs durch die meisten Figuren sickert er auch in die Darstellung ihrer Handlungen sowie in die Schreibweise des Textes ein. Zunächst sollen einige Themenkreise bezeichnet werden, in denen sich der ideologisch aufgeladene Lebensbegriff vorzugsweise mit der Motivwahl verbündet. Die Schreibweise Geisslers wird im sechsten Kapitel ausführlich untersucht werden. Vorgreifend sollen aber schon hier einige Verfah-

---

91 Bei Geisslers Figuren findet das »Eingedenken der Natur im Subjekt« (Horkheimer/Adorno, a. a. O., S. 64) nicht statt: »Das Innewerden des Geistes als Gewalt, als mit sich entzweiter Natur, trägt den Namen des ›Eingedenkens der Natur im Subjekt‹.« (Schmid Noerr, G., Das Eingedenken der Natur im Subjekt, Darmstadt 1990, S. 21) Das die Dinge und die Welt zurichtende Verfahren der Polarisierung verhindert das Eingedenken, denn, wie gezeigt, projiziert der Polarisierende das Falsche nach außen. Dabei vertraut er der richtenden Kraft seines Geistes blind, ohne dessen Funktionsmechanismen in Frage zu stellen. Horkheimer und Adorno sehen ein solches Verfahren als ein von vornehrein verfehltes an. Den »dialektischen Umschlag von Aufklärung als Herrschaft in Versöhnung« (ebd.) kann nur das Bewußtsein der Vermittlung erbringen: »Das ›Eingedenken der Natur im Subjekt‹ ist die Formel für einen emphatischen Begriff der Aufklärung, in dem der Riß zwischen deren Herrschaftsverfallenheit und Versöhnungsanspruch sich schließt« (a. a. O., S. 27). Geisslers Figuren kennen diesen Versöhnungsgedanken nicht. Das Leben soll sich nicht modifizieren, sondern die es hemmenden Kräfte sollen bekämpft und besiegt werden, um gleichsam von ihm abzufallen und es zur freien Entfaltung seines Wesens gelangen zu lassen.

rensweisen dargestellt werden, weil sie unmittelbar mit der Vorstellung vom Leben verknüpft sind.

Das oberste motivische Synonym der Weltanschauung, die das Leben herbeiführen möchte, ist das Prinzip der Bewegung. Stillstand wird im permanent wiederkehrenden Bild des Steines mit dem Toten ineinsgesetzt, während alles Dynamische für das Leben steht. Dergestalt setzt sich die polarisierende Ordnung, die mit dem Gebrauch der Wörter Leben und Tod in den Text gelangte, metaphorisch fort. Neben dem Dynamischen gehört die Lusterfahrung und -erfüllung zum Leben. Hier transponiert Geissler die Weltanschauung der Gruppe umstandslos in den Bildgebrauch: die Welt des Steines impliziert die Abwesenheit von Lust und behindert deren Befriedigung. Der Angriff gegen den Stein, der im Zeichen des Dynamischen geführt wird, setzt Lust frei. Im Ausüben von Bewegung ist das Individuum lebendig und befindet sich im Zustand der Freude.[92]

Die Anwesenheit des Lebens ist metaphorisch kurzgeschlossen mit dem Bild des Fliegens. Die Mitglieder der Gruppe wählen ihre Decknamen teilweise aus diesem Motivkreis: Feder, Flügel, Wachtel, Motte.[93] Der Angriff und die Lust, die sich aus dem Leben ergibt, führt zur Flugfähigkeit: »fliegen können wir nie aus flucht, nur aus lust.« (220) Der Pirol steht für Paulis unauffindbares Parkversteck und tanzende Kraniche – sie »bliesen den treueschwur schmetternd mächtig aus sich heraus, die tolle liebe, jetzt oder nie, aber zärtlich« (32) – bewirken bei Juli und Proff »lust« (32).

Der Tanz fungiert als eine Äußerung des Lebens. Wie bei den Tieren setzt sich die Lust in ihm auch bei den Menschen durch: »Proff [...] tanzte mit ahlers und rocker sich mit, einfach jeder zu jedem verliebt, daß nina hinterher alle drei küssen mußte, so freut sie sich über die freude.« (70) Der Tanz drückt Freude aus, z. B. diejenige über die gelungene Ermordung des Generalbundesanwaltes Buback (vgl. 495).[94] Musik regt die lebendige Lebensäußerung an. Lust und Leben setzen sich auch in der Sexualität durch. Juli spricht von ihrer Sexualität mit dem Worten: »die freude [...] unser geschick im flug.« (306)

---

92 Vgl. z. B. 220, vor allem aber 513.

93 Später auch: Storch, Puffin (engl. für Papageientaucher).

94 Der Roman bezieht sich auf die Ermordung des Generalbundesanwaltes Buback am 7. 4. 1977 durch das RAF-›Kommando Ulrike Meinhof‹. Diese war am 8. 5. 1976 im Gewahrsam der Justiz zu Tode gekommen.

Diese Motive durchziehen den gesamten Text. Diejenigen der Bewegung im engeren Sinne, also das des Fliegens, der Vögel, des Tanzes, der Sexualität und der Musik ergänzend, müssen mit der Konzeption des Lebens auch die Natur- und Milieuschilderungen in Verbindung gebracht werden. Der Roman kehrt die dynamische Seite der Natur heraus und bewertet diese dadurch positiv, z. B.: »hier draußen nun in den wochen der ungestörten bewegung, [...] der stemmenden zerrenden winde, der hände im kamm der wellen« (120).

Das einzige tragende statische Motiv, das Geissler der Natur entnimmt, ist das des Steines. Doch der Naturstein ist an sich nicht negativ konnotiert. Daß Proff sich mit Hilfe eines Steines umbringt, lastet der Erzähler nicht der Natur an: »der stein stand still. ihn traf keine schuld.« (9)[95] Nur der künstliche Stein trägt die Konnotation des Toten, dem Naturstein verleiht Geissler hingegen Attribute der Bewegung, wenn er dessen »berstende helle« (9) aufruft. Die Natur bleibt selbst in ihren statischen Elementen dynamisch konnotiert, während sich das statische Moment der Steinmetaphorik auf das vom Menschen produzierte Steinartige bezieht. Die Natur verliert in keinem Moment ihre positive Wertigkeit. Das Leben steht in *kamalatta* mit ihr im Bunde.

Deshalb liegt es nahe, der Natur, wie Juli es tut, eine heilsame Wirkung auf den Menschen zuzuspechen denn: »das meer und die steine lügen nicht« (123). In Schottland will sie mit Proff »augen aufmachen und mund und gedanken« (121), um sich auszusprechen. In die rauhe Naturidylle, in das Zwiegespräch der Zurückgezogenen, das Geissler in der Form eines Gedichtes gestaltet,[96] bricht die Prosa der Verhältnisse ein: »zwischen struppbärtigen flechten und zottigen hirschen die bunten markierungen der armée« (122). Proff hält den Rückzug in die angeblich heile Natur für eine Lüge: »der stein hatte« – als Signal der Armee – »das lügen vom frieden blechern markiert« (123). Es ist aber nicht der Stein, d. h. die Natur, die nicht mehr heil und friedlich wäre, sondern unheilvoll ist die Überformung durch das Blech, durch die besitzergreifenden, herrschenden Mächte. Die Vereinnahmung der Natur durch die Armee ist jener äußerlich; verschwände die Armee, wäre die Natur restituiert. Das herrschende Gewaltver-

---

95 Der amoralischen Natur kann man weder eine Schuld zu- noch sie von ihr freisprechen; nur wenn ›Stein‹ im übertragenen Sinne verstanden wird, ergibt dieser Satz überhaupt einen Sinn.
96 Was diese Veränderung der Textur für die Schreibweise bedeutet, wird im sechsten Kapitel beleuchtet werden.

hältnis schlägt sich nicht in ihr selbst nieder.[97] Dadurch erscheint die Natur in Geisslers Text als im Innersten unbeschadet und scheibt sich als utopisches Reservoir, als ein Bild für die befreiten Zustände in ihn ein. Sie speist die Vorstellung von der möglichen Anwesenheit des Utopischen und damit diejenige vom Leben.

Im Bereich der Naturdarstellung liegt das Gute neben dem Bösen, doch beides vermischt sich nicht. Die Liebe steht im soeben herangezogenen Abschnitt auf der Seite der Natur. Auch sie existiert als bedrohte: »hinter der liebe hier nah das tickende arsenal der vernichtung« (125). Bei Proff stellt sich »unruhe« (125) ein, wenn er das Schöne anschaut und sich dabei vergegenwärtigt, daß es auch Schreckliches gibt. ›Hinter‹ der Liebe befindet sich das ›Arsenal der Vernichtung‹. Es ist getrennt von ihr, es bricht nicht in die ihr eigene Logik ein, es findet kein Austausch zwischen beiden statt, der begrifflich als Vermittlung gefaßt werden müßte. Vielmehr setzt sich auch hier der Dualismus einer Gut-böse-Trennung durch.

Proffs Unruhe ist eine intellektuell erzeugte, keine somatisch bedingte. Der Stein, der als eine Markierung der Armee dient, verletzt ihn nicht physisch, sondern er mobilisiert die Erinnerung an das herrschende Gewaltverhältnis, dessen Zeichen Proff überall aufspürt. Er vermag es nicht zu verdrängen, sondern muß mit der Unruhe und dem Gefühl der moralischen Falschheit jeder Natur- und Familienidylle leben. Sein Wissen bewirkt den Druck des Gewissens, etwas gegen die Zustände tun zu müssen. Nicht das physische Geschundensein, das für eine Verelendungsthese zentral wäre,[98] sondern der Stand des Moralbewußtseins bewirkt hier den Impuls zur Änderung der scheinbar friedlichen Zustände. Der

---

97 Dieses hätte Geissler z. B. durch den Eingriff von Zivilisationsgiften darstellen können. Aber bei ihm sind die Vögel gesund, die Wälder intakt etc. Nur die Armee verunstaltet, gleich einer dämonischen Macht, den Frieden. – Zum Vergleich sei ein Text angeführt, in dem die Unberührtheit einer Gebirgsgegend nur doppelt negativ, als weitgehende Abwesenheit von Verschmutzung bestimmt wird:»Der Gebirgsbach, in dem hier, an seinem Oberlauf, noch keine Chemikalien schwimmen lernen, nur manchmal kümmerliche Menschenfäkalien, er rüttelt sich neben der Frau durchs Bett. Die Hänge werden steiler. Dort vorn, hinter der Kurve, wächst die gebrochene Landschaft bereits wieder zusammen.« (Jelinek, E., Lust, Reinbek b. H. 1989, S. 69 f.) In dieser Perspektive ist die Natur schon immer ›zerbrochen‹. Alles Heile erscheint wie eine Erinnerung, der man nicht trauen kann. Geissler verfährt umgekehrt, er läßt die heile Natur auftreten, um dem Leser dann vorzuführen, wie sie von einer anderen Macht überformt wird.
98 Vgl. hierzu: Kramer, S., Aporien der Revolution, in: Schweppenhäuser, G. u. a. (Hg.), Krise und Kritik II, Lüneburg 1989, S. 74-108, hier: S. 84-87.

Widerstandsimpuls wird damit ins Subjekt verlegt und an dessen Bereitschaft zur Wahrnehmung des Gewaltverhältnisses geknüpft. Juli und Proff teilen die Analyse des Gewaltverhältnisses, doch sie reagieren verschieden auf es. Während Juli es bewußt aus ihrer privaten und alltäglichen Umgebung verdrängt, weil es nicht zu besiegen sei,[99] ruft Proff es sich immer wieder in Erinnerung. Wiederum zwingt beide nicht die Gewalt zu ihrem Verhalten, sondern ihre Haltung zu ihr entscheidet darüber, wie groß die Macht ist, die sie über sie gewinnt.

Die Wahrnehmung des Gewaltverhältnisses muß also gewollt werden. Aus der Vielzahl der Erscheinungen können sich die Apperzipierenden für das Sehen des Bedrohlichen oder des Idyllischen entscheiden. Die zugrundegelegte Polarität der gesellschaftlichen Struktur kehrt in der Beschreibung der Dingwelt wieder. Die natürlichen Dinge sind im Kern gut, werden aber gleichsam kolonialisiert. Dergestalt schwankt die Naturbeschreibung zwischen Idyllisierung und Dämonisierung, zwischen der Sphäre unbeschadeten Lebens und dessen aggressivem Gegenbild, das hinter oder neben ihr liegt, hin und her. Wer nur die Idylle sehen möchte, braucht nicht auf das Bedrohliche zu achten, wer nur das Bedrohliche sehen möchte, um seine Kampfmoral zu stärken, kann dieses tun. Die Natur zwingt den sie Betrachtenden die Syntheseleistung nicht auf, weil sie in auseinanderdividierbaren Teilen geschildert wird. Die Perzeption wird zur Funktion der subjektiven Weltanschauung. Dieses Verständnis von der Natur und ihrer Anschauung kann idealistisch genannt werden.

4.2.6. Leben im Milieu

Auch in den Milieuschilderungen setzt sich eine positiv wertende Tendenz durch. Geissler schreibt dem Text mit Paulis Todesort – dem Hamburger Vergnügungs- und Proletarierviertel St. Pauli – eine Spur zum gelungenen Zu-sich-selbst-Kommen ein. Das Gruppenmitglied gibt mit seinem Decknamen zu verstehen, daß es nach St. Pauli gehört.[100] Hier verortet der Roman eine gewachsene Widerstandskultur, zu der auch einige Hafenarbeiter der Werft Blohm & Voss –

---

99 »es geht kein sieg, [...] wir haben das leben, das ist genug.« (328)
100 In den Motivkreis des Milieus fällt auch der Name Blues, der für die Gegenkultur steht: »Der Blues war eigentlich der Zentralrat, da gehörten alle bunten Typen zu, halb Subkultur halb Politunderground. Blues eben, weil wir über diese ganzen Geschichten gekommen sind, über die kulturrevolutionäre Welle eben politisiert worden sind, nicht so sehr durch Politik, sondern mehr durch diese Kultursachen« (Baumann, ›Bommi‹, Wie alles anfing, Frankfurt/M. (2)1976, S. 61).

u. a. Tapp – sowie Nina, Larry und deren Eltern gehören. Dort herrscht spontane Solidarität, deren Ausdruck Tapps Fürsorge für den sterbenden Pauli darstellt und sich später in der Selbstverständlichkeit der heimlichen Beerdigung Paulis durch Tapp ausdrückt. Die im Roman gezeigten Bewohner St. Paulis sympathisieren mit der Gruppe, kämpfen aber nicht mit ihr. Ein geplanter Anschlag der Hafenarbeiter gegen ein Kriegsschiff kommt nicht zustande. Dafür lassen sie der Sowjetunion illegal hochtechnologisches Gerät zukommen, das deren Industriespionage auswerten kann (vgl. 89 f.). In St. Pauli ist, dies suggeriert der Roman, der Widerstand zu Hause.[101]

Pino Moneta erhält im Gefängnis den Brief einer Freundin aus Hamburg-Altona. Sie beschreibt einen Weihnachtsnachmittag, an dem sie in St. Pauli spazierengeht. Der Brief evoziert das Lebensgefühl, indem er Natur- und Stadtszenen aufruft. Die in *kamalatta* latent vorhandene Idyllisierung des Milieus steigert sich hier zu dessen Verkitschung. Die Liebe zur Heimat bewirkt die Liebe zum Leben:

links die kleinen wellen, die der wind vor sich hertreibt, rechts die boote im ruhigen wasser, das aussieht, als würde gespanntes zellophan hier und da leise erschüttert. und das ringsum. [...].

---

101 Die offene oder heimliche Idyllisierung der Lebenswelt ist ein weit verbreitetes Phänomen. Selbst in avancierten Entwürfen der Soziologie kommt sie vor. Jürgen Habermas' Theorie der Mediatisierung und schließlichen Kolonialisierung der Lebenswelt durch das System verlegt das utopische Potential in die Lebenswelt. Die duale Konstruktion der Theorie des kommunikativen Handelns tendiert zu einer Idyllisierung auf er einen, einer Dämonisierung auf der anderen Seite. Mit der Kolonialisierung der Lebenswelt dringen »die Imperative der verselbständigten Subsysteme [...] von *außen* in die Lebenswelt – wie Kolonialherren in eine Stammesgesellschaft – ein und erzwingen die Assimilation« (Habermas, J., Theorie des kommunikativen Handelns, Bd. 2, Frankfurt/M. 1981, S. 522). Trotz seines sozialwissenschaftlichen Zugriffs verwendet er Termini, die das System als das Krankmachende, die Lebenswelt aber als das Refugium des Gesunden darstellen. Die systemischen Einflüsse »rufen *Pathologien* in der Lebenswelt hervor« (a. a. O., S. 565), die lebensweltliche Utopie aber wäre »nur diesseits der Expertenkulturen, in einer nichtverdinglichten kommunikativen Alltagspraxis, wieder zu gewinnen« (a. a. O., S. 586). Hier der »Eigensinn des kommunikativen Handelns« (a. a. O., S. 593), dort die bedrohlichen systemischen Imperative; wo beide »*zusammenprallen*« (a. a. O., S. 575), bildet sich Protest. – Gegen diese »zweiteilige Welterschließung« (Türcke, Chr., Habermas oder Wie kritische Theorie gesellschaftsfähig wurde, in: Bolte, G. (Hg.), Unkritische Theorie, Lüneburg 1989, S. 21-38, hier: S. 25), die unter anderen Vorzeichen auch Geissler betreibt, hält z. B. Adorno am Begriff der Totalität fest, der in diesem Kontext sein kritisches Potential freizusetzen vermag. (Vgl. auch unten den Abschnitt 4.2.9., Das richtige Leben im falschen).

diese klare wasserfläche. kennst du das? diese heftige liebe zum leben. die wie ein motor einen immer weitertreibt. aus sehnsucht. (465)[102]

Der Brief beschreibt die Begegnung der Schreiberin mit einem ihr unbekannten Mann, der sie am Arm faßt: »nee, fräulein, ich will nichts von ihnen. aber sagen sie mal, und er zeigte mit dem arm im weiten bogen auf alles ringsum, ist das nicht schön?« (465) Hier, im Milieu, bahnt sich keine Belästigung oder Vergewaltigung an. Dieser Mann möchte der Frau nur sein Herz ausschütten: »und er erzählt mir, daß er jeden abend hierher kommt und den himmel und den hafen anguckt. frau tot. kinder schon lange weit weg.« (465) Das mitleidheischende Schicksal rührt die Frau an. Sie möchte dem armen Mann, sei es aus Nächstenliebe, sei es aus praktischer Solidarität, die nun in ihr erwacht, Gutes tun: »er war so glücklich, daß er mich getroffen hatte. ich hab ihm die ladenadresse gegeben und gesagt, er solle mal dienstags zum frühstück vorbeikommen.« (465) Irgendetwas scheint aber das mildtätige Handeln zu bedrohen. Zwar weiß die Schreiberin nicht, was mit der Frau und den Kindern des Mannes passiert ist, aber eines ist sicher: schuld sind die Verhältnisse. Deshalb verflucht sie die Mächte des Todes: »weißt du, was ich meine, wenn ich sage, daß ich eine liebe für so menschen empfinde? und eine wut. wut auf verhältnisse, die so sind, daß erstmal die andren, die schweine, die totmacher, scheinbar immer wieder oberwasser kriegen.« (465) Das weihevoll-dumpfe Ritual des Schwörens feiert, indem es sich der zentralen positiven Codeworte des Romans bedient, eine Wiedererweckung: »ich liebe. und das ist ein schwur. so lange ich lebe.« (465) Die lesenden Gefangenen identifizieren sich mit dem Lebensschwur. Die Gefängniswärter halten das Geschriebene gar für gefährlich. Sie »stürmen das krankenzimmer. wollen genau nur diesen brief. einfach das leben.« (465) Dieses sagt der Erzähler, nicht etwa eine der Figuren. Er fügt hinzu: »es geht ums leben.« (465)

Die kontrovers diskutierende Gruppe, die Staatsschützer und der Erzähler nehmen den Brief wichtig. Das für sie Wichtige ist die Übertragung des positiven Denkens, des Lebensmutes, auf die Gefangenen. Der Brief fungiert in *kamalatta* als einigendes Moment, nachdem die Gruppe im Gefängnis eine Auseinandersetzung über ihre Strategie geführt hatte. Der zusammenschweißende Schlüsselbegriff heißt Leben. Allein das Kriterium der Wirkung des Textes entscheidet

---

102 Im Original ist der gesamte Brief kursiv gesetzt. – Vgl. auch: »das leben ist so prall voll. so mit schmerzen, aber auch mit glückserfahrungen. ich liebe das leben. ich sauge es ein. ich bin berauscht von den farben, gerüchen, geräuschen.« (464)

dabei über seine Bewertung. Wenn er Mut und Kraft, kurz: Leben einflößen kann, ist er gerechtfertigt. Literarische Momente, die sich nicht auf diesen Lebenswillen beziehen, gelten nichts. Die Gefahr des Kitsches, der *kamalatta* nicht immer entgeht, liegt in diesem Überschwang des Willens begründet. Indem die appellative rhetorische Funktion die Dominanz über die auf das Objekt gerichtete Intention gewinnt, ordnet der Schreibende das Beschriebene absichtlich seinen Kategorien unter, mit denen er jemandem eine Weltsicht eröffnen möchte. Die didaktische Funktion überformt das Beschriebene; der Wahrheitswird dem Wirkungsaspekt untergeordnet.

Soll das Leben angeregt werden, so muß der Text das Vorbild des Lebendigen positiv ansprechen. Es braucht eine Repräsentanz. Wie die Balz der Kraniche die Lust der Eheleute anregt, soll das Lebendige des Textes auf den Leser überspringen. Die inszenierten Vorbilder des Lebendigen erweisen sich aber regelmäßig als kitschbedroht. Sei es das Vertrauensverhältnis, das sich in den Momenten der beschworenen oder der gelungenen Ehe,[103] des gelingenden Gruppenlebens[104] oder der praktischen Solidarität durchsetzt, sei es die Natur- und Milieubeschreibung. All diese Inszenierungen des Lebens nehmen gängige Klischees auf, die aus dem Inventar spießbürgerlicher Alltagsphantasien stammen. Literaturhistorisch sind sie längst abgelegt und leben allenfalls im Bereich der Sehnsuchts- und Erbauungsliteratur fort.

4.2.7. Das Eigene ist das Echte

Der Gedanke des Eigenen ist in *kamalatta* mit dem des Lebens zuinnerst verknüpft; er stellt jenen Kern dar, der unter der Folter nicht gebrochen wird und dessen Inhalt das sich betätigende Leben ist. Diesen diskursiven Zusammenhang unterstreicht die Rede zahlreicher Figuren, zugleich bringt er für die Schreibweise des Textes formale Konsequenzen mit sich.

Die Aufwertung des Eigenen und des Echten vollzieht Geissler in der Figurenrede von der Selbstentfremdung: »die befreiung vom dreck der entfremdung macht leider uns nicht nur freude« (455), sagt Pino Moneta. Die Gruppe möchte die Entfremdung aufheben und hält das kollektive Leben des Angriffs für das angemessene Durchsetzungsinstrument, »weil einzeln gegen das prinzip der ent-

---

103 Aussprüche wie »mein mann« (233, 253, 309) stehen für diese kitschigen Momente.
104 Das Fragen und Antworten: Wo bist du? Hier!, wurde schon erwähnt.

fremdung, gegen das system der vernichtung, in dir und draußen, nichts geht.«
(273 f.) Mit Hilfe des Bekenntnisses zu sich selbst, das der einzelne Kämpfer
trifft und dann im Verbund mit der Gruppe umsetzt, soll die Entfremdung
behoben werden. Pauli nennt Sozialisten, die nicht kämpfen, »schausteller«
(193): »es graust sie das leben, das eigne, das sie an dir [am Kämpfer, S. K.]
erkennen, an sich vermeiden.« (194) Boye ergänzt seinen Gedankengang: »nur
im widerspruch zu dir selbst bist du erpreßbar.« (194)

Der Glaube, die Entfremdung sei aufzuheben, setzt voraus, daß etwas
Eigenes vorhanden ist, das dem Individuum genuin zukäme und das frei von
Fremdheit wäre. In der Diskussion um Rockers Krankheit trat dieses Moment
unverhüllt biologistisch auf. Auch im Bestreben, die Entfremdung aufzuheben,
wirkt es als ein vom gesellschaftlichen Zugriff getrenntes, substantielles Moment. Damit ist das logische Problem abgewehrt, wie die Entfremdeten, die ja
nicht bei sich selbst sind, auf ein Selbst zurückgreifen können, auf das sie sich
im Kampf positiv beziehen müssen: dieses Selbst ist angeboren. Es bedarf nur
einer Entscheidung des Individuums, um es für sich zu erringen und die es
bekämpfenden, entfremdenden Mächte des ›Drecks‹, die sich an es anlagern,
zurückzudrängen.[105] Nur weil das Eigene, das Echte, als latent anwesend vorausgesetzt ist, kann der einzelne sich für es entscheiden.[106]

Gesellschaftsveränderung läuft für viele Oppositionelle – übrigens nicht nur
in *kamalatta* – darauf hinaus, das Entfremdende zu besiegen, um dann das unbe-
schadete Selbst, das eigentliche Ich, das identische Subjekt zur Geltung zu bringen. Doch affirmativ gebrauchte Kategorien wie das Leben, der Kern, das Selbst
sind ideologische Konstrukte, denn:

Identität des Selbst und Selbstentfremdung begleiten einander von Anbeginn [...] Bedingung von
Freiheit, ist Identität unmittelbar zugleich das Prinzip des Determinismus. Wille ist soweit, wie
die Menschen sich zum Charakter objektivieren. Damit werden sie sich selbst gegenüber – was
immer das sein mag – zu einem Äußerlichen, nach dem Modell der auswendigen, der Kausalität
unterworfenen Dingwelt.[107]

---

105 Das Bild des Drecks impliziert, daß sich etwas nur äußerlich anlagert, das abgewaschen
werden kann. Das Innere bleibt hingegen rein. Die Vorstellung vom sich anlagernden Dreck und
die vom unzerstörbaren Kern ergänzen einander.
106 Das Bild des Kippens signalisiert die Unvereinbarkeit, und damit das Genuine beider
Bereiche (vgl. den Abschnitt 4.1.2., Panzern oder kippen).
107 Adorno, Th. W., Negative Dialektik, in: ders., Gesammelte Schriften, Bd. 6, Frankfurt/M.
1973 (zuerst 1966), S. 7-412, hier: S. 216.

Die Hypostasierung des Eigenen, die in *kamalatta* immer wieder vorkommt, ist undialektisch und nimmt an, daß sich neben der herrschenden Form der Vergesellschaftung etwas Ursprünglicheres erhält, das von ihr nur verdeckt wird und das die Systemgegner in Anspruch nehmen könnten. Die Annahme eines Eigenen, das qua Entschluß herbeizuführen sei, konstituiert die Möglichkeit des Kampfes, indem sie einen ontologischen Pol supponiert, der durch eine Verhaltensweise der Subjekte besetzt werden könne. Auf sie stützt sich das Pathos des Angriffs und die angebliche Enthobenheit des geläuterten, d. h. unbesudelten, kämpfenden Individuums vom ›Dreck‹ der Entfremdung. Sie ist das theoretische Schlüsselelement für die Polarisierungsstrategie und für den moralischen Rigorismus des Buches.

Ins ästhetische Verfahren holt Geissler die Frage nach dem Eigenen mit der Operation des Zitierens. Jedes Zitat stellt im Werk einen Fremdkörper dar, weil es nicht dem Genius des Autors entsprang. Mit der Kritik an der Genieästhetik und mit der Einsicht in die prägende Kraft des Diskurses entglitt der Literaturwissenschaft die Kategorie des unverbrüchlichen Eigenen. Geissler legt sie zugrunde, demontiert sie aber zugleich. Dieses kann an einer Passage gezeigt werden, die das Eigene affirmativ benennt: Klaus Buschmann zieht am Ende seiner fundierten Monographie über die Green Berets das Fazit, daß eine notwendige Bedingung der Guerillataktik, »eine tiefsitzende, unmittelbare ideelle und intellektuelle Betroffenheit, die zu einem Eigenantrieb führte«[108], bei ihnen nicht gegeben sei und die Truppe deshalb nicht in dem gleichem Maße erfolgreich sein könne wie die Guerilla der Aufständischen. Eines sei den Mitgliedern der Special Forces »kaum zu vermitteln: der revolutionäre Impetus«[109]. Geissler hat Buschmann gelesen und nimmt diese Wendung auf. Die Figur der Weißen Augen läßt er sagen:

wir [...] trainieren guerilla gegen guerilla, was nicht nur wie widerspruch klingt, auch schwerlastend einer ist, denn bei aller beherrschung technischer fähigkeiten und militärischer praktiken sowie einer sicherlich ausgezeichneten theoretischen schulung ist eines kaum zu vermitteln, der, ja wie soll ichs denn anders nennen, revolutionäre impetus, das wissen, daß es ums ganze geht und darin ums eigentlich eigene. (144)

Hier stützt der Gegner der Umstürzler durch seine Äußerung deren Lebens- und Weltanschauung.

---

108 Buschmann, Kl., United States Army Special Forces 1952-1974, Frankfurt/M. - Bern - Las Vegas 1978 (Diss. Univ. Münster), S. 383.
109 a. a. O., S. 384

Nach der Reflexion der Weißen Augen fährt der Text fort: »proff notierte ins heft, *das eigene geht nicht als nachahmung, nur als es selbst*« (144). Diese Notiz unterstreicht die Aussage der Weißen Augen. Die Weißen Augen, Proff und Buschmann sind sich darüber einig, daß die Special Forces die Guerilla der Aufständischen nur kopieren und ihr gegenüber deshalb im Nachteil sind. Immanent betrachtet ist die Rede vom ›revolutionären Impetus‹ ein Echo des Überlegenheitsglaubens der Gruppenmitglieder an ihre Strategie und an das Ziel ihres Kampfes. Indem die Weißen Augen den Glauben bestätigen, erlangt er innerhalb der Handlung eine unangreifbare Stellung. Die Zitation wertet ihn darüber hinaus auf.

Als traue der Autor der Rede seiner Figuren nicht, ruft er eine wissenschaftliche Autorität an. Die für den Fortgang der Handlung irrelevante, gelehrte Anspielung auf Buschmann erfüllt eine Belegfunktion. Durch das verdeckte Zitat gewinnt die Idee des ›revolutionären Impetus‹ an Dignität. Sie durchbricht die imaginäre Textwelt und legt einen Realitätsverweis in den Text hinein, der nur dem Eingeweihten auffällt, dem nicht spezialisierten Leser aber entgehen muß. Das geheime Zitat führt nicht in den wissenschaftlichen Diskurs hinein; Geissler gebraucht es nicht pädagogisch, er gibt keinen Hinweis zu ›weiterführender Lektüre‹. Er zitiert auch nicht, wie Walter Benjamin über Karl Kraus schrieb, zur »Bloßstellung des Unechten«[110], plant keine »Entlarvungen«[111], kriecht nicht mimetisch ins Zitat hinein, »um zu vernichten«[112]. Vielmehr leiht er sich eine Autorität, mit der er das im Text Gesagte absichert und die Handlung schlecht verdoppelt. Das Zitat ist ein geheimes Echtheitssiegel des Textes, ein Verweis auf seine Wahrheit auch außerhalb des Fiktionalen. Indem der Autor die Vorstellung vom Echten dergestalt ›wissenschaftlich‹ aufwertet, ergreift er außerhalb der Figurenrede Partei für eine Auffassung. Indem er eine wissenschaftliche Autorität einführt, entwertet er außerdem die Figurenrede und die fiktive Handlung. Der engagierte Autor durchbricht damit einerseits den Verweisungszusammenhang des Romans und will über die Wahrheit des ästhetischen Scheins hinaus.

---

110 Benjamin, W., Karl Kraus, in: ders., Gesammelte Schriften, hg. von R. Tiedemann und H. Schweppenhäuser, Bd. II, Frankfurt/M. 1977, S. 334-367, hier: S. 437
111 ebd.
112 ebd.

Andererseits spiegelt er an Proffs Verhalten eine mögliche Implikation seines eigenen Schreibens. Denn Proffs Notiz verdankt sich jemand anderem, er schöpft sie nicht aus sich selbst. Das Geschriebene ist vorgefunden. Die Verstrickung in den Diskurs bezeichnen die Weißen Augen, indem diese Figur fragt: »ja wie soll ichs denn anders nennen« (144). Neben der sachlichen Autorität, die Buschmanns Prägung dadurch erhält, gesteht Geissler mit diesem Partikel aber auch ein, daß er sie übernommen hat. Doch genau in dieses Partikel ist auch Geisslers Eigenanteil eingewandert – in jenen Teil der Aussage, der, gebrochen durch die Figurenrede, das Eigene dementiert. So liegt das Spezifikum des Textes in der Art der Aneignung von Vorgefundenem. Die Analyse von Geisslers Verfahrensweise führt auf die Irritation der zur Schau gestellten inhaltlichen Sicherheit und Parteilichkeit des Buches. Im untersuchten Zitat – wie insgesamt in der Verfahrensweise des Zitierens – entzieht sich das Eigene. Wer nach dem Kern des Eigenen sucht, der von vielen Figuren beschworen wird, gerät in einen Verweisungsstrudel, in dem es zwar Endlosspiegelungen, aber kein Original gibt, das für das Authentische einstünde.

An dieser vorgeschalteten Erörterung der Verfahrensweise Geisslers wird deutlich, daß sein Roman einerseits in die ideologischen Netze, mit denen seine Figuren die Welt begreifen, eingebunden ist, indem die Darstellung der Natur und des Milieus, wie auch die Rede vom Eigenen und die damit verbundene, verdeckte Zitierweise eine ästhetische Konsequenz aus dem Theorem vom Lebenskern ziehen. Andererseits zeigt die Untersuchung von Geisslers Zitationstechnik, daß die Verfahrensweise des Autors über die Figurenrede hinausreicht, indem sie sie immanent thematisiert und konterkariert. Die Abschnitte über die Verwicklungen des Lebensbegriffs mit der Darstellung der Natur, des Milieus und dem Eigenen sollten andeuten, daß *kamalatta* den inhaltlichen Diskurs auf der formalen Ebene fortsetzt. Das Verhältnis, in dem die analysierten inhaltlich-diskursiven Momente zu den Formprinzipien des Werkes stehen, soll unten untersucht werden. Zunächst gilt es, das Weltanschauungsgeflecht, das sich in *kamalatta* um den Lebensbegriff rankt, weiter aufzufächern.

4.2.8. Aufgeschobenes Leben

Die bislang untersuchten Figurengruppen glauben, das Leben in ihren Alltag holen zu können. Die Darstellung der Natur, des Milieus, und des Eigenen unterstützt die Tendenz, das Positive zu isolieren und sich auf es zu berufen. Die Gegenprobe, die in den folgenden Abschnitten gemacht werden soll, muß zeigen, ob der Roman in dieser Ausrichtung seinen einzigen ideologischen Fluchtpunkt hat.

Für einen relativierenden Lebensbegriff entfällt der Zwang zur Polarisierung. Damit wird eine veränderte politische Praxis möglich, die im Roman aber nur eine Randexistenz führt. Der Gefängnisarzt Bantumak, der die Gruppe mit den ihm möglichen Mitteln unterstützt, kritisiert die Konsequenz der Leben-Tod-Polarisierung, in der Leben mit Identität gleichgesetzt wird: »der kürzeste weg zur identität [...] ist der run in den tod«, woraufhin ihm die Gruppe entgegenhält: »geht so nicht, philosophie« (457). Bantumaks Überlegungen zur politischen Strategie gehen von der Annahme aus, daß das Leben unter den gegebenen Verhältnissen nicht herzustellen sei, außer in einem Akt der Entscheidung, dessen Umsetzung ins Handeln aber nur einen Moment lang gelingen könne und dann von den Ordnungsschützern niedergerungen werde. Ferner nimmt er an, daß jeder einzelne zerstörbar sei (vgl. 457). Seiner Einschätzung der politischen Kräfteverhältnisse liegen Koordinaten zugrunde, die in *kamalatta* sonst kaum vorkommen. Weil er sein politisches Handeln nicht dem Lebensfetisch unterordnet, braucht er die Polarisierung nicht auf die Spitze zu treiben.[113] Er erkennt die nivellierenden Folgen des Kampfes zwischen der Gruppe und dem Staat. Die Gruppe versteine und verstumme (vgl. 454), ähnele sich dem Gegener an.[114]

---

113 So kann er den Satz von Mao: »zwischen uns und dem Feind einen klaren Trennungsstrich ziehen« (454; im Original kursiv gesetzt) in Frage stellen, den die RAF ihrer Schrift »Das Konzept Stadtguerilla« von 1971 vorangestellt hat (vgl. Rote Armee Fraktion (RAF), Das Konzept Stadtguerilla, in: GNN (Hg.), Ausgewählte Dokumente der Zeitgeschichte: BRD – RAF, Köln (4)1988 (zuerst 1970), S. 5-13, hier: S. 5).

114 Auch die Kommunistische Partei greift er an: »bantumak meinte mit seinem hohn die ganze partei, die sowjetunion, [...] alle sture anständigkeit und fleißige hoffnung. er haßte jeden normalen schritt, alle einfache absicht.« (168)

Demgegenüber favorisiert er, während er den Grundkonsens der Oppositionellen in *kamalatta*, die Notwendigkeit eines Umsturzes, teilt, eine Strategie des
listigen Streiches, des Kunstgriffs (vgl. 457) und des Lernens:

der prozeß unsres kampfes als der unsres lernens, also als der doch der offenheit dann, also als
doch auch der dann der unsicherheiten, dies ganze erst ist unsre widerstandsarbeit, nicht die
standsäulenhärte, sondern weise wie wüst zueinander hin, die leisen bewegungen sinds, in der
liebe, jaja, wie im lernen (499).

Die Strategie des Lernens mildert diejenige des unbedingten Willens zum Leben
ab. Mit dem Lernen, dessen Motor das Leiden ist, wird das Leben zur unendlichen Aufgabe, während es sonst die utopische Naherwartung einlösen sollte. Die
Wahl für das Leben steht für Bantumak nicht zur Debatte, da das Leben im
emphatischen Sinne zur Zeit unrealisierbar sei. Die Kategorie der Entscheidung
für den Bruch mit der Vergangenheit ersetzt er durch die Entscheidung für die
Aneignung der Kontinuität des Widerstandes. Er fährt in der Bundesrepublik
umher, um von alten Widerstandskämpfern zu lernen.

Der Gruppe kommt es kaum auf geschichtliche Erfahrungen an, da ihr
Maßstab die Herstellung des Lebens in der Gegenwart ist. Sie dramatisiert dieses
Bedürfnis, so daß es als eine Notwendigkeit erscheint. Einen Lernprozeß, der das
Leben aufschöbe, kann sie nicht akzeptieren. Die Aneignung der Geschichte ist
für ihre Strategie nicht notwendig. Wichtig ist vielmehr die Entscheidung des
einzelnen für das Leben. Die Inszenierung eines Bruchs verhindert das mögliche
Erinnern und verschüttet den Zugang zu historischen Erfahrungen. Dieses
Verhalten isoliert die Gruppe sowohl von den Zeitgenossen, die nicht zu ihr
stoßen, als auch von den Erfahrungen vorangegangener Generationen, die den
Befreiungskampf führten. Es droht, geheimbündlerisch und geschichtslos zu
werden.[115]

Bantumak wirft der Gruppe vor, durch ihre Konfrontationsstrategie potentielle Verbündete zu demotivieren. Falls sie vor der Staatsmacht kapitulieren
müßte, wäre davon, durch den »niederbruch des gedankens *es geht*« (457), die
gesamte Opposition betroffen. Auch Bantumak interessiert das mobilisierbare

---

115 Mit der Frage, ob und wie die Oppositionellen sich jene Geschichte aneignen sollen, die
von den Besiegten vergangener Generationen überliefert wird, deutet *kamalatta* direkt auf *Die
Ästhetik des Widerstands* sowie auf Weiss' Verfahrensweise, der zwar einen Roman schreibt, der
aber zugleich größten Wert auf die Genauigkeit gegenüber den historischen Ereignissen legt, die
er in Archiven und im Gespräch mit Dabeigewesenen so weit wie möglich zu rekonstruieren
sucht (vgl. das Kapitel 7, ›Kamalatta‹ und ›Die Ästhetik des Widerstands‹).

Willenspotential stärker als das reale Kräfteverhältnis. Er bleibt der Auffasung vom Angriff verhaftet, klagt aber eine Strategie ein, die diesen Angriff dauerhafter gestaltete. Dafür läßt er den Anspruch auf ein unverzüglich herzustellendes Leben fallen, nicht aber die Orientierung der politischen Strategie an einer Entscheidung des einzelnen, die aus einem Willensakt hervorgeht.

Mit Hilfe der Figur des filmemachenden Bayern diskutiert Geissler die Möglichkeit eines nicht dem Angriffsgedanken verhafteten, prozeßhaften Eingriffs in die Gesellschaft. Proff nimmt die Haltung ein, jegliche Organisationsform, die sich auf das tägliche Kräftemessen mit den Herrschenden einlasse, werde korrumpiert: »die organisierten verirrungen. so kann es zu katastrophen kommen.« (360) Er befürwortet den Bruch mit den Herrschenden und den sich daraus ergebenden Angriff einiger weniger. Dazu nimmt er das utopische Potential, das in der Vorstellung vom Leben liegt, in Anspruch. Dem Bayern wirft er vor, er weiche der Frage nach sich selbst aus (vgl. 359), wenn er von der utopischen Maximalposition abrücke.

Dieser begreift den Kampf gegen die Herrschenden als einen lange andauernden Zustand. Dementsprechend versucht er, seiner Arbeit Kontinuität zu geben: »im sender hatte er durchgesetzt, was er zuvor mit kollegen draußen, mit gewerkschaftern und vertrauensleuten diskutiert und ausgeplant hatte. es wird im sender eine dokumentarsektion aufgebaut, die sich draußen kontinuierlich verknüpft mit einem großbetrieb« (360). Der Konflikt mit den Vorgesetzten beim Fernsehen und im Großbetrieb stellt für ihn einen nicht hintergehbaren Zustand dar: »doch werden die oben uns von tag zu tag das problem sein, der gegner. genau wie für jeden kollegen täglich, sein leben lang, wenn er weiß, was er will, und tut das.« (360 f.) Die veränderte politische Orientierung bringt einen unspektakulären Lebensbegriff mit sich, in dem das hedonistische Pathos des sofort herzustellenden, erfüllten Zustandes sich in die realistische Einschätzung verwandelt, daß die Unterdrückung ein »leben lang« dauert. Das wahre Leben bleibt aufgeschoben. Terroristische Gewalt im industrialisierten Westen hält der Bayer deshalb für »romantik« (358).

An den Rändern der Handlung ist eine Alternative zur herrschenden Hypostasierung des Lebens angesiedelt, die es aber nicht schlagkräftig bedroht.[116] Der Roman unterstellt – aufs Ganze gesehen – die positive Konnotation des utopisch aufgeladenen Lebensbegriffs. Die Konzepte des aufgeschobenen

---

116 Eine weitere Figur, die quer zu den Hauptfiguren spricht, ist Karl Zaun (vgl. 400-404).

Lebens vermögen ihn nicht ins Wanken zu bringen. Erst Proffs Biographie eröffnet eine Lesart, die die zur Schau gestellte Lebensaffirmation mit einer ebenso drastischen Haltung, dem Nihilismus, beantwortet.

Eine ernsthafte Erwägung des gemäßigten Lebensbegriffs und einer gemäßigten politischen Strategie fehlt in der Handlung von *kamalatta*.[117] Eine Lektüre, die Vorstellungen von der nur graduell zu modifizierenden Verstrickung des einzelnen und von der Utopie als einer regulativen Idee, nicht als einem einzulösenden Heilsversprechen suchte, muß das Terrain wechseln und auf Geisslers Schreiben zu sprechen kommen. Dem Angriffsdenken sind Texte keine Waffen. *Kamalatta* ist ein Text – hintertreibt der Roman damit ab ovo den oppositionellen Impuls? Oder setzt sich in seiner Verfahrensweise eine andere Art oppositionellen Vorgehens durch? Geisslers Subversion der Literatur umfaßt, wie später gezeigt werden soll,[118] beide Gedanken.

Von den Schriftstellern in *kamalatta* ist nichts zu erwarten, sie genießen kein gutes Ansehen. Bantumaks Vorschlag, mit Hilfe der Dichtung »prozesse« (458) im Gefängnis in Gang zu bringen, wird von der Gruppe niederargumentiert. Kuttes Versuch, sich im Gefängnis zum Lyriker auszubilden, ist nicht erfolgreich. Und an einem Dichter in der Toscana wird vor allem sein Phlegma hervorgehoben. Einzig Pauls Schriftstellerei denunziert der Text nicht, hebt sie aber auch nicht eigens hervor. Die immanente Thematisierung des Schreibens bleibt spärlich und dessen Resultate sind unbefriedigend. Demgegenüber setzt Geisslers Schreibweise avancierte ästhetische Verfahrensweisen in Funktion.[119]

4.2.9. Das richtige Leben im falschen

Proffs Unfähigkeit, anderen zu vertrauen, ist einerseits – wie gezeigt – biographisch motiviert; ferner läßt sich eine philosophische Dimension seiner Haltung ausmachen, auf die Geissler durch Anspielungen verweist. Sie setzt der Hypostasierung des Lebens einen gewichtigen Einwand entgegen. Proff sagt: »im fratzenleben gibt es kein schönes leben.« (60) Er formuliert damit die Gegenthese zu Julis Auffassung. Außerdem sagt jemand, Proff habe erklärt, »kein richtiges leben sei möglich im falschen, kein gutes im bösen.« (314) Mit beiden

---

117 Darin hebt sich der Roman von der *Ästhetik des Widerstands* ab.
118 Vgl. den Abschnitt 6.4. (Die Subversion der Literatur).
119 Vgl. hierzu die Abschnitte 6.2. (Implikationen der ›kamalatta‹-Sprache) und 6.3. (Zur Poetik der fragmentierten Schreibweise).

Zitaten nimmt der Text Adornos berühmten Satz: »Es gibt kein richtiges Leben im falschen«[120] auf. Damit berührt er die moralphilosophische Frage nach dem richtigen Leben, um die der Roman kreist. Legte sich die Philosophie diese Frage seit der Antike, vor allem aber in der bürgerlichen Epoche vor, so stellt sie sich in *kamalatta* mit bezug auf die Systemveränderung aus der Sicht der Antibürgerlichen. Proff, dessen Name von Geissler in Lautgleichheit zur Abkürzung von ›Professor‹ gewählt wurde, vertritt eine an Adorno erinnernde Position. Jener wird als ein handlungsunfähiger Intellektueller dargestellt, dem es an einem positiven Bekenntnis zum Leben mangelt. Seine Skepsis gegenüber dem real existierenden Leben wirkt sich als Kraftlosigkeit aus. Während Juli private Freiräume innerhalb des Systems nutzt und die Gruppe sich diese außerhalb desselben schaffen möchte, kann sich Proff für keine der Möglichkeiten entscheiden.

Proffs Skeptizismus ist nicht stringent theoretisch begründet, sondern überschneidet sich mit seinen biographisch bedingten Versehrungen. Darin unterscheidet sich die Geisslersche Applikation des Adornowortes von den Überlegungen des Philosophen in den *Minima Moralia*. Adorno treibt die Unmöglichkeit des richtigen Lebens marxisch aus dem kapitalistischen Bewegungsgesetz hervor. Der in Rede stehende Aphorismus thematisiert das Wohnen, das den Imperativen der Bauindustrie und der Sozialpolitik unterworfen ist: »Die Möglichkeit des Wohnens wird vernichtet [...]. Kein Einzelner vermag etwas dagegen.«[121] Was die vom Kapitalismus eingespannte »immanente Entwicklung der Technik über die Häuser längst entschieden hat«[122], kann jemand, der die Mängel des Haus- und Wohnungsbaus sieht, dennoch nicht beseitigen. Hier ist objektiv kein richtiges Leben im falschen möglich. Keine existentialistische Wahl bietet einen Ausweg aus dem Dilemma. Nur Wege des kleineren Übels können gegangen werden: »Das beste Verhalten all dem gegenüber scheint noch ein unverbindliches, suspendiertes: das Privatleben führen, solange die Gesellschaftsordnung und die eigenen Bedürfnisse es nicht anders dulden, aber es nicht so belasten, als wäre es noch gesellschaftlich substantiell und individuell angemessen.«[123]

---

120 Adorno, Th. W., Minima Moralia, Frankfurt/M. 1951, S. 42.
121 a. a. O., S. 41
122 ebd.
123 ebd.

Julis gesellschaftskritische Position belastet das Privatleben mit der Idee des Substantiellen. Im Privaten wachse heran, was der kapitalistisch geprägten Gesellschaft etwas von ihr zu Unterscheidendes entgegenzusetzen vermag. Dieses Unterschiedene ist nichts vom Kapitalismus erzeugtes Gesellschaftliches. Es bringt sich getrennt von ihm zur Geltung, ist ein von ihm nicht erreichter Freiraum, den die verschwörerische, private Liebe zweier Individuen errichtet. Das kapitalistische Verwertungsprinzip reiche nicht an die innersten Persönlichkeitsschichten heran.

Das Unterschiedene, das sich nach Julis Auffassung im Privaten entwickelt, könnte auf Blochs Gedanken von der Ungleichzeitigkeit[124] bezogen werden. Dann stellte ihre Liebesvorstellung ein Relikt aus den heroischen Zeiten des Bürgertums dar. Doch der antibürgerliche Kontext von *kamalatta* stützt diese Überlegung nicht. Juli möchte nicht zurück in frühbürgerliche Zeiten, sondern voran in die sozialistische Gesellschaft.

So führt die Suche nach dem Unterschiedenen, das sich im Privaten einfindet, auf das von aller Gesellschaftlichkeit, auch der kapitalistischen, entkleidete Leben. Es ist da trotz des Kapitalismus und es kommt zu sich selbst, wenn es vor dem Übergriff des Staates und der Gesellschaft geschützt wird. Juli glaubt an das richtige Leben im falschen, weil sie das Leben zur Substanz erhebt. In der Privatsphäre komme es, wenn es sich überlassen bleibe, zu sich selbst. Dieses Verständnis vom Leben trägt vitalistische, ahistorische und irrationalistische Züge. Politisch wirkt es reaktionär, da es nicht die befreite Kollektivität propagiert, sondern den lebensphilosophisch begründeten Rückzug in die bürgerliche Kleinfamilie.

Einer dritten Modulation von Adornos Wendung ging diese Arbeit schon mit dem Thema der Krankheit nach: »aber es gibt ja vielleicht kein gesundes leben mitten im kranken, hatte [...] proff [...] erwidert« (78), nachdem Juli meinte, Seite an Seite mit Kranken zu kämpfen, mache selbst krank. Aus ihren Worten spricht dieselbe Abwertung der Kranken, die Nina, unter Berufung auf den Lebensbegriff, gegen ihr eigenes Kind wendet. Diejenige Figur, die sich

---

124 Vgl. zu diesem Begriff: Bloch, E., Erbschaft dieser Zeit, Frankfurt/M. 1962 (zuerst 1935), S. 116 f., wo er »das *objektiv* Ungleichzeitige als Weiterwirken älterer, wenn auch noch so durchkreuzter Verhältnisse und Formen der Produktion sowie älterer Überbauten« bestimmt. Blochs Begriff der Ungleichzeitigkeit bietet eine Erklärung dafür, warum der Faschismus massenwirksam war, die auch heute noch nicht überholt ist. Seine Stilisierung des Proletariats als ›gleichzeitiger‹ Klasse muß dabei allerdings modifiziert werden.

anhand von Rockers Krankheit neuen Erfahrungen aussetzt, die eine veränderte Einstellung zur Folge haben, ist Ahlers. Zunächst stellt er die polarisierende Sichtweise zur Schau, die sein Umfeld beherrscht und die auch für ihn Plausibilität besitzt: »und was krank ist, das sägen wir ab, rief ahlers und rülpste laut« (156). Doch letztlich vertritt er eine Vorstellung vom Leben, die mit derjenigen der Figurenmehrheit nicht konform geht: »so krank, daß ich hier in der scheiße gesund bin, war ich noch nie, und will ich auch lieber nie sein.« (156) Damit identifiziert er die Rede von der Gesundheit als einen Bestandteil der Ideologie der Herrschenden.

Ahlers' Gedanke irritiert die Berufung auf das hypostasierte Leben. Er kommt mit Proff darin überein, daß es kein unversehrtes Leben im gesellschaftlich versehrten geben kann, doch er zieht nicht die Konsequenz, daß der Suizid die angemessene Haltung angesichts dieser Lage sei. Ahlers hält an der Utopie vom besseren Leben fest, während Proffs Haltung in den Nihilismus mündet.[125]

Vor diesem Hintergrund lohnt es sich, Proffs Haltung mit Adornos Ausspruch zu vergleichen. Beide möchten die derzeitige Produktionsweise und die mit ihr zusammenhängende Lebensform überwinden. Adorno zeigt in den *Minima Moralia*, daß Vergesellschaftung noch in den unscheinbarsten Lebensregungen wirkt, daß das Leben immer historisch bestimmt und nie ›an sich‹ und rein bei sich selbst ist. Seine »Reflexionen aus dem beschädigten Leben«[126] legen dar, daß es keinen Bewußtseinskern gibt, der von der Gesellschaft unberührt bliebe. Jedes Leben ist ihm im Spätkapitalismus ein beschädigtes, auch die Formen des liebenden Beisammenseins sind von der Beschädigung nicht ausgenommen. An diese Überlegungen knüpft Proff an, als er in Schottland die Liebe zwischen den Eheleuten in Frage stellt, weil die Gesellschaft noch in die letzten persönlichen Nischen eindringe. Proff bietet im Roman ein Gegenbild sowohl zu Julis Position als auch zu der der Gruppe. Ihm ist die Macht des Gesellschaftlichen über das individuelle Leben bewußt, wenn er auf die entscheidende Frage der Gruppe passivisch antwortet, er sei »entschieden […] worden« (437) anzugreifen.

---

125 Die Wahlverwandtschaft beider, die sich in der Auffassung vom Versehrtsein zeigt, bestätigt Proff, wenn er Ahlers als letzten aufsucht, bevor er sich umbringt. Wieder geht es um das Gesundsein inmitten des Kranken (vgl. 510).
126 Untertitel der *Minima Moralia*.

Hauke Brunkhorst interpretiert den Adornoschen Satz, indem er einen weiteren formuliert, der nicht gegen jenen verstoße, sondern in ihm aufgehoben sei: »Es gibt ein nicht verfehltes Leben im irreversibel beschädigten.«[127] Die historische Beschädigung aller – zumal nach Auschwitz[128] – bilde den Ausgangspunkt für jedes weitere Nachdenken. In diesem Horizont könne es kein richtiges, kein aristotelisch gutes Leben mehr geben. »Das nicht verfehlte ist *nicht* mit dem guten (glücklichen/gelungenen) Leben *identisch*.«[129] Brunkhorst verbindet mit der die Negation negierenden Rede vom nicht verfehlten Leben die Möglichkeit des praktischen Eingedenkens. Indem die Negation der Negation nicht – wie bei Hegel – als Position gedacht werde, öffne sie einen Fächer von Möglichkeiten, ohne sich auf eine bestimmte festlegen zu müssen; sie bewirke den Schock des Offenen. Brunkhorst gelangt zu dem Schluß, daß »nicht alle moralischen Maßstäbe außer Kraft gesetzt werden. Selbst dort, wo uns das richtige Leben verstellt ist, selbst dort, wo wir es nur noch verfehlen können, können wir immer noch das Richtige tun.«[130]

Diese Interpretation vermag Adornos These für die Möglichkeit eines reflexiv angeleiteten, selbstbestimmten Handelns fruchtbar zu machen. Brunkhorst akzentuiert mit seiner Interpretation das politische Skandalon des Adornoschen Gedankens. Wenn nämlich alles Leben, und damit alles mögliche Handeln, auf dieselbe Weise das Falsche reproduzierte, wäre Politik abzuschaffen. Nicht nur für das Privatleben gälte dann, daß das »beste Verhalten [...] ein unverbindliches, suspendiertes«[131] sei. Demgegenüber sucht Brunkhorst die theoretischen

---

127 Brunkhorst, H., Vom richtigen Leben im falschen, in: Lutz-Bachmann, M./Schmid Noerr, G. (Hg.), Die Unnatürlichkeit der Natur, Frankfurt/M. 1991, S. 146-154, hier: S. 147.

128 Diese Dimension thematisiert Geissler nicht. Der Zweite Weltkrieg erscheint nur im Erlebnis des deutschen Jungen an der Front, vom Massenmord an den Juden bleibt kaum eine Spur im Text zurück. Eine der wenigen stellt die Geschichte Gatts dar. Dessen »ganze verwandtschaft war ausgemordet [...] worden in den industrielagern der ss« (209 f.). Er selbst entging der Vernichtung als Baby und gelangte nach Israel ins Kibbuz. Geissler nimmt Gatts Biographie aber als Argument für eine Tätigkeit gegen Israel in Dienst; »gegens unrecht im lande der väter« (210). Die Ermordung der Juden wird für eine rhetorischen Figur eingespannt, in der die Politik Israels, mit Hilfe der These von der beidermaligen Verwertung der Opfer, mit der Vernichtungspolitik des Nationalsozialismus gleichgesetzt wird. – *Kamalatta* unterscheidet sich in diesem Punkt von der *Ästhetik des Widerstands*.

129 Bunkhorst, a. a. O., S. 148

130 a. a. O., S. 151 f.

131 Adorno, Minima Moralia, a. a. O., S. 41

Grundlagen oppositionellen Handelns auf. Erst das Eingedenken des Ganzen als des Falschen biete die Bedingung der Möglichkeit nichtregressiven politischen Handelns. Eine Interpretation des Adornoschen Satzes, den sich Proff zu eigen macht, die die Abstinenz von politischer Praxis als eine zwangsläufige Konsequenz darstellt, ist also, mit Adorno gedacht, nicht zwingend.[132]

Der grundlegende Unterschied zwischen der Konzeption des Protagonisten von *kamalatta* und der Überlegung Adornos besteht darin, daß Adornos Ausspruch nicht subjektiv motiviert ist. Nach Adorno ist die Versehrung unausweichlich, weil sie durch die Vergesellschaftungsform selbst bedingt ist. In *kamalatta* ist die Versehrung dagegen kontingent. Proffs biographische Traumata aus Kindheit und Folter sind ein Einzelfall. Andere Personen des Romans, zum Beispiel Juli, erleiden keine vergleichbaren Schicksale.[133] Diese Einbettung des Adornozitates in die Handlung nimmt ihm seine sich von Marx herleitende, kritische Spitze.

Während von den Figuren die Frage, ob die Versehrung auf alle oder nur auf einzelne zutrifft, kaum diskutiert wird, ist die spezifische Natur der Versehrung im Roman umstritten. Manche von Proffs Bezugspersonen machen ihm Vorwürfe. Nicht das Faktum der Versehrung steht dabei im Mittelpunkt, sondern seine Haltung zu der Beschädigung ist das Thema der Auseinandersetzung. Juli und die Gruppe werfen ihm vor, sich nicht entschieden zu haben. Entscheidung meint hier: sich für das Leben entscheiden.[134] Schuldig und untragbar für sie wird er dadurch, daß er sich nicht zum Leben bekennt. Indem seine Freunde verlangen, er möge seine Haltung ändern, unterstellen sie die autonome Entschei-

---

132 Gerhard Schweppenhäuser hat die Implikationen sowohl von Adornos Verständnis von Praxis, als auch diejenigen seiner »negativen Moralphilosophie« (Schweppenhäuser, G., Ethik nach Auschwitz. Adornos negative Moralphilosophie, Hamburg 1993) überhaupt, erstmals zusammenhängend dargelegt. Er kann nachweisen, daß Adorno weder die Abstinenz von politischer Praxis anvisiert noch aber angeben möchte, wie die Praxis im Einzelfall aussehen soll. Adornos kritische Theorie richtet sich vielmehr auf die Reflexion der Mechanismen, die eine Praxis verhindern, die eine humanere Art des Zusammenlebens gewährleisten könnte.
133 Auch Juli trägt aber an einer Hypothek aus dem Nationalsozialismus. Ihr Vater setzte als Ingenieur Gefangene auf Baustellen ein. Die an ihnen verübte Gewalt wurde in Julis Familie verschwiegen. Diese Begebenheit führt sie als Grund für ihr Bedürfnis an, Proff alles fragen und alles sagen zu wollen (vgl. 252 f.).
134 Dieses Motiv kehrt wieder, als Boye Pauli vorwirft, er wolle nicht gesund werden, sondern sich in den Tod flüchten (vgl. 263).

dung eines jeden, mit seinem früheren Leben zu brechen[135] und das lebenswerte Leben zu wählen. In diesem Vermögen liegt die Widerstandskraft des einzelnen begründet. Für die Systemveränderer wird jemand unwichtig, sobald sich herausstellt, daß er nicht für den Widerstand zu gebrauchen ist. Proff werde durch die Unfähigkeit zur Entscheidung paralysiert. Man wirft ihm Todessehnsucht vor.[136]

Mit Proff stellt Geissler eine Figur ins Zentrum des Romans, in der Versehrtheit und Entscheidung miteinander im Streit liegen. Die Versehrung läßt die Lebensemphase nicht zu, deshalb tritt Proff nicht in den politischen Kampf ein. Der Fixpunkt, aus dem der Widerstand seine Kraft zieht, bezeichnet der Glaube an das richtige Leben im falschen, dessen legitimatorische Schlüsselvorstellung diejenige vom Willen zum Leben ist. Damit ist auch die Stellung zum Adornoschen Gedanken festgelegt. Nur wer einen positiven Lebensbegriff vertritt, gehört in den politischen Widerstand. Die Adornosche Position ist in *kamalatta* auf der Ebene der Figurenhandlung von der politischen Praxis ausgeschlossen; sie wird dem Selbstmörder zugeschrieben.

4.2.10. Dualismus statt Dialektik

Das diskursive Feld von *kamalatta* läßt sich auf die Vorstellung vom Willen zum Leben zentrieren, dessen höchste Instanz er bildet. Das Leben, gedacht als ein Zustand der Identität des Subjekts mit sich selbst, in dem seine Lust ungehemmt strömt und der Wille herrscht, sich an der Seite von anderen gegen das Tote zu verbünden, das durch die Abwesenheit dieses Willens definiert ist, bildet den von allen oppositionellen Figuren insgeheim oder offen beschworenen Pol. Leben ist deshalb das Hauptbegründungswort für die Politik der Systemgegner in *kamalatta*. Die Berufung auf es stellt das einigende Moment innerhalb der vielgestaltigen oppositionellen Glieder dar, deren Verwendungsweisen des Lebensbegriffs einander ansonsten widersprechen. Der Begriff des Lebens changiert häufig, im Extrem aber zwischen zwei Gebrauchsweisen. Zum einen soll das Leben schon real anwesend sein; es wird ontologisch, topographisch

---

135 Dieses für Geissler sehr wichtige Motiv ist auch eines des Sartreschen Existentialismus. Dieser postuliert »die permanente Möglichkeit, mit seiner eigenen Vergangenheit zu brechen, sich von ihr loszureißen« (Sartre, J.-P., Das Sein und das Nichts, Reinbek b. H. 1991 (zuerst 1943), S. 758). – Vgl. hierzu ausführlich den Abschnitt 5.1. (Existentialismus).
136 Vgl. Julis Vorwurf (176) und den der Gruppe: »sterben gern möcht er. das stimmt, sagte karst, um nichts zu verlieren.« (213)

oder temporal definiert. Zum anderen ist es die utopische Imagination eines herzustellenden Zustandes und fungiert als regulative Idee. Diese Äquivokation motiviert weite Teile der im Roman innerhalb der Opposition geführten Auseinandersetzungen.

Die erste Gebrauchsweise konnte im Bereich der Figurenrede, aber auch hinsichtlich einiger Formelemente nachgewiesen werden. In den meisten Figuren setzt sich diese emphatische Lebensvorstellung offen durch. Der Gruppe wird sie zur Hauptlegitimation ihres Kampfes. Auch Juli beruft sich affirmativ auf sie. Nina nimmt sie in der Diskussion um Rockers Krankheit mit allen politisch gefährlichen Konsequenzen für sich in Anspruch. Sie findet sich außerdem in den Schilderungen des Milieus und der Natur. Diese Gebrauchsweise impliziert eine ontologische Vorstellung vom emphatisch begriffenen Leben, die in *kamalatta* ein selbstverständliches Dasein führt. Sie wurde als Enklave eines naiven Glaubens an die gute Lebenssubstanz kritisiert, der dem Stil Geisslers abträgliche und für die politische Meinungsbildung der Figuren gefährliche Tendenzen befördert.

Daneben kommt eine zweite Version dieser Gebrauchsweise vor, die das anwesende Leben in befreiten Räumen und zu bestimmten Zeiten vorzufinden meint. Das potentielle, emphatisch begriffene Leben stellt sich nur unter bestimmten Bedingungen ein und dauert nicht ewig. Das Leben muß erstritten werden. Damit ist eine Dynamisierung des Lebensbegriffs verbunden. Doch selbst in jenen Momenten, die sich von der Lebensvorstellung lösen, bleibt die Handlung negativ auf sie bezogen. Geissler beschreibt Abbreviaturen des schon immer vorausgesetzten Verständnisses vom Willen zum Leben. Figuren wie Bantumak wenden sich nur aus taktischen Gründen von der Idee des sofort herzustellenden Lebens ab. Das Nachdenken über Prozesse und über die Kraft, die aus dem erlittenen Herrschaftsverhältnis aktiviert werden könnte, verdankt sich keiner Abwendung von der Idee des Lebens, sondern dem Plädoyer für ein pragmatisches Vorgehen. Auch Juli schränkt den Freiraum des herzustellenden Lebens pragmatisch ein. In den Natur- und Milieuschilderungen ist das Lebendige das Erste, während das Tote es nur überformt und entfremdet. Das Echte als das Eigene verbürgt den daseienden Lebensimpuls.

Kamalatta diskutiert die zweite, die utopische Gebrauchsweise nicht als eine Abstoßbewegung von den ›tötenden‹ Tendenzen des Kapitalismus durch die spekulative Kraft des Geistes. Die utopischen Implikationen des Lebensbegriffs stellen sich vielmehr ein, wenn Handlungen an eine Grenze stoßen, wenn z. B.

die Gruppe eine zukünftige Sprache imaginiert, die aufgrund des Herrschaftsverhältnisses noch ungesprochen bleibt[137] oder wenn sie die Bibelanspielung »einmal werden wir singen: das war die wüste« (15) zu einem Leitsatz macht.[138]

Für die Anbindung der utopischen Dimension an das Handeln steht schlagwortartig die Wendung »die mühe ums leben« (179). Sie gibt zu verstehen, daß das Leben erst noch erobert werden muß. Ein früheres Buch von Geissler heißt: *Wird Zeit, daß wir leben.* Beide Prägungen, die jeweils programmatisch an exponierter Stelle auftreten, weisen auf das abwesende Leben. Indem die Handelnden aber die Intention auf die Herstellung eines abwesenden Zustandes richten, antizipieren sie ihn und aktualisieren ihn in der Phantasie. Damit verschwimmt die klare Abgrenzung vom herrschenden Toten und dem utopischen, abwesenden Leben, das erst durch eine Mühe oder nach einer durchmessenen Zeitspanne – zukünftig – gegenwärtig werden könnte. Die Mühe ums Leben und das Leben verlieren gegeneinander an Trennschärfe. Dieses Ineinanderfließen der Worte vermengt die Intention auf einen zukünftigen Zustand mit diesem selbst. Suggeriert wird, daß die Mühe ums Leben schon das Leben sei. Geissler schließt damit Sein und Sollen kurz und fördert deren Verwechslung, die in der oppositionellen Tätigkeit leicht zum Realitätsverlust führen kann.[139]

---

137 Vgl.: »wir sind […] verarmt, die besitzlosigkeit im vorfeld der aneignung auch einer ganz andren sprache« (455). Vgl. hierzu den Abschnitt 6.1.8. (Immanente Reflexion auf Sprache).

138 Vgl. weiter: 93, 207, 274, 321, 374, 499, 522.

139 Die postulierte Identität von Intention und zukünftigem Zustand ist zuinnerst mit dem Thema der Revolution verbunden, die das geschichtlich Neue anstrebt und damit einen Sprung gegenüber dem Bestehenden herbeiführen möchte. Zur ökonomischen Tendenz, die weltweit eine größer werdende Zuspitzung der Verteilungskämpfe generiert, muß der bewußte politische Wille zur Abschaffung des Konkurrenzkapitalismus und zum Aufbau einer ökonomisch strukturell gerechten Wirtschaftsform treten. Der Wille ist aber ebensowenig identisch mit dem gewollten Zustand wie die revolutionäre Bewegung mit der postrevolutionären Organisationsform. Marx spricht in diesem Zusammenhang davon, daß sich das Neue im Schoße der alten Zustände entwickle. (Vgl. Marx, K., Zur Kritik der politischen Ökonomie, in: MEW 13, Berlin/DDR 1961, S. 1-160, hier: S. 9) Mit diesem Bild sagt der Dialektiker, daß es ein identisches Moment des Seienden mit dem herzustellenden Zukünftigen gibt. Der Möglichkeit nach ist das Zukünftige vorhanden, es kann sich aber noch nicht vollgültig entwickeln. Ohne den intentionalen Überschuß politisch Handelnder, den deren Ungenügen am Bestehenden verursacht, das durch physisches Leid oder die spekulative Kraft hervorgebracht wird, kann die neue Organisationsform nicht die herrschende werden. Daher ist der politische Wille ein notwendiges Moment jeder Revolution.

Die verschiedenen Gebrauchsweisen des Lebensbegriffs konvergieren in einem Punkt, der die Klammer bildet, die die vielstimmige, fragmentierte Opposition zusammenhält. Alle Figuren, die sich auf das Leben berufen, haben Recht, weil sie im Modus der Wahrhaftigkeit sprechen. Das authentische Bekenntnis zum Lebenswillen ist das gemeinsame Kennzeichen aller Rede vom Leben. Einerlei ist, ob er angeboren, erworben, durch eine spontane Entscheidung, durch langwierige Reflexion oder durch die Kraft des utopischen Bildes aktualisiert wird, was einzig zählt, ist seine Existenz. In *kamalatta* kommt es primär darauf an, den Willen zum Leben im Horizont politischen Handelns zur Geltung zu bringen. Verwirrende und einander widersprechende Aussagen brauchen deshalb keine Schwächung für die Opposition zu sein. Sie sind legitim, solange sie Willensenergie freizusetzen vermögen. Letztere, nicht die Einsicht in den historischen Stand der Produktionsweise, bringt den Kampf und mit ihm die bessere Gesellschaft voran.

Die logischen Begründungsprobleme der Rede vom Leben relativieren sich vor dem Hintergrund des Willens zum Leben, der der Garant für das Leben ist. Er gehört, nach dem Verständnis der Oppositionellen in *kamalatta,* zum Menschsein hinzu, ist aber durch die ihn abtötenden Umstände verschüttet. Die Menschen sollen ihn wieder aktivieren, um lebendig zu werden. Er bewirkt bei jenen, die sich selbst entfremdet waren, politische Identität, indem er sie zu Menschen macht. Die Aufgabe der Kämpfer ist es, den Willen anzuregen und zu hegen. Die Wirksamkeit politischer Aktionen im Sinne eines machtpolitischen Kalküls ist demgegenüber fast nebensächlich. Der Tölzer Anschlag gelingt zwar, er hat aber keine Auswirkungen auf die Machtverhältnisse in der Bundesrepublik. Er ist, wie der Hungerstreik und viele andere Handlungen im Roman, nur eine Bekundung dafür, daß der Wille zum Leben vorhanden und bereit ist, sich gegen das Tote zu behaupten. An diese Existenz des Lebenswillens und an dessen sichtbare Äußerung heftet sich das Hoffnungspotential des Romans.[140]

.

---

140 Die Affinität dieses Diskurses zur Lebensphilosophie der Jahrhundertwende müßte eigens untersucht werden, was diese Arbeit aber sprengen würde. Hier sollen, unter Verwendung eines Buches von Herbert Schnädelbach, lediglich einige Einsätze gegeben werden: Leben ist »ein *kultureller Kampfbegriff* und eine *Parole*, die den Aufbruch zu neuen Ufern signalisieren soll.« (Schnädelbach, H., Philosophie in Deutschland 1832-1933, Frankfurt/M. 1981, S. 172) In diesem Sinne verwenden die meisten Figuren des Romans das Schlagwort ›Leben‹. Auch die folgenden Punkte lassen sich unschwer wiedererkennen:»Im Zeichen des Lebens geht es gegen das Tote und Erstarrte« (ebd.). Es geht »um das ›Echte‹: um Dynamik, Kreativität, Unmittelbarkeit, Ju-

Die Berufung auf das Leben als den Grund für revolutionäres Handeln bringt aber ein logisches Problem mit sich. Da die Produktionsweise kapitalistisch beschaffen sei, der Kapitalismus aber das Tote verkörpere und hervorbringe, dürfte unter den herrschenden Bedingungen noch gar kein Leben möglich sein. Woher kommt, in einer toten Welt, das Lebendige? Wenn die Beschreibung der Welt derartig polarisiert wird, wenn diese nicht als eine Mischung von gut und böse, als eine Abstufung von Lebensformen – die vom Dahinvegetieren bis zum erfüllten Leben reicht – begriffen wird, dann erscheinen das Lebendige und das Tote als Weisen des Existierens, die unter bestimmten Bedingungen in die entgegengesetzte Gestalt umschlagen – kippen – können, die aber nicht miteinander vermittelt sind. Wo keine Vermitteltheit vorliegt, versagt die Dialektik. Das Leben kann nicht dialektisch, qua bestimmter Negation aus dem herrschenden Toten hervorgetrieben werden. Die wesenhaft voneinander getrennten Existenzmodi müssen mit Hilfe einer anderen Funktion zusammengeführt werden. Der Roman läßt das anwesende Leben deshalb aus einer getroffenen Entscheidung entspringen. In ihm behauptet sich der Gedanke, daß mit der Entscheidung das Leben produziert werden könne. Er ist der zentral verhandelte und verklammert die Hauptfiguren Familie–Proff–Gruppe miteinander. Die Entscheidung speist sich aus dem Lebenswillen. Was aber wird, wenn der Lebenswille deformiert oder sogar versiegt ist?

4.2.11. Zerquälbarkeit des Lebens

Erst nach dem Durchgang durch die Facetten des in *kamalatta* sedimentierten Lebensbegriffs läßt sich nun die Darstellung der Folter in ihren weitreichenden Konsequenzen erfassen. Mit dem Folterthema nimmt Geissler den Aspekt der größtmöglichen Verfügungsgewalt, der dem einzelnen intentional zugefügt wer-

---

gend.« (Ebd.) »Man kann die Lebensphilosophie geradezu dadurch definieren, daß in ihr ›*Gesundheit-Krankheit*‹ der alles dominierende normative Gegensatz ist.« (A. a. O., S. 179) Die Intuition und das Erleben als Weltzugang werden in ihr gegenüber der Ratio gestärkt. – Die verschiedenen Ausprägungen der Lebensphilosophie generieren mannigfaltige Erscheinungsbilder. Schon der kursorische Blick verdeutlicht *kamalattas* Nähe zu lebensphilosophischem Gedankengut. Schnädelbach weist mit Bollnow darauf hin, »daß die Existenzphilosophie die Thematik der Lebensphilosophie ›in vertiefter und radikalisierter Weise‹ fortgeführt und damit überholt habe« (a. a. O., S. 193). Auch Geisslers Text reproduziert existentialistische Motive, wie unter 5.1. gezeigt werden soll.

den kann, in den Roman auf, das Leben bildet hingegen die Quelle für den Widerstand gegen die Unterwerfungsdrohung. Am Willen zum Leben entscheidet sich, ob der einzelne widerstehen und aufbegehren kann. Die Folter stellt die größtmögliche Herausforderung für den Lebenswillen dar. Dergestalt verweisen die Folterdrohung und die Lebensemphase aufeinander.

Die Analyse des Folter- und des Lebensthemas ergibt, daß der Wille zum Leben das Verhältnis zur Folterdrohung und zum Gewaltverhältnis beherrscht. Seine Kraft legt den möglichen Versehrungsgrad fest. Ist er stark, so kann das Individuum nicht gebrochen, seine Identität kann ihm nicht genommen werden. Ist er schwach, so verliert es mit der Identität den Willen zum Leben und kehrt sich dem Toten zu. Das Gewaltverhältnis wird in *kamalatta* – erstaunlicherweise – von der Einstellung der ihm Unterworfenen dominiert. Nicht die Staatsschützer haben die Macht inne, mit der Folter den Widerstand auszuschalten, sondern in den Händen der Revolutionäre selbst liegt die Entscheidung, ob sie der Folter widerstehen wollen oder nicht. Wenn sie sich ins Leben stellen, sind sie im Innersten unangreifbar. Die Systemopposition ist dem System strukturell überlegen, das Leben ist nicht zerquälbar.

Es gibt in *kamalatta* kaum eine Person, die auf diesem Wege scheitert. Proff sagt zwar, daß er sich für das Leben entschieden habe, er scheitert aber nur, weil er unwahrhaftig ist. Nur das echte Bedürfnis nach dem Leben ist erfolgreich. In einer äußersten Zuspitzung dieses Gedankenganges begreift Motte die Folter und die Isolationshaft sogar als Mittel zur Festigung des Kampfeswillens, als eine Chance für die Gefangenen: »die folter ist teil dieses krieges, und so ist isolation auch eine chance, weil sie teil des kriegs ist, weil wir in ihr von dem, worum es uns geht, dem krieg, nicht isoliert sind.« (461) Der quälbare Leib ist vollends der politischen Idee unterworfen. An all dem wird ersichtlich, daß Geissler das Problem der Folter aus einer radikal subjektiven Sicht thematisiert. Objektive Faktoren gehen nur am Rande ins Kalkül ein, da der Wille der Subjekte sie modifizieren könne.

Diese Konstruktion beruft sich auf die verändernde Kraft des Willens, auf die Erfahrung, daß eine scheinbar unmögliche Tat nur gelingen kann, wenn die gesamte zur Verfügung stehende psychische Energie auf das Gelingen konzentriert wird. Aus diesem Gedanken leiten sich der notwendige Idealismus und das Pathos jeder revolutionären politischen Praxis ab. Ein durch die Einbildungskraft heraufgerufenes Bild, das durch die Verstandestätigkeit fixiert wurde, soll wirklich werden. Dieser imaginative Überschuß nimmt in *kamalatta* in jenem Moment wahnhafte Züge an, in dem die geistigen Entwürfe nicht mehr im Lichte der Erfahrung geprüft werden.

Dieser Moment ist mit der Darstellung der Folter erreicht. Mit der Konstruktion eines Willens zum Leben, der der Folter widerstehen und dem Gewaltverhältnis trotzen könne, setzt sich Geissler über die Erfahrung von Gefolterten und Beherrschten sowie über die Folterforschung hinweg. Indem er den Mythos unterstützt, der Gefolterte habe es selbst in der Hand, ob er gebrochen werde, wendet er das kontingente persönliche Schicksal, daß manche der Gefolterten der Folter, wie man sagt, widerstehen können, d. h. daß sie nicht die von den Folterern verlangten Unterwerfungsgesten ausführen – womit nichts über ihren Grad an Versehrtheit ausgesagt ist –, in eine anthropologische Gesetzmäßigkeit. Indem er für jeden einzelnen die Möglichkeit zuläßt, sich für das Leben zu entscheiden, klagt er diejenigen an, die ohne den Willen zum Leben ihr Beherrschtsein erleiden. Wer sich aber bei Geissler für das Leben entschieden hat, ist in gewisser Weise unangreifbar. Er ist mit sich selbst identisch, und nur der physische Tod kann die Identität beenden. Der metaphorische Tod, die Angleichung an die lebendig Toten, tritt ein, wenn die Entscheidung für das Leben ausbleibt oder zurückgenommen wird.

Um gegen die herrschende Gewalt aufkommen zu können, müssen die Oppositionellen ihren Lebenswillen in einer Entscheidung für den Kampf festigen. Nur dann bewährt er sich in den Situationen äußerster Gewalterfahrung. In *kamalatta* gibt es einen Fall, in dem nicht nur die aktive Entscheidung verweigert wird, sondern in dem zusätzlich die Frage im Raum steht, ob ein Lebenswille überhaupt noch vorhanden sei. Es ist der Fall des Protagonisten. Dadurch, daß an exponierter Stelle die Möglichkeit eröffnet wird, der Wille zum Leben könne – wenn auch nur aus kontingenten Gründen – versiegt sein, tritt eine Alternative in den Roman ein, die die Berufung auf das Leben und damit zugleich das oppositionelle Potential in Frage stellt. Mit dem Scheitern des Protagonisten stellt sich die Drohung eines kapitalistischen Sieges über den Lebenswillen ein. Mit ihr negiert der Roman die in ihm vorherrschende Berufung auf das Leben abstrakt. Die nihilistische des totalen Scheiterns bietet das radikale Gegenbild der utopischen Perspektive eines bei sich selbst seienden Lebenswillens. Im Zeichen des Scheiterns liest sich die Lebensemphase als Lebenslüge. Diese Wendung verleiht dem Roman eine selbstkritische Dimension, die seine affirmativen Hauptströme durch einen weniger sichtbaren, gegenläufigen Unterstrom konterkariert.

Die den Roman bis in jeden Abschnitt durchziehende Spaltung ist nicht diejenige, die zwischen den einzelnen Auffassungen vom Leben liegt, sondern jene, die deren Indifferenzpunkt, den Willen zum Leben, negiert. Obwohl Proffs Versehrung nicht unter der Folter zustande kam, fehlt ihm die Kraft zur Entscheidung. Mit seinem Suizid belegt er, daß nicht der Lebens-, sondern der Todeswille ihn beherrscht. Geissler verlegt die Versehrung in Proffs Jugend im Nationalsozialismus. Damit weicht er der von der Folterforschung immer wieder belegten Erfahrung einer irreversiblen Beschädigung aus, die dem erwachsenen Menschen, der zum Widerstand entschlossen war, gegen dessen Willen zugefügt werden kann. Das Problem, das durch eine irreversible Versehrung entsteht, holt er aber mit Proff in den Roman herein: die Drohung, daß die Quelle für oppositionelles Handeln versiegen könnte und damit die Opposition selbst hinfällig wäre.

Die Emphase, der oppositionelle Lebenswille sei anwesend, wird in *kamalatta* konterkariert durch die Drohung, er sei es nicht. Der Riß, der diese Alternative durchzieht, kehrt nicht nur in den inhaltlichen Momenten des Romandiskurses wieder, sondern auch in seinen philosophischen Implikationen und in seiner Poetik. Philosophisch stellt er sich als die Bedrohung der lebensphilosophischen und existentialistischen Gehalte durch den Nihilismus dar, auf die Poetik bezogen als der Widerstreit einer den Leser appellativ angehenden Schicht mit einer sich ihm entziehenden. Den Polarisierungen und dem zwischen ihnen liegenden Riß soll im folgenden nachgegangen werden.

5. Immanente Philosopheme in ›kamalatta‹

5.1. Existentialismus

Die im vorigen Kapitel aufgewiesene Spaltungsstruktur zwischen den lebensbejahenden Figuren und der hauptsächlich durch Proff in den Text geholten Drohung, daß der Lebenswille abhanden kommen könne, birgt philosophische Implikationen, die nun betrachtet werden sollen. Geisslers Roman greift neben dem lebensphilosophisch inspirierten auf existentialistisches Gedankengut zurück.[1] Existentialistische Muster vermögen nicht nur die Handlungsschemata vieler Figuren zu erklären, sondern tragen darüber hinaus zur Erhellung der Anlage des Romans seiner Textualität bei. Auch auf das Verhältnis von Politik und Literatur bezogen stellt der Existentialismus für *kamalatta* einen philosophischen Unterbau zur Verfügung, der tragende Teile des Romans abstützt. Besonders mit Philosophemen der handlungsorientierten Sartreschen Spielart ist *kamalatta* durchsetzt.

Mit Proff gelangt eine Tendenz in den Roman, die den optimistisch ausgerichteten Existentialismus nihilistisch konterkariert. Dabei wird deutlich, daß der Nihilismus mit dem Existentialismus zuinnerst verknüpft ist. Wo die ontologisch oder anders begründeten metaphysischen Gewißheiten entzogen werden, tut sich ein Abgrund von Sinnlosigkeit auf, in dem jede Legitimation für politisches Handeln verschwindet. Wo die Handlungsemphase zurückgenommen werden muß, erstarren die Individuen, sie können dem herrschenden System nichts mehr entgegensetzen. Die im Roman immer wieder zur Schau getragene Parteilichkeit

---

1 Schon in den siebziger Jahren weisen R. Hosfeld und H. Peitsch auf die implizite »existentialistische Haltung« (Hosfeld, R./Peitsch, H., ›Weil uns diese Aktionen innerlich verändern, sind sie politisch‹, in: Basis. Jahrbuch für deutsche Gegenwartsliteratur, hg. von R. Grimm und J. Hermand, Bd. 8, Frankfurt/M. 1978, S. 92-126, hier: S. 126) von *Das Brot mit der Feile* hin und betten diese Diagnose in ihre Kritik bestimmter Strömungen der antiautoritären Bewegung ein, die unter dem Schlagwort Spontaneität die existentialistisch inspirierte »Reduktion von Politik auf Haltung« (a. a. O., S. 92) betrieben hätten. Wenn sie mit ihrer Kritik an Heidegger, Sartre und Marcuse als den angeblichen Vätern dieser Revolte auch weit über das Ziel hinausschießen – Marcuse nennen sie einen »aktivistische[n] Existentialisten« (a. a. O., S. 96) –, so schärft ihre Einschätzung immerhin den Blick für die existentialistischen Momente in Geisslers Roman.

gerät in ein zweideutiges Licht, in dem jeder politische Heroismus umgewertet wird.

Die Bedrohung des Existentialismus durch den Nihilismus ist zunächst eine philosophisch-systematische Folge aus der inneren Beschaffenheit des Existentialismus, daneben trägt die Heraufkunft des Nihilismus seit dem 19. Jahrhundert aber auch eminent historische Spuren. Der Nihilismus zieht eine Konsequenz aus der katastrophalen Beschaffenheit der Moderne. Seit die Potentiale der Zerstörung immer weiter anwachsen und die Techniken zur Beherrschung der Individuen immer ausgefeilter werden, gewinnen nihilistische Gedankengänge an Gewicht. Die Spur dieser gesellschaftlichen Entwicklung ist, so soll argumentiert werden, Geisslers Roman mit Proff einbeschrieben.

Um die Konstellation von existentialistischen und nihilistischen Momenten in *kamalatta* aufweisen zu können, sollen die auftretenden Sartreschen Prämissen in einem Exkurs vorgestellt werden, so daß ihre Funktion innerhalb des Romanganzen ersichtlich wird. Dabei stützt sich diese Arbeit vor allem auf Sartres Schriften aus den vierziger Jahren, weil er hier die Grundlagen seiner Philosophie entfaltet, auf die er später immer wieder zurückgreift.[2] Dann soll gefragt werden, wie weit die Übernahme existentialistischer Theoreme reicht und an welchen Stellen Geissler vom Sartreschen Existentialismus abweicht. Proffs Schicksal führt auf die Stellung *kamalattas* in einer Situation, in der der Nihilismus dadurch, daß die utopischen Potentiale verlorengehen, historisch immer plausibler wird.

5.1.1. Trauung

Geissler bindet die utopischen Modelle in seinem Roman an die Überwindung der Vereinzelung. Zweisamkeit oder Kollektivität kommt aber erst zustande, wenn alle Seiten bereit sind, sich rückhaltlos zu öffnen. Aufrichtigkeit ist in der Gruppe, in Proffs Beziehung zu Juli sowie in der zu seinem Sohn ein zentrales Thema des Romans. Viele Figuren halten an der Ansicht fest, inmitten des Kampfes sei die aufrichtige, vertrauensvolle Beziehung zueinander, sei Konspiration möglich, obwohl der Gegner Spitzel einsetzt, so daß in der eigenen

---

2 In der *Kritik der dialektischen Vernunft* geht Sartre von den in *Das Sein und das Nichts* entwickelten, ontologischen Voraussetzungen aus, dynamisiert sie aber, indem er die historische Dimension der Begriffe stärkt. Die Beziehung beider Werke sollte als Fortentwicklung, nicht als Bruch gelesen werden.

Gruppe immer die berechtigte Furcht vor Täuschenden einen Rolle spielt und obwohl der Feind getäuscht werden muß, um selbst erfolgreich sein zu können. Diese Einstellung macht einen wichtigen Teil des in *kamalatta* eingelagerten Pathos aus.

Vor allem aber verweist sie auf Theoreme, die sich in Sartres Existentialismus wiederfinden und von ihm zu einer Theorie des revolutionären Handelns ausgebaut wurden. Auf den in *Das Sein und das Nichts* gelegten philosophischen Fundamenten errichtet er in der *Kritik der dialektischen Vernunft* eine um die geschichtliche Dimension erweiterte existentialistische Theorie politischen Handelns. Dieses wird von entschlossenen Gruppen getragen, nicht von der anonymen Klasse. Sartres Theorie vom Vorgehen in der Gruppe hat auf die RAF gewirkt. Neben Lektürenotizen Gudrun Ensslins[3] ist das deutlichste Indiz hierfür sein Besuch im Stammheimer Gefängnis am 4. 11. 1974.[4] Sartres Entwurf stellt für jedes handlungszentrierte politische Vorgehen eine Versuchung dar, da in ihm das Praxisproblem scheinbar gelöst ist. Auch auf *kamalatta* strahlt er ab. Jedoch erstrecken sich im Roman die Sartreschen Theoreme nicht nur auf die

---

3   »Die Lektüre der ›Kritik der dialektischen Vernunft‹ durch die Terroristen der ersten Generation ist durch lange Auszüge, die Gudrun Ensslin anfertigte, wohl erwiesen. Sartre ist für den Terrorismus der Gegenwart so bedeutsam, weil er an die Stelle der Klasse bei Marx die terroristische Gruppe setzte. Was die ›Kritik der dialektischen Vernunft‹ entfaltet, ist nicht weniger als ein terroristisches Universum.« (Rohrmoser, G., Ideologische Ursachen des Terrorismus, in: Bundesministerium des Innern (Hg.), Analysen zum Terrorismus, 1. Bd.: Ideologien und Strategien, hg. von G. Rohrmoser und I. Fetscher, Opladen 1981, S. 273-339, hier: S. 306)

4   H. E. Holthusen nimmt dieses zum Anlaß für einen langatmigen, polemisch gefärbten Text, den er zwar *Sartre in Stammheim* nennt, der aber nur in einem seiner Unterabschnitte auf Sartres Besuch eingeht (vgl. Holthusen, H. E., Sartre in Stammheim, Stuttgart 1982, hier: S. 138-175). Holthusen gelingt es nicht, den bewaffneten Kampf der Gruppe um Baader und Meinhof als eine Lebensform zu begreifen, die sich auf Sartres Existentialismus berufen kann. Zwar verweist er anhand von Äußerlichkeiten auf die Beziehung der '68er zu Sartre – »Es gibt kaum einen Text aus der einschlägigen Literatur der frühen 60er Jahre, der das Denken der kulturrevolutionären Generation so stark beeinflußt hätte wie Sartres Vorwort zu Fanon« (a. a. O., S. 164) – doch dringt er kaum in die Philosophie Sartres ein, von der aus überhaupt erst ersichtlich werden könnte, warum dieser nach Stammheim ging. Stattdessen beteiligt sich Holthusen an den geschwätzigen Spekulationen darüber, ob der »altgewordene« (a. a. O., S. 175) Sartre, »der auf die alten Muster des Verstehens unerschütterlich eingeschworen war und sie nun hier auf eine Situation anwenden wollte, die ihm völlig fremd war« (ebd.), irrtümlich in Stammheim gewesen sei, denn seine Option für Baader sei »eine Option ohne *vernünftiges* Motiv« (a. a. O., S. 169) gewesen.

bewaffnete Gruppe, sondern – wie nun gezeigt werden soll – auch auf andere Figurengruppen sowie auf die Sprechweise des Textes.

Julis Vorstellung von ihrer Beziehung ist die »liebe als […] verschwörung« (307). Dazu gehört, daß die Eheleute »alles fragen und alles sagen« (258). Proff flieht diese Art von Bindung. So kommt es, daß Juli Proffs Fluchten auf ihr gemeinsames Zusammenleben bezieht: »fliehen ist eine drohung.« (258) Weil Proff sich nicht für die Ehe und gegen die Gruppe entscheidet, weil er sich Juli nicht rückhaltlos öffnet, sondern Bereiche pflegt, in die sie nicht nachkommen kann, scheitert die Ehe schließlich.

Auch Moritz, Proffs Sohn, bemängelt Proffs Unfähigkeit, »sich zu verschwören« (307). Schärfer noch als Juli wirft er ihm vor: »er lügt, […] er hintergeht« (307). Er möchte Proff vertrauen: »alles […] vorwärtsgeführte, vorangebrachte, hat im kern der voraussetzung unsre verschwörung, verläßlichkeit. die mit dem vater suchte er längst.« (304) Doch Proffs Unaufrichtigkeit ihm gegenüber trifft ihn hart: »hintergehung schlägt wunden« (139). Auch Moritz bricht seine Beziehung zu Proff ab. Er tritt in die Gruppe ein, die Aufrichtigkeit und Verschworenheit von ihren Mitgliedern verlangt, und die mit ihrer Lebensform diejenige des befreiten Kollektivs vorwegzunehmen trachtet.[5]

Aus der Entscheidung für die Gruppe und aus dem Gruppenleben selbst soll die Lüge verbannt sein. So glaubt Karst an die Gruppe als an »einen zusammenhang […], in dem nicht gelogen wird«: »ich will nicht täuschen« (135). Wo die Gruppe sich jedoch getäuscht sieht, kann sie ein Mitglied, von dem sie glaubt, es handle nicht mehr in Übereinstimmung mit dem kollektiven Entwurf, wieder verstoßen.[6] Sie funktionalisiert die Idee der Aufrichtigkeit zu einem Mittel der Grenzziehung.

Der Roman zeigt jedoch, daß der Entwurf der Gruppe in wesentlichen Punkten noch gar nicht fixiert ist und daß selbst einige Gruppenmitglieder noch einen Rest an Unaufrichtigkeit mit sich herumtragen. Beide Sachverhalte rücken die Entscheidungs- und Urteilssicherheit der Gruppe in ein zweifelhaftes Licht.

---

5 Diese Akzentsetzung unterscheidet Geisslers Gruppe von der RAF. Diese machte die Notwendigkeit des Kampfes stark, während bei Geissler das utopische Moment des Gruppenlebens stärker in den Vordergrund tritt. Gegenüber den vitalistischen und existentialistischen Zügen bei Geissler geht es in der RAF zunächst um die leninistisch-maoistisch begriffene Kampfstrategie.

6 Dieses trifft auf Maries »verweisung« (104), auf Boyes »vertreibung« (192) und auf Proff zu, der gar nicht erst aufgenommen wird.

Letztlich stellen sie deren rigide, polarisierende Weltsicht in Frage. Beide genannten Faktoren spielen im Zusammenhang mit Paulis Geschichte eine Rolle. Dieser harte, aus dem Arbeitermilieu stammende Kämpfer wird verwundet, weil er intuitiv seine Freundin, Feder, schützt. Außerdem verstößt er gegen taktische Absprachen.[7] Indem er sich opfert, zieht er ihr Leben dem seinen vor. In der Gruppenlogik ist diese Haltung aber nicht vorgesehen, denn sie wendet sich erstens gegen den Anspruch, daß jeder gleichermaßen die Konsequenzen seiner Entscheidung tragen müsse und zweitens gegen die Gleichwertigkeit aller einzelnen, auf der die Idee des Kollektivs aufgebaut ist. Indem Pauli sein Leben für Feders einsetzt, befreit er sie von der Konsequenz ihres Entschlusses und stuft ihr Leben in seiner Wertehierarchie höher ein als sein eigenes. Die Gruppe und er selbst werten sein Verhalten als einen Fehler und als einen Verstoß gegen die Idee ihres Kollektivs.[8]

Scheinbar funktioniert Pauli nach dem Muster des Kollektivs; er hat sich für den Kampf entschieden und trägt die Konsequenzen. Doch die Entscheidung vermag seine vormalige Orientierung nicht restlos zu tilgen. Wo er in einer Extremsituation intuitiv handeln muß, setzt sich die alte Prägung wieder durch. Feders Analyseversuch sei hier wegen des zentralen Stellenwerts ausführlich zitiert:

denn, sagte feder, wenn kollektivität die struktur sei, das ziel des angriffs, des kriegs jetzt der klasse, wenn sie der neue, der einzige raum sei, in welchem verbindlichkeit, lernen, auch also selbstbestimmte beziehung zueinander sich frei erst entfalten könnten, wenn also kollektivität die konkretion neuer wirklichkeit unter uns sei, also für uns, fürs ganze, der schritt, vom feind nicht

---

7 Ähnlich angelegt ist der Konflikt in Brechts *Die Maßnahme*. Der junge Genosse ist in dem Moment bereit, gegen die vorher von ihm mitgetragene Taktik der Agitation und des behutsamen Aufbaus einer revolutionären Organisation zu verstoßen, in dem eine gesellschaftliche Gruppe – wenn auch mit unzulänglichen Mitteln – zum Aufstand aufruft: »im Anblick des Kampfes verwerfe ich alles, was gestern noch galt, kündige alles Einverständnis mit allen, tue das allein Menschliche. Hier ist die Aktion. Ich stelle mich an ihre Spitze.« (Brecht, B., Die Maßnahme (Fassung von 1931), in: ders., Werke, Bd. 3, hg. von W. Hecht u. a., Berlin - Weimar - Frankfurt/M. 1988, S. 99-125, hier: S. 120) Wegen dieses ›Verrates‹ liquidieren ihn die eigenen Genossen. Diese äußerste Konsequenz des bewaffneten Kampfes thematisiert Geissler nicht. Brecht dagegen denkt die sich in ihm ergebenden Handlungsnotwendigkeiten bis zuende: Wer der militärischen Logik folgt, muß die Ermordung von Abtrünnigen bejahen. Der Kontrollchor heißt deshalb die ›Maßnahme‹ gut: »eure Arbeit war glücklich [...] auch dort sind geordnet die Reihen der Kämpfer / Wir sind einverstanden mit euch« (a. a. O., S. 125).

8 Vgl.: »es sei, kritisierte flügel, von pauli [...] ein fehler gewesen, zu springen anstatt zu schießen« (211). Und Pauli bemerkt selbst: »es war meine lust für feder [...]. war falsch.« (195)

erreichbar, für ihn nicht mehr faßbar, wenn also dies von jedem gewollt sei, begriffen, wenn auch noch nie leicht getan, denn jeder finde sich immer auch blöd noch arm für sich selbst, sie hätten zwar alle die gleichen probleme, es sei in jedem aber die konstellation aus altem und neuem, aus reaktionärer struktur und revolutionärem entschluß, aufgrund von vorgeschichte als einzelgeschichte, sehr wohl sehr unterschiedlich, und so könne es jeder doch streckenweise nur selber rausfinden, wie er da rankäm ans alte, wie er das abschafft, rausschmeißt, müsse allein den code finden, knacken, um sich zu entschlüsseln, denn das prinzip der versauung sei zwar überall gleich, die kombination aber individuell unterschiedlich, wenn wir also, sagte feder noch mal, suchte weiter den weg zur frage, den knick, in gleicher, gemeinsamer zielsetzung, arbeit aufs ziel hin, jeder seins als unsres, jeder sich als uns, einander gleich werden, leben von gleich zu gleich, ja *zugleich*, was sei dann, woher, die liebe zu einem, zu einer, in leidenschaft, eigenartig, auch ängstlich, besonders – gesondert? von was denn? aber es läuft so noch immer. und ich sag auch, es hinkt, wenn pauli losspringt gegen das schwein, mich schützt, dabei den arbeitsprozeß, das von uns allen verabredete moment der arbeit, die bank gegen tölz, in sekunden vergißt, bloß mich nicht vergißt, mein leben, nur grad noch jetzt das, und flügel hockt leer, die ganze aktion in gefahr – aus liebe? was drängt sich da vor, warum? ich will doch nichts extra. wir wollen doch alles, die klasse, uns, wirklich den aufstand des menschen. aber ich lieb den typ. wie mein leben. ach müll. denn wenn er nun stirbt, sterben doch wir nicht, ich nicht, der angriff. und doch. finster. als wär dann sein tod auch meiner. mein leben auch seins. aber eben genau nur seins. nicht unsres. nicht ihr. nicht wir. was ist das? wie geht das? o mühsam, warte. ich will keine liebesgeschichte. sondern uns als liebe. das ganze. nah. (212 f.)

Neben der Entscheidung gibt es also auch in der Gruppe undurchschaute, ungewollte Wirkmächte, die sich selbst innerhalb des von ihr zum befreiten Gebiet des ›Wir‹ erklärten Bereiches noch durchsetzen. Die Entscheidung dominiert das Handeln nicht vollständig, die Essenz – mit Sartre zu sprechen – trägt einen Teilsieg über die Existenz davon. Sartres Entscheidungsemphase, die die Gruppe der Sache nach immer wieder in Anspruch nimmt, erhält einen ersten Dämpfer.

Boye schont den verletzten Pauli nicht, wenn sie ihm vorwirft, er verschließe sich in der Logik des Kampfes und suche den Tod: »ich schrei dich jetzt an, daß du feige bist, mann, liegst dich hier tot und fliehst, wo du leben bliebest, weil dir der knast deinen T 34 geknackt hat, du mann, ach dreck, du soldat.« (263) Sie verlangt von ihm, sich innerlich zu öffnen: »mach los, dann bist du nicht mehr zu schlagen« (263). Indem Boye die Panzerung als Flucht deutet, fördert sie einen Widerspruch zutage, der die Praxis der Gruppe durchzieht: Der Primat des Kampfes verlangt die Panzerung und verhindert die völlige Offenheit gegen sich selbst; er arbeitet der geforderten Aufrichtigkeit entgegen. Boye möchte die Aufrichtigkeit radikalisieren. Ihr Stichwort für die Gruppe heißt ›Kallocain‹: »wer zu boye kam, hatte das stichwort, merkwort, schlüsselwort für vertrauen, *kallocain*. nur boye wußte, gegraust und entschlossen, warum.« (189)

Kallocain heißt Karin Boyes Zukunftsroman aus dem Jahre 1940. Der Name bezeichnet den Protagonisten und dessen Erfindung: »Es ist ein Mittel, das jeden Menschen dazu bringt, seine Geheimnisse preiszugeben, auch solche, die man aus Angst oder Scham unbedingt für sich behalten möchte.«[9] Diese rückhaltlose Offenheit berührt sich mit dem Kollektivitätsideal der Gruppe. Mit dem Bild der Brücke benennt auch Boyes Roman utopisch einen anderen Umgang der Menschen miteinander: »Nicht alle sind wahrhaftig genug, die Wahrheit zu ertragen [...]. Die Wahrheit könnte eine Brücke sein zwischen den Menschen – solange sie freiwillig ist, ja – solange sie wie ein Geschenk gegeben und wie ein Geschenk angenommen wird.«[10] Die Entscheidung für das Kollektiv trifft in Geisslers Roman jeder einzelne freiwillig. Doch bei Boye wird das Kallocain von einem totalitären Regime im Dienst genommen, das es willkürlich gegen vermeintliche Gegner des Staates einsetzt, um seine Vorstellung von Kollektivität durchzusetzen:

Bevor ich noch antworten konnte, sagte Rissen in völlig verändertem Ton: ›Ziemlich sicher ist jedenfalls, daß damit der letzte Rest unseres Privatlebens verlorengeht.‹ / ›Ach, das macht nichts!‹ sagte ich erfreut. ›Das Kollektiv ist im Begriff, den letzten Bereich zu erobern, wo bisher noch asoziale Tendenzen nisten konnten. Wenn ich es recht sehe, heißt das ganz einfach, die große Gemeinschaft steht unmittelbar vor ihrer Vollendung.‹[11]

Auch die Gruppe in *kamalatta* möchte das Privatleben abschaffen, um das Kollektiv herzustellen.

Mit dem Stichwort ›Kallocain‹ thematisiert Geissler die Abgründigkeit des Kollektivitätsideals. Der in Boyes gleich nach dem Hitler-Stalin-Pakt entstandenen Roman gezeichnete Staat beruht auf einer literarischen Umsetzung des Faschismus und des Bolschewismus Stalinscher Prägung. Deshalb bekommt Boye das Grausen, doch sie hält trotzdem am Ideal fest, das Individuelle in das Kollektiv einschmelzen zu wollen. Sie wählt aber, um dieses zu manifestieren, eine esoterische Benennung, deren Bedeutung das Kollektiv nicht kennt. Sie bringt mit diesem Sprechen einen individuellen Faktor in die Gruppe ein, der den anderen nicht bewußt ist. Sie täuscht sie in gewisser Weise, jedoch in guter Absicht, indem sie mit ihrem Stichwort das Ziel der Gruppe, das einander vertraute Kollektiv, befördern hilft. Für den Handlungsfortgang ist der bedeut-

---

9   Boye, K., Kallocain, Leipzig 1992 (zuerst 1940), S. 13
10   a. a. O., S. 160 – Vgl. zum Brückenmotiv in *kamalatta* unter 6.1.6. (Metaphorische Korrespondenz, exakte Topographie).
11   a. a. O., S. 48

same Verweis auf Karin Boyes Roman unwichtig, er erlangt erst für den recherchierenden Leser Gewicht, dem sich die polaren Implikationen des Kollektivitätskonzepts hierdurch erschließen. Er kann sich den Kollektivitätsgedanken in seiner fragmentarischen Widersprüchlichkeit zusammensetzen und an einer Synthese arbeiten.

Die Gruppe sucht im Kollektiv, was Juli und Moritz von einer zwischenmenschlichen Beziehung erwarten: Verschworenheit und Verläßlichkeit. Mit dem Thema der Trauung verknüpft Geissler die scheinbar diametral entgegengesetzten Sphären des Privatlebens und des exponiertesten Kampfes eng miteinander. Wie für den Gebrauch des Lebensbegriffs gilt auch für die existentialistischen Motive der Wahl und der Aufrichtigkeit in *kamalatta*, daß Proff in seiner Beziehung zu Juli ähnliche Frontstellungen begegnen wie in seinem Verhältnis zur Gruppe. Die Verschwörung mit der Gruppe kommt nicht zustande, weil sie auf Proffs Seite nicht total gewesen wäre. Die mit Juli war ebenfalls nie rückhaltlos. Julis Trauma ist mit einer von Proff inszenierten Trauung und mit der in ihrem Verlauf »einander gegebenen vertrautheit« (308) verknüpft: »wir lachten zuversichtlich über das altfromme wort von der trauung. wir [...] würden verschworen [...] zusammenhalten, falls was geschieht über das hinaus, was unsre klugheit kann.« (308) Doch die Hochzeit zwischen beiden wurde gefeiert, ohne daß die beglaubigte Trauung stattgefunden hätte: »es wurde ein fest mit vielen. einfach mit nachbarn. uns wurde geglaubt. ich habe geglaubt.« (308) Als Juli merkt, daß Proff nicht demselben Gedanken der Verschworenheit anhängt, entpuppt sich ihr die Trauung als »hochzeitsschwindel« (309) und sie wirft ihm Unaufrichtigkeit vor.

Ein Hochzeitsfest wie das soeben beschriebene leitet den Schlußabschnitt »freude« (513) ein, in dem noch einmal zentrale Hoffnungsmotive aufgerufen werden, bevor viele Tode die Handlung beenden.[12] Getraut werden Puffin und Storch. Diese ist der Gruppe zuzurechnen, für die sie eine Botentätigkeit ausführte (vgl. 366), Puffin grüßt auf der Feier Larry.[13] Eindeutig identifizieren kann sie der Leser nicht. Wie sie »ins wort gegangen [sind], jeder allein in ein und dasselbe« (515), so entzieht sich der Text in ein esoterisches Kollektiv, das jenseits der Kenntnis des Lesers seinen Ort hat. Das Kennzeichen der Entschei-

---

12 Es setzt damit einen kompositorischen Gegenpol zum Titelgedicht »alles nacht hochzeit heut [...]«(17), so daß durch das Thema der Trauung eine Umrahmung begründet wird.

13 Er erinnert an »einen Genossen [...], der sitzt schon lange im knast, in celle« (524).

dung, die Decknamen, verschmelzen mit dem auf der Hochzeit gesprochenen Soziolekt als dem Zeichen für die Milieu- und Lebensverbundenheit. Noch einmal stehen die Zeichen, wie bei der Trauung von Proff und Juli, günstig. Ein weiterer Anfang ist gemacht, obwohl es die Geschichte des Scheiterns gibt. Er knüpft sich an eine Entscheidung, die mitgeteilt wird und ist an eine Verwurzelung gebunden, die vor aller Entscheidung vorhanden ist. Mit dem Bild der Trauung entwirft Geissler die Zueinandergehörigkeit der Personen aus einer Klassenlage und eines Klassenbewußtseins. Sprachlich unterstützt er dieses durch das Ineinanderlaufen der Einzelreden, so daß ein einziger Sprachstrom entsteht. Das Theorem der Klassenzugehörigkeit gibt den Realgrund der Abspaltung eines esoterischen Kollektivs ab und motiviert auch den impliziten parteilichen Erzählerstandpunkt. Die Klasse verbindet Kämpfende und nicht Kämpfende. Mit dem Bild der Trauung und dessen geistigem Gehalt eint Geissler die Arbeiterklasse und ihren seiner selbst bewußten Teil, der eine Gruppe bildet, in ihrer utopischen Frontstellung gegen die Herrschenden.

Wo das Kollektiv zustande kommt, weil es aus einer freien Entscheidung einzelner hervorgegangen ist, wirken bei Geissler existentialistische Theoreme. Wo hingegen die vorgängige Klassenzugehörigkeit beschworen wird, drängt sich das essentielle Denken in den Vordergrund, das auch die lebensphilosophischen Unterströme motiviert. Charakteristisch für Geisslers Text ist, daß beide Moment in ihm wirksam sind, obwohl sie sich philosophisch, streng genommen, ausschließen. So geht auch mitten durch die Verschwörung der Riß zwischen freier Wahl und naturwüchsigem Hingezogensein hindurch.

Die Begriffe der Wahl, der Aufrichtigkeit sowie das Vorgehen in der Gruppe verweisen auf Sartresche Philosopheme. Ein Exkurs über dessen Philosophie soll die These von deren immanenter Anwesenheit in *kamalatta* plausibilisieren. Geisslersche Worte wie Trauung und Verschwörung, die Figuren betreffende Darstellungsmuster und stilistische Eigenheiten sind vom geistigen Gehalt her zu einem erstaunlich großen Anteil aus Sartres Existentialismus abzuleiten. Zusammen mit der Berufung auf das Leben kann er als ein utopischer Pol des Buches interpretiert werden. Darüber hinaus erhellt der Blick auf Sartre auch ein – oft ohne Kenntnis seiner Herkunft – von politischen Aktivisten, besonders aus der linken Szene, häufig gebrauchtes legitimatorisches Instrumentarium. Die Vergegenwärtigung solcher Muster ist ein notwendiger Schritt zur Standortbestimmung und insbesondere heute, nach ›1989‹, von zentraler Wichtigkeit.

5.1.2. Exkurs: Sartres Existentialismus

Der Mensch ist, nach Sartres berühmten Worten, dazu »verurteilt, frei zu sein«[14]. Diese Bestandsaufnahme gilt gleichermaßen für die ontologisch bestimmte Existenz aller Einzelmenschen wie für deren individuell-moralische Existenz. Die Freiheit der Menschen knüpft sich zuallererst an die Funktionsweise ihres Bewußtseins, das das Nicht-Sein im Sein sichtbar macht und Negationen,[15] Nichtungen und Negatitäten[16] wirksam werden lassen kann. Sartre denkt das Nichts nicht, wie Hegel, als gleichgewichtiges Korrelat des Seins und setzt dessen Aktivität auch nicht, wie dieser, innerhalb und außerhalb des menschlichen Seins an. Vielmehr seien das Nichts und die menschliche Realität ursprünglich miteinander verkettet. Anders auch als die sich von der mittelalterlichen, theologisch inspirierten, objektiven Ontologie herleitenden Denkrichtungen bewertet der Atheist Sartre die Existenz systematisch höher als die Essenz und postuliert, »daß die Existenz der Essenz vorangehe«[17]. Mit dem Menschen ist das Sein gesetzt, und mit diesem das Nichts, das sich ihm aber nur im Vollzug des Seins erschließt: »So bewirkt das Auftauchen des Menschen im Milieu des Seins, das ihn ›umschließt‹, daß sich eine Welt enthüllt. Aber das wesentliche und ursprüngliche Moment dieses Auftauchens ist die Negation. [...] der Mensch ist das Sein, durch das das Nichts zur Welt kommt.«[18] Die Existenz des Nichts ist die notwendige Bedingung für das Enthüllen der Welt und für die Betätigung der Freiheit. Erst indem der Mensch das Sein befragt, lernt er es als seinen Entwurf

---

14 Sartre, J.-P., Das Sein und das Nichts, Reinbek b. H. 1991 (zuerst 1943), S. 765 – vgl. auch: »wir sind zur Freiheit verurteilt, [...] in die Freiheit geworfen oder, wie Heidegger sagt, ihr ›überantwortet‹« (a. a. O., S. 838).

15 »Die Negation ist Existenzverweigerung. Durch sie wird ein Sein (oder eine Seinsweise) gesetzt und dann ins Nichts zurückgeworfen« (a. a. O., S. 62).

16 Diese Kategorie ist für Sartre besonders wichtig, weil sie an das seinsenthüllende menschliche Handeln geknüpft ist: »Es gibt eine unendliche Zahl von Realitäten, die nicht nur Urteilsgegenstände sind, sondern vom menschlichen Sein erfahren, bekämpft, gefürchtet usw. werden und die in ihrer inneren Struktur von der Negation bewohnt sind als einer notwendigen Bedingung ihrer Existenz. Wir werden sie Negatitäten [*négatités*] nennen« (a. a. O., S. 78).

17 Sartre, J.-P., Ist der Existentialismus ein Humanismus?, in: ders., Drei Essays, Frankfurt/M. - Berlin - Wien 1977, S. 7-36, S. 9; vgl. auch, bezogen auf die Freiheit: »Die Freiheit hat [...] kein Wesen. [...] In ihr geht die Existenz der Essenz voraus und beherrscht sie« (Sartre, Das Sein..., a. a. O., S. 761).

18 a. a. O., S. 83

zu verstehen und begreift es als ein zu veränderndes. Dadurch erlangt er die Fähigkeit zu dessen Negation in einem Noch-Nicht und ihm eröffnet sich die Freiheit, diesen oder einen anderen Entwurf zu ergreifen. Die Freiheit ist mit dem Nichts, das das menschliche Sein bewohnt, verbunden; es definiert es geradezu: »Dieser Möglichkeit der menschlichen-Realität, ein Nichts abzusondern, von dem sie isoliert wird, hat Descartes [...] einen Namen gegeben: *Freiheit*.«[19]

Die Freiheit, das Jetzt mit Hilfe eines nichtenden Bruches zu verändern, eröffnet die Möglichkeit der Wahl. Aus beiden Kategorien bezieht Sartres Philosophie ihr Pathos, denn die Freiheit der Wahl denkt er nicht nur als ein den Menschen zukommendes abstraktes Vermögen, sondern als die je individuelle Lebenspraxis, in der sich die Freiheit immer wieder betätigt. Jedem einzelnen obliege die Aufgabe, die Freiheit zu befördern. Die Anziehungskraft von Sartres Philosophie auf philosophische Laien[20] hängt vermutlich mit dieser Anwendungsfähigkeit zusammen, damit, daß der Existentialismus »ein Optimismus, eine Lehre der Tat«[21] ist.

Die Wahlen sind in einen Entwurf engagiert, der sie zu einer den Alltag des einzelnen organisierenden Totalität zusammenschließt.[22] Jeder Mensch handelt nach einem Entwurf, den er wiederum gewählt hat. Sartre beharrt auf der Bewußtheit dieses grundlegenden Entwurfs, den er den »Initialentwurf«[23] nennt.[24] Dieser sei »das Skizzieren einer Lösung des Problems des Seins«[25]. Die primäre Wahl wählt den Initialentwurf, während die sekundären Wahlen des Alltags auf

---

19   a. a. O., S. 84 – vgl. auch: »Die Freiheit ist das menschliche Sein, das seine Vergangenheit aus dem Spiel bringt, indem es sein eigenes Nichts [*néant*] absondert.« (a. a. O., S. 90)

20   »Dieses Buch wurde das philosophische Werk, das am meisten auch von Nicht-Philosophen, Laien, Autodidakten gelesen wurde.« (König, Tr., Zur Neuübersetzung, in: Sartre, J.-P., Das Sein und das Nichts, Reinbek b. H. 1991, S. 1073-1088, hier: S. 1074)

21   Sartre, Ist der..., a. a. O., S. 36

22   Sartre spricht von einer »organische[n] Totalität der Entwürfe, die ich bin« (a. a. O., S. 787). In solchen Formulierungen drückt sich sein Vertrauen in die Einheit des Subjekts aus, das seine Philosophie emphatisch durchzieht.

23   Sartre, Das Sein..., a. a. O., S. 792

24   Gegen die Psychoanalyse, die die unbewußten Kräfte des Es und des Über-Ich aufzeigt, die das Ich durchkreuzen und es mehr oder weniger dominieren, versucht Sartre, die Psyche aus Entscheidungsmustern zu erklären, in denen die Rationalität der Wahl wirkt. Nicht nur den ›Minderwertigkeitskomplex‹ wählt der von ihm Betroffene nach Sartre als einen Initialentwurf (vgl. a. a. O., S. 796) – noch die Psychose versucht er, mit Steckels Theorie, auf eine bewußte Verhaltensdimension, auf einen Modus der Unaufrichtigkeit zu bringen (vgl. a. a. O., S. 131).

25   a. a. O., S. 802

diesen hin organisiert sind. Der Initialentwurf kann in einer ›Konversion‹[26] umgestoßen und neu gewählt werden. In dieser radikalen Möglichkeit, sein Sein neu zu entwerfen, in diesem »nichtenden Bruch mit der Welt und mit sich selbst«[27], der »immer möglich«[28] ist, sei der Mensch frei. Er setze sich mit dem Initialentwurf einen Zweck, den er verfolge, der in seinen Äußerungen und Handlungen erscheine und den eine »besondere phänomenologische Methode«[29] herausarbeiten könne. Mit der Zwecksetzung des Initialentwurfs ist der einzelne engagiert, denn sein Bewußtsein ist »Negation des Gegebenen, es existiert als Degagement von einem bestimmten existierenden Gegebenen und als Engagement auf einen bestimmten, noch nicht existierenden Zweck hin.«[30]

Der Horizont jedes möglichen Entwurfs wird durch die Situation begrenzt, in die der einzelne geographisch, kulturell, geschichtlich, intersubjektiv und existentiell gesetzt oder, mit Heidegger gesprochen, ›geworfen‹ ist. Aber erst am ›Widrigkeitskoeffizienten‹ der rohen Fakten, kann sich die Freiheit betätigen; nur nach der Setzung der Freiheit könne sie durch die Situation wieder eingeschränkt werden: »Nur im freien Auftauchen einer Freiheit und durch dieses entwickelt und enthüllt [...] die Welt die Widerstände, die den entworfenen Zweck unrealisierbar machen können. Der Mensch begegnet Hindernissen nur auf dem Feld seiner Freiheit.«[31] Hieraus erhellt sich für Sartre das »Paradox der Freiheit: es gibt Freiheit nur *in Situation*, und es gibt Situationen nur durch die Freiheit«[32]. Der Primat liegt aber immer bei der menschlichen Freiheit, ohne die sich die Welt, und damit die Situation, gar nicht enthüllen könnte. Die Freiheit der Wahl bedingt die Verantwortlichkeit eines jeden für seine eigene Lebensführung. Gegen alle philosophischen Theorien, die die Determiniertheit des einzelnen durch Prozesse annehmen, die durch ihn hindurch wirken, sei es ein Gott,

---

26 vgl. a. a. O., S. 804 sowie S. 823 – Sartre fügt hinzu: »Diese Konversionen, die von den Philosophen nicht untersucht wurden, haben dagegen oft die Schriftsteller inspiriert.« (ebd.) Damit ist ein genuines Arbeitsfeld für die Literaturwissenschaft benannt. Auch auf Geisslers Roman, der u. a. von der Möglichkeit der ›Konversion‹ seiner Figuren lebt, muß dieser Blick gerichtet werden.
27 a. a. O., S. 763
28 a. a. O., S. 804 f.
29 a. a. O., S. 830 – Sartre nennt sie »existentielle Psychoanalyse« (ebd.; vgl. auch a. a. O., S. 956-986).
30 a. a. O., S. 828
31 a. a. O., S. 844
32 a. a. O., S. 845

sei es die Gesellschaft, seien es Urkräfte des Lebens, beharrt Sartre darauf, daß der Mensch durch sein Handeln sein Leben in eine frei gewählte Bahn lenken könne. Er weist ausdrücklich darauf hin, daß ein neuer Initialentwurf nicht aus einem »*Initialelan*«[33] hergeleitet werden könne, sondern daß er sich ganz der menschlichen Freiheit verdanke. Damit wehrt er alle lebensphilosophischen Deutungen seiner Philosophie ab.

Bis in Extremsituationen hinein verteidigt Sartre die Freiheit der Wahl und damit die Handlungsfähigkeit und die Autonomie des Individuums. Das Pathos der Wahlfreiheit entfaltet sich in jenen Passagen, wo er die Verantwortung des einzelnen für seinen Entwurf bis in die »grauenhaftesten Situationen des Krieges, die schlimmsten Foltern«[34] hinein geltend macht. Der Mensch, »dazu verurteilt, frei zu sein«[35], trägt »das Gewicht der gesamten Welt auf seinen Schultern [...]: er ist für die Welt und für sich selbst als Seinsweise verantwortlich«[36]. Um die Drohung der Sinnlosigkeit des Daseins abzuwenden, exerziert Sartre die Idee der Freiheit bis in die letzte empirische Instanz durch. Das menschliche Für-Sich muß,

was immer die Situation ist, in der es sich befindet, diese Situation gänzlich annehmen mit ihrem eigenen Widrigkeitskoeffizienten, und sei sie auch unerträglich; es muß sie annehmen mit dem stolzen Bewußtsein, ihr Urheber zu sein, denn die schlimmsten Übel oder die schlimmsten Gefahren, die meine Person zu treffen drohen, haben nur durch meinen Entwurf einen Sinn; und sie erscheinen auf dem Hintergrund des Engagements, das ich bin.[37]

So wird der Entwurf des einzelnen zum Grund für den Modus seines Involviertseins. Noch den Krieg müsse jeder Beteiligte als seine Wahl begreifen:

ein gesellschaftliches Ereignis, das plötzlich ausbricht und mich mitreißt, kommt nicht von außen; wenn ich in einen Krieg eingezogen werde, ist dieser Krieg *mein* Krieg, er ist nach meinem Bild, und ich verdiene ihn. Ich verdiene ihn zunächst, weil ich mich ihm immer durch Selbstmord oder Fahnenflucht entziehen konnte: diese letzten Möglichkeiten müssen uns immer gegenwärtig sein, wenn es darum geht, eine Situation zu beurteilen. Da ich mich ihm nicht entzogen habe, habe ich ihn *gewählt*.[38]

33 a. a. O., S. 809
34 a. a. O., S. 951
35 a. a. O., S. 950
36 ebd.
37 ebd. – Er fügt, um einem möglichen Mißverständnis vorzubeugen, hinzu: »Diese absolute Verantwortlichkeit ist übrigens kein Akzeptieren: sie ist das bloße logische Übernehmen der Konsequenzen unserer Freiheit« (a. a. O., S. 951).
38 ebd.

Auch die Folter unterliege dieser Logik: »die schlimmsten Foltern schaffen keinen unmenschlichen Sachverhalt: es gibt keine unmenschliche Situation«[39]. Mit Sartre kann gesagt werden, daß der Gefolterte die Folter gewählt habe und sie annehmen müsse als seinen Entwurf. Solange er lebe, könne seine Freiheit nicht gebrochen werden, denn noch der mögliche »Selbstmord ist ein Modus des In-der-Welt-seins unter anderen«[40]. Wie im Krieg gebe es auch in der Folter »keine unschuldigen Opfer«[41].

Diese Gedanken zeigen deutlich die Sartreschen Wurzeln der oben untersuchten Stellung der bewaffneten Gruppe zur Folter. Noch in der bedrängtesten Situation bleibe der freie Wille intakt. Was Sartre hier als eine Konsequenz des Denkens darstellt, wird bei ihm aber nicht zur Präskription, geschweige denn zum Dogma. Die Gruppe verhängt Sanktionen gegen Mitglieder, die unter dem Druck des Gegners abtrünnig wurden. Diese Konsequenz würde Sartre nicht zulassen, denn immer müsse es dem einzelnen überlassen bleiben, zu entscheiden, wann er welchen Weg einschlagen möchte.

Weil der Existentialismus Erkenntnistheorie und Moralphilosophie ineinander aufgehen läßt,[42] kann er beanspruchen, dem Handeln des Individuums jederzeit eine Richtschnur bieten und über es urteilen zu können.[43] Da die Wahl eine »moralische Wahl«[44] ist, könne, neben einem »Wahrheitsurteil«[45], ein »*moralisches* Urteil«[46] über sie gefällt werden.[47] Die praktische Urteilsfähigkeit bindet

---

39   ebd.

40   a. a. O., S. 954

41   a. a. O., S. 952

42   vgl. auch:»Der Existenzialismus mit seinem Primat der Praxis ist primär Ethik, und dies nicht nur in theoretischer, sondern in praktischer Absicht.« (Schnädelbach, H., Politischer Existenzialismus – zur philosophischen Vorgeschichte von 1933, in: Universitas, Jg. 38 (1983), S. 1203-1211, hier: S. 1206)

43   Sartre muß, um zu solchen Urteilen zu gelangen, seine Philosophie des Subjekts intersubjektiv erweitern. Nachdem er die ›Klippe des Solipsismus‹ mit der Erörterung der Beziehung Ich–Anderer genommen hat, kann der moralische Universalismus in seine Philosophie Einzug erhalten.

44   Sartre, Ist der..., a. a. O., S. 29

45   a. a. O., S. 31

46   ebd.

47   Die Passagen über das Urteil sind in *Ist der Humanismus...* viel eindeutiger formuliert als in *Das Sein und das Nichts*. Das liegt am populären Charakter dieser Schulschrift. Dennoch sollen die entsprechenden Passagen gerade aus ihr entnommen werden, weil sie das Bild des Existentialismus prägten und weil zu vermuten ist, daß Geissler stärker von dieser Erscheinungsform

Sartre an die Unterscheidung von Aufrichtigkeit und Unaufrichtigkeit:[48] »Man kann über einen Menschen urteilen, indem man sagt, er sei schlechten Willens.«[49] Diese Unterscheidung wird einmal mehr im Lichte des Freiheitsbegriffs getroffen:»wenn der Mensch [...] erkannt hat, daß er in Verlassenheit Werte setzt – dann kann er nur *eines* noch wollen, nämlich die Freiheit, als Grundlage aller Werte.«[50] Der Grad an Bewußtheit über die Möglichkeit der eigenen Freiheit wird zum Urteils- und Wahrheitskriterium. Sartre nimmt einen Standpunkt der reflexiv ausgewiesenen Authentizität als die Basis für das moralische Urteil in Anspruch:

wenn ich auf der Ebene völliger Unverfälschtheit erkannt habe, daß der Mensch [...] ein freies Wesen ist, [...] kann ich im Namen dieses Freiheitswillens, der in der Freiheit selber enthalten ist, Urteile fällen über diejenigen, die danach trachten, sich die totale Unmotiviertheit ihres Daseins und seine totale Freiheit zu verbergen.[51]

Aus dieser Begründung des Urteils leitet Sartre eine Praxis des Sprechens her, die auch in *kamalatta* begegnet, die mit pejorativen Benennungen arbeitet und sich der urteilenden Spaltung in gut und böse nähert:

Die einen, die mit dem Geist des Ernstes oder mit deterministischen Entschuldigungen ihre totale Freiheit verdecken wollen, werde ich Feiglinge nennen; die andern, die zu zeigen versuchen wollen, daß ihre Existenz notwendig war, da sie doch nur die Zufälligkeit selber des menschlichen Erscheinens auf Erden ist, werde ich Schmutzfinken nennen. Jedoch Feiglinge und Schmutzfinken können nur auf der Ebene der strengen Authentizität abgeurteilt werden.[52]

In der ›aburteilenden‹ Scheidung der ›Schmutzfinken‹ von jenen, die den reinen Standpunkt der ›Authentizität‹ einnehmen, der in der deutschen existentialistischen Tradition auch ›Eigentlichkeit‹ genannt wurde,[53] bereiten sich Sprachrege-

---

des Existentialismus beeinflußt wurde als von den komplizierten Erörterungen über die Unaufrichtigkeit in *Das Sein und das Nichts* (vgl. dort a. a. O., S. 119-160).

48 Die französische Wendung ›mauvaise foi‹ heißt wörtlich übersetzt ›schlechter Glaube‹; die Unaufrichtigkeit darf nicht mit der Lüge gleichgesetzt werden. Sie ist gegenüber der Struktur der Lüge »dadurch verändert, daß ich in der Unaufrichtigkeit mir selbst die Wahrheit verberge. Daher gibt es keine Dualität von Täuscher und Getäuschtem« (Sartre, Das Sein..., a. a. O., S. 122).

49 Sartre, Ist der..., a. a. O., S. 31

50 ebd.

51 a. a. O., S. 32

52 ebd.

53 vgl. zur Kritik dieses Terminus sowie der gesamten Weltanschauung, die sich um ihn rankt: Adorno, Th. W., Jargon der Eigentlichkeit, in: ders., Gesammelte Schriften, Bd. 6, Frankfurt/M. 1973, S. 413-523

lungen vor, wie sie z. B. die RAF verwendet, die den ›Menschen‹ die ›Schweine‹ gegenüberstellt. Viele Figuren Geisslers übernehmen diese Sprechweise.

5.1.3. Wählen und glauben

Die existentialistische Schicht in *kamalatta* wird besonders deutlich an der Ideologie und am Verhalten der bewaffneten Gruppe, weil sie viele der im Roman vertretenen Positionen ins Extrem steigert. In ihr findet ein Initiationsritus statt, wenn ein Mitglied neu aufgenommen wird, der an eine ausgesprochene Entscheidung des Aufzunehmenden gebunden ist. Zur Initiation gehört die Bewußtheit des Aufzunehmenden über den Schritt, den er im Begriff ist zu tun. Im Falle von Proff beharrt Blues darauf, daß Karst ihn befragen solle, damit er sich über sich selbst aufkläre: »wenn du die zeit mit ihm unterwegs bist, [...] mußt du das alles fragen, damit er sich selber kapiert, sonst ist er geschissen für uns, und fehlt« (46). Mit der bewußt gefällten Entscheidung verpflichtet sich der Neue auf den kollektiven Gruppenentwurf.[54] So wird Larry »gefangen für eine entscheidung« (49) und hält im Gefängnis acht Jahre lang an ihr und an den mit ihr verbundenen Konsequenzen fest.

Der neu Eintretende bricht mit seinem früheren Leben und wählt als Individuum, aufrichtig und in Freiheit einen Initialentwurf, auf den sich auch andere verpflichtet haben: »wir sind keine zuflucht [...], jeder ist seine entscheidung allein, freiwillig, jeder der einzige, keiner macht dir das, du machst das selbst, die entscheidung, uns, [...] sagte anna.« (415) Dergestalt sollen die Ziele der Gruppe und die des Individuums zur Deckungsgleichheit gelangen. Dabei ist die Identität mit sich selbst im Akt der Wahl vorausgesetzt.[55] Das erkennt bei

---

54 Das Schwören kann sich auf Sartre berufen. In seiner Konzeption handelnder Gruppen ist der Eid die stillschweigende oder explizite Voraussetzung dauerhafter Integration der einzelnen unter einer Losung: »Immer wenn sich die Freiheit zur gemeinsamen Praxis macht, um die Permanenz der Gruppe zu begründen, indem sie durch sich selbst und in der vermittelten Wechselseitigkeit ihre eigene Trägheit hervorbringt, so heißt dieser neue Status *der Eid*.« (Sartre, J.-P., Kritik der dialektischen Vernunft, Reinbek b. H. 1967 (zuerst 1960), S. 446) Sartre grenzt den Eid vom Gesellschaftsvertrag ab.

55 Ähnlich denkt und handelt auch die RAF: »Rote Armee Fraktion und Stadtguerilla sind diejenige Fraktion und Praxis, die, indem sie einen klaren Trennungsstrich zwischen sich und dem Feind ziehen, am schärfsten bekämpft werden. Das setzt politische Identität voraus« (Rote Armee Fraktion (RAF), Das Konzept Stadtguerilla, in: GNN (Hg.), Ausgewählte Dokumente der Zeitgeschichte: BRD – RAF, Köln (4)1988 (zuerst 1970), S. 5-13, hier: S. 10), und: »Eine revo-

Geissler auch der Gegner, ein Mann der Special Forces an, wenn er meint, »all that guerilla-people [...] seien ja bei sich zu haus, da gäbs für die kein rückzugs-gebiet« (126). Die Identität entspringt, wie bei Sartre die bewußte Wahl, einem rationalen Entschluß, nicht dem emotionalen Getriebensein: »*wenn du es nicht mehr aushältst, dann fängst du an, stehst auf, jetzt, heut noch.* das war wagner in le vigan. / aber so geht das nicht, sagte feder, läuft bestimmt falsch, vielleicht in verrat, weil dich von ihnen immer noch unaushaltbarere schweinereien treffen werden.« (292)[56] Nicht aus emotionaler Betroffenheit oder aus einem Über-borden der Leidenschaften geschieht in Geisslers Gruppe die Konversion des Initialentwurfs, sondern aus freier Einsicht in die Vorteile und Risiken der Wahl. Die kollektive Kraftentfaltung ist nach diesem Modell nur möglich, wenn jeder die Entscheidung einzeln getroffen hat. »Fangt euch gnadenlos an« (56), rät in diesem Sinne ein gefangenes Gruppenmitglied den Sympathisanten.

Das Thema der Entscheidung motiviert in hohem Grade jene Sprachschicht des Romans, die einen Akzent auf die Gegenwart und die Vergänglichkeit des Augenblicks legt. Die gesamte Appellstruktur des Textes steht im Dienste der Entscheidungsemphase. Sie suggeriert, daß auch der Leser Entscheidungen tref-fen könne. Wendungen wie »jetzt, heute noch« (101), die leitmotivisch an die Gruppe gebunden sind und die den ganzen Text durchziehen, deuten immer wie-der auf die mögliche Wahl zu jedem Zeitpunkt hin. Auch die Umbenennungen müssen in diesem Licht interpretiert werden. Zu einem bestimmten, durch ein kollektives Ritual bestätigten Zeitpunkt, der hierdurch zum Datum wird, wählen die Gruppenmitglieder je individuell, aber auf einen gemeinsamen Zweck hin orientiert, einen neuen, gültigen Entwurf. Die zahllos oft wiederholte Nennung des Ortsnamens ›Tölz‹ fungiert als ein Bekräftigungswort für die gefällte Ent-scheidung: »wir sagen jetzt tölz« (54).

---

lutionäre politische Praxis unter den herrschenden Bedingungen [...] setzt die permanente Inte-gration von individuellem Charakter und politischer Motivation voraus, d. h. politische Iden-tität.« (a. a. O., S. 5)

56   Zugleich grenzt sich dieser Gedanke von Gustav Landauers Anarchismus ab, mit dem die Gruppenposition und *kamalatta* insgesamt einiges verbindet. Landauer schreibt seinen *Aufruf zum Sozialismus*, weil »ich will, daß Menschen mich hören, daß Menschen zu mir stehen, daß Menschen mit mir gehen, die es nicht mehr aushalten können gleich mir« (Landauer, G., Aufruf zum Sozialismus, Philadelphia - Hilversum 1978 (zuerst 1911), S. 21 – im Original breiter ge-setzt). – Vgl. zu Landauer auch unter 6.3.4. (Literarischer Vitalismus).

Die Sprache der Gruppe ist durchsetzt mit weiteren esoterischen Versatzstücken, mit denen der Roman auch in anderen Bereichen hantiert. Sie dienen der gegenseitigen Versicherung über den individuellen und den kollektiven Standpunkt. Während aber die Gruppe mit ›Tölz‹ ein benennbares Ziel vor Augen hat, läuft die Praxis des selbstversichernden Sprechens mit dem Wort ›kamalatta‹ ins Leere.[57] Geisslers Text darf, obwohl er die Wahl eines Entwurfes auf verschiedenen Ebenen stark macht, letztlich nicht als eine Propaganda für die sofort zu treffende Wahl mißdeutet werden.[58]

Auch in der metaphorischen Schicht des Romans findet sich die Spur existientialistischer Theoreme. Den zu treffenden Entschluß faßt Geissler gerne in das ambivalente Bild des Absprungs. Die immanente Problematisierung der Wahl kann an dieser Metapher verdeutlich werden. »Gesprungen« (22) sind die Gruppenmitglieder, nicht gesprungen sind die mit Proffs Figur verbundenen Instanzen, z. B. das lyrische Ich des Schottland-Gedichtes. Immer umfaßt das Bild, wie der zu ihm gehörende Entschluß, die Totalität des Daseins desjenigen, er sich entscheidet. Indem er wählt, legt er sich auf eine Lebensweise fest, die auch im Angesicht des Todes bestehen soll. Einerseits schwingt ein geradezu heroischer Gedanke in solchen Überlegungen mit. Doch Geissler thematisiert nicht nur die Idee des Helden – und bezieht damit zugleich Stellung zu dem im Ostblock kursierenden Literaturideal des sozialistischen Realismus –, sondern stellt die Eindeutigkeit eines Heldentodes, demjenigen Paulis, selbst in Frage. Pauli ›springt‹ (vgl. 211) intuitiv, um seine Freundin zu schützen. Diesen Sprung begreift die Gruppe – wenn auch nicht der Roman, der alle Deutungen offenläßt –, als einen Fehler. Wie und wofür gesprungen‹ wird steht zur Debatte. Die Gruppe verlangt den jederzeit kontrollierten Sprung und rügt Pauli.[59] Dieser bekommt die Absolution aber im Text schon früh erteilt: »er wollte das ganze. [...] sich selbst. kein held.« (39) Nicht vergessen werden darf eine weitere Konnotation der Metapher, denn sie umfaßt auch die Phase nach dem Entschluß,

---

57 vgl. den Abschnitt 6.1. (Implikationen der ›kamalatta‹-Sprache)

58 Hier zeigt sich, daß Geissler – sofern die Gruppe seines Romans überhaupt mit der RAF gleichgesetzt werden darf – weder bruchlos im Sinne der Lukácsschen Tendenz noch in dem der sozialistischen Parteilichkeit schreibt. Wackernagels oben zitiertes Urteil von der Propagandaliteratur ist falsch.

59 Dennoch bleibt er ein heimlicher Held, weil er jene Intuition auslebt, die Geissler mit der Rede vom Leben in den Text holte.

sich umzubringen, oder den Akt des Suizids selbst.[60] Geissler ruft im Bild des Absprungs verschiedene Konnotationen auf und verkompliziert dadurch die Eindeutigkeit, die das Springen haben könnte. Das fällt zurück auf die Idee der Wahl, die ebenfalls an Komplexität gewinnt.

In die Auffassung von der Wahl mischt sich im Verhalten der Gruppe ein Glaubensmoment. Es verweist auf das Verfahren des romantischen Fragments, das ohne den gewählten Glauben nicht funktioniert.[61] Im Leitthema »es geht« (vgl. z. B. 181, 239, 457), das die Gruppe sowohl auf einzelne Aktionen wie auch auf den Umsturz insgesamt bezieht, ist das Glaubensmoment sprachlich materialisiert.[62] In einer komplizierten Erörterung des Glaubens – französisch ›foi‹ – und der Unaufrichtigkeit – ›mauvaise foi‹ – gelangt Sartre zu der Einschätzung, daß Aufrichtigkeit und Unaufrichtigkeit aus demselben Sachverhalt hervorgehen, ihn aber in getrennte Richtungen verlassen. Beide beruhen auf dem Glaubensphänomen. Der Glaube ist nach Sartre »ein Sein, das sich in seinem eigenen Sein in Frage stellt, das sich nur in seiner Zerstörung realisieren kann«[63]. Er aktualisiert das, was man nicht ist, zugleich mit dem, was man ist. Die Ehrlichkeit strebt an, der Mensch möge »voll und einzig das sein, was er *ist*«[64]. Sie ist deshalb »eine Forderung«[65], die, da das Identitätsprinzip aufgrund der Struktur des Bewußtseins nie voll einzulösen ist, durch den Glauben hindurchgehen muß, um in Richtung auf das wahre Sein zu gelangen. Die Ehrlichkeit ist sich bewußt darüber, daß sie das Identitätsziel immer verfehlen muß[66]

---

60 So spricht Améry von der »Situation vor dem Absprung« (Améry, J., Hand an sich legen, Stuttgart 1976, S. 16 – im Original kursiv gesetzt).

61 Vgl. unter 6.2.8. (Zum Glauben entschieden).

62 Das ›Es geht‹ nahm die RAF in ihren ersten Aufrufen zum bewaffneten Kampf in Anspruch. Sie erklärte »im *Konzept Stadtguerilla*: ›Die Rote Armee Fraktion redet vom Primat der Praxis. Ob es richtig ist, den bewaffneten Kampf jetzt zu organisieren, hängt davon ab, ob es möglich ist; ob es möglich ist, ist nur praktisch zu ermitteln.‹« (Pohrt, W., Gewalt und Politik, in: Kl. Bittermann (Hg.), Die alte Straßenverkehrsordnung, Berlin (3)1987, S. 7-19, hier: S. 17 f.) W. Pohrt leitet das Scheitern der RAF, indem er an dieser Einschätzung anknüpft, immanent her: »inzwischen [wurde] die Unmöglichkeit und damit Unrichtigkeit des bewaffneten Kampfes in Westeuropa praktisch ermittelt und zweifelsfrei erwiesen [...]. Der Fehler der RAF war weder die Anwendung von Gewalt noch waren es Kriminaldelikte, sondern ihr Fehler war die Niederlage im antiimperialistischen Kampf.« (a. a. O., S. 19)

63 Sartre, Das Sein..., a. a. O., S. 157

64 a. a. O., S. 138

65 ebd.

66 vgl. a. a. O., S. 152

und gerät dergestalt in »ein unaufhörliches Spiel von Spiegel und Spiegelung«[67], aus dem nur die »Ehrlichkeitsintention«[68] herausführt. Analog kann der notwendige Glaube mitsamt seinem Implikat, dem Gegenteil dessen, was man glaubt, entweder zum Sein oder zur Selbstauflösung des Glaubens hin überschritten werden: »Die Aufrichtigkeit will vor dem ›Nicht-das-glauben-was-man-glaubt‹ in das Sein fliehen; die Unaufrichtigkeit flieht vor dem Sein in das ›Nicht-das-glauben-was-man-glaubt‹.«[69]

Die Gruppe handelt in diesem Sinne glaubend und aufrichtig, denn sie sucht den Glauben auf das Sein hin zu überschreiten. Allerdings schreibt sie das Prozeßgeschehen des Spiels der Spiegelungen in einem starren Glaubensentwurf fest. Damit gelangt ein gegen Sartres Denken verstoßendes, statisches Element in die Bewußtseinstätigkeit der Subjekte. Die Gruppenmitglieder in *kamalatta* können nur in einen schon vorhandenen Entwurf eintreten, der präskriptive Qualität hat. Die Initiation führt den Neuen in das zu glaubende System hinein. Damit wird die radikale Differenz, die Sartre im Begriff des Anderen denkt, in der Gruppe nicht zum Prinzip des Zusammenlebens. Denn bei Sartre finden die Entdeckung und die Wahl des Entwurfs je individuell statt. Erst die Begegnung mit dem Anderen und die Konfrontation der Entwürfe löst deren Modifizierung aus.[70] Geisslers Gruppe beharrt demgegenüber auf einer »notwendigkeit« (415),

---

67 a. a. O., S. 151

68 ebd.

69 a. a. O., S. 158 – Sartre faßt zusammen: »der primäre Unaufrichtigkeitsakt ist darauf aus, das zu fliehen, was man nicht fliehen kann, das zu fliehen, was man ist. Doch gerade der Fluchtentwurf enthüllt der Unaufrichtigkeit eine innere Auflösung mitten im Sein, und sie will diese Auflösung sein. Das kommt in Wahrheit daher, daß die beiden unmittelbaren Haltungen, die wir gegenüber unserm Sein einnehmen können, genau durch die Natur dieses Seins und sein unmittelbares Verhältnis zum An-sich bedingt sind. Die Aufrichtigkeit sucht die innere Auflösung meines Seins zum An-sich hin zu fliehen, das sie sein müßte und nicht ist. Die Unaufrichtigkeit sucht vor dem An-sich in die innere Auflösung meines Seins zu fliehen. Aber gerade diese Auflösung negiert sie, wie sie an sich selbst negiert, Unaufrichtigkeit zu sein.« (a. a. O., S. 159) – Analog sagt Sartre über den Willen, er sei keine uns ursprünglich zukommende Instanz, sondern er müsse aktiviert werden; man müsse »das Wollen wollen« (a. a. O., S. 772).

70 M. Theunissen hat Sartres Auffassung vom Anderen in Beziehung zu den Philosophien Husserls, Heideggers und Bubers gestellt und die radikale Getrenntheit von Ich und Anderem als dasjenige Merkmal an Sartre hervorgehoben, das ihn von diesen Denkern unterscheide. Sartres Philosophie bricht deshalb – anders als Geisslers Gruppe – mit der Idee einer vermittelnden Beobachterposition eines Dritten. Erst in der »négation d'intériorité« (Theunissen, M., Der Andere, Berlin - New York (2)1977 (zuerst 1964), S. 196) durch die Begegnung mit dem

aus der sich die Einheit des gemeinsamen Entwurfes herleite. Der als objektiv richtiges Faktum gesetzte Entwurf ermöglicht nur noch die Entscheidung, ihn anzunehmen oder ihn abzulehnen. Dem verordneten Entwurf steht ein individuell erfundener gegenüber, der Instanz überindividueller Objektivität die subjektive Produktivität.

Der angenommene Gruppenentwurf wird in der Folter auf die härteste denkbare Probe gestellt. Die Gruppe behauptet, der Folter unterworfen zu sein und verlangt von ihren Mitgliedern die erfolgreiche Panzerung gegen sie. Sie macht die postulierte Überlegenheit des Geistes über den Körper zum Richtmaß ihrer Strategie und ihres Urteilens. Wer in dieser Extremsituation nicht die Freiheit bewahrt, den Angriff auf das System in seinen absurdesten Formen mitzutragen, wird ausgegrenzt und zum Gegner erklärt: »kippst dich. oder du hältst dich aus.« (294) Die Metapher des Kippens hält, anders als die des Brechens, an der Entscheidungsinstanz des rational motivierten Ichs fest, während beim Brechen der körperliche Schmerz diese Instanz entmachtet. Das Kippen entspricht dem Sartreschen Gedanken von der Konversion des Initialentwurfes. Während der Gruppenentwurf den einzelnen als Widerständigen oder gar als Angreifenden denkt, wird er in einem konkurrierenden Entwurf zum Kooperierenden:

in stammheim hatten sie eine von uns, der war der nächste genosse erschossen worden, und der, mit dem sie verheiratet war, hatte bald das, was er von uns wußte, ins karlsruher countergeschäft verraten, und fern bei fremden schrie ihr ein kind. all das zusammen nun schien ihr genug. *ich habe genug*, das ist dein satz, der sie reinläßt. ihr aber war der trost gekommen, die lust, zu hoffen, vor allen kämpfen sei so schlimm das leben denn doch nicht gewesen, dies hier erst sei nicht mehr auszuhalten, erst dies, der verräter, das weinende kind, die zerschießung. seither strickt sie muster nach therapeutenvorlage. (293)

Nicht gekippt sind dagegen die in Isolationshaft Einsitzenden (z. B. Blues) und die Hungerstreikenden (z. B. Larry). Letztere sollen – wie oben gezeigt – noch ihren Tod zur Waffe machen. Die radikalste Konsequenz der getroffenen und durchgehaltenen Wahl nimmt hier die Züge eines dogmatischen Erlösungsglaubens an. Bernhard Waldenfels veranschlagt ein entsprechendes Moment auch für Sartre: »Die Moral, die Sartre in seiner Ontologie wiederholt durchblicken läßt, ist einen pure Moral der *Erlösung*; sie verläuft über eine radikale Wende, eine

---

Anderen kommt bei Sartre Intersubjektivität zustande. Dieses wandle sich erst in seinem späten philosophischen Werk *Kritik der dialektischen Vernunft*.

Konversion [...] und ferner über eine reinigende Reflexion, eine Katharsis, in der die Freiheit sich rein als sie selbst darstellt«[71].

Zwei weitere bedenkliche Implikationen der Gruppenposition sollen nun näher betrachtet werden. Zum einen postuliert sie noch für Extremsituationen den Vorrang der Ratio vor der Physis. Sie geht hierin mit Sartre konform, bei dem die freie Entscheidung letztlich die körperlichen Zwänge hinter sich zu lassen vermag. Hier zeigt sich aber, wie der Humanitätsgedanke in Inhumanität umschlagen kann. Muß zwischen Geist und Natur in der Tat ein qualitativer Sprung angesetzt werden, so erhebt sich jener doch auf einer Naturbasis, die er nach wie vor an sich trägt. Sartre und die Gruppe lösen das dialektische Verhältnis nach einer Seite hin auf und leiten daraus, im Namen der Humanität, die moralische Forderung ab, der Mensch solle die geistige Überlegenheit gegen die Anfeindungen der Natur, auch der eigenen, jederzeit, auch in Extremsituationen, durchsetzen. Hier ist die Quelle des existentialistischen Moralismus zu verorten, von dem in *kamalatta* nicht nur die Gruppe durchdrungen, sondern von der auch der Erzählerkommentar nicht frei ist. Die philosophische These wird zum Maßstab des Handelns; aus dem Primat des Geistigen wird in der Gruppe die Forderung, den Körper jederzeit der ursprünglichen Entscheidung unterzuordnen. Während Sartre keine Hierarchie der Entwürfe zulassen darf, da alle aus dem freien Individuum hervorgehen, sanktioniert die Gruppe jede Abweichung von ihrem Entwurf. In das Kollektiv der neuen Menschen werden nur jene aufgenommen, die ihre Physis unterwerfen können. So schlägt die Verabsolutierung des genuin Menschlichen in Inhumanität um, indem sie den anderen Bestandteil des Menschen, die Physis, vergißt.

Zum zweiten erlangt das Erfolgskriterium in der Gruppe ein Gewicht, das ihm bei Sarte nicht zukommt. Während das Postulat der aufrichtigen Wahl bei beiden eine Rolle spielt, macht die Gruppe das Maß der Aufrichtigkeit ablesbar, indem der Erfolg des Verhaltens zum Bemessungskriterium für die Aufrichtigkeit bei der Wahl wird. Bei Sartre ist die Wahl immer schon gelungen, weil sie eine neue Existenz begründet hat, sobald sie getroffen wurde. In der Gruppe ist sie erst gelungen, wenn die revolutionäre Zielorientierung eingelöst ist. Das Kriterium des Erfolges, der in der Gruppensprache der ›Sieg‹ heißt, ist in ihre Vorstellung von der Wahl mit eingegangen. Daraus entspringt eine grausame Logik: Wer sich ›gekippt‹ hat, vermochte nicht, das richtige Maß an Glauben

---

71 Waldenfels, B., Phänomenologie in Frankreich, Frankfurt/M. 1983, S. 102

und wahrer Orientierung aufzubringen. Dadurch werden Glauben und Aufrichtigkeit zu Durchsetzungsinstrumenten des kollektiven Entwurfs. Das utopische Ziel wird aufgeschoben, aber als erreichbar gedeutet, während bei Sartre die aufrichtige Wahl schon die Betätigung der Freiheit *ist*, der immer wieder nur Freiheitsakte folgen können, deren Telos aber nicht in einem Endziel jenseits dieses Prozesses liegt. Sartres Philosophie betont die Erfüllung des menschlichen Freiheitsvermögens in jedem Augenblick der Wahl, während Geisslers Gruppe die utopische Bestimmung wesentlich erst nach der Befreiung ansetzt.

Sowohl die Erfolgsorientierung als auch der damit verbundene Gedanke des Aufschubs leiten sich – wie schon der Glaube – aus einem objektivistischen Denken der Gruppe her, das sich gegen Sartres radikal vom Subjekt ausgehende Philosophie wendet. Das letzte objektive Kriterium ist der Gruppe die »geschichtsrichtigkeit« (295) ihres Tuns, während Sartre emphatisch darauf beharrt, daß die Geschichte von den Subjekten geschrieben und in eine neue Richtung gelenkt werden könne. In der Gruppe fungiert die Geschichte als Richterin, bei Sartre als formbarer Stoff. Der Glaube, daß ›es geht‹, ist ein anderer als der sich in der Sartreschen Wahl betätigende. Aufgrund des in der Gruppe verbreiteten Objektivismus verlieren die ebenfalls in ihr kursierenden Sartreschen Theoreme ihre Emphase und damit ihre Unschuld. Die Gruppe betreibt eine umdeutende Indienstnahme Sartrescher Gedanken, wodurch Wahl, Glaube und Aufrichtigkeit zu Durchsetzungsinstrumenten einer angeblich notwendigen, weil objektiv abgeleiteten Politik funktionalisiert werden, aber nicht mehr die je individuelle Freiheit im Handeln zu sich selbst bringen. Weil bei Geisslers Gruppe immer auch das objektive Moment im Spiel ist, das sich aus der orthodox-materialistischen Geschichtsauffassung herleitet und gegen das Sartres frühe, subjektivistische Freiheitsphilosophie sich nachdrücklich wendet,[72] sollte insgesamt von einem starken existentialistischen Einschlag der Gruppenposition gesprochen werden, ohne sie gänzlich als existentialistische zu bezeichnen.

Während die Gruppe die auf das Individuum zielende und vom Individuum ausgehende Substanz der Sartreschen Begriffe umdeutet, aber nicht aufgibt, soll nun kurz eine materialistische Kritik an Sartres früher Philosophie referiert wer-

---

72 Gegen den marxistischen Determinismus, gegen den er den Vorwurf der Metaphysik richtet, zieht Sartre in *Materialismus und Revolution* zu Felde (vgl. Sartre, J.-P., Materialismus und Revolution, in: ders., Drei Essays, Frankfurt/M. - Berlin - Wien 1977, S. 52-107).

den, die zugleich jene Momente bei Geissler trifft, die diesem Denken verhaftet bleiben.

Marcuse hat Sartre schon früh entgegengehalten, daß sein Existentialismus idealistisch sei: »Insofern der Existentialismus eine philosophische Lehre ist, ist er eine idealistische: er hypostasiert spezifische geschichtliche Bedingungen der menschlichen Existenz in ontologische und metaphysische Kennmale.«[73] Demgegenüber fordert Marcuse im Namen des Materialismus, daß die »Begriffe, die wirklich die konkrete Existenz erreichen, [...] aus einer Theorie der Gesellschaft hervorgehen«[74] müßten, damit die »trügerische Gleichsetzung von ontologischem und historischem Subjekt«[75] aufhöre. Er beharrt darauf, daß sich die Freiheit und die Wahl durch jenen gesellschaftlichen Kontext, in dem sie ausgeübt werden, nicht aber durch die ontologische Ableitung, bestimmen ließen. Während für Sartre, wie für den Idealismus, der Mensch selbst in Ketten frei sei, gibt es für Marcuse den Fall des durch ein Gewaltverhältnis bedingten realen Zusammenbruchs der Freiheit und der Wahlmöglichkeit: »Die freie Wahl zwischen Tod und Versklavung ist weder Freiheit noch Wahl«[76]. Für ihn sind diese Kategorien nicht zeitlos gegeben, sondern historisch und gesellschaftlich bestimmt. Werde am Freiheitsbegriff noch in einer solchen Extremsituation festgehalten, verkomme er zur Ideologie:

> Wenn Philosophie kraft ihrer existential-ontologischen Begriffe vom Menschen oder der Freiheit imstande ist, den verfolgten Juden und das Opfer des Henkers als absolut frei und Herr der selbstverantwortlichen Wahl seiend und bleibend darzustellen, dann sind diese philosophischen Begriffe auf die Ebene barer Ideologie herabgesunken.[77]

Marcuse schreibt seine Sartrekritik von 1948 unmittelbar im Anschluß an die Erfahrung des Nationalsozialismus. Auch Sartres Buch entsteht in den vierziger Jahren unter dem Eindruck dieses Regimes. Während sich Sartre in dieser Situation philosophisch auf die ontologische Dimension der Freiheit zurückzieht,[78] diagnostiziert Marcuse das Verschwinden der Freiheit »in einem solchen

---

73 Marcuse, H., Existentialismus. Bemerkungen zu Jean-Paul Sartres *L'Être et le Néant*, in: ders., Schriften, Bd. 8, Frankfurt/M. 1984 (zuerst 1948), S. 7-40, hier: 9 f.

74 a. a. O., S. 38

75 a. a. O., S. 25

76 a. a. O., S. 23

77 a. a. O., S. 23

78 Marcuse wirft ihm vor, daß er Luthers ›Freiheit eines Christenmenschen‹ wiederauferstehen lasse (vgl. a. a. O., S. 10).

Maße […], daß sie völlig irrelevant ist und so sich selbst aufhebt«[79]. Sein philosophisches Resümee aus der Geschichte des Faschismus lautet: »Die Erfahrung der totalitären Organisation der menschlichen Existenz verbietet es, Freiheit in irgendeiner anderen Form als in der einer freien Gesellschaft zu verstehen.«[80] Damit löst er seine Forderung ein, die moralphilosophischen Begriffe nach Maßgabe der geschichtlichen Wirklichkeit zu modifizieren. Für Marcuse war die Ermordung der europäischen Juden ein solches, die Theorie der Gesellschaft betreffendes Ereignis. Deshalb greift er Sartres subjektivistischen Idealismus am vehementesten im Anschluß an dessen These an, die verfolgten Juden könnten ihr Judesein selbst wählen:[81] »Der Traktat über menschliche Freiheit hat hier den Punkt der Selbstabdankung erreicht.«[82]

Die Gruppe hat zwar eine, wenn auch grobschlächtige Theorie der Gesellschaft und arbeitet an der Befreiung, doch Marcuses Frage ist zugleich die politische Schlüsselfrage an die Gruppe: Können Freiheit und Wahl unter den herrschenden Bedingungen überhaupt noch veranschlagt werden, ohne daß sie zur blanken Ideologie oder zum Selbstbetrug würden? Diese Frage kann an Geissler weitergegeben werden. Die Praxis der Gruppe bleibt unwiderlegt, die Rede von der Entscheidung behält innerhalb des Romans Gültigkeit. Noch 1988 zeichnet Geissler eine handlungsfähige Gruppe, deren gewaltsame Politik unter den Prämissen der RAF steht und die ›funktioniert‹, denn der Angriff in Bad Tölz gelingt. Anders als Marcuse gesteht er einen Spielraum für substantielle Entscheidungen zu und gibt der Erfolgsorientierung der Gruppe, dem ›Es geht‹, das im Roman vor allem mit ›Tölz‹ verbunden ist, zum Teil recht.[83]

---

79 a. a. O., S. 23
80 a. a. O., S. 39
81 vgl.: »Sartre zögert nicht, die Konzeption zu ihren letzten Konsequenzen zu treiben. Ein Franzose, […] ein Jude zu sein – ist das Ergebnis des eigenen ›Tuns‹ des ›Für-Sich‹. Desgleichen ›existieren‹ alle Beschränkungen, Hindernisse, Verbote, die die Gesellschaft dem Juden auferlegt, nur weil und insofern der Jude sie ›wählt‹ und akzeptiert: ››Eintritt für Juden verboten!‹ […] usw. kann nur auf Grund meiner freien Wahl einen Sinn haben.‹ – ›Nur indem ich die Freiheit … der Antisemiten anerkenne und dieses *Judesein*, das ich für sie bin, übernehme, nur so kann das Judesein als äußere objektive Grenze der Situation erscheinen, wenn es mir dagegen gefällt, sie als pure Objekte zu betrachten, verschwindet mein Judesein alsbald, um dem einfachen Bewußtsein Platz zu machen, unumschränkte freie Transzendenz zu sein.‹« (a. a. O., S. 22)
82 a. a. O., S. 23
83 Dieser Glorifizierung einer fiktiven bewaffneten Aktion gegen Bad Tölz liegt eine politische Blindheit gegenüber dem Scheitern des Konzeptes Stadtguerilla zugrunde. Ob man das

Festzuhalten bleibt also, daß die Gruppenposition Sartresche Motive aufgreift, sie sich umgedeutet anverwandelt und sich damit von Sartres bedingungslosem Freiheitsimpuls abkehrt. Ihre materialistische Orientierung verhilft der Gruppe aber auch nicht zu einer illusionslosen Einschätzung der Situation des einzelnen im Kapitalismus, sondern mobilisiert die existentialistischen wie auch die lebensphilosophischen Versatzstücke, um dem Ausgeliefertsein des einzelnen etwas entgegensetzen zu können, das den fundamentalen Angriff auf das System und damit den Umsturz denkbar und handhabbar machen könnte. Existentialistische Philosopheme werden in Dienst genommen, um dem einzelnen den äußersten Grad an Kampfbereitschaft zu entlocken, der heute nötig ist, um eine revolutionäre Praxis in den Zentren des Kapitalismus überhaupt noch zu konzipieren.

5.1.4. Rhetorik des Hasses

Sartes Philosophie erlaubt einen Brückenschlag vom Engagement des einzelnen zur Politik und Rhetorik des Hasses. Eine Verhaltensweise vieler Figuren in *kamalatta*, die, etwa vom Politikverständnis der Romantik aus, unerklärt bleiben müssen, erscheint nun als ein legitimes Mittel der Politik. Auch aus dem Marxismus kann der Klassenhaß nicht abgeleitet werden, denn dieser propagiert den rational angeleiteten, strategisch begründeten Kampf gegen die Herrschenden.[84] Der existentialistischen Selbstfindung kann der Haß dagegen zum legitimen Instrument werden. Sartre vertritt diesen Standpunkt 1961 angesichts des Unabhängigkeitskrieges der Algerier gegen die französische Kolonialmacht.[85]

Scheitern der RAF schon in die erste Verhaftungswelle 1972 legt, wie S. Scheerer (vgl. ders., »Folter ist kein revolutionärer Kampfbegriff«, in: Reemtsma, J. Ph. (Hg.), Folter, Hamburg 1991, S. 209-237, hier: S. 216), oder erst in den ›Deutschen Herbst‹ 1977, ist nur eine Frage der Datierung. Daß es gescheitert ist, gestand die RAF schließlich selbst ein. (Vgl. ihre Erklärung vom 10. 4. 1992, in: konkret, Heft 6/1992, S. 20 f.)

84   Literaturgeschichtlich ist Geisslers Rhetorik des Hasses vor allem in der französischen Tradition verwurzelt. Baudelaire, Rimbaud, besonders aber Lautréamont verherrlichen den Haß als eine Leidenschaft, die die verachtete Langeweile durchbrechen und die gefügte Ordnung des Empire zu schockieren vermag. Orgien haßerfüllten Sprechens wie bei Kleist bleiben in der deutschen Literatur Ausnahmen. – Politisch verweist die Leidenschaftlichkeit des Hasses auf den Anarchismus.

85   Er hätte für seine Position beinahe mit dem Leben bezahlen müssen: 1962 wurde auf ihn ein Bombenanschlag verübt, der seine Wohnung zerstörte, die er kurz zuvor verlassen hatte.

Der Begriff des Menschen und die Diagnose des dehumanisierenden Ausbeutungsverhältnisses bilden die Prämissen seiner Argumentation. Den Menschen, der dem Begriff genügte, gebe es noch nicht. Das System des Kolonialismus habe bislang seine Herausbildung verhindert. Die Kolonialherren hätten zwar die Rede vom Humanismus und von der Brüderlichkeit in die Kolonien getragen, doch hätten sie stattdessen Ausbeutung, Unterdrückung und Rassismus praktiziert. Die Kolonialisierten würden von den Kolonialherren mit Gewalt vom Menschsein ausgeschlossen: »Die koloniale Gewalt hat nicht nur den Zweck, diesen unterdrückten Menschen Respekt einzujagen, sie versucht sie zu entmenschlichen.«[86] Die Unterdrücker schlössen sich dagegen durch ihre Praxis selbst vom Menschsein aus. Jeder Bewohner des kolonialisierenden Landes sei, sofern er sich nicht gegen es wende, »ein Komplize«[87]. Oft hätten die Kolonialisierten den Widerspruch von Ideologie und Praxis, auf dem sich das kolonialistische System erhebe, theoretisch aufgedeckt und die Forderung nach Integration geltend gemacht. Frantz Fanon aber schlage einen neuen Ton und neue Ideen an, die Sartre unterstützt. Durch die Entfachung des Krieges gegen die Kolonialmacht bilde sich der wahre, zukünftige Mensch: »Der Krieg [...] schafft neue Strukturen, die die ersten Institutionen des Friedens sein werden. So entsteht also der Mensch«[88].

Die Gewalt der Kolonialisierten ist lustbesetzt, sie dient ihnen nicht als notwendiges Übel, sondern als ein ekstatisches Mittel der Selbstfindung. Gegen die »liberale Heuchelei«[89] vom Universalismus, gegen das »Geschwätz von Freiheit, Gleichheit, Brüderlichkeit, Liebe, Ehre, Vaterland«[90], das die Unterdrücker nicht daran hindere, »gleichzeitig rassistische Reden zu halten«[91], gegen diesen »rassistische[n] Humanismus«[92] der Europäer, setzen die Kolonialisierten die Gewalt als »die innere und radikale Negation dessen, was man aus uns gemacht hat.«[93] Die Situation des ›Eingeborenen‹ sei durch einen tiefen Riß bestimmt: »Ihr

---

86 Sartre, J.-P., Vorwort, in: Fanon, F., Die Verdammten dieser Erde, Frankfurt/M. 1966 (zuerst 1961), S. 7-27, hier: S. 14
87 a. a. O., S. 23
88 a. a. O., S. 20 f.
89 a. a. O., S. 13
90 a. a. O., S. 23
91 ebd.
92 ebd.
93 a. a. O., S. 15

macht Monstren aus uns, euer Humanismus erklärt uns für universal, und eure rassistische Praxis partikularisiert uns.«[94] Der Zuschreibungspraxis des Kolonialismus, der den Kolonialisierten zugleich als Menschen und als minderwertiges Geschöpf, das zum Beherrschtsein geboren wird, anspricht, steht der Widerspruch der sich befreienden Kolonialisierten gegenüber, die sich gegen die Unterdrückung mit Hilfe des vom Kolonialismus bereitgestellten Instrumentariums wenden: »Gleichzeitig den Status eines Menschen verlangen und verleugnen: dieser Widerspruch ist explosiv.«[95]

Es kommt zu gewaltsamen Auseinandersetzungen. Die von seiten der Kolonialisierten ausgeübte Gewalt spiegele aber einerseits nur die brutale Unterdrückung wider, die ihnen täglich angetan werde: »es ist zunächst nicht *ihre* Gewalt, sondern unsere, die in ihnen anwächst und sie zerreißt.«[96] Diese Gewalt, so Sartre, sei nur durch Gewalt zu beheben: »keine Sanftmut kann die Auswirkungen der Gewalt auslöschen, nur die Gewalt selbst kann sie tilgen.«[97] Diese These resultiert zunächst aus einer Einschätzung der Kräfteverhältnisse zwischen Kolonialherren und Kolonialisierten. Nur die aufständische Waffengewalt zwang die Franzosen letztlich aus Algerien heraus und brachte dem neuen Staat seine Unabhängigkeit. Für die Befreiung vom Kolonialismus war in der Tat, wie Sartre betont, die rohe Gewalt ein notwendiges Mittel.

Doch Sartre propagiert die Anwendung von Gewalt noch aus einem weitere Grunde. Er begreift ihre identitätsstiftende Kraft als ein Moment der Selbstbefreiung:

der Kolonialisierte heilt sich von der kolonialen Neurose, indem er den Kolonialherrn mit Waffengewalt davonjagt. Wenn seine Wut ausbricht, findet er sein verlorenes Selbstverständnis wieder, und er erkennt sich genau in dem Maße, wie er sich schafft. Von weitem halten wir seinen Krieg für den Triumph der Barbarei. Aber er bewirkt durch sich selbst die fortschreitende Emanzipation des Kämpfers [...]. Sobald dieser Krieg ausbricht, ist er erbarmungslos. Man bleibt entweder terrorisiert oder wird selbst terroristisch. Das heißt: sich entweder den Auflösungsprozessen eines verfälschten Lebens überlassen oder die ursprüngliche Einheit erringen.[98]

---

94 a. a. O., S. 8
95 a. a. O., S. 18
96 a. a. O., S. 16
97 a. a. O., S. 19
98 a. a. O., S. 19 f.

›Heilung‹ und Erlangung der ›ursprünglichen Einheit‹ bilden den identitätsstif-
tenden, utopischen Horizont, auf dessen Kredit die Praxen des Hassens und des
Mordens als Residuen der Menschlichkeit gedeutet werden können:

> Gerade durch diese blinde Wut, [...] durch ihr permanentes Verlangen, uns zu töten, [...] sind sie
> Menschen: *durch* den Kolonialherrn, der sie zu Menschen der Qual gemacht hat, und *gegen* ihn.
> Wenn auch noch blind und abstrakt, ist doch der Haß ihr einziges Gut.«[99] Manche »machen sich
> zu Menschen, indem sie Europäer ermorden«[100]. »Einen Europäer erschlagen heißt zwei Fliegen
> auf einmal treffen, nämlich gleichzeitig einen Unterdrücker und einen Unterdrückten aus der
> Welt schaffen. Was übrigbleibt, ist ein toter Mensch und ein freier Mensch.[101]

Nach der Tat stelle sich die neu gewonnene Identität ein: »Der Überlebende fühlt
zum erstenmal einen *nationalen* Boden unter den Füßen.«[102] Für Sartre gibt es
keinen Zweifel daran, daß die Zukunft die »sozialistische Brüderlichkeit«[103]
bringen wird: »Wenn sie siegt, wird die nationale Revolution eine sozialistische
sein.«[104] Der damit vorgezeichnete Weg der Befreiung wäre aus heutiger Perspektive kritisch zu befragen. Insbesondere die prophezeite Transformation der
unabhängigen Nation in die sozialistische Vergesellschaftungsform scheint gescheitert zu sein.

Entscheidend für den in dieser Arbeit verfolgten Kontext bleibt aber die
emanzipative Funktion einer Rhetorik des Hasses und einer Politik der Gewalt,
die beide über rein strategische Ziele hinaus bei Sartre wie bei Geissler für das
Selbstverständnis der Unterdrückten einen zentralen Stellenwert besitzen. Der
Text über Fanon stellt die theoretische Rechtfertigung auch der politischen Terminologie von *kamalatta* dar. Aus der bei Geissler zugrundegelegten Spaltung
der Gesellschaft in Herrschende und Beherrschte leiten sich die drastischen
Benennungen der Beherrschten für ihre Gegner her. Dem Postulat, daß ein Krieg
in der Gesellschaft stattfinde, ordnen die Gruppe und andere Personenkreise das
Mittel der polarisierenden Sprachverwendung zu. Wie bei Sartre ist die Frontstellung zum Gegner mit der eindeutigen Zuschreibung des Gut-böse-Verhält-
nisses versehen: das moralisch Gute steht auf der Seite der Oppositionellen.
Diese Grundkoordinate von Geisslers Werk beruft sich, ebenso wie bei Sartre,

---

99   a. a. O., S. 16
100 ebd.
101 a. a. O., S. 20
102 ebd.
103 a. a. O., S. 21
104 a. a. O., S. 10

mit dem Begriff des Menschen auf den radikalisierten universalistischen Gedanken. Das Aufbegehren gegen die Unterdrückung ist per se eine auf die befreite Menschheit zielende Tat und ist deshalb dem Handeln derjenen, die die Unterdrückung mitproduzieren, in der moralischen Perspektive schon immer voraus. An den Partikularismus der Aufbegehrenden ist in *kamalatta* die Idee des wahren Allgemeinen gebunden, die der Politik der Herrschenden weder vom Erzähler noch von der großen Mehrheit der handelnden Personen zugebilligt wird.

Die aufgemachte Frontstellung bringt mehrere Probleme mit sich. Zunächst muß daran erinnert werden, daß die parlamentarische Demokratie den Anspruch erhebt, Allgemeinheit herzustellen. Dieser Anspruch wird im Roman nicht immanent kritisiert, sondern abstrakt verworfen. Die Verwerfung gerät zu einem unbefragten, also dogmatischen Glaubenssatz. Außerdem findet der Kampf in *kamalatta* nicht zwischen Kolonialisierten und Kolonialherren statt, sondern zwischen politischen Gruppierungen innerhalb eines souveränen Staates. Wie anläßlich der Darstellung der Folter schon erwähnt, überträgt Geissler das Schema der nationalen Befreiungskämpfe gegen die Herrschaft der westlichen Welt in den jeweiligen Ländern auf die Auseinandersetzungen innerhalb der westlichen Länder selbst. In *kamalatta* agieren viele Personen in dem Bewußtsein, an der Seite aller vom Kapitalismus Unterdrückten zu stehen.[105] Dadurch wird der Kriegszustand, der in Form von Guerillakämpfen in einigen Ländern der sogenannten Dritten Welt existiert, auf die Zustände in der Bundesrepublik übertragen, ohne die Unterschiede in der jeweiligen Erscheinungsform des Kapitalismus in Rechnung zu stellen. Geissler setzt den Kriegszustand, den Sartre für den Kampf gegen den Kolonialismus zuläßt, auch für die nichtkolonialisierte Welt an.[106]

Sartre verlangt eine klare Entscheidung des Bürgers im kolonialisierenden Land, die diesen an die Seite des Menschheitsstrebens der Aufständischen bringen soll. Der gleiche, auf Entscheidung drängende Impuls findet sich auch in

---

105 Auch die RAF versteht sich als einen Bestandteil der Befreiungsbewegungen.

106 Ob diese Übertragung zulässig ist, müßte im Lichte der Imperialismustheorien, die sich von Lenins Untersuchung *Der Imperialismus als höchstes Stadium des Kapitalismus* herschreiben, etwa der Dependenztheorie, diskutiert werden. Diese Erörterung ist in einer literaturwissenschaftlichen Arbeit fehl am Platz, deshalb soll sie hier nicht geführt werden. Festzuhalten bleibt, daß Geisslers Roman mit dieser Einschätzung am linken Rand des Meinungsspektrums steht und sich nicht auf die herrschende Forschungsmeinung berufen kann.

kamalatta. Insbesondere in einer Situation, in der die Exekutive zur Folter greift, hält Sartre die Entscheidung gegen die kolonialisierenden Landsleute für dringend: »heute steht die sengende Sonne der Folter am Zenit und blendet alle Länder. Unter diesem Licht gibt es [...] keine Handlung, die nicht unseren Ekel oder unsere Komplizenschaft verriete.«[107] Sartre empfiehlt den Franzosen, für das gewaltsame Vorgehen der algerischen Befreiungsbewegung einzutreten.[108] Er ruft sie allerdings nicht zum Bürgerkrieg im eigenen Land auf. Vielmehr möchte er die öffentliche Meinung gegen den Krieg aufbringen, indem viele sich eindeutig äußern. Auch Geissler wendet sich mit seinem Roman an die Öffentlichkeit, die im Lichte des in ihm gegebenen polarisierenden Weltentwurfs zur Überprüfung ihrer Position aufgefordert wird.

Weder bei Sartre noch bei Geissler sind die Träger der universalistischen Praxis untereinander einig. Während die Kolonialisierten sich in Stammesfehden und anderen Auseinandersetzungen aufreiben,[109] beschreibt *kamalatta* nicht zuletzt die mühsamen Gesprächsversuche innerhalb des auseinanderstrebenden geschichtlichen Hoffnungsträgers. Die eindeutige Identifizierung und Bekämpfung eines Feindes geht hier wie dort zusammen mit der Zersplitterung innerhalb des eigenen Lagers, die jeweils in der utopischen Perspektive des Menschseins behoben sein soll.

Die doppelte Frontstellung eines jeden Oppositionellen, der sich zunächst gegen den zu bekriegenden Gegner und dann gegen die Strategie anderer Gruppierungen der eigenen Seite wendet, motiviert in *kamalatta* die Handlungs-

---

107 a. a. O., S. 27 – vgl.: »auch wir Europäer werden dekolonisiert. Das heißt, durch eine blutige Operation wird der Kolonialherr ausgerottet, der auch in jedem von uns steckt. Schauen wir uns selbst an, wenn wir den Mut dazu haben, und sehen wir, was mit uns geschieht. / Zunächst müssen wir ein unerwartetes Schauspiel über uns ergehen lassen: das Strip-tease unseres Humanismus. Da steht er also ganz nackt da, kein schöner Anblick. Er war nur eine verlogene Ideologie, die ausgeklügelte Rechtfertigung der Plünderung. Seine Rührung und seine Preziosität verbürgten unsere Aggressionen. Sie sehen gut aus, unsere Gewaltlosen: weder Opfer noch Henker. Kommt mir bloß nicht damit! Wenn ihr keine Opfer seid, wenn die Regierung für die ihr gestimmt habt, wenn die Armee, in der eure jungen Brüder gedient haben, ohne Hemmung oder Gewissensbisse einen ›Völkermord‹ unternommen haben, dann seid ihr unzweifelhaft Henker.« (a. a. O., S. 22)

108 Vgl.: »Gibt es eine Heilung? Ja. Die Gewalt kann, wie die Lanze des Achill, die Wunden vernarben, die sie geschlagen hat. [...] Sie verurteilen diesen Krieg, aber Sie wagen noch nicht, sich mit den algerischen Kämpfern solidarisch zu erklären. Keine Angst!« (a. a. O., S. 27)

109 vgl. a. a. O., S. 17

führung und die Sprachverwendung der Oppositionellen. Alle sind sich einig im Kampf gegen die Herrschenden, selbst Juli, die in der Privatsphäre das Heil sucht, äußert sich, wenn sie mit Staatsorganen in Kontakt kommt, eindeutig ablehnend. Als sie nach dem gelungenen Anschlag vernommen wird, schützt sie Proff, mit dem sie sich nicht zuletzt aus politischen Gründen zerstritten hatte, und greift die »Mystifizierungen herrschender Untat« (534) an. Auch Proffs eigenes Grenzgängertum ist dem Verhaltenszwang, den das Unübertretbarkeitstabu mit sich bringt, unterworfen. Zwar interviewt er die Soldaten in Bad Tölz, zwar spricht er mit ihnen und bemüht sich darum, sie zu verstehen, doch er plant, das von ihm zusammengetragene Material für einen aufklärerischen Film gegen die Tölzer Institution zu verwenden und bereitet mit seiner Tätigkeit zugleich die Logistik des Anschlages vor. Obwohl er sich weit auf die Denkweise der Gegner einläßt, bleiben sie auch für ihn immer zunächst die ›Schweine‹ und die ›Killer‹. Gespräche mit dem Feind vermögen in *kamalatta* in keinem wichtigen Fall die primäre Grenzziehung ins Wanken zu bringen. Sie wird substantialisiert und tabuisiert; die Vernunft darf sie nicht antasten, und jede Zuneigung zu einem Feind ist verboten.[110] Der Logik des Krieges werden alle Feinde zu ›Schweinen‹, denen die werdenden Menschen gegenüberstehen. Die Herrschenden dienen dem Bösen, sie haben sich für das Böse entschieden, sie *sind* böse: diese in *kamalatta* immer wieder auftretende Gleichung dämonisiert die Beamten des Staatsschutzes. Sie spricht ihnen das Menschsein ab und dient als Legitimationsgrundlage für den gnadenlosen Kampf gegen sie.[111]

An diese Spaltungsstruktur ist die Rhetorik des Hasses geknüpft, die die Oppositionellen gegen die Repräsentanten der Herrschaft richten. Innerhalb des oppositionellen Lagers, das es nur in Abgrenzung zu dem der Feinde, kaum aber als eine hergestellte Einheit gibt, werden dagegen verschiedene Sprachen gesprochen. Auch hier treten Praxen der sprachlichen Ausgrenzung auf, doch diese Grenzen sind fließend und können je nach Lage verändert werden. Während die

---

110 Proffs homoerotische Neigungen zum Colonel und zu José werden enttäuscht. Die Verbrüderung mit dem Feind und die Liebe zu ihm bezeichnet der Roman als einen Irrweg.

111 Das Gegenbild zu einer solchen Vorstellung ist die Marxsche Idee von der Charaktermaske, die der einzelne im Funktionsgeflecht der bürgerlichen Gesellschaft tragen muß. Er ist nur bedingt verantwortlich, weil Prozesse, die er nicht steuern kann, ihn in eine Funktion hineinzwingen. Diese Auffassung liegt jeder existentialistischen Lesart menschlichen Handelns fern. Auch Geissler läßt sie nicht gelten. Der späte Sartre hat allerdings die Behinderungen, die der Freiheit der Entscheidung entgegenstehen, immer stärker erkannt.

Spaltung in Klassen wie eine ontologische Größe auftritt, verändert sich die Zersplitterung der unteren Klasse ständig. Letztlich gehen die Modi des Sprechens in *kamalatta*, geht die Rhetorik des Hasses, aus der politischen Situiertheit der Figuren hervor. Auch die Erzählerinstanz ist in die primäre Spaltung eingebunden. Diese zu überschreiten, wäre auch in der Literatur Verrat. Dergestalt geht noch das Kunstwerk aus der von ihm selbst aufgemachten Spaltung hervor. Die Klassenspaltung wird zur absoluten, unantastbaren Größe.

Die Rhetorik des Hasses bringt in *kamalatta* nicht nur eine Spaltungsstruktur, sondern auch eine bestimmte Identitätskonzeption mit sich. Sartre hat in *Das Sein und das Nichts* den »Zirkel«[112] von Identitätsstreben und notwendiger Zurückweisung dieses Strebens aufgedeckt. Auch der Haß ist dieser Struktur einbeschrieben. Er stellt eine von verschiedenen Grundhaltungen dar, die das Für-sich zum Anderen einnehmen kann. Es möchte »seine Entfremdungsdimension aufheben«[113], die eine »*reale* Knechtschaft ist«[114] und eine Welt herstellen, in der der Andere nicht existiert. Der Haß entspringt damit einer Resignation gegenüber allem kommunikativen Vorgehen: »das Für-sich gibt seinen Anspruch auf, mit dem anderen eine Vereinigung zu realisieren; es verzichtet darauf, den andern als Instrument zu benutzen, um sein An-sich-sein wiederzugewinnen.«[115] Doch sein Anliegen scheitert – wie bei Sartre alle Versuche scheitern, das Für-sich mit dem Anderen zum An-sich zu verschmelzen –, denn der vernichtete Andere lebt im Für-sich als Vernichteter fort: »Wer einmal für Andere gewesen ist, ist in seinem Sein für den Rest seiner Tage kontaminiert«[116]. Dem Menschen ist Identität im emphatischen Sinne nicht möglich, denn sein Für-sich hebt sich sowohl von seinem An-sich als auch vom Anderen notwendig ab. Das Identitätsstreben mündet unweigerlich in das Scheitern, den échec.

Dennoch beharrt er im *Fanon-Vorwort* auf der befreienden Kraft des Identitätsstrebens. Um die äußeren und inneren Deformationen, die die Unterdrückung mit sich bringt, abzulegen, müßten ihre Ursachen bekämpft werden. Haß und Gewalt sind die einzigen und deshalb legitime Mittel der Unterdrückten, ihrem Willen zum Menschsein Ausdruck zu verleihen. Sie zeigen in ver-

---

112 Sartre, Das Sein…, a. a. O., S. 637
113 a. a. O., S. 716
114 a. a. O., S. 718
115 a. a. O., S. 716
116 a. a. O., S. 719

kehrter Gestalt an, daß das Identitätsstreben und die Freiheit sich regen. Bei Geissler fällt das haßerfüllte Sprechen mit einem Entwurf zusammen, den die Oppositionellen mehr oder weniger bewußt übernehmen. Es *ist*, indem sie sich als die Veränderung Betreibende entwerfen, schon immer ein Ausdruck ihrer Identität. Diese Identität ist aber zugleich in mehrererlei Hinsicht eine beschworene und damit aufgeschobene.

Obwohl die Opposition dieselbe polarisierende Rede führt, ist sie nicht einig über ihr Vorgehen. Wenn auch bei Geissler die Grabenkämpfe innerhalb der Opposition immer von der gemeinsamen Klassenlage in den Hintergrund gedrängt werden – was manchem schönfärberisch anmuten mag, der die selbstzerfleischenden Flügelkämpfe der Linken in den siebziger Jahren in Erinnerung hat[117] – so sind sie kaum je zugeschüttet. Die Rhetorik des Hasses beschwört die Einheit der Opposition.

Darüber hinaus beschwört sie eine noch zukünftige Identität, die erst mit der Entmachtung der Gegner entstehen soll und wird damit zum Identitätsstreben. Diesem steht der gesellschaftliche Antagonismus entgegen, der deshalb zunächst abgeschafft werden muß. In Gestalt der Gruppenmitglieder befindet sich der kämpfende Oppositionelle in politischer Identität mit sich selbst. Doch zugleich strebt er einen veränderten Zustand an, in dem auch er sich verändern wird. Sartre operiert in ähnlichen Fällen ausschließlich mit dem Begriff der Freiheit, die dem Menschen transhistorisch – ontologisch – zukommt. Deshalb gibt es bei ihm keinen utopischen Zielpunkt des geschichtlichen Prozesses, sondern nur die sich immer wieder in veränderten Situationen betätigende Freiheit. Er denkt die Revolutionierung der Verhältnisse als einen dynamischen, permanenten Prozeß.

---

117 Das Gruppenmitglied Pauli nimmt bezug auf Oskar Negts Position aus dessen aufsehenerregender Frankfurter Rede:»damals der negt. weißt du das noch. warst du dabei. die ratte der angst, im strick der fakten, *zerhauen*, hat er gesagt, *die solidarität zerhauen*, hat er gesagt.« (194) Der polarisierende Teilsatz ›die Ratte der Angst‹ braucht erstens nicht dem Sprecher Pauli zugeschrieben, sondern kann auch in der Erzählerschicht lokalisiert werden, zweitens braucht sie nicht Negt zu meinen, sondern könnte allegorisch die Angst als Ratte bezeichnen. Der Roman mildert den persönlichen Angriff auf Negt ab zugunsten einer verallgemeinernden Reflexion über Angst und Zusammenhalt. Die RAF bezieht die ›Ratte‹ aber eindeutig auf Negt selbst:»Ein völlig durchgedrehter, weil um sich schlagender Kleinbürger – dieser Negt. Wenn man nicht wüßte, daß das Sein das Bewußtsein bestimmt, könnte man auf die Idee kommen, bei dieser durch und durch korrupierten Ratte sei ›Korruption im Spiel‹.« (Rote Armee Fraktion, Die Aktion des Schwarzen September in München, in: GNN (Hg.), Ausgewählte Dokumente der Zeitgeschichte: BRD – RAF, Köln (4) 1988, S. 31-40, hier: S. 35)

Bei Geissler tritt zum Freiheitsstreben der ebenfalls ontologisch angelegte Lebenswille hinzu. In beiden Fällen findet in der entworfenen Utopie kein qualitativer Sprung statt. Die sich betätigende Freiheit und das sich betätigende Leben sollen von ihren Hemmnissen entbunden werden. Sie *sind* schon, jedoch nur als partielle, es gilt, sie zu verallgemeinern.

Es zeigt sich, daß zentrale Momente *kamalattas* auf existentialistisches Gedankengut zurückgehen, insbesondere was jene politischen Orientierungen betrifft, die die umstürzende Veränderung der Welt befördern wollen. Die hoffnungsvolle Ausrichtung, die sich in der Handlungsweise vieler Figuren, aber auch in der Machart des Textes zeigt, wird von einem starken utopischen Impuls gestützt, der sich, neben den lebensphilosophischen, vorwiegend aus den existentialistischen Einflüssen ableiten läßt. Doch wie die Berufung auf das Leben durch den Gedanken konterkariert wird, der Lebenswille und die aus ihm entspringende Entscheidung könnten abhanden gekommen sein, so tritt der utopischen Dimension, die mit den existentialistischen Praxen der Wahl, des Glaubens und des aufrichtigen Einander-Vertrauens verknüpft ist, der Gedanke entgegen, alle Utopie sei an ein Ende gekommen. Als individuelles Handeln schlägt er sich im Suizid nieder, als philosophische Haltung im Nihilismus. Aus der Interpretation von Proffs Scheitern sollen daher nun weitere, dem Roman einbeschriebene Dimensionen des Scheiterns ermittelt werden, die letztlich bis zu der Frage leiten, ob dieser selbst gescheitert sei.

5.2. Nihilismus

5.2.1. Proffs Scheitern

Den von einer Hoffnung getragenen politischen Praxen steht in Geisslers Roman ein Fall gegenüber, in dem jede Anbindung an ein gegenwärtiges und jede Hoffnung auf ein künftiges Heil verlorengegangen ist. Mit der bewaffneten Gruppe bilanziert der Roman die Kosten und die Hoffnungen revolutionären Vorgehens, mit Juli stellt er die Utopie ehelich-intersubjektiver Zweisamkeit zur Debatte. Mit Proff aber führt er den Zusammenbruch politischen Handelns überhaupt ein.

Proffs Scheitern vollzieht sich in zwei Stufen: zunächst verstummt er, schließlich bringt er sich um. Dieses mit dem Suizid ins größte denkbare Maß gesteigerte Scheitern eines politisch engagierten Individuums kontrapunktiert die oben genannten, emphatischen kollektiven Entwürfe. Der enthusiastischen, der glaubenden und hoffenden Schicht des Romans ist immer schon eine resignative, nihilistische beigefügt. Beide liegen in Proff, bevor er sich umbringt, im Widerstreit miteinander. Der nihilistischen Schicht, sowie dem Spaltungsverhältnis, in dem sie zur ersten steht, soll nun nachgegangen werden.

Die prägende Erfahrung in Proffs Folterung, die eine Prädisposition aktualisiert, die ihm schon vorher zukam, ist der Vertrauensverlust. Er führt zu jenem Dasein im Folterschatten, aus dem er nicht hinaus und in dem ihn auch niemand finden kann (vgl. 12). Die Behandlung im Lager hat sich in seine Lebenslinie als ein Trauma eingegraben. Die Beziehung zu seiner Frau scheitert an jenem von der Folter getroffenen Punkt des gegenseitigen Vertrauens. Juli wirft ihm vor: »das ist offen die bullenkrankheit, damit wir [...] niemals uns trauen.« (175) Proff gibt diesen Mangel zu, indem er die Foltererfahrung aktiviert: »er wußte, er hatte ihr nicht getraut, er wußte doch, wie sie [die Staatsorgane, S. K.] vertrauen nutzen.« (175) Die Versehrung wird selbst in der Privatsphäre wirksam. Proff würde Juli verraten wie Orwells Winston Julia verrät.[118] Vor dem Staat gibt es keinen Rückzugsraum mehr. Diese Einschätzung wirft Proff auf sich selbst zurück. Seine Obsession mit Gitterbildern ist ein Mal des Schreckens. Juli ist ihnen gegenüber nicht ohne Grund feindselig eingestellt. Proff wird zum Einzelgänger, entflieht festen Bindungen, sucht Plätze auf, die nur er kennt. Außer für sich selbst möchte er keine Verantwortung übernehmen. Daran scheitert sowohl seine Beziehung zu Juli als auch die Verbindung zur Gruppe.

Stellte vor der Folter die Sprache Vertrauen durch das Sagen des Eigensten, des Namens, her und wurde dieses Vertrauen enttäuscht, so fällt der Folterschatten auch auf die Sprache, der nicht mehr zu trauen ist. Proff gibt die sprachliche Kommunikation zeitweise auf. Beginnt seine Sprachverweigerung mit dem Verrat des eigenen Ausbruchsversuchs, so setzt die Sprachfähigkeit mit dem 15. 5. 1970, am Tage nach der Befreiung eines Gruppenmitgliedes aus dem Gefängnis,

---

118 Auf diese Erfahrung spielt Geissler mit Julis Namen an, der sich in Julia verbirgt. Eine weitere Spur dieses Namens führt zu *Dantons Tod* von G. Büchner. Proff ist ein Leser Büchners. Danton thematisiert die Einsamkeit der Liebenden: »Ihr [Frauen, S.K.] könntet einen noch in die Lüge verliebt machen. / JULIE. Glaubst du an mich? / DANTON. Was weiß ich? Wir wissen wenig voneinander. [...] – wir sind sehr einsam. / JULIE. Du kennst mich Danton. / DANTON. Ja, was man so kennen heißt. [...] Einander kennen? Wir müßten uns die Schädeldecken aufbrechen und die Gedanken einander aus den Hirnfasern zerren.« (Büchner, G., Dantons Tod, in: ders., Werke und Briefe, hg. von K. Pörnbacher u. a., München 1988, S. 67-133, hier: S. 69) Das Vertrauen benötigt den Glauben an den anderen, denn es baut auf etwas, das sich dem Wissen entzieht.

wieder ein. Sein Foltertrauma wird durch die Hoffnung, die die kollektive Befreiungsaktion auslöst, gelindert. Geissler spielt auf die Befreiung Andreas Baaders an, die die Proklamation der RAF nach sich zieht.[119] Die individuelle Sprachfähigkeit Proffs, die sich aus einer neu gewonnenen Hoffnung auf ein wahrhaft kollektives Vorgehen speist, steht zugleich für die Hoffnung auf die neue politische Orientierung, die aus der Befreiung entsteht und sich durch diese Aktion radikalisiert.

Das mit Proffs Person verbundene Hauptmotiv ist das Scheitern. Er scheitert privat, weil ihn seine Frau verläßt, er scheitert politisch, indem die Gruppe ihn zurückweist, und existentiell, indem er am Ende der erzählten Zeit tot aufgefunden wird. Proffs Tod und das mit ihm verbundene Rätsel, die Frage nach dem ›Warum‹, bildet das Handlungszentrum des Romans. Die Vorgabe des Erzählers legt, gleich zu Beginn des Textes, einen Suizid nahe:

als ich seinen kopf [...] vorsichtig aufhob, [...] fand ich die stirn gespalten. ich war von der fein-heit der schneidung tief gerührt. keine fremde hand, keine einwirkung von außen kann einen menschen so sicher treffen [...]. ich sah den symmetrischen griff der hingesunkenen hände. hier war nichts überrascht, nichts niedergestürzt, gefällt. [...] in kluger abstimmung ihrer kräfte hatten die hände, ohne im mindesten zu verziehen, den kopf auf die schneide des steins gerissen. [...] es war allein die entscheidung von proff gewesen. (9)

Schon auf der ersten Seite heißt es, die Leute »hatten proff nicht gesucht, sie hätten ihn sonst gefunden.« (9) Der Erzähler ist den Erfahrungen gefolgt, die sich in seiner Figur sedimentieren. Er hat Proffs Todesort gefunden und ist inner-lich bei ihm angekommen, indem er sich dessen Lebensweg vergegenwärtigte. Der Leser, für den der Tod und der Todesort Rätsel sind, der nur ihre vom Erzähler chiffrierte Stelle kennt, folgt den vom Text offengelassenen Fragen und gerät dabei auf die Spur der Versehrungen zum Tode, auf den »folterschatten« (12): »mich faßte das plötzliche grinsen von proff stark an. gestoßen aus schlechtem geruch, löste sich aus seinen zähnen zischend der einfache ton als das einfache wort, verächtlich gepfiffen, *folter*, nichts war da mißzuverstehen.« (12 f.) Dieser Interpretationsvorschlag des Erzählers führt Proffs Tod auf dessen Folterung zurück. Wie gezeigt, speist sich Proffs Versehrung zum Tode aber

---

119 Vgl. den Gründungsaufruf der RAF in: GNN (Hg.), Ausgewählte Dokumente der Zeitge-schichte: BRD – RAF, Köln (4)1988, S. 4 – Wie diese Befreiung auf das sympathisierende Umfeld gewirkt hat, belegt auch Bernward Vespers Wortwahl anläßlich des »Sprung[es] aus dem Fenster im ersten Stock« (Vesper, B., Die Reise, Reinbek b. H. 1983 (zuerst 1977), S. 158), der bewundernd von »seinem Glanz, seiner Kühnheit« (ebd.) spricht.

auch aus anderen Quellen, die bis in seine Kindheit zurückreichen. Von Anfang an verbindet sich sein Suizid mit dem herrschenden Gewaltverhältnis. Er ist Proffs eigenes Eingeständnis dafür, daß er der ihn seit früher Jugend unterdrückenden Gewalt nichts entgegensetzen kann. In ihm personifiziert Geissler den Sieg einer totalitären Vergesellschaftungsform über ihre Gegner.

Geissler setzt der Lebensemphase und dem existentialistischen Optimismus durch den Protagonisten ein gewichtiges Handlungselement entgegen. Hier tut sich ein konzeptioneller Bruch auf, aus dem der Roman einen großen Teil des in ihm verhandelten Konfliktes freisetzt. Proffs Suizid stellt die Möglichkeit fundamentaloppositioneller Praxis in Frage und unterstreicht den möglichen Sieg des Systems über den Willen zum Leben. Zwar spricht Proff im Jargon der Lebensbejahung, doch er vermag die von der Gruppe geforderte Entscheidung nicht zu treffen. Er *kann* sich nicht für das Leben entscheiden. Etwas, das stärker ist als der Wille zum Leben, hat sich in ihm niedergeschlagen. Es leitet sich aus objektiven Faktoren her. Proffs Suizid widerlegt zwar die generelle Möglichkeit eines Kampfes aus der Berufung auf das Leben nicht, er relativiert aber die Universalität der Wahl. In ihm gewinnt die gesellschaftliche Determiniertheit des einzelnen gegenüber seiner Freiheit ein erdrückendes Gewicht, indem sie ihm nur noch die Wahl zwischen dem Funktionieren im Sinne des Systemzwanges und dem Suizid läßt.

Proffs Glaubensinhalte – die metaphysisch-utopischen Beweggründe – wurden nicht durch Reflexion, sondern durch Gewalt desillusioniert, durch die Erfahrungen, die er im totalitären Kollektiv und unter der Folter machte. Er ist gleichsam das Opfer eines real wirksamen Nihilismus. Einerseits erhält seine Versehrung einen dämonischen Einschlag, als gäbe es Mächte, die willentlich eben diese den Menschen zukommende Charaktereigenschaft gezielt zerstören wollten und auch könnten, andererseits konstruiert Geissler einen Fall, in dem die gesellschaftliche Verfaßtheit sich unmittelbar als dieser Charakterzug, als die Zerstörung jeder Hoffnungsquelle, niederschlägt. Beide Tendenzen vereinigen sich in Geisslers Figur, ohne daß der Text sich, solange Proff am Leben ist, für die eine oder die andere entscheidet. Die erste ist dem ontologischen Denken verhaftet, denn sie postuliert dem Menschen transhistorisch zukommende Eigenschaften, die, wenn sie erfolgreich bekämpft werden, in den einzelnen Individuen zum Verstummen gebracht werden können. Für die zweite Tendenz sind alle geistigen Eigenschaften, obwohl sie auf einer Naturbasis entstehen, wesentlich geschichtlich figuriert und aus Umwelteinflüssen erklärbar. Nach diesem

Modell wird nicht ein Widerstandskern durch direkte Herrschaftsgewalt beseitigt, sondern der anonyme Prozeß kultureller Prägung schlägt sich als Charaktereigenschaft nieder. Die psychische Beschaffenheit des einzelnen wird zum Ausdruck der ihn umgebenden Tendenzen der Zeit. Auf Proffs Kindheit im Nationalsozialismus trifft diese Überlegung zu.

Geissler relativiert Proffs Schicksal durch die Einbettung von dessen Biographie in den deutschen Faschismus. Damit bindet er die Entwicklung seines Protagonisten an einen historischen Index und stellt sie unter das Vorzeichen einer Ausnahmesituation. Die von vielen Figuren beanspruchte und praktizierte Freiheit der Wahl bleibt ohne eine solche Einschränkung. Hierin drückt sich die Gewichtung beider Momente im Roman aus. Proffs Fall bleibt die Ausnahme.

Doch mit der folgerichtigen Herleitung der Ausnahme in der Figurenkonstruktion des Protagonisten verschafft sich die defätistische, häretische, die nihilistische Stimme des Romans Gehör, die sagt: Proff hat nie eine Wahl gehabt, er ist schon immer unfrei gewesen. Es gibt Spielarten des Gewaltverhältnisses, denen ein Individuum nicht entrinnen kann, die es vielmehr bis in dessen subjektivste Regungen hinein durchdringen. Sie äußern sich als die Unfähigkeit, das System anzugreifen, das von sich aus Individuen produziert, die unfähig sind, es zu transzendieren. Es gibt keinen Ort ›außerhalb‹ des Systems, keinen ›Freiraum‹ mehr. Zugleich wirkt das System seinem eigenen Sturz in den Köpfen der Menschen entgegen, indem es ihnen den Gedanken von seiner Überlegenheit in den Charakter impft.

Die Ausnahme erscheint hier in der beängstigenden Logik einer Regel und greift die utopisch aufgeladenen Denkmuster an. Trotz aller Lebensemphase, trotz der Abwiegelung angesichts der Folter, findet der Roman mit Proffs Versehrtheit ein Einfallstor für die Unterlegenheit des Individuums gegenüber den die Ordnung erhaltenden Mechanismen. Die Beunruhigung, die sich hierin ausdrückt, wird zu einer Haupttriebquelle des Textes. Die Überlegenheit des Systems wäre nicht mehr allein diejenige eines Kräfteverhältnisses, das in militärischen Rastern verhandelt werden kann, sondern zugleich eine im historisch bestimmten Charakterfundament liegende Tendenz. Das Leben müßte unpathetisch als ein Ausfluß des gemodelten Charakters gedacht werden, und damit letztlich als ein Produkt des Kapitalismus.

Wenn Individuen im Innersten von den Bewegungsgesetzen des Kapitals ergriffen werden können, dann erscheint die Rede vom Leben und von der Entscheidung als eine tröstende Illusion. Diese Bedrohung der Lebens- und Entscheidungsemphase durch das Herrschaftsverhältnis gestaltet *kamalatta* an herausgehobenem Orte. Die Rückseite der Lebensemphase wird lesbar als die Lebenslüge.

Doch um eine solche Bewertung vornehmen zu können, muß der Interpret die Logik des Krieges und diejenige der Entscheidung hinter sich lassen. Denn noch die eingeschränkte Wahl, die Proff bleibt, diejenige zwischen dem Suizid und einem versehrten Leben, das im Sinne des Systemzwanges funktioniert, kann mit Sartre als ein Akt der Freiheit verstanden werden: »der Selbstmord ist ein Modus des In-der-Welt-seins unter anderen«[120], er ist »Wahl und Behauptung, zu sein«[121]. Auch die passivische Formulierung Proffs, er sei ›entschieden worden‹, kann dergestalt zu einem aktiven Daseinsentwurf umgedeutet werden: »es war allein die entscheidung von proff gewesen« (9). Proff wählt sich und erkennt sich als jemanden an, in dem die Instanzen, auf die er keinen Einfluß ausüben kann, eine konstitutive Bedeutung haben. Er leugnet die objektive Macht gesellschaftlicher Zwänge nicht, sondern macht sie zum Ausgangspunkt seines politischen Engagements. Er entwirft sich als jemand, dem alle Kategorien des Eigensten, an das es anzuknüpfen gilt, abhanden gekommen sind, ohne daß er aber die Hoffnung aufgegeben hätte. Sie drückt sich in der rastlosen Suche nach dem Eigentlichen aus. Proff scheitert mit seinem Entwurf dieser Suche, weil die ihn umgebenden Personenkreise sein Bekenntnis zu positiven Werten und das aus ihnen deduzierte Handeln verlangen. Er jedoch versucht gezwungenermaßen eine Praxis zu leben, die ohne diese Werte und der sich aus ihnen ergebenden moralischen Verpflichtung auskommt. Die Foltererfahrung verhindert konspiratives, kollektives Handeln, das sich auf ein Vertrauensverhältnis gründet. Daraus ergibt sich seine grenzgängerische,[122] das Verpflichtende fliehende Haltung. Weil die ihm Nahestehenden diesen erzwungenen Verzicht auf das Eigenste nicht tolerieren können, bleibt Proff isoliert. Es gelingt ihm nicht, eine Lebensform zu finden, in der er, im Bewußtsein seines Mangels, auf der Suche nach einer Überwindung desselben, wahrhaftig leben könnte. Während seine Bezugspersonen die sofortige, aktive Verbundenheit fordern, versucht er,

---

120 Sartre, Das Sein..., a. a. O., S. 954
121 a. a. O., S. 829
122 Die Kapitelüberschrift »grenzgängerei« (19) sollte im Horizont dieser Überlegungen interpretiert werden.

einen Kontakt zu halten, bei dem das Aufgehen im anderen den Fluchtpunkt eines utopischen Prozesses bildet.

Die Bewertung von Proffs Suizid birgt einen Widerstreit. Zwei einander widersprechende Lesarten markieren ihn. Die erste hält ihn für das Ergebnis des vollends gemodelten Charakters und damit für eine passivische Handlung, die zweite nimmt für ihn die bewußte Entscheidung in Anspruch, weil er aktiv die Konsequenz aus dem Scheitern gezogen hätte. Dort wäre die Sartresche Wahl selbst betroffen, hier wäre sie noch intakt. Denn der Suizid ist eine Handlung, die, wie jede andere Handlung, der Dialektik von Passivität des Getriebenseins und Aktivität der Willenstätigkeit unterliegt. Sie endet erst mit dem Zustand des Todes. Nun kann bilanziert werden, daß der Zwang in Proffs Biographie die Oberhand über den Willen behielt. Bei der Beurteilung der suizidalen Handlung bleiben dem Interpreten jedoch beide Wege offen. Diese Offenheit wirft ihn auf seine eigene Stellung zur Dialektik von Entscheidung und Herrschaftsdruck zurück. Er selbst muß sich Klarheit darüber verschaffen, ob und in welchen Situationen die Idee der freien Wahl noch zutrifft.

Nur wer die Reflexion auf die persönlichkeitsbildende Kraft des herrschenden Zustandes unterläßt, vermag das Utopische affirmativ an den persönlichen Lebenswillen der Oppositionellen zu binden. Die Lebensemphase, und damit der revolutionäre Impuls, verdanken sich in *kamalatta* einem Vergessen. Der Roman dekliniert die Berufung auf das Leben bis in die letzte Instanz durch. Seine Stärke macht die gleichzeitige Infragestellung des Utopismus durch die Biographie der Hauptfigur aus. Dadurch kann er einerseits eine heute bestehende politische Tendenz radikal in ihren möglichen Auswirkungen darstellen[123] und auf ihre weltanschaulichen Beweggründe zentrieren, muß sie aber andererseits nicht als die einzige angemessene Haltung unterschreiben. Vielmehr wirkt alle zur Schau gestellte Lebensemphase im Lichte von Proffs Biographie hohl. Die psychologische Ausgangsposition für revolutionäres Engagement in den Metropolen verläuft heute, scheint *kamalatta* zu sagen, zwischen einer für die Aufnahme des Kampfes notwendigen Selbstüberschätzung und dem Scheitern. So verschafft sich im Roman eine Einschätzung Gehör, die gegen die Figurenmehrheit und

---

123 Die sogenannten Autonomen, der wichtigste außerparlamentarische Zusammenhalt fundamentaloppositioneller Gruppen seit den achtziger Jahren, wollen sich Freiräume schaffen (wie in der Hamburger Hafenstraße), Netzwerke aufbauen, zu denen der Staat keinen Zutritt hat.

gegen viele rhetorische Merkmale des Textes das Prekäre des revolutionären Engagements negativ akzentuiert.

Bis zur Unkenntlichkeit verwischen sich in Proff die aktiv-entschiedenen und die passiven Tendenzen, die von einem Entschieden-worden-Sein ausgehen. In ihm ficht der Roman die Frage aus, ob es ein richtiges Leben im falschen geben könne. Während die Familie und die Gruppe wie selbstverständlich von der Möglichkeit des richtigen Lebens ausgehen, zieht sich die Anfechtung dieses Standpunktes mitten durch Proff hindurch. Nicht nur er selbst, auch seine Funktion im Roman ist doppeldeutig. Seine Versehrung trägt den Charakter der Ausnahme und den der Regel. Sein Tod ist zugleich determiniert und frei gewählt. Durch Proff selbst zieht sich der Riß zwischen Utopie und Nihilismus, beide Perspektiven schlagen vexierbildartig ineinander um.

Die Deutung von Proffs Suizid läßt zwei Lektüren zu, die einander ausschließen. Auch der Roman als ganzer ist nach diesem Muster aufgebaut, weil er die polarisierte Alternative zwischen Kampf und Resignation nicht schlichtet. Die Doppelung der Lektüren setzt sich darin fort, daß der existentialistisch-vitalistischen eine nihilistische opponiert. Paul de Man begreift die Evokation eines Widerstreites zweier Lektüren als die eigentliche dekonstruktive Leistung der Literatur. Dekonstruiert würde bei Geissler also, mit de Man, einerseits der Begriff der Entscheidung, und mit ihm der revolutionäre Optimismus, andererseits aber die politische Resignation, die davon ausgeht, daß alles schon entschieden sei:

Die beiden Lektüren müssen sich in direkter Konfrontation aufeinander beziehen, denn die eine ist genau der Irrtum, der von der anderen denunziert wird und von ihr aufgelöst werden muß. Wir können mit keinem Mittel eine gültige Entscheidung über die Priorität einer der beiden Lektüren über die andere herbeiführen; keine kann ohne die andere existieren.[124]

Der im Werk angelegte Lesartenstreit *ist* Dekonstruktion: »Die Dekonstruktion ist nichts, was wir dem Text hinzugefügt hätten, sondern sie ist es, die den Text allererst konstituiert hat.«[125] Die Lektüren aktualisieren den Gehalt des Werkes, der sich als in sich gespaltener offenbar. Er kann nicht dialektisch geschlichtet werden, denn er ist mit einer geschichtlichen Entwicklung verbunden, über die die Spekulation, solange jene wirksam ist, kein letztes Wort sprechen darf.

---

124 Man, P. de, Allegorien des Lesens, Frankfurt/M. 1988 (zuerst 1979), S. 42
125 a. a. O., S. 48

5.2.2. Die Schwelle zum Nihilismus

Proffs Suizid markiert sein existentielles Scheitern. Der Zusammenbruch jeglicher utopischen Orientierung, die mit seinem Tod gesetzt ist, bringt im Roman diverse Konsequenzen mit sich. Wie die philosophischen Implikationen des Handelns vieler Figuren auf den Existentialismus als seine immanente Basis verweisen, so lassen sich diejenigen von Proffs Scheitern mit dem Stichwort des Nihilismus interpretieren. Der bei Geissler gestaltete Nihilismus tritt als die Nachtseite des Existentialismus auf, als das Damoklesschwert, das über dem einzelnen und über der Epoche hängt.

Auf die individuelle Existenz wirkt sich die Zerstörung aller metaphysischen Anhaltspunkte als existentieller Nihilismus aus, als das Gefühl der Sinnlosigkeit gegenüber dem Existieren. Mit Proff ringt der Roman nicht zuletzt um eine Stellung zu dieser möglichen Sinnlosigkeit der individuellen Existenz. Damit berühren die Konsequenzen aus dem vielfältigen Engagement des Protagonisten die metaphysische Beschaffenheit seines Daseins und gegebenenfalls des zeitgenössischen Daseins überhaupt.

Der Nihilismus wirkt sich nicht nur existentiell aus, sondern darüber hinaus politisch, philosophisch und poetisch. Politisch, weil jedes gesellschaftsverändernde Handeln eine Richtung braucht, in die es seine Anstrengungen lenken kann. Es braucht eine Utopie. Der Nihilismus zersetzt die Utopie, indem er alle Glaubensinhalte dekonstruiert. Wo *kamalatta* die eigenen Hoffnungspole – den mit der Entscheidung verknüpften und die Berufung auf das Leben – in Frage stellt, rührt der Roman an den Grundfesten des Selbstverständnisses der in ihm geschilderten Oppositionellen. Das rationale Moment an der Dekonstruktion oppositioneller Orientierungen verweist deshalb auf die philosophische Erörterung des Nihilismus und muß, obwohl dieses in *kamalatta* selbst nicht geschieht, in philosophischen Begriffen verhandelt werden. Erst die Darstellung der philosophischen Nihilismusproblematik kann den Horizont erhellen, in dem das persönliche Scheitern Proffs und das mögliche Scheitern der Systemopposition steht. Erst so wird auch das historische Gewicht deutlich, das die Reflexion nach ›1989‹ fassen muß. Der geistige Gehalt des neuzeitlichen Nihilismus soll deshalb zunächst abrißartig dargestellt werden, um dann die Verschlungenheit *kamalattas* mit dem Nihilismusproblem zu zeigen.

Die Absage an die Sinnhaftigkeit der Welt wird schon in der idealistischen, vor allem aber in der nachidealistischen Philosophie des 19. Jahrhunderts unter dem Terminus des Nihilismus verhandelt.[126] Sie bricht als Reaktion auf die Kantische Philosophie hervor, die, auf der Suche nach einer Fundierung der Metaphysik, überkommene metaphysische Orientierungspunkte auslöscht. Vor allem betrifft dieses die Frage nach dem Sein Gottes und dem möglichen Wissen des Menschen von ihm. Kant entfacht, so Gawoll in seiner gründlichen begriffshistorischen Studie, eine Kontroverse, »die den historischen Ort bildet, wo der Nihilismus freigelegt wird«[127]. Die bei Kant postulierte Unterscheidung von Ding an sich und Erscheinung motiviert die nihilistischen Gedanken. »Die theoretischen Zweifel, die die *Kritik der reinen Vernunft* zum philosophisch unumstößlichen Verzicht auf die metaphysischen Beweise vom Dasein Gottes gemacht hat, verwandeln sich in einen existentiellen Schrecken, daß selbst die Vorstellung vom Dasein Gottes einen bloßen Betrug der Vernunft darstelle.«[128] Nun setzt eine Reflexion auf die Voraussetzungen des Wissens ein, die die Drohung des grundsätzlichen Scheiterns der Reflexion vor dem Sein und die sich aus diesem möglichen Tatbestand ergebende Einsamkeit des Menschen in Rechnung stellt. Mit der Gottes- gerät jede Sinninstanz ins Wanken.

Jacobi führt den Begriff des Nihilismus während des Atheismusstreites im Jahre 1799 ein, wo er Fichte vorwirft, »daß das Philosophieren der reinen Vernunft konsequentermaßen nur möglich ist, wenn ›alles außer ihr in Nichts verwandelt wird und sie allein übrig läßt‹«[129]. Er führt an Fichte den schon gegen Kant erhobenen Vorwurf aus, daß die Absage an eine Erkenntnis des Realen die

---

126 Der Sache nach kennt schon die Aufklärung einen Nihilismus: »Der Nihilismus könnte im Hinblick auf das geistige Spektrum der Aufklärung als der Versuch definiert werden, die Rehabilitation der Sinnlichkeit restlos *und* wertfrei durchzuführen« (Kondylis, P., Die Aufklärung im Rahmen des neuzeitlichen Rationalismus, Stuttgart 1981, S. 490). Weil sie »phänomenalistisch eingestellt« (a. a. O., S. 492) sei, »erübrigt sich auch die Unterscheidung zwischen Sein und Schein« (ebd.). An diese Momente knüpft später Nietzsche an. – Vgl. zur Begriffsgeschichte auch: Riedel, M., Artikel ›Nihilismus‹, in: Geschichtliche Grundbegriffe, Bd. 4, hg. von O. Brunner u. a., Stuttgart 1978, S. 371-411, vgl. weiter: Goerdt, W., Artikel ›Nihilismus‹, in: Historisches Wörterbuch der Philosophie, hg. von J. Ritter und K. Gründer, Bd. 6, Darmstadt 1984, Sp. 846-854; vgl. weiter: Pöggeler, O., ›Nihilist‹ und ›Nihilismus‹, in: Archiv für Begriffsgeschichte, Bd. XIX, Bonn 1975, S. 197-210.

127 Gawoll, H.-J., Nihilismus und Metaphysik, Stuttgart - Bad Cannstatt 1989, S. 29

128 a. a. O., S. 48

129 Arendt, D., Der ›poetische Nihilismus‹ in der Romantik, Tübingen 1972, S. 38 f.

Hypostasierung der setzenden Subjektivität zur Folge habe. Diese überwinde zwar den Kantischen Dualismus, weil Fichte das Subjekt als Überwinder einsetze – jedoch falsch:

›Offenbar muß alles in und durch Vernunft, im Ich als Ich, in der Ichheit allein gegeben und in ihr schon enthalten seyn, wenn reine Vernunft allein, aus sich allein, soll alles herleiten können.‹ Dieser subjekttheoretischen Umkehrung des Spinozistischen Gedankens der einen, absoluten Substanz gilt jetzt das Scheltwort vom Nihilismus, den Jacobi mit dem Idealismus *identifiziert*[130].

Wenn aber das Subjekt die Welt aus sich selbst setzend produziert, fällt diese vollständig in es hinein. Dann gäbe es kein Außerhalb mehr; die Welt wäre nur eine Spiegelung des Ichs, und das Ich wäre allein mit sich selbst und seinen Hervorbringungen.

Doch der Nihilismus läßt selbst das Ich nicht unbeschadet, auch es unterliegt der »idealistischen Desubstantialisierung«[131]. Das Ich müsse, so Jacobi über Fichte, sich dem Wesen nach vernichten, um im Begriff zu erstehen.[132] Es sei nichts als eine »idealistisch konzipierte causa sui«[133]. Darin liege Fichtes Atheismus begründet: Der Mensch werde zum Gott. Doch die Setzungen der Vernunft, an die die jedesmalige Überwindung des Ichs gebunden ist, entwerteten das Dasein: »Angesichts einer durch nichts eingeschränkten Autonomie der Vernunft tut sich die existentielle Nichtigkeit des Ich auf«[134].

Die Vorstellungen von der Entleerung der Welt und der Untergrabung des Ichs wirkten sich um 1800 nicht nur in philosophischen Zirkeln aus. Die literarische Romantik hat im Gefühl des Verlustes aller Orientierungspunkte eine ihrer Wurzeln. Jean Paul konstatiert 1804 einen poetischen Nihilismus, auf den diese Arbeit im sechsten Kapitel zurückkommen wird. Die philosophische Spekulation und das literarische Verfahren – gerade auch des romantischen Fragments – sind im Innersten miteinander verbunden.

Die Philosophen des Idealismus wiesen Auswege zur Überwindung des Nihilismus auf.[135] Doch die erkenntnistheoretische Fragestellung hatte eine exi-

---

130 a. a. O., S. 57; das Jacobizitat stammt aus: Jacobi, Fr. H., Jacobi an Fichte, in: Friedrich Heinrich Jacobi's Werke, hg. von Fr. Roth und Fr. Köppen, Leipzig 1816, Bd. 3, S. 1-57.
131 Gawoll, a. a. O., S. 60
132 vgl. ebd.
133 ebd.
134 a. a. O., S. 62
135 Gawoll verzeichnet diejenigen Obereits, Heydenreichs, Fichtes, Jacobis und Hegels.

stentielle Dimension berührt, die erst während des 19. Jahrhunderts vollständig aufbrach. Nachdem Schopenhauer pessimistisch jeden Eingriff des Menschen in die Gesetze der Natur in letzter Instanz als sinnloses Bestreben wertete und die Haltung buddhistischen Gleichmutes gegenüber den Schicksalsmächten sowie das Verlöschen des Lebenswillens propagierte, versucht Kierkegaard, der Vorläufer des neueren Existentialismus, den Sinn des Daseins durch einen Sprung in den Glauben zu erlangen. Zwar gibt er zu, daß Angst und Verzweiflung angesichts des Todes unabwendbare und angemessene Verhaltensweisen seien, doch sieht er gerade in der Konfrontation eines jeden einzelnen mit der Todesgewißheit die Voraussetzung gegeben, den Nihilismus zu überwinden. Die existentielle Enge stelle jeden vor die Entscheidung: entweder er verzweifelt oder er springt in den Glauben:

> Im Entweder-Oder von Verzweiflung und Glauben kommt [...] der Mensch *statt vor das Nichts vor Gott* zu stehen, vor Gott als den Schöpfer des Seins aus dem Nichts. Im Glauben an Gott vollzieht sich der positive Umschlag des Nihilismus. [...] Konstitutiv für eine eigentliche ›Existenz‹ sind somit Vereinzelung und Nihilismus und die dadurch geforderte Entscheidung.[136]

Für das Sein Gottes gebe es dabei keine Garantie. Das Wesen des Glaubens sei gerade durch das Vertrauen bestimmt, den unsichtbaren Gott als seiend zu unterstellen.

Das nihilistische Denken sowie das Denken über das, was den existentiellen Nihilismus der Sache nach ausmacht, gerät in ein Dilemma des Entweder-Oder. Wenn alle Sinngebungsbemühungen vom Sog des Nichts erfaßt und entwertet werden, gibt es am Ende auch für die Existenz des Individuums keine Rechtfertigung mehr. Die dieser Auffassung adäquate Haltung ist der Freitod. Dieser Konsequenz entgeht der Nihilist nur durch die Wahl des ›Oder‹, durch die Setzung und Übernahme einer neuen metaphysischen Prämisse, mit deren Hilfe er der drohenden Totalnegation entfliehen kann.[137] Sie ist bei Kierkegaard theologisch

---

136 Löwith, K., Kierkegaard und Nietzsche oder philosophische und theologische Überwindung des Nihilismus, in: Sämtliche Schriften, Bd. 6, Stuttgart 1987 (zuerst 1933), S. 53-74, hier: S. 56.
137 Am nihilistischen Moment sucht Adorno – im Vergleich Kierkegaards mit Hegel – den idealistischen Charakter von Kierkegaards Philosophie auf: »Der Anspruch ›absoluten Geistes‹ waltet in der Preisgabe der Welt als der vollendet sinnlosen nicht anders als in ihrer Verklärung durchs System der Vernunft. Ob Subjektivität der Wirklichkeit ›Sinn‹ zumißt oder aberkennt, beide Male tritt sie als Instanz auf, die über den ›Sinn‹ zu befinden hat, weil er ihr selber innewohnt.« (Adorno, Th. W., Kierkegaard, in: ders., Gesammelte Schriften, Bd. 2, Frankfurt/M. 1979 (zuerst 1933), S. 134)

akzentuiert, und auch in *kamalatta* eignet dem säkularisierten Sprung ins Vertrauen – in das der Ehe oder in das des politisch motivierten Kollektivs – die religiöse Antriebskraft. Die in *kamalatta* verhandelte Spielart des Nihilismus ist zunächst die existentielle. Proffs Schicksal entscheidet sich daran, ob er in das ›Oder‹ ›springen‹ kann.[138] Es ist nicht zuletzt die im Roman immer auch politisch gewendete Frage, ob die Individuen aus der Passivität des Reagierens zum aktiv setzenden Kampf finden können. Der ›Angriff‹ ist auf den bekennenden Sprung aus dem nihilistischen Denken angewiesen. Er greift dabei unausweichlich auf metaphysische Setzungen zurück, sei es die analysierte Inanspruchnahme des Lebensbegriffs, sei es die Sartresche Freiheitsannahme oder seien es andere Prinzipien, die eine vergleichbare Funktion erfüllen.

Kierkegaards Entweder-Oder organisiert die möglichen Reaktionen auf die Welt in einer Polarität. Die Spaltungsstruktur durchzieht auch *kamalatta* in verschiedenen Hinsichten. Mit Proff fragt der Roman nicht nur historisch nach dem derzeitigen Kräfteverhältnis von Staat und Opposition, sondern er rührt an die innersten, an die metaphysischen Gründen der Opposition überhaupt. Das Gewaltverhältnis beeinflußt den Grad der Auseinandersetzung mit dem Gegner. Die Frage nach der Bedingung der Möglichkeit oppositionellen Handelns stellt aber nicht nur den Grad, sondern die Existenzberechtigung der oppositonellen

---

138 Zur Metaphorik des Sprunges in *kamalatta* vgl. den Abschnitt 6.1.6. (Metaphorische Korrespondenz, exakte Topographie). – Den systematischen Stellenwert des ›Sprunges‹ in Kierkegaards Philosophie bestimmt Adorno als den antidialektischen Vermittler zwischen den drei von Kierkegaard gesetzten, voneinander getrennten Sphären – der ästhetischen, der ethischen und der religiösen –, die eine »Totalität in Brüchen« (a. a. O., S. 147) bilden: »Im Widerspruch der ›Confinien‹« – Ironie und Humor – prallen die Sphären »aufeinander; der Abgrund zwischen ihnen aber und die Bewegung über ihn hinweg ist der ›qualitative Sprung‹. [...] Kierkegaard abstrahiert die ›Sphären‹ von den Phänomenen und voneinander, um als Ideen sie zu hypostasieren: der ›Sprung‹ klafft zwischen ihnen als ›Abgrund des Sinnes‹ nicht anders als zwischen Ich und kontingenter Außenwelt.« (a. a. O., S. 138) Der Wechsel zwischen den Sphären als Sprung ist einerseits von der Entscheidung abhängig, birgt aber zugleich ein Moment der »Gnadenwahl« (a. a. O., S. 142). Aufgrund dieses transzendenten Eingriffs spricht Adorno von der »›intermittierenden‹ Dialektik« Kierkegaards, »deren wahrer Augenblick nicht das Weitergehen sondern das Innehalten, nicht der Prozeß sondern die Cäsur ist«. Sie »setzt im Zentrum der Kierkegaardschen Existenzphilosophie, als Einspruch transsubjektiver Wahrheit, der mythischen All-Herrschaft des spontanen Subjekts sich entgegen« (a. a. O., S. 143). Das Intermittierende schlage sich im Bild des Atmens nieder, worin mit dem »Augenblick der Pause, da Dialektik innehält, [...] Natur [...] widerhallt« und den »sprachlichen Eingriff von Versöhnung« (a. a. O., S. 144) sichtbar mache.

Orientierung selbst zur Debatte. Diese Frage, die jede handlungsorientierte, positive Entscheidung dem Zweifel aussetzt, wirkt handlungs- und entscheidungshemmend, sie schiebt jedes Handeln auf. Dadurch verhindert sie den entschlossenen Angriff, den die Gruppe zu führen bereit ist. Das zögernde Individuum wird aber, aus der Sicht der Gruppe, das Kräfteverhältnis gegenüber dem Staat nie entscheidend beeinflussen können. Sie fordert – immanent folgerichtig – eine Entscheidung. Der Preis, den sie zahlt, um das Ganze umzustürzen, ist ihr Rückfall in eine affirmative Metaphysik, die der Existenz der einzelnen einen dogmatisch gesetzten Sinn verleihen kann.

Die Kierkegaardsche Überwindung des Nihilismus findet in Albert Camus' Existentialismus einen säkularisierten Nachhall. Ausgehend von der seiner Ansicht nach zentralen Frage nach dem Suizid[139] entwickelt Camus eine Theorie des Absurden, an die er eine Möglichkeit knüpft, es sich mitten in ihm einzurichten. Die »Frage nach dem Sinn des Lebens«[140] beantwortet er negativ: »Ich weiß nicht, ob diese Welt einen Sinn hat, der über mich hinausgeht. Aber ich weiß, daß ich diesen Sinn nicht kenne und daß ich ihn zunächst unmöglich erkennen kann.«[141] Die Sinnlosigkeit der individuellen Existenz, deren mögliches Sinngefüge immer wieder notwendig vom Tod negiert werde, sei die absurde Voraussetzung unseres Daseins. Davor rette kein Kierkegaardscher Sprung, der dem Glauben »das Opfer des Verstandes«[142] bringe. Kierkegaard vermöge nur durch die Vergöttlichung des Irrationalen das Absurde hinter sich zu lassen, er wolle gesund werden, während es Camus darum geht, »mit dieser Zerrissenheit zu leben und zu denken«[143]. Den Sprung hält er für eine leichte Verhaltensweise, Gefahr liege jedoch »in dem kaum meßbaren Augenblick vor dem Sprung. Die Redlichkeit besteht darin, sich auf diesem schwindelnden Grat zu halten; alles andere ist Ausflucht.«[144] Diese Haltung, jederzeit des Absurden der eigenen

---

139 »Es gibt nur ein wirklich ernstes philosophisches Problem: den Selbstmord. Die Entscheidung, ob das Leben sich lohne oder nicht, beantwortet die Grundfrage der Philosophie.« (Camus, A., Der Mythos von Sisyphos, Hamburg 1959 (zuerst 1942), S. 9)
140 a. a. O., S. 9
141 a. a. O., S. 47
142 a. a. O., S. 36 f.
143 a. a. O., S. 46
144 ebd.

Existenz gewahr zu sein, nennt er passivisch Auflehnung[145] und später, aktivisch, Revolte.[146] Der Suizid bleibe hinter der Radikalität der Auflehnung zurück: »Man könnte meinen, der Selbstmord sei eine Folge der Auflehnung. Aber zu Unrecht. Denn er stellt nicht deren logischen Abschluß dar. Er ist dank der Zustimmung, die ihm zugrunde liegt, genau ihr Gegenteil. Der Selbstmord ist wie der Sprung, die Anerkennung ihrer Grenzen.«[147] Camus' Ethos lautet dementsprechend: »Es geht darum, unversöhnt und nicht aus freiem Willen zu sterben.«[148]

Die angeführte Begründung für das Weiterleben, dieses sei eine radikalere Auflehnung als der Suizid, wird den philosophischen Nihilisten kaum überzeugen können, denn der Tatbestand des existentellen Scheiterns eines jeden einzelnen angesichts des Absurden bleibt auch hier bestehen. Die ›Redlichkeit‹, dem Absurden standhaft entgegenzutreten, die Camus in Anspruch nimmt, bleibt philosophisch unabgesichert. Er muß sich fragen lassen, warum der Mensch gegen das Absurde revoltieren sollte, obwohl ihn alle Hoffnung auf dessen Überwindung genommen bleibt? Der Widerstand selbst wird zum absurden Verhalten, sobald ihm die utopische Kraft amputiert wird.

Geisslers Gruppe verlangt einen Kierkegaardschen Sprung, jedoch nicht in den theologischen Glauben, sondern in den des Glaubens an ihr gemeinsames Handeln, das die gesellschaftliche Revolte herbeiführen möchte. Diese unterscheidet sich von der Camusschen dadurch, daß sie an die Entscheidung und das Leben eine Heilserwartung knüpft. Camus jedoch verlangt vorab das Fahrenlassen aller Hoffnung.

Den Umschlag ins Affirmative des politischen Handelns vermag Proff nicht mitzuvollziehen. Zwar führt er dieselbe Rhetorik im Munde wie die Gruppe, doch sie bleibt äußerlich; ihm mangelt der Glaube. Das Problem der Metaphysik

---

145 »Sie ist die ständige Anwesenheit des Menschen bei sich selbst. Sie ist kein Sehnen, sie ist ohne Hoffnung. Diese Auflehnung ist die Gewißheit eines niederwerfenden Schicksals« (a. a. O., S. 49).

146 In *Der Mensch in der Revolte* überträgt Camus die individuelle Haltung des Widerstehens und der Auflehnung auf das gesellschaftliche Handeln. Die Frage nach dem Suizid verwandelt sich in die nach der Legitimität des Mordes: »Da jede Handlung heute direkt oder indirekt in einen Mord einmündet, können wir nicht handeln, bevor wir nicht wissen, ob und warum wir töten sollen.« (Camus, A., Der Mensch in der Revolte, Reinbek b. H. 1953, (zuerst 1951), S. 8)

147 Camus, Der Mythos..., a. a. O., S. 49

148 a. a. O., S. 50

kehrt bei Geissler mit der Kategorie des Vertrauens wieder. Die Frage, ob Glaube möglich sei, stellt er als diejenige nach dem Vertrauen. Wo die prästabilierte Harmonie eines unterstellten universellen Wesens des Menschen nicht mehr gedacht werden kann, herrscht Vereinzelung und Einsamkeit. Wenn der gesellschaftliche Umsturz nur kollektiv geschafft werden kann, entfällt mit der Vereinzelung die Bedingung seiner Möglichkeit.

Die Vereinzelung ist in *kamalatta* das Produkt einer bestimmten Herrschaftsform. Indem Geissler die irreversible Vereinzelung, die Unfähigkeit zum Vertrauen, ursächlich in den Faschismus verlegt, läßt er offen, inwieweit nur der ins Äußerste gesteigerte Kapitalismus[149] die radikale Vereinzelung herbeizuführen vermag oder inwieweit sie ihm insgesamt eignet. *Kamalatta* gestaltet ein Ringen um die Hoffnung, in dem der nihilistische Angriff auf die metaphysischen Quellen des Umsturzes auf die historische Situation bezogen wird. Der Kapitalismus könnte, so die mitgesprochene Drohung, die psychologische Grundlage für den Umsturz, für Humanität, zerstören.

Proffs Schicksal, die Vertrauensunfähigkeit, wurde ihm von einer Gesellschaft zugefügt, für die Geissler das stereotyp wiederkehrende Bild des Steines wählt. Der Kampf gegen den Stein verbindet alle Oppositionellen. Proff verliert diesen Kampf am Ende. Im Tod ähnelt er sich dem Sisyphos an, der sein Schicksal, den Stein, annimmt und ihn ewig weiterrollt. An Proffs Todesort begräbt ihn schließlich das »geröll« (9), und auch im Leben vermag er nicht aus der Versteinerung herauszutreten und zum Sprung oder zum Flug zu gelangen. Vielmehr schlägt sich das Schicksal, wie bei Camus' Sisyphos, an ihm selbst nieder: »Ein Gesicht, das sich so nahe am Stein abmüht, ist selbst bereits Stein!«[150]

Ich sehe wieder *Sisyphos* vor mir, wie er zu seinem Stein zurückkehrt und der Schmerz von neuem beginnt. Wenn die Bilder der Erde zu sehr im Gedächtnis haften, wenn das Glück zu

---

149 Die meisten Figuren gehen davon aus, daß der Faschismus nur eine straffere politische Form des Kapitalismus sei. Die Faschismustheorien sind sich über diesen Punkt nicht einig. Während viele mit Horkheimer sagen: »Der neue Antisemitismus ist der Sendbote der totalitären Ordnung, zu der die liberalistische sich entwickelt hat. Es bedarf des Rückgangs auf die Tendenzen des Kapitals. [...] Wer aber vom Kapitalismus nicht reden will, sollte auch vom Faschismus schweigen« (Horkheimer, M., Die Juden und Europa, in: Zeitschrift für Sozialforschung, Jg. 8 (1939/40), Nachdruck: München 1970, S. 115-137, hier: S. 115), betonen andere die Eigenständigkeit insbesondere des deutschen Nationalsozialismus, dessen grausames Merkmal, die Massenvernichtungen, nicht in ökonomischen Erwägungen aufgingen.

150 Camus, Der Mythos..., a. a. O., S. 99

dringend mahnt, dann steht im Herzen des Menschen die Trauer auf: das ist der Sieg des Steins, ist der Stein selber.[151]

Die Transformation des Menschlichen in das Steinerne hat sich an Proff unwiderruflich vollzogen. Als er der Konsequenzen dieses irreparablen Vorganges gewahr wird und nachdem er ausprobiert hat, ob es für ihn ein Leben ohne die Rückkehr zu Glaubensinhalten geben kann, nachdem er, ohne sich zu entscheiden, auf der Grenze wandeln wollte, beendet er schließlich sein Leben und entzieht sich dem fortgesetzten Dazwischen-Sein. Damit beantwortet er die Camussche Alternative, ob man sich angesichts der Sinnlosigkeit umbringen oder ob man weiterexistieren solle, anders als dieser, der das illusionslose Weiterexistieren zur Revolte des Menschen gegen das Schicksal verklärt und aus dem ewigen Un-Sinn eine Existenzberechtigung destilliert.

Die Kierkegaardsche und die Camussche ontologische Rede vom Allgemein-Menschlichen übernimmt Geissler nicht ohne weiteres. Proffs Versehrung ist eine historisch spezifische, und auch das Bild des Steins, das in *kamalatta* hundertfach benutzt wird, kann jedes Mal als eine besondere Gestalt derjenigen Vergesellschaftungsform dechiffriert werden, der die Individuen unterworfen sind. Der Stein ist, wie bei sozialistischen Theoretikern auf analytischer Ebene das Kapital, das Wesenszentrum dieser Vergesellschaftungsform, das sich an allen Gliedern des gesellschaftlichen Körpers in jeweils anderer Erscheinung zeigt. Aber das herrschende System ist auch ein gewordenes.

Nietzsche hat das historische Moment am Nihilismus aufgriffen. Er stellt den Nihilismus in die gesamte Geschichte abendländischen Denkens als dessen Endpunkt hinein: »Der ganze *Idealismus* der bisherigen Menschheit ist im Begriff, in *Nihilismus* umzuschlagen – in den Glauben an die absolute *Wert*losigkeit, d. h. *Sinn*losigkeit.«[152] Er läßt Zarathustra predigen: »*Tot sind alle Götter*«[153] und den ›tollen Menschen‹ auf dem Marktplatz ausrufen: »Gott ist tot!«[154] Gott ist aber

---

151 a. a. O., S. 100

152 Nietzsche, Fr., Aus dem Nachlaß der Achtzigerjahre, in: ders., Werke in drei Bänden, Bd. III, hg. von K. Schlechta, München 1966, S. 415-925, hier: S. 896.

153 Nietzsche, Fr., Also sprach Zarathustra, in: ders., Werke in drei Bänden, Bd. II, hg. von K. Schlechta, München 1966, S. 275-561, hier: S. 340.

154 Nietzsche, Fr., Die fröhliche Wissenschaft, in: ders., Werke in drei Bänden, Bd. II, a. a. O., S. 7-274, hier: Aph. 125, S. 127.

der Name für den Bereich der Ideen und der Ideale. Dieser Bereich des Übersinnlichen gilt [...] seit der spätgriechischen und der christlichen Auslegung der Platonischen Philosophie [...] als die wahre und eigentlich wirkliche Welt. [...] Das Wort ›Gott ist tot‹ bedeutet: die übersinnliche Welt ist ohne wirkende Kraft. [...] Die Metaphysik [...] ist zu Ende.[155]

An ihre Stelle tritt der »Unglaube«[156], dann eine Leere,[157] also ein Nichts: »Der Nihilismus steht vor der Tür«[158]. Die Säkularisierung erreicht in ihm ihren äußersten Vorposten. Die Schwellensituation, in der die Menschheit sich nach Nietzsche befindet, ergibt sich aus dem existentiellen Effekt, den ein bestimmtes geistiges Ereignis – die Einsicht in die metaphysische Beschaffenheit des Denkens – mit sich bringt: »Was bedeutet Nihilismus? – *Daß die obersten Werte sich entwerten. Es fehlt das Ziel. Es fehlt die Antwort auf das* ›Wozu?‹.«[159]

Diese scheinbar rein spekulative Frage trifft ins Zentrum von *kamalatta*, weil jede revolutionäre Bewegung letzte Gründe, d. h. metaphysische Kategorien in Anspruch nehmen muß, um das Überschreiten des Bestehenden betreiben zu können. Sobald sie ›im Namen von‹ etwas handelt, ist sie in die Metaphysik und deren intrikates Funktionieren verstrickt. Der Nihilismus stellt alle Rechtfertigungen, also auch jene vitalistisch-lebensphilosophischen und die existentialistischen, die in *kamalatta* vorkommen, an den Pranger, denn sie setzen erste Prinzipien, die darüber hinwegtäuschen, daß es keinen festen Halt für sie geben kann, die sich keinem Willkürakt verdankten. »Für die Metaphysik und durch sie [bleibt] das verborgen, was in ihr und was als sie selbst eigentlich geschieht«[160]: ihr eigener Grund. Deshalb kann Heidegger den Nihilismus – mit Nietzsches Bild vom ›großen Mittag‹ – als die Bewußtwerdung des Denkens über sich selbst begreifen.[161] Für ihn gehört der Nihilismus, als entgegenwirkende Kraft, in die Geschichte der Metaphysik hinein. Nietzsche wirft er vor, mit dem Versuch seiner Überwindung in metaphysische Muster zurückgefallen zu sein; in der Konzeption des Willens zur Macht »wird das Wertdenken zum Prinzip

---

155 Heidegger, M., Nietzsches Wort ›Gott ist tot‹, in: ders., Holzwege, Frankfurt/M. 1950, S. 205-263, hier: S. 212 f.
156 a. a. O., S. 217
157 vgl. a. a. O., S. 221
158 Nietzsche, Aus dem Nachlaß..., a. a. O., S. 881
159 a. a. O., S. 537
160 Heidegger, a. a. O., S. 213
161 vgl. a. a. O., S. 253

erhoben«[162]. Nach Heidegger jedoch bleibt alles Denken notwendig in Metaphysik befangen:

> Doch was ist Metaphysik? Wissen wir ihr Wesen? Kann sie selbst dieses Wesen wissen? Wenn sie es begreift, greift sie es metaphysisch. Aber der metaphysische Begriff von der Metaphysik bleibt stets hinter ihrem Wesen zurück. Das gilt auch von jeder Logik [...]. Jede Metaphysik von der Metaphysik und jede Logik der Philosophie, die in irgendeiner Weise die Metaphysik zu überklettern versuchen, fallen am sichersten unter sie herab, ohne zu erfahren, wohin sie selbst dabei fallen.[163]

Kamalatta fragt danach, ob der Grund für revolutionäres Handeln noch vorhanden sei. Die Drohung, der in der Geschichte des Sozialismus gleichsam naturwüchsig gegebene, selbstverständlich vorausgesetzte Boden fundamentaloppositionellen Handelns könnte einer Figur, die vielleicht stellvertretend für eine historische Tendenz steht, unter den Füßen hinweggezogen sein, partizipiert erstens an der Metaphysikkritik, der jedes Handeln sich im 20. Jahrhundert ausgesetzt sieht, sie schlägt sich zweitens im einzelnen als existentielle Erfahrung nieder und wirkt sich drittens unmittelbar politisch aus. In *kamalatta*, wo die philosophische Terminologie nicht vorkommt, macht sich die Frage nach der Metaphysik an derjenigen nach der Revolution fest. Daß dieser Zusammenhang mit einer historischen Bestimmung thematisch wird, kann schon für Nietzsche gezeigt werden.

Christoph Türcke stellt, im Anschluß an Nietzsche, diesen Zusammenhang von Metaphysikkritik und revolutionärem Engagement her. Die Revolution der Sozialisten sei für Nietzsche, wenn sie zustande käme, »nicht die Tat, die das menschliche Elend bei seiner Wurzel packte. Sie ist nicht wirklich radikal«[164], weil sie nicht ernst mache »mit dem Tod Gottes«[165]. Wegen des Wiederauferstehens metaphysischer Leitbilder im Weltbild der Sozialisten, wegen des priesterlichen Zuges, der sich deshalb an diese hefte, reagiere Nietzsche idiosynkratisch auf sie: Auch für den Sozialisten

---

162 a. a. O., S. 255
163 a. a. O., S. 259 – Ob Heideggers Ausweg aus dem Dilemma, sich der Erfahrung des Seins auszusetzen und diese gegen die Vernunft zu wenden (vgl. a. a. O., S. 263), nicht ihrerseits metaphysisch verfährt, indem das unverborgene Sein nun zum obersten Prinzip erhoben wird, kann hier nicht geklärt werden. Vgl. hierzu: Haag, K. H., Kritik der neueren Ontologie, Stuttgart 1960.
164 Türcke, Chr., Der tolle Mensch, Frankfurt/M. 1989, S. 116
165 a. a. O., S. 110

ist Gott nicht wirklich tot, sondern in Ideale verwandelt, und gegen die ist Nietzsche besonders allergisch. ›Wie mir die Sozialisten lächerlich sind mit ihrem albernen Optimismus vom ›guten Menschen‹, der hinter dem Busche wartet, wenn man nur erst die bisherige ›Ordnung‹ abgeschafft hat und alle ›natürlichen Triebe‹ losläßt‹.[166]

Im Inneren der populären Rhetorik sozialistischer Führer erkennt Türcke – mit Nietzsche – ein Dilemma, an dem »sozialistische Theorie und Praxis bis heute laboriert«[167]: die »Antinomie der Revolution«[168], die »Umwälzungsbedürfigkeit der Verhältnisse und die Unfähigkeit des in sie verstrickten Menschenschlags, sie umzuwälzen«[169]. Diese Unfähigkeit sei kein subjektives Unvermögen, sondern sie sei objektiv veranlaßt. Bei Marx modelliere die kapitalistische Vergesellschaftungsform die Menschen bis in ihren Charakter hinein, bei Nietzsche könne der Mensch nicht aus der metaphysischen Epoche springen.[170] Deshalb seien alle neuen, umgewerteten

Werte, an die sich einzig die Hoffnung […] knüpfen könnte, […] von ihrem Gegenteil befallen, von Zweideutigkeit unterhöhlt. Nietzsche […] will die Weltkrankheit bei der Wurzel packen. Aber diese Wurzel ist der Weltlauf selbst.«[171] »Gott ist tot!‹ sagt Nietzsche und rebelliert mit diesem Gedanken gegen zweierlei gleichermaßen: gegen die Weltkrankheit, die sich auf den Kredit Gottes jahrtausendelang kaschierte und bagatellisierte, und gegen den göttlichen Erlöser von ihr. Kann aber diese doppelte Rebellion stattfinden, ohne daß der Rebellierende an ihr irre wird: ein toller Mensch?[172]

Mit Nietzsche gelangt die Philosophie zur Reflexion ihres eigenen Grundes, den sie notwendig immer wieder verfehlt. Alle letzten Gründe, alle höchsten Werte, alles Wahre und alles Eigentliche beraubt er der Dignität und stellt es grundsätzlich in Frage. Der Nihilismus steht vor der Tür. Er darf aber nicht hereingelassen werden, weil sonst das Instrument seiner Erkenntnis, das Denken, sich selbst aufgäbe. Dieses ist in einem Bezirk ausgesetzt, den es nicht kontrollieren kann. Um zur Erkenntnis der eigenen Situation zu gelangen, darf es sich nicht dem

---

166 a. a. O., S. 107 – Das Nietzschezitat findet sich in: Nietzsche, Aus dem Nachlaß…, a. a. O., S. 437.

167 Türcke, a. a. O., S. 109

168 a. a. O., S. 112

169 ebd.

170 Wie Heidegger nimmt auch Türcke an, daß die späten Versuche Nietzsches, mit den Theorien vom Willen zur Macht, von der ewigen Wiederkehr und vom Übermenschen aus dem Spannungsfeld der von ihm aufgewiesenen Antinomien herauszuspringen, seiner ›Hauptlehre‹ nicht angemessen seien (vgl. a. a. O., S. 124 ff.).

171 a. a. O., S. 120

172 a. a. O., S. 123

Draußen überlassen. Es muß in der Ausgesetztheit bei sich selbst bleiben. Deshalb ist seine Erkenntnis von sich selbst schon immer aus seinem Realgrund gerückt. Eine Erkenntnis des Nichtidentischen kann es nicht geben. Die Menschen müssen, um leben, das heißt existieren zu können, alle Kräfte der Vernunft und der Einbildungskraft aufbieten, um sich einen festen Stand zu verschaffen, indem sie eine Realität festschreiben. Auch müssen sie von der Illusion dauernder Selbsterhaltung ausgehen, wo doch der eigene Zerfall schon absehbar ist. Wer, wie Nietzsche, diesen Zusammenhang erkannt hat und ihn konsequent auf alles Denken und Handeln überträgt, gerät sowohl gegenüber der philosophischen Lehre wie auch gegenüber dem alltäglichen Bewußtsein in eine mit beiden inkompatible Position. Er gerät philosophisch in den Sog des Nihilismus und wird im Alltag realitätsuntüchtig. Die Verrücktheit ergibt sich, so gesehen, als eine logische Konsequenz aus der Reflexion der Vernunft auf sich selbst.

Der Rekurs auf die Nietzschesche Reflexion der Metaphysik ist notwendig, um den geistigen Gehalt von Geisslers Roman in seiner ganzen Tragweite akzentuieren zu können. Denn mit der Gestaltung eines Geflechts von umsturzbereiten Figuren stellt sich mit jedem beschriebenen Handeln die Frage nach den Quellen, aus denen dieses Handeln sich speist. Türcke beschreibt den daraus resultierenden Mechanismus in aller Deutlichkeit:

Umwertung der Werte ist [...] selbst zweideutig: zum einen der welthistorische Kraftakt, auf den Nietzsche hinaus will, zum anderen die geistige Filigranarbeit, die er betreibt. Die Pointe dabei: Die Umwertung, auf die er hinaus will, wird durch die, die er betreibt, blockiert. Der welthistorische Umbruch kann nicht stattfinden, wo die Arbeit für ihn darin besteht, die umzubrechenden Werte als schon in sich umgebrochen zu erweisen.[173]

Eine ähnliche Dynamik ist auch in *kamalatta* wirksam. Schon im Begriff des Widerstandes, vollends in dem des Angriffs, nimmt der Handelnde etwas in Anspruch, das über das Bestehende hinausgeht. All diese Begründungen sind aber in ihrem Inneren vom Zweifel durchdrungen, sie verfallen der Metaphysikkritik und damit dem Nihilismus. Die möglichen Auswege – der Kierkegaardsche Sprung in den Glauben, der Camussche Umschlag in die Revolte und Nietzsches Übermensch – entgehen der Kritik ebenfalls nicht. Auch die bei Geissler beschworenen vitalistischen und existentialistischen Gedankengänge beseitigen nicht den nagenden Zweifel.

---

173 a. a. O., S. 121

Geissler setzt in *kamalatta* die verschiedenwertigen Momente schroff und unvermittelt nebeneinander. Die Spiegelung des Risses an immer wieder neuen Konstellationen der Figuren und Ereigisse wird zum Motor des literarischen Prozesses: es ist, um mit einem Geisslerschen Buchtitel zu sprechen, ein *Prozeß im Bruch*, der jenen »riß«[174] in der Welt zugrundelegt. Dieser geht mitten durch den Protagonisten hindurch,[175] der sich folgerichtig den Kopf, das Instrument der Erkenntnis über die eigene Situation, spaltet und der, wie zu zeigen sein wird, den Erzähler als ein Spaltungsprodukt aus sich entläßt. Hier wird deutlich, warum Proff Büchner (vgl. 53) liest, dessen Protagonist Lenz, der auf der Schwelle zum Wahnsinn steht, die Welt in ähnlich ambivalenten, ineinander umschlagenden Formen wahrnimmt: »die Welt, die er hatte nutzen wollen, hatte einen ungeheuern Riß, er hatte keinen Haß, keine Liebe, keine Hoffnung, eine schreckliche Leere und doch eine folternde Unruhe, sie auszufüllen«[176], und warum sich auch Celan in seiner Bibliothek findet, der in seiner Büchner-Preis-Rede, an ihrem Umschlagspunkt, an zentraler Stelle also, deren Mitte aber leer bleibt, auf den nihilistischen Abgrund verweist, angesichts dessen alle Metaphysik zur faden Rationalisierung wird, indem er Lenzens Unbehagen, nicht auf dem Kopf gehen zu können, interpretiert: »wer auf dem Kopf geht, der hat den Himmel als Abgrund unter sich.«[177] Für Celan ist das metaphysische Scheitern unaufhebbar verbunden mit dem geschichtlichen.

Obwohl *kamalatta* den nihilistischen Gedanken in einen geschichtlichen Horizont einrückt, indem er die Sinnlosigkeit der individuellen Existenz an das vom Kapitalismus und an dessen faschistischer Steigerungsform ausgeübte Gewaltverhältnis bindet, übergeht er ein historisches Ereignis, an dem sich der Diskurs über die Sinnhaftigkeit des modernen Fortschritts nach dem Zweiten Weltkrieg neu entzündet hat. Die geschichtliche Dimension des Nihilismus ist

---

174 vgl. 53, 54, 60, 101, 297, 302, 328, 383, 409, 438, 454 (»aufriß«), 498, 544

175 vgl. z. B. die Beschreibung seines Zimmers, in dem »nachrichten oder bilder von kämpfen«, durch einen »bruch«, einen »riß« von »bilder[n] [...] von eingitterungen« (53) getrennt sind.

176 Büchner, G., Lenz, in: ders., Werke und Briefe, hg. von K. Pörnbacher u. a., München 1988, S. 135-158, hier: S. 155

177 Celan, P., Der Meridian, in: ders., Gesammelte Werke, Dritter Band, hg. von B. Allemann und St. Reichert, Frankfurt/M. 1983 (zuerst 1960), S. 187-202, hier: S. 195. – E. Cameron hat darauf hingewiesen, daß dieser Satz am Ende des 24. von 48 Abschnitten steht (vgl. Cameron, E., Das Dunkle und das Helle, in: Shoham, Ch./Witte, B. (Hg.), Datum und Zitat bei Paul Celan, Bern - Frankfurt/M. - New York - Paris 1987, S. 156-169, hier: S. 156 sowie Fußn. 1, S. 168).

seither in ein gegenüber dem 19. Jahrhundert verändertes Licht getreten, indem er sich mit dem Mord an den Juden und an anderen in den nationalsozialistischen Todeslagern um ein konkretes, politisches Ereignis zusammenzieht. Auschwitz wird zum Namen dafür, daß die Gottverlassenheit der Welt eine geschichtsmächtige Größe ist. Für Celan ist es das mit diesem Namen verbundene historische Geschehen, das das Kopfstehen der Welt verursacht hat. Mit Auschwitz hat Gott die Welt verlassen. Die größten Verbrechen gegen Gottes Gebote wurden verübt, ohne daß ein legitimierender Bezug auf dessen Worte noch eine Rolle spielte. In Auschwitz wurde nicht nur die religiöse Ethik, sondern alle Moralphilosophie, die sich auf Prinzipien des Guten beruft, durch das historische Geschehen aufgelöst. Hier gelangt Nietzsches Reflexion auf die historische Tendenz des Nihilismus, die er im Aphorismus vom tollen Menschen ausführte, an den von ihr begrifflich antizipierten, realen Ort: hier verging alle Hoffnung. Die politische Wirklichkeit zerrüttet jegliche Metaphysik.

Geissler räumt Auschwitz keine Sonderstellung ein. Der Name fällt gleich auf den ersten Seiten, und sogleich wird er in eine Kontinuität eingebettet, die bis in die Gegenwart hineinreicht: »nämlich das ist gesetz, mein freund, das sind die verwertungsgesetze, und der mann war noch gar nicht mal alt, so als halbstarker sinti damals in auschwitz so eben und eben noch weggejumpt aus den wirtschaftsöfen von krupp leverkusen« (22). Der Mann, von dem erzählt wird, »hat sich totgeschluckt« (21) und wird dann von den »kittelmänner[n] fix abgeschleppt und weg [...] zum schnippeln, [...] alles schon hackfleisch für forschung« (22). Der Berichterstatter (Tapp) zieht mit Hilfe der These vom Verwertungsgesetz eine durchgehende Linie vom rassisch motivierten Massenmord der Nationalsozialisten bis zur selbstverständlichen Verwendung der Leiche eines Unbekannten für Forschungszwecke in der heutigen Bundesrepublik. Auschwitz erscheint nur als eine besonders drastische Ausformung des hier wie dort wirksamen kapitalistischen Verwertungsgesetzes. Eine weitere Passage unterstützt diese Wertung:

gatts ganze verwandtschaft war ausgemordet, er sagte verwertet worden in den industrielagern der ss. als baby war er, auf abenteuerlichen wegen gerettet, bis endlich nach israel, bis endlich in den schutz für ein kind. in einem kibbuz war er aufgewachsen, treu. nach dem dritten mordzug, verledert verschworen verschlossen an schwestern und brüder, gegen die armen, die bewohner des landes, *für freiheit*, gatt kannte auch hier die verwertung, vernichtung für wen, war er als unteroffizier desertiert, sich treu. (209 f.)

Wiederum ist es das Verwertungsinteresse, das die Juden im Nationalsozialismus zu Opfern, in der Zeit des Kalten Krieges aber, nachdem sie einen eigenen Staat gegründet haben, zu Tätern werden läßt.[178]

Geisslers Roman integriert Auschwitz in sein polarisierendes Weltbild. Die Todeslager erscheinen als eine besonders grausame Etappe des nach Verwertung strebenden, völkermordenden Kapitalismus, in dem das Humane weniger wiegt als der Profit. Diese das Ungeheuerliche der Judenvernichtung aussparende Interpretation mag auf die Schwierigkeit zurückzuführen sein, die jede Theorie, insbesondere die sozialistische, mit der Erklärung dieses Massenmordes hat.[179] Zeitgenössischen Tendenzen, Auschwitz als Namen für ein singuläres Geschehen zu begreifen, an das sich ein Zivilisationsbruch[180] knüpfe, hält der Roman entgegen, daß es Massenmord im Kapitalismus immer gegeben habe und immer geben werde.

Daß Geissler Auschwitz in eine geschichtliche Kontinuität einordnet, zeigt, daß er den Gedanken eines geschichtlichen Bruches nicht fassen mag. Das polarisierende Weltbild, das *kamalatta* zugrunde liegt, identifiziert noch in den äußersten Situationen einen Feind. Die Rede von Auschwitz als einem unhintergehbaren Einschnitt besagt aber, daß es nach diesem Ereignis keinen zivilisierten

---

178 Auch in Proffs Zimmer wird den nationalsozialistischen Todeslagern keine Sonderstellung zugebilligt: »bilder [...] von eingitterungen. lauter zäune und gatter [...]. auch klappriger lattenzaun. auch der elektrisch geladne nach innen gekippte von auschwitz und buchenwald. auch das fliegengitter von stammheim.« (53)

179 Die Frage ist, ob die Ermordung der Juden im ökonomischen Kalkül aufgeht oder nicht, ob sie als ›irrational‹ oder als ›rational‹ anzusehen sei. Dem sozialistischen Ökonomismus ist eine eventuelle Antirationalität dieses historischen Geschehens nicht kommensurabel. Die Debatte setzt sich bis heute fort, z. B. in der Auseinandersetzung um das Buch: Aly, G./Heim, S., Vordenker der Vernichtung. Auschwitz und die deutschen Pläne für eine neue europäische Ordnung, Frankfurt/M. 1993.

180 Vgl. hierzu den Sammelband: Diner, D. (Hg.), Zivilisationsbruch. Denken nach Auschwitz, Frankfurt/M. 1988, sowie die dort besprochenen Texte aus dem Umkreis der Kritischen Theorie. Diner charakterisiert Auschwitz folgendermaßen: »Aber vom vollendeten Nationalsozialismus, von Auschwitz aus gesehen, in dessen Zentrum nicht mehr die totale Rationalität ökonomischer Macht erkannt werden kann, sondern eine ganz andere Totalität wirklich wird: die Totalität der Massenvernichtung, erfährt jene aus dem Prinzip partikularer Interessendurchsetzung rührende und in Form brachialer Selbsterhaltung sich verwirklichende ›subjektive Vernunft‹ einen Umschlag ins Gegenteil: Von vermachteter faschistischer Rationalität des zweckhaften Nutzens in eine – *daran gemessen* – offenbare Irrationalität, besser: Gegenrationalität des Nationalsozialismus.« (Diner, D., Aporie der Vernunft, in: ders., Zivilisationsbruch, a. a. O., S. 30-53, hier: S. 41)

Teil des Abendlandes mehr gibt, denn die Deutschen haben das antizivilisatorische Ereignis zugelassen. Die Mechanismen, die zu dem monströsen Ereignis geführt haben, wirken in jedem einzelnen. Die Dialektik der Aufklärung umfaßt eine Dialektik der Vernunft: der Begriff der Vernunft ist selbst betroffen, wenn eine Spielart des rationalen Handelns – das sich eines planvoll vorgehenden Verwaltungsapparates bedienende zweckgerichtete – den mit qualitativen Vernunftbegriffen nicht mehr kommensurablen Massenmord hervorbringt. Doch die Überwindung des dualen Freund-Feind-Denkens setzt sich in *kamalatta* nicht durch. Auschwitz ist hier ein von den Feinden herbeigeführtes Ereignis, mit dem die Oppositionellen nichts zu tun haben. Erst das Ausbleiben des sozialistischen Sieges über die Feinde wirft bei Geissler grundsätzlichere Fragen auf.

Die historische Bestimmtheit des in existentiellen und metaphysischen Dimensionen zu denkenden Scheiterns kommt also auch in *kamalatta* zum Tragen. Nur verschiebt sich, gegenüber einer politischen Geschichtsbetrachtung, die Auschwitz zu ihrem Zentralpunkt macht, die Akzentsetzung. Der historische Akzent in Geisslers Roman stellt sich durch die Drohung ein, die Möglichkeit einer Wendung zum Besseren, die Revolution, könnte historisch vergangen sein. Auch hier ist der Riß vor allem konkret geschichtlich, also politisch bestimmt. *Kamalatta* rückt den nihilistischen Gedanken in einen geschichtlichen Horizont, indem die Möglichkeit eines politischen Umsturzes, der nach Ansicht der Oppositionellen die Bedingung für die Revolutionierung des Lebens wäre, mit Proffs Fall nicht mehr realistisch zu sein scheint.

Die Entgegensetzung einer existentialistisch-vitalistisch und einer nihilistisch motivierten Tendenz bringt eine charakteristische Spaltungsstruktur in der Schreibweise des Romans hervor. Dem Appell, sich dafür zu entscheiden, den Lebenskräften zum Sieg über ihre Gegner zu verhelfen, indem sich der einzelne vertrauend dem Kollektiv anschließt und mit diesem in der Hoffnung agiert, ein besseres Zusammenleben herbeiführen zu können, steht die Resignation gegenüber, daß jedes emphatische sozialistische Projekt von der Geschichte widerlegt worden sei. Dementsprechend schlagen zwei Bewertungen des politischen Kampfes ineinander um: Die erste sagt, die Erwägung, der Kampf sei zum Scheitern verurteilt, verfalle der Denkweise des Feindes und schwäche die eigenen Reihen. Wer diese Einstellung übernehme, gelange nicht mehr zu einem eigenen Standpunkt, der sich nur in Opposition zum Gegner, durch Mißtrauen gegenüber seinen Interpretationen, herstellen könne. Nur durch die Entscheidung, den Kampf aufzunehmen, könne dieser erfolgreich fortgesetzt werden. Die zweite erkennt das Scheitern an und kritisiert die Verluste, die sich aus der Fortsetzung des Kampfes ergeben.

Indem Geissler das mögliche Scheitern aller Hoffnung im Horizont des sozialistischen Umsturzes verhandelt, lotet sein Roman das Hoffnungspotential aus, das der Sozialismus im Vorfeld von ›1989‹ noch mobilisieren kann. Das Zeitalter des Nihilismus bräche an, wenn der Kapitalismus es geschafft hätte, den Gedanken an den Sozialismus und das Bedürfnis sowie die praktische Anstrengung, ihn herbeizuführen, erfolgreich zu bekämpfen. Ob es schon soweit sei, ist die immer wieder anders beantwortete, bange Frage, die *kamalatta* stellt.

Mit dieser Frage streben die Figuren zurück zum verlorengegangenen Sinn-zentrum. Daß im Nihilismus auch ein befreiendes Moment wirksam sein könnte, zum Beispiel die Befreiung von den obsessiven utopischen Bilderwelten, geht aus der Figurenrede nicht hervor. Mit Adornos gegen die Nihilisten gerichteter, polemischer Umbewertung des Nihilismus kann dieser aber auch als eine Chance begriffen werden. Adorno gibt zu bedenken, »ob nicht der Zustand, in dem man an nichts mehr sich halten könnte, erst der menschenwürdige wäre; einer, der dem Gedanken erlaubte, endlich so autonom sich zu verhalten, wie die Philosophie es immer bloß ihm abgefordert hatte, um ihn im selben Atemzug daran zu verhindern«[181]. Diese Umwertung des Nihilismus schränkt er freilich gleich wieder ein: Sobald es nicht mehr nur um eine Freisetzung des Denkens geht, sondern wo geschichtliche Erfahrung die Freiheit des Denkens abschneidet und es in eine extreme Defensivposition hineinzwingt, dort ist ein Nihilismus wirksam, der sich auf eine objektive Stellung der Subjekte zur Welt bezieht. Doch noch in dieser Lage stellt sich eine rätselhafte produktive Tätigkeit ein, die allerdings philosophisch nicht mehr abgeleitet werden kann:

Beckett hat auf die Situation des Konzentrationslagers, die er nicht nennt, als läge über ihr Bilderverbot, so reagiert, wie es allein ansteht. Was ist, sei wie das Konzentrationslager. Einmal spricht er von lebenslanger Todesstrafe. Als einzige Hoffnung dämmert, daß nichts mehr sei. Auch die verwirft er. Aus dem Spalt der Inkonsequenz, der damit sich bildet, tritt die Bilderwelt des Nichts als Etwas hervor, die seine Dichtung festhält. Im Erbe von Handlung darin, dem scheinbar stoischen Weitermachen, wird aber lautlos geschrien, daß es anders sein soll. Solcher Nihilismus impliziert das Gegenteil der Identifikation mit dem Nichts.[182]

---

181 Adorno, Th. W., Negative Dialektik, in: ders., Gesammelte Schriften, Bd. 6, Frankfurt/M. 1973 (zuerst 1966), S. 7-412, hier: S. 373
182 a. a. O., S. 373 f.

In der absurden Wahl zwischen lebenslanger Todesstrafe und dem Nichts vergeht die Hoffnung. Wo die Logik Kapriolen schlägt, wo das konsequente Denken sich gegen sich selbst wendet, tritt bei Adorno ein ästhetisches Verfahren in Kraft. Die Bilderwelt des Nichts, die nach der radikalen Negation des Seienden übrig bleibt, beschwöre nicht das Nichts, sondern sein Gegenteil, das humane Leben, herauf, in dem vielleicht einst jene Freiheit des Denkens möglich sein wird, die nur aus einem Zustand ohne Unterdrückung hervorgehen könnte und die Adorno oben polemisch gegen jene richtete, die gegen den Werteverfall und gegen den Verlust von Orientierungen wetterten. Becketts Nihilismus beklagt keine Erscheinung des Denkens, sondern konstatiert die Beschaffenheit des geschichtlichen Seienden als eines vollendet Hoffnungslosen. Im Schreiben, im Weitermachen, wird das Beschriebene als zu Veränderndes lesbar. Die Geste des Schreibens kann als paradoxe, weil unmögliche, Zuflucht der Hoffnung interpretiert werden.

Bei Geissler steht, anders als bei Beckett und Adorno, die Frage noch zur Debatte, ob die Welt sich im Zustand vollendeter Hoffnungslosigkeit befinde. Diesen Streit ficht *kamalatta* auch in seinen Bilderwelten aus. Doch den bei Adorno wirksamen Umschlag vom vollendet Negativen zum haltlosen Weitermachen kennt auch Geisslers Text. Wenn nämlich ein Erzähler, der als Alter ego Proffs aufgefaßt werden kann,[183] nach dessen Verstummen im selbstgewählten Tod weiterschreibt, so wirkt in dieser Geste, wie bei Adorno, ein Impuls der Hoffnung.

Es gibt in *kamalatta* kein Ereignis, das die nihilistische Konsequenz aus der Geschichte, es sei nichts mit dem Widerstand, festschriebe. Vielmehr sind es unzählige Rückschläge im Kleinen, die diesen Gedanken immer wieder aufsteigen lassen, denen dann aber ebenso viele Handlungselemente entgegenstehen, die Argumente für die Fortsetzung des Widerstandes aufbieten. Proff verstummt, doch er beginnt auch wieder zu sprechen, er bringt sich um, doch ein Erzähler, über den noch zu sprechen sein wird, nimmt den literarischen Suizid in gewisser Weise wieder zurück, indem er ihn erzählt. Gruppenmitglieder werden gefoltert, sterben oder fallen im Kampf, und die Gruppe schafft den Umsturz nicht, aber sie bleibt handlungsfähig. Viele weitere Handlungelemente unterliegen dieser Dynamik, in der eine positive Setzung immer wieder im Lichte der Frage nach ihrem Sinn und mit der These, sie sei sinnlos, konfrontiert wird. Diese Dynamik

---

183 vgl. hierzu unter 6.1.9. (Das Erzählen nach dem Verstummen)

wiederholt sich im sprachlichen und formalen Vorgehen des Werkes. Sein geistiger Gehalt ist in sich gespalten, indem unentschieden bleibt, ob die Hoffnung noch einen Realgrund habe. Der These von der Anwesenheit menschlicher Sehnsüchte, von einem Begehren, das die herrschende Vergesellschaftungsform transzendiere, steht diejenige von der schon abgeschlossenen vollständigen Modelung der Individuen im Sinnes des kapitalistischen Systemerfordernisses entgegen.

Der Roman integriert das Entweder-Oder im Sinne eines anhaltenden Konfliktes. Er bietet keine Synthese, sondern treibt das Problembewußtsein über den Zustand der Spaltung hervor. Dadurch unterscheidet er sich von allen pragmatischen Diskursen. Nicht zuletzt unterscheidet sich *kamalatta* hierdurch von jenen Formen der Literatur, die die politische Wirksamkeit zum Richtmaß ihres Schreibens machen und die politische Tendenz in ihr verankern wollen. *Kamalatta* ist, obschon es parteilich Stellung für die sozialistische Idee bezieht, ein autonomes Kunstwerk.

Der oben beschreibene Riß, der sich durch das Werk zieht, geht aus einer historischen Tendenz hervor. Aus dem plausibler werdenden Gedanken, daß die sozialistische Umwälzung nicht zustande kommen könnte und damit die qualitative Verbesserung des Lebens abgeschnitten wäre, entsteht die nihilistische Drohung. Das drohende Scheitern der sozialistischen Bewegung schlägt sich unmittelbar in jenen nieder, die ihren Zielen verpflichtet sind. Der historische Angelpunkt von Geisslers Roman aus dem Jahre 1988 ist die Defensivstellung, in die sowohl der real existierende Sozialismus der Ostblockstaaten als auch die sich auf sozialistische Ziele berufenden Befreiungsbewegungen der ›Dritten Welt‹ verharrten. Auch Gruppen wie die RAF, die sich als einen Teil dieser Bewegungen verstanden, vermochten keine revolutionäre Massenbewegung auszulösen, wie sie es in ihren frühen Schriften erhofften.

Geisslers Roman gehört in jenen Abschnitt der westdeutschen Literatur hinein, der mit den hoffnungsgeladenen Jahren der Studentenbewegung begann und sich bis zum Fall der Berliner Mauer hinzog. Diesen Abschnitt kennzeichnet eine fortgesetzte Rücknahme der Umsturz- und Veränderungsemphase. Schien in den siebziger Jahren mit der Neuen Subjektivität der einzelne eine letzte Bastion darzustellen, nachdem die gesellschaftlichen Ziele zu den Akten gelegt worden waren, so wurde mit der Aufdeckung des latenten Narzißmus dieser Schreibrichtung auch dieser Posten verlassen. Der Grund allen Schreibens geriet ins Wanken, denn die Infragestellung aller utopischen Potentiale ereilte nun die Praxis des Schreibens selbst.[184]

Der Text trägt einen historischen Index. Indem Geissler die nihilistische Drohung gestaltet, erweist er sich als ein moderner Autor. *Kamalatta* gehört wesentlich ins 20. Jahrhundert, in jene Phase der ästhetischen Moderne, die ihre eigene Existenz angesichts eines brutalen Gemeinwesens, aus dem sie hervorgeht und aus dem jede Hoffnung auf Besserung gewichen scheint, inhaltlich wie auch formal radikal befragt. Wo die Literatur sich nicht mehr dem Bestehenden subversiv entgegenstellen kann, gerät sie selbst in den Sog des Nihilismus, indem die Frage nach ihrer Existenzberechtigung gestellt wird.

Die im sozialistischen Horizont gestellte Frage nach der möglichen Sinnlosigkeit fundamentaloppositionellen Handelns ist nicht nur für Sozialisten relevant. In Geisslers Text schlägt sich nieder, daß der Spielraum für politisches Handeln insgesamt kleiner geworden ist. Staat und Gesellschaft sind mit ihrem integrierenden Zugriff so dicht an den einzelnen herangerückt, daß sich Widerstandspotentiale, die sich notwendig mit einem Gegenbild zum Bestehenden verbinden, mit einer Utopie, kaum noch ausbilden. Das Funktionieren des auf kapitalistischen Grundlagen wirtschaftenden Systems hat sich im Laufe seiner Entwicklung immer mehr der Köpfe bemächtigt. Sein realer Zwang und seine formierende Wirkung sind größer geworden. So stimmen innere und äußere Faktoren in einer historischen Tendenz überein, die ein Ausbrechen aus der Anpassung an den Apparat oder gar ein Stillstellen des Apparates selbst kaum noch denkbar, geschweige denn handhabbar erscheinen lassen. Dies ist die eigentlich nihilistische Tendenz, die in *kamalatta* untergründig wirksam ist: der schleichende, objektive Utopieverlust.

---

184 In Geisslers Werk markiert der Übergang zur Lyrik im Anschluß an *Wird Zeit, daß wir leben* diese Verunsicherung.

6. Geisslers Schreibweise in ›kamalatta‹

6.1. Implikationen der ›kamalatta‹-Sprache

Im Deutschen ist das Wort ›kamalatta‹ nicht lexikalisch erfaßt, ihm fehlt eine fest umrissene Bedeutung und ein Referent.[1] Es stellt ein Rätsel. Unverständlich kommt es daher und scheint einer Phantasie- oder Geheimsprache anzugehören. Welche Sprache dieses sein könnte, soll die Leitfrage des Abschnittes 6.1. sein. Anhand des Titelwortes können zunächst exemplarisch die rätselhaften Wortverwendungen in *kamalatta* untersucht werden, um danach weitere Verwendungsweisen der Sprache in dem Roman zu thematisieren. Damit wendet sich die Analyse nun der darstellerischen Sphäre zu, nachdem zuvor zentrale weltanschauliche Dispositionen der Figuren und des Romandiskurses untersucht wurden. Die Sprachverwendung hängt in *kamalatta* mit der schon herausgearbeiteten dualen Struktur zusammen, die sich auch auf die erzählerische Architektur des Romans erstreckt. Die von Geissler ins Spiel gebrachte Form des romantischen Fragments soll dann nach ihrer integrierenden Kraft befragt werden. Geisslers Aneignung dieser Form bietet eine Integration des Disparaten, ohne die im Roman gestalteten Aporien aufzulösen. Mit der Formel von der Subversion der Literatur soll diese textuelle Figur erfaßt werden.

6.1.1. Kalamata, Kalamatta, kamalatta

Der Roman definiert das Titelwort, das zweimal in ihm vorkommt, an keiner Stelle, er benutzt es vielmehr wie eine unbeschriebene Fläche, die der Leser interpretierend ausmalen muß. Neben den textimmanenten Bezügen finden sich externe Parallelstellen, die die Lektüre ebenfalls berücksichtigen wird. Diese können nicht systematisch erschlossen werden, da der Roman sie nicht explizit aufdeckt. Der Leser ist auf sein Vorwissen angewiesen, das gegenüber der objektiven Beziehungsfülle zwangsläufig zurückbleibt. Damit ist zugleich gesetzt, daß er niemals die Totalität der Anspielungen erschließen kann. Seine Aktualisierung bleibt fragmentarisch. Diese im Prinzip für jede Lektüre gültige Aussage unter-

---

1   Auch im Griechischen hat es keine feststehende Bedeutung.

streicht Geissler, indem er – anders als z. B. Peter Weiss – seine Quellen im Geheimen beläßt. Um die Funktionsweise seines Schreibens zu verstehen, ist es nötig, sich einmal auf diese Beziehungs- und Bedeutungsfülle einzulassen.

Der Umschlagstext gibt einen Ausspruch Hölderlins wieder, in dem von einer Kamalattasprache die Rede ist.[2] Klappentexte werden vom Verlag zu Werbezwecken geschrieben, deshalb dürfen sie nicht als ein Bestandteil der Werke interpretiert werden. Trotzdem verweist der Text auf einen objektiven Bezug des Titels, der im Roman geheim geblieben wäre. Dadurch wird exoterisch, was esoterisch als Verbergungs- und Anspielungsstrategie angelegt war. Aber die auf dem Umschlag zitierte Passage von Wilhelm Waiblinger bietet Unwägbarkeiten; sie verwischt die Ursprünge, die sie anbietet, sogleich wieder. Dort heißt es:

Conz gab ihm auch zuweilen ein Buch hin. Einmal, erzählte er mir, bückte sich Hölderlin über ihn her und las einige Verse aus dem Äschylos herunter. Sodann aber schrie er mit einem krampfigten Lachen: ›Das versteh' ich nicht! das ist Kamalattasprache.‹ Denn zu Hölderlins Eigenheiten gehört auch die Bildung neuer Wörter.[3]

Der Umschlagstext hält eine Interpretation der Parallelstelle bereit: »kamalatta: in gebrochener und silbenverdrehter sprache verbietet sich hölderlin die offene rede von der freiheit.« Diese These isoliert ein mögliches Motiv aus dem rätselhaften Wortgebrauch Hölderlins und schreibt es als den alleinigen Grund fest: er verbiete sich, über etwas auf bestimmte Weise zu sprechen. Der Entschluß scheint auf einer rational getroffen Entscheidung zu beruhen. Diese Interpretation mißachtet Waiblingers Charakterisierung Hölderlins, der dessen Wahnsinn an einem Beispiel verdeutlicht: »Es wäre ihm gleichgültig, wenn man ihm sagte, die Griechen seien bis auf den letzten Sprößling ausgerottet, oder sie hätten vollkommen obgesiegt und bestünden nun als selbständiger Staat, ja er würde es nicht einmal in sich aufnehmen«[4]. Um die These des Klappentextes zu stützen,

---

2 »wenn hölderlin in seinem turm unruhig wurde, pflegte ein freund ihm griechisch vorzulesen: ›… sodann aber schrie er mit krampfigem lachen: 'das versteh ich nicht! das ist kamalattasprache!'‹ kalamatta: der ort, an dem der griechische freiheitskampf gegen die türken begonnen hat. kamalatta: in gebrochener und silbenverdrehter sprache verbietet sich hölderlin die offene rede von der freiheit. christian geisslers ›romantisches fragment‹ kamalatta ist ein text um den wirklich aufgenommenen kampf: eine ›ästhetik des bewaffneten widerstandes nach der befreiung von andreas baader im mai 1970‹.«

3 Waiblinger, W., Friedrich Hölderlins Leben, in: ders., Werke und Briefe, textkrit. und komm. Ausg. in fünf Bänden, hg. v. H. Königer, Bd. 3, Stuttgart 1986, S. 379-407, hier: S. 392 f.

4 Waiblinger, a. a. O., S. 404

müßte man kühn die bewußte Verstellung Hölderlins annehmen.[5] Das zweite Waiblingerzitat legt jedoch nahe, daß der Erkrankte keine Möglichkeit des freien Umgangs mit der Realität mehr hatte.

Die festlegende Interpretation beraubt die Hölderlinanspielung außerdem einer Palette von mitschwingenden Bezügen, die aber alle unwägbar sind und das Titelwort auffüllen, ohne es zu definieren. Doch der Hölderlinbezug vereindeutigt das Titelwort nicht, sondern ist geradezu darauf angelegt, eindeutige Zuschreibungen zu vermeiden. Erstens ist die Überlieferung dieses Ausspruches völlig ungesichert, denn Waiblinger ist selbst nur der Zeuge eines Zeugen. Zweitens mag Hölderlins Wort Kamalatta durch den griechischen Freiheitskampf zwar angeregt worden sein, der zur Zeit des Ausspruches schon begonnen hatte, er benennt aber nicht den korrekten Namen Kalamata. Der Buchstabendreher hält *kamalatta*[6] von Ursprungsprojektionen frei. Das Titelwort ist kein Symbol, sondern verfährt alludierend. Drittens rückt mit dem Wahnsinn ein Konstituens der Hölderlinschen Wortkreation in den Blick, der sich dem Einblick anderer entzieht. Damit wird viertens die Unauslotbarkeit der Sprache thematisch, deren Nachtseite und ihr gedoppeltes Wesen hervortritt, das es dem Subjekt ermöglicht, mit einer gewissen Freiheit Worte aneinanderzusetzen und Aussagen zu machen, während es zugleich in der Sprache als seinem Horizont verbleibt, den es nicht hintergehen kann, so daß, während es spricht, es zugleich gesprochen wird.

Der Umschlagstext nimmt bezug auf den griechischen Befreiungskampf von 1821, in dessen Verlauf die Griechen die osmanische Besetzung beendeten und sich einen Nationalstaat schufen.[7] Schon der Hölderlinforscher Bertaux hatte diese Verbindung hergestellt.[8] Der Verweis auf den Beginn des griechischen Freiheitskampfes ist aber aus mehreren Gründen problematisch. Erstens, weil der

---

5 Diese Position vertritt in der Hölderlinforschung P. Bertaux. Seine These lautet: »Hölderlin war nicht geisteskrank.« (Bertaux, P., Friedrich Hölderlin, Frankfurt/M. 1978, S. 12) Ihm widerspricht überzeugend der Psychiater U. H. Peters (vgl. ders., Hölderlin. Wider die These vom edlen Simulanten, Reinbek b. H. 1982).

6 Wenn *kamalatta* kursiv gesetzt steht, meint diese Arbeit den Titel des Werkes von Geissler. In kleinen Anführungszeichen – ›kamalatta‹ – meint das Wort, wie es im Roman verwendet wird. Groß geschrieben ist es anderen Sprechern, oben z. B. Hölderlin/Waiblinger zugeordnet.

7 Damit gibt er eine historische Bestimmung an und buchstabiert das unbeschriebene Titelwort abermals aus. Er unterzieht es einer Sinngebung und kreiert ein Identifikationsangebot für potentielle Käufer. Der Mechanismus der Produktwerbung tritt in Kraft.

8 vgl. Bertaux, a. a. O., S. 199

gemeinte Ort Kalamata heißt, nicht aber Kamalatta oder Kalamatta, wie es der Klappentext buchstabiert:

Already on 5 April some 5.000 Greeks had assembled near Kalamata to receive the blessings of the Church; and on the following day, 25 March according to the Julian calendar, the metropolitan bishop of Patras, Germanos, had raised the flag of revolution in the northern Morea at the monastery of Agia Lavra near Kalavrita, where the primates of Achaia, before taking their final decision to defy the Turks, had been waiting for news. It is this event at Agia Lavra [...] which by tradition is celebrated as the beginning of the Greek revolution.[9]

Zweitens gerät die suggerierte politische Identifikation ins Wanken, sobald die näheren Umstände des Aufstandes berücksichtigt werden. Neben dem sozialen Befreiungsimpuls spielte das nationale Element für die Erhebung eine bedeutende Rolle: »Die Revolution von 1821 [...] hatte in erster Linie eine nationale Dimension. Wie schon [...] erwähnt, ließen sich die griechischen Freiheitskämpfer dabei nicht zuletzt vom Ideal der hellenistischen Wiedergeburt leiten.«[10] Zwar waren die Kleftes, von den Bergen aus operierende Freiheitskämpfer, maßgeblich am Aufstand beteiligt, doch benutzten sie ihn oft zur eigenen Bereicherung. Dieses spiegelt sich in ihrem Namen wider. Die zweite Bedeutung von Kleftes, neben der von ›Freiheitskämpfer‹, ist ›Dieb‹. Diese Kämpfer sollten nicht mit einer Guerilla des 20. Jahrhunderts in Verbindung gebracht werden. Gegenüber der Ansicht, es handle sich um einen Volksaufstand der niederen Schichten weist Tzermias darauf hin, daß dem handeltreibenden Bürgertum eine entscheidende Funktion zukam. Es bildete einen revolutionären Geheimbund, der die versprengten oppositionellen Kräfte zu organisieren wußte: »Organisatorisch war die Filiki Etäria nicht in allen Regionen gleich stark. Doch beim Ausbruch der Revolution war sie *die* Befreiungsorganisation des Griechentums.«[11]

Soll *kamalatta*, dank einer anagrammatischen Umfunktionierung aus Kalamata, auf den griechischen Befreiungskampf verweisen, so kann dieses Wort nicht als ein unverbrüchliches Zeichen für eine bessere Weltordnung, gleichsam als ein Symbol für die herzustellende sozialistische Revolution interpretiert werden. Dazu war der griechische Aufstand zu widersprüchlich: Nationalismus und Banditentum sowie die tragende Rolle des Bürgertums passen

---

9   Dakin, D., The Greek Struggle for Independence 1821-1833, London 1973, S. 59
10   Tzermias, P., Neugriechische Geschichte, Tübingen 1986, S. 71
11   a. a. O., S. 81

nicht in das revolutionäre Konzept des Romans.[12] Das Identifikationsangebot des Umschlagstextes verfehlt den Roman, sofern es einen historischen Ort des Befreiungskampfes als Ursprungsort für den Romtitel vereinnahmen möchte. Der Umschlagstext reißt zwar die Themen an, die im Roman vorkommen, er verfehlt aber dessen Schreibweise, indem er sie zu Gründen substantialisiert, die das in poetischer Rede voller Ambiguitäten Gegebene auf eine Explikation zusammenstreichen. Der Roman verfährt anders. Schon an den Orten, an denen der Titel plaziert ist, läßt sich ablesen, daß das zentrale Wort nicht im Zentrum steht. Unter den Motti des Buches findet sich ein Gedicht von Ludwig Lugmeier (7)[13]:

kamalatta

vielleicht nur gekritzelt
auf packpapier oder
mit dem finger geschmiert
ins treppenhaus oder rupold
ins ohr gezischt dem
krummen knecht wer weiß
schon hat keiner bemerkt

aber einer gesessen im
baum aber einer gesehn den
schattenfuchs aber einer
notiert den fliehenden greis
mit der regenhaut

Geissler weist, indem er Lugmeier zitiert, der das Wort vor ihm verwendete, und der auf Hölderlin zurückgegriffen haben mag, die Autorschaft dieser Wortschöpfung von sich. Das zitierte Gedicht ist als dessen Motto mit dem Werk verbunden, bleibt jedoch zugleich außenvor. Zwar schlägt es die Tonart an, doch in

---

12   Die in ihm geführte Diskussion um den Anschlag auf türkische Fregatten findet unter dem Vorzeichen des proletarischen Internationalismus statt. Eine interpretative Verbindung von *kamalatta* bzw. Kalamata zur Vorbereitung dieses Anschlages bliebe deshalb wenig überzeugend.
13   Der weitgehend unbekannte Autor wird in einem Verlagsprospekt von Stroemfeld/ Roter Stern (1992) folgendermaßen vorgestellt:»Ludwig Lugmeier, 1949 in Kochel am See geboren, legt mit *Wo der Hund begraben ist* seinen ersten Roman vor. Der Autor lebt zur Zeit – nach Raubüberfällen, Flucht aus dem Frankfurter Gerichtssaal (1976) nach Lateinamerika und Island, neuerlicher langer Haft – in Ostfriesland.« Zuvor hatte Lugmeier den Gedichtband *Flickstellen* (Speyer 1988) veröffentlicht. Die Themen Gesetzesbruch, Haft, Flucht aus dem Gefängnis und Schriftstellerei rücken seine Biographie nahe an die in *kamalatta* aufgegriffenen Themen.

die Durcharbeitung geht es nicht mit ein. Die zweite Textstelle, die das Titelwort benennt, findet sich in einem Gedicht Geisslers am Ende der Vorschrift. Diese steht zur beschriebenen Handlungsabfolge in mancherlei Hinsicht exterritorial.[14] In die eigentliche Handlung, die mit Kapitel I auf Seite 19 beginnt, nimmt Geissler ›kamalatta‹ nicht hinein. Die Plazierung außerhalb des Handlungszentrums hat, ebenso wie die Unbestimmtheit des Wortes, programmatischen Charakter.

Dieses bestätigt die Interpretation der erwähnten Gedichte. Lugmeiers handelt von der Zeugenschaft. Jemand kritzelt, schmiert oder zischt etwas hin, das verloren wäre, wenn es nicht ein anderer sehen und notieren, also bemerken und aufzeichnen würde. Die Interpretation dieses Gedichtes muß ›kamalatta‹ mit dem vor dem Verschwinden Geretteten oder mit der Rettung selbst zusammenbringen. Die Innervationen sänken ins Vergessen herab, wenn sie nicht beachtet und aufgezeichnet werden würden. Die Produktion der Äußerungen geschieht inmitten des Lebensprozesses, während der Zeuge auf diesen achtgibt. Auch der Zeuge steht, indem er aufzeichnet, im Leben, aber er läuft ihm zugleich hinterher, indem er Gewesenes zu bannen versucht. Er sieht und notiert das Flüchtige: den Schattenfuchs, den fliehenden Greis.

So könnte *kamalatta* bei Geissler programmatisch gemeint sein als der Versuch, dasjenige zu beachten und aufzuzeichnen, was in einer gegebenen Situation artikuliert wurde, nach dem Ende dieser Situation aber vergessen wäre. Etwas Flüchtiges, der physiognomische Abdruck einer seelischen Bewegtheit, wird durch die Vergegenwärtigung erst als ein solcher lesbar und verweist auf die Ursache der Bewegtheit.

In diesem Sinne könnte Geisslers Gedicht, das die zweite Belegstelle für die Verwendung des Wortes ›kamalatta‹ im Roman darstellt und in dem von der »nachricht vom glück« (17) die Rede ist, aufgefaßt werden (17):

> alles nacht hochzeit heut
> kalt ganz in weiß
> aus elf alten augen
> zwinkerts in schleppschnee
> flatterts der pfaffenamsel

---

14   Die Kapitelzählung beginnt erst an ihrem Ende. Die Vorschrift nimmt den Endzustand der beschriebenen Handlung vorweg, sie reiht sich also nicht in die Chronologie ein. Sie führt einen Erzähler ein, der in der Folge verschwindet. Sie spricht in einem eigenen Modus und bietet Fragen an, die das erzählte Ganze unter einem sonst nicht vorkommenden Gesichtspunkt reflektiert.

> so matt aus den federn springts
> klirrend der braut in den rindigen
> reifrock der weiden hämmert der specht
> rotschwarz die nachricht vom glück. kamalatta.

Indem Geissler die Nachricht vom Glück rotschwarz konnotiert, versieht er den individuellen Vorgang in Lugmeiers Gedicht mit politischen Vorzeichen.[15] Auch das Vogelmotiv legt eine politische Interpretation nahe, denn die bewaffnete Gruppe verwendet oft Decknamen, die einen Bezug zur Vogelwelt aufweisen.[16]

Das Gedicht thematisiert das verbindende Moment unter den Vögeln. Dabei akzeleriert der Text auf verschiedenen Ebenen. Die Dynamik verdrängt sukzessive das Statische; die beschriebene Bewegung wächst vom Zwinkern zum Flattern, zum Springen und Hämmern. Das starre, lebensfeindliche Weiß wird ersetzt durch Rotschwarz. Die Verse werden länger und nehmen an Geschwindigkeit zu. Etwas – ein unbestimmtes Es – entfaltet von sich aus eine Dynamik und überträgt sich, während es stärker wird, bis der Specht es, indem er auf die Weiden einhämmert, auf es trifft. Die Verbindung der Braut mit dem Specht schlägt sich gestalterisch in der inhaltlichen Verkettung der Verse nieder.[17] Aus ihrem Zusammentreffen geht die Nachricht vom Glück hervor.

Einige schon erörterte Motive treten auf: Die Zusammenkunft von Braut und Specht enthält den Beiklang sexueller Vereinigung. Wiederum ist die Lust positiv konnotiert. Der Lebensprozeß setzt sich in einer Aktivität durch, die die starre, tötende Umgebung zu bezwingen weiß. Doch das positiv konnotierte Moment, das Es, ist verborgen unter dem rindigen Reifrock, unter der abweisenden, kalten Schale, die der Handelnde durchstoßen muß, um zum Kern zu gelangen. Während die Braut etwas in sich trägt und sich passiv verhält, ist der Specht aktiv.[18]

---

15 Weiß kehrt stereotyp als Synonym für die Herrschaftsgewalt wieder: »weiß ist vernichtung« (68). Rot ist die Farbe der sozialistischen Bewegung. Schwarz deutet Moritz, Proffs Sohn, der später zur bewaffneten Gruppe stößt, folgendermaßen: »angst schwarz. schwarz dialektisch fassen. einerseits hoffnungslos nichts, andererseits anarchie. der süden. die trommel. der tanz.« (110; im Original kursiv gesetzt)

16 vgl. hierzu den Abschnitt 4.2.5. (Die bewegte Natur)

17 Oft überschneiden sich zwei Geschehnisse. Neben »springts klirrend der braut in den rindigen reifrock« gilt auch »in den rindigen reifrock der weiden hämmert der specht die nachricht«.

18 Geissler reproduziert das traditionelle Bild der Geschlechter, in dem die Frau passiv, der Mann aktiv dargestellt wird. Dieses Bild verdankt sich der männlichen Perspektive, die die Sexualität der Frau unter dem Vorzeichen des Patriarchats als passive gedeutet hat. Das im Ge-

Er hinterläßt Spuren, schreibt sich ein. Lugmeiers und Geisslers Gedichte kommen darin überein, daß sich an ihrem Ende Zeichenproduzenten finden. Während Lugmeiers Zeuge notiert, wird bei Geissler gehämmert. Der gewaltsame Beiklang beruhigt sich in einer natürlichen Aktivität, denn zum Wesen des Spechtes zählt das Hämmern. Im politischen Kontext heißt dieses, daß das gewalttätige Moment eine legitime Rolle für die rotschwarze, kommunistisch-anarchistische Befreiung spielt. Die Aktivitäten der bewaffneten Gruppe bezeichnen deshalb eine Komponente der Nachricht vom Glück. Der passivische Teil der Opposition, in dem sich ein Impuls regt, ist durch das Zusammentreffen mit dem aktivischen in einem einzigen Kontinuum verbunden.

Sofern das Hämmern die eingreifende Zeichenproduktion meint, verbindet es das politische Handeln und die Tätigkeit des Schriftstellers, dem Geissler aber eine andere Rolle zuweist als Lugmeier. Während der Schriftsteller bei Lugmeier ein distanzierter Zeuge bleibt, stellt sich bei Geissler durch die Teilnahme am dynamischen oppositionellen Prozeß die Zeichenproduktion ein. Der Nachträglichkeit in Lugmeiers Konzept, das einen sentimentalischen Beigeschmack hat, setzt Geissler emphatisch die Gleichzeitigkeit gegenüber. Hier ist der Zeichenproduzent ein Teil der politischen Bewegung. ›Kamalatta‹, das letzte Wort des Gedichtes, meint den Prozeß selbst, jenes Es, das sich in jedem Oppositionellen findet, aber auch das Ergebnis des Hämmerns, einen Schriftzug, der sich dem dynamischen Impuls verdankt und zur Nachricht geworden ist. Es kann ferner als ein Bekräftigungswort interpretiert werden, das den Willen zur Veränderung kundtut.

Nirgends, mit Ausnahme des Umschlagstextes, wird das Titelwort eindeutig festgeschrieben. Es ist eine Setzung, die der Lektüre, welche das Gesetzte sofort wieder verflüssigen muß, da es keinen Halt in ihr findet, den größtmöglichen Projektionsraum anbietet. Die Kleinschreibung ermöglicht noch nicht einmal eine Aussage über die Wortfamilie, in die es gehört. Es kann mit gleichem Recht als ein Substantiv oder als ein Verb gelesen werden. Die lyrische Form der Belegstellen, die dem Spiel der Mehrdeutigkeiten am meisten von allen Gattungen entgegenkommt, unterstützt diese Wirkung zusätzlich. Auch die aus dem Roman herausweisenden Parallelstellen bieten interpretatorischer Willkür reiche Nahrung. Zugleich stattet die Positionierung des Wortes im Titel es mit der

---

dicht reproduzierte Geschlechterverhältnis kehrt sich gegen seine Befreiungsemphase. In diesem Punkt ist das Gedicht mißglückt.

größten Bedeutungsschwere aus, die der Text zu vergeben hat. Indem es das gesamte Buch umfaßt, kommt ihm Allgemeinheit im nachdrücklichen Sinne zu. Das Wort verklammert den Text objektiv; jede Zeile verweist auf *kamalatta*. Die hierin gelegene Allgemeinheit ist jedoch eine nur formale, der keine inhaltlichen Bestimmungen entsprechen.[19] Die Gefahr der Beliebigkeit stellt sich ein. *Kamalatta* ist ein konkretes Wort, das Konturen nur gewinnt, indem es darauf verweist, daß in ihm Allgemeines mitbedeutet sei. Weder können sich diese Konturen scharf abzeichnen, noch gelingt eine Bestimmung des Allgemeinen, auf das es verweist. Das dürftige Einzelne wird aber von einer emphatisch betriebenen Bedeutungsaufladung im Verweisen selbst mitgerissen. Diese Tätigkeit zielt auf Veränderung. Dergestalt hebt auch der Titel das dynamische Moment des Lebensprozesses hervor. Indem Geissler sowohl das Einzelne, *kamalatta*, als auch das Allgemeine, auf das es verweist, von Bestimmungen freihält, fällt das gesamte Gewicht des Titelnimbus auf die Tätigkeit des Verweisens.

Kamalatta ist noch unkenntlich. Es verdankt sich der Intention auf die zukünftige Kenntlichkeit, die es als Bedeutsamkeit antizipiert. Damit nimmt es eine wichtige Bestimmung des romantischen Fragments auf, das emphatisch auf das zukünftige Andere zielt, indem es seine eigene Ergänzungsbedürftigkeit zum Formprinzip macht. Wie in der Romantik ist mit Geisslers Titelwort zugleich mit der Setzung die mögliche Verflüssigung intendiert und gestaltet. Dieses geschieht nicht definierend, sondern alludierend. Wie im romantischen Fragment findet ein intendierter Wechselprozeß zwischen Leser und Text statt. Der Autor sucht aus der Wirklichkeit deren undurchschaute und vernachlässigte Seiten hervorzutreiben, sie ihr abzulisten, sie gestalterisch zu treffen und damit das Rätselhafte des bestehenden Zustandes sprachlich zu bannen. Das literarisch Gestaltete steht unter dem Vorbehalt des Ungewissen, es experimentiert damit, ob es etwas vom bisher Ungetroffenen trifft und ruft zugleich dazu auf, das Ganze zu verändern, um Qualitäten in die Welt freizusetzen, die sich heute erst als eine Ahnung erschließen. Geissler nutzt die Suggestionskraft des anspielungsreichen Rätselwortes, um den Leser in den Sog der Lösungs- und Dechiffrierversuche – und damit zur tätigen Lektüre – zu verführen.

---

19 Der Form-Inhalt-Gegensatz mag hier heuristisch zugrunde gelegt werden, um ein spezielle Wortverwendung zu begreifen. Daß mit der Form jeweils ein bestimmter Inhalt gegeben ist, daß sich andererseits nicht jeder Inhalt eine beliebige Form suchen kann, bleibt vorausgesetzt.

6.1.2. Kamelattasprache – Normalität und Verrücktheit

In Heinar Kipphardts *März* findet sich eine weitere Parallelstelle:[20]

Der Wahnsinn bricht aus, heißt es gern [...]. Wo, wenn der Wahnsinn bei mir ausbricht, hat er in mir gesteckt? In welchem Teil? Wie ist er so unbemerkt hineingekommen, in welcher getarnten Gestalt? Da er in nahezu jedem jederzeit ausbrechen kann, muß er in jedem auch stecken nahezu und ausbrechen wollen. Nun aber wo? Gründliche Studien haben mir die Gewißheit gebracht: Der Wahnsinn lauert auf dem Grunde des Verstandes auf seinen Ausbruch und ist dem Verstande geheuer. Im Wahnsinn steckt Verstand (Methode). Verstand ist geregelter Wahnsinn, Wahnsinn ist entregelter Verstand. Er spricht dann die Hieroglyphensprache, das ist die innere Sprache, die Kamelattasprache der Kunsteisfabrik. (Mensch) Wahrscheinlich ist der Wahnsinn etwas, das nicht zum Vorschein kommen darf, keinesfalls aus seiner Gefangenschaft ausbrechen, weil er die Ruhe stört in Haus, Hof und Wohngemeinschaft. Vielleicht wäre es besser, wenn er öfter mal still zum Vorschein käme und hieße eventuell Phantasie. Auch Phantasie allerdings ist etwas sehr störendes, z. B. in Büro und Fabrik. Man spricht auch von göttlichem Wahnsinn. Allerdings nicht in Lohberg. Hier bin ich von Wahnsinn geschlagen.[21]

Auch dieser Text spielt auf Hölderlin an, dem man göttlichen Wahnsinn nachsagte,[22] sowie, mit den Überlegungen zum Verhältnis von Wahnsinn, Verstand und der Hieroglyphensprache, auf romantische Topoi.

Der Schizophrene leidet an einem dissoziierten Bewußtsein. Er wirft einen anderen Blick auf die Verhältnisse als die nicht-schizophrene Mehrheit. Die Logik dieses Blickes erschließt sich dieser nicht. Die den Wahnsinn motivierenden Triebkräfte entziehen sich dem Verständnis. Dabei setzt die Majorität voraus, daß ihre Auffassung der Wirklichkeit die angemessene sei: »Normal ist, was alle tun.«[23]

Kipphardts Buch konfrontiert den Leser mit der Umwertung dieser Wirklichkeitssicht, indem der Text plausible Elemente im Denken des schizophrenen

---

20 Auch die Handlungsführung bietet Parallelen: März verstummt drei Jahre lang, ehe er durch die intensive Zuwendung Dr. Koflers wieder zu sprechen beginnt. Er verliebt sich in die schizophrene Hanna. Als ihre Liebe zerbricht, wofür Kofler, der im entscheidenden Augenblick nicht für seinen Patienten da ist, eine Mitschuld trifft, bringt sich März um. All dieses erinnert an Proffs Verstummen, seine erneute Hoffnung, deren Enttäuschung und seinen Suizid.

21 Kipphardt, H., März. Roman, München - Gütersloh - Wien 1976, S. 86 f.

22 Kurz nach der zitierten Passage nimmt der Text wörtliche Hölderlinzitate – vgl.: »auf seidenen Boden zur Märzenzeit« (Kipphardt, a. a. O., S. 88) – aus der zweiten Strophe von *Andenken* auf.

23 Kipphardt, a. a. O., S. 215

März stärkt. Die Welt wird auf den Kopf gestellt, verrückt ist die Gesellschaft: »Er, März, sei dem Wahn verfallen, weil die Gesellschaft ihren Wahnsinn nicht erkenne.«[24] Wer den Wahnsinn beim Namen nennt, werde von der »geistesgestörte[n] Gesellschaft«[25] verfolgt. Diese paranoide Sicht entfaltet einige Stringenz, denn in der Tat verbringt die Gesellschaft Schizophrene in geschlossene, vom Alltag abgetrennte Bereiche, während sie in ihrer Normalität die grausamsten Geschehnisse zuläßt:

Es ist für einen Normalen vielleicht normal, daß in vierzig Jahren normale Menschen vielleicht 100 Millionen normale Menschen umgebracht haben. Gestern im Fernsehen sah ich das Bild eines schwer Atmen schöpfenden Mannes, der in Pnom pen verwundet auf der Straße lag. Wie die Kamera über ihn ging, sah ich, daß seine untere Hälfte vom Gürtel abwärts fehlte.[26]

März interpretiert die Normalität als ein Produkt der Spaltung und der Ausgrenzung des Abgespaltenen. Das Abgespaltene ist der Wahn, den Nicht-Schizophrene in den Schizophrenen lokalisieren und sich mit Hilfe dieses Aktes der Externalisierung vor der Frage nach wahnhaften Zügen in ihnen selbst schützen. Die Abspaltung der Wahnsinnigen aus der Gesellschaft der Normalen gewährleistet diesen die nötige Ruhe, um in ihrem mörderischen Tun ohne Selbstzweifel fortfahren zu können. Einem Arzt schreibt März:

mit uns gemeinsam als paranoisches duo produzieren sie die geisteskrankheiten, die den zweck haben, den wirklichen wahnsinn der norm als geistige gesundheit erscheinen zu lassen. merke: wenn karl fuchs [ein Schizophrener, S.K.] äußert, die a-bombe ticke in seinem kopf und das gilt als wahn, so hält das den bomberpiloten gesund, in dessen Maschine sie wirklich tickt und der sie abwirft.[27]

Die Ausgrenzung des schizophrenen Wahnes ermöglicht die Reproduktion der inhumanen Verhältnisse.[28] Wer umgekehrt die Inhumanität in Frage stellt, rüttelt an der Existenzgrundlage der Gesellschaft, an »der macht«[29], dem Gewaltver-

---

24   a. a. O., S. 180 – Diese Reflexionen werden bei Kipphardt übrigens noch einmal gebrochen durch die Überlegung, daß März gerne sage, was man von ihm erwarte. In diesem Falle bedient er die gesellschaftskritische, von der Antipsychiatrie geprägte Sicht Dr. Koflers.

25   a. a. O., S. 189

26   a. a. O., S. 215

27   a. a. O., S. 198

28   Den historischen Prozeß dieser Ausgrenzung seit der Renaissance zeichnet Foucault nach (vgl. Foucault, M., Wahnsinn und Gesellschaft, Frankfurt/M. 1969). Vgl. zum Verhältnis von Vernünftigen und Wahnsinnigen in den bürgerlichen Gesellschaften Frankreichs, Englands und Deutschlands auch: Dörner, Kl., Bürger und Irre, Frankfurt/M. 1984 (überarb. Neuauflage).

29   Kipphardt, a. a. O., S. 198

hältnis, und wird stigmatisiert. Die radikal gedachte Kritik des Gewaltverhältnisses wirft die Idee der Revolution auf. Deshalb schreibt Kofler: »Das Problem
der Wahrheit, das Problem des Wahnsinns und das Problem der Revolution sind
ein und dasselbe Problem.«[30]

Die Implikationen des Wahnsinns bei Kipphardt kehren zwar am Rande
auch in Geisslers Figuren wieder, sie werden jedoch durchweg politisch akzentuiert. Verschiedene Figurengruppen schreiben einander wechselseitig zu, sie seien
verrückt. Dabei wird das Wort meist nicht im strengen, klinischen Sinne verwendet, sondern im umgangssprachlichen. Die Spaltung der Gesellschaft tritt als
eine zwischen den Klassen auf, und die herrschende Normalität ist diejenige der
kapitalistischen Ideologie und ihrer Machtausübung. Sie inszeniert sich als das
Vernünftige, während die sie radikal in Frage stellenden Personengruppen von
ihr stigmatisiert und verfolgt werden. Der Gesellschaft erscheinen die Revolutionäre, die das Bestehende negieren und etwas anderes an seine Stelle setzen
möchten, ähnlich gestört wie die Schizophrenen. Auch sie werfen einen umwer-
tenden Blick auf die Gesellschaft, vor dem nichts mehr Bestand hat. Sie werden
ebenso ausgegrenzt wie jene.[31]

Während für die Fahnder die Umstürzler verrückt sind, sehen diese es, hier
Proff, genau umgekehrt: »der verrückte nennt mich verrückt« (132). Auch
Ahlers hält die Herrschenden für verrückt: »entweder sind wir bei killern gelan-
det, oder das sind verrückte« (246). Das historische Beispiel für die Herrschaft
von – in diesem, umgangssprachlichen Sinne – Verrückten, liefert der Nationalsozialismus: »der rassismus [...] sei offenkundig der wahnsinn, das nackte
verbrechen im gedankengut der ss gewesen« (130), sagt Proff.

Neben der umgangssprachlichen Verwendung kommt auch die klinische
vor, jedoch, wie bei Kipphardt, oft unter Infragestellung des zugrundeliegenden
Krankheitsbegriffs. Moritz studiert als Arzt »die ausbrechenden Gedanken von
denen [...], die krank genannt werden.« (77) Hier klingt an, daß die psychische
Krankheit als eine Flucht angesehen werden kann. Dem Gefangenen Larry stellt
sich diese Alternative zwischen Flucht in den Wahnsinn und Weitermachen. Das
Gefängnis sei für ihn »zum verrücktwerden oder verraten, und beides geht nicht

---

30 a. a. O., S. 190
31 Märzens schizophrene Geliebte heißt Hanna. Auch bei Geissler kommt eine Hanna aus
Polen vor (vgl. 10). Sie wird von der Kälte der vorweihnachtlichen westlichen Einkaufsgesell-
schaft in den Wahnsinn getrieben: »hanna schreit laut, tanzt schrei, schreit tanz. veitstanz« (11).
Geissler gibt dem Phänomen des Wahnsinns auch hier eine politische Interpretation.

für larry, so ist er ein stein« (70). Gegen die Verlockung des Verrücktwerdens wählt er die Panzerung. Wiederum tritt hier die oben schon untersuchte Vorstellung auf, der Wille beherrsche die Physis noch in Extremsituationen. Auch Blues verfällt, obwohl sie – wie Larry – schon jahrelang in Isolationshaft sitzt, nicht dem Wahnsinn (vgl. 524-526). Ganz im Sinne subjektiver Entscheidungshoheit interpretiert auch Ahlers das Verrücktwerden: »nicht verückt werden, […] nicht abhauen.« (332) Das Verrücktwerden erscheint als eine Flucht aus den krankmachenden Zuständen, die verständlich ist, der die Oppositionellen aber nicht nachgeben.

Doch die Oppositionellen werden auch aus der mit ihnen sympathisierenden Erzählerperspektive nicht einfach als die Gesunden dargestellt, die Herrschenden nicht einfach als verrückt. So fragen sich einige Figuren, ob sie selbst verrückt seien.[32] Diese Zweifel stellen eine erste Irritation der rhetorischen Abspaltung der Verrückten von den Normalen dar. Eine weitere Folge der Praxis der Spaltung ist mit einer Kritik an der Arbeit der Gruppe verbunden. Die Zuschreibung des Wahnsinns grenzt nämlich nicht nur den Gegner aus, sondern manchmal auch eigene Mitglieder: »kutte und spitz und konsorten hatten […] sofort von knast zu knast, von termin zu termin maries begnadigung denunziert als verrat, die ist verrückt geworden« (191). Der Vorwurf der Verrücktheit isoliert auch die angeblichen Gegner in den eigenen Reihen. Der Verrat aber, den der Erzähler hier benennt, ist ein notwendiger Bestandteil einer Organisierung der Wirklichkeit anhand der Ingroup-Outgroup-Linie, für die der Vorwurf der Verrücktheit – auf beiden Seiten – rhetorisch funktionalisiert wird. Indem Marie ausgegrenzt wird, obwohl sie noch zur Gruppe steht, wird offensichtlich, daß diese sich oft nicht anders verhält als die von ihr bekämpften Gegner. Mit dieser Übereinstimmung verliert die Rede von der Verrücktheit des Gegners aber an Substanz, solange nicht die eigene Verstricktheit in die Verrücktheit mitbedacht wird.

Physisch niedergeschlagen hat sich die herrschende Verrücktheit in *kamalatta* an Proff. Verrücktheit bedeutet hier, daß sich jemand gegen das eigene Leben wendet. Über den Folterschatten, in dem Proff gelebt hat, heißt es: »er läßt keinen lebend heraus, es frißt dort verrückt nur jeder sich selbst« (12). Nun gerät auch das Vernünftige in Mißkredit. Wiederum auf den toten Proff bezieht sich die folgende Passage:

---

32 Nina: »ich werd […] verrückt« (332); Blues: »oder ich werde verrückt. […] es fängt schon an.« (524)

nicht undurchschaubar verendet, kein geheimnis dunkel von innen, sondern vernünftig ist herzuleiten der wahnsinn der toten gestalt, wirklich verrückt aus tod. und jagt sie ihr neid auf das leben des menschen uns nach mit dem irrwitz der von sich selbst verrückten, es gibt auf der welt für sie keinen platz mit lebendigen menschen, das macht ihnen jeden tag angst, das macht sie gegen uns sehnsüchtig böse, rasend gegen die einsicht, daß sie nur nichts sind, wo wir sind. (13)

Vernunft und Wahnsinn durchdringen einander, doch was unbescholten über beiden wirkt, ist das Leben. Dieses, nicht die Vernunft, nicht der dem Gegner zugeschriebene Wahnsinn, bildet die Hauptlegitimation für den Kampf der Oppositionellen. Die Zuschreibung des Wahnsinns verdankt sich nur einem Perspektivenwechsel, wer aber im emphatischen Sinne lebendig sei, hebe sich von den anderen, den Toten, nicht nur durch Zuschreibungen, sondern seinem Lebensvollzug nach ab.

Die Kamelattasprache ist in *März* die Sprache des Wahnsinns, die den Normalen unverständlich wie eine Hieroglyphenschrift bleiben muß. Das Moment der Unverständlichkeit gilt, mit seinem ganzen Schlegelschen Gewicht,[33] auch für Geisslers *kamalatta*. Sofern *kamalatta* als eine Sprache angesprochen werden darf, ist es bei Geissler, im Unterschied zu Kipphardt, nicht diejenige des schizophrenen Wahnes. Dennoch spielt die Sprache des Romans mit einigen ihrer Momente, programmatisch mit dem Titel, ins Unverständliche hinüber. Insofern betrifft die Reflexion über das dialektische Verhältnis von Verstand und Wahnsinn in *März* auch Geisslers Text.[34]

Der entregelte Verstand spricht die Kamelattasprache. Die Regelhaftigkeit ist das zwanghafte Moment des Verstandes seinem eigenen Grund gegenüber, auf dem der Wahnsinn ›lauert‹. Regeln sind Normen, die sich der Verstand – bewußt oder unbewußt – selbst gibt, um sich nicht als Wahnsinn begreifen zu müssen. Nimmt er sie fort, so fällt auch die Spaltung, und er wird wahnsinnig. Die Kamelattasprache löst sich nicht nur vom herrschenden Verständnis der all-

---

33 vgl. unter 6.2.6. (Öffentliche Esoterik)
34 Auch die Kleinschreibung fällt in diesen Bereich. März verfaßt ein Manifest, in dem er die Kleinschreibung verwendet (vgl. Kipphardt, a. a. O., S. 198). Er verstößt gegen die kanonisierte Rechtschreibung, indem er ein alternatives Regelsystem anwendet und rebelliert gegen die herrschenden sprachlichen Umgangsweisen. Auch die RAF unterstrich ihr oppositionelles Anliegen mit dem Verstoß gegen die Duden-Grammatik. Zeitgleich änderte Geissler die Großschreibung ab, nämlich seit *Im Vorfeld einer Schußverletzung*, erschienen 1980. Die RAF stellt, wie die bewaffnete Gruppe im Roman, das herrschende Weltbild ähnlich radikal, jedoch auf andere Weise in Frage wie der Schizophrene. Die Kleinschreibung ist ein Zeichen für diese grundsätzliche Opposition.

täglichen Sachverhalte, sondern sie unterminiert den Verstand selbst, indem sie die grundlegenden Regeln der Logik verwirft. Sie nimmt etwas anderes, die ›innere Sprache‹, in Anspruch. Obgleich in *März* die Ansichten des Protagonisten oft eine radikale Stringenz entwickeln, bleibt jederzeit vorausgesetzt, daß er die Normalität nicht überschreitet, indem er sie Hegelisch aufhebt, sondern eine Wirklichkeitssicht an ihre Stelle setzt, die den täglichen Anforderungen nicht gewachsen ist.

In *kamalatta* regt sich in den Revolutionären eine ›innere Sprache‹ anderer Art, die dem Verstand ein überschießendes Moment beigibt, die aber nicht zur Realitätsuntüchtigkeit im Alltag führt. Diese Sprache ist nicht theoretisch veranlaßt, sondern speist sich aus dem unmittelbaren Impuls des Willens zum Leben. Die treibende Kraft der Bedeutsamkeit in *kamalatta* verdankt sich diesem Impuls, den die Subjekte umsetzen. Während der schizophrene Wahn vorwiegend regressive Tendenzen produziert, hofft der utopische Impuls in *kamalatta* auf die befreienden Kräfte einer grundsätzlich anderen Auffassung der Welt, auf einen Wahnsinn nach vorne, in einem ähnlichen Sinne wie *März* formuliert: »Heißt denn verrückt krank? Wahnsinn muß nicht Zusammenbruch sein, Wahnsinn kann der Durchbruch sein zu sich, Durchbruch der Mauer und Scheitern des Durchbruchs. Lieber verrückt als ein Rädchen.«[35]

6.1.3. Arganda, Alabanda

Geisslers Verwendung von Namen soll nun mit der Erörterung einer Buchstabenverschiebung nachgegangen werden, um weiteres Licht auf den rätselhaften Titel zu werfen.[36] Das folgende Beispiel verkettet den Hölderlinbezug mit einem

---

35 Kipphardt, a. a. O., S. 240

36 Bei Lessing, dem das romantische Fragment viel verdankt, nimmt die Verknüpfung von Geheimnis und Sprache eine Form an, die auch in *kamalatta* begegnet: »Wort-Verdrehungen« (Lessing, G. E., Ernst und Falk, in: ders.: Werken in drei Bänden, hg. von H. G. Göppert, Bd. 3, München - Wien 1982, S. 599-636, hier: S. 631), hier: die von Massoney, Masonry und Masony. Der letzte Dialog in *Ernst und Falk* handelt von der Umdeutung eines Wortes, die eine Umwertung der dazugehörigen Geschichte impliziert. Diese Geschichte betrifft den Gehalt des Geheimwissens selbst. Die Freimaurerei, früher Massoney genannt, leite sich nicht, so Falk, wie allgemein angenommen, vom englischen Wort Masonry, Tisch, sondern von Masony, Tafel, her. Die von ihm angegebene Ursprungsgeschichte ist aber »historisch nicht haltbar« (Göpfert H. G., Kommentar zu *Ernst und Falk*, in: Lessing, a. a. O., S. 809-818, hier: S. 815). Doch daß es so gewesen sein könnte, spielt im Dialog eine große Rolle. Nachdem Ernst in eine Loge eingetreten

auf den Spanischen Bürgerkrieg und auf Peter Weiss, und deckt damit einen weiteren Teil des komplexen Anspielungsgeflechtes von *kamalatta* auf. Nachdem Proff sich für den Anschlag auf Bad Tölz entschieden hat, fragt er, ob die Gruppe Marie kennt. Daraufhin »lachte karst ihn an [...], oder heißest du etwa *arganda*.« (36) Der nächste Satz, der nach einem Zeilenbruch folgt, lautet: »oder sag ich zu dir *alabanda*.« (36) Unklar ist, wer ihn ausspricht. Dies scheint aber nicht wichtig zu sein, denn Geissler geht es um die bedeutungsschweren Bezüge, die die Namen tragen.

Arganda wird in *kamalatta* näher bestimmt als der Ort, an dem »marcauer, hamburger kommunistin, verwundet in der sierra alcubierre, parteiintern liquidiert achtunddreißig« (273) in Spanien, von Männern ihres Regiments mißhandelt wird: »am argandafluß marcauers *ehre geschmäht*« (400).[37] Geissler spielt auf eine Vergewaltigung an, die in der *Ästhetik des Widerstands*, auf die er esoterisch verweist, beschrieben wird:

Hinterm Schreibtisch in der Administration stand eine Frau, Stirn und Wange blutig zerkratzt, zwei Männer wichen vor ihr zurück, ein dritter stand untätig in der Ecke. [...] Zu den wenigen Frauen im Sanitätszentrum gehörend, beunruhigt Marcauer die Phantasien vieler der isolierten Männer, und als Ducourtiaux und Geyrot, Mitglieder eines französischen Bataillons, angetrunken zu ihr ins Verwaltungszimmer kamen, spielten sie in grober Anzüglichkeit auf Liebesbeziehungen an, über die Gerüchte umgingen. Jegliche Parteischulung vergessend, ihre Brigaden entehrend, in denen sie sich viele Monate lang, bis zu ihrer Verwundung, bewährt hatten, fielen sie

---

war und dort enttäuscht wurde, weist ihm Falk durch die Umdeutung den Weg zu einer neuen Sicht der Freimaurerei. Nicht die Institution steht mehr im Vordergrund, sondern das »gemeinschaftliche Gefühl sympathisierender Geister« (Lessing, a. a. O., S. 629). Die Umdeutung des Wortes eröffnet einen neuen Handlungsspielraum. Indem Falk die Überlieferung ansieht, als sei sie eine Verdrehung, setzt er ihn frei. Dabei entscheidet nicht, ob er sich der Abenteuerlichkeit seiner historischen Ableitung bewußt ist, sondern daß Ernst nun wieder bereit sein könnte, sich im Sinne des geheimen Ideals der Freimaurerei zu engagieren. Ein utopischer Überschuß tritt auf, der sich als Handlung niederschlagen kann. *Kamalatta* verweigert eine umdeutende Ableitung. Der Handlungsimpuls muß aus einer anderen Quelle geschöpft werden.

37 Der Zusammenhang, in dem dieser Teilsatz steht, ist kaum nachvollziehbar. Karl Zaun, dem »die verantwortung zu übernehmen« (400) wichtig ist, meint offensichtlich, man solle das gesperrt Gedruckte anders formulieren (»raustun«; 400). Im Fall Marcauer handelt es sich entweder um deren Exekution durch die eigene Partei oder um die Vergewaltigung durch die eigenen Verbündeten. Heißt es bei Weiss, die Vergewaltiger ›entehrten‹ ihre Brigaden, so deutet Geisslers ›ehre geschändet‹ durch die Wortwahl auf die Vergewaltigung. Zaun wird aber schwerlich die Vergewaltigung rechtfertigen wollen. Die Anspielung ist unpräzise, die Passage bleibt kryptisch.

über die Genossin her, die die gleiche Uniform trug wie sie, und der Einbruch der Anarchie erfuhr durch die Gegenwart des stummen Zuschauers seine Beglaubigung. (I, 276) Marcauer wird auch bei Weiss wegen ideologischer Abweichung exekutiert (vgl. I, 313 f.). Geissler deutet eine von Weiss beschriebene Figur aus. Die Spur ihres Namens verleiht dem Ortsnamen Arganda ein tragisches Moment, das ganz im Sinne der *Ästhetik des Widerstands* Gewaltverhältnisse und Uneinigkeit innerhalb der sozialistischen Bewegung thematisiert.

Arganda enthält weitere Bedeutungsschichten, von denen eine auf den Verlauf des Spanischen Bürgerkrieges weist:

weggedampft alles wasser unten im steinfluß hinauf ins zähe blatt der olivenbäume, lauter blüten kaum sichtbar gelbfiedrig klein. das wird die fülle. ist aber brücke arganda, steht arm aus kämpfen weiß unzerstörbar, *no pasaran*, wenn dann. unter hütten und kirchen und herden und käfern das blut aus allen fünf kontinenten hat lieder gesungen. (539)

Das Dorf Arganda war im März 1937 in die Schlacht um Guadalajara verwickelt, in deren Verlauf spanische und internationale Brigaden das republikanische Madrid gegen den ersten Ansturm der Franquisten verteidigten.[38] Es handelt sich um eine von der vereinigten Linken, die zu diesem Zeitpunkt noch Bürgerliche, Sozialisten, Kommunisten und Anarchisten umfaßte, gewonnene Abwehrschlacht gegen den Faschismus.

In den Zusammenhang der Verteidigung Madrids gehört auch die legendäre Schlacht am Jarama, die vom Dezember 1936 bis zum Februar 1937 stattfand und in deren Verlauf 40.000 Menschen starben.[39] Die technisch und zahlenmäßig unterlegenen Republikaner konnten den Vormarsch der Aufständigen erstmals aufhalten. Dabei kam ihnen sowohl am Jarama wie auch in Guadalajara das Wetter zur Hilfe. Regen machte den Angreifern das Fortkommen schwer, der Jaramafluß führte viel Wasser und konnte kaum durchquert werden.[40] Die

---

38 Vgl. die Landkarte ›Die franquistische Operation bei Guadalajara‹, in: Cardona, G., Die Militäroperationen, in: Tuñón de Lara, M., u. a., Der Spanische Bürgerkrieg, Frankfurt/ M. 1987, S. 296-407, hier: S. 338. Auch die folgenden Angaben über den Kriegsverlauf entnehme ich diesem Aufsatz.

39 Für Geissler wird sie in *winterdeutsch* zentral.

40 Ein Fluß namens Arganda war nicht zu ermitteln. Auch in der *Ästhetik des Widerstands* kommt er nicht vor.

Brücken über den Jarama waren umkämpft. Geissler nimmt das Motiv der Brücke auf[41] und schreibt Arganda hiermit eine weitere Bedeutungsschicht ein. Der Verweisungszusammenhang um Arganda zielt nicht in eine eindeutige Richtung. Er bietet eine positive Deutung an, die den gelungenen internationalen Abwehrkampf gegen den Faschismus symbolisiert, jedoch auch eine negative, die auf die Zerrissenheit und Unvollkommenheit der Sozialisten hindeutet. Durch den Motivkreis Fluß, leeres Flußbett, Brücke ruft sie außerdem Proffs individuelles Scheitern auf. Auf welchen dieser Bezüge Karst anspielt, kann nicht entschieden werden. Arganda bleibt, wie *kamalatta*, für Interpretationen offen.

Mit Alabanda verbindet sich eine Hoffnung. Der »Freund und Kampfgenosse«[42] Hyperions in Hölderlins Briefroman aus dem Jahre 1797 heißt Alabanda. Über die Diagnose der Zeit, in der sie leben, über den »entwürdigte[n] Boden«[43] Griechenlands, sind sich beide einig. In »kollosalischen Entwürfen«[44] sehnen sie einen anderen Zustand herbei. Doch verschiedene Ansichten darüber, wie die neue Zeit herbeigeführt werden soll, entfremden sie einander kurzfristig. Während Hyperion die Liebe und den Geist im Volk verankern und zu öffentlichen Verkehrsformen machen möchte, geht es Alabanda zunächst um den Sturz der Fremdherrschaft und um den Aufbau eines neuen Staates.[45] Nachdem 1770 russische Truppen die türkischen Besatzer in Griechenland angegriffen haben, kämpfen Hyperion und Alabanda, im Befreiungskampf wieder vereint, auf der Seite der Griechen. Für beide bricht eine Welt zusammen, als die eigenen Truppen, die die Repräsentanten der Freiheit hätten sein sollen, dieselben archaischen Kriegsgreuel einsetzen wie die Unterdrücker:

---

41 Vgl.: »argandabrücke« (400), »brücke arganda« (539). – Zum Brückenmotiv vgl. auch den Abschnitt 6.1.6.(Metaphorische Korrespondenz, exakte Topographie) weiter unten.

42 Hölderlin, Fr., Hyperion, in: ders., Sämtliche Werke, Kritische Textausgabe, hg. von D. E. Sattler (im folgenden FHA = Frankfurter Hölderlin-Ausgabe), Bd. 11, Darmstadt und Neuwied 1984, S. 40.

43 FHA 11, S. 41

44 FHA 11, S. 40

45 Hyperion wirft ihm vor: »Du räumst dem Staate denn doch zu viel Gewalt ein. Er darf nicht fordern, was er nicht erzwingen kann. Was aber die Liebe giebt und der Geist, das läßt sich nicht erzwingen. [...] Beim Himmel! der weiß nicht, was er sündigt, der den Staat zur Sittenschule machen will. Immerhin hat das den Staat zur Hölle gemacht, daß ihn der Mensch zu seinem Himmel machen wollte.« (FHA 11, S. 46)

Es ist aus, Diotima! unsre Leute haben geplündert, gemordet, ohne Unterschied, auch unsre Brüder sind erschlagen, die Griechen in Misistra, die Unschuldigen, oder irren sie hülflos herum und ihre todte Jammermiene ruft Himmel und Erde zur Rache gegen die Barbaren, an deren Spize ich war.[46]

Der Freundschaftsbund zwischen Hyperion und Alabanda hält stand, obwohl ringsum die Hoffnung auf Besserung zerbricht. Alabanda steht somit für die Einigkeit im Kampf um die Freiheit. Er rettet Hyperion vor dem Tode und setzt dafür das eigene Leben ein. Später rät er ihm, wieder zu seiner Geliebten, Diotima, zurückzukehren, »weil ich dein künftig Glük nicht gerne stören möchte, weil ich Diotimas Nähe fürchten muß. Glaube mir, es ist gewagt, um Liebende zu leben«[47]. In Freundschaft gehen beide auseinander. Während Hyperion zu Diotima eilt, die aber unterdessen gestorben ist, stellt sich Alabanda dem Richterspruch des Geheimbundes ›Nemesis‹, dem er angehört und von dem er das Todesurteil erwartet.[48]

Die Anspielung Karsts, die sich der Namen Arganda und Alabanda bedient, gewinnt erst durch Recherche Konturen. Sie verweist auf die Existenz eines Kampfes, auf die Zusammengehörigkeit der Kämpfenden einer Partei und auf einen politischen Bund, der ein freundschaftliches Element umfaßt. Außerdem thematisiert Karst die erotische Seite der Verbindung,[49] die sich unter dem Vorzeichen Arganda als diejenige einer Unterwerfungspraxis durch die unkontrollierte Triebhandlung äußert, als Alabanda jedoch die sorgende und liebende Verbundenheit bis in den Tod anspricht, die die Kampfmoral der einzelnen erhöhen kann, denn die Freundschaft zwischen Hyperion und Alabanda steigert die Begeisterung beider, »es entzündete einer den andern«[50], bis sie sich in das Lob des Krieges hineinsteigern: »O, rief Alabanda, darum ist der Krieg auch so gut – / Recht, Alabanda, rief ich, so wie alle große Arbeit, wo des Menschen

---

46 FHA 11, S. 159

47 FHA 11, S. 184

48 Alabanda verrät die Geheimgesellschaft, indem er sich während dessen Verletzung um Hyperion kümmert. Auf dieses Vergehen steht die Todesstrafe. Hölderlin kritisiert die Geheimgesellschaften, weil sie ein Partikularinteresse verfolgen. Alabanda schlägt sich auf die Seite des Menschheitsinteresses. In *kamalatta* ist die Frage nach einer geheimen Gesellschaft und deren Umgangsformen – der geheimen Sprache – durch die bewaffnete Gruppe – und durch die esoterische Beschaffenheit des Textes – gegeben.

49 Zusätzlich zu den angegebenen Bezügen spielt Karst auch auf Proffs Verhältnis zu Marie an.

50 FHA 11, S. 147

Kraft und Geist und keine Krüke und kein wächserner Flügel hilft.«[51] Sie messen dieser Art von Freundschaft großen politischen Wert bei: »O wie hatten die alten Tyrannen so recht, Freundschaften, wie die unsere, zu verbieten! Da ist man stark, wie ein Halbgott, und duldet nichts Unverschämtes in seinem Bezirke!«[52]

Alle hier erörterten Namen – *kamalatta*, der Name des Werkes, die Ortsnamen Kalamata und Arganda sowie der Personenname Alabanda – weisen den Leser auf Bezüge, die im Text selbst nicht expliziert werden. Sie verlangen nach Bedeutungsaufladung. Sie fordern die Tätigkeit der Zuschreibung heraus, indem sie ein eigenes Deutungsangebot verweigern. Ihnen eignet dieser Appellcharakter aber nur, weil der Leser unterstellt, daß seine Recherche ihn zu einer Interpretation führt, zu einer Ansicht der Dinge, die wichtig und bedeutungsvoll sein könnte. Der Appellcharakter stellt sich nur dort ein, wo der dynamische Impuls des Textes, der hinausweist aus dem Bestehenden und aus dem Statischen der Schrift, auf eine Leserprädisposition trifft, die das Bedürfnis nach Veränderung enthält.

Die esoterische Verweisstruktur, die bedeutungsschwere Identifikationsangebote aufruft, die der Leser selbst prüfen muß, provoziert die Deutungstätigkeit Gleichgesinnter. Wer die Anspielungen nicht als Aufforderungen zur Eigentätigkeit begreift, dem bleiben die angerissenen Bezugssysteme verschlossen. Zutritt zum esoterischen Bereich gewährleistet der Veränderungswille im Leser, aus dem die Neugierde entspringt. Die Namen enthalten, indem sie appellieren, ein Versprechen. Doch Geisslers Roman gibt keine verborgenen Losungen aus. Er vermag allenfalls den anwesenden, tätigen Willen zur Veränderung zu steigern. Wie das Wort ›kamalatta‹ von der Emphase des Dynamischen lebt, sind auch die esoterischen Verweise, mit denen der Roman durchsetzt ist, *wegen* ihres Verweischarakters wichtig.

Sie geben sich exoterisch nicht zu erkennen, gewähren aber auch dem Eingeweihten keinen sicheren Aufenthalt in einem zwar verborgenen, aber fest umrissenen Sinn. Das Arcanum ist keine Ruhestätte, das Geheimwissen noch nicht festgeschrieben. Nur der Wille und das Bedürfnis sind vorhanden, in alle Artikulationen Gleichgesinnter das begeisternde Moment hineinzutragen, so daß die einander stärkende und die Kräfte multiplizierende, die Mut zusprechende

---

51 ebd.
52 FHA 11, S. 145

Verbindung derjenigen entsteht, die das Werden gegen das gesellschaftliche Sein in Anspruch nehmen. Im esoterischen Stil Geisslers kehrt die Struktur der Lebensvorstellung wieder: das utopische Moment und die Begeisterung sind anwesend. Der künftige Zustand wäre einzig durch die positive Kraft- und Willensentfaltung der Oppositionellen verbürgt. Im Streben, im Werden – literarisch im Verweisen, im Anspielen – wird das künftige Sein vorweggenommen.

6.1.4. Reime und Alliterationen

Die vorangegangene Erörterung interpretierte die geistige Brücke der sich durch Buchstabenverschiebungen unterscheidenden und durch Lautgleichheiten aufeinander verweisenden Wörter. Doch die Verknüpfungslogik von Arganda und Alabanda ist auch sinnlicher Natur, indem sie mit Lautähnlichkeiten arbeitet. Geisslers Text ist durchsetzt von Alliterationen, Stab- und Endreimen sowie von rhythmisierten Passagen in der Art von: »gehärmt gehämt« (78), »ratlos rastlos« (78), »verwirrt verirrt« (80), »zahm lahm« (100), »wachten wir auf dann lachten wir auch« (162), »bücher von büchner« (291), »kollerte kolkerte« (498). Das erzeugt eine sinnliche, wohlklingende, lustbetonte Prosa, die ›schön durch die Ohren läuft‹[53]. Die Implikationen dieses Schreibens, die auch für die verschiedenen Parallelstellen des Titelwortes gelten, sollen nun betrachtet werden.

Die Lust, die der Reim anregt, geht zum einen auf frühkindliche Erfahrungen zurück, wo das Kleinkind mit Worten die Welt scheinbar magisch beeinflussen konnte, indem es die Mutter herbeirief. Der magisch empfindende Mensch weiß sich in geheimer Korrespondenz mit der Welt verbunden. Das Ähnliche ist positiv besetzt, da es einen Wiedererkennungseffekt bewirkt. Das Unähnliche muß erst mit Ähnlichem in Verbindung gebracht werden, um die Sicherheit zu produzieren, die der Angst gegenüber dem inkommensurablen Bedrohlichen begegnet. Das Kleinkind freut sich, wenn es die ›herbeigezauberte‹ Mutter erkennt, die ihm die Nahrungsaufnahme ermöglicht. Tief reicht die Lust in Omnipotenzphantasien hinab, die mit Reim und Gleichklang geweckt werden.

Die magische Restitution des Ganzen findet in der Vorstellung von der Liebesvereinigung, die sich im Geschlechtsakt als Paarung vollzieht, eine Zu-

---

53 »Mit siegen ist das wie fliegen, wenn du stillstehst, fällst du dich tot, und weil michi das schön durch die ohren lief, sagt er den gleichen satz gleich noch mal, statt fliegen lieben.« (429) Der Lustgewinn drängt auf Wiederholung, denn ›alle Lust will Ewigkeit‹, um mit Nietzsches Zarathustra zu sprechen.

flucht. Die »spracherotische Richtung«[54] am Gereimten sieht Karl Kraus als dessen treibende Kraft an. Die Paarung der Wörter funktioniere wie die der Liebenden: »Man könnte [...] sagen, daß die Liebe keine Kunst ist und die Kunst keine Liebe, wo nichts als ein vorübergehendes Aneinander erzielt wird.«[55] Der »gefälligen Glätte, [...] die das Ineinander der Reimpartner gefährdet«[56], müsse entgegengewirkt werden. Deshalb soll der Reim ein »Hindernis [...] überwinden«[57], weil mit dem solcherart »gehemmten und mithin gesteigerten Impetus das Ziel der Paarung erreicht wird; weil der Reim einen stärkeren Anlauf nehmen mußte, um stärker vorhanden zu sein.«[58] Der Triebstau gewährleiste eine festere Bindung als die sofortige Verfügbarkeit des begehrten Objektes.[59] Gerade der Unterschied im Ähnlichen bindet hier die erotische Energie. Kraus geht es dabei im Kern nicht um die Silbenähnlichkeit, sondern um das semantische Aufeinander-Verwiesensein der Wörter; sie müssen »vom Geistigen her zum Akt taugen«[60].

Lautliche und geistige Momente sind ineinander verwoben. Die Zugehörigkeit des Einzelnen zum Ganzen ist jederzeit vorausgesetzt. Totalität und Individuation verweisen wechselseitig aufeinander, denn im Reim begegnet sich das Verwandte. Die Verwandtschaft zeigt die Zugehörigkeit des Einzelnen an, läßt ihm aber zugleich seine Individualität. Der Reim wird zum Sinnbild für das gelungene Miteinander verschiedener Individualitäten. Stab-, End- und andere Reime beschwören die Fülle ohne Mangel, das Aufgehobensein des Einzelnen in einer ihn umfassenden Totalität, die geweckte und gestillte Lust – sowohl geistig

---

54 Kraus, K., Die Sprache, in: ders., Schriften, hg. von Chr. Wagenknecht, Bd. 7, Frankfurt/M. 1987 (zuerst 1937), S. 323
55 a. a. O., S. 325
56 a. a. O., S. 326
57 a. a. O., S. 325
58 a. a. O., S. 326f. – Kraus spricht vom »erotische[n] Prinzip der Überwindung des Widerstandes zum Ziel der Gedankenpaarung« (a. a. O., S. 328).
59 Im Rahmen seines traditionell-patriarchalischen Geschlechterbildes weist Kraus dem männlichen Element die Dynamik zu, während er das weibliche mit dem Beharrenden verbindet. Seine Position zu dieser Frage interpretiert Christoph Türcke, in: ders., Sexus und Geist. Philosophie im Geschlechterkampf, Frankfurt/M. 1991, S. 221 ff.
60 a. a. O., S. 327 – Auch Rühmkorf sieht in der Verschiedenheit der Reimteile eine Quelle der Lust, nicht aber, weil sie einen Widerstand überwinden müßten, sondern weil es eine »Entzweiungslust« (Rühmkorf, P., agar agar – zaurzaurim. Zur Naturgeschichte des Reims und der menschlichen Anklangsnerven, Reinbek bei Hamburg 1981, S. 78) gebe, die etwas Ganzes auseinanderdividieren wolle (vgl. a. a. O., S. 111).

als auch lautlich. Der Reim führt aus individualgeschichtlichen Gründen den regressiven Wunsch nach Vergangenem mit sich, der aber utopisch gewendet werden kann, wenn er sich geistig anreichert und sich – Blochisch – nach vorne kehrt, er bleibt jedoch an eine affirmative Tendenz geknüpft, indem er durch sich selbst die Lusterfüllung anstrebt.

Geissler komponiert die primäre Lustkomponente nicht nur in die Figuren-rede vom Leben hinein, sondern auch in die sprachliche Durcharbeitung seines Romans. Eingestreute Texte politischer Gegner betonen das lustfeindliche, sta-tische Moment. Sie pflegen den Nominalstil und kleiden sich in wenig eingän-gige, technizistische Fachsprachen. Leben wird dagegen textuell als Beschleu-nigung umgesetzt. Juli arbeitet für eine Informatikerzeitschrift, deren Sprache sie mit dem Tod in Zusammenhang bringt.[61] Proff zitiert aus dem »ss-deutsch« (129) der unter Hitler in Bad Tölz ausgebildeten Einheiten. Der Hergang des Anschlages auf diese Einrichtung wird größtenteils im Nachrichtenton wie eine Agenturmeldung gegeben (vgl. 532-535). Ein medizinisches Bulletin versteckt das persönliche Leiden unter der Haft im Isolationstrakt hinter einer Fachsprache (vgl. 57 f.). Den Herrschenden gesteht *kamalatta* das lustbetonte Sprechen nicht zu, sondern er bindet es an die oppositionelle politische Orientierung.

Geissler setzt die identifikatorische, beschleunigende Sprache der Allitera-tionen in verschiedenen Situationen ein. In Proffs Erinnerung an die erotische Geborgenheit der Höhle, die erst danach umschlägt in das Entsetzen des Ent-decktwerdens, kommt sie zum Zuge. Hier gerät die Gangart des Textes, geraten seine imaginären Effekte gleichsam in Bewegung. Kaskadenartig reihen sich Reime und Alliterationen aneinander: »die höhle lag still im hummelgebrummel, brombeergestachel, [...] die ganze welt war schon da schon da und wächst und wühlt, kriecht klettert schneckt seine arbeit, kratzen und patschen, züngeln und bohren, und nichts ist verloren« (412). Prosa schlägt in *kamalatta* gerne in jenen Momenten in Lyrik um, in denen eine bewegt-lebendige Erinnerung identifikato-risch beschworen wird.

Juli trennt sich von Proff, weil er sich nicht eindeutig zu ihr und seiner Familie bekennt. Bevor sie auseinandergehen gestaltet Geissler noch einmal einen Moment, in dem sie ein Höchstmaß an Übereinstimmung erreichen, das er

---

61 Im Anschluß an ein Zitat aus der Publikation heißt es, nun wieder mit Alliterationen arbei-tend: »die sprache der teile der eile auf nichts hin als teil als tod alles tot« (107).

sprachlich umsetzt, indem sich die Lautähnlichkeit zur Lautgleichheit, der Reim zur Wiederholung verfestigt:

> nun wanderten sie mittendrin, zusammen, tönen die elf töne reglos sammen an, tönen die elf töne reglos sammen an, tönen die elf töne reglos sammen an, wir kreiseln, flüsterte proff, wir kreiseln, flüsterte juli, sie wiegten sie biegten summend die elf alten töne und weinten einander und lachten einander und alles und alles. (509)

Doch die Identität besteht nur auf Zeit, weil sie sich einem »vergessen« (509) verdankt. Wie schon in Schottland (vgl. 120 ff.) schlägt der lyrisch-poetische Zustand, der durch Harmonie gekennzeichnet ist, in den prosaischen der Zerrissenheit um, als Proff an die politischen Verhältnisse erinnert wird.

Die wohlklingende Sprache, die dynamisiert, rhythmisch beschleunigt und dadurch lyrisch angereichert ist und die den Lebensimpuls ins Werk setzt, tritt in Passagen auf, die inhaltlich diametral Entgegengesetztes sagen. Nicht nur in einer Liebesszene, auch zur Schilderung des Wahnsinns von Hannas »veitstanz« (11) setzt Geissler dieses Stilmittel ein:

> hanna läuft fort, das weihnachtskaufhaus ist groß, freies fest, sie huscht vom fleck ums eck zum zeck. dort sind in kammern weggesetzt kinder, für kaufen will mutti die hände frei, weg mit der kleinen dem kleinen ins kistchen, dort sind sie gut, sind still, dürfen schießen, totfahren, feuer frei freie fahrt freies fest fremde. hanna fürchtet sich. sie bückt von kind zu kind. im kästchen flackerts fad fahl, platzt was und prallt und bombt und bongt, gongt das und fratzt, und fallen über das schutzlose kind wasserhaft feuerfarben, bleiches gefunkel, ins leichte gebogen das schneidende weiß. (10 f.)

Zusätzlich unterstützt durch die erlebte Rede, erreicht Geissler hier wiederum eine gesteigerte Identifikation des Lesers mit der Innensicht der Figur.

Auch im Zusammenhang mit der Sprache im Isolationstrakt macht Geissler Gebrauch von Alliterationen. *Kamalatta* wertet diese Haft als Folter. Allgemein anerkannt ist, daß die Betroffenen einem Wahrnehmungswandel unterliegen. Ulrike Meinhof beschreibt ihn in einem vielzitierten Brief.[62] Geissler setzt die

---

62 »Das Gefühl, es explodiert einem der Kopf (das Gefühl, die Schädeldecke müßte eigentlich zerreißen, abplatzen) – / das Gefühl, es würde einem das Rückenmark ins Gehirn gepreßt – / das Gefühl, das Gehirn schrumpelte einem allmählich zusammen wie Backobst z. B. – / [...] das Gefühl, die Assoziationen würden einem weggehackt – / [...] das Gefühl, man verstummt – / man kann die Bedeutung von Worten nicht mehr identifizieren, nur noch raten – / der Gebrauch von Zischlauten – s, ß, tz, sch – ist absolut unerträglich – / [...] Satzbau, Grammatik, Syntax – nicht mehr zu kontrollieren. Beim Schreiben: zwei Zeilen – man kann am Ende der zweiten Zeile den Anfang der ersten nicht behalten – / [...] Rasende Aggressivität, für die es kein Ventil gibt. Das ist das Schlimmste. Klares Bewußtsein, daß man keine Überlebenschancen hat; völliges

Erfahrung der Isolationshaft sprachlich als ein Mittelding zwischen erlebter Rede und innerem Monolog um, der von Alliterationen und Wiederholungen durchzogen ist (vgl. 524-526). Im Trakt regrediert die Sprache auf elementare Muster.[63] Blues, die Einsitzende, weiß zu Beginn der Passage, was mit ihr geschieht: »ich werde verrückt. [...] es fängt schon an.« (524) Der Verstand ist entregelt. Die Sprache funktioniert nach anderen als den logischen Verknüpfungen. Sie gerät in Fluß wie in der écriture automatique der Surrealisten. Die zensierende Instanz, das Über-Ich, ist gelockert.[64] Die Sprache der Alliteration ist zugleich die Sprache des Traktes, die Sprache, die Gefangene sprechen, wenn sie gequält werden.

An herausgehobenen emotionalen Punkten in der Erlebniswelt der Figuren wird somit deren Innensicht durch sprachlich-identifikatorische Mittel unterstützt. Doch diese Aussage verdeckt den Skandal, der hier vorliegt: Geissler beschreibt eine Foltererfahrung mit demselben Stilmittel wie eine positiv

---

Scheitern, das zu vermitteln« (Meinhof, U., Brief einer Gefangenen aus dem Toten Trakt, in: Brückner, P., Ulrike Marie Meinhof und die deutschen Verhältnisse, Berlin 1976, S. 156-158, hier: S. 156 f.)

63 Elaine Scarry schreibt:»in der Folter wird ›Zivilisation‹ zerstört, und zwar in ihrer elementarsten Gestalt.« (Scarry, E., Der Körper im Schmerz, Frankfurt/M. 1992, S. 93). Das Subjekt unterliege einer »Wahrnehmungszerrüttung« (a. a. O., S. 47), einer »Zerrüttung der Bewußtseinsinhalte« (a. a. O., S. 82) und einer Zerstörung der Sprachfähigkeit: »Ein [...] Aspekt physischen Schmerzes ist dessen Fähigkeit, Sprache zu zerstören, ein wichtiges Mittel unserer Selbstausdehnung, das Vermögen sprachlicher Objektivierung, durch die der Schmerz aus dem Körper heraus in die Welt geholt und beseitigt werden könnte. Bevor der Schmerz die Sprache zerstört, monopolisiert er sie, macht sich zu deren einzigem Gegenstand; die Klage, in vielerlei Hinsicht das nichtpolitische Gegenstück zum Geständnis, wird zum einzigen Modus des Sprechens. Schließlich wird der Schmerz so stark, daß die Kohärenz der Klage abgelöst wird von Lauten, die dem vorsprachlichen Repertoire angehören. Die Tendenz des Schmerzes, sich dem Ausdruck nicht bloß zu widersetzen, sondern die Fähigkeit des Sprechens überhaupt zu zerstören, macht die Folter sich zunutze und steigert sie ins Maßlose.« (ebd.)

64 Schon für die ›automatisch‹ geschriebenen Texte des Surrealismus gilt jedoch, daß sie auf kein Erstes, auf keinen von der Gesellschaft unberührten Ursprung zurückführen: »Es ist [...] mehr als zweifelhaft, diese als Ausdruck des Unbewußten zu verstehen.« (Bürger, P., Der französische Surrealismus, Frankfurt/M. 1971, S. 163) »In den Welttrümmern des Surrealismus kommt nicht das An sich des Unbewußten zutage.« (Adorno, Th. W., Rückblickend auf den Surrealismus, in: ders., Noten zur Literatur, Gesammelte Schriften Bd. 11, Frankfurt/M. 1974, S. 101-105, hier: S. 102) Bürger macht dementsprechend geltend: »In dem Versuch, verinnerlichte Formen gesellschaftlicher Zensur auszuschalten, und nicht etwa in der Enthüllung des Unbewußten, wird man die Bedeutung automatischer Texte zu sehen haben.« (Bürger, a. a. O., S. 165)

besetzte Kindheitserinnerung und wie einen Moment tiefen Verständnisses zwischen zwei Personen. Den gemeinsamen Nenner bildet die Regression, die einmal aus der existentiellen Bedrohung des Ichs und einmal aus der Sehnsucht nach dessen Entgrenzung im anderen hervorgeht. Insbesondere die Darstellung der Isolationshaft wirft Probleme auf. Mag die herbeigesehnte Entgrenzung im Geschlechtsakt mit Hilfe lusterweckender Techniken vergegenwärtigt werden, so widerstreiten diese der ungewollten Entgrenzung, weil sie Einverständnis suggerieren, wo Zwang herrscht. Wenn aber Gewaltausübung mit Hilfe identifikatorischer Techniken geschildert wird, rechnet der Text mit den voyeuristischen Potentialen der Leser und beutet sie aus – sofern er nicht ironisch oder anders gebrochen wird. Die Schilderung hat ihren Maßstab dann an einem vordergründigen Verständnis von Wirksamkeit, nicht an der Angemessenheit an den Gegenstand. Sie suggeriert, der Leser könne sich in die Figur psychologisierend hineinversetzen.

Alliterative Texte führen, auch wenn sie Folterungen beschreiben, eine befriedigende Wirkung mit sich, weil das Gereimte wohltuend wirkt. Damit provozieren sie ein punktuelles Einverständnis mit jenem Bestehenden, das beseitigt werden soll. Nicht die diffus vorhandene Lust, sondern erst ihre bestimmte Ausrichtung könnte aber ihre Subversivität begründen. Die ist in Geisslers Text aber nur als eine Behauptung gegeben, die er nicht plausibilisieren kann und die mit den Stilmitteln des Reimes und der Alliteration nicht eingelöst werden.

Wie zuvor gesehen, glauben die Gefangenen, in der Folter ihren oppositionellen Wesenskern verteidigen zu können, der mit dem Willen zum Leben koinzidiert. Diese Interpretation unterstützt Geissler mit dem Stilmittel der Alliteration, denn diese muß hier als die Inszenierung einer basalen Lebensäußerung interpretiert werden. Die Sprache regrediert auf ihre einfachste Gestalt, auf Mama, Papa, dada. Dabei verliert sie zwar an Differenzierungsvermögen, nicht aber an ›Lebenssubstanz‹. Noch in der zerschundensten Gestalt partizipiert sie an der kindlichen Wiederholungs- und Vereinigungslust. Bis in die Sprache hinein wehrt Geissler die Vorstellung vom Gebrochenwerden unter der Folter ab. Amérys ›Verlust des Weltvertrauens‹ hätte sich sonst in der Abwesenheit jener kindlichen Orientierungsmarken niederschlagen müssen. Doch selbst in der extremsten Situation triumphiert das Gehaltenwerden durch das Bekannte.

Die bei Geissler vorausgesetzte Verbindung von primärer Lust und oppositioneller Orientierung und diejenige von Unlust und Herrschaftsgesinnung ist keineswegs zwingend.[65] Auf gesellschaftlicher Ebene hat die Hervorlockung und Befriedigung sexueller Lust im Gegenteil meist systemstabilisierenden Charakter. Zahlreiche Fernsehprogramme sind darauf spezialisiert, diese Funktion zu erfüllen. Sie nehmen sich gerne der Lust an, weil sie immer wieder neu entsteht. Lust zielt auf eine Befriedigung, die unter den bestehenden gesellschaftlichen Bedingungen gewährt werden kann.[66] Sie ist nicht per se subversiv, sondern erst, wenn sie sich geistig anreichert, wird die Wahrscheinlichkeit größer, daß ihre Intention produktiv über das Bestehende hinausgreift.

Aus diesem Grunde muß Geisslers Verwendung der alliterativ angereicherten Sprache kritisch betrachtet werden. Sie birgt die Gefahr einer Lektüre, die sich ästhetizistisch an der gesättigten Sprache weidet und sich bei ihr beruhigt. Dieser Versuchung steuert der Text mit dem Bedeutungssprung entgegen, der mit der Lautähnlichkeit gegeben ist und der einen Verweis auf Bedeutsames inszeniert. Die Beruhigung mit dem Text gelingt nie vollständig, weil sich seine esoterisch-bedeutsame Komponente immer wieder entzieht. Die affirmative Funktion bürgerlicher Literatur[67] sucht Geissler außerdem zu umgehen, indem er die von der Sprache im Leser angeregte Lust – dem Impuls der Frühromantik folgend – für eine oppositionelle Politik freisetzen möchte. Beide entgegenwir-

---

65 Sie wird es auch nicht durch die ständige Beschwörung der These, daß Lust = Leben sei und Leben = Opposition.

66 Nach Foucault ordnet sich die Rede von Sex und Lust in das herrschende Dispositiv nicht nur bruchlos ein, sondern aktualisiert selbst das es bedingende Machtgefüge. Die Gesellschaft sei der Sexualität gegenüber nicht repressiv eingestellt: »Weit eher als um einen negativen Ausschließungs- und Verwerfungsmechanismus handelt es sich um ein feines Netz von Diskursen, Wissen, Lüsten, Mächten, das unter Strom gesetzt wird; es handelt sich nicht um eine Bewegung, die nur darauf aus wäre, den wilden Sex in irgendeine dunkle und unzugängliche Gegend zu verstoßen, sondern im Gegenteil um Prozesse, die ihn an der Oberfläche der Dinge und der Körper ausstreuen, die ihn anreizen, kundmachen und zum Sprechen bringen, ihn im Wirklichen einpflanzen und ihm einschärfen, die Wahheit zu sagen: ein unübersehbares und flimmerndes Lichtmeer des Sexuellen, das sich in der Vielfältigkeit der Diskurse, der Hartnäckigkeit der Mächte und den Spielen des Wissens mit der Lust spiegelt.« (Foucault, M., Der Wille zum Wissen, Frankfurt/M. 1977, S. 92) Und weiter: »Eine bestimmte Fallinie hat uns im Laufe einiger Jahrhunderte dahin gebracht, die Frage nach dem, was wir sind, an den Sex zu richten. Und zwar nicht so sehr an den Natur-Sex [...], sondern an den Geschichts-Sex, den Bedeutungs-Sex, den Diskurs-Sex.« (a. a. O., S. 98)

67 vgl. zu diesem Terminus Marcuse, H., Über den affirmativen Charakter der Kultur, in: Zeitschrift für Sozialforschung, Jg. 6, 1937, Reprint: München 1970, S. 54-94

kenden Tendenzen können aber die vorangegangene Affirmation nicht wieder tilgen.

Der Leser braucht, obwohl er die Bedeutsamkeit wahrnimmt, nicht dem in ihr gelegenen Appell zu folgen. Er kann das Buch wegen seiner sprachlichen ›Schönheit‹ konsumieren und wegen seiner Virtuosität, die einen dichten Stil hervorbringt, bewundern. Diese Art der Lektüre wird dem Text zwar nicht gerecht, der aber die ästhetizistisch-schwelgerische Vereinnahmung auch nicht verhindern kann. Eine Schreibweise, die wirkungsästhetisch Lust im Leser hervorrufen möchte, steht immer in der Gefahr, daß die angestrebte Wirkung sich verselbständigt. Die Alternative hierzu wäre eine Textgestalt, die sich spröde gibt, die programmatisch die Entzündung von Lust verhindert, um andere Vermögen des Menschen, z. B. das intellektuelle, anregen zu können. Genia Schulz spricht für die Prosa von Peter Weiss von einem »Modus des Indirekten«[68]. Obwohl sich *kamalatta* an vielen Stellen esoterisch gibt, muß für die in ihm vorherrschende Sprachgestalt von einem ›Modus des Direkten‹ gesprochen werden.[69]

Auch die oben untersuchte Bedeutsamkeit aufeinander verweisender Wörter bietet keine Gewähr für eine politische Wirkung. Der Leser, der dem Appell der Bedeutsamkeit folgt, gerät ins Labyrinth der Bedeutungen, das den lustbesetzten Impuls ins Leere laufen läßt, statt ihm zu einer revolutionären Bestimmung zu verhelfen. Er wird nicht zum politischen Praktiker, sondern zum gelehrten Grübler, der immer wieder in das tendenziell unendliche Netz der Andeutungen eintaucht, bis vielleicht der Forschungsdrang einmal gestillt ist. Eine direkte Verbindung dieser vom Text erzwungenen kontemplativen Lektüre zur politischen Praxis stellt er nicht her. Überhaupt ergibt sie sich nie naturwüchsig aus der Literatur, sondern resultiert aus einem qualitativen Sprung über die Literatur hinaus.

In Geisslers Schreibweise widerstreiten einander also zwei Elemente funktional. Während sich ein Teil des Textes entzieht, weil er esoterisch angelegt ist, und das Wiedererkennen aufschiebt, während dieser Teil der Identifikation und der Lustbefriedigung entgegensteht, versucht ein anderer, gerade diese Effekte

---

68   Schulz, G., »Die Ästhetik des Widerstands«. Versionen des Indirekten in Peter Weiss' Roman, Stuttgart 1986, S. 40
69   vgl. zu diesem Unterschied zwischen Weiss und Geissler den Abschnitt 7.2. (Modi fundamentaloppositionellen Schreibens)

zu erzielen.[70] Dieses gilt insbesondere für die Verbindung von Arganda und Alabanda. Mit dem Titelwort verfährt Geissler etwas anders. Indem er die Parallelstellen, die Reimhälften hätten abgeben können – ›kamalatta‹, Kalamatta – nicht angibt, entzieht er dem Text einen möglichen Endreim. Damit mindert er für das Zentralwort die auf Lusterfüllung innerhalb des Romans angelegte Schreibweise, ohne sie aber gänzlich aufzugeben, denn die Lautwiederholungen innerhalb des Wortes stellen eine stabreimartige, alliterative Wortbildung dar. Auch *kamalatta* ›läuft schön durch die Ohren‹, es entzieht sich aber sowohl dem Ganzen, das die ›Paarung‹ der Endreime mit sich bringt wie auch jenem Ganzen, das die Verankerung in einem Bedeutungsuniversum festschreibt.

Kamalatta bleibt ungereimt, es muß als Name angesprochen werden. Damit ist ein Perspektivenwechsel verbunden, der mit dem von Benjamin formulierten Gewicht bedacht werden sollte:»Als Reim steigt die Sprache aus der kreatürlichen Welt herauf, als Name zieht sie alle Kreatur zu sich empor.«[71]

6.1.5. Namen geben und Namen nennen

Die Nennung des Eigennamens verbürgt in *kamalatta* die höchste Form des vertrauensvollen Umgangs miteinander. Proffs Folterung zerstört dessen Glauben an eine rückhaltlose Vertrauensbeziehung, die im gegenseitigen Nennen des Namens kulminiert: In Guatemala, kurz bevor er seinen Ausbruchsversuch aufgeben will und kurz bevor er José trifft, sagt Proff:»nur der name der name war weg. gerissen.« (421) José ruft ihn bei seinem Spitznamen:»du hänschen klein. so hatten vom ersten tag an im lager mich alle genannt.« (421) Auf José setzt Proff seine ganze Hoffnung:»unsre hand, die einander vertraut, unser leben, das sie nicht finden« (421). Mit dem Vertrauen ist das Nennen des Namens verbunden:»wie heißt du, fragt er mich lächelnd, und ich fragte, wie heißt du richtig. der name der name.« (422) Bei Proff stellt sich nun Entspannung ein, das Nennen des vermeintlich wahren Namens trifft auf sein Bedürfnis nach Verschwörung und Vertrauen:»ich wußte bis dahin nichts von der bedeutung des namens, von der gewalt, dem trost, der lust, ihn einem anderen menschen zu nennen. wir

---

70 Neben der sinnlichen Komponente gehört in diese Kategorie auch die in manchen Passagen krimiartig aufgemachte Erzählweise, z. B. Proffs Erfahrungen im guatemaltekischen Lager.

71 Benjamin, W., Karl Kraus, in: ders., Gesammelte Schriften, hg. von R. Tiedemann und H. Schweppenhäuser, Bd. II, Frankfurt/M. 1977, S. 334-367, hier: S. 362

brauchen, dachte ich da [...], unglück für unser einziges glück« (422). Das ›einzige Glück‹ des Vertrauens durch das Nennen des Eigensten ist in diesem Falle eine subtile Methode, um Proff zu quälen, die seine geheimsten Wünsche bloßlegt und zerstört. Sein Ruf nach José ist das Schlüsselwort für die Demaskierung der Situation, für die demütigende Erkenntnis, daß José jederzeit mit dem Lagerkommandanten verbündet war. Diese Erfahrung führt bei Proff zum Sprachverlust: »der name war weg.« (423) Erst am »fünfzehnten mai neunzehnhundertundsiebzig« (23), nach der Befreiung eines Genossen aus einem Berliner Gefängnis, gewinnt er die Sprache zurück. Diese solidarische Aktion belebt die Hoffnung auf einen möglichen Zusammenhalt wieder.[72]

Sprache ist für Proff mit Hoffnung und Vertrauen verknüpft. Wer nicht mehr spricht, hat die Hinwendung zu anderen aufgegeben. Die Idee des Kollektivs wäre damit zur Makulatur geworden. Proffs stärkste Bindung ist aber nicht die an das Kollektiv, sondern diejenige an seinen Sohn, den er der Gruppe nicht überlassen möchte. Nachdem diese entschieden hat, daß Proff nicht am Anschlag in Bad Tölz teilnehmen soll, versucht er, ihn vom Mitmachen abzuhalten. Maurizio wehrt sich aber gegen seinen Vater, es kommt zum Handgemenge und »plötzlich beim stürzen ruft jeder den namen« (439). Das wahre Gefühl entbindet sich ›plötzlich‹, ohne Überlegung. Im Namen ist vieles mitgesagt, das anders nicht expliziert werden kann. Die Namensnennung signalisiert die Dringlichkeit des Ausrufs und ist mit dem Nimbus unmittelbarer Gefühlswahrhaftigkeit versehen. Immer wieder kommt es deshalb in kamalatta in Extremsituationen darauf an, ob und wie der Name genannt wird. Diese Innervationen legen die tiefste Schicht der Gefühle frei. Kaum ein reflexiv angeleitetes Gespräch entfaltet eine vergleichbare Wahrhaftigkeit.

Boye begegnet der Gefahr, die der mögliche Mißbrauch des Namens mit sich bringt, durch ihre Umbenennung. Mit ihr will sie sich gegen das Lügen, gegen die Angst und gegen die Mutlosigkeit wenden. Sie hat

sich, die geborene antje steen, die junge kaderfrau priska, den dritten namen gegeben, boye, eine frau, von der man nachlesen kann, sie ist erstickt am moment verrückter verbrüderung, miß-

---

72 Eine weitere Textstelle deutet auf den Zusammenhalt der Gruppe im Gefängnis hin, indem sie noch im Gefängnis versucht, einander den Namen zu nennen: »von draußen [...] rief einer den namen, wir werden menschen sein, dann der abbruch des schreies, der schlag auf den hals, das poltern, schleifen, bunker statt hofgang. hausstrafe für larry tack. wegen unerlaubter kontaktaufnahme.« (58) Diese Erfahrung hat Proff in Guatemala nicht gemacht.

bräuchlichen vertrauens. boye kannte das. die sehnsucht und ihre verdrehung. sie stellte sich deshalb in diesen namen, gegen die mutlosigkeit. (194)[73]

Proffs Folterung in Guatemala ist verbunden mit der Sehnsucht, im Namen das Vertrauen und das Authentische des anderen zu finden. Diese Sehnsucht beuten seine Peiniger aus. Geissler schreibt, im Stilmittel erlebter Rede, die sich an Boye heftet, die Sehnsucht werde verdreht. Ursprünglich, bevor sie degeneriert wurde, war sie demnach wahr. Boye erkennt, daß die Sehnsucht, die sich an die Nennung des Namens bindet, von Herrschaft vereinnahmt werden kann. Aber auch Boye stellt nicht die Sehnsucht nach dem Wahren in Frage. Das narzißtische Bedürfnis, ›gefragt‹ zu sein (vgl. 423) und sich in anderen zu spiegeln, bleibt unhinterfragt. Ein stiller Hedonismus durchdringt die Namensthematik in *kamalatta*. Wahrhaftige Namensnennung und Wunscherfüllung verschmelzen miteinander.

Die Gruppe gibt sich vor dem Anschlag Decknamen, um ihre Feinde zu täuschen. Die bewußte Namensgebung gerät zum Ritual. Wie bei einer Taufe hat sich jeder zu Benennende eine Losung ausgesucht, die eine Begründung für seine Namenswahl angibt. Zugleich wird ein Willensakt in der Gruppenöffentlichkeit bekräftigt. Das existentialistische Moment der Entscheidung erstreckt sich auch auf die Namensproduktion. Die Subjekte setzen sie aus sich selbst – als Decknamen. Sie markieren eine Spaltung in Eingeweihte und Uneingeweihte. Geissler ruft die Namen aller am Anschlag Beteiligten auf:

wir müssen sie alle täuschen, sagte paula, ich heiße von jetzt an *wachtel*. wir. wer wir.
sind boye, cora, andré und otto. [...] ich heiße von jetzt an *jakob*.
es ist kein tanz die blume vernichtung, ich heiße von jetzt an *bloom*.
keine rettung verliert das obszöne. beweint nicht die toten, ersetzt sie, ich heiße von jetzt an *rigo*.
es wird darauf ankommen, mehr zu wissen, auch wenn es schmerzt, es bleibt bei boye. (478)

Die Namen der Gegner erscheinen in den Benennungen der Gruppe. Es handelt sich meist um sprechende Namen, die an eine Eigenschaft oder an die Herkunft einer Person erinnern. Im Falle der ›Frau aus dem Mann‹ wird diese Benennung erläutert. Mit sechzehn bringt sie ihren Mann um, weil er sie wie eine Sache behandelt.[74] Ihre Sehnsucht nach dem »gesicht« (119) des anderen wird von

---

73 Zur Anspielung auf die *Ästhetik des Widerstands* vgl. das siebte Kapitel dieser Untersuchung.

74 Die entsprechende Szene, die der Beschreibung einer Vergewaltigung nahekommt, arbeitet mit Reimen: »wer hat mich da immer im griff, im kiff, im siff, und plötzlich das kissen nicht

Anfang an von der Gewalt im New Yorker Schwarzengetto hintertrieben. Später geht sie zur Antiterroreinheit und erschießt mit Vorliebe Männer: »die frau aus dem mann macht überall opfer, damit sie nicht opfer wird.« (119)[75] In den Benennungen der Gegner drückt sich die von der Gruppe für wahr gehaltene Kassenspaltung der Gesellschaft aus. Wer gegen ihre Verbündeten kämpft, wird mit einem pejorativen Namen belegt: Ein Polizist »ist der verrückte mörder von unsren freunden. einmal werden wir singen: das war die wüste. jetzt nennen wir ihn *das pack*, den hals.« (15)

Auch Proff nennt den Feind um. Seinem Beschatter gibt er den Namen ›Ledermann‹ und verweist ausdrücklich auf Jean Paul: »ich will sie von nun an *ledermann* nennen. [...] ich red vom jean paul, *der komet*. lesen sie das doch mal.« Der spaßhafte Verweis auf den *Kometen* ist abgündig und ruft ein weites Feld für Interpretationen auf. Bei Jean Paul verfolgt den Helden Marggraf ein dem Teufel Verschriebener, der halb als Geistesgestörter, halb als Phantasiewesen geschildert wird.[76] In ihm spiegelt sich Marggraf, denn auch er lebt in Wahnbildungen, die sich aber nicht aggressiv äußern, sondern in wohltätige Handlungen münden. Proff rechnet den Ledermann, indem er ihm diesen Namen gibt, dem Reich des Bösen zu, sich selbst macht er zu einer Parallelgestalt Marggrafs.

Namen und Umbenennungen werden im *Kometen* ausführlich thematisiert. Bürgerlich Marggraf heißend, läßt sich der Apotheker in jenem Moment mit dem Titel ›Markgraf‹ anreden, in dem er den Anspruch auf eine adlige Herkunft er-

---

warm sondern quer auf meinem gesicht, die kappe, die klappe fällt auf, ich häng, an wem denn: das will ich nicht.« (118)

75 Dieser Satz steht am Ende des entsprechenden Abschnittes und faßt das Vorangegangene zusammen. Bei Geissler kommen häufig Sätze vor, die etwas zum Schluß noch einmal wie eine ›Moral von der Geschicht'‹ zusammenfassen. Dadurch wird die vorangegangene Schilderung literarisch entwertet.

76 Er tritt erst im 16. Kapitel auf, wo er als »ein ganz in Leder gekleideter, fleischloser, farbloser, langgedehnter Mann, mit Kopfhaaren wie Hörner und mit langem schwarzen Bart« (Jean Paul, Der Komet, in: ders., Werke in zwölf Bänden, hg. von N. Miller, Bd. 11 und 12, München - Wien 1975, S. 567-1036, hier: Bd. 12, S. 911) beschrieben wird, dem aber die letzten Worte des Romans vorbehalten sind. Dort wird deutlich, daß er von zwei Zuständen beherrscht wird, die die dichotomische christliche Welteinteilung in Gott und Teufel wiedergeben. Wird der Einflußbereich des Teufels gemeinhin mit der nichtrationalen Seite des Bewußtseins in Zusammenhang gebracht, mit der Nachtseite in Traum und Wahn, so ist es hier umgekehrt. In den Wachphasen dient der Ledermann dem Teufel, während er im Schlafe Gott huldigt.

hebt. Seine Hochstapelei wahnhaften Ursprungs motiviert ihn zu dieser geringen Lautverschiebung, die eine große Bedeutungsverschiebung mit sich bringt. Später nimmt er eine weitere Umbenennung vor, um inkognito reisen zu können, und nennt sich ›Graf von Hacencoppen‹. Seinen Namen wandelt er je nach seinen Zielen ab. Jean Paul weicht Identitäten, die durch Namen verbürgt wären, auf.[77]

In den Namen ist ein Überschuß gebunden, den ihre Nennung aktualisiert. Einerseits macht sich dieses Moment am Klang fest, der Lust freisetzt. Michi sagt: »susette, sag ich so gern, schöner name, summt« (434). Andererseits trifft es auf einen Gehalt, der über den Klang hinausgeht:

> weil d-d-r und b-r-d, das geht doch überhaupt nicht gesagt, das ist doch bloß alles gehacktes, das ist doch kein name, kein wort, das ist nämlich alles gar nicht so einfach mit ohne namen, da find ich schon besser fitschi, oder bikini, da schwingt doch was mit, eben name, so leben und alles (518).

In den Namen schwingt etwas mit, das nur durch sie selbst und durch die Art, wie sie genannt werden, aktualisiert werden kann.

Die Frage nach dem Namensgebrauch in *kamalatta* führt an einen poetologischen Verdichtungspunkt von Geisslers Schreibweise. Denn *kamalatta* ist nicht nur ein rätselhaftes Wort, sondern zugleich ein Name: der des Kunstwerkes von Christian Geissler. Zumindest formal ist der Name damit eindeutig definiert als diejenige gestaltete Zeichenmasse, die sich zwischen den beiden Buchdeckeln findet. Indem im folgenden einige ästhetische und erkenntnistheoretische Implikationen der Frage nach dem Namen angerissen werden, soll vor diesem Hintergrund Geisslers Standort bestimmt werden. Mit Lyotard, Benjamin und Bachmann werden aus der Fülle der Namenstheorien drei systematisch von-

---

77 In *kamalatta* werden weitere Motive aus dem *Kometen* aufgenommen. Die Grenze zwischen Wahn und Realität verschwimmt bei Jean Paul. Nie kann entschieden werden, ob der Hochstapler ein realitätstüchtiger Aufsteiger oder ob er schlicht verrückt ist. Denn verrückt könnte auch die Gesellschaft genannt werden, die den bei Jean Paul beschriebenen Standesdünkel des Adels so hoch ehrt wie sonst nur bares Geld. – Auch die in *kamalatta* oft verwendete Metaphorik des Fliegens ist bei Jean Paul vorgebildet. Der Aufstieg Marggrafs wird als Kometenflug versinnbildlicht. Allgemein konnotiert das Fliegen hier die Liebe, wie ja auch Marggraf von der Sehnsucht durchdrungen ist, allen Gutes zu tun, um sich selbst an deren Freude narzißtisch zu berauschen, vgl.: »Nikolaus [Marggraf, S.K.] kann auf den wächsernen Flügeln eines Bildes hoch genug seiner warmen Sonne zufliegen; ihre Strahlen werden ihn vorher lange durchwärmen, bevor sie etwas von seinen Federn abschmelzen.« (a. a. O., Bd. 12, S. 873)

einander zu unterscheidende Positionen aufgerufen, die das Diskussionsfeld der Frage danach, was Namen seien, strukturieren können.

Jean-François Lyotard weist auf das logische Problem hin, daß nicht alle Bestandteile eines Satzes aus dem ihm zugrundeliegenden Regelsystem genommen sein können. Namen führen unerläßliche »Raum-Zeit-Gefüge«[78] ein. Sie bedeuten, benennen und zeigen auf Referenten. Deshalb können sie nicht – anders als Begriffe – abgeleitet, sondern müssen erlernt werden.[79] Die Referenten erscheinen in den Namen nach Lyotard keinesweg als fixe Größen, sondern die Bedeutungsvaleurs, die die Namen mitführen, sind veränderlich. Nicht nur könne man »den Beweis für die Vollständigkeit des Bedeutungsspektrums eines Namens [...] nicht führen«[80], sondern der Name unterliege darüber hinaus einer »Inflation seines möglichen Sinns, seiner möglichen Bedeutungen«[81]. Lyotard lehnt jede Konzeption »eines Isomorphismus von Namen und Gegenständen«[82], jede »Unterordnung der Wahrheitsfrage unter die Lehre der Evidenz«[83] ab. Demgegenüber findet er das, was er, im Gegensatz zum Rechtsstreit, als den Widerstreit bezeichnet, mitten im Namen:

Die Wirklichkeit führt den Widerstreit mit sich. *Das ist Stalin, da ist er.* Darüber wird man einig. Aber was *Stalin* meint? An diesen Namen haben sich Sätze geheftet, die nicht nur verschiedene Bedeutungen von ihm beschreiben (das kann noch in einem Gespräch ausgehandelt werden), die den Namen nicht nur auf verschiedene Instanzen setzen, sondern heterogenen Regelsystemen und/oder Diskursarten unterstehen. Mangels eines gemeinsamen Idioms vereitelt diese Heterogenität einen Konsensus. Eine auf Stalin gewendete Definition tut notwendigerweise den nichtdefinitorischen Sätzen bezüglich Stalin unrecht, die von dieser Definition zumindest einmal übersehen oder verraten werden.[84]

Der Name ist Anlaß für einander heterogene Diskurse. Er produziert damit immer wieder von neuem etwas Unabgegoltenes, Ungelöstes. Statt einer Evidenz stellt sich ein Aufschub ein.[85]

---

78   Lyotard, J.-F., Der Widerstreit, München (2)1989 (franz. zuerst 1983), S. 81
79   vgl. a. a. O., S. 84
80   a. a. O., S. 89
81   a. a. O., S. 90
82   a. a. O., S. 98
83   a. a. O., S. 86
84   a. O., S. 104
85   vgl. a. a. O, S. 102

Lyotard schreibt, negativ wertend: »Forderung und Illusion der Metaphysik: daß die Namen Eigennamen sein müssen, daß ein Gegenstand der Welt unfehlbar auf sein Zeichen (seine Bezeichnung) in der Sprache antwortet.«[86] Diese ›Illusion‹ ist das metaphysische Zentrum der Sprachtheorie Walter Benjamins.

Benjamin konstruiert spekulativ die ursprüngliche Einheit der Sprache in Gott, der zugleich schaffend und benennend ist. Die Sprache Gottes ist »das Schaffende«[87], weil sie ihm »als Medium der Schöpfung gedient«[88] hat, und »das Vollendete«[89]; sie »ist Wort und Name«[90]. Der Mensch unterscheidet sich von Gott dadurch, daß er benennt, ohne die benannten Dinge zugleich zu schaffen. »Gottes Schöpfung vollendet sich, indem die Dinge ihren Namen vom Menschen erhalten«[91]. Durch die Fähigkeit des Benennens unterscheidet sich der Mensch auch von den Dingen, die nur stumme Sprachen sprechen.[92] Die Verbindung vom Geschaffenen zum Benannten erfaßt Benjamin mit dem Begriff der Übersetzung. Die »Kontinua der Verwandlung«[93], die die Sprache mit der Übersetzung durchläuft, gründen sich auf die – metaphysische – Annahme, daß »die Namensprache des Menschen und die namenlose der Dinge in Gott verwandt«[94] seien. Benjamin unterstellt eine Wechselwirkung des Seienden, das Lyotard den Referenten nennt, mit dem Namen. Die Übersetzung des Menschen fügt der stummen Dingsprache die Erkenntnis und den Laut bei. Die Regeln dieser Verwandlung sind nicht festgelegt, der Mensch ist frei, die ihm zugeschriebene »Aufgabe«[95] auf seine Art zu »lösen«[96]. Dabei waltet zunächst noch eine prästabilierte Harmonie zwischen ihm und Gott, die erst der Sündenfall erschüttert. Zuvor aber, in den paradiesischen, adamitischen Zeiten, spricht der

---

86 a. a. O., S. 73
87 Benjamin, W., Über Sprache überhaupt und über die Sprache des Menschen, in: ders., Gesammelte Schriften, hg. von R. Tiedemann und H. Schweppenhäuser, Frankfurt/M. 1977, Bd. II, S. 140-157, hier: S. 148
88 a. a. O., S. 149
89 a. a. O., S. 148
90 ebd.
91 a. a. O., S. 144
92 Benjamin legt einen weiten Sprachbegriff zugrunde, der nicht nur Gesprochenes, sondern Seiendes überhaupt umfaßt.
93 a. a. O., S. 151
94 ebd.
95 ebd.
96 ebd.

Mensch die Namensprache. Mit ihr entwirft Benjamin spekulativ das Idealbild menschlicher Sprache, die ihren Frieden mit Gott und der Welt gemacht hat – ein goldenes Zeitalter des Sprachgeistes gleichsam. Das Benennen ist hier mit der Erkenntnis der Dinge unmittelbar verbunden, die »paradiesische Sprache des Menschen muß die vollkommen erkennende gewesen sein«[97]. Doch diese Sprache ist dem Menschen unwiederbringlich genommen. Mit dem Sündenfall, der Unterscheidung von gut und böse, endet sie. Die Einheit der Namensprache ist durch eine Vielzahl konkurrierender Sprachen ersetzt.

Damit verliert sich die Kenntnis des wahren Namens, der die gute Benennung der Dinge verbürgt. Namen existieren fort, doch »nicht mehr unverletzt«[98]. Hinzu kommt die Mittelfunktion der vom Menschen benutzten Worte. Mit ihnen sollen Zwecke erreicht werden. Sie sagen nicht mehr in und durch sich selbst ihren geistigen Gehalt, der derjenige der Dinge wäre, sondern das »Wort soll *etwas* mitteilen (außer sich selbst). Das ist wirklich der Sündenfall des Sprachgeistes.«[99] Mit ihm kommt schließlich auch das richtende Wort des Menschen in die Welt.

Immer vermittelt durch den Zustand der Sprache nach dem Sündenfall, haben sich aber Elemente der adamitischen Namensprache in der nachadamitischen erhalten. Besonders die Poesie ist »in der Namensprache des Menschen, wenn nicht allein, so doch jedenfalls mit fundiert«[100]. Dadurch enthält sie, wie die menschliche Namensprache überhaupt, utopische Qualitäten. Sie kann mithelfen, die Sprache bis zur »letzten Klarheit«[101] im Wort Gottes heraufzubilden.

Während Lyotard das Unabgegoltene, das in den existierenden Namen liegt, philosophisch zu umkreisen und einzufangen versucht, sieht Benjamin eine wichtige Aufgabe der Philosophie, d. h. der Erkenntnis darin, Namen zu finden. Lyotard möchte das Mystische der Namen orten, während Benjamin mit der Erkenntnis der Dinge immer, romantisch, eine Magie höheren Grades verbindet, von der die Sprache nicht gereinigt werden soll, sondern die sie im Gegenteil auf der höchsten Reflexionsstufe aus sich selbst bilden möge. Nur in diesem Kurzschluß von benennender Sprache und seiender Welt könne sich die Einheit der Schöpfung als Versöhntheit herstellen. Dieses normative Moment ist bei

---

97 a. a. O., S. 152
98 a. a. O., S. 153
99 ebd.
100 a. a. O., S. 156
101 a. a. O., S. 157

Benjamin jederzeit unterstellt. Deshalb kann er mit der adamitischen Namen-sprache die Idee einer gelungenen Benennung fassen.

Ingeborg Bachmann zeigt, daß Benennungen funktionieren können, *weil* sie etwas Unbestimmtes mit sich führen. Sie spricht über Namen in der Literatur, über die Sphäre der Poesie also, in der nach Benjamin die Namensprache am nachhaltigsten wirkt. Die Namen bergen mehr, als analytisch zu erklären ist. Sie führen etwas mit sich, das sich überträgt, etwas Individuelles, das mit ihnen gleichursprünglich verbunden ist. Etwas in ihnen widersteht der Transkription in andere Worte: »Es gibt nichts Mysteriöseres als das Leuchten von Namen«[102]. Sie sind genuin. Der Mensch findet in ihnen, könnte mit Benjamin gesagt wer-den, zu seiner göttlichen Bestimmung des Benennens. Er gibt einen Namen, »als hätte da eine Taufe stattgefunden«[103]. Der gewählte Namen ist die einzige tref-fende Bezeichnung für das Bezeichnete und doch verbirgt er, indem er ›leuch-tet‹, ein Geheimnis. Er stellt nicht jene Art von Erkenntnis bereit, die keine wei-teren Fragen an den Gegenstand hätte, sondern eröffnet eine neue Sicht der Welt. Er bietet die Evidenzerfahrung von etwas bislang nicht Gekanntem. Doch die begriffliche Durchdringung des von ihm mitgeführten Geheimnisses, des Myste-riösen, vermag er nicht zu geben.[104] Eine Benennung findet statt, die etwas Unbenennbares bannt:

Weil der Dichtung in Glücksfällen Namen gelungen sind und die Taufe möglich war, ist für die Schriftsteller das Namensproblem und die Namensfrage etwas sehr Bewegendes, und zwar nicht nur in bezug auf Gestalten, sondern auch auf Orte, auf Straßen, die auf dieser außerordentlichen Landkarte eingetragen werden müssen, in diesem Atlas, den nur die Literatur sichtbar macht.[105]

Literatur produziert Namen »mit Aura«[106].

Nach Bachmann kann der Literatur das Namengeben gelingen. Doch die Zeitläufte erschweren es. Die »Unfähigkeit, Namen zu geben«[107] wird in der neueren Literatur größer. Zwar behaupten sie sich noch, jedoch oft nur noch ver-

---

102 Bachmann, I., Der Umgang mit Namen, in: dies., Werke, Bd. 4, München 1978, S. 238-254, hier: S. 238
103 ebd.
104 Er steht in einem ähnlichen Verhältnis zum Begriff wie – nach Adorno – die Kunst zur Philosophie. Beide bieten Modi der Wahrheit, beide sind genuin, aber sie bedürfen einander auch wechselseitig.
105 a. a. O., S. 239
106 a. a. O., S. 238
107 a. a. O., S. 241 f.

kümmert und überall gefährdet.[108] Die Einzigartigkeit, das Individuelle verschwindet aus der modernen Welt. Die Autoren thematisieren nun die Schwierigkeit der Namengebung selbst, Kafka durch »Namensverweigerung«[109], Thomas Mann durch »ironische [...] Namensgebung«[110], Joyce durch das »Namensspiel«[111], durch das Verrücken der Namen in Laut und Sinn, Faulkner durch ihr gänzliches Weglassen.[112] Proust hingegen »hat die Namen inthronisiert, sie in ein magisches Licht getaucht, dann zerstört und verwischt; er hat sie mit Bedeutung erfüllt, aufgeladen, und hat zugleich ihre Leere bewiesen, sie als leere Hülsen weggeworfen, als Anmaßung eines Eigentums gebrandmarkt.«[113] In das Namengeben der Literatur ist die Reflexion auf es mit eingegangen.

An jede Namengebung bleibt aber jene paradiesische Hoffnung geknüpft, das Benannte in seiner Individualität zu sich selbst und – anders als auf die zweckmäßig-vereinnahmende Art – zu den Menschen zu bringen. Jede gelungene Namengebung löst ein Stück dieser Hoffnung ein. Den so gefundenen Namen bringen die Menschen, so Bachmann, Treue entgegen, von der sie sagt: »mir scheint, daß die Treue zu diesen Namen, Gestaltnamen, Ortsnamen, fast die einzige ist, deren die Menschen fähig sind.«[114] Ein utopisches Moment ist mit dieser Treue verbunden, ein Glücksversprechen, das in der Literatur immer wieder die Namengebung als sein Medium aufsucht.

Im Namen findet sich beides, die Fülle und der Aufschub, denn die Benennung als gelungene bietet den Vorgeschmack einer Fülle, die zugleich aufgeschoben wird, weil der Name noch nicht das vollständig bewußte Wissen von etwas ist und als ein Wort, das das Individuelle und das Unverwechselbare meint, in einer Zeit, in der das kapitalistische Tauschprinzip universell verbreitet ist, im Innersten dadurch angegriffen wird, daß jedes Individuelle der Vergleichbarkeit unterworfen ist und kaum noch Anspruch auf Eigenes erheben

---

108 vgl. a. a. O., S. 242
109 a. a. O., S. 242
110 a. a. O., S. 248
111 a. a. O., S. 251
112 vgl. ebd.
113 a. a. O., S. 254
114 a. a. O., S. 240 – Bachmann fährt mit rätselhafter Unentschiedenheit fort: »Ob diese Treue gutzuheißen ist – [...] wir wissen es nicht.« (a. a. O., S. 241)

kann. Die Aura schwindet aus einer Welt, in der die Massenproduktion trium-phiert.[115]

Bachmanns Überlegungen kommen der Verwendung des Titels bei Geissler sehr nahe. *Kamalatta* ist der Name für all das, was mit dem Text gestaltet ist. Will es der Interpret auf eine Bedeutung festlegen, so zerrinnt es ihm zwischen den Fingern, denn das Sich-Entziehende gehört zur Schreibweise des Romans. Es durchquert auch das Titelwort. Wenn dieses sich als Sich-Entziehendes zeigt, so trifft es als Name seine Bestimmung. *Kamalatta* ist der treffende Name für etwas noch Unkenntliches. Als Name bietet er eine Fülle, eine Präsenz – in einer Welt, in der alle Namen verletzt sind und sich entziehen, schiebt er die Präsenz zu-gleich auf. Er ist kein Name, bei dem sich der Leser beruhigen und in dem er sich heimisch fühlen könnte, denn in ihm wirkt eine Bewegung, die ihn über sich selbst hinaustreibt. Er ruht nicht in sich selbst, denn jenes Unterfutter der Bedeutungen, die das Fundament für die Ruheposition bilden könnte, ist noch nicht inhaltlich gefüllt, sondern nur als Appell gegeben.

Die Interpretation des Gedichtes von Lugmeier bringt ›kamalatta‹ in den Zusammenhang mit der Fixierung eines Flüchtigen. In Geisslers Gedicht stellt sich durch das Aufeinandertreffen zweier Lebewesen etwas her, das sowohl flüchtig als auch fixiert sein könnte. Die Verwendung des Wortes ›kamalatta‹ als Titel legt ihn als Namen auf das Medium der gedruckten Schriftlichkeit fest. Mit dem Namen *kamalatta* geht es um eine Benennung, nicht – oder erst sekundär – um das Nennen eines Namens. Der Name ist getrennt von seinem Gebrauch. Ihm kommt aus sich selbst Wahrheit zu. In der Romanhandlung ist die Thematik des Namens dagegen immer wieder an dessen Aussprechen gebunden. José spricht Proff an, Larry Tack gelingt mit dem Namenrufen eine »Kontaktaufnahme« (58), die Gruppe sagt einander ihre Decknamen. Eine wiederkehrende Formel lautet:

---

115 Vgl. dazu Benjamin: »Was im Zeitalter der technischen Reproduzierbarkeit des Kunstwerks verkümmert, das ist seine Aura. Dieser Vorgang ist symptomatisch; seine Bedeutung weist über den Bereich der Kunst weit hinaus.« (Benjamin, W., Das Kunstwerk im Zeitalter seiner techni-schen Reproduzierbarkeit, Zweite Fassung, in: ders., Gesammelte Schriften, hg. von R. Tiedemann und H. Schweppenhäuser, Bd. VII, Frankfurt/M. 1989, S. 350-384, hier: S. 353) In die Literatur greift der Prozeß der Entauratisierung schon seit Erfindung der Druckerpresse ein (vgl. a. a. O., S. 351). Jedoch verstärkt er sich noch, indem immer weitere Sphären in den Sog der kapitalistisch gesteuerten Massenproduktion hineingezogen werden und dergestalt das Klima der Entauratisierung befördern.

»nackt einander genannt« (303). Das Namennennen impliziert die Einmaligkeit der Situation. Es ist der technischen Reproduzierbarkeit entgegengesetzt, weil es nicht beliebig wiederholbar ist. Damit bewahrt es eine Echtheit, die die Aura befördert.[116]

Das Nennen des Namens mischt ein Moment in die Namensthematik, das dem Namen selbst äußerlich ist: die Wahrhaftigkeit der Stimme. Der Name entfaltet seine Wirkung durch den Modus und den Zeitpunkt seiner Nennung. Proff und Maurizio rufen einander im Stürzen. José spricht Proff an, als dieser gerade aufgeben will. Die Anwesenheit des Gegenüber ist erforderlich. Der Name wird in eine Situation hineingesprochen, er wir *jemandem* genannt. Etwas überträgt sich durch die Spontaneität der in der Stimme mitgesagten Innervation. Diese, nicht der Name selbst, drückt das Gefühl unmittelbar aus. Sie begründet auch das Vertrauen, das die Nennung des Namens übertragen und erwecken soll. In dieser Konstruktion ist die These enthalten, daß das Eigenste in der Namensnennung unverfälscht gesagt werden kann. In die Utopie des Namens, die bei Benjamin zugleich eine der Erkenntnis ist, schleicht sich die Idee des unmittelbaren Austausches von Gefühlen auf vorreflexiver Stufe ein. Die Mündlichkeit ist mit der Hypothese der Wahrhaftigkeit verbunden. Diese mündet in die schon erörterte Vorstellung vom Lebensbegriff, von dem die Nennung des Namens zehrt. Der Name dient hier als Vehikel für etwas anderes, das sich seiner bemächtigt.

Die Lebensunmittelbarkeit wird von der Folter bedroht, und auch die Hypostasierung der Mündlichkeit findet in ihr eine Grenze. Denn Josés Vertrauensbeweis, die Nennung des richtigen Namens, ist keiner. Proff hat den Vertrauensbruch nicht an der Stimme abgelesen. Wenn aber Täuschung möglich ist, dann versagt die Idee der Authentizität als Wahrhaftigkeitskriterium. Dann knüpft sich an die Namensnennung nicht mehr notwendig ein Vertrauensverhältnis. Wenn die Idee eines gelingenden Vertrauensverhältnisses wegbricht, weil es keine Vertrauenssicherheit gibt, dann wird eine utopische Schicht des Romans durch ihn selbst in Frage gestellt, die in der Namensnennung ihren charakteristischsten

---

116 Benjamin führt den Begriff der Echtheit in diesem Zusammenhang ein: »Das Hier und Jetzt des Originals macht den Begriff seiner Echtheit aus, und auf deren Grund ihrerseits liegt die Vorstellung einer Tradition, welche dieses Objekt bis auf den heutigen Tag als ein Selbes und Identisches weitergeleitet hat. *Der gesamte Bereich der Echtheit entzieht sich der technischen – und natürlich nicht nur der technischen – Reproduzierbarkeit.*« (Benjamin, Das Kunstwerk…, a. a. O., S. 352)

Ausdruck findet und an die die Anwesenheit des Lebensimpulses geknüpft ist. Die Spontaneität ist diskreditiert.

Auf die Schreibweise von *kamalatta* angewendet bedeutet dieser Gedanke, daß sich in Mitteln wie der Verwendung eines lustbetonten Stils oder der Umgangssprache nicht der Lebensimpuls durchsetzt, sondern daß sie vom Künstler gemacht sind. Diese Techniken wollen den Text mit dem Leser kurzschließen, sie spekulieren auf die Lektüresituation, auf die attrahierende Wirkung des Textes. Sie sind wirkungsästhetischen Gesichtspunkten verpflichtet. Der Künstler täuscht vor, sie seien direkt aus dem Leben gegriffen, obwohl sie in mühevoller Kleinarbeit am Schreibtisch entstanden. Der Leser merkt die kalkulierte Täuschung ebensowenig wie Proff. Doch der Roman weckt auch das Mißtrauen gegen alle Techniken scheinbarer Unmittelbarkeit, indem er mit verschiedenen Sprechweisen arbeitet und indem er das Problem der Vertrauensunmittelbarkeit mit dem Thema des Namens anspricht.

Der Wechsel vom Namennennen in der Handlung zur Benennung durch einen Namen im Titel kommt einem Paradigmenwechsel von der Wirkungs- zur Wahrheitsorientierung gleich. Der Roman integriert die beiden einander widerstreitenden Textsorten. Für *kamalatta* ist die Angemessenheit des Namens an das Benannte das maßgebliche Kriterium, für die Namensnennungen innerhalb des Romans steht die Art des Sagens im Vordergrund. Beide Namensverwendungen führen utopisches Potential mit sich, das von gegenläufigen Prozessen bedroht ist. Die Vertrauensunmittelbarkeit des Nennens wird von der Täuschung bedroht; die Idee des wahren, treffenden Namens von den heterogenen Diskursarten, die der Name nach Lyotard produziert, von der Inflation seiner möglichen Bedeutungen oder, mit Benjamin anders gewendet, von seiner Uneindeutigkeit, die er im nachparadiesischen Zustand aufweist, mit Bachmann, von der Schwierigkeit, das Einzelne als Einzelnes in der Sprache zu fassen.

Die Gruppe schweißt sich mit Hilfe der rituellen Namensumbenennung zusammen, indem sie sich abgrenzt. Die übernommenen Namen und die dazu gesagten Worte bekräftigen ihre Kollektivität. Ihre Mitglieder sagen einander nicht, anders als es Proff von José fordert, ihre ›richtigen‹ Namen, sondern sie tauschen ihre Decknamen aus, die der Täuschung des Gegners dienen. Nur durch das Täuschende hindurch kommt Vertrauen zustande, weil jenes einen esoterischen Index trägt, der den Eingeweihten eine über seinen täuschenden Schein hinausgehende Bestimmung verrät. Der Akt des Namengebens wird zum Wahrheitskriterium, während der unveränderlich eigene Name, das individuelle Echte, längst als ein bevorzugtes Feld für die Spitzeltätigkeit des Gegners, die sich immer dort entfalten kann, wo die Sehnsucht nach dem Eigenen durchdringt, durchschaut ist.

Proff braucht immer wieder den Beweis, daß ihm sein Gegenüber vertraut. Die Gruppe braucht keine Beweise, denn sie hat sich als einen Zusammenhalt definiert, in dem die Kollektivität vorausgesetzt ist. Wenn die Existenz eines Kollektivs unterstellt ist, bedarf es der Namen nicht mehr als Vertrauensbeweise, sie verbürgen nur noch Zugehörigkeit, indem sie wie ein Schibboleth benutzt werden. Die einfache Positiv-negativ-Zuordnung gemäß der Kenntnis oder Unkenntnis des esoterischen Namens löscht alle ästhetischen und erkenntnistheoretischen Ambitionen in ihm. Weder das Wahrhaftigkeits- noch das Wahrheitskriterium sind noch von Belang, jede Sensibilisierung der Wahrnehmung und jede Idee einer im Namen gebundenen Wahrheit verlieren sich. Die Verwendung der Namen durch die Gruppe wirft keine Fragen auf, sie gehört der Sphäre politischen Handelns an und lehnt die sich in den Kunstwerken mit der Namensthematik entfaltenden Probleme als Scheinprobleme ab, die vom gradlinigen Handeln abhalten. Die Kunst hat aus dieser Sicht keine Existenzberechtigung mehr.

An der Namensthematik lassen sich somit verschiedene Tendenzen aufzeigen, die der Roman integriert. Wo er der Utopie der Namensprache verpflichtet ist, soll er durch seine Gestaltung selbst Wahrheit verbürgen. Die Kunst organisiert sich nicht nach der Überlegung, wie der Leser auf sie reagieren wird, sondern bleibt autonom. Der Leser ist auf ihren Wahrheitsgehalt verwiesen. Wo der Text die Nennung des Namens thematisiert, tritt die Wahrhaftigkeit der intersubjektiven Kommunikation in den Vordergrund. Die Figuren öffnen sich und übertragen einander ihr Innerstes. Soll der überspringende Impuls auch auf den Leser übergehen, so ergibt sich daraus eine wirkungsästhetische Schreibweise. Der Text versucht nun, den Lebensimpuls im Leser wachzurufen, um ihn zum politischen Handeln zu bewegen. Wo die Namen ohne Wahrheits- oder Wahrhaftigkeitsanspruch benutzt werden, sind sie mit keiner Utopie verbunden, die sich an die Sprache und damit an das sprachliche Kunstwerk heftet. Sie sind Instrumente einer zuvor getroffenen Entscheidung und kündigen das notwendige Aufgehen der Literatur in Politik an. Die Integration all dieser Tendenzen im Roman eröffnet ein diskursives Feld, das von der Autonomie der Kunst bis zu ihrer Auflösung in Politik reicht. Geisslers Roman problematisiert die Namensverwendung und unterzieht sich zugleich der künstlerischen Anstrengung der

Benennung. Die Integration vielfältiger Stilformen spiegelt das Benennungsproblem in verschiedenen Modi. Der Name, den Geissler für die Integration des Ganzen findet, *kamalatta*, teilt die Emphase des Benennens und die Einsicht in ihre Schwierigkeit, indem er seine Bedeutung entzieht, sich selbst als Mangelwesen kennzeichnet und damit auf eine Bedeutungsfülle verweist, von der er ein Fragment ist und die erst zukünftig gefunden werden kann.

6.1.6. Metaphorische Korrespondenz, exakte Topographie

Die Thematik des Aussprechens und des Verbergens, des exoterischen und des esoterischen Zugriffs, kehrt in anderen stilistischen Verfahren Geisslers wieder. So stehen exakte Orts- und Zeitangaben neben metaphorischen Landschaften, die weder räumlich noch zeitlich genau zu dechiffrieren sind. Beide Verfahrensweisen zusammengenommen bilden, mitsamt ihren vielen Zwischenformen, den poetischen Raum, die eigentümliche imaginäre Topographie von Geisslers Roman.

Die letzte Ziffer des Buches handelt von Paulis Tod, der an einem genau zu bestimmenden Ort geschieht. Die drittletzte Ziffer beschreibt den Suizid von Proffs Mutter. Die vorhergehende Ziffer schildert den Anschlag in Bad Tölz, der auf seiten der Täter zwei, auf der Gegenseite elf Tote fordert. In der vorletzten Ziffer des Buches entwirft Geissler eine Landschaft ähnlich der, in der Proff aufgefunden wird. Von seinem Tod ist dabei nicht die Rede. Während die anderen Todesorte und -arten rekonstruierbar sind, ranken sich um ihn Mystifikationen. Im Rahmen einer metaphorischen Topographie erlangen in seinem Umfeld die Bilder der Brücke und des Flußbettes Bedeutsamkeit. Nach den geistigen ›Brücken‹, die der Leser recherchierend und interpretierend suchen muß, indem er den ausgestreuten Andeutungen nachgeht, nach der lautlichen Brücke, die ein Moment der Lust freisetzt, begegnet die Brücke nun als Sinnbild. Zunächst geht es um »eine brücke die schwingt an geflochtenen bändern, nah drunter reißend springt fisch, schnappt schnell unterm sithean mór« (538). Damit wird die schottische Landschaft vergegenwärtigt, in der Juli und Proff einander vertrauen wollten (121):

> komm.
> wir wollen zusammen leben. [...]
> gehen nach links flußaufwärts [...]
> ja dort ja unter dem rücken des sithean mór

strabeg.
die brücke an bändern. [...] komm ja kein weg
hinterm letzten stück moor
jetzt
spring.
ich könnte dir helfen.
du könntest mir helfen.
wir werden uns helfen.
wir kommen an.

Doch das gegenseitige Helfen bleibt aus, die Beziehung scheitert, der Sprung über den Fluß findet nicht statt.

Nach dieser Konnotation auf der Handlungsebene lädt Geissler das Bild der Brücke mit geschichtlicher Bedeutung auf, indem er die »brücke arganda« (539) thematisiert, die von den Kämpfen des Spanischen Bürgerkrieges zeugt. Von einem ausgetrockneten Flußbett ähnlich jenem, in dem Proff gefunden wird, ist die Rede. Keine internationalen Brigaden bewachen mehr den Fluß, der ohne Schwierigkeiten vom Gegner durchschritten werden könnte. Dann folgt eine Brücke, unter der der Vogel »abeljaruco« (539) jagt. Die nächste bringt eine werkgeschichtliche Anspielung mit sich. In *Wird Zeit, daß wir leben* spielt an ihr eine Schlüsselszene. Die erzählte Geschichte verschmilzt mit ihrer Wirkungsgeschichte, die wiederum mit realen Ereignissen angereichert ist, die durch sie überliefert werden: »die kleine brücke im *eilbektal, wandseböschung, grünanlagen am flüßchenufer, nähe s-bahnhof friedrichsberg, aber da fuhr jetzt kein zug, alles still, und die kugel quer durch den kopf*, weit über fünfzig jahre nun her, stand da die kleine brücke im junilindenblattlicht« (539). In *kamalatta* spielt der Spanienkämpfer Jakob Kargow auf die Geschichte an, weil er wegen der damaligen Vorfälle Hamburg verlassen mußte: »jaja, die wandseböschung, die *trommler*, war eine dummheit, der schuß, lies nach, studier alles, otto« (441).[117] Das Verweisungsgeflecht der Bildersprache bezieht auch die früheren Texte Geisslers mit ein. Die imaginäre Topographie macht nicht an der Grenze des Einzelwerkes halt.

Das Bild der Brücke ist bedeutsam, weil es die angesprochenen real- und werkgeschichtlichen Bezüge integriert und weil es im Verweisungsuniversum des Romans eine hervorgehobene Stellung einnimmt. Der sinnbildlich an es

---

117 Vgl. die Parallelszene in: Geissler, Chr., Wird Zeit, daß wir leben. Geschichte einer exemplarischen Aktion, Berlin/West 1989 (erste Ausgabe Berlin/West 1976), S. 137-139.

gebundene geistige Gehalt ist allerdings der Hauptgrund für seine Bedeutungsaufladung. Brücken verbinden zwei voneinander geschiedene Teile. Eine Spaltung muß überwunden werden, die das Zusammengehörige am Zusammenkommen hindert. Es ist eine Spaltung, die vor allem durch Proff, weniger durch die
anderen Figuren hindurchgeht. Seine Todesart bekräftigt dies metaphorisch.
Auch die mit seinem Tod verbundene Sprechweise bringt die Suche nach dem
Übergang in eine charakteristische Form. Proffs Verunsicherung darüber, ob es
einen Übergang – zur bewaffneten Gruppe, zu seiner Frau – gibt und seinem
diesbezüglichen ›Absuchen der Ufer‹ entspricht die verweisende Bewegung des
Textes, die Wege eröffnet, von denen nicht gesagt werden kann, wo sie hin-
führen. Auch ihre Gestalt ist nicht eindeutig fixierbar; je nach den Umständen
sind Brücke und Flußbett verschieden ausgeformt.

Proffs Suche führt flußaufwärts, einem Ursprung entgegen, an dem der Fluß
passierbar wäre oder zu einer Furt, einem Übergang, einer Brücke, die beide
Hälften miteinander verbinden könnte. Es gibt diese Stelle in *kamalatta*. Einmal,
in der Kindheit, obwohl schon damals »so vieles zerrissen« (411) war, glückt der
Übergang für eine kurze Zeit: »in der höhle dem liebsten war alles gezeigt, das
winken fand wirklich den andren, alles splittern schmolz ins bild sich zurück,
unzertrennlich *wir kreiseln*, alle brücken frei« (411). Hier macht Proff die
Erfahrung, daß die Brücke überschritten werden kann. Daraus leitet sich eine
Sehnsucht her, die diese Erfahrung wieder realisieren möchte. Die Erinnerung
der Glückserfahrung motiviert immer wieder die Suche.

Politisch heftet sich für Proff an die Befreiung eines Gruppenmitgliedes aus
dem Gefängnis die Hoffnung auf einen Übergang: »proff hatte [...] wieder sprechen gelernt am fünfzehnten mai neunzehnhundertundsiebzig« (23). Die Isolation im Gefängnis kann durch die Solidarität der Mitkämpfer gebrochen werden.
Geissler thematisiert in einem 1983 erschienenen Gedicht die Befreiung Baaders,
die am angegebenen Datum stattfand, mit dem Bild der Brücke:

> nachdenkend
> den vorsprung
>
> in den gärten west
> berlins sonderausführung
> in neun millimeter
> aus der bücher getricks
> entfangen endlich
> von uns

springt einer

frauen und männer
allein
im frühlicht
brennender brücken
verfeuert
die hoffnung
aufs überleben

kriech ich noch immer flußaufwärts
blindlings nach übergängen

zum 14. 5. 70[118]

Der Vorsprung, der ein Brückenkopf hätte werden können, ist dahin. Die Baader befreiten, sind tot oder selbst in Haft. Doch das lyrische Ich sucht weiter, nach anderen Übergängen. Das Wort ›blindlings‹ gesteht zu, daß das Beispiel, die Befreiung Baaders, widerlegt wurde. Es existiert nur noch als negiertes, als die Erinnerung an eine zerstörte Hoffnung.[119] Und obwohl ›lings‹ kein hoffnungshaltiges Vorbild mehr gegeben ist, orientiert sich das Ich noch immer in diese Richtung. Es hält fest an dem Versprechen, das seit der Befreiung in der Welt ist.

Oft folgt in *kamalatta* auf das ekstatische Zueinanderfinden dessen katastrophische Zerschlagung. Die nationalsozialistische Volksgemeinschaft zerstört Proffs Kindheitsglück. Geissler schildert beide Zustände als aufeinander folgende, nicht als ineinander verwobene. Geborgenheit und Ausgesetztsein werden als reine Qualitäten erlebt und sind deshalb nicht miteinander kompatibel. Sie bilden zwei Hälften, die die Erfahrung nicht synthetisieren kann. Glücksgefühl und Schock generieren eine vermittlungslose, schizoide Spaltung.

Vorrangig für das Brückenbauen ist die Fähigkeit zum Vertrauen, die wiederum mit der Lebensvorstellung in Zusammenhang steht. Erst durch eine Deformation des ursprünglichen Impulses tritt die Spaltung in Kraft. Bei Proff ist sie so stark, daß er vertrauens- und bindungsunfähig wird. Deshalb nimmt ihn die Gruppe nicht auf. Die entscheidende Passage beendet der Satz: »denn nur schon nele von allen wußte, daß es erfahrungen gibt, aus denen kein angriff mehr

---

118 Geissler, spiel auf ungeheuer, Berlin/West 1983, S. 50
119 1976, in *Wird Zeit, daß wir leben*, war diese Hoffnung noch lebendig. Sie schlägt sich in der im Roman beschriebenen Befreiungsaktion nieder, auf die auch der Untertitel verweist: ›Geschichte einer exemplarischen Aktion‹.

geht, nur noch der auf dich selbst, unüberbrückbar, und dein sprung über sie hinaus geht nur als lüge.« (440) Nele de Winter teilt mit Proff die Erfahrung einer Kindheit unter dem Nationalsozialismus, die offensichtlich geeignet ist, die ursprünglich freie Brücke zu schließen. Der Angriff gegen das zerstörerische System leitet sich in der Logik des Romans aus einem Stück unüberwältigter Lebenssubstanz her, das die Fähigkeit birgt, einander zu vertrauen. Wird diese Fähigkeit zerstört, so geht die Basis für das oppositionelle politische Engagement, für Widerstand oder gar für Angriff, verloren. Deshalb ist Proff politisch gelähmt. Aus der Lüge kann wirkliche oppositionelle Praxis nicht hervorgehen, weil sie nicht das Andere des Herrschenden verkörpert. Nur die Wahrheit des anwesenden, ›echten‹ Willens zum Leben kann bei Geissler die Gewähr für ein besseres Zusammensein bieten, das das gegenseitige Vertrauen zur Grundlage hätte. Den Versuch zu unternehmen, solch ein Zusammenleben herbeizuführen und zu praktizieren, ist die Legitimationsgrundlage verändernder Praxis, der die Gruppe und weite Teile des Romans verhaftet sind. Wem die Tauglichkeit zum Leben nicht konzediert wird, hat in der neuen Gemeinschaft keinen Platz. Mit Proffs Unfähigkeit, Brücken zu überschreiten, kommt abermals jene gnadenlose Logik zum Zuge, die schon im Falle Rockers begegnete. Nur solche, die ihre natürlichen Anlagen auf eine bestimmte Weise entwickeln können, werden aufgenommen. Von Natur aus oder gesellschaftlich Versehrte bleiben außenvor.[120]

Die Funktionsweise der metaphorischen Schicht in Geisslers Roman läßt sich anhand einiger von Paul Ricœur entwickelten Kategorien klären. Ricœur gibt die gängigen Theorien über die Metapher systematisierend wieder und entwickelt im Anschluß daran eigene Überlegungen zur Wirkungsweise des Metaphorischen. Innovativ und welterschließend seien Metaphern nur als lebendige, in jenem Moment, in dem sie eine bislang ungesehene Ähnlichkeit in der Welt evident erschlösse und damit allererst für uns aufstellten.[121] Als konven-

---

120 Proff entwirft sich, wie schon unter 5.2. gezeigt, als einen abséits Stehenden und als einen Grenzgänger. Entsprechend versetzt er sich in einer von ihm angefertigten Collage nicht auf die Brücke, sondern – in ein Flußbett, seinen Todesort – an den Brückenfuß (vgl. 261).
121 »Wir wollen [...] davon ausgehen, daß der Sinn einer metaphorischen Aussage durch das Scheitern der wörtlichen Deutung der Aussage hervorgerufen wird [...]. Nun bedingt aber diese Selbstaufhebung des Sinnes [...] den Zusammenbruch der primären Referenz. Hier liegt die ganze Strategie der dichterischen Rede: sie zielt darauf ab, die Aufhebung der Referenz durch die Selbstaufhebung des Sinnes der metaphorischen Aussagen zu erzielen, und diese Selbstaufhebung wird durch eine unmögliche wörtliche Deutung manifest gemacht. Das ist jedoch nur [...] die negative Seite einer positiven Strategie; die Selbstaufhebung des Sinnes unter der Einwirkung

tionalisierte Relationen bildlichen Sprechens hingegen sänken sie herab zum inventarisierten, toten Sprachvorrat genormten Bezeichnens und Verstehens:

> In der metaphorischen Aussage [...] schafft die Kontextwirkung eine neue Bedeutung, die [...] den Stellenwert eines Ereignisses hat, da sie nur in diesem Kontext existiert. Zugleich jedoch läßt sie sich als identische festhalten, da sie wiederholt konstruiert werden kann; so kann die Innovation einer aufblitzenden Bedeutung als sprachliche Schöpfung gelten. Wird sie von einem einflußreichen Teil der Sprachgemeinschaft übernommen, so kann sie wieder zu einer gewöhnlichen Bedeutung werden und zu der Polysemie der lexikalischen Momente hinzukommen, so daß sie in die Geschichte der Sprache als *langue*, Code oder System eingeht. Auf dieser letzten Stufe jedoch, wenn die Sinnwirkung, die wir Metapher nennen, zu der Sinnveränderung geworden ist, die die Polysemie vermehrt, ist die Metapher schon keine lebendige mehr, sondern eine tote. Nur die echten, also die lebendigen Metaphern sind zugleich Ereignis und Sinn.[122]

Eine tote Metapher könne aber wiederbelebt werden und dergestalt ihr innovatives poetisches Potential zurück- oder neu gewinnen, indem sie in unerwarteter Weise, auf neue Art verwendet wird.

Bei Geissler lassen sich verschiedene Stufen des Metaphorischen unterscheiden. Viele Grundmetaphern bekräftigen stereotyp die semantische Pertinenz, z. B. der Stein und das Gitter, andere erreichen einen höheren innovativen Grad. Die Brückenmetaphorik partizipiert – wie die des Fliegens – primär am erkalteten, sinnbildlichen Gehalt. Beide repräsentieren die häufigste und paradigmatische Art der Verwendung des Metaphorischen in *kamalatta*. Darin umspielt Geissler jeweils einen sinnbildlichen Grundbestand mit Einzelfällen, die ihn auf diese Art vielfältig individualisieren und die sich gegenseitig aneinander spiegeln. Kein Einzelfall vermag jedoch den Sockelgehalt aufzusprengen, vielmehr geht jeder im Allgemeinen der Brückenidee auf. Die Einzelbrücke ist immer nur eine Variation des Themas, die es nicht dekonstruiert. Ricœurs lebendige Metaphorik kommt deshalb nicht zustande. Die Brücke bleibt eine tote Metapher.

Geissler radikalisiert die metaphorische Schreibschicht nicht in jenem Maße, das aus der Literatur der Moderne bekannt ist. Celan zum Beispiel verwendet ähnlich einfache Grundmetaphern wie Geissler, jedoch zerschreibt er

---

der semantischen Impertinenz ist nur die Kehrseite einer Innovation des Sinnes auf der Ebene der gesamten Aussage, und diese Innovation wird durch eine ›Verdrehung‹ des wörtlichen Sinnes der Worte erzielt. Diese Innovation des Sinnes bildet die innovative Metapher.« (Ricœur, P., Die lebendige Metapher, München 1986, S. 226) Ricœur beschreibt die innovative Funktion der Metapher mit dem Aristotelischen Terminus des ›Sehens als‹.
122 a. a. O., S. 166

Ricœurs erste Referenzebene fast vollständig, um die Zentrierung der Lyrik in sich selbst zu gewährleisten. Aus der neu gesehenen, zweiten Ebene der Korrespondenzen wendet er dann die Erschütterung der Sprache zurück auf ihren alltäglichen Gebrauch. Sinnbildliche Deutungen verflüchtigen sich, weil die Signifikate vom Geschriebenen zersetzt werden. Dieses findet in der Korrespondenz- und Spiegelungstechnik Geisslers kaum statt. Hier macht der selbstzerstörerische Prozeß – der nach Ricœur auf seiner Rückseite eine neue semantische Pertinenz hervorbringen könnte – vor jenen sinnbildlichen Barrieren halt, die als ein Niederschlag des politischen Dogmatismus in der Verfahrensweise interpretiert werden müssen. Die destruierend-innovative Durcharbeitung des Inhaltsfetischs bleibt aus. Der Primat der Politik vor dem metaphorischen Eigensinn ist dabei voraus- und ins Werk gesetzt. Negation stellt sich in der metaphorischen Schicht nur durch das Scheitern des mit dem Signifikat verknüpften politischen Anspruchs her, nicht aber als das des jeweiligen Zeichens selbst.

Während Fluß und Brücke sich auf viele mögliche Orte verteilen, während sie etwas bedeuten, von dem nicht gesagt werden kann, was es ist und wo es sich in eindeutiger Gestalt findet, bringt Paulis Sterbeszene eine Topographie äußerster Bestimmtheit in den Roman. Er stirbt dort, wo er als Kind aufwuchs, in Identität mit sich und seiner politischen Einstellung, er »sieht wo er ist wo er war wo er sein wird wir überraschend zuhaus« (541), »brunnenhofkurve paul roosen straße« (540) in Hamburg-St. Pauli. Der Eindeutigkeit des Ortes korrespondiert Paulis politische Einstellung. Er kennt keine Selbstzweifel. Seine Verwundung zieht er sich zu, indem er seine Freundin und Mitkämpferin vor den Kugeln der Verfolger schützt. Obwohl er sich damit für jemand anders opfert, was im Konzept der Gruppe nicht vorgesehen ist, weil kein Mitkämpfer bevorzugt werden soll, liegt gerade in der Spontaneität seines Handelns die Fähigkeit begründet, die die Gruppe verlangt, jener Lebenskern, der kein Zaudern kennt. Dieser ist an das Milieu geknüpft, aus dem Pauli kommt. Er entspringt einem klar definierbaren Ort, an dem sich das Klassenbewußtsein herausbildet, das Geissler als rudimentär noch vorhandenes gestaltet.[123] An solche Orte ist eine Sprachschicht des Romans gebunden, die sich signifikant von der Proff zugeordneten abhebt.

---

123 Es verschwindet langsam auch aus den Arbeiterwohngebieten. Nina und Ahlers ziehen aus dem Hamburger Neubauviertel Steilshoop u. a. deshalb weg. Sie gehen nach Zachun, »da sind nämlich noch paar mehr so wie wir, ihr habt nämlich gar keine ahnung« (69).

6.1.7. Umgangssprache

Die realitätsnahe Sprechweise findet ihr Extrem in Geisslers virtuoser Verwendung der Umgangssprache. Gleichsam in Reinkultur kommt sie im Abschnitt IV, 1 (515-524) zur Geltung. An ihm können einige ihrer Merkmale exemplifiziert werden. Hier findet sich der typische Gebrauch von Füllwörtern: »also richtig so schwaden sagt man wohl auch« (520). Charakteristische Auslassungen der Umgangssprache erscheinen im Schriftbild: »o, was schöne beleuchtung« (520). Die unvollständige, anakoluthische Satzbildung begegnet ständig: »[...] wenn du mit ihr mal gemütlich wirst, weißt schon, von frau zu frau mal geredet, dann kommt das und kommt das und kommt das noch mal, paß mal auf, gleich wieder, na bitte, und immer erst macht er das licht aus [...]« (518). Geissler gibt die Redundanzen der gesprochenen Sprache mit in den Text: »und ich sag noch zu ihr, damals schon, lange vorm brand, margot, sag ich« (515). In dieser Sprache finden sich häufig falsche Wortstellungen. So heißt es: »weil lenin war hell« (518) anstelle der korrekten Bildung ›weil Lenin hell war‹. Was die sprechende Figur mit diesen Worten gemeint haben könnte, bleibt ungewiß. Die lokal und zeitlich begrenzten Wortverwendungen sind nicht für jeden nachvollziehbar.

Die Interpunktion unterstützt die Sprechweise der Figuren. Die Person, die im ersten Teil des Abschnittes monologisiert, spricht in einem ununterbrochenen Redefluß. Entsprechend läßt Geissler alle Punkte am Satzende weg.[124] Anders ist die darauf folgende Hochzeitsrede von Max gestaltet. Hier markieren die Punkte Redepausen (vgl. 521 ff.). Wo Geissler gesprochene Sprache evozieren möchte, richtet sich die Interpunktion an der Redesituation und am Redefluß aus, nicht jedoch an grammatikalischen Gesetzen.[125] Die Interpunktion muß sich dem Rhythmus der lebendigen Rede beugen. Auch die Abfolge verschiedener Monologe oder die Dynamik eines Dialoges wird dergestalt szenisch veranschaulicht. Der Übergang des Monologs der Frau zur Rede des Brautvaters Max wird nur durch ein Komma angezeigt:

---

124 Eine Ausnahme bildet die Pause nach »naja--!« (517), die durch zwei Gedankenstriche und ein Ausrufezeichen gekennzeichnet ist.
125 So sind auch die Kommata in Proffs Ausspruch »*nähe, zum, feind*« (35) motiviert.

[...] jetzt mal ruhig, klingpling, schluß mit geheisch, der brautvater will eine rede halten, sieht ja noch glänzend aus, der max, aber komisch, kein auto, kein fernseher auch nicht, und steht sich sonst gut bei sonnenberg, aber sicher, so sonne und berge, wann hast du das hier schon mal, liebe nachbarinnen und nachbarn, liebe kollegen und freunde (521).

Die Frau spricht bis zum letztmöglichen Moment weiter. Andere Sprecherwechsel vollziehen sich deutlicher. Im folgenden Beispiel unterstreicht der Absatz die ritualisierte Geste des Zuprostens: »[...] mein lieber erwin, prost! / erwin trank tief, ist mir gruselig max, aber das stimmt wohl, ist richtig so, prost! / allefrau allemann prost.« (522)

Die Umgangssprache dieses Abschnittes sowie die der meisten Passagen in *kamalatta* ist vom Soziolekt geprägt. Er paßt zur schichtenspezifischen Ausdrucksform im Umfeld eines Kleingartenvereins, in dem traditionell Arbeiter und Angestellte ihre Wochenenden verbringen. Hier werden Kraftwörter benutzt – »scheißheisch« (518) – und den Sprechern unterlaufen falsche Wortbildungen, etwa des Komparativs – »empörer« (516) – oder des Superlativs – »einzigste« (521). Durch eine die Aussprache nachbildende Schreibweise wird die Verschleifungspraxis der Sprecher ersichtlich: »fragen kost nix« (518). Auch daß Redewendungen benutzt werden, ist ein weiteres Charakteristikum der Umgangssprache.

Die größtenteils im Hamburger Raum stattfindende Romanhandlung wird sprachlich durch die Verwendung landestypischer Bildungen unterstützt, die bis in den Dialekt hinüberreichen: »hoch empor dat jubelpoor« (516) und: »muß du dibbern und dibbern« (518). Diese Sprache ist nur einem kleinen Leserkreis verständlich. Nur wer die in Norddeutschland beheimateten Wendungen kennt, weiß das Gesagte einzuordnen, und nur wem das im oben zitierten Beispiel erwähnte Hifi-Geschäft ›Sonnenberg‹ vertraut ist, kann die Passage verstehen. Die Eigenheiten des Soziolekts verlangen einen Leser, dem sich das Beschriebene durch eigenes Vorwissen auf diesem Sprachgebiet erschließt. Vorkenntnisse der von den unterprivilegierten Schichten gesprochenen Sprache sind eine Voraussetzung für das ungeminderte Verständnis des Romans. Aus der Kenntnis des klassenbewußten Umfeldes, der ›Scene‹, erschließen sich die Ortsangaben.[126]

---

126 An einer Stelle heißt es: »essogarage, kastanienallee, hoffentlich läuft da antia noch nicht« (343). Wer nicht weiß, daß hier der Hamburger Kiez liegt, wird nicht dechiffrieren können, was ›laufen‹ meint.

Diese Art des Schreibens trägt auch einen zeitlichen Index. Denn das angesprochene Hifi-Geschäft ist mittlerweile geschlossen.[127] In zehn Jahren werden dem Leser von *kamalatta* viele Erkennungspunkte der Sprechergemeinschaft entgehen. Auch die benutzten Redewendungen werden schnell verblassen.[128] Gleiches gilt für die erwähnten Lieder[129] und für einige der politischen Auseinandersetzungen.[130] Der Text ist nicht ›für die Ewigkeit‹ geschrieben. Er nimmt vielmehr die aktuellen Moden in sich auf und wird von ihrem schnellen Wechsel selbst tangiert. Nichts anderes an dem Buch wird einem zukünftigen Leser so alt erscheinen wie die Spuren der vergangenen Moden. Denn am Jüngstvergangenen wird schockartig der inzwischen erfolgte, schleichende Wechsel libidinöser Bindungen an neue Objekte ersichtlich. Somit enthält *kamalatta* im Spannungsverhältnis von regloser Textgestalt und sich wandelnder Sprechergemeinschaft einen Index des Zeitenwandels, der aber erst aktualisiert sein wird, wenn er stattgefunden hat.

Mögliche Folgen des Alterungsprozesses analysiert Walter Benjamin am Verfahren des Surrealismus. Er thematisiert ihn mit Blick auf zu entbindendes revolutionäres Potential. Der Surrealismus »stieß auf die revolutionären Energien, die im ›Veralteten‹ erscheinen, in [...] den Gegenständen, die anfangen auszusterben [...]. Wie [...] die versklavten und versklavenden Dinge in revolutionären Nihilismus umschlagen, das hat vor diesen Sehern und Zeichendeutern noch niemand gewahrt.«[131] Die Surrealisten »bringen die gewaltigen Kräfte der ›Stimmung‹ zur Explosion, die in diesen Dingen verborgen sind.«[132] Geisslers Verfahren unterscheidet sich in einem wichtigen Punkt vom Surrealismus. Dieser sucht die revolutionären Gehalte der veraltenden Moden zu entbinden, während die realistische Sprachschicht bei Geissler die Wiedergabe des in seiner Blüte stehenden, authentischen Lebens bannen möchte. Mit der Hereinnahme

---

127 Auch die Zeitschrift »*quick*« (367) stellte im August 1992 ihr Erscheinen ein.
128 In *Das Brot mit der Feile*, das 1973 erschien, benutzt Geissler die Wendung »Alles Hund« (Geissler, Das Brot mit der Feile, Berlin/West 1986 (erste Ausgabe München - Gütersloh - Wien 1973), S. 9) u. a. als Abschnittsüberschrift. Sie wird im Umgangsdeutsch der beschriebenen Region heute nicht mehr verwendet. Dadurch ist eine Passage, die Aktualität anzeigte, zum exponierten Beleg für das Herausfallen aus derzeitigen Sprechergemeinschaften geworden.
129 Mehrmals wird auf den Schlager *Sieben Brücken* angespielt (vgl. 396, 467).
130 Der Konflikt um die besetzten Häuser in der Hafenstraße taucht im Text auf.
131 Benjamin, W., Der Surrealismus, in: ders., Gesammelte Schriften, hg. von R. Tiedemann und H. Schweppenhäuser, Bd. II, Frankfurt/M. 1977, S. 295-310, hier: S. 299)
132 a. a. O., S. 300

kurzlebiger Wendungen zielt er auf den atmosphärischen Kurzschluß von Leser und Sprechergemeinschaft im Zeichen des gemeinsamen, unmittelbar gültigen Lebensgefühls. Der Surrealismus jedoch sucht, so Benjamin, die Bruchstelle dieser Unmittelbarkeit auf, den Punkt, an dem der Mythos seine Kraft verliert und dem Subjekt erst dadurch die reflexive und praktische Ablösung von ihm möglich wird. Weil bei Geissler aber der Mythos selbst – in Gestalt der Berufung auf das Leben – die revolutionäre Kraft verbürgt, kehrt die Hoffnung auf das Leben in Gestalt der unmittelbarkeitsheischenden Sprachschicht in den Roman ein. Betont wird in *kamalatta* der Augenblicks- und Ereignischarakter gelingenden Verstehens.[133] Vorrangig ist ihm das orts-, zeit- und schichtengebundene situative Verständnis einbeschrieben, erst eine um Distanz bemühte Lektüre bemerkt den weniger deutlich in ihm gelegenen Hinweis auf die Vergänglichkeit jeder Situation.

In der äußersten Exoterik, der scheinbaren Widerspiegelung wirklich gesprochener Sprache, stellt sich die naturwüchsige Esoterik einer orts-, zeit- und schichtenspezifischen Sprechergemeinschaft ein. Ein Leser, der keine Erfahrung mit dieser Sprache gemacht hat, wird ähnlich ratlos vor Geisslers Text sitzen wie Ledermann vor den Tonbandspulen, die er bei einer Abhöraktion von Proffs Wohnung aufgenommen hat. Mit der ehelichen Aussprache zwischen Juli und Proff kann er nichts anfangen, weil er deren Sprachverwendungen nicht kennt: »schon wahr, die geräte sind gründlich inzwischen, aber was ist das, der ledermann hatte beim durchlauf des bandes fast jedes wort und doch fast gar nichts verstehen können« (243). In dieser Beschreibung versteckt sich die immanente Poetik der soeben untersuchten Sprachverwendung. *Kamalatta* ist für jene geschrieben, die ›verstehen können‹ und weist solche ab, die ›gar nichts verstehen‹. Hier deckt sich der Roman mit den – noch zu erläuternden – Intentionen des romantischen Fragments.[134] Die auktoriale Schilderung des Nichtverstehens

133 Sartre unterstreicht diesen Aspekt mit seinem Verständnis von Literatur. Er berichtet, wie ein Buch von Vercors »sein Publikum verloren« (Sartre, J.-P., Was ist Literatur?, Reinbek b. H. 1981 (zuerst 1948), S. 60) hat, um zu folgern: »Die Bananen schmecken offenbar besser, wenn man sie gerade gepflückt hat: die Werke des Geistes müssen ebenso auf der Stelle verzehrt werden.« (a. a. O., S. 61)

134 Darüber hinaus trifft er einen Gedankengang Sartres, der das Kontextverständnis als ein Moment des Autor-Leser-Dialoges ansieht und dafür das folgende Beispiel anführt: »Angenommen, eine Schallplatte reproduziere uns kommentarlos die alltäglichen Gespräche eines Ehepaars aus Provins oder Angoulême, wir würden nichts verstehen: es fehlte der *Kontext*, das heißt die gemeinsamen Erinnerungen und die gemeinsamen Wahrnehmungen, die Situation des

erhebt das Beschriebene in den Rang einer Tatsache, zumal die Autorität des allgegenwärtigen Erzählers vom Text nicht in Frage gestellt wird. Die Auffassung, es könne ein Nichtverstehen des Eigentlichen bei gleichzeitigem Verständnis der gesprochenen Landessprache geben, ist bei der Verwendung von Gruppenidiomen in Geisslers Text mit unterstellt. Das Eigentliche geht über die Sprachgestalt hinaus, aber es kann – wie beim Nennen des Namens – nur mit ihr zusammen aktualisiert werden. Es macht eine Qualität aus, die nicht durch die Sprache, sondern durch die Beziehung der jeweiligen Menschen zueinander verbürgt ist. Die Sprache ist nur ein Vehikel, um jenes andere zu aktualisieren.

Das milieu- und schichtenspezifisch gebundene Lebens- und Widerstandspotential generiert eine Schreibweise, die die Topographie exakt zuordnet und mit der Verwendung der Umgangssprache auch die lokal gefärbte Redeweise in den Text holt. Die verweisende Bedeutsamkeit ist hier minimiert. Diese Sprechweise schreibt sich aus dem Hier und Jetzt einer Teilkultur her, in der die oppositionelle Haltung endemisch ist. Das genaue Gegenteil liegt mit der an Proff geknüpften Textgestaltung vor. Orts- und zeitenthoben ruft sie einen literarischen Kosmos auf, der im Verweisungsgeflecht von Bildern und Zitaten zu Hause ist, nicht aber an einer mit Datum und Ortsangabe versehenen Adresse. Geissler komponiert eine Spaltung der Sprechweisen in seinen Roman hinein. Die metaphorisch sich verbergende und Verweisungsgeflechte herstellende kreist selbstbezüglich in der Sphäre der Literatur. Als ihre Referenten wählt sie Symbole des Kampfes, Motive aus den Texten anderer Autoren oder aus vorangegangenen Büchern Geisslers. Sie verfolgt die Geschichte der Imaginationen, die sich im Umfeld gesellschaftlicher Auseinandersetzungen herausgebildet haben. Die exakt verfahrende Sprechweise wählt diese Auseinandersetzungen weitestmöglich selbst zum Referenten. Sie erzählt von Handlungen, die sich so ereignet haben könnten oder – dies weiß für die klandestinen Sachverhalte nur

---

Paars und seine Unternehmen, kurz, die Welt, wie sie nach dem Wissen jedes Gesprächspartners dem andren erscheint. Dasselbe gilt für die Lektüre: Leute derselben Epoche und derselben Kollektivität, die dieselben Ereignisse erlebt haben, die sich dieselben Fragen stellen oder sie umgehen, haben denselben Geschmack im Mund, sie haben miteinander dieselbe Komplizenschaft, sie haben gemeinsame Leichen im Keller. Deshalb braucht man nicht soviel zu schreiben: es gibt Schlüsselwörter.« (a. a. O., S. 56 f.) Die äußerste Verknappung in Geisslers umgangssprachlichem Stil kann von Sartre her als das Bestreben des Autors interpretiert werden, in eine konkrete Rezeptionssituation hineinzuschreiben.

der Autor – ereignet haben. Damit suggeriert sie, daß sie mit den realen Vorgängen enger verbunden sei als die andere Sprechweise.[135]

Doch der erste Referent aller Literatur ist die Literatur, denn indem sie spricht, spricht sie sich selbst aus und indem sie eine Form wählt, schreibt sie sich in den Formenkanon der literarischen Überlieferung ein. Zugleich spricht sie über anderes oder drückt anderes aus.[136] Mit dieser Überlegung rücken die analytisch zu trennenden Sprechweisen wieder aneinander, einzig ihr Realitätsindex ist jeweils verschoben. Die zweite Sprechweise inszeniert ein glaubhaftes Bild von der Wirklichkeit der beschriebenen Handlungen und der Orte. Die erste inszeniert ein Bild von ortlosen Vorstellungen, die sich in den Gedanken der Menschen wiederfinden[137] und deren Urbilder nicht eindeutig örtlich und zeitlich fixiert sind. Sie sind aber ebenso wirklich wie anders erzeugte Bilder, weil sie das geschichtliche Handeln der Subjekte entscheidend motivieren. Ein Ort, an dem diese weltanschaulichen Vorstellungen entstehen, an dem ihnen kritisch auf den Zahn gefühlt wird, wo eine Wurzelbehandlung stattfindet, wenn sich Schwächen zeigen – oder wo der Zahn wieder gezogen und das nachgebliebene Loch bestaunt oder verarztet werden kann, ist die Literatur. Hier ist sie, im Gegensatz zur Beschreibung politischen Handelns, scheinbar unpolitisch bei sich selbst. Doch ihre politische Funktion besteht im hohen Maße im Erzeugen, Befragen und Zerstören solcher Vorstellungen, denn in ihnen materialisieren sich Wünsche, deren Dringlichkeit sich bis zum ›revolutionären Impetus‹ steigern kann.

---

135 Diese Suggestion möchte jede realistische Schreibweise hervorrufen, insbesondere jene, die die Staaten des real existierenden Sozialismus und in ihrem Gefolge viele westliche Arbeiterparteien und Schriftstellergruppen unter dem Schlagwort der Widerspiegelung zur literarischen Doktrin erhoben. *Kamalatta* fällt allerdings nicht in diese Rubrik hinein, u. a. weil es zu wenig positive weltanschauliche Orientierung bietet und weil es die realistischen Stilmittel derartig steigert, daß ein Verfremdungseffekt eintritt, der die identifikatorische, glatte Lektüre behindert. (Vgl. hierzu auch unter 6.3.1., Parteilichkeit).
136 Der Ausdrucksbegriff wird in dieser Arbeit mit Adorno immer objektiv, als »Widerpart des etwas Ausdrückens« (Adorno, Th. W., Ästhetische Theorie, in: ders., Gesammelte Schriften, Bd. 7, Frankfurt/M. 1970, S. 171), im Unterschied zum Primat des Ausdruckswillens verstanden: »Ästhetischer Ausdruck ist Vergegenständlichung des Ungegenständlichen, und zwar derart, daß es durch seine Vergegenständlichung zum zweiten Ungegenständlichen wird, zu dem, was aus dem Artefakt spricht, nicht als Imitation des Subjekts.« (a. a. O., S. 170)
137 Sie schlagen sich auch in materiellen Erzeugnissen nieder. So ist zum Beispiel jedes öffentliche Gebäude mit einer Repräsentationsfunktion behaftet, mit der der Bauherr seine Weltsicht in Stein, Glas oder Metall bannt.

Beide Sprechweisen, die im Text oft ineinander verwoben sind und sich gegenseitig abmildern,[138] die aber hier idealtypisch an ihren extremsten Manifestationen abgehandelt werden, um ihren geistigen Gehalt besser herauszuarbeiten, sind durch ein bestimmtes Verhältnis zur Zeitlichkeit gekennzeichnet. Die metaphorische setzt sich mit Sinnbildern auseinander, die eine überzeitliche Funktion aufrufen. Proffs Sehnsucht nach dem Brückenschlag zum anderen transportiert eine Verschmelzungssehnsucht, die nach der Auflösung des Individuellen in einem es umfassenden Ganzen strebt.[139] Sie zielt auf die Wahrheit jener ekstatischen Momente, in denen die Zeit scheinbar aufgehoben ist. Doch anders als in manchen Kunstwerken bürgerlicher Herkunft, in denen sich, wie im Liebestod, Vereinigungssehnsucht und Überwindung der Zeitlichkeit ›erfolgreich‹ verbinden, gelingt bei Geissler die Flucht aus den prosaischen Verhältnissen nicht. Die Wunscherfüllung wird nur ein einziges Mal retrospektiv für die Kindheit zugelassen.[140] Aber das Sinnbild der Brücke lebt im Text fort und mit ihm das Bestreben, sie zu rekonstruieren. Das Verschmelzungsideal, die Brücke als Wunschbild, wird im Kern nicht angetastet. Nur Proff darf es, weil er versehrt ist, nicht erreichen.

Gegenüber dem Wunsch, einen Augenblick lang die Wirklichkeit mit dem Ewigkeitssymbol zur Deckung zu bringen, genügt der realitätsnahen Sprechweise das alltägliche Hier und Jetzt zur idellen Verankerung des Lebens. Das Ewigkeits- und Verschmelzungsbegehren ist weitestgehend getilgt. Die Dualität der Sprechweisen reproduziert diese beiden Momente, die in der Vorstellung

---

138 Die synthetisierende Stellung des Erzählers, auf die unten eingegangen werden soll, mindert ihre Aufspaltung zusätzlich.

139 Geissler tendiert mit dieser Schicht des Romans zu einer Praxis, die Ulrich Wergin in anderem Zusammenhang kritisiert. Er hebt »die destruktive Kraft, die dem Traum einer dauerhaften Wunscherfüllung ohne Außenwiderstand innewohnt« hervor: »Mit ihm schlägt sich in den Bildern der befriedeten Welt ein verhängnisvoller Herrschaftsimpuls nieder. Denn eben die Schimäre des absolut und permanent verfügbaren Objekts der Erfüllung ist ja die Triebkraft der Entwicklung, an deren Endpunkt die entzauberte Welt zum puren Material des Herrschaftswillens wird und sich das Janusgesicht jener Phantasmagorie im Moment ihrer Realisierung offenbart: ihr Preis ist das Erlöschen der individuellen Lebendigkeit, der Tod des Selbst, insofern der Mensch zum Funktionsträger der Machtsicherung und -steigerung reduziert wird und sich an Leib und Seele deren Apparatur anzugleichen hat.« (Wergin, U., Zwischen Strukturalismus und Kritischer Theorie, in: DVjs, Nr. 3/1985, S. 349-379, hier: S. 367)

140 Ein zweites Mal kehrt das Bild des Gelinges im vorletzten Absatz wieder, in dem nur implizit und verrätselt von Proff gesprochen wird: »die brücke steht frei.« (539) Konnotiert ist hier der Übergang zum Tod.

vom Leben begegneten und teilt sie auf. Die Vereinigungssehnsucht wünscht das zukünftige, bessere Leben herbei, während das Leben in der Verbundenheit mit dem klassenbewußten Milieu schon anwesend ist.

In den vorangegangenen Abschnitten wurde die Sprachgestalt der *kamalatta*-Sprache in ihren verschiedenen Hinsichten zu erfassen versucht, ohne sie dabei vorab einem Interpretationsraster zu unterwerfen. Mit den nun folgenden Abschnitten soll gefragt werden, inwieweit der Text selbst die gegeneinanderstrebenden Momente integriert. Zunächst könnte dieses auf einer Ebene der ihm immanenten Reflexion auf die eigene Sprachverwendung geschehen, zum zweiten durch die erzählerische Gesamtarchitektur des Romans.

6.1.8. Immanente Reflexion auf Sprache

Passagen, in denen ein gelehrter Erzähler den sprachphilosophischen Disput auf dessen begrifflicher Höhe aufnähme, fehlen in *kamalatta*. Auch die Reflexion auf die überhöhende Sprechweise bleibt aus. Dennoch artikulieren einige Figuren unterschiedliche Auffassungen von der Sprache, die einen komplexen Sachverhalt im Ansatz kenntlich machen, und reflektieren bis zu einem gewissen Grad auf sie. Dieser autoreflexiven Schicht soll nun nachgegangen werden.

Die gesprochene Umgangssprache, die die meisten Figuren benutzen, wird oft von ihnen befragt. Manche weisen darauf hin, daß sie ein einfaches, armes Deutsch sprechen und empfinden dies als einen Mangel: »stimmt ja, daß seine sprache verarmt ist, meine genau so, unsere« (454) sagt Motte, ohne daß allerdings deutlich würde, worin diese Verarmung besteht. Ein Gruppenmitglied thematisiert die Versehrtheit jedes einzelnen durch die herrschenden Sprach- und Verhaltensmuster und spricht von »eines jeden tückischer vorprogrammierung, deren code zu knacken andauernd schwer sei, nur gehe über den freien angriff im kollektiv, anders werde keiner das los, die fremde« (455). Hier wird zugestanden, daß die herrschende Ordnung und deren symbolische Organisation selbst bei jenen, die den Bruch mit ihr ostentativ vollzogen haben, ein Bestandteil der individuellen Psyche ist, jedoch zugleich behauptet, daß das ›Fremde‹ abgeschüttelt werden könne. An anderer Stelle wirft Bettine Anna, einem weiteren Gruppenmitglied, deren »arme[s] deutsch« (368) vor. Sie bezieht sich auf die Sprache der politischen Auseinandersetzung, die die Gruppe pflegt: »immer noch nur die dreieinhalb wörter, die dreizehn Schläge aufs maul der andern, die dreiunddreißig parolen. die kennt hier leider wahrscheinlich jeder.« (368) Sie kritisiert die schlagwortartige, polarisierende und stereotype Sprachverwendung des politischen Kampfes. Den Mangel an der eigenen Sprache spürt auch ein Gewerkschafter, der beschreibt, wie bei einigen Arbeitern ihre auf Tonband mitgeschnittene »kaputte sprache« (432) Mißfallen erregt und sie über sich selbst in Wut geraten. Der objektivierende Effekt der Tonbandaufnahme macht deutlich, daß sie ihrem Idealbild von einer Sprache, die nicht mehr ›kaputt‹ wäre, nicht entsprechen können.

Die ›arme‹, ›kaputte‹ Sprache ist mit der sozialen Stellung der Sprecher korreliert. Es handelt sich um die Sprache der Beherrschten, die deformiert ist und die Geissler als deformierte in den Text holt. Auf Paul, den Bürgerlichen, wirkt sie, die auch Ahlers, der Arbeiter, spricht, physisch: »ihn quälte die sprache von ahlers wie ein angriff auf seinen körper« (356). Die Umgangssprache erlangt neben dieser Negativakzentuierung aber auch eine positive, indem sie mit dem Siegel der Authentizität versehen wird: »proff hatte sich aber die seltsame wendung im reden des alten, dies angeblich falsche deutsch als die wirklich erst treffende sprache, gemerkt, *am allerliebsten für richtig halten.* dieser mann mußte verstanden haben, daß unser richtiges ding mit unserer liebe zu tun hat.« (42 f.) In der Umgangssprache spricht sich nach diesem Sprachverständnis das Bedürfnis des einzelnen spontaner und scheinbar weniger von den zensurierenden Instanzen beeinflußt aus. Das ›Treffende‹ dieser Sprache wäre ihre größere Nähe zu den Wünschen und Befindlichkeiten der Personen, zu ihrem Lebensgefühl. Diese Identität des Ausgesprochenen mit der Intention des Sprechers ist gemeint, wenn es heißt, die kaputte Sprache sei diejenige, »die sie selber reden, wenn sie von sich ehrlich reden« (432). Die ehrliche Sprache transportiert noch etwas anderes als die Markierung universeller Versehrtheit. In ihr artikuliert sich die bei Geissler positiv konnotierte Sehnsucht nach Befreiung in einer eigentümlichen Form. In sie schreibt sich eine Sprachutopie ein, die mit dem wahrhaftigen, vertrauensvollen Nennen des Namens koinzidiert. Das Lustprinzip bricht in die Sprache ein und unterstreicht den Wunsch nach einem anderen Leben. Der oppositionelle Impuls ist wiederum an den Lebensbegriff gebunden.

Die Rede von der ›verarmten‹ Sprache impliziert die Vorstellung von einem Verfallsprozeß. Einst muß die Sprache ›reich‹ gewesen sein. Wann diese Zeit zu veranschlagen ist, wird nicht gesagt. Bei Geissler ist nicht die paradiesische oder die orphische Sprache gemeint, sondern diejenige, die die Menschen sprechen, wenn sie nicht von Ausbeutung niedergedrückt werden. Das mitgesetzte Ideal einer ›reichen‹ Sprache orientiert sich an der bürgerlichen Hochsprache, die die

Arbeiter in der Tonbandaufnahme ihrer eigenen vermissen und die sich als Sprachnorm bis in den Wunsch nach einer neuen Sprache durchsetzt. Für die Wendung von der ›kaputten‹ Sprache gilt im Umkehrschluß, daß die Sprecher gerne eine ›heile‹ Sprache sprechen würden. Die Unterdrückten sehnen sich nach der Sprachidylle, in der Lustproduktion und Lustbefriedigung zur Deckungsgleichheit gelangen und sich das Sprachvermögen frei ausbilden kann.

Die Bewertung der Umgangssprache ist also in *kamalatta* doppelschlächtig angelegt, sie vereinigt die Versehrtheit durch Herrschaft mit dem eigentümlich-rebellischen Aufbegehren gegen letztere, welches sich einem Impuls verdankt, der aus dem Innern der Figuren in deren Artikulationen drängt und der mit den Vorstellungen von Lusterfüllung und Leben verknüpft ist. Von einer immanenten Theorie der Umgangssprache kann allerdings keine Rede sein. Eine gewisse Selbstreflexivität des Textes auf sein umgangssprachliches Verfahren ist zu konstatieren, jedoch vollzieht sie sich nicht in der begrifflich-fachlichen Auseinandersetzung, sondern im vorbegrifflichen, umgangssprachlichen Medium.

Die bewaffnete Gruppe stellt ihre Reflexion auf die Sprache unter das Vorzeichen des Kampfes. Sie radikalisiert die Bewertung der von ihr selbst gesprochenen Sprache sowie die Utopie einer kommenden. Die Position der Gruppe oszilliert um einen Hauptgedanken, den einige Mitglieder zwar befragen, den aber keiner von ihnen verwirft. Boye fragt Pauli: »warum reden wir wörtlich wie die« (193) und meint die verhaßten Gegner;

jeder, auch der feind, sagte pauli, redet von liebe, von lernen, von arbeit, von freude. genau so wie wir. was willst du da machen. verstummen? es sind nicht die wörter, es sind die interessen, die bestimmen, was ein Wort wert ist. da unten die knarre, jeder faschist kann die auch, auf wen wir sie richten woher, das kennzeichnet sie, nicht die herstellerfirma. (193)

Nach Paulis Auffassung entscheidet der Gebrauch über die Sprache. Er gesteht ihr keine naturwüchsige Macht auf die Sprecher zu. Sobald sich diese dazu entschlössen, die Sprache für ihre eigenen Interessen zu verwenden, hätten sie sie sich angeeignet und dadurch entscheidend verändert. Die Entscheidung generiert das Neue, das Signifikat regiert den Signifikanten. Pauli glaubt, daß die Aneignung der Sprache als ein Mittel im Kampf möglich sei. Die Utopie der kollektiven Sprache verlegt er dagegen in die Zeit nach dem Kampf und verhängt ein Bilderverbot über sie:

eines tages, boye, und manchmal höre ich das schon, wird die klasse sprechen in einer sprache, die bis heute noch niemand gehört hat, entsetzlich gerissen frei aus dem stand geworfen das wort, musik, boye, alles los alles los! wir hier fangen erst an, wir sagen, die notwendigkeit, das ist noch kein schönes lied. (193)

Das Eigentliche ist entrückt und bleibt auf absehbare Zeit das Anzustrebende. Auch der im Gefängnis sitzende Larry meint, der politisch bewußte Sprecher könne die Sprache regieren. Larry tritt ein »für text und kontrolle, für den durchdachten takt, für den jedesmal einzigen schritt, zusammen, und keiner weicht ab oder auf« (102). Feder pflichtet ihm bei, indem sie erzählt, wie das Aufweichen des Bekenntnisses zu Kampf und Kollektiv dem Gegner in die Arme spielt: »*ich habe genug*, das ist dein satz, der sie reinläßt. […] aus den erschöpfungen der enttäuschten, aus dem entdeckten moment der täuschung zerschlagen sie dir den begriff, machen sie dich sich zahm« (293). Pauli, Larry und Feder ordnen die Sprache dem politischen Kampf als ein Instrument zu. Für sie zählen die Haltungen, nicht die Worte. Sie glauben, daß Haltungen abgelöst von den Worten existieren und diese in Dienst nehmen können. Die existentialistische Emphase der Wahlfreiheit führt hier zu einem Sprachbegriff, der die welterzeugende Kraft der Sprache zugunsten der gestalterischen Macht des Willens minimiert. Zweite Natur, in diesem Falle die Sprache, kann jederzeit durch die erste, den Geist, geformt werden. Der Wille zum Leben ist von der Sprache abgelöst, und auch der Geist scheint nicht wesentlich sprachlich verfaßt zu sein.

Wenn es im Kampf nicht auf das Wort ankommt, sondern auf seinen Gebrauch, dann wird das Konzept des namentlichen Benennens entwertet. Deshalb passiert für viele Gruppenmitglieder »die selbstaneignung als klasse, die aufsteht«, »namenlos« (214). Nicht alle Gruppenangehörige stimmen dieser Auffassung von der Sprache zu. Karst vertritt die Meinung: »was keinen namen hat, geht nicht« (259). Danach wäre ein Handeln, das sich nicht an der Sprache bildet, kein innovatives. Anna verlangt von einigen Sympathisanten, sie mögen »die logik von worten« (275) abfragen, um die Radikalität des Mitgedachten – in diesem Fall des Begriffs vom »kollektive[n] leben« (274) – zu begreifen. Dieses Vorgehen widerstreitet demjenigen Paulis, der die Worte nicht befragt, weil sie an sich, jenseits ihres Gebrauchs, nichts transportierten.

Proff, der immer nur halb zur Gruppe gehört, kann nicht mehr handeln, seit in Guatemala sein Glaube an den Namen verlorenging. Damit sind Handlungs- und Sprachunfähigkeit gleichursprünglich miteinander verbunden. Ihm ist die Sprachunfähigkeit zugestoßen, er hat sie nicht gewählt: er ist »entschieden […] worden« (437). Auch Karst kennt die Erfahrung des Überwältigtseins, aus der kein Wille mehr herauszuführen vermag. Er hatte plötzlich kein wort mehr gekonnt vor den alten in geretsried. nur innen alles. was war aber außen. warum ist das ein gegensatz. wir gehören doch alle zusammen. aus der gleichen gefahr in den gleichen kampf, in die gleiche bewegung der niederwerfung von pack. aber vieles war ungleich, noch vielerlei ungleichzeitigkeit, wie abgerissen vom ganzen die heimat, das kollektiv. in brüllender wirklichkeit sind wir stumm. warum. was hat uns die zunge so festgebunden. als seien wir fern voraus künftig, wie jenseits, von was, und nicht doch jetzt hier nur, mitten in diesem, mit allen, zuhaus unterwegs, auf unserm eignen weg mit vielen. wie teilt sich was wohin mit. wie aber teilt sich das wie getrennt, wie abgerissen. (136)

Für Karst fällt der Verlust der Sprache – ähnlich wie für Proff – mit dem des Zuhauses zusammen, das das Kollektiv bieten könnte. Der Erzähler führt den Begriff der Ungleichzeitigkeit als Erklärungsmodell ein. Ideell, der Theorie zufolge, gehören Karst und Jojos Eltern, die ›Alten in Geretsried‹, die wie er Ausgebeutete sind, zur selben Interessenpartei. Doch real stehen sie ihm, die Herrschaft stützend, gegenüber. Der Begriff der Ungleichzeitigkeit vermag die Erscheinung – die Getrenntheit – mit dem Wesen – der sozialistischen Gesellschaftsanalyse – zusammenzubringen, indem er sich auf den Fortschrittsbegriff beruft.[141] Karst hat eine Avantgardefunktion inne, er ist ›fern voraus‹ und deshalb ›jenseits‹ der Nachkommenden. Zugleich ist er, klassentheoretisch gedacht, mitten zwischen ihnen. Wie das romantische Fragment ist auch er ›abgerissen‹ von jenem Ganzen, das ›die Heimat‹ wäre. Das Verstummen ist ein Index dafür, daß die Heimat[142] noch nicht hergestellt wurde. Doch Karst spricht im Verlaufe des Romans weiter, ein sympathetisches Moment in der Gruppe, der er vertrauen kann, begünstigt das Sprechen. Hierin scheint eine utopische Möglichkeit des avantgardistisch-ungleichzeitigen Kollektivs auf, das *wegen* seiner relativen Abgehobenheit eine andere Sprache beginnen kann.

Die Emphase der Gruppe beruht nicht nur auf ihrem Moralismus gegenüber dem schlechten Herrschenden, gegen das sie kämpft, sondern darüber hinaus auf ihrem Glauben, Kollektivität schon jetzt praktizieren zu können. In welcher sprachlichen Form sich das Kollektiv artikulieren soll, steht noch nicht fest, weder praktisch noch theoretisch. Motte knüpft, wie die meisten Gruppenzugehörigen, die Sprache des Kollektivs an die Entscheidung für es. Dieser Entscheidung für den revolutionären Kampf wird eine geradezu wunderbare, heilsbrin-

---

141 Schon bei Bloch ist die Idee der Ungleichzeitigkeit an den Begriff des Fortschritts geknüpft (vgl.: Bloch, E., Erbschaft dieser Zeit, Frankfurt/M. 1962 (zuerst 1935), S. 111-126).
142 Dieser Begriff muß in diesem Zusammenhang ebenfalls Blochisch verstanden werden, nämlich internationalistisch konnotiert.

gende Kraft zugemessen. Ähnlich wie Pauli geht Motte davon aus, daß die eigentliche Sprache noch ausstehe und daß die derzeitige eine des Kampfes sein müsse. Gegen Bantus partiellen Rückzug ins Private fordert er eine Entscheidung für Kampf und Kollektivität. Wenn Bantu sich entscheiden würde, »wüßtest du bescheid, wär auch dir deine sprache verändert, wärst du selbst ein teil der entscheidung, der verletzung, der härte, wenn wir uns in der notwendigen arbeit einändern ins kollektiv.« (454) Auch für Motte ist die Veränderung der Sprache nur eine Funktion des Wollens. Vulgärmaterialistisch leitet er die kulturellen Phänomene aus dem aktiv eingenommenen Klassenstandpunkt ab. Die Sprache ist nach dieser Sichtweise eine vergesellschaftete, wenn sie den Willen zum wahren Kollektiv widerspiegelt, sie ist aber keine vergesellschaftende, die in sich selbst den geistigen Gehalt der Epoche transportiert und den Individuen, sobald sie in die Sprache eintreten, einen Horizont aufzwingt, der nicht durch abstrakte Negation überschritten werden kann. Die ›Entscheidung‹ negiert das Vergesellschaftetsein der Individuen abstrakt.

Die Sprache, die gesprochen wird, sobald die existentialistische Wahl stattfand, entzieht sich der Beurteilung von außen. Hätte Bantu sich entschieden, so ›wüßte er bescheid‹. Die automatische Anpassung der Sprache an die Situation dementiert jedes Eigenleben der Sprache. Es gibt in Mottes Perspektive keine spekulative Brücke, die die Existenz vor der Entscheidung mit der nach der Entscheidung verbinden könnte. Weil die Situationen einander inkommensurabel sind, sind es auch die Bewertungsmaßstäbe. Weder die Universalität der Vernunft noch die benennende und Kommunikation ermöglichende Sprache vermag den Graben zu durchqueren, der mit der These von der Abhängigkeit der Sprache vom Willen und von der existentiellen Situation ausgehoben wird.

Der Arbeit an der Sprache mißt das Kollektiv keine Wichtigkeit zu. Die ›notwendige Arbeit‹ ist diejenige des Kampfes. *Sie* ändert die Gruppenzugehörigen in das Kollektiv ein. Als Nebenprodukt fällt eine veränderte Sprache ab, während die alte wie eine Schmutzschicht heruntergewaschen wird: »befreiung vom dreck der entfremdung« (455). Übrig bleibt die gereinigte, unschuldige Sprache, das angeblich neutrale Medium der Gruppenkollektivität: »was du manchmal hart zwischen uns hörst, das ist die besitzlose sprache, wir sind [...] verarmt, die besitzlosigkeit im vorfeld der aneignung auch einer ganz andren sprache.« (455) Die Rede von der ›besitzlosen‹ Sprache unterstreicht die These von ihrer Wandelbarkeit. Sobald das Kollektiv hergestellt ist und in Besitzlosigkeit lebt, sei auch aus der Sprache ihre Funktion, den Besitz der Herrschenden zu schützen, entwichen. Den Betrug, der gegen die Beherrschten durchgesetzt wurde, verkleidete und verharmloste sie. Nun diene sie nicht mehr dazu, jemandem etwas vorzuenthalten. Während sie sich zuvor stromlinienförmig gab, gewinne sie nun Härte.

Die alte und die neue Sprache sind ein Effekt der alten und der neuen Praxis. Sobald die praktische Befreiung stattfindet, wandelt sich, meint die Gruppe, auch die Sprache. Noch ist sie, die Armut und die Härte des Gruppenlebens widerspiegelnd, selbst arm und hart. Doch sie unterscheidet sich von der schmeichlerischen Sprache der Herrschaft, weil sie die Lüge abgelegt und die Wahrheit installiert hat. Erst ein Zustand ohne Konfrontation könne aber eine Sprache ohne Härte hervorbringen. Sie kann, dem Sprachverständnis der Gruppe nach, nicht antizipiert, sondern nur praktisch herbeigeführt werden, indem der Kampf siegreich beendet wird. Wie Pauli verhängt auch Motte ein Bilderverbot über sie. Anders als in der affirmativen Schicht der Umgangssprache, wo sich das Eigene durch die Versehrtheit hindurch Gehör verschafft und dadurch ein Moment des Gelingens innerhalb des falschen Gesamtzustandes zustandekommt, verwehrt das Bilderverbot die Antizipation des Gelingens. Die Spuren, die der Kampf als Härte in der Sprache hinterläßt, korrespondieren zwar jenen, die die Herrschaft als Versehrung in die Umgangssprache eingräbt, doch sie werden nicht als positive Eigenheit gedeutet, sondern als zu beseitigende Effekte des Klassenverhältnisses. Die angestrebte Sprache des Kollektivs, die Fülle, bleibt aufgeschoben, gegenwärtig sind Armut und Mangel.

Diese Extremposition innerhalb der Gruppe begreift die Sprache mechanistisch als eine Funktion des politischen Willens, der die für das Individuum zwar harte, aber stringent herzuleitende Wahrheit durchsetzt, die sich wiederum auf die Evidenzerfahrung von gut und böse beruft. Doch innerhalb der Gruppe bekommen die Einwände von Boye und Karst Gehör, und in der Diskussion mit Bantu bleibt die Gruppenposition ebenfalls nicht unbefragt. Diese Mehrstimmigkeit setzt sich auch in der Sprachpraxis der Gruppe fort. Dialoge, in denen kontrovers diskutiert wird, stehen Monologen gegenüber, in denen die Gruppenmitglieder einander ihre Herkunft erzählen (vgl. 198-211). Diskursivität wechselt sich mit Narration ab. In einer Pariser Gruppenzusammenkunft befragen Karst und Flügel die narrative Diskursart. Flügel:

ach meinen wir denn erzählen, karst, dorfzierrat, vorbildertappen. denn geschichten labern ist auch so ein Trick, der entsetzliche reichtum des schnatterns, das bunte zerstöbern von bildern und räumen, von genau ort und zeit, die uns jeden tag brauchen, unausweichlich, jetzt heut noch, konkret. aber alles das ablenken kann proff sehr gern und sehr gut. […] / warum sagen wir labern und hören nicht, was er sagt (197),

erwidert Karst. Ähnlich begegnet Proff der Sprache mit Mißtrauen: »redend kann ich verschweigen.« (256) Ist die Erzählung eine Rückzugsgebärde, die vom Kampf abhält oder ist sie eine notwendige Verständigungsart der Kämpfenden? Je mehr die Entscheidung für den Kampf als seine alleinige Legitimation gilt, desto mehr rückt die Praxis des Lernens innerhalb des Kollektivs in den Hintergrund, desto weniger kommt es darauf an, sich der gemachten Erfahrungen zu vergewissern und sie erzählend durchzuarbeiten.

Doch nach Flügels Rede gegen das Erzählen beginnt der Roman, die Vorgeschichte einzelner Figuren – Flügel (198 ff.), Anna (201 ff.), Feder (205 ff.) und Karst (217 ff.) – zu erzählen. Jeder Geschichte gibt er eine andere Tonart. Die postulierte ›Härte‹ entweicht hinterrücks aus der Sprechweise der Gruppenmitglieder. Unklar bleibt, ob die Passagen Erzählereinschübe sind oder ein Teil der Gruppenkommunikation. Die Figuren sprechen, außer Feder, nicht in direkter Rede. Die Interpretation, der Erzähler montiere die individuellen Erfahrungshorizonte in das Gespräch hinein, ist ebenso möglich wie jene, die von einer Gruppenkommunikation ausgeht. »Ach, meinen wir denn erzählen« (197)? Diese Frage bleibt offen. Unumstritten gültig ist in der Gruppe jedoch die andere Diskursart: »und nun diskutierten sie […]« (211).

Diese Reflexion auf die Schreibweise zeigt, daß *kamalatta* nicht in die Gruppenposition aufzulösen ist. Die mechanistische Auffassung von der Sprache darf bei einer Analyse des Romans nicht das letzte Wort behalten, denn im Verlaufe der Untersuchung dürfte klar geworden sein, daß Geissler jederzeit der Arbeit an der Sprache verpflichtet bleibt. Selbst in der Artikulation der Gruppe setzt sich ein sprachinnovatives Moment durch. Weitere Figuren können angeführt werden, die einen dritten Aspekt der dem Roman immanenten Reflexion auf die Sprache vertreten und die für die Arbeit an der Sprache einstehen; sie machen sich jedoch rar und werden erstaunlicherweise meist negativ dargestellt.

Paul, der vor Ahlers' Sprachgebrauch zurückschreckt, sagt: »ich werde ganz andere wörter finden« (356). Der Roman thematisiert die individuelle Suche nach einer anderen Sprache im Rahmen der überlieferten Funktionsbestimmung des bürgerlichen Schriftstellers, der sich an den Schreibtisch zurückzieht und ein autonomes Sprachwerk erarbeitet. Paul löst seinen Vorsatz im Verlaufe der erzählten Geschichte nicht ein. Die große Geste des Sprachschöpfers bleibt hohl.

In der Auseinandersetzung mit Bantu wirft Motte ihm seine Lebensauffassung vor: »von vierundzwanzig lebenstagstunden nimmst du dir vier lieber weg ins private« (454). Er flüchte »in die schönheiten des als ob« (455). Bantus »empfindsamkeit« komme aus der »weigerung, eine bestimmte entscheidung jetzt wirklich zu tun« (454). Motte räumt ein, daß Individualisierung Empfindsamkeit bewirken kann. Die Differenziertheit der Sprache entspringt einem Bereich, der dem gesellschaftlichen Lebenskampf teilweise enthoben ist. Mottes Kritik am Konzept einer Spracherneuerung, die im privaten Raum stattfindet, setzt den Lebenszusammenhang, in dem die Sprache entstanden ist, in der schon erörterten Weise mit ihrem Gehalt gleich und verurteilt das Produkt der Abkapselung des Autors als ein Fluchtangebot aus der Illusionsmaschine. Er läßt die individuelle Sprachfindung nicht als einen Ausdruck politischen Verhaltens gelten, noch weniger aber als politische Praxis.

Geissler erzählt auch die Episode von Kutte, der mit Hilfe der Verführungskraft der Lyrik aus dem Kampfverbund der Gruppe herausgebrochen wird. Kutte folgt so lange dem »schlich ins private« (375), den der Lyriker provoziert und den die Gefängniswärter unterstützen, bis er abtrünnig wird und gegen den Willen der Gruppe einer bürgerlichen Zeitschrift ein Interview gibt. Diesem negativen Dichterbild steht in einer anderen Passage, wo Literatur einen Bewußtwerdungsprozeß anregt, ein positiveres gegenüber:

dann aber hatte der lehrervater zur anreicherung seines unterrichts, einen dichter ins haus gebeten, die oberprima mit kerze und kuchen dazu, sterbverse waren angesagt, der schreiber zog plötzlich auch knast aus dem sack, die angst gegen isolation, scharf vorgetragen, gekeckert, die schüler hatten ein großes ohr, auch der arme sohn hatte sehnsüchtig aufgepaßt, da war ihm der wüste der schöne der heimliche haß im kopf zum schrei aufgeplatzt. (202 f.)

Doch der durch Lyrik angeregte Ausbruchsversuch wird erstickt, weil kein Kollektiv zur Hilfe eilt, das ihn produktiv wendet. Der Junge wird in ein Internat gesteckt.

Zusammenfassend läßt sich nun sagen, daß die in *kamalatta* immanent thematisierten Auffassungen von der Sprache vielfältig und umstritten sind. Die Äußerungen zur Umgangs- und Gruppensprache sowie zur Sprache der Dichter enthalten pro- und contra-Standpunkte. Die Sprachkonzeptionen spiegeln ihre Eigenheiten aneinander, denn letztlich bleibt – obwohl die Sprachauffassung der Gruppe am breitesten dargestellt und am positivsten bewertet wird – offen, welche Position die wahre ist. Keine der angebotenen Lösungen bleibt im Roman unwidersprochen. Obwohl viele Figuren zu wissen glauben, wie sie mit der

Sprache umgehen sollen, stellt sich insgesamt Ratlosigkeit ein. Die immanenten Sprachutopien können nicht überzeugen.

Die im affirmativen Moment der Umgangssprache gelegene Utopie vom eigentümlichen, angemessenen Aussprechen der Situation impliziert eine Auffassung von der Sprache, nach der ihr eine machtvolle Eigendynamik zugesprochen wird, von der das Subjekt schon immer geprägt ist. Es ist der Sprache und der sich in ihr ausdrückenden Versehrtheit unterworfen, vermag aber dennoch, sich in ihr hier und jetzt angemessen zu artikulieren, indem es im Medium des Defizitären über dieses hinauszuweisen versteht. Das Gelingen des Aussprechens und Verweisens trägt ein affirmatives Moment. Der außersprachliche Grund der Kaputtheit der Sprache bleibt unangetastet, die kaputte Sprache wird beibehalten, um ihr Eigentlichkeit zu entlocken. Damit wird aber zugleich der Versuch aufgegeben, eine ganz andere Sprache zu sprechen.

Demgegenüber bewahrt die Logik der Sprache des Kampfes, die einige Gruppenmitglieder vertreten, das Bild einer kommenden Sprache, über die noch nichts ausgesagt werden kann und die von der herrschenden vollkommen unterschieden wäre. Doch dieses Bild ist kein emphatisch auf die Sprache bezogenes, denn es entmachtet sie zugunsten eines Seins, das nicht mit Hilfe der Sprache beeinflußt werden kann. Die Sprache ist nichts als der Effekt einer Situation, von der jeder wählen kann, ob er sie ändert oder nicht. Das Eigene ist hier durch den Willen verbürgt, nicht durch die Sprache.

In einigen Figuren blitzt die Möglichkeit der Arbeit an der Sprache auf. Mit ihnen wird die Frage aufgeworfen, in welchem Verhältnis die bewußt angeleitete Sprachinnovation und die erzählerische Artikulation zum oppositionellen politischen Anliegen stehen. Damit gelangt eine neue Qualität der Autoreflexivität in den Text, die dessen Machart selbst betrifft. Das Gelingen des sprachlichen Prozesse ist in der Umgangssprache und in der Sprachauffassung der Gruppe ein naturwüchsig sich einstellendes: hier als Effekt des gewonnenen Kampfes, dort als ein schon daseiendes Medium, das mit der Sozialisierung im Milieu der Unterdrückten gegeben ist. Die durch die Reflexivität hindurchgegangene, auf die Veränderung der Sprache zielende Arbeit an ihr impliziert die These, daß die Wandlung der Sprache die Wahrnehmung der Subjekte verändern kann.[143] Diese

---

143 Das sprachliche Kunstwerk gewährleistet über diese politische Funktion hinaus eine Objektivierung des komplexen Wirklichkeitsgeflechtes, in dem die Oppositionellen sich bewegen, und entwickelt auf unersetzbare Weise eine wahre Gestalt ihrer Situation. Das darin gelegene Ange-

Überlegungen überschreiten die vorangegangenen sprachlichen Utopien, die an die Mündlichkeit gebunden sind und stärken die Literatur als Medium des innovativen Prozesses und als eine Praxis, die politisch genannt werden kann, weil sie Politisierungspotentiale birgt und weil sie den herrschenden Sprachgebrauch reflexiv und ideologiekritisch einholt. Doch jene Figuren, die erste Ansätze einer solchen Spracharbeit vertreten, bleiben im Roman mit ihrer sprachinnovativen Tätigkeit erfolg- und politisch wirkungslos. Sie führen eine Randexistenz.

Einzig Geissler findet ›ganz andere Wörter‹. Er läßt sie einen Erzähler aufschreiben. Die in den vorangegangenen Abschnitten erörterte Sprachpraxis von *kamalatta* ist der immanenten Thematisierung der Sprache weit voraus. Die geschilderten Sprachauffassungen reißen die Themen nur an, ohne den Wahrheitsgehalt des Kunstwerkes *kamalatta* reflexiv einzuholen. Sie bilden keine Theorie der literarischen Sprache. Nicht theoretisch, sondern praktisch bildet Geisslers Erzählen den Einspruch gegen die reduktionistischen Sprachauffassungen der einzelnen Figuren. Der Interpret bleibt auf die Verfahrensweise des Textes verwiesen, die er ohne argumentative Unterstützung der Romanfiguren analysieren muß, um dessen Eigentümlichkeit und immanentes Funktionieren begreifen zu lernen und bewerten zu können. Deshalb ist es nötig, noch einmal auf den Modus des Erzählens zurückzugehen.

6.1.9. Das Erzählen nach dem Verstummen

Proff spaltet sich das Hirn; er kann die durch ihn hindurchgehenden Widersprüche nicht mehr zusammenbringen und verstummt endgültig. Doch der Text spricht. Er beginnt sein Sprechen in jenem Moment, in dem der Protagonist sein Scheitern besiegelt und ins Schweigen tritt. Er redet im Zeichen konstitutiver Nachträglichkeit, er bannt den ›Schattenfuchs‹, den ›fliehenden Greis‹.

Dadurch wird der ›Riß‹ zunächst in eine höhere Einheit aufgehoben. Das Buch synthetisiert die Widersprüche, indem es das Lebensfragment aufzeichnet. Und es synthetisiert die Sprechweisen, indem es einen Erzähler einsetzt. Dieser darf nicht auf den Autor verrechnet werden, sondern entzieht jegliche auktorial geäußerte Meinung und die Erzählweise der direkten Verantwortung des Autors.

---

bot, zu lernen, können sie in Freiheit annehmen oder ablehnen. Zur Bewußtwerdung über die eigene Situation ist die Kontemplation der Kunstwerke, neben dem Studium der Wissenschaften, ein vorzüglich geeignetes Mittel.

Das Verhältnis Proff – Erzähler – Autor bildet das erzählerische Scharnier des Romans. Es soll im folgenden untersucht werden.

Drei vorgeschaltete Textstufen muß der Leser ersteigen, bevor er sich in Ziffer eins des ersten Kapitels wiederfindet. Die Textsorten führen sukzessive aus der Wirklichkeit in die literarische Fiktion hinüber.[144] Zunächst meldet sich der Autor mit einer Danksagung zu Wort. Er zeichnet mit Namenskürzel, Datum und Ort: »cg, 8-5-88, aaltuikerei« (5). *Kamalatta* erscheint 1988. Christian Geissler wohnt zu dieser Zeit am angegebenen Ort. Hier spricht ohne Zweifel der Autor, der Leser befindet sich noch in der Vorhalle der Literatur.

Mit der zweiten Textsorte tritt er in die Literatur ein, jedoch in diejenige fremder Autoren. Geissler wählt die drei Motti von Heiner Müller, Ludwig Lugmeier und Maria Lino lediglich aus und gruppiert sie. Lugmeiers Gedicht gibt dem Roman seinen Titel: »kamalatta« (7). Damit zeigt Geissler zugleich, daß er für das Eigenste seines Werkes, dessen Namen, keine Originalität beansprucht. Seine Autorschaft definiert sich in diesem zentralen Punkt als Wiederaufnahme von Texten anderer. Nachdem sich der Autor zuvor in einem lebensweltlichen Kosmos situiert hatte, reißt er nun einen literarischen auf: die Literatur folgt dem Leben – *kamalatta* ist literarischer Herkunft.

Während hier keine Orts- und Zeitangaben genannt sind, beginnt der folgende Text mit beiden: »*(st. jean de bùeges 18-10-83)*« (9). Aber die Namensangabe fehlt. Der Leser hat nun die Schwelle zur Literatur endgültig überschritten. Ein Erzähler sagt: »ich« (9), er gibt sich aber nicht zu erkennen und unterschreibt den Text auch nicht. An dessen Ende finden sich wiederum eine Orts- und eine Zeitangabe: »*(quinta do espinheiro 5-9-87)*« (545). Die Zeit der Niederschrift ist damit abgesteckt. Dem exakten Zeitgitter Schreibbeginn – Schreibende – Drucklegung und der Nennung des Autornamens steht ein Rätsel gegenüber. Wer spricht?

»Proff ist nie gefunden worden.« (9) Auch die Romanhandlung beginnt mit einem verborgen Gebliebenen. Doch sogleich widerspricht sich der Text, indem er eine Einschränkung macht: »als ich seinen kopf [...] aufhob« (9). Der Erzähler *hat* Proff gefunden. Er macht geltend, daß »die leute« (9) ihn hätten finden

---

144 Genette faßt diese Teile eines Werkes unter den Begriff des Paratextes: Der Paratext ist »eine ›unbestimmte Zone‹ zwischen innen und außen, die selbst wieder keine feste Grenze nach innen (zum Text) und nach außen (dem Diskurs der Welt über den Text) aufweist« (Genette, G., Paratexte, Frankfurt/M. 1989 (zuerst 1987), S. 10). Auch die Motti, denen er vier Funktionen zuspricht, rechnet er zum Paratext (vgl. a. a. O., S. 141 ff.).

können: »aber sie alle hatten proff nicht gesucht, sie hätten ihn sonst gefunden.« (9) Der Ich-Erzähler, der Proff »von früher« (17) kennt, verschwindet selbst mit dem ersten Kapitel, das nach der Beschreibung von Proffs Todesort einsetzt, und weicht einem überwiegend auktorialen Erzählmodus. Zuvor, als letztes Wort dieses letzten Vorspannes, nennt er noch einmal das Titelwort (vgl. 17), das nach dem Perspektivenwechsel im weiteren Text nicht mehr vorkommt.

Diese mehrstufige Hineinführung in das Romangeschehen wird konterkariert durch die esoterische Bedeutsamkeit der angegebenen Daten, die die Autorwirklichkeit und die erzählte Handlung von Beginn an miteinander verketten. Der Roman erzählt, unterbrochen von Rückblenden, die Vorgeschichte des Tölzer Anschlages chronologisch. Proffs Tod fällt in der erzählten Zeit zusammen mit dem Anschlag. Das Datum des Anschlages ist auch der Drehpunkt, der den Vorspann des Ich-Erzählers mit dem vorangegangenen Geschehen verbindet. Es ist der »achtzehnte zehnte« (278), der Beginn der Niederschrift, allerdings ohne die Angabe einer Jahreszahl.

Am 18. 10. 1977 sterben in Stammheim Gudrun Ensslin, Jan-Carl Raspe und Andreas Baader. Am 8. 5. 1976 kommt Ulrike Meinhof, ebenfalls im Gewahrsam der Justiz, zu Tode. Am 5. 9. 1977 beginnt die Entführung des Arbeitgeberpräsidenten Hanns-Martin Schleyer. Allen Textebenen ist durch das Datengitter zu jeder Zeit die politische Verweisfunktion eingeschrieben. Die Historie wird zum Deckbild der erzählten Handlung.

Der auktoriale Haupttext rollt Proffs Geschichte noch einmal auf. Im folgenden soll die Hypothese plausibilisiert werden, daß der Ich-Erzähler sie aufschreibt. Diese These wird gestützt durch dessen langjährige Bekanntschaft mit dem Toten sowie durch seinen Vorsatz, sich mit ihm zu befassen, um ihn zu verstehen: »ich würde [...] unter die leute gehen müssen, teilen mit ihnen den schreck des gesehenen, sorgfältig, einer den andren erinnernd, entziffern welchen vorsprung, nachdenken solches zerspringen.« (9) Dieses Programm löst der folgende Text ein. Er ›geht unter die Leute‹ die Proff kannten und läßt sie zu Wort kommen. Erinnernd führt er den Leser bis an das ›Zerspringen‹ heran, denkt es wiederholend nach und denkt zugleich über es nach. Diese Bewegung des erinnernden Durcharbeitens, das zugleich ein Gestalten im Medium der Sprache ist, kann als eine Legitimation für die Existenz von Literatur überhaupt verstanden werden. Das Scheitern des Protagonisten, das immer zugleich das eines politischen Prozesses meint,[145] ist als ein fiktionaler Fakt gesetzt. Die Anstrengung und der Antrieb der Literatur besteht im Verstehenwollen eines Vorganges, der sich im Handlungsvollzug wie naturwüchsig ereignete. Sie tritt aus ihm heraus in einen Diskurs, der von unmittelbaren Handlungszwängen programmatisch entlastet ist. Damit schafft sie das Scheitern nicht aus der Welt, doch sie hofft auf eine verstehende Durchdringung, weil nur auf diese Weise ein abermaliges Scheitern vermieden oder, sollte dies unvermeidbar sein, eine veränderte Haltung ihm gegenüber eingenommen werden kann. Sie vertraut darauf, daß der beschriebene Tod nicht umsonst gewesen sei und vielleicht, eingedenk, dem Sich-Entziehenden sein Wahrheitsgehalt entrissen werden könnte.

Ein weiteres Indiz dafür, daß der Ich-Erzähler Proffs Geschichte aufschreibt, liefert die Topographie des Todesortes:

sie alle hatten proff nicht gesucht, sie hätten ihn sonst gefunden. wiederum, ohne damit sonderlich achtung auf mich sammeln zu wollen, der ort am fluß, die berstende helle des steins, um den frei der fluß springt, [...] jeden weg dieser äußersten wendung, es wird dich niemand dort suchen. toll bist du bloß bei dir selbst. aber wen triffst du dort an. wer kommt dir bis dorthin nach. (9 f.)

Dieser Ort gleicht den Brücken- und Flußbildern am Ende des Buches. Dort endet der entsprechende Abschnitt mit einer rätselhaften Begegnung:

die brücke steht frei.
es kommen zwei. sie bleiben da oben stehen. sie sehen sich an. haltlos. sie bleiben lange ohne bewegung. reglos die stille hell.
bist gekommen.
haben getraut.
hast es gewagt.
rührst mich.
rühr mich nicht an, hob beide arme, alles da hin. jeder ging seinen weg.
am ende konnte man sehen, hat man sehen können, wird man sehen, daß das nicht ein mensch ist auf der brücke nicht einer war nicht einer sein wird nur wenn dann (539 f.).

---

145 Im oben schon zitierten Gedicht – »nachdenkend / den vorsprung [...]« (Geissler, spiel auf ungeheuer, Berlin/West 1983, S. 50) – befreit das Kollektiv einen Genossen. Das lyrische Ich bleibt einsam hinter diesem Handeln zurück, das in *Wird Zeit, daß wir leben* als eine ›exemplarische Aktion‹ (vgl. den Untertitel von Geissler, Wird Zeit, daß wir leben. Geschichte einer exemplarischen Aktion, Berlin/West 1989 (erste Ausgabe Berlin/West 1976)) angesprochen wird. In *kamalatta* bleibt der Erzähler hinter Proff zurück, dessen Tod er hinterherdenkt. Das Objekt des Nachdenkens hat sich im Verlaufe von Geisslers schriftstellerischer Arbeit gewandelt: vom wegweisenden Ausbruch zum Scheitern der mit ihm verbundenen Hoffnungen.

Indem der Erzähler diesen ›Ort am Fluß‹ wiedererkennt, wird er in die auktoriale Romanhandlung eingebunden. Er weiß um die für Proff wichtigen Orte. Geissler stellt damit eine Verbindung zwischen ihm und der metaphorischen Schicht der auktorialen Erzählung her. Ohnehin setzt sich das Motivgeflecht des Ich-Vorspanns im auktorialen Teil bruchlos fort.

Doch der Ich-Erzähler ist mehr als ein distanzierter Zeuge des Geschehens. Darauf deuten Indizien hin, die eine Lesart eröffnen, die nur hypothetisch, als Denkspiel verfolgt, mit dem Text aber weder bewiesen noch widerlegt werden kann. Der Ich-Erzähler ist von Proffs gespaltener Stirn »tief gerührt« (9). Dieses korrespondiert dem »rührst mich« (540) aus dem Brückendialog. In beiden Szenen findet eine Begegnung statt, wo einem um Kontaktaufnahme bemühten Partner ein abweisender, sich entziehender gegenübersteht. Proff entzieht sich durch seinen Tod. Doch der Text – wie gesagt – schreibt sich fort, entspringt im Unabgegoltenen, Undurchschauten, das ihm immer wieder zum Anlaß seines Sprechens wird. Fällt vielleicht der Ich-Erzähler mit jenem anderen zusammen, der dem ersten begegnet? Diese Lesart könnte erklären, warum »das nicht ein mensch ist auf der brücke« (540). Neben dem emphatischen Sinn, daß der Mensch erst dort seinem Begriff gerecht wird, wo die Versehrung beendet ist, wo er aufhört, »ein erniedrigtes, ein geknechtetes, ein verlassenes, ein verächtliches Wesen«[146] zu sein, den das Leitmotiv »wir werden menschen sein« (58) ausdrückt, kommt ein wörtlicher ins Spiel. Denn die Literatur hat es mit Figuren zu tun, nicht mit Menschen. Figuren gehorchen nicht den anthropologischen Gesetzmäßigkeiten, denen die Wesen aus Fleisch und Blut unterworfen sind, denn jene sind aus sprachlichen Versatzstücken komponiert.[147] Das führt auf die Frage, warum von *einem* Menschen gesprochen wird, obwohl sich auf der Brücke zwei begegnen. Offensichtlich gehören der Figur, von der die Rede ist,

---

146 Marx, K., Zur Kritik der Hegelschen Rechtsphilosophie. Einleitung, in: Marx Engels Werke, Bd. 1, Berlin/DDR 1956, S. 378-391, hier: S. 385

147 Ein hervorragendes Beispiel für die ›antirealistischen‹ Möglichkeiten der Literatur ist Ingeborg Bachmanns Roman *Malina*. »Hier erzählt nämlich das Opfer die Geschichte seines Todes« (Vanderbeke, B., Kein Recht auf Sprache?, in: Weigel, S. (Hg), text + kritik, hg. von H. L. Arnold, Sonderband ›Ingeborg Bachmann‹, München 1984, S. 109-119, hier: S. 110), bevor es am Ende der ›Handlung‹ in einem Riß in der Wand verschwindet. Der Roman gestaltet die »Selbstauflösung des Erzähl-Ichs« (a. a. O., S. 116), das von einer Spaltung in Ich und Malina betroffen ist. Das Thema der Spaltung ist bei Bachmann übrigens, anders als bei Geissler, immer geschlechtsspezifisch akzentuiert.

beide Dialogpartner an. Sie teilt sich in zwei Instanzen auf: in einen Erzähler und den Protagonisten. Der Erzähler wäre Proffs Alter ego.[148]

Die Hypothese, der Erzähler sei Proffs Alter ego, kann weitgehend die Art und Weise erklären, in der der Haupttext heterogene Sprechweisen integriert. Sein Grundton ist derjenige imperfektischer, auktorialer Rede, in der ein allwissender Erzähler, ohne sich selbst zu thematisieren, die Handlung referiert. Dieser kommt aus dem kommunistisch-oppositionellen Umfeld, übernimmt die zur entsprechenden Gruppe passenden Sprachregelungen und bemüht sich nicht um eine ausgewogene Darstellung der Standpunkte, weshalb der Text durchgängig parteilich gestaltet ist.[149] Auch die Auswahl der Sujets organisiert sich nach parteilichen Kriterien. Die Parteilichkeit des imaginären Erzählers[150] bildet den Filter, dem jede Passage unterworfen bleibt. Sie fließt in die verschiedenen Sprachmodi ein und verklammert die heterogenen Sprechweisen. Alle Perspektivenwechsel sind, wie nun en détail gezeigt werden soll, in dieser umfassenden Perspektive aufgehoben.

In die auktoriale Erzählung mischt Geissler wörtliche Rede, die in erlebte Rede übergehen oder sich bis zum inneren Monolog steigern kann. Die Übergänge zwischen diesen Stilmitteln sind ansatzlos und finden oft – wie der Perspektivenwechsel im folgenden Satz – innerhalb eines Absatzes statt:

---

148 In Celans *Gespräch im Gebirg* treffen sich ebenfalls zwei, die einander ähneln; sie sind ›Juden‹, ›Vettern‹, ›Geschwisterkinder‹ (vgl. Celan, P., Gespräch im Gebirg, in: ders., Gesammelte Werke, Dritter Band, hg. von B. Allemann und St. Reichert, Frankfurt/M. 1983 (zuerst 1959), S. 169-173). Sie sprechen im gleichen dialogischen Gestus miteinander wie Geisslers Partner: »›Bist gekommen von weit, bist gekommen hierher...‹ / ›Bin ich. Bin ich gekommen wie du.‹ / ›Weiß ich.‹ / ›Weißt du.‹« (a. a. O., S. 170) Nur kehren sie sich nicht voneinander ab. Sie sind beide auf dieselbe Art jenem ›Schatten‹ unterworfen, der nach 1945 mit der Ermordung der europäischen Juden zusammengedacht werden muß. Jedoch spielen auch sprachphilosophische und erkenntnistheoretische Probleme in diese spezifische Weise des Sprechens hinein, die gekennzeichnet ist vom Bedürfnis, reden zu müssen (vgl. a. a. O., S. 171), in einer »Sprache, die hier gilt, [...] eine sprache, nicht für dich und nicht für mich« (a. a. O., S. 170) ist. Das dialogische Sprechen in dieser Sprache ist immer ein Gerede (vgl. ebd.). Nur wer anders, monologisch, spricht, »der redet zu niemand, der spricht weil niemand ihn hört, niemand und Niemand« (a. a. O., S. 171) und verfällt nicht dem Gerede. Während bei Geissler einer der Partner der Idee eines gelungenen intersubjektiven Prozesses anhängt, spricht sich bei Celan die Vorgängigkeit des Fragmentarischen und des radikal Unbenennbaren aus.

149 Nur vereinzelt kommen Gegenstandpunkte wie der der Weißen Augen (vgl. 132 f.) vor.

150 Die traditionsbildende Definition von Parteilichkeit entwickelt Georg Lukács, indem er sie gegen die Tendenz abgrenzt (vgl. unter 6.3.1., Parteilichkeit).

sooft sie konnten, ist auch ja immer die frage von geld, fuhren sie raus in die inselgegend, hallimasch oder stickels und lurchis, und so krebse und frösche, die schummeln nicht, ist was wert. aber dann zack, wenns dunkel wird, auf die piste zurück in die steinerei von steilshoop. (66)

Der auktorial beschreibende Hauptsatz wird unterbrochen von wertenden Nebensätzen, die Nina zugeschrieben werden können, von der zuvor die Rede war. Da Geissler ohne Anführungszeichen arbeitet, bleibt oft unentschieden, ob es sich in einem konkreten Fall um wörtliche Rede handelt. Nur der Tempuswechsel macht deutlich, daß eine andere Sprechebene vorliegt. Wenn Geissler sie eindeutig kennzeichnen möchte, setzt er Absätze, die den Sprecherwechsel markieren. Im vorliegenden Fall kann es sich um einen Einschub wörtlicher Rede, um den Fetzen eines inneren Monologs von Nina oder um einen jovialen Erzählerkommentar handeln. Die Erzählperspektive verschmilzt an solchen Stellen mit dem Innenleben der Figuren, der Erzähler sucht sich diesen mimetisch anzugleichen.

Nach demselben Prinzip funktioniert eine weitere Belegstelle, die aus zahllosen ähnlichen herausgegriffen sei:

ahlers wollte nicht mehr, er wollte den wald, sein ding, da redet mir keiner rein, das reiß ich mir alles allein zu grunde, auf zack, und nicht die verschlafften, verschlafnen halbzwerge aus der stadt, du bist zwar kein zwerg, aber kaputt aus der stadt warst du auch (111).

Beide Passagen werden durchkreuzt von der oben herausgearbeiteten, alliterativen Sprechweise, die sich durch die Perspektivenwechsel hindurch fortsetzt. Die Alliterationen »steinerei von steilshoop« (66) und »verschlafften, verschlafnen« (111) kommen sowohl in der auktorialen als auch in der Figurenrede vor. Ähnliches gilt auch für die realitätsnahe, umgangssprachlich gefärbte Sprechweise. Dies alles unterstreicht die Verklammerung, die die Erzählerinstanz bis in die Sprechweise hinein stiftet.

Nur in der Zitatmontage wird dieses Prinzip scheinbar durchbrochen. Wenn Proff einen Text der nationalsozialistischen Sturm-Staffel (vgl. 129) oder eine Passage von Theodor Herzl (vgl. 130) zitiert, drängt sich eine Textsorte in den Roman, die nur wenig vom parteilichen Erzähler tangiert wird. Äußerlich erscheint dieses an der Majuskulisierung der Nominative.[151] Außerdem fehlen

---

151 Die Kleinschreibung kann als ein Zeichen von Geisslers Verbundenheit mit der Roten Armee Fraktion gedeutet werden, die ihre Texte seit den achtziger Jahren ebenso gestaltet. Die einzigen Majuskulisierungen in *kamalatta* betreffen die »Rote Armee« (22): »klar schreibt man das groß« (22), sagt Tapp. Wenn allerdings der Colonel – der Feind – von der »rote[n] armee« (116) spricht, wird sie klein geschrieben. Durch die Groß- und Kleinschreibung unterstreichen

die alliterativen und soziolektischen Wortverwendungen. Doch selbst diese Passagen versucht die Erzählung zu integrieren, indem sie sie in einen wertenden Zusammenhang einrückt: Proff benutzt sie als Folie, um mit ihrer Hilfe seine eigene, polarisierende Weltanschauung zu entwickeln. Die Zitate sind der Parteilichkeit kommensurabel. Die Fremdkörper werden integriert, sie bieten der wertenden Perspektive keinen Widerstand, sondern dienen ihr ex negativo als stützendes Material. So kämpft die Erzählerinstanz darum, die drohende radikale Heterogenität der Diskursarten abzuwehren und versucht, das Disparate zu integrieren.

Als weitere Stilmittel setzt Geissler die dialogische, wörtliche Rede, die sich der dramatischen Form nähert, sowie Lyrik und lyrisch verdichtete Prosa ein. Die Dialoge sind zum überwiegenden Teil im oppositionellen Spektrum situiert, und die Autorschaft vieler eingestreuter Gedichte läßt sich auf Proff zurückführen.[152] Er schreibt Juli »zettelchen« (79), auf denen Gedichte stehen. Ferner finden sich in *kamalatta* eingestreute Briefe und Reden, über deren Herkunft ebenfalls Klarheit herrscht.

Insgesamt bleibt festzuhalten, daß die Vielfalt der Sprechweisen mit der Vorstellung von einem imaginären Erzähler, der das Material auswählt, dessen Präsentation schon immer durch seinen Standpunkt hindurchgegangen ist, vereinbart werden kann. Auch die Brüchigkeit der Integration bleibt so bestehen. Der Erzähler kommt dem von Proff gezeichneten Bild sehr nahe.[153] Wie dieser kennt er sich in der bürgerlichen Literatur aus und spielt fortwährend auf sie an. Er ist in denselben politischen Kreisen zu Hause wie Proff, legt sich aber, wie dieser, abgesehen von der sozialistischen Grundorientierung, auf keine der ange-

---

Autor und Erzähler ihre sozialistische Parteilichkeit. Außerdem entfernt sich die Textgestalt vom Hauptstrom der veröffentlichten Texte. Sie individuiert sich.

152 Weitere Gedichte stammen von Susette (vgl. 429) und aus Nicaragua (vgl. 376).

153 Eine weitere Anspielung auf einen Autor bleibt undurchsichtig. Trudes Bruder »saß, ein verrückter Kerl, [...] versteckt in Schreibarbeit, in portugal hinterm stein« (426). Blues erhält im Gefängnis einen Brief: »aus portugal hatte ihr einer geschrieben, verrückter mann, schreibt bücher *im stein*, so nennt er das« (525). All dieses wird bedeutsam durch die Ortsangabe *quinta do espinheiro* (545) am Ende des Textes. Der Hinweis auf die Verrücktheit nimmt das Motiv der Spaltung auf und deutet, zusammen mit dem des Steines, auf Proff hin. Der Erzähler deutet dessen Tod als »die niederlage als die aufrichtung im stein« (9). Hinzu kommt, daß Geissler selbst eine zeitlang in Portugal gelebt hat. Hinweise auf Protagonist, Erzähler und Autor fallen also zusammen. – Ferner erwähnt der Text »eine[n], der nie genannt wird« (343) und gestaltet damit die Spur eines unauflösbaren Rätsels.

botenen Alternativen fest. Indem er erzählt, wiederholt er Proffs Verhältnis zur politischen Szene: Er ist überall dabei, ohne sich einer Richtung ganz zu verschreiben. Nur verzichtet die Literatur, indem sie einen Status relativer Autonomie in Anspruch nimmt, auf jede politische Machtausübung im traditionellen Verständnis. Proffs Suizid ist kein Zeichen der Stärke oder der Willensfreiheit,[154] sondern eine Gestalt der Resignation. Die Literatur zeigt, nach dem Scheitern einer Lebenspraxis mit politischem Handlungsanspruch, im Medium eingedenkenden Schreibens, eine Alternative zur Selbsttötung auf.

Geissler hat die beiden Möglichkeiten ins Werk gesetzt. Er verlegt die Alternative zwischen Verstummen und Erzählen auf zwei Instanzen. Beide bedürfen einander, denn ohne den Erzähler würde Proffs Scheitern nicht überliefert werden, wie umgekehrt ohne dieses Scheitern kein Anlaß zur literarischen Produktion bestünde. Durch die Spaltung hindurch stellt sich das Ganze in Gestalt eines Kunstwerkes her. Dabei reden beide Instanzen auf den Leser mit entgegengesetzten Thesen ein. Während sich in Proff das Scheitern bis zur äußersten Konsequenz radikalisiert, indem er seine Isolation mit dem Tod besiegelt, beharrt der Erzähler darauf, daß Proff gefunden werden könne. Das Medium seiner Annäherung ist die Erzählung. Doch das Weitersprechen negiert mit jedem Wort die Gründe für das Verstummen. Die Beredtsamkeit schiebt sich über die Leerstelle, die der Suizid gerissen hat.

Andererseits kann sich das Verstummen nur durch das Weitersprechen hindurch artikulieren. Denn nur das in die Rede eingebundene Schweigen wird als solches lesbar. Wo keine Signifikantenkette existiert, in die sich eine Differenz einschreiben könnte, ist das Schweigen ein Nichts, da es keinen Weg in die Anschauung findet. Es ist ins An-sich verschwunden, wo es weder erkannt werden kann noch irgendeine Auswirkung auf den Gang der Geschichte hat. Es tangiert die Überlieferung nicht. Eine Sprache, die vor dem Verstummen beste-

---

154 Améry hat den Suizid philosophisch-existentialistisch als die höchste dem Menschen mögliche Manifestation seiner Freiheit gedeutet (vgl. Améry, J., Hand an sich legen, Stuttgart 1976). In *kamalatta* liest der Sohn eines Barons Bücher mit entsprechendem Inhalt: »der selbstmord, das ist ein vorteil vom menschen, eine sache von freiheit, sein recht auf glück, sein recht auf die menschliche würde« (158). Der Repräsentant der landbesitzenden Schicht fährt dann mit einer zynisch-pessimistischen Wendung fort, die seinesgleichen aus der Sicht des Proletariers Ahlers abqualifiziert: »die menschliche würde, die geht aber so gar nicht mehr, [...] so tief zwischen massenvergiftung und overkill hat der selbstmord kaum eine chance, es klingt ein bißchen verrückt, aber sind wir ja auch, [...] wer hier weiterlebt, bringt sich um.« (158)

hen möchte, ohne über es hinwegzureden, muß das Wissen um dessen radikale Differenz an sich selbst kenntlich machen, ohne das Differierende symbolisch, im Sinne einer Seinsfülle, an sich tragen zu wollen. Die *kamalatta*-Sprache ist mit ihrer Bedeutsamkeit hervorrufenden Schicht eine verweisende. In der Weigerung, das Ziel des Verweisens anders anzugeben als in seiner Unzugänglichkeit, hält sie mit diesem Moment der radikalen Differenz des Verstummens die Treue.

Das Erzählen nach dem Verstummen ist von den zeitlichen Komponenten der Nachträglichkeit, der Rekursivität und der Wiederholung gekennzeichnet. Es setzt nach Proffs Suizid ein: Wenn Proff und der Erzähler zwei Instanzen eines Ganzen sind, so löst, im Koordinatensystem der erzählten Zeit betrachtet, der Erzähler Proff ab. In der Erzählzeit fallen sie auf die erwähnte Weise zusammen. Das Erzählen wendet sich zurück und wiederholt Proffs Geschichte. Es wiederholt damit eine schon von diesem selbst vorgenommene Operation, der der Gruppe von seinem Mexikoerlebnis und der Foltererfahrung berichtete, die der Anlaß für sein Verstummen waren. Damit entkräftet er mythologisierende Darstellungen seines Verstummens, die »im viertel« (23) kursierten und wehrt Deutungen ab, nach denen er ein Held gewesen sei: »daß ich aber irgendwann irgendwo mutig gewesen sei, ein held, das war nicht von mir. kein wort.« (423) Sein Sprechen destruiert Mythen, bringt aber einen Sachverhalt zutage, der ihm die Ausgrenzung von seiten der Gruppe einträgt. Das Aussprechen der Wahrheit isoliert ihn abermals und bestätigt das Foltertrauma von der Unmöglichkeit des einander vertrauenden und schützenden Kollektivs.

Indem der Erzähler Proffs Verstummen im Medium der Literatur wiederholt, tritt zur inhaltlichen Dimension die Reflexion auf die sprachliche hinzu. Mit Proffs Unfähigkeit, anderen zu vertrauen, verbindet der Roman eine charakteristische Sprechweise. Seine »neigung zu flüchten aus dem moment des gelingens« reicht hinein »bis in die sprache, den satz«:

oft, wo ein gründlicher dialog, ein strenger gedankengang seinen satz, seine stimme zu einem klaren, scharfen schluß hindrängten, verlor er sich, schwieg er sich fort in immer die gleiche, von einem verdeckten stottern gebremste wendung: ach es muß ja nicht sein, und sprach dann durchaus nicht weiter. (242)

Der gelingende Satz dementiert das beschädigte Leben und spiegelt eine Lösung vor, obwohl es real keine gibt. Eine mögliche Lösung ist in der Handlungslogik von *kamalatta* jedoch mit der bewaffneten Gruppe verbunden. Sie verlangt jenes Bekenntnis zum scharfen, eindeutigen Schluß, vor dem Proff zurückschreckt, von ihren Mitgliedern. Ihre Sprachverwendung unterscheidet sich von Proffs, indem sie unterstellt, sprachliches Verstehen könne im sich befreienden Kollektiv gelingen. Sie löscht in einem Akt der Wahl alle Skepsis und jede resignative Tendenz aus, um die größtmögliche Kräftezusammenballung und die beste Kampfmoral herzustellen. Der Glaube an die gelingende Kommunikation ist handlungsnotwendig, daher wird er gewählt.

Weder der Ich-Erzähler noch der auktoriale sprechen die Sprache der Gruppe. Im auktorial angelegten Hauptteil ist sie nur eine von vielen heterogenen Sprechweisen. Die Gruppe dementiert, daß das Erzählen und der wiederholende Blick zurück nötig seien. Ihre Strategie führt zwar nicht zum Verstummen, in der Konsequenz aber zur Abschaffung der Literatur. Für sie gilt deshalb, aus der Perspektive der Literatur und aus der des auktorialen Erzählers gesehen, das gleiche wie für die Integration von Proffs Verstummen. Auch die nur noch handelnde Gruppe erscheint gefiltert durch ein Medium, das sie selbst für nichtig hält.

Der Erzähler verortet auch die Gruppe diesseits der Parteilichkeit im sozialistischen Lager. Die Erzählerperspektive setzt die Stellungnahme für fundamentaloppositionelle Prozesse und gegen die Repräsentanten des kapitalistischen Staatsapparates voraus. Erst innerhalb dieses Spektrums beginnt eine differenzierende Sichtweise. Parteilichkeit und Differenzierung finden sich bis in die kleinsten Einheiten der Sprachverwendung. Von den Benennungen bis zu den symbolischen Daten, von der umgangssprachlichen Wortverwendung im Rahmen des widerständigen Milieus bis zu den aus einem oppositionellen Kontext entwickelten Metaphern der Brücke und des Fliegens ist dem Roman die Parteilichkeit eingeschrieben. Doch innerhalb der Parteilichkeit, die durch den auktorialen und den Ich-Erzähler hergestellt wird, entwickelt sich eine Vielfalt von Sprechweisen, die alle mit einem oppositionellen Impuls versehen sind. Die rekursive, wiederholende Literatur bietet mit dem Kunstwerk in inhaltlicher und in formaler Sicht die Vielfalt in der Einheit. Vielleicht stellt sie diese Einheit aber auch erst modellhaft innerhalb einer zerstrittenen, sich bekämpfenden oppositionellen Szene her und erlangt damit einen im doppelten Sinne romantischen Gehalt. Umgangssprachlich bleibt die Einheit eine romantische Vorstellung, weil sie die fragmentierte Wirklichkeit verklärt. Philosophisch wäre die politische Einheit der Opposition analog jener Idee der Liebe zu begreifen, die bei Novalis das sympathetische Verhältnis des Menschen mit der Natur begründet und die den noch nicht hinreichend zur Erscheinung gelangten ideellen Zentralpunkt der Integration aller Fragmente bezeichnet.

Der parteiliche Erzähler wirkt zwar als eine integrierende Instanz, doch auch er behält nicht das letzte Wort. Weil er vom Autor eingesetzt wurde, ist sein Sprechen und damit die Sprache des Romans ein individuelles. Sie wird als der Versuch lesbar, die zersplitterte politische Opposition im Werk eines einzelnen zu integrieren. Doch dieses Experiment wird von mehreren Seiten in Frage gestellt. Die Erzählerinstanz ist schon immer durch ihre fiktionale Anlage entwertet. Der Autor aber, der die Fiktion aus sich entläßt, ist nicht greifbar. Ferner kann dem Erzähler sein eigener Text widersprechen, indem seiner zentripetalen Anlage die zentrifugale des manifestierten Gehalts entgegensteht. Die oben untersuchten sprachlichen Materialisationen greifen durch die integrierende Erzählerperspektive hindurch und hintertreiben nicht nur den Erzähler, sondern womöglich auch die Autorintention. Erst im Rahmen dieser je nach untersuchtem Einzelphänomen gegeneinanderstrebenden oder einander verstärkenden Instanzen sind wertende Aussagen überhaupt sinnvoll. Doch der Literaturwissenschaft sollte es, anders als der Kritik im Feuilleton, nicht primär um die Bewertung eines Buches gehen, sondern um die Erkenntnis der in ihm materialisierten Wahrheitsgehalte, die durch die Anstrengung des Autors den ihrem Alltag nachgehenden Menschen nun erstmals in objektivierter Gestalt vorgestellt wurden und mit Hilfe der Interpretation zur Selbsterkenntnis befreit werden wollen.

6.2. Romantisches Fragment

6.2.1. Zur Stellung des Fragmentgedankens in ›kamalatta‹

Integration und Desintegration liegen in *kamalatta* beieinander. Manichäisch legt Geissler das Weltbild vieler seiner Figuren an und dualistisch, nicht jedoch in dialektischer Vermittlung, stehen in dem Roman auch die tragenden Ideologeme zueinander. Der Bruch, der zwischen Vitalismus und der Auffassung liegt, die Zerstörung des Individuums und seines Lebenskernes habe schon stattgefunden, bleibt, wie jener zwischen existentialistischer Emphase und Nihilismus, ungekittet. Vexierbildartig schlagen die Alternativen ineinander um, ohne daß die Dilemmata im Sinne der Hegelschen Dialektik aufgehoben würden. Die Architektur des Romans aber integriert das Unvermittelte, indem Geissler mit dem Erzähler, Proffs Alter ego, einen subjektiven Fluchtpunkt konstruiert, der die heterogenen Sprachschichten aus sich entläßt. Die Sprecherinstanz greift das vielgestaltige Sprechen der Oppositionellen auf und unterwirft es seinem Gestaltungswillen – jedoch ohne es beherrschen zu können. Geisslers Schreibweise kennzeichnet eine Form der Integration des Polaren, die nach dem Muster der Erzählerinstanz und mit ihrer Hilfe funktioniert. Im Untertitel benennt er sie: »romantisches fragment« (3).

Diese Bezeichnung liefert eine Folie, auf der die im Roman praktizierte Verschränkung von Inhalt und Form gattungspoetisch verglichen werden kann. Die Fragmentform hatte ihre heroische und paradigmatische Phase während der deutschen Frühromantik. Deshalb soll zunächst ihrem Phänotyp bei Novalis und Fr. Schlegel so weit nachgegangen werden, daß Unterschiede und Ähnlichkeiten zwischen der Frühromantik und Geissler zutage treten.[155] Schlegel setzt sich in den *Athenäums-Fragmenten* stilbildend und besonders eindringlich mit der Form des Fragments auseinander. Novalis verfolgt in vielen seiner Texte rhetorische Strategien, die die gesellschaftsverändernde Intention darstellerisch umsetzen. Die Fragmentsammlung *Glauben und Liebe* sowie das ›Fragment‹ *Die Christenheit oder Europa*[156] sind geeignet, das frühromantische politische Sprechen mit Blick auf *kamalatta* zu explizieren.

Das romantische Fragment integriert auf charakteristische Weise erkenntnistheoretische, geschichtsphilosophische, politische und ästhetische Momente. Es ist durchdrungen von dem Verlangen, den herrschenden Zustand durch einen besseren zu ersetzen; es teilt die Geisslersche Veränderungsemphase. Inwieweit diese Ausgangsposition zu identischen ästhetischen Konsequenzen führt, wird zu untersuchen sein. Auch die Frage, ob die Wiederaufnahme einer Gattung, die in der Goethezeit ihren Höhepunkt hatte, für das späte 20. Jahrhundert noch Geltung beanspruchen kann, muß gestellt werden. Die Arbeit glaubt, in der Engführung des politischen und des ästhetischen Bestrebens durch die Bezeichnung

---

155 Für eine umfassende Darstellung der Fragmentkonzeption von Novalis und Fr. Schlegel, die diese Arbeit nicht beansprucht, vgl. vor allem: Neumann, G., Ideenparadiese, München 1976, und die systemtheoretisch orientierte Dissertation des Mähl-Schülers Schröder, D., Fragmentpoetologie im 18. Jahrhundert und bei Friedrich von Hardenberg, Kiel 1976 (samt Forschungsbericht über Arbeiten, die sich mit Novalis' Fragmentkonzeption auseinandersetzen, vgl. a. a. O., S. 1-58 und S. 199-234) sowie die weiteren Titel, die im Verlaufe meiner Untersuchung herangezogen werden.

156 Titel und Untertitel sind allerdings nicht zweifelsfrei von Novalis, vgl. hierzu: Samuel, R., Einleitung zu *Die Christenheit oder Europa*, in: Novalis, Schriften, 3. Band, Darmstadt 1968, S. 497-506, hier: S. 503.

›romantisches Fragment‹ einen Knotenpunkt zu treffen, der die Geisslersche Schreibweise wesentlich charakterisiert.

Die Gattungsbezeichnung ›romantisches Fragment‹ für *kamalatta* findet im Roman keine explizite Begründung. Die immanente Poetik ist kaum auf der Figuren-, sondern allenfalls auf der Verfahrensebene zu erschließen. Auch die explizite Auseinandersetzung um das Stichwort ›Romantik‹ erreicht in *kamalatta* das poetologische Gewicht des Untertitels nicht. Seine Verwendung verweist kaum auf die romantische Dichtungstheorie, sondern primär auf eine alltagssprachliche Dimension, die ins Politische moduliert wird.[157] Doch bei diesem Befund darf die Analyse des Textes nicht stehenbleiben. Der Rekurs auf das romantische Fragment der Goethezeit macht deutlich, daß die meisten der dort verhandelten Probleme mitten in die Poetik *kamalattas* hineinführen. Im folgenden soll deshalb das ganze ästhetische Gewicht der ernstgenommenen Gattungsbezeichnung in die Analyse mit einbezogen werden. Daran wird sich erweisen, ob und wie Geissler an den im Titel programmatisch gesetzten Anspruch anknüpft. Die gattungspoetische Folie soll den Fragehorizont erweitern, aber nicht zum archimedischen Punkt der Analyse *kamalattas* werden. Sie soll vielmehr zur Ergründung des den Roman konstituierenden Formgesetzes beitragen.

---

157 Neben der Verwendung in der Gattungsbezeichnung findet sich das Stichwort ›Romantik‹ in *kamalatta* lediglich in einem einzigen Abschnitt. Dort diskutieren der Bayer – ein Filmregisseur – und Proff über politisches Handeln. Während dieser die Interessen der Lohnabhängigen durch deren Organisierung voranbringen will, gibt Proff zu bedenken, daß solche Versuche von den Vorgesetzten jederzeit blockiert werden können (vgl. 360). Er favorisiert das entschlossene Handeln einzelner, sofern es sich in Übereinstimmung mit den Interessen der ausgebeuteten Weltmehrheit befindet. Der Bayer hingegen möchte in der Bundesrepublik den Stoff, »aus dem, wenn wir viele sind, wege getreten […] werden« (359) praktisch-organisatorisch in der Arbeiterschaft verankern. Er vertritt ein reformerisches Modell, während Proff sich für die entschlossene revolutionäre Aktion einsetzt, gerade weil er weiß: »wir sind nicht viele« (359) in Westdeutschland. Deshalb nennt ihn der Bayer romantisch: »ich wende mich da gegen den schwenk ins romantisch bedeutende ich, weil es führt, auch politisch, zu schludrigkeiten, die blaue blume, ins rote vertuscht, bleibt traum, mag sie bienen füttern, mich macht sie nicht satt« (358). Der Bayer spielt auf die Parole der Studentenbewegung ›Färbt die blaue Blume rot‹ an und wendet sich damit gegen eine politisch-emanzipative Strategie, die unter Berufung auf frühromantisches Gedankengut die Selbstbefreiung des einzelnen stärker gewichtet als die Befreiung der Klasse vom Klassenverhältnis.

6.2.2. Zwischen Kunst und Philosophie

Die Gattung des romantischen Fragments ist unauflöslich mit der philosophischen Debatte über die Ästhetik verbunden. 1750 wurde letztere von Baumgarten als eigenständige Sparte der Philosophie begründet. Seither wird die These diskutiert, daß die Kunst eine genuine, der Philosophie ebenbürtige Erscheinung der Wahrheit verkörpere.[158] Die Konkurrenz der Erkenntnisweisen bringt in der Goethezeit Grenzformen hervor, die den Widerstreit des begrifflichen und des sinnlich-scheinhaften Mediums, der Abstraktion und der Konkretion, in sich selbst austragen. Eine von ihnen ist das Fragment, das nur schwer von benachbarten Formen abgegrenzt werden kann.[159] Seine Methode ist die »Wechselaus-

---

158 Hegel stellt sie mit der Philosophie und der Religion auf eine Stufe. »Durch die Beschäftigung mit dem Wahren als dem absoluten Gegenstande des Bewußtseins gehört nun auch die Kunst der absoluten Sphäre des Geistes an und steht deshalb mit der Religion [...] wie mit der Philosophie ihrem Inhalte nach auf ein und demselben Boden. [...] Bei dieser Gleichheit des Inhalts sind die drei Reiche des absoluten Geistes nur durch die *Formen* unterschieden, in welchen sie ihr Objekt, das Absolute, zum Bewußtsein bringen.« (Hegel, G. W. F., Werke in 20 Bänden, Bd. 13, Vorlesungen über die Ästhetik I, hg. von E. Moldenhauer und K. M. Michel, Frankfurt/M. 1970, S. 139)

159 Die Forschung ist sich uneinig darüber, wie das romantische Fragment zum Aphorismus steht. Während Ostermann den romantischen Aphorismus als einen Spezialfall des Fragments begreift (vgl. Ostermann, E., Das Fragment, München 1991, S. 13), handelt Neumann die Fragmente von Novalis und Fr. Schlegel unter der Gattung des Aphorismus ab. Er rechtfertigt dieses mit einer »allmählich sich durchsetzenden terminologischen Einengung auf den allgemeinen Begriff ›Aphorismus‹« (Neumann, a. a. O., S. 38), der die individuellen Ausprägungen umfasse und merkt an, daß viele Abgrenzungsversuche zwischen den kleinen Formen, insbesondere zwischen Aphorismus und Fragment, »Barrieren aufzurichten suchen, wo Abschattierungen genügen würden« (a. a. O., S. 36). Krüger schließlich hält die beiden Formen, trotz »der äußeren sprachkörperlichen Ähnlichkeit« (Krüger, H., Über den Aphorismus als philosophische Form, München 1988 (zuerst 1957), S. 68), für grundsätzlich voneinander geschieden. Während er den Aphorismus auf die Auffassung von der Sprache als einer Konvention festlegt, bezieht er den Fragmentgedanken auf den Offenbarungscharakter der Sprache als der dazugehörigen Totalität. Deshalb nennt er Nietzsches kleine Formen aphoristisch, die der Frühromantik aber fragmentarisch: »Die Romantiker« strebten durch »Formentgrenzung und Formverschleierung [...] über den fragmentarischen Charakter der empirischen Sprache hinaus, um einer geoffenbarten Ursprache sich zu nähern« (a. a. O., S. 71). Zur Verwirrung über die kleinen Formen zwischen Literatur und Philosophie trägt bei, daß die »Denk- und Darstellungsform«, der Neumann den Oberbegriff Aphorismus gibt, »von vornherein so konfliktbestimmt [ist], daß jeder Autor von Rang ihr einen

einandersetzung von ›wissenschaftlichem‹ und ›poetischem‹ Erkenntnisverfahren in gegenseitiger Relativierung«[160]. Indem beide Erkenntnisordnungen gegeneinandergeführt werden, zeigen sie sich wechselseitig ihre Grenzen auf. Die Hoffnung des Fragments liegt darin, daß diese Relativierung zugleich eine Steigerung der Erkenntnis mit sich bringe. Es möchte Erkenntnis anregen, die zugleich anschaulich und abstrakt wäre, sucht das Allgemeine mit dem Besonderen zugleich zu fassen.

Damit postiert es sich zwischen Kunst und Philosophie, beiden angehörend, beide aber auch überschreitend. Dem Systemdenken des 17. und 18. Jahrhunderts tritt es ketzerisch gegenüber, indem es sich weigert, aus ersten Gründen zu deduzieren. Ferner wendet es sich gegen den Schein des Abschlußhaften, den die geschlossene Darstellung eines Systems mitproduziert. Demgegenüber klagt das Denken in Bruchstücken den unabschließbaren, progredierenden Charakter des Erkennens ein. Begriffe überziehen die Welt mit einer – mehr oder minder trefflichen – Systematik. Doch in dieser gehen die Einzeldinge, die Individuen und die Situationen nicht auf. Sie widersetzen sich auf je eigene Art der kategorialen Umspinnung und beharren auf den nur ihnen zukommenden, nicht verrechenbaren Qualitäten. Fragmente verteidigen gegenüber dem Allgemeinen die irreduzible Individualität alles Einzelnen. Nur durch die volle Entfaltung des Einzelnen hindurch soll sich das Allgemeine konstituieren dürfen, nicht durch die Subsumtion seiner Merkmale unter Kategorien.

Das Denken in Fragmenten beruhigt sich nicht beim Wissen um etwas, solange dieses Wissen über das Einzelne hinwegspricht. Dennoch setzt es das logische Instrumentarium keineswegs irrationalistisch außer Kraft, indem es es abstrakt negierte. Vielmehr nimmt es eine Erweiterung des Denkterrains vor, denn es radikalisiert auf dem höchsten Stand der philosophischen Reflexion die Darstellungsproblematik und integriert diese in sein Verfahren. Die Selbstreflexivität des romantischen Fragments ist genuin, Fragmente sind »zugleich Poesie und Poesie der Poesie«[161]. Das Erkenntnissubjekt verschmilzt mit der Erkenntnis der Dinge, es ist in den Erkenntnisprozeß eingebunden und betreibt ihn aktiv.

---

anderen Namen gibt« (Neumann, a. a. O., S. 778 – vgl. Neumanns Aufzählung dieser Benennungen a. a. O., S. 37 f.).
160 Neumann, a. a. O., S. 759
161 Schlegel, Fr., Athenäums-Fragmente, Nr. 238, in: ders., Kritische Friedrich-Schlegel-Ausgabe, hg. von E. Behler unter Mitwirkung von J.-J. Anstett und H. Eichner, Zweiter Band, München Paderborn Wien 1967, S. 165-255, hier: S. 204

Ihm eignet außerdem ein von ihm selbst provozierter Prozeßcharakter. Das Fragment wird zum »Reflexionsmedium«[162].

Romantische Fragmente sind hintergründig, sie bedienen sich rhetorischer und literarischer Mittel: Witz, Ironie, Paradox, Metapher etc. Definitorische Festschreibungen kommen nicht vor, ohne daß sie durch gegenstrebende Momente wieder zurückgenommen würden. Mit dem Potenzieren des berühmten 116. Athenäums-Fragments, dem Romantisieren, wird der Prozeßcharakter des Erkennens programmatisch.[163]

Durch die Betonung des Prozeßcharakters allen Erkennens und durch die systematische Involviertheit des Erkenntnissubjekts in diesem Prozeß, bleibt die Erkenntnis bei den Dichterphilosophen der Frühromantik in viel stärkerem Maße an das Individuum, an seine Erfahrungen und Wandlungen gebunden als in den idealistischen Systemen, allen voran demjenigen des absoluten Idealismus' Hegels. Die poetisch-philosophische Praxis der Frühromantiker verknüpft die Produktion von Erkenntnis mit dem Lebensprozeß der Erkennenden, ohne jedoch – dieses wird im Zusammenhang mit Geisslers literarischer Praxis entscheidend werden – die Erkenntnis in den Lebensprozeß aufzulösen. Vielmehr trägt das Fragment den Widerspruch beider Ordnungen aus.

Das Anthropomorphe des Fragments[164] ist nur ein Moment des Spannungsfeldes, das das Fragment aufbaut. Es ist unlösbar mit ihm verknüpft, jedoch nicht mit ihm identisch. Die Erkenntnis geht vom Lebensprozeß aus[165] und modifiziert ihn; der sinnlich und geistig bestimmte Mensch wird zum »›Organ‹ der Erkenntnis«[166], doch die »höhere Ordnungsform des Verstehens«[167], die das Fragment anstrebt, kann ebensogut Denk- wie Lebensform genannt werden. Erst in der potenzierten Reflexion wäre ein verändertes Leben aufgehoben, denn im

---

162 Benjamin, W., Der Begriff der Kunstkritik in der deutschen Romantik, in: Gesammelte Schriften, Bd. I,1, Frankfurt/M. 1974, S. 7-122, hier: S. 52
163 »Die romantische Poesie [...] kann [...] zwischen dem Dargestellten und dem Darstellenden, frei von allem realen und idealen Interesse auf den Flügeln der poetischen Reflexion in der Mitte schweben, diese Reflexion immer wieder potenzieren und wie in einer endlosen Reihe von Spiegeln vervielfachen. [...] Die romantische Dichtart ist noch im Werden; ja das ist ihr eigentliches Wesen, daß sie ewig nur werden, nie vollendet sein kann.« (Schlegel, Athenäums-Fragmente, Nr. 116, a. a. O., S. 182 f.)
164 vgl. Neumann, a. a. O., S. 746
165 vgl. a. a. O., S. 286
166 a. a. O., S. 292
167 a. a. O., S. 301

Gedanken der adäquaten Lebensunmittelbarkeit des Erkennens ist immer die maximale Selbstreflexion enthalten.[168]

6.2.3. Das utopische Moment

Seinen Prozeßcharakter verdankt das Fragment nicht dem Wachsen und Werden alles Lebendigen, sondern der Konfrontation individueller Lebenssituationen und -erfahrungen mit der begrifflichen Erkenntnis. Weil das Individuelle vielfältig ist, dieses Mannigfaltige aber nicht durch begriffliche Subsumtion beeinträchtigt werden soll, ergibt sich aus der Konfliktlage eine tendenziell unendliche Progression. Sie ist objektiv veranlaßt und subjektiv gewollt. Ihr idealer Zielpunkt wäre das vollkommen bewußt geführte Leben, der absolut poetische Zustand. Zur Verfahrensweise des Fragments gehört dieses utopische Moment unauflöslich hinzu, denn der Begriff des Fragments verweist auf die abwesende Totalität, indem es immer ein Fragment *von* etwas darstellt. Mit dem Bruchstück steht auch die Matrix in Frage, aus der es herausgebrochen wurde oder in die es hineingehören wird. Das Fragment ist das mehr oder minder kenntliche Teil eines Ganzen, nicht in monadenhafter Vollständigkeit, sondern als unvollständig Hinzugehöriges. Schon durch seine Form legt es eine Ergänzung zum Ganzen nahe. Die Fragmentsammlung gibt Individualitäten, ohne ihre Beziehung zur Totalität eindeutig festzulegen. Sie setzt sie fordernd und experimentierend in einen Zusammenhang, der keinen Abschluß vortäuscht. Die Totalität kann vom Leser mitproduziert werden, sie ist nur als Aufgabe gegeben. Auch aus dem Entwurf einer Zukunft leitet sich der dynamische Charakter der Fragmente her.

Fragmente sind emphatisch auf die Totalität bezogen. Diese ist aber nur abstrahierend im Medium der Ideen zu erfassen. Ohne die spekulativ-philosophische Tradition ist das romantische Fragment nicht denkbar. Es löst sich nicht in das Spiel der Einzelheiten auf, sondern die verschiedenen Verfahren, z. B. Hardenbergs Kombinatorik, bleiben negativ dem Horizont der Totalität verhaftet. Dieser Bezug gibt, in Bildern wie dem vom goldenen Zeitalter, die utopische Richtung an, in die die Anstrengungen gehen und bildet eine Kraftquelle der frühromantischen Schriftstellerei.

---

168 Auch die anzustrebende Mythologie ist »im doppelten Sinne der Vergeistigung und Versinnlichung« (a. a. O., S. 364) zu begreifen. Die utopische Vorstellung der Frühromantiker von einer neuen Mythologie meint noch keineswegs deren spätere Verfestigung durch Glaubensdogmen.

Ostermann untersucht den Fragmentgedanken im Frühwerk Schlegels und interpretiert ihn als »eine Transformation der klassischen, organischen Ganzheitsidee«[169] im Sinne einer »Steigerungsform«[170]. Im Studiumaufsatz historisiert Schlegel die Idee des Schönen, die klassische Kunst ist nur noch der relative Maßstab des Kunstschönen, indem sie den Ausdruck einer bestimmten Epoche darstellt. Mit der absoluten Vorbildfunktion der griechischen Kunst gibt er aber keineswegs die Idee des Schönen preis. Die poetische Praxis ist ihr weiterhin verpflichtet. Im Konzept der progressiven Universalpoesie geschieht die »unendliche Annäherung der Poesie an das Ideal ihrer eigenen Verwirklichung«[171]. Der fortgesetzte Widerspruch von Idee und Realisation soll durch die ständig vorangetriebene Selbstreflexion angemessen ins Werk gesetzt werden. »Schlegel verlagert [...] die Realität des Absoluten in ein Noch-Nicht, d. h. in die Utopie«, auf die der »Richtungssinn der Poesie«[172] zielt. Die Poesie verfehlt dergestalt notwendig ihr Ziel, hat aber immer eine Richtung. Ostermann interpretiert die Funktion des Fragmentgedankens in diesem Dilemma:

Insofern [...] der transzendentale, seinsverbürgende Impuls in den Werken der Dichtung selbst nicht mehr [...] ans Ziel gelangt, dieses Ziel sich vielmehr im unendlichen Reflexionsmedium der Poesie mit dessen Entfaltung zugleich immer weiter entfernt, bedeutet das für den Status der Poesie eine Entwirklichung, die ihren Totalitätsanspruch gleichsam von innen heraus wieder einzuschränken droht. Hier nun erhält die Idee des Fragments die entscheidende strategische Aufgabe, diese Depotenzierung oder Derealisierung einer Poesie, die ›ewig nur werden, nie vollendet sein kann‹ [...] in ein positives geschichtsphilosophisches Symptom umzudeuten, an dem sich letztlich eine geradezu messianische Hoffnung entzünden wird.[173]

Die geschichtsphilosophische Einbindung läßt sich aus der Form des romantischen Fragments nicht verbannen. So kann Schlegel Projekte »Fragmente aus der Zukunft«[174] nennen und dem Fragmentarischen einen politischen Sinn verleihen. Die Totalität, aus der das Projekt als Fragment stammt, wird erst in der Zukunft geschaffen sein. Ohne den Bezug auf die unterstellte zukünftige Totalität wäre das Projekt kein Fragment.

---

169 Ostermann, a. a. O., S. 102
170 a. a. O., S. 108
171 a. a. O., S. 120
172 a. a. O., S. 113
173 a. a. O., S. 113f.
174 Schlegel, Athenäums-Fragment Nr. 22, a. a. O., S. 168

Auch Novalis' triadisches Geschichtsmodell[175] spricht der Poesie eine utopische Funktion zu. Die einstige goldene Zeit ist vergangen, eine neue brach
noch nicht an. Die Menschheit lebt in der Zwischenzeit, die immer zur neuen
goldenen hinstrebt. Die Poesie soll diese Revolution vollbringen:

Als Programm einer zur geschichtlichen Praxis gewordenen Kunst zielt das Konzept der Universalpoesie auf die Restitution der im aufklärerischen Rationalisierungsprozeß verlorengegangenen
Totalität durch die synthetisierende Kraft der Poesie. Diese erscheint als Ausgangspunkt einer
universellen Revolution, die sich auf alle Bereiche des Lebens erstrecken soll176.

Dabei ist durch die Form des Fragmentarischen der tentative Charakter der
Poesie schon immer vorausgesetzt. Die Frühromantiker sind zwar philosophische Chiliasten, nicht aber »im Sinne einer ›ekstatischen Naherwartung‹«[177]. Sie
suchen die Revolution nicht nach dem Muster der französischen durch politischen Umsturz herzustellen, sondern durch die sukzessive Umwandlung des
öffentlichen Gemeinwesens durch die Kräfte der Poesie. Die Projekte sind als
Bruchstücke eines supponierten zukünftigen Ganzen angelegt, dessen Kommen
sie befördern helfen. Sie sind, wenn auch negativ, auf das ideale Ganze ausgerichtet.

6.2.4. Symphilosophie mit dem Leser

Der Autor einer Fragmentsammlung begreift den Leser als einen integralen
Bestandteil des Unvorhersehbaren, welches durch das Zusammenkommen von
Text und Rezipient allererst entstehen möge.[178] Indem der fragmentarische Text

---

175 So nennt Mähl das Novalissche Geschichtsverständnis, das »kennzeichnend für das gesamte Denken des Novalis« (Mähl, H.-J., Die Idee des goldenen Zeitalters im Werk des Novalis,
Heidelberg 1965, S. 306) ist und das nach der mystischen Erfahrung an Sophias Grab im Mai
1797 seine charakteristische, chiliastische Form annimmt, die Mähl besonders a. a. O., S. 305-
328, beschreibt.
176 Ostermann, a. a. O., S. 124
177 Mähl, Philosophischer Chiliasmus, in: Vietta, S. (Hg.), Die literarische Frühromantik,
Göttingen 1983, S. 149-179, hier: S. 162
178 Dem Leser einer Novalisschen Aphorismengruppe kommt nach Neumann »entscheidende
Bedeutung zu: Der Prozeß der Erkenntnis, den die Aphorismengruppe zu leisten vorgibt, kommt
durch ihn allererst in Gang; dieser Prozeß ist jederzeit möglich und nie wirklich im Sinne einer
Vollendung; er stellt sich als Konflikt nicht nur herkömmlicher mit utopischen Ordnungsvorstel-
lungen dar, sondern in weit höherem Maße als Konflikt zwischen Buchstabe und Geist: Erst in
diesem gelangt der Text zur Selbstreflexion, er wird ›potenziert‹, er wird produktiv. Hier erst, in

nicht vorgibt, unwandelbar zu sein, appelliert er an den Leser, außerhalb des Geschriebenen, aber in enger Fühlung mit ihm, ein Denkereignis geschehen zu lassen.[179] Diesen Appell sollte ein gleichsam dialogprovozierender Text unterstützen, der Ansatzflächen für den Leser bietet, die zu Zündstellen intersubjektiven – symphilosophischen[180] – Denkens werden könnten.[181] Ein Text, dessen Ideal die vollständige Selbstbestimmung wäre und der sich hermetisch verschlösse, verlangte nicht nach dem Wechselprozeß mit anderen Individualitäten, er gäbe sich abschlußhaft und wäre daher nicht fragmentarisch.[182] Der fragmentarische Text hofft auf die Fortschreibung und letztlich auf seine Vollendung durch den Leser.[183] Novalis nimmt die Eindeutigkeit in seinen Fragmenten weitgehend zurück, um einen Kosmos möglicher Bezüge anzubieten, der den Leser zur Selbsttätigkeit anregen soll.[184] Die Form der Darstellung hat bei ihm »Inzita-

---

der Auseinander-Setzung, wird Erkenntnis wahrhaft zum ›Thema‹: nicht als Produkt, sondern als Vollzug« (Neumann, a. a. O., S. 385).

179 Samuel beschreibt die Interaktion folgendermaßen: »So ist also die Unvollkommenheit der Fragmente nicht allein Ausdruck der Unvollkommenheit des Verfassers, sondern ebenso dessen bewußtes Formprinzip, das dem Leser die Möglichkeit läßt, den Denkakt des Verfassers in sich selbst schöpferisch nachzuvollziehen und ihn weiterzugestalten, indem er nun wie der Verfasser in sich selbst das Tiefere, Ursprüngliche in der ihn umgebenden, so vertrauten Welt erahnt.« (Samuel, R., Einleitung zu *Vermischte Bemerkungen/Blüthenstaub*, in: Novalis, Schriften, Dritter Band, Darmstadt 1968, S. 399-411, hier: S. 409)

180 Die religionsphilosophische Tragweite des Symphilosophierens erläutert Timm: »Erstmals [...] wurde der systematische Zusammenhang zwischen dem metaphysisch-theologischen Letztbegründungsproblem und der intersubjektiven Gesellligkeit [...] programmatisch auf den Schild gehoben.« (Timm, H., Die heilige Revolution, Frankfurt/M. 1978, S. 17) – Vgl. auch das gesamte Kapitel a. a. O., S. 17-22.

181 Mennemeier spricht in diesem Sinne über Schlegels »Idee des Fragments und der Fragmentsammlung« von »der in ihnen sich manifestierenden vielseitigen, zur ›Allseitigkeit‹ tendierenden Art der Mitteilung.« (Mennemeier, F. N., Fragment und Ironie beim jungen Friedrich Schlegel, in: Poetica, Jg. 2 (1968), S. 348-370, hier: S. 349)

182 Vgl. Gockel: »das Fragment ist weniger Fragment als nicht Vollendetes denn Fragment als nicht zu Ende Geführtes. Offenheit an Stelle von Abschluß.« (Gockel, H., Friedrich Schlegels Theorie des Fragments, in: Ribbat, E. (Hg.), Romantik, Königstein/Ts. 1979, S. 58-79, hier: S. 25)

183 Vgl. z. B.: »Der wahre Leser muß der erweiterte Autor seyn.« (Novalis, Vermischte Bemerkungen, Nr. 125, in: ders., Vermischte Bemerkungen und Blüthenstaub, Schriften, Zweiter Band, hg. von R. Samuel in Zusammenarbeit mit H.-J. Mähl und G. Schulz, Darmstadt 1965, S. 412-471, hier: S. 470)

184 Stockinger interpretiert das sechste Fragment exemplarisch und kann dadurch den Anspielungsreichtum des Hardenbergschen »Programms öffentlicher Esoterik« (Stockinger, L., »Tro-

mentfunktion, sie soll innerhalb eines kommunikativen Zusammenhanges die Vervollständigung des Denkprozesses durch das Nachdenken des Adressaten bewirken.«[185] Hierzu bedarf es aber eines aufnahmebereiten, wohlgesonnenen Lesers. Die Gefahr des Mißverstehens droht; sie liegt ebenso nahe wie der Gewinn, den eine mögliche Eigentätigkeit des Rezipienten für diesen selbst und, falls dieser seine Gedanken wiederum in Fragmenten materialisiert – wie Schlegel nach der Lektüre vieler Hardenbergscher Fragmente – auch für den Autor, und damit für den Gedankenaustausch beider, bringen kann. Wem aber der Richtungssinn für das in den Fragmenten tastend und unvollkommen Mitgesagte fehlt, der »weiß gar nicht, wovon ich rede, und auf welchem Standpunct ich rede; dem sprech ich arabisch, und er thut am besten, seines Wegs zu gehn und sich nicht unter Zuhörer zu mischen, deren Idiom und Landesart ihm durchaus fremd ist.«[186]

Dergestalt trennt die Form des romantischen Fragments die Öffentlichkeit in Verstehende und Verständnislose auf. Nur jene, die die Intention der Fragmente teilen, können ihnen zu ihrer eigentümlichen Wirksamkeit verhelfen.[187] »Fragmente dieser Art sind litterairische Sämereyen. Es mag freylich manches taube Körnchen darunter seyn – Indeß wenn nur einiges aufgeht.«[188] Sowohl von der Seite des Produzenten als auch von der des mitproduzierenden Lesers kann es zur Blockade des intersubjektiven Ereignisses kommen. Unerläßlich bleibt jedoch die Bereitschaft auf der Seite des Lesers, dem Text positiv eingestellt gegenüberzutreten.[189]

---

pen und Räthselsprache«. Esoterik und Öffentlichkeit bei Friedrich von Hardenberg (Novalis), in: Müller, Kl.-D. (Hg.), Geschichtlichkeit und Aktualität, Tübingen 1988, S. 182-206, hier: S. 202) zeigen (vgl. a. a. O., S. 202-206).

185 Schröder, a. a. O., S. 317; vgl. auch a. a. O., S. 345-356

186 Novalis, Glauben und Liebe, Nr. 15, in: ders., Schriften, Zweiter Band, hg. von R. Samuel in Zusammenarbeit mit H.-J. Mähl und G. Schulz, Darmstadt 1965, S. 483-498, hier: S. 488

187 Schlegel schreibt:»Man soll nicht mit allen symphilosophieren wollen, sondern nur mit denen, die à la hauteur sind.« (Schlegel, Athenäums-Fragmente, Nr. 264, a. a. O., S. 210)

188 Novalis, Vermischte Bemerkungen, Nr. 104, a. a. O., S. 462

189 Diese positive Kraft heißt bei Novalis und Schlegel Liebe, ohne die der das Fragment ergänzende Prozeß der Lektüre antriebslos bliebe. Bei Novalis fügt sie das Getrennte in der Philosophie – das Ich und das Nicht-Ich, die Freiheit und den Zwang – wie auch in der Politik – die Monarchie und die Demokratie – zusammen (vgl. Peter, Kl., Stadien der Aufklärung, Wiesbaden 1980, besonders S. 105-115 sowie S. 120-122).

6.2.5. Tropen und Rätselsprache

Der Kreis der Wohlgesonnenen, den in Jena und Berlin die romantischen Freundeszirkel bildeten und den im weiteren Sinne alle Leser darstellen, die sich geneigt den Fragmenten aussetzen, bemüht sich um eine neue Sprache, die poetischer wäre als die herkömmliche und die mit dem Anspruch des Poetischen zugleich die politisch gefärbte Utopie eines veränderten Zusammenlebens der Menschen transportiert. Novalis[190] charakterisiert sie im ersten Fragment von *Glauben und Liebe* als eine besondere Sprache »*den Bildern* nach«:

Wenn man mit Wenigen, in einer großen, gemischten Gesellschaft etwas heimliches reden will, und man sitzt nicht neben einander, so muß man in einer besondern Sprache reden. Diese besondre Sprache kann entweder eine *dem Ton* nach, oder *den Bildern* nach fremde Sprache seyn. Dies letztere wird eine Tropen und Räthselsprache seyn.[191]

Das folgende Fragment beschreibt das Geheime näher:

Viele haben gemeynt, man solle von zarten, mißbrauchbaren Gegenständen, eine gelehrte Sprache führen, z. B. lateinisch von Dingen der Art schreiben. Es käme auf einen Versuch an, ob man nicht in der gewöhnlichen Landessprache so sprechen könnte, daß es nur *der* verstehn könnte, der es verstehn sollte. Jedes wahre Geheimniß muß die Profanen von selbst ausschließen. Wer es versteht ist von selbst, mit Recht, *Eingeweihter*.[192]

Die bildliche Rede schärft den Sinn für das Hervorzubringende. Sie bedient sich der Topoi, in denen sich Wünsche und Hoffnungen vorangegangener Generationen materialisiert haben, wozu bei Novalis diejenigen vom goldenen Zeitalter, vom neuen Jerusalem und vom tausendjährigen Reich gehören.[193] Das Problem der Bildersprache besteht darin, daß sie auf das Übersinnliche, das per definitionem undarstellbar bleiben muß, verweisen möchte und den Sinnen dazu einen Anhaltspunkt geben muß. Novalis setzt sich ständig mit der Frage auseinander, »wie man die symbolische Vergegenwärtigung des Absoluten mit der Formulierung des Bewußtseins verbindet, daß diese Versinnlichung mit dem Absoluten

---

190 Kurzke resümiert die Novalisrezeption unter besonderer Berücksichtigung der politischen Wirkungsgeschichte (vgl. Kurzke, H., Romantik und Konservatismus, München 1983, S. 11-65).
191 Novalis, Glauben..., a. a. O., Nr. 1, S. 485
192 ebd., Nr. 2
193 Am Topos des tausendjährigen Reiches wird auch deutlich, wie in Bildern materialisierte utopische Gehalte vernichtet werden können, denn nachdem die Nationalsozialisten ihn für ihr Unrechtsregime in Anspruch genommen haben, ist seine utopische Kraft abgestorben.

nicht identisch ist«[194]. Würde die Verweisfunktion aus den Bildern herausge-
kürzt, so wäre das Göttliche profaniert und seiner Absolutheit beraubt. Kurzke
interpretiert dieses Verfahren als ein Allegorisieren, das sich von der überlieferten Allegorie unterscheide: »Der ›Schein der Allegorie‹ unterscheidet sich von
der echten Allegorie dadurch, daß er sein Bedeutungsversprechen nicht in der
alten Weise einlöst. Er verweist vom Konkreten auf ein Höheres, entzieht aber
dieses Höhere der Greifbarkeit. Er bietet Bedeutsamkeit, nicht Bedeutung.«[195]
Es bedarf daher umgekehrt der Bereitschaft des Lesers, im Sinnlichen die negative Anwesenheit des Übersinnlichen zu erkennen. Diese Bereitschaft lösen die
in den Tropen sedimentierten Gehalte aus; andere darstellerische Verfahren
unterstützen sie.

Die Rätselrede dient einerseits der Abwehr staatlicher Verfolgung, die in
Gestalt der Zensur um 1800 immer gegenwärtig war. Sie ist in dieser Hinsicht
*Ver*rätselung. Ferner vermag sie etwas öffentlich anzudeuten, das die Zensur
unterdrückt hätte. Das Rätsel als Stilmittel soll darüber hinaus auf das »Geheimnis neugierig machen und eine Suchbewegung initiieren«[196], die eine Eigentätigkeit des Lesers zur Folge hat. Manchmal spricht die Rätselsprache aber angemessen über etwas Geheimes, das – paradox – nicht gesagt werden kann, auch wenn
der Autor es gern sagen würde. Dann zielt sie auf mehr als auf »eine Arkan-
sprache, die die Kommunikation innerhalb einer Arkangemeinschaft ermöglicht.«[197] Das Rätsel ist das Ungelöste, das den Appell aussendet, eine Anstrengung zu unternehmen, um die Lösung herbeizuführen. Ein Rätsel, das gestellt
wird, ohne daß der Rätselsteller die Lösung weiß, impliziert den Glauben, daß es
gelöst werden könne. Derjenige Leser, der die Lösung daraufhin zu suchen

---

194 Stockinger, Tropen…, a. a. O., S. 200 – Dies ist das Problem der Repräsentation. Seine politischen Implikationen untersucht, unter Heranziehung der Burkeschen Auffassung, Stanslowski
(vgl. Stanslowski, V., Natur und Staat, Opladen 1979, S. 64-75). Zugleich zeigt er: »Über den
genuin staatsphilosophischen Bereich hinaus ist die Repräsentation ein universeller Begriff bei
Novalis.« (a. a. O., S. 71)
195 Kurzke, a. a. O., S. 198
196 a. a. O., S. 201
197 Schröder, a. a. O., S. 333 – Sicherlich bemüht sich Novalis einerseits »um die Fundierung
besonderer Rezeptionsregeln in einem esoterischen Verstehenszusammenhang« (a. a. O., S. 338).
Andererseits verknüpft er mit diesem Zusammenhang einen universellen Anspruch, so daß die
Esoterik nicht, wie Schröder unterstellt, der Abkapselung eines Geheimbundes dient, sondern in
letzter Instanz der Verwirklichung des Menscheitsgedankens.

beginnt, verfällt der behauptenden Kraft des Textes, der den Glauben an eine Lösung überzeugend kommuniziert hat.

6.2.6. Öffentliche Esoterik

Die Französische Revolution wurde von den deutschen Zeitgenossen sogleich als ein epochaler Einschnitt gedeutet und mit lebhafter Anteilnahme verfolgt.[198] Die Mehrzahl der Intellektuellen begrüßte sie zunächst, um sich nach der schockhaften Erfahrung des terreur mehr oder minder von ihr zu distanzieren. Vor diesem geschichtlichen Hintergrund bekommt die politische Dimension des Fragmentarischen in der Frühromantik eine besondere Färbung. Das Fragment ist als Bruchstück aus der Zukunft ein Keim des Kommenden, der sich entwickeln und aus dem sich das derzeitig noch Unvollkommene zum goldenen Zeitalter ergänzen soll. Dieses fundamentalreformerische Modell, das auf die allmähliche Ausbreitung des Angestrebten hofft, kehrt, nach der Desillusionierung durch die gewaltsame, revolutionäre Politik, zu vorrevolutionären, spätaufklärerischen Positionen zurück, ohne dabei den mit der Revolution verbundenen Anspruch auf grundsätzlichen gesellschaftlichen Wandel aufzugeben. Während der revolutionäre Umsturz von Anfang an polarisieren, den Gegner ausgrenzen und unterwerfen muß, verhält sich die von den Frühromantikern favorisierte Verbreitungsform den Opponenten gegenüber weniger schroff. Die revolutionäre Strategie will befreite Gebiete erkämpfen, die reformerische nutzt vorhandene Strukturen und versucht sie in ihrem Sinne zu modifizieren. Wenn letztere an einem revolutionären Ziel festhält, befindet sie sich in Opposition zur bestehenden Gesellschaft. Ihre Tätigkeit impliziert ein subversives Element, das aber z. B.

---

198 Auch für die Frühromantiker gilt dieses. Meixner wendet sich dagegen, sie auf die Gegenaufklärung zu verrechnen: »Das literarische Echo auf die Französische Revolution gehört [...] unabdingbar zur Signatur der frühromantischen Gruppe« (Meixner, H., Politische Aspekte der Frühromantik, in: Vietta, S. (Hg.), Die literarische Frühromantik, Göttingen 1983, S. 180-191, hier: S. 184) und: »Die Linien, die von der Aufklärung zur Frühromantik verlaufen, kennen keine Zäsuren.« (a. a. O., S. 186) Das Verhältnis von Romantik und Aufklärung wurde seit den sechziger Jahren von der Germanistik neu bewertet (vgl. z. B. den Aufsatz von Krauss, W., Französische Aufklärung und deutsche Romantik, in : Peter, Kl. (Hg.), Romantikforschung seit 1945, Königstein/Ts. 1980, S. 168-179 (zuerst 1962)). Die Geschichte der unheilvollen Entgegensetzung von Aufklärung und Romantik im Sinne einer nicht zu vermittelnden Opposition seit Heine zeichnet Peter nach (vgl. Peter, Kl., Einleitung, in: ders. (Hg.), Romantikforschung seit 1945, Königstein/Ts. 1980, S. 1-39).

Novalis nicht als destruktiv, sondern als einen das Gemeinwesen veredelnden Prozeß der Einflußnahme deutet.[199] Dieser braucht eine Form, die nicht die Spaltung der Gesellschaft propagiert,[200] sondern jedem den Zugang zum neuen Zusammenleben offen hält. Der maßgebliche politische Bezugspunkt ist nicht der Stand, sondern das Individuum. Die gesuchte Form muß aber zugleich einen Rahmen bieten, der eine antizipatorische Praxis ermöglicht, die sich von der herrschenden absetzt. Hier gewinnt der Gedanke von einer esoterischen Gemeinschaft an Gewicht, die innerhalb der Gesellschaft auf deren Reformierung hinarbeitet, die aber nicht exklusiv beschaffen sein dürfte.

In der Aufklärung des 18. Jahrhunderts bedienen sich die gebildeten Personenkreise der Form halböffentlicher Zusammenkünfte, um in einer vor dem Staat geschützten Sphäre Prinzipien zu diskutieren, die sich in letzer Instanz gegen diesen wenden. Habermas spricht davon, daß die Arkanpraxis der Aufklärung die »Öffentlichkeit noch weitgehend unter Ausschluß der Öffentlichkeit antizipiert«[201], denn die spätere bürgerliche Öffentlichkeit existiert zu diesem Zeitpunkt erst in ihren Vorläufern. Solange die Arkanpraxis einen oppositionellen Status gegenüber dem Absolutismus innehat, wirkt sie fortschrittlich im Sinne der bürgerlichen Ideale. Im Laufe der geschichtlichen Entwicklung schlug sie jedoch um in Gegenaufklärung: »Die Praxis der geheimen Gesellschaften verfällt in dem Maße der eigenen Ideologie, in dem sich das räsonierende Publikum und damit die bürgerliche Öffentlichkeit, deren Schrittmacher es war, gegen die obrigkeitlich reglementierte durchsetzt.«[202] Diese Schrumpfform aufklärerischer Arkanpraxis hintertreibt die sie motivierenden universellen Gehalte, indem

---

199 »Von der öffentlichen Gesinnung hängt das Betragen des Staats ab. Veredlung dieser Gesinnung ist die einzige Basis der ächten Staatsreform.« (Novalis, Glauben..., Nr. 28, a. a. O., S. 492)

200 Einen König zu köpfen käme Novalis nicht in den Sinn. »Die nicht hinwegzuinterpretierende Entscheidung von N[ovalis], in der preußischen Monarchie das privilegierte Symbol des *poetischen Staates* zu sehen und die Monarchie zu derjenigen Staatsform zu erklären, die in *relativen Verhältnissen* der bessere Ausgangspunkt für die geschichtliche Annäherung an das Ideal sei, läßt sich mit einem Blick auf die Begründung seiner Kritik am neuzeitlichen Staat angesichts der Französischen Revolution verstehen.« (Stockinger, L., Einleitung zu *Glauben und Liebe*, in: Novalis, Werke, Bd. 3, hg. von H. J. Balmes, München Wien 1987, S. 367-379, hier: S. 372) Novalis konzeptualisiert den Ausgleich der Stände durch die allmähliche Höherentwicklung aller Menschen mittels der Ausbildung ihres ›moralischen Organs‹.

201 Habermas, J., Strukturwandel der Öffentlichkeit, Darmstadt und Neuwied 1962, S. 51

202 ebd.

sie sie nicht in die nun entstandene Öffentlichkeit überführt. Sie nähert sich einem Arkanmodell, das nicht das Gleichheitsideal der Aufklärung transportiert: den arcana imperii. Habermas charakterisiert sie als jenen »durch Machiavell inaugurierte[n] Katalog geheimer Praktiken, die die Erhaltung der Herrschaft über das unmündige Volk sichern sollen.«[203] Während sich in England und Frankreich die bürgerliche Öffentlichkeit schnell herausbildet, braucht sie in Deutschland länger. Erst Marx und Engels nehmen 1848, sich vom Geheimmodell der Aufklärung wie von dem der Anarchisten endgültig verabschiedend, die nun entstandene Sphäre bürgerlicher Publizität nachdrücklich in Anspruch, wenn sie programmatisch schreiben: »Die Kommunisten verschmähen es, ihre Ansichten und Absichten zu verheimlichen. Sie erklären es offen, daß ihre Zwecke nur erreicht werden können durch den gewaltsamen Umsturz aller bisherigen Gesellschaftsordnung.«[204] Um 1800, als *Glauben und Liebe* erscheint, hat jedoch der Geheimbundgedanke die geschichtliche Konstellation noch auf seiner Seite.

Die Doppelung von allgemeinem Anspruch und notwendiger Abkapselung hat nicht nur eine institutionelle Komponente, sondern greift tief in die Denk- und Sprachform ein. In Fr. Schlegels Reflexion auf die Unverständlichkeit, der er sowohl ein esoterisches wie auch ein universales Moment zuspricht, kehrt dieses Gedoppelte wieder. Da die philosophische Anstrengung nicht alles erklären kann, bleibt das Unverständliche in allen Erklärungen gegenwärtig. Schlegel geht noch über diesen Gedanken hinaus, indem er das Unverständliche gegen den Verstand verteidigt:

> Ja das Köstlichste was der Mensch hat, die innere Zufriedenheit selbst hängt, wie jeder leicht wissen kann, irgendwo zuletzt an einem solchen Punkte, der im Dunkeln gelassen werden muß, dafür aber auch das Ganze trägt und hält, und diese Kraft in demselben Augenblicke verlieren würde, wo man ihn in Verstand auflösen wollte.[205]

Der Gedanke der Esoterik hängt maßgeblich an dieser Einschätzung der menschlichen Existenz. Die Bünde zwischen Freunden und Gleichgesinnten sind ausschließend, wenn jemand die Voraussetzung nicht teilt, daß das Nichtverstehbare

---

203 a. a. O., S. 70

204 Marx, K./Engels, Fr., Manifest der Kommunistischen Partei, in: Marx Engels Werke, Bd. 4, Berlin/DDR 1972, S. 459-493, hier: S. 493

205 Schlegel, Fr., Über die Unverständlichkeit, in: Kritische Friedrich-Schlegel-Ausgabe, hg. von E. Behler unter Mitwirkung von J.-J. Anstett und H. Eichner, Zweiter Band, München Paderborn Wien 1967, S. 363-372, hier: S. 370

im Denken anwesend sei und auf es nur verwiesen werden könne. Er schneidet sich von einer Sprache ab, die dem Verweisen einen hervorragenden Status einräumt. In Schlegels Aufsatz nimmt die Ironie die verweisende Stellung ein. Wer die emphatische Dimension des Verweisens nicht erfaßt, wer die Ironie nicht versteht, bleibt ausgeschlossen von der Kommunikation über das, wohin der Verstand allein nicht dringt. Auf der anderen Seite besteht Schlegel jederzeit darauf, daß das Esoterische einem egalitären Prinzip unterstellt bleibt, indem »jeder das Höchste erwerben kann«[206].

Von der Anerkennung der Unverständlichkeit hängt viel ab: »Mich dünkt das Heil der Familien und der Nationen beruhet auf ihr; wenn mich nicht alles trügt, Staaten und Systeme«[207]. Der rationalistischen Auffassung, die Welt könne schon zu großen Teilen und im Prinzip irgendwann in Gänze erklärt werden, setzt Schlegel die Idee der Unverständlichkeit entgegen, die auch Folgen für die Sprache mit sich bringt, indem im Sprechen eine geheime, weil nicht explizierbare Dimension mitgesagt werden muß, die nur durch eine stille Übereinkunft wirksam werden kann, durch die die Kommunizierenden Bedeutsamkeit über das Empirische hinaus unterstellen.[208]

In der Poesie ist die Unverständlichkeit jederzeit anwesend, in ihr kann experimentierend zusammengebracht werden, was unvereinbar scheint. Die emphatische Unterstellung einer noch nicht begreifbaren, höheren Verständlichkeit wird zur Voraussetzung ihres Verfahrens:

Sowohl bei Friedrich Schlegel [...] wie vor allem bei August Wilhelm Schlegel bedeutet ›Unverständlichkeit‹ [...] eine in tieferem Sinne universale Verständlichkeit, weil romantische ›Unverständlichkeit‹ die Welt der Phantasie und der Ideen aus den Erklärungsversuchen der Realität nicht ausschließt, sondern die verlorene Totalität der geistigen und der sinnlichen Welt wiederherzustellen versucht. In die Vorstellung der Rekonstruktion eines ›Ideenparadieses‹ durch

---

206 a. a. O., S. 371
207 a. a. O., S. 370
208 Schlegels Bruder August Wilhelm hat, W. Frühwald zufolge, die formal und inhaltlich in Bewegung befindlichen Überlegungen Friedrichs zu einer Lehre zusammengesetzt: »Er hat in der Antithese vom Licht des empirisch gewonnenen Wissens und dem scheinbaren Dunkel des poetischen Ideen-Glaubens eine paradoxe Esoterik geschaffen, eine Geheimnislehre, die durch programmatische Unverständlichkeit den Boden für eine universale Verstehbarkeit bereiten sollte.« (Frühwald, W., Der Zwang zur Verständlichkeit, in: Vietta, S. (Hg.), Die literarische Frühromantik, Göttingen 1983, S. 129-148, hier: S. 137)

die progressive Poetisierung aller Lebensbereiche ist auch die – esoterisch unwirksame – Vorstellung einer Aufhebung der Klassengegensätze durch die Sprache einbezogen[209].

Auch Novalis setzt auf die lebens- und gesellschaftsverändernde Kraft der Poesie, die die Spaltungen sukzessive aufheben soll. Die reflexive Tätigkeit gewinnt eine politische Dimension, sie wird zur Ideenpolitik: »Es geht [...] darum, aus ›Fragmenten‹ einen Zusammenhang wieder herzustellen, sie in eine ›Nachbarschaft‹ zu versetzen, ein ›*Ideen Paradies*‹ zu bilden: Genau dies aber versucht Novalis, indem er seine Fragmente zu ›Zauberwörtern‹ macht und sie zu ›Nachbarschaften‹ zusammenschließt, ›Ideen*politick*‹ betreibt.«[210] Die paradigmatische politische Ausformung dieser vereinigenden Arbeit bildet Novalis' in *Glauben und Liebe* entfalteter Vorschlag, die Demokratie und die Monarchie, das egalitäre und das auf Repräsentation beruhende Staatsmodell, zu einer einzigen Staatsform zu verbinden. An den Fragmenten können dem Leser solche Verbindungen aufgehen und der Autor kann sie erproben. Ideenpolitik meint den zusammenführenden Denkakt, der, indem er gedacht wird, eine Möglichkeit produziert. Er eröffnet eine utopische Dimension, die in den Lesern moralische Kräfte freisetzen und mögliche Ziele ihre Handelns formulieren könnte.

Novalis verficht nicht die Idee von einem Geheimbund, der ein Arkanwissen pflegt, sondern zielt auf eine Verständigungs- und Organisationsform, die die aufklärerische, insbesondere die Lessingsche Position berücksichtigt. Im Dialog *Ernst und Falk* hatte dieser mit der recht verstandenen Idee der Freimaurerei deren scheinbar esoterischen Gehalt für ein potentiell allen zukommendes Gut erklärt. Das Wesentliche der Freimaurerei, ihr Geheimnis, bleibt unaussprechlich. Es handelt sich um etwas, das sich dem Verstehen und der Sprache immer wieder entzieht. Deshalb vereinnahmt es keine Geheimformeln oder ähnliches, und unterwirft sich keinem Mystizismus im kultisch-rituellen Sinne.

Vielmehr ist die Form der geheimnisvollen Rede ein Bestandteil des Wahrheitsgehaltes selbst:

In Lessings *Ernst und Falk* ist [...] ein Wahrheitsbegriff zugrundegelegt, der sich erst in der Vermittlung durch eine ›Tropen und Räthselsprache‹ entfalten kann: Der Wesenskern der aufklärerischen Kritik, der Glaube an die Moralität des Menschen, ist selbst ein Geheimnis, das nur medi-

---

209 a. a. O., S. 142 f.
210 Neumann, a. a. O., S. 283

310

tierend, redend und handelnd allmählich enthüllt werden kann und sich selbst im Enthüllungsprozeß erst herstellt.[211]

Das Geheimnis bedarf keiner Initiation, sondern es zeigt sich im je individuellen Handeln in actu. Lessings Figur Falk trennt es gar vom subjektiven Bewußtsein des Handelnden ab und deutet es als eine mit der bürgerlichen Gesellschaft gleichursprüngliche, objektive Tendenz.[212] Man treffe es deshalb auch außerhalb der Logen an.[213]

Lessings Modell des Geheimnisses ist »für die Romantiker vorbildlich geworden«[214]. Novalis' ›besondere Sprache‹ wendet sich dementsprechend an potentiell jeden.[215] Der Leser kann dem Geheimnis, das der Text selbst noch gar nicht ganz kennt, auf die Spur kommen, sofern er von ihm im doppelten Wortsinne begeistert ist, wenn er sowohl die innere Bereitschaft mitbringt, es zu suchen als auch sein reflexives Vermögen benutzt, um es zu ergründen. Jeder Mensch besitzt beide Vermögen, doch nur wer sie anwendet, fällt nicht unter die Profanen. Wie bei Lessing teilt sich das Geheimnis nur im Vollzug mit. Ist es bei diesem aber die eingreifende Handlung, an der das Geheime erscheint, so geht es

---

211 Stockinger, »Tropen...«, a. a. O., S. 194

212 Vgl.: »Ihrem Wesen nach ist die Freimaurerei eben so alt, als die bürgerliche Gesellschaft. Beide konnten nicht anders als *miteinander* entstehen.« (Lessing, G. E., Ernst und Falk, in: ders., Werke in drei Bänden, hg. von H. G. Göppert, Bd. 3, München - Wien 1982, S. 599-636, hier: S. 629) »Die Freimaurerei ist nichts willkürliches, nichts entbehrliches: sondern etwas notwendiges, das in dem Wesen der Menschen und der bürgerlichen Gesellschaft gegründet ist.« (a. a. O., S. 601)

213 Timm interpretiert Lessings Idee der Freimaurerei als einen Weg, den Eigennutz des einzelnen mit dem Gemeinwohl im Rahmen der bürgerlichen Gesellschaft zum Ausgleich zu bringen und dieser zugleich eine geschichtsphilosophische Bestimmung zu geben: »Der beste Staat ist derjenige, welcher den in ihm durch ihr Eigeninteresse vereinigten Individuen die Freiheit läßt, ihn selbst und mithin das egoistische Prinzip ihres gemeinschaftlichen Lebens zu überwinden.« (Timm, H., Gott und die Freiheit, Bd. 1, Frankfurt/M. 1974, S. 132) Wie später bei den Frühromantikern darf die neue, »sichtbare Kirche [...] ihren Zweck nur in der unsichtbaren haben.« (ebd.)

214 Stockinger, »Tropen...«, a. a. O., S. 201. – Vgl. auch: »Sucht man Vorläufer für Schlegels Zielvorstellung [des fragmentarischen Universalismus, S.K.], muß der Name Lessing genannt werden. Und das konkurrenzlos.« (Timm, Die heilige..., a. a. O., S. 132)

215 Stockinger kritisiert aber, daß Anspruch und Wirklichkeit hier auseinanderklafften. Die Verschlüsselung erreiche manchmal einen Grad, »der dem Konzept einer potentiellen allgemeinen Verständlichkeit zuwiderläuft. [...] Das Konzept ist der besten Aufklärungstradition verpflichtet, aber die tatsächliche Ausführung grenzt das Verstehen auf einen kleinen Teil der Intelligenz ein.« (a. a. O., S. 205 f.)

für Novalis und Schlegel zunächst um die produktive Rezeption der Poesie. Politisches Handeln heißt für sie vor allem, die gesellschaftliche Atmosphäre vorzubereiten, in der ein verändertes Gemeinwesen entstehen könnte, um »das Kommunikationsideal einer ›wirklich erreichten Gemeinschaft‹«[216] anzustreben.

6.2.7. Thetische Methode und enthusiastische Rhetorik

In *Die Christenheit oder Europa* gibt Novalis seinem Bestreben, ein verändertes Gemeinwesen herbeizuführen, in dem die Liebe die öffentliche Gesinnung wäre, eine charakteristische Form, indem er kühn eine Geschichte des Christentums aufzeichnet.[217] Im Vordergrund des Textes steht das rhetorische Moment, welches der durch Argumente überzeugenden Vorgehensweise die durch rhetorische Sprachfiguren überredende an die Seite stellt. Die konstruierte historische Linie stellt die zeitgenössische Situation im Sinne des Novalisschen triadischen Geschichtsmodells in ein heilsgeschichtliches Licht. Die Menschen sollen die dürftige Jetztzeit transzendieren, indem sie sich eines idealen Ursprunges besinnen, der zum Leitbild eines zukünftigen Zusammenlebens werden kann, ohne ihn zu restaurieren. Der anzustrebende Zustand besinnt sich des Ursprunges unter veränderten Vorzeichen und produziert deshalb eine neue Gestalt, die die Gehalte der Vergangenheit und der Gegenwart integriert und deshalb erst in Umrissen, unter Rückgriff auf das ideale Vergangene, gegeben werden kann.[218]

Ein wesentliches Element der fragmentarischen Form bei Novalis und Schlegel ist der setzende Gestus. So wendet sich Schlegel polemisch gegen phi-

---

216 Meixner, a. a. O., S. 186

217 Die ersten Leser des Textes wandten sich gegen die dort gegebenen Einschätzung der Geschichte, insbesondere gegen die des Mittelalters (vgl. Mähl, Einl. zu *Die Christenheit...*, a. a. O., S. 582). Novalis kannte aber die großen historischen Studien seiner Zeit. »Es ist die Art der Verarbeitung dieser Studien, die diese ›Rede‹ zur Dichtung erhebt« (Samuel, Einleitung zu *Die Christenheit...*, a. a. O., S. 506). »Die ›Christenheit‹ ist weder eine historische Abhandlung – darin besteht das erste, für die frühe Wirkungsgeschichte bedeutsame Mißverständnis – noch eine politische Programmschrift, wie es in den heftigen Kontroversen nach 1826 offenbar vorausgesetzt wurde« (Mähl, Einleitung..., a. a. O., S. 594), als der Text u. a. für eine herbeizuführende Renaissance des Katholizismus vereinnahmt wurde. Dennoch darf bezüglich der Angemessenheit des Mittelalterbildes festgestellt werden: »Unbekümmert um die historische Wahrheit entwarf er ein Bild des Mittelalters, in dem mit der Religion die Liebe herrschte« (Peter, Stadien..., a. a. O., S. 124).

218 Vgl. hierzu ausführlich das zweite Kapitel bei Mähl, Die Idee..., a. a. O., S. 305-328.

losophische Definitionen, die »Demonstrationen im Sinne der militärischen Kunstsprache«[219] seien: »in den Wissenschaften besetzt man erst ein Terrain, und beweist dann hinterdrein sein Recht daran.«[220] Demgegenüber bleibe auch in der Wissenschaft die Hauptsache, »daß man etwas weiß, und daß man es sagt. Es beweisen oder gar erklären zu wollen, ist in den meisten Fällen herzlich überflüssig.«[221] Dafür eigneten sich der »kategorische Stil« und die »thetische Methode«[222]. Um »die Philosophie praktisch zu realisieren, und die praktische Unphilosophie [...] real zu vernichten«[223] nimmt Schlegel »eine materiale, enthusiastische Rhetorik«[224] in Anspruch. Diese neuartige Philosophie verschmilzt mit der Kunst zur Poesie, die das Kategorische, das Thetische und den Enthusiasmus transportiert: »Alle Poesie, die auf einen Effekt geht [...] ist rhetorisch.«[225]

Das thetische Verfahren leitet sich maßgeblich aus der Fichteschen Philosophie her, die mit der Annahme einer ursprünglichen Setzung des Nicht-Ichs aus dem Ich die Kategorie der Freiheit gegen die kritische Philosophie Kants zu retten meint. Während in Fichtes subjektivem Idealismus die Welt aus dem Subjekt erzeugt wird und die Tätigkeit des Menschen darin besteht, die Natur der Vernunft zu unterwerfen,[226] geht Novalis von der Verschiedenartigkeit der Natur aus, von ihrer Inkommensurabilität, und holt hierdurch die objektive Welt als eine dem Subjekt widerstehende in die Reflexion hinein. Für die sprachliche Anstrengung hat dieses zur Folge, daß die Setzung etwas Vorhandenes treffen möchte. Sie ist keine Fiktion in dem Sinne, daß sie aus der reinen Tätigkeit des Geistes Neues konstruierte. Sondern in der Arbeit mit dem sprachlichen Material sowie im Material selbst wirken Prozesse, die Vergangenes bergen, das neu erscheinen kann und das im Zusammenwirken mit der Geistestätigkeit wahrhaft Neues entstehen läßt. Das thetische Verfahren ist durchdrungen von Objektivität

219 Schlegel, Athenäums-Fragmente, Nr. 83, a. a. O., S. 177
220 ebd.
221 ebd.
222 ebd.
223 Schlegel, Athenäums-Fragmente, Nr. 137, a. a. O., S. 187
224 ebd.
225 Schlegel, Athenäums-Fragmente, Nr. 258, a. a. O., S. 209
226 Mähl spricht deshalb vom »herrische[n] Selbstbewußtsein der Fichteschen Ich-Philosophie« (Mähl, Die Idee..., a. a. O., S. 284), das Novalis abgeht.

und es muß seine Wirkung an der Objektivität erweisen, denn nur treffende Fragmente sind keine ›tauben Körnchen‹.

Insofern ist Hardenbergs Schreiben in eine Wirkungsästhetik[227] eingebunden, die sich aber nie von der Intention entfernt, das objektiv in potentia Gegebene zu treffen. Die heuristische Unterstellung, daß das durch Rhetorik Angeregte einen realen, wenngleich verschütteten Bezugspunkt habe, liegt jederzeit zugrunde. Die »magische Evokationskraft der Sprache«[228], wie der magische Idealismus Hardenbergs insgesamt, müssen unter diesen Vorzeichen gesehen werden. Das geschichtliche Handeln, das durch das sprachliche vorbereitet wird, soll die Natur mit sich selbst und mit dem Menschen versöhnen. Die magisch-idealistische Unterstellung, die Rhetorik sei auf dieses Telos ausgerichtet, macht die treibende Kraft seiner Texte aus, die »scheinbare Geschichtsphilosophie [ist] im Kern eine magisch-idealistische Naturphilosophie.«[229] Deshalb gibt es »kein autonomes geschichtliches Handeln des Menschen, es gibt nur ein die Anlage der Natur, ein goldenes Zeitalter zu sein, befreiendes, begleitendes und sie förderndes Handeln.«[230] Das magische Moment liegt in der Unterstellung eines positiven Telos der Natur. Nicht naiv wie im Animismus, sondern immanent reflektiert trifft hier die Freudsche Definition von Magie – »mistaking an ideal connection for a real one«[231] – zu, wobei noch nicht entschieden ist, ob die supponierte Verbindung real existiert oder nicht. Die Novalissche Wirkungsästhetik trägt Experimentalcharakter.

Mähl weist an der Europarede[232] nach, wie Novalis mit Hilfe rhetorischer Mittel die Suggestivität der inhaltlichen Bewegung steigert. So schildert er die vergangene mittelalterliche Einheit der Kirche, die für ihn utopisches Potential birgt, nicht als historisches Faktum, sondern, die Geschichte mythologisierend,

---

227 vgl. Kurzke, a. a. O., S. 200
228 Timm, Die heilige…, a. a. O., S. 127
229 Kurzke, a. a. O., S. 247
230 a. a. O., S. 245
231 Tylor, zitiert bei Freud, in: ders., Totem und Tabu, Studienausgabe Bd. 9, Frankfurt/M. 1974, S. 287-444, hier: S. 367; im Original kursiv gesetzt.
232 Der Text sollte auch als Rede gehalten werden. Mähl schreibt über das Darstellungsproblem des Geschichtsschreibers: »›Der Historiker muß im Vortrag oft *Redner* werden‹, hält Novalis […] fest. Und fügt an anderer Stelle die bezeichnende Bemerkung hinzu: ›Die Redekunst lehrt die Regeln der Aufeinanderfolge der Gedanken zur Erreichung einer *bestimmten Absicht*‹. Der Redner muß daher ›jeden Ton‹ annehmen können, ›um den Zuhörer plötzlich zu illudieren, oder auch zu überzeugen‹« (Mähl, Die Idee…, a. a. O., S. 384).

im Modus einer charakteristischen Unbestimmtheit, die eine Durchlässigkeit auf die Zukunft freisetzt:

> Die eigentümliche Form dieser Verklärung besteht darin, [...] daß die unbestimmte [...] Darstellung des Mittelalters gleichsam aus der Perspektive des christlichen Glaubens gegeben wird und damit ein Stilmittel gewinnt, historische Züge des Mittelalters unmerklich den Wunschbildern vom goldenen Zeitalter anzugleichen, ohne daß die Stimmung des Wunderbaren anders als durch die Art der Darstellung heraufbeschworen würde.[233]

Der inhaltlichen Wendung zur prophetischen, auffordernden Anrufung des Kommenden entspricht ein Wechsel in Ton und Gangart des Textes, der nun den Leser bzw. Hörer direkt angeht. Der Verfasser

> wendet sich [...] plötzlich mit beschwörenden Fragen an die Hörer, bezieht sie in seine Geschichtsdarstellung ein und steigert sich bis zu dem begeisternden Ausruf: ›O! daß der Geist der Geister euch erfüllte...‹ - womit der Umbruch der Zeit nicht nur zum Gegenstand der Darstellung, sondern auch zum *Ereignis* des Hörens und Vernehmens gemacht wird.[234]

Die Verknüpfung des utopischen Inhaltes mit der enthusiastischen Rede dient bei Novalis dazu, den ›heiligen Sinn‹ zu erwecken, ohne den reale Veränderung nicht möglich sei. Die Poesie leistet hierzu einen entscheidenden Beitrag, worin ihre eingreifende Aufgabe liegt. Sie soll»den Glauben der Hörerschaft [...] entzünden«[235] und verwendet dazu als Stilmittel in der Europarede »den ›befehlenden‹, ›kategorischen‹ Sprechstil [...] und die ›rhetorische Gewalt des Behauptens‹«[236].

6.2.8. Zum Glauben entschieden

Neumann betont: »Erkenntniszusammenhänge ergeben sich für Novalis nie aus isolierten Systemgebäuden oder solipsistischen Weltentwürfen, Verständnis und wahre Mitteilung findet nur unter ›Gleichgesinnten‹ statt; umgekehrt hat diese Gemeinschaft der Verstehenden wirklichkeitsverändernde Kraft: ›Gemeinschaftlicher Wahnsinn hört auf Wahnsinn zu seyn und wird Magie.‹«[237] Die produk-

---

233 a. a. O., S. 375
234 a. a. O., S. 379
235 a. a. O., S. 384
236 a. a. O., S. 384 – Stadler setzt auch für *Heinrich von Ofterdingen* den Primat des appellierenden vor dem beschreibenden Verfahren an. Novalis überhöhe systematisch das Beschriebene (vgl. Stadler, U., Novalis: Heinrich von Ofterdingen, in: Lützeler, P. M. (Hg.), Romane und Erzählungen der deutschen Romantik, Stuttgart 1981, S. 141-162, hier: S. 143).
237 Neumann, a. a. O., S. 353. Neumann zitiert Novalis.

tive Kraft, die Neumann dem Übergang von Wahnsinn zu Magie beilegt, die auch die Hoffnungen jeder Revolution trägt – daß nämlich etwas anderes als das Herrschende das quasi-natürliche Element des Zukünftigen werde – muß aber auch in ihrer politischen Fatalität begriffen werden. Wahnsinn ist keine Erkenntnisart, sondern ein Zwangssystem, das sich dem Denken widersetzt. Wer den Wahnsinn pluralistisch reduziert auf eine andere Art, die Welt zu sehen, gibt die Anstrengung der Erkenntnis auf, die Welt zu begreifen.[238]

Durch den Primat des Rhetorisch-Überredenden erschweren politische Texte oft die begriffliche Analyse und tendieren dazu, eine hermetische, identifikatorische Lesesituation aufzubauen. Das Weltbild, das hierdurch befördert wird, kann im Extrem paranoide Züge annehmen. Wenn die Leser dem rhetorisch-verführerischen Verfahren nichts entgegensetzen können, gehen die wahnhaften Züge in den kollektiven Glaubensbestand ein. Samuel verweist auf diese Gefahr des rhetorischen Momentes. Zur Lektüre von *Glauben und Liebe* seien die letztgenannten Elemente unabdingbar, solle das esoterische Verstehen erreicht werden. »Diese Voraussetzung enthält aber auch die Gefahr der Wirkung des ›Aufsatzes‹, auf die H. W. Kuhn aufmerksam macht, nämlich ›wie sehr sich die Novalissche Wesensphilosophie und das Grundschema der Ideologien des modernen Totalitarismus ähneln‹.«[239] Der Glaube an eine bestimmte Politik unterliegt einer prekären Dialektik. Muß er einerseits vorhanden sein, um das Bestehende tätig zu transzendieren, so wird er gefährlich, sobald er nicht aus einer reflexiven Anstrengung hervorgegangen ist oder wenn er die Rückbindung an sie verliert.[240] Kuhns unglücklicher Begriff Totalitarismus zeigt an, daß sich der Leser zunächst dem Glauben unterwerfen muß, um innerhalb eines Bezugsrahmens denken zu können, den er sonst nicht verstünde: »Vom Glauben hängt die Welt ab. [...] Wie ich eine Sache annehme, so ist sie für mich.«[241] Die Einstellung regelt den Grad des Verständnisses. Geschieht dieses als ein

---

238 Um 1800 war das heutige psychologische Verständnis des Wahnes noch nicht vorhanden, deshalb darf das Wort in Novalis' Fragment nur im übertragenen Sinne gelten.

239 Samuel, R., Einleitung zu *Glauben und Liebe*, in: Novalis, Schriften, Zweiter Band, hg. von R. Samuel in Zusammenarbeit mit H.-J. Mähl und G. Schulz, Darmstadt 1965, S. 475-482, hier: S. 482

240 Freud spricht in diesen Fällen vom Verlust der Fähigkeit zur Realitätsprüfung.

241 Novalis, Logologische Fragmente, Nr. 167, in: Novalis, Schriften, Zweiter Band, hg. von R. Samuel in Zusammenarbeit mit H.-J. Mähl und G. Schulz, Darmstadt 1965, S. 522-563, hier: S. 561

Erkenntnisexperiment – wie in den Fragmenten – so kann der Leser sich dem Glaubenssystem wieder entziehen. Wird dieser Mechanismus jedoch zur Initiation in wirkliche Institutionen verwendet, so kann die Verpflichtung auf einen Glauben den Eintritt in ein kollektives Wahnsystem bedeuten.[242]

Kurzke untersucht den Begriff des Glaubens bei Novalis und unterstreicht die konstitutive reflexive Komponente, die ihn vom konservativen Glaubensbegriff unterscheide:

Glauben ist für Novalis ein bewußtes Vermögen, willentlich herstellbar, im Gegensatz zur religiösen Tradition, in der nirgends das Moment der Gnade und damit der Unverfügbarkeit fehlt.[243] Glauben heißt also ›freiwillige Annahme‹. Auffallend ist daran das Moment subjektiver Aktivität, die noch den Glaubensinhalt selber setzt. Es geht [...] um ein Analogon zur Fichteschen Tathandlung des Ich.[244] Die entscheidende Differenz zwischen Frühromantik und Konservatismus liegt in der Beurteilung der Bewußtheit. Novalis hat zu ihr ein ungebrochen positives Verhältnis.[245]

Doch mag der Glaube auch aus der Reflexion hervorgegangen sein, so stellt sich unausweichlich in dem Moment, in dem Reflexion zum Glauben wird, der Stillstand der Reflexion gegenüber dem Geglaubten ein. Jede andere Konstruktion würde dem Begriff des Glaubens unrecht tun, denn dieser nimmt Nicht-Gewußtes in Anspruch als sei es wirklich.

In der politischen Theorie findet sich an jenem systematischen Scheideweg, wo das Kommende nicht mehr deduziert werden kann, das Praxisproblem, das insbesondere von politischen Kräften, die nicht das Bestehende konservieren, sondern etwas anderes an seine Stelle setzen möchten, thematisiert werden muß. Theorie soll in Praxis übergehen, um real etwas zu verändern. Hier aber tritt unweigerlich ein affirmatives Moment, das die kritische Ausrichtung der Theorie hintertreibt, auf den Plan.[246] Es stellt den notwendigen Überschuß der Aktion gegenüber der Kontemplation dar. Der Glaube kappt in jenem Moment, in dem ihn das Subjekt inthronisiert, die Vermittlungszusammenhänge zu seinem ande-

---

242 Neben dem Nationalsozialismus muß auch der Eintritt in die RAF unter diesem Gesichtspunkt diskutiert werden.

243 Kurzke, Romantik..., a. a. O., S. 194

244 a. a. O., S. 193

245 a. a. O., S. 196

246 Aus diesem Grunde vertrat Adorno die Auffassung: »Das Verhältnis von Theorie und Praxis ist [...] der qualitative Umschlag, nicht der Übergang, erst recht nicht die Subordination. Sie stehen polar zueinander.« (Adorno, Th. W., Marginalien zu Theorie und Praxis, in: ders., Gesammelte Schriften, Frankfurt/M. 1977, S. 759-782, hier: S. 780)

ren und verabsolutiert ein Segment des Reflexionsgeflechtes, aus dem er hervorgegangen ist. Damit fällt er aus der angemessenen Reflexion des gegebenen Zustandes heraus und unterliegt der Gefahr, sich gegen eine differenzierte Sicht der Wirklichkeit abzuschotten. Für die politische Praxis kann dies Folgen haben, wenn die dergestalt verengte Sicht der Welt verbindlich für ein ganzes Kollektiv wird.

Peter hat den subjektivistischen Überschuß, den der Glaube bei Novalis in die Politik bringt, mit dem Nationalsozialismus verglichen. Hier steigert sich der Glaube zum Wahn, denn das antisemitische Nazikollektiv bildet ein kollektives Wahnsystem.[247] Es setzt irrationale Elemente, z. B. den Glauben an die Weisungen einer Zentralfigur, in Szene. Die Politik wird im großen Maßstab ästhetisiert.[248] Peter erblickt hierin Parallelen zum von Novalis entworfenen poetischen Staat, die auf eine Gefahr in dessen Konzeption hindeuten, weist jedoch auch auf entscheidende Abweichungen hin:

Die Oberflächenerscheinung des poetischen Staates [...] zeigt manche verblüffende Ähnlichkeit mit dem Faschismus. Die Irrationalisierung der Politik im Namen der Liebe, die Ablehnung des Naturrechts, im Königtum die Motivation eines überpolitischen Führers und die Uniformierung der Staatsbürger ließen sich nennen. Aber sogleich wird deutlich, daß alle diese Motive bei Novalis die Aufklärung nicht negieren, sondern voraussetzen. Zum Wesen des Faschismus jedoch gehört es, daß er die Aufklärung leugnet und damit regressiv hinter sie zurückfällt.[249]

Novalis befand sich um 1800 nicht in der entwickelten Industriegesellschaft heutigen Zuschnitts und konnte nicht von der Kenntnis der mittlerweile ausgebildeten Bewußtseinstechniken her schreiben. Deshalb dürfen die rhetorischen Elemente in seinen Texten nicht auf die Machtpraxis des Nationalsozialismus verrechnet werden. Dem Vorwurf des Totalitarismus kann, wie in der politischen Totalitarismusdebatte der sechziger Jahre, auch hier entgegengehalten werden, daß er nur auf Formalkriterien abhebt und die inhaltliche Bestimmtheit vernachlässigt. Novalis dränge, so Peter, »auf die Beseitigung der bestehenden Eigen-

---

247 Die Deutschen haben es frei gewählt: Die im Reichstag versammelten politischen Repräsentanten wählten Hitler; die sogenannte Machtergreifung war eine Machtübergabe. Zuvor hatten die Wähler in freien Wahlen zu einem Drittel für die NSdAP gestimmt.
248 Dieses weist Reichel umfassend nach, vgl. Reichel, P., Der schöne Schein des Dritten Reiches, München 1991.
249 Peter, Stadien..., a. a. O., S. 133. – Vgl. auch: »Es ist bemerkenswert, daß gerade die Züge, die *Glauben und Liebe* scheinbar mit dem Faschismus verbinden: die von der Liebe ausgehende Zentralisierung der Macht, die Ästhetisierung der Politik, im poetischen Staat das Erbe der Aufklärung darstellen.« (ebd.)

tumsverhältnisse, ja auf die Abschaffung des Eigentums überhaupt«[250]. Der Nationalsozialismus hat hieran nie einen Gedanken verschwendet, der »totale Staat nationalsozialistischer Prägung übernahm vielmehr das kapitalistische Wirtschaftssystem völlig.«[251]

Die Parallelisierung nationalsozialistischer Praktiken mit Novalisschem Gedankengut führt also nicht weit, doch der Seitenblick auf den Nazismus schärft die Sicht, um die Entwicklung moderner Verführungstechniken besser einzuschätzen, die im kulturindustriellen Zeitalter mit Hilfe von Funk und Fernsehen eine psychologische Wirkung entfalten können, an der gemessen individuell-mündlich oder schriftlich induzierte Rhetorik harmlos wirkt. Der Übergang vom Glauben zum Massenwahn liegt deshalb heute näher.

6.2.9. Die Verborgenheit des Utopischen

Am politisch-utopischen Verfahren von *Die Christenheit oder Europa* hat sich ein Forschungsstreit entzündet, der noch einmal die Stellung der Frühromantik zwischen Reflexion und politischer Aktion thematisiert und andererseits auf die politische Funktion der Utopie zielt. Richard Faber streicht das operative Moment des Textes heraus: »Der Gegenstand wird nicht mehr ›abgebildet‹, sondern ›eingesetzt‹, d. h. in eine neue, ihm fremde Funktion gebracht.«[252] Dadurch werde »die *welt*geschichtliche Zukunft [...] rhetorisch antizipiert und in den Dienst des revolutionären ›Enthusiasmus‹ gestellt«[253]. Dieses Verfahren begreift Faber als ein revolutionäres, indem er die zielbildende Komponente politisch positiv wertet:

Das Verändern der Welt ist eben daran geknüpft, daß man den veränderten Zustand – und sei es noch so vage – imaginert. Es gibt darum [...] keine abstrakten Utopien. Ihnen allen ist eine Bildqualität eigen, die darin begründet ist, daß auch in der U-Topie noch ein Topos, wenn auch ein nicht lokalisierbarer, enthalten bleibt; er trägt den veränderten Zustand archetypisch in sich; ist Samen, Funke und Spur, ›Rand‹ ›des Fernziels‹, das das ›Nahziel‹ näherbringt. (E. Bloch).[254]

250 ebd.

251 Greiffenhagen, M., Totalitarismus, München 1972, S. 42

252 Faber, Apokalyptische Mythologie, in: ders. (Hg.), Romantische Utopie – Utopische Romantik, Hildesheim 1979, S. 66-92, hier: S. 77

253 ebd.

254 a. a. O., S. 79

In der Kunst habe dieses antizipatorische Moment seinen Ort, wenn die Künstler »»vom Voraus her‹ denken und dichten«[255] und dergestalt unmittelbar die politische Aktion motivierten, die durch die Bildkraft des Antizipierten Überzeugungskraft gewinne und einen Glauben an es freisetze, der eine notwendige Bedingung emanzipatorischer politischer Aktion darstelle: »Handelnd stellt der Glaube erst her, was er glaubt. Und je mehr er Handeln veranlaßt, desto mehr wird er sich seiner gewiß; im Maße des Handelns nähert er sich seinem telos, das Poesie antizipiert«[256]. Die operative, rhetorische Funktion in Novalis' Text rufe im Leser den Glauben an das Antizipierte wach, der Text greife wegen der Dominanz des Wirkungsaspektes politisch ein.[257] Die Veränderung der Subjekte erscheint dabei als die einzig wirkliche Garantie für diejenige der Gesellschaft. Faber kann die Funktion der Poesie als eine unmittelbar politische begreifen.

Hans-Joachim Mähl folgt in seiner Deutung Hardenbergscher Texte deren erkenntnistheoretischen und geschichtsphilosophischen Implikationen. Novalis vergegenwärtige die Utopie literarisch-fiktional,[258] wobei die »Illusion [...] zum Instrument der Wahrheit«[259] werde, indem sie den Glauben wecke. Jedoch übergreife »die Utopie-Reflexion [...] alle unterschiedlichen Ausprägungen der Utopie bei Novalis«[260] noch. Die literarische Utopie basiere auf Hypothesen, die durch die Darstellung als solche kenntlich gemacht würden: »Es gehört zu den Kunstgriffen des romantischen Utopisten, daß er die Hypothesen, die stillschweigenden Voraussetzungen solcher Fiktion [...] selbst reflektierend aufdeckt.«[261] Damit verlagert Mähl die Bedeutsamkeit des Textes von der unmittelbar politischen Wirkung auf seine philosophischen Gehalte. Zwar sollen Glaube und Liebe zum Ideal geweckt werden, aber durch die Kennzeichnung der Ideale als Hypothesen werde jede rückhaltlose Identifikation des Lesers mit dem beschriebenen Zustand gebrochen, weil dieser nur unter Vorbehalt gültig sei. Er

---

255 a. a. O., S. 78
256 ebd.
257 Dem ist entgegenzuhalten, daß bei Novalis immer eine Differenz zwischen der Erweckung des Glaubens und der politischen Aktion bleibt. Den Text als ein Moment der politischen Aktion, etwa in der Flugschrift oder in den Praktiken moderner Avantgardebewegungen, konzipiert er nicht.
258 Dieses Verfahren thematisiert Novalis mit dem für sein Denken zentralen Terminus der Repräsentation.
259 Mähl, Philosophischer..., a. a. O., S. 160
260 a. a. O., S. 162
261 a. a. O., S. 161

stellt deshalb keinen ausgemalten Endpunkt dar, sondern ein projektiertes Zwischenstadium, das erneut reflexiv verflüssigt werden müsse. Wegen dieses immanenten Progressionsprinzips wendet sich Mähl gegen die Auffassung der Romantik im Sinne der chiliastischen Naherwartung und beharrt auf der Verwendung des Approximationsprinzips in der utopischen Rede.[262] Der Endzustand bleibe bilderlos:

> Das Ziel der Geschichte, die Utopie, liegt jenseits des Prozesses, der sie verwirklicht. Im Roman [Heinrich von Ofterdingen, S.K.] wird der Prozeß als solcher dargestellt (das entspricht dem gedanklich reflektierten Approximationsprinzip); der utopische Zustand aber, der antizipierend in Erinnerung und Ahnung, in Märchen und Träumen vergegenwärtigt wird, entzieht sich der Darstellung[263].

Durch die Verwendung literarischer Bildlichkeit hindurch bleibt das Bilderverbot in Kraft. Kein illusionärer Ruhepunkt der Geschichte wird utopisch konstruiert. Vielmehr verbindet sich die literarische Form mit dem philosophischen Gehalt. Schlüssig verweist Mähl auf die damit zusammenhängende Fragmentform, die in ihrer Unvollständigkeit jede hypothetisch gesetzte Vollständigkeit dementiert. Die philosophisch-reflexive Deutung der Novalisschen Texte richtet sich gegen den von Faber supponierten Konnex mit der politischen Aktion. Die rhetorisch-appellative Funktion wirkt zwar begeisternd, doch ihr hypothetischer Charakter generiert zugleich ein skeptisches Moment. Wie der Widerstreit beider im Leser ausgeht, ist völlig ungewiß, weshalb die Lektüre sowohl in politische Aktion, als auch in die philosophische Kontemplation münden kann. Der operative Wert der Texte wird durch die in ihnen gelegene reflexive Schicht gemindert.

In der Diskussion des Utopiebegriffs kehrt eine ähnliche Oppositionsstellung wieder wie im vorangegangenen Abschnitt bezüglich des Glaubens. War es dort Kurzke, der auf die durchgängige Anwesenheit des reflexiven Momentes hinwies und Novalis gegen den Irrationalismus von rechts verteidigte, so ist es nun Mähl, der darauf besteht, daß mit der Utopie immer schon die Utopiereflexion mitgegeben sei und Novalis damit gegen eine aktivistische Vereinnahmung von links in Schutz nimmt. Daß besonders Novalis, aber auch andere Romantiker, im rechten, im mittleren und im linken politischen Lager sowohl Zustimmung als auch Ablehnung fanden, verweist zuallererst auf die historische

---

262 vgl. a. a. O., S. 165
263 a. a. O., S. 167

und geistige Disposition der Rezipienten. Doch die Bandbreite der Zustimmung hat einen weiteren Grund in der Beschaffenheit des Hardenbergschen Denkens und Schreibens. Die offene Fragmentform und das Bestreben, inhaltlich Widersprüchliches zu integrieren, etwa den Wahrheits- und den Wirkungsaspekt, grenzen die im Leser entstehenden Projektionsflächen kaum ein. Doch dieser wird den Fragmenten nicht gerecht, wenn er sie für tagespolitische Zwecke einsetzt. Sie sperren sich gegen die politische Verwertung, da sie uneindeutig, vielschichtig, paradoxal, ironisch oder witzig angelegt sind. Sie behindern Entschlüsse, die zugunsten einer politischen Handlung viele Möglichkeiten abschneiden müssen und befördern den tendenziell unendlichen Wechselprozeß aller Möglichkeiten und Unmöglichkeiten im tätigen Geist. Fragmente tendieren zur Erkenntnis, nicht zur politischen Aktion.

6.2.10. Geisslers Wiederaufnahme romantischer Sprachverwendung

Die Frage, ob Geisslers Roman ein romantisches Fragment sei, soll nicht mit Ja oder Nein beantwortet werden. Streng genommen dürfte er nicht als romantisches Fragment angesprochen werden, wenn ein einziges Moment nicht zuträfe. Mit solch einem Urteil wäre aber wenig für das Verständnis des Werkes erreicht. Die Frage wäre auch falsch gestellt, da sie eine historische Gestalt des romantischen Fragments kanonisierte und Geisslers Fortschreibung des Fragmentgedankens nicht würdigen könnte. Indem Geissler seinen Text ›romantisches fragment‹ nennt, *ist* er eines. Aufschlußreich wird die Benennung erst durch die Analyse des mit ihm verbundenen Sinnes, der im Vergleich mit der traditionellen Form dieser Gattung gewonnen werden muß. Deshalb sollen nun die Unterschiede und Gemeinsamkeiten angegeben werden.

Einige sprachliche Implikationen der romantischen Fragmente wurden oben mit dem Novalisschen Diktum von der Tropen und Rätselsprache gekennzeichnet. Die Sprachgestalt in *kamalatta* kann durchaus als eine solche Sprache begriffen werden. Wie bei den Romantikern dient die Rätselsprache auch in *kamalatta* dazu, mit dem Mittel der Verrätselung etwas auszusprechen, das von den Behörden sonst unterdrückt werden würde. Damals wie heute wird – bei veränderten politischen Ausgangspositionen – das offene Eintreten für eine veränderte Staatsform zensiert und gesetzlich verfolgt. Doch neben diesem abwehrenden Gestus trägt das Rätselhafte in *kamalatta* auch einen utopischen Gedanken.

Rätselhaft ist für Uneingeweihte der Insider-Sprachgebrauch, sind die Orts- und Eigennamen sowie weitere Merkmale des Textes, etwa dessen Zitatstruktur und die Wiederkehr früherer Geisslerscher Stoffe. Der hartnäckige Leser kann vieles zuordnen, manches bleibt jedoch unauflösbar. Hierdurch gewinnt die philosophische Dimension des Rätselhaften Bedeutung für den Roman. Die Unverständlichkeit ist ein Konstitutivum des Textes. Wie bei Schlegel hängt er zuletzt an einem oder mehreren dunklen Punkten, die eine Synthese verhindern, weil sie nicht zugänglich sind. Somit umschließt das Rätselhafte nicht nur das für jeden Eingeweihten zu lösende Rätsel, sondern auch das Lessingsche Geheimnis, welches auf die Darstellung der Wahrheit zielt. Diese Dimension suchen auch die romantischen Fragmente einzufangen. Als ein zwar bedeutendes, aber in seiner Bedeutsamkeit nie völlig zu erschließendes Rätsel können die Anlage des Buches und sein Titel interpretiert werden. Die ausdeutende Tätigkeit kommt immer nur bis zu einem gewissen Punkt voran; interpretatorische Bemühungen, wie sie diese Arbeit exemplarisch an den Wortverdrehungen unternahm, werden zu Arabesken, die keine Schwelle zu einem Sinn-Inneren überschreiten.[264] Der Darstellung kommt ein Überschuß gegenüber dem Ausgesprochenen zu, ein emphatisches ›Mehr‹[265], das die Intention auf eine noch nicht zu erkennende Wahrheit des Ganzen transportiert. Bruchstückhaft ist der Text bei Geissler – wie bei den Romantikern – nur, weil in ihm die Idee der Totalität wirksam ist.

Mit der Verwendung der Umgangssprache – die im romantischen Fragment nicht vorkommt – verfährt Geissler im Geiste des Fragmentgedankens. Sie schreibt sich in »Idiom und Landesart«[266] jenen Bevölkerungsschichten zu, die als Hoffnungsträger fungieren. Die Leserschaft spaltet sich in Verstehende und Verständnislose auf. Sympathisierende kennen die Namen, Daten und Orte der politischen Ereignisse, die für das oppositionelle Begehren wichtig sind.

Neben dem Rätselhaften arbeitet Geissler auch mit dem Tropischen. Damit findet der eigentliche Kernbereich von Novalis' Sprachverwendung, der Gedanke, eine andere Sprache ›den Bildern nach‹ zu sprechen, eine Parallele. Viele Elemente der Bilderrede, besonders aber die Metaphorik, sind im Roman zu

---

264 Dadurch konterkariert die Sprachebene des Romans die Haltung vieler Figuren, die vorgeben, den Sinn schon zu haben.

265 Dieser Begriff ist für Adornos Erkenntnistheorie eines Denkens in Konstellationen zentral. Eine Darstellung versucht: Kramer, S., Rätselfragen und wolkige Stellen, Lüneburg 1991, S. 120-129.

266 Novalis, Glauben und Liebe, Nr. 15, a. a. O., S. 488

Hause. Neben leicht zu deutenden – dem des Steines oder dem der Gitter – bietet er auch weniger eindeutige, die aber kaum die Qualität Ricœurscher lebendiger Metaphern erreichen. Die Metapher wächst sich an zentralen Stellen des Romans zur metaphorischen Topographie aus. Das hervorstechendste Beispiel hierfür ist Proffs Todesort. In ihm verschränken sich das Rätselhafte und das Tropische zu einer sprachlichen Landschaft, die der Leser kaum durchdringen kann. Die anspielungsreiche Brückenmetaphorik dagegen bleibt durch alle Spiegelungen hindurch an einen sinnbildlichen Gehalt gebunden. Die Textschicht der metaphorischen Korrespondenzen stellt keine innovative Sprachverwendung im emphatischen Sinne dar.

Neben der Tropen und Rätselsprache des Novalis benutzt die Frühromantik das Mittel einer enthusiastisch-thetischen Rhetorik. Auch die Tropen und Rätselsprache verfährt setzend, indem sie Metaphern und andere Bestandteile der Bilderrede ausprobiert. Doch beide Verfahren kommen vor allem darin überein, daß sie sich nur geneigten und verständigen Lesern öffnen. Während die Tropen und Rätselsprache dem Leser still einen Doppelsinn anbietet, legt es die enthusiastische Rhetorik darauf an, ihn emotional möglichst stark zu involvieren und eine neue Gemütsverfassung anzuregen. Die beiden Verfahrensweisen kehren bei Geissler wieder. Wie in der Romantik verbindet sich bei ihm die enthusiastische Rede mit den utopischen Inhalten. Die teils heftigen Reaktionen der Rezensenten zeigen, daß der thetische Gestus des Werkes Emotionen freizusetzen vermochte. An Geisslers kategorischem Stil polarisiert sich die Leserschaft – er wirkt. Wie das Hardenbergsche Fragment gelangt das literarische Samenkörnchen erst zu seiner Bestimmung, wenn es aufgegangen ist. Ob das Fragment einen Effekt hatte, ob das Experiment, etwas im Leser zu treffen, gelungen ist, entscheidet sich an seiner Wirkung.

Doch dieses operative, wirkungsästhetische Moment bleibt nicht die einzige Funktion des Textes. Denn die zur Schau gestellte enthusiastische Rhetorik wird durch mehrere entgegenwirkende Ursachen in Frage gestellt. Bei Novalis verstehen Gleichgesinnte die Bildersprache. Sie können in der Öffentlichkeit sogar Geheimes in ihr besprechen. Die metaphorische und die rätselhafte Schicht in Geisslers Text ist aber, selbst für Gleichgesinnte, oft nicht evident. Anders als die provozierende, säbelrasselnde Bekenntnisrede vieler Figuren, entzieht sie sich codeartigem Verstehen und blockiert damit die operative Funktion. Der in *kamalatta* verwendete Stil des ins Leere weisenden Bedeutens schließt nicht nur ›die Profanen‹, sondern jeden Leser von der Evidenz aus. Er schließt ihn freilich auch ein, nämlich in die gemeinsame Arbeit jener Oppositionellen, die sich über ihren Standpunkt verständigen wollen. Der Text provoziert die Recherche und die Interpretation und wirkt dadurch in die Politik der Opposition hinein, indem die Oppositionellen motiviert werden, sich produktiv ihre eigene Geschichte und die eigene Situation anzueignen.

So finden sich zentrale Momente der Spachverwendung von Novalis und Fr. Schlegel bei Geissler – wenn auch modifiziert – wieder. Besonders das Beharren auf dem Wirksamkeitsaspekt verbindet sie. Wie in der Frühromantik gibt Geissler aber den Wahrheitsanspruch nicht auf. Das auf Wahrheit der Darstellung zielende Werk tendiert in der Literaturgeschichte zum Autonomiegedanken, der jede operative Vereinnahmung zurückweist. Schon die romantischen Fragmente sind ein Resultat beider auseinanderstrebenden Kräfte. Auch *kamalatta* ist bis in die Sprache hinein von ihrem Widerstreit zerfurcht.

6.2.11. Geisslers ›romantisches fragment‹

Neben den im engeren Sinne sprachlichen Momenten ist das romantische Fragment durch weitere Charakteristika bestimmt, die mit *kamalatta* verglichen werden können. Geisslers Roman teilt in bezug auf die philosophisch-begriffliche Seite nicht die Ausgangsposition des romantischen Fragments. Er strebt nicht programmatisch die Synthese der philosophischen und der dichterischen Gestalt der Wahrheit an. Während die beiden Erkenntnisordnungen im romantischen Fragment mit dem Ziel der Steigerung der Erkenntnis gegeneinandergeführt werden, kürzt Geissler die Philosophie aus seinem ›romantischen fragment‹ heraus. *Kamalatta* ist kein philosophisches Reflexionsmedium. Obwohl der Roman viele Parallelen zum romantischen Fragment aufweist, darf er deshalb strenggenommen nicht als eines im Sinne der literarisch-philosophischen Gattung um 1800 angesprochen werden. Er schlägt sich, indem er erzählt, ganz auf die Seite der sinnlich-scheinhaften Kunst.

Das romantische Fragment muß als Teil eines Ganzen, das es noch nicht oder nicht mehr gibt, entziffert werden. Gleiches gilt für *kamalatta*. In beide Verfahrensweisen ist der Begriff der Totalität implizit und – mehr oder minder – explizit als unverzichtbares Moment eingewandert. Er präsentiert sich in der jeweiligen Schreibweise in wechselnder Gestalt. Utopische Bilder wie das des goldenen Zeitalters bei Novalis, das der gelungenen Revolution und der begehbaren Brücke bei Geissler verweisen vorscheinhaft auf das bessere Ganze. Inhaltlich wird der Konflikt zwischen Einzelnem und Allgemeinem bei Geissler vor allem im politischen Kontext abgehandelt als die Auseinandersetzung zwischen dem Einzelkämpfertum und einem kollektiven Vorgehen.

Auch die geschichtsphilosophische Einbindung hat *kamalatta* mit dem romantischen Fragment gemein. Allerdings fehlt das triadische Geschichtsmodell. Zwar soll eine andere Zukunft herbeigeführt werden, die sich deutlich von der Gegenwart abhebt, doch ist bei Geissler kein idealisiertes Bild einer heilen Vergangenheit vorhanden. Er entnimmt vielmehr der Jetztzeit Fragmente des Zukünftigen, die er in ihr neben solchen findet, die in Zukunft beseitigt sein sollen. Während sich Novalis, wenn er idealisierend die Christenheit vor dem Schisma entwirft, darüber im klaren ist, daß es sich nur um ein rhetorisches Bild handelt, das dem Leser intuitiv eingehen soll und das nicht primär der Wahrheit der Historiographen entspricht, verzichtet Geissler auf solche Bilder, um den rhetorischen Effekt aus der Wiedergabe der Gegenwart zu gewinnen. Wo Novalis mit Hilfe des Bildes einer fernen Zeit im Leser verborgene Tendenzen für das Jetzt hervorlocken möchte, schildert Geissler, wo sich diese Tendenzen schon äußern und möchte sie verstärken. Er gerät, stärker noch als Novalis, in das besprochene Dilemma, für die radikal veränderte Gesellschaft Faktoren in Anspruch nehmen zu müssen, die schon in der herrschenden schlechten zu finden sind.

Ist es in der Romantik die ewig werdende Poesie, die als ein Zeichen der Annäherung an das Geschichtsziel interpretiert wird, so ist die Heilserwartung in *kamalatta* nicht mehr an der Poesie abzulesen, sondern wird durch die Situation der Ausgebeuteten verbürgt. Dem Dichter kommen keine prophetischen Qualitäten mehr zu, er hat seine Avantgarde- und Vorbildposition verloren und läuft den Geschehnissen hinterher. Die Selbstaneignung der Klasse und ihre Befreiung von ihren Unterdrückern werden nun als ein überwiegend außerliterarischer Prozeß gedacht. Die Befreiung vom Ausbeutungsverhältnis ist, solange sie noch nicht gelang, ein Projekt und, im politischen Sinne, ein ›Fragment aus der Zukunft‹. Die Idee dieser geschichtsphilosophischen Orientierung steht in *kamalatta* nicht zur Debatte, die Figuren fragen sich lediglich, ob die Machtverhältnisse den Umsturz zulassen.

Der Totalitätsgedanke treibt den Text sowohl im romantischen Fragment wie auch in *kamalatta* über sich selbst hinaus, indem er des Lesers zu seiner angestrebten Vollständigkeit bedarf. Der Text schreibt nichts fest, sondern tippt gleichsam die Themen an und hofft auf ein Ereignis, das sich beim Lesen zwischen ihm und dem Rezipienten einstellen möge. Zwar darf wegen der Abwesenheit der Philosophie in *kamalatta* nicht von Symphilosophie gesprochen werden, aber eine Ergänzungsbedürftigkeit des Textes, der einen Austauschprozeß mit dem Leser einfordert, ist auch in Geisslers Roman grundlegend. Er kann als die Eröffnung eines Dialoges begriffen werden. Durch die Sprachgestalt und die Darstellung provoziert er Erfahrungsprozesse, er deutet aus der Textwelt hinaus in ihr anderes, den Lebensvollzug. Dazu bedient er sich eines Verfahrens, das die verweisende Bedeutsamkeit steigert, ohne je eine Bedeutung festzuschreiben. Dieses Bedürfnis nach Ergänzung durch den Leser ist eine der stärksten Übereinstimmungen von romantischem Fragment und *kamalatta*. Es markiert den Anspruch der Autoren, die Literatur für das politische Handeln fruchtbar zu machen, von dem sie wegen ihres Autonomiestatus vorab getrennt ist.

Kann *kamalatta* mit dem esoterischen Sprachkonzept der Romantik in Verbindung gebracht werden, so gilt dieses für die politischen Strategien nur sehr bedingt. Das Verbindende beider Konzeptionen liegt in der ins Werk gesetzten rhetorisch-appellativen Funktion. Wie in der Romantik wendet sich die Esoterik *kamalattas* an solche, die sie verstehen. Diese Inzitamentfunktion trifft bei Geissler mit dem Lebensbegriff zusammen. Jene, die das Verständnis nicht teilen, werden als Feinde angesehen und ausgegrenzt, während die Romantik noch mit ihnen den Ausgleich und die Übereinkunft sucht. Die Frühromantik geht, im Anschluß an die Aufklärung und an das Gleichheits- und Brüderlichkeitspathos der Französischen Revolution, vom Menschheitsgedanken aus. *Kamalatta* hingegen legt mit der sozialistischen Tradition den Klassengedanken zugrunde. Bei Novalis und Fr. Schlegel nimmt der Menschheitsgedanke in der politischen Perspektive die Richtung auf praktische Aussöhnung aller einzelnen im Geiste der Liebe, mit dem Ziel eines dauerhaften gesellschaftlichen Friedens.[267] In *kamalatta* hingegen soll eine Klasse die andere vernichtend besiegen, bevor eine neue Menschheit entstehen kann. Eine notwendige subjektive Bedingung hierfür ist der Haß auf die gegnerische Klasse. Nicht praktizierte Aussöhnung steht zur Debatte, sondern die praktische Vernichtung des Feindes. Hierdurch unterscheidet sich *kamalatta* grundsätzlich von der Romantik.

---

267 Deshalb heißt das einzige gesperrt gedruckte Wort in *Die Christenheit oder Europa* ›Friede‹ (vgl. Novalis, Die Christenheit oder Europa, in: ders., Werke, Tagebücher und Briefe, Bd. 2, hg. von H.-J. Mähl, München - Wien 1978, S. 729-751, hier: S. 744).

Mit der universellen Menschheits- und der Friedensidee bricht auch der utopische Fluchtpunkt weg, der die romantischen Fragmente im Unendlichen zusammenführt. Die Gesellschaftsutopie ist exklusiv geworden, Gegner haben keinen Platz in ihr. Das aus der Aufklärung stammende Toleranzpostulat, das Novalis explizit an seine Utopie des kommenden Staates bindet,[268] ist aufgegeben zugunsten der Parteilichkeitsvorstellung. Während das politische Konzept der Romantik auf die freiwillige Veredelung der Subjekte gerichtet ist, während es mit Hilfe der lebens- und gesellschaftsverändernden Kraft der Poesie Spaltungen überwinden möchte, gilt all dieses für *kamalatta* nicht. Dem fundamentalreformerischen Modell setzt Geissler ein umsturzorientiertes entgegen. Seine Gemeinschaft der Verstehenden gesteht nur den zu ihnen Gehörigen Liebe, Verständnis und Wohlwollen zu. Den anderen schlägt Unverständnis und Haß entgegen, der sich bis zur Ermordung gegnerischer Funktionsträger steigert.

Die Themen des Glaubens und der Entscheidung, die an Novalis herausgearbeitet wurden, finden sich, wie im fünften Kapitel gezeigt, auch bei Geissler wieder.[269] Besonders auf die bewaffnete Gruppe trifft dieses zu. Das existentialistische Moment der Wahl vereinnahmt sie für ihren Kampf, indem sie von ihren Mitgliedern eine Entscheidung für das Kollektiv verlangt. Der Glaube an das Gelingen des Kampfes sei erforderlich, denn nur wo er vorhanden sei, könnten sich eventuell bietende Chancen in der Konfrontation mit den Herrschenden genutzt werden. Gegen Sartres Forderung, die Wahl immer wieder der Selbstkritik auszusetzen und gegen das romantische Postulat von der unendlichen Selbstreflexion, die die transzendentale Universalpoesie definiert, bricht die Gruppe die Arbeit des Denkens mit dem Moment der Wahl ab und verordnet neuen Mitgliedern den Glauben. Indem sie die mögliche Aufhebung der Wahl tabuisiert, verwandelt sie die dynamischen existentialistischen und frühromantischen Modelle in dogmatische. Der Gruppe werden die Nachteile ihrer Ideologie

---

268 Für die Vereinigung von Monarchie und Demokratie in einer höheren Staatsform ist die Toleranz ebenso unerläßlich wie für die Ausbildung des Individuums: »Man sei also nur wenigstens politisch, wie religiös, tolerant – man nehme nur die Möglichkeit an, daß auch ein vernünftiges Wesen anders incliniren könne als wir. Diese Toleranz führt, wie mich dünkt, allmälig zur erhabenen Ueberzeugung von der Relativität jeder positiven Form – und der wahrhaften Unabhängigkeit eines reifen Geistes von jeder individuellen Form, die ihm nichts als nothwendiges Werkzeug ist. Die Zeit muß kommen, wo politischer Entheism und Pantheism als nothwendige Wechselglieder aufs innigste verbunden sein werden.« (Novalis, Glauben und Liebe, Nr. 68, a. a. O., S. 503)

269 vgl. 5.1.3. (Wählen und glauben)

notwendigerweise nur unvollkommen bewußt, denn wenn sie ihre Schlagkraft nicht schwächen möchte, darf sie die Selbstkritik nicht radikal betreiben. Doch die Handlung *kamalattas* macht deutlich, daß die Strategie der Gruppe nicht unbefragt bleiben darf. Sie hat katastrophale Folgen für viele ihrer Mitglieder (Gefängnis und Tod) und spaltet die Opposition.

Das romantische Fragment zielt auf die Potenzierung der Reflexion, auf die größtmögliche reflexiv angeleitete Bewußtheit des Subjekts über sich selbst. Dabei weiß es, daß diese Anstrengung, gemessen an der Komplexität der Welt, immer zurückbleiben muß. Gleichzeitigkeit und absolute Geistesgegenwart denkt es als eine Utopie in theologischen Ausmaßen, in der Mensch und Natur miteinander versöhnt wären. Der angesprochene Streit zwischen Faber und Mähl über den Stellenwert der Utopie bei Novalis kann auch auf *kamalatta* bezogen werden. Der operative Wert von Geisslers Roman ist primär an die rhetorische Funktion gebunden, die wirken und anregen möchte. Die Utopiereflexion bleibt jedoch gegenüber der Frühromantik zurück, weil die philosophische Dimension weitgehend fehlt. Auch die Stellung zur veränderten Zukunft wirkt sich bis in die Schreibweise hinein aus und behindert die Utopiereflexion. Während für die Romantik in der Gegenwart Vergangenheits- und Zukunftsbilder zusammenschießen und sich mit dem Gegebenen vermengen, dünnt Geissler Vergangenes und Zukünftiges aus. Die Gegenwart regiert die anderen Zeiten, sie hat die Bilder, die sie von ihnen entwirft, selbstverantwortlich in der Hand. Weil der Roman am existentialistischen Entscheidungspathos teilhat, zählt jeder ergriffene Augenblick, nicht aber der aufgeschobene. Im ergriffenen materialisiert sich das ganz Andere; der romantische Chiliasmus wandert ins Hier und Jetzt ein. Das an die Idee des Aufschubs gebundene Approximationsprinzip frühromantischer Bildverwendung teilt diesen Anspruch an die Gegenwart nicht.

In der Schreibweise von *kamalatta* schlagen sich das operative Begehren und die Entscheidungsemphase als mangelnde Durcharbeitung, u. a. des Metaphorischen, nieder. Erst die gelungene Durcharbeitung ermöglichte aber eine Utopiereflexion auf dem angemessenen Stand. Wie anhand der Brückenmetaphorik gezeigt werden konnte, werden die Bilder kaum verflüssigt. Die Wandlungen finden auf dem Boden eines immer gleichen Sockelgehaltes statt. Die Spiegelungstechnik erzeugt zwar einen Zwischenraum zwischen den verschiedenen Manifestationen des Sinnbildes, doch die unendliche Spiegelungsreihe bringt den geistigen Gehalt der Brückenmetapher nicht selbst ins Wanken. So befragt die Narration zwar die utopische Brückenmetapher, doch sie radikalisiert weder den Text noch die von den Figuren vertretenen Ausgangspositionen.

Auch die Verweisungstechnik zeigt einen Mangel an Durcharbeitung. Sie schiebt zwar die Bedeutung auf, doch sie schiebt sie zugleich ins Beliebige ab. Die Deutungen sind Arabesken, die das Eigentliche nicht enthüllen können. Nur die Entscheidung für eine Auslegung legitimiert diese als die gültige. Zwar mag eine objektive Tendenz existieren, die das Bedeutsame an einem dunklen Punkt zusammenhält, doch zugleich produziert die Entscheidung für eine Auslegung die objektive Zusammengehörigkeit von bislang Unzusammengehörigem, weil sie es praktisch durchsetzt.

Die oben untersuchten lustanregenden, auf die verstärkte Wahrnehmung der Anwesenheit zielenden Stilschichten wie die Alliterationen und die umgangssprachlichen Wendungen führen ohnehin von einem reflexiv angelegten Text weg in Richtung auf Vergegenwärtigung. Doch auch die sich entziehenden Schichten des Textes vermögen der Anwesenheitsemphase letztlich nichts Substantielles entgegenzusetzen als ein ins Nichts weisendes Bedürfnis. Indem das andere des Anwesenden nicht in diesem selbst durchgearbeitet erscheint, sondern als ein leerer Fleck, erliegt seine Darstellung einem beschwörerenden Gestus, vor dem die Reflexion auf die Utopie verstummt. Das Andere ist immer nur das nicht näher zu spezifizierende Selbe. Nicht die in der Reflexion gelegene Approximation kann es sukzessive enthüllen, sondern der entschlossene Zugriff soll es aktualisieren.

An die gesteigerte Selbstreflexivität schließt das frühromantische Konzept die Bildungsidee an. Bildung entsteht im einzelnen und im symphilosophischen Austausch. Ihr ist ein progredierendes Moment eigen, das über die Wahl im jeweiligen Augenblick hinausgeht und auf Erfahrungspotentiale zurückgreift, die die individuelle Situation überschreiten. Die Fragmente dienen dazu, Erfahrungs- und Reflexionsprozesse in Gang zu setzen, die sich als Bildung niederschlagen. Die Gebildeten versammeln sich in esoterischen Gemeinschaften, die sich um ideelle Kerne herum kristallisieren, und verändern die Welt. Durch das Individuum hindurch geht der Weg äußerer Umgestaltung. Geisslers Roman liegt kein bürgerlicher Bildungsbegriff zugrunde. Der aufklärerischen Idee, das ständig fortschreitende Wissen gelange irgendwann an einen Indifferenzpunkt mit der Wirklichkeit, steht er, darin ein Zeitgenosse der Moderne, skeptisch gegenüber. Die zu steigernde Selbstreflexivität in der Romantik impliziert dagegen den Glauben an den Erkenntnisfortschritt des einzelnen und der Gesellschaft. Folgerichtig setzten sich die romantischen Zirkel aus Angehörigen des aufgeklärten Adels und des gebildeten Bürgertums zusammen. Die Esoterik der Tropen und Rätselsprache ist zwar potentiell allen zugänglich, die Anspielungspraxis jedoch setzt den Bildungskanon der gehobenen Lehranstalten voraus. Was das romantische Fragment auszeichnet, die Dinge auf höchstem reflexiven Niveau abzuhandeln, behindert in der arbeitsteiligen Gesellschaft zugleich die Breitenwirkung des poetischen Prozesses.

In *kamalatta* wird über die moralphilosophischen Grundkoordinaten auf der Handlungsebene des Romans nicht mehr gestritten. Axiomatisch ist festgesetzt, daß der Kapitalismus zu bekämpfen, zu beseitigen und durch den Sozialismus zu ersetzen sei. Damit errichtet der Roman ein weltanschauliches Dogma, das seine Figuren nicht mehr befragen. Es schneidet die reflexive Auseinandersetzung mit der eigenen Position ab und verhindert Lernprozesse. Solch ein Verfahren steht im scharfen Widerspruch zu dem des romantischen Fragments. Während die gesellschaftsveredelnde Tätigkeit im Rahmen der Frühromantik immer durch die gesteigerten Reflexion hindurchgegangen ist, kommt der widerständige Impuls bei Geissler vielen Individuen quasi naturwüchsig zu. Er wird von Unterdrückungsvorkommnissen angeregt, die sich im kapitalistischen Alltag einstellen. Die nahegelegte Korrelation von lebensweltlichen Geschehnissen und Widerstandsbegehren ermöglicht die Verankerung des Widerstandes quer durch alle Schichten hindurch in all jenen, die der Kapitalismus in ihrer Lebensentfaltung behindert. Die philosophisch-reflexive Auseinandersetzung mit der eigenen Situation ist hier nicht mehr erforderlich. Das Handlungskonzept der Frühromantik, das sich an einem freien Zusammenwirken mündiger Subjekte orientiert, die auf dem höchsten Reflexionsstand laufend ihr eigenes Tun befragen und korrigieren, wird ersetzt durch einen Zusammenschluß von solchen, die sich im Anschluß an eine evidente Erfahrung entschieden haben, bestimmte Weltbildkoordinaten als geltend zu betrachten. Der tendenziell unendlichen Ausbildung des Individuums, dem Lernenden, opponiert der neue Typus als ein in seiner Grundorientierung fertiger, handelnder Mensch. Während der erste die Zwecke dauernd befragt, ordnet der zweite nur noch die Mittel zu.

Während die Romantik eine Rhetorik der Vereinigung, der Liebe und des freiwilligen Ausgleichs kultiviert, möchte die rhetorische Funktion in *kamalatta* die Lebenslust anregen und sie für den unversöhnlichen Klassenstandpunkt in Dienst nehmen. Doch der Roman relativiert die sich in den Vordergrund drängende Rhetorik der Spaltung und des Hasses durch eine Architektur, die im

331

Hintergrund wirkt, indem er durch die Einsetzung des Erzählers deutlich macht, daß sein eigenes Sprechen als ein subjektives situiert werden muß. Der Sprachstrom des im oppositionellen Feld zu verortenden Erzählers ist nur in dem Grade wirkungsvoll, wie seine persuasive Kraft im Leser wirksam wird. Dieser Prozeß verläuft gewaltfrei. Auf die von vielen Figuren propagierte und vorgelebte politische Praxis kann die literarische Praxis Geisslers deshalb nicht verrechnet werden. Mag auch im Buch politisch motivierte Gewalt stattfinden, so ist das Werk selbst nichts weiter als ein harmloser Schriftsatz. Der martialischen politischen Praxis ordnet sich die Literatur nicht unter. Anders als in einer politisch-praktischen Entscheidungssituation zwingt Geisslers Text niemanden, sich für die eine oder die andere Seite zu entscheiden. Er setzt auf der textuellen Ebene vielmehr an demselben Punkt an wie die Romantik, an der Inzitamentfunktion, am begeisternden Impuls, der den Leser magisch an den Text bindet und zu politischen Schlußfolgerungen anregt. Seine Texte sind keine Waffen, sondern Worte im Klassenkampf. Ihr Einfluß auf die Politik ist durch die Einbildungskraft vermittelt. Damit unterscheidet sich Geisslers Tätigkeit, die Produktion von Kunstwerken, von derjenigen seiner Protagonisten, die sich Freiräume mit Waffengewalt erkämpfen. Er besetzt Nischen, die sich ihm im Literaturbetrieb eröffnen, während seine Figuren sich selbst, angreifend, Lebensräume öffnen.

Damit ist zugleich die Stellung des Romans zum Öffentlichkeitskonzept der Romantik ausgesprochen. Die Handlung steht quer zur Praxis des Autors. Während dieser seinen Text der Öffentlichkeit zugänglich macht, in der er Leser finden soll, die eine im Geist verbundene Gemeinschaft bilden, indem sie den Text zum Anlaß eines Gesprächs nehmen, verlangen viele handelnde Figuren die Entscheidung für den bewaffneten Kampf. Alle aber sind sich darüber einig, daß zumindest ein aktives Involviertsein in der Opposition nötig ist. Literatur halten sie nicht für politische Praxis. Der Autor denkt anders, denn er handelt anders, indem er Bücher veröffentlicht. Er kommt dadurch mit der romantischen Hoffnung überein, die auf den öffentlichen Diskurs Gleichgesinnter vertraut, der die einzelnen anregen, zusammenschließen, veredeln und bilden soll. Die Handlung von *kamalatta* marginalisiert aber solche Prozesse, indem viele Figuren das Prozeßgeschehen durch eine Entscheidung für den Kampf beenden wollen. Im Moment dieser Entscheidung verhärtet sich der einzelne und die romantische Idee der unendlich fortschreitenden Reflexion ist aufgegeben.

Fragmente verweisen auf die abwesende Totalität. Die Emphase von Geisslers Text zielt auf Totalitäten: auf das Ganze einer veränderten Gesellschaft und auf ein gänzlich verändertes Leben. Ein wenig Ironie schwingt im Anachronismus der Gattungsbezeichnung mit, weil der Autor weiß, daß er eine marginalisierte, vom herrschenden Diskurs als veraltet angesehene Auffassung vertritt. Dennoch arbeitet er beharrlich mit auf Totalitäten zielenden Weltbildern, die er aber, anders als das historische romantische Fragment, nicht reflexiv einholt. Den totalisierenden Momenten seines Werkes widerstreiten die resignativen. Wo er das einander Widerstrebende nicht reflexiv durchdringt, hält er es von der dialektischen Integration fern. Die Vorstellung einer Annäherung im Unendlichen kommt nicht auf. Die Drohung des Scheiterns wirkt in *kamalatta* deshalb nachhaltiger als im romantischen Fragment.

Mit dem ›romantischen fragment‹ findet Geissler eine Form, die die gegeneinanderstrebenden Tendenzen seines Romans integriert, ohne die Brüche, die sie verursachen, zu glätten. Er schreibt einen Text, der sich formal zur Werkeinheit zusammenschließt, dessen Formgesetz aber ebenso auf Desintegration beruht.

6.3. Zur Poetik der fragmentierten Schreibweise

Geisslers Schreibweise, die im Feuilleton die unterschiedlichsten Wertungen erfahren hat,[270] integriert literarische Tendenzen, die ihren Ursprung in ganz verschiedenen Abschnitten der Literaturgeschichte haben und die einander – der Idee nach – widerstreiten. Die Poetik *kamalattas* ist aber keine innerästhetische Angelegenheit. Sie entwickelt sich am Schnittpunkt ästhetischer und politischer Fragestellungen. Da das literarische Verfahren Geisslers den Fragmentgedanken integriert, stellt sich der Schnittpunkt in Wahrheit als ein Gravitationszentrum dar, um das herum das vielgestaltige Ineinandergehen von Politik und Kunst jeweils seine Form findet. Der von den einzelnen Ausformungen abstrahierende Blick auf *einen* fiktiven Schnittpunkt von Politik und Literatur bliebe ohne Anschauung und deshalb leer. Die Vielzahl der integrierten Modi dieser Überschneidung verweisen auf ein Zentrum, das selbst unbenannt bleibt. Das Ganze ist fragmentiert.

---

270 vgl. die Kapitel 2.2.1. und 3.

Im folgenden soll es darum gehen, das Feld abzustecken, in dem die Einzelphänomene gravitieren. Diese sollen in systematischer Absicht vergegenwärtigt werden. Dazu werden für exemplarische Tendenzen *kamalattas* ihre literarhistorischen Ursprungsorte benannt. Es wird sich zeigen, daß *kamalatta* auch in dieser Hinsicht Elemente verschiedener Herkunft fragmentarisch integriert. Die historische Situierung der auftretenden Stilmittel zeigt, wie sich diese auch hinsichtlich ihrer politischen Motivation unterscheiden.

Geissler übernimmt weder die sozialistische Parteilichkeit, noch ist er dem Konzept des sozialistischen Realismus verpflichtet. Vielmehr transformiert er die Lukácssche Parteilichkeit in eine existentialistisch und romantisch angereicherte, genuine Form. Darüber hinaus greift er Stilmittel auf, die aus der ›bürgerlichen‹ Literatur kommen. Die Anleihen beim Naturalismus, der Jahrhundertwendeliteratur und dem Frühexpressionismus belegen dieses. Augenblicksemphase und vitalistische Tendenzen können in diesem Horizont interpretiert werden. Doch mit der reflexiven Struktur *kamalattas*, die unter anderem durch die Verwendung des Datums belegt wird, opponiert auch dieser Schicht eine entgegenstrebende. Sie steigert sich mit den Tendenzen zum poetischen Nihilismus bis zur esoterischen Selbstbespiegelung und entleert sich bis zur völligen Nichtigkeit, die in einem hybriden Umkehrschluß zum Kunstglauben werden kann.

Die Kurzreferate über literarische Epochenzusammenhänge erheben natürlich nicht den Anspruch, erschöpfend über die herangezogenen Tendenzen zu handeln. Schlaglichtartig mögen sie die Konstellation der Stilphänomene in systematischer und historischer Hinsicht aufscheinen lassen. Aus der Abfolge charakteristischer Phänomene, die der Roman integriert, soll letztlich die Konkretion des oben genannten Gravitationszentrums hervorgehen. Der Zugriff ist systematisch, indem er die Einzelphänomene entlang einer ästhetischen und einer politischen Achse anordnet, die Darstellung behandelt diese Formen aber genetisch, von ihrem historischen Ursprungsort her, um ihre Verhaftung in bestimmten Epochen darzustellen.

Autoren, die für eine Veränderung der Gesellschaft eintreten, stehen vor der Frage, ob sie die Literatur, die sie produzieren, der angestrebten Veränderung dienstbar machen wollen. In der Literaturgeschichte gibt es auf diese Frage einander widersprechende Antworten. Nicht an der Autorintention, sondern an der Werkgestalt sucht die Ästhetik die verschiedenen Orientierungen auf. Die Begriffe der Wirkungs- und der Wahrheitsorientierung bezeichnen diesen Unterschied. Das Begriffspaar stellt die erste systematische Achse dar, an der entlang die Einzelphänomene aus *kamalatta* um ihre historischen Vorläufer gruppiert werden sollen. Die zweite bildet eine politische, die, immer ausgehend von der Notwendigkeit grundlegender Veränderungen, auf der Suche nach dem revolutionären Faktor zunächst das kollektive Vorgehen befragt, dann den oppositionellen Impuls der Individuen und schließlich die Möglichkeit aller Veränderung überhaupt.

Die kollektiven revolutionären Anstrengungen verbinden sich mit einer wirkungsorientierten Ästhetik im Konzept sozialistischer Parteilichkeit, das deshalb einen Extrempunkt des zu untersuchenden Feldes bietet. Die stilistische Vielfalt bleibt auf die enthusiastische Parteilichkeit bezogen. Geisslers Schreibweise bestimmt sich zuallererst im Horizont der Debatten um die Funktion der Kunst in der sozialistischen Bewegung, für die die Idee der Parteilichkeit immer eine Herausforderung war. Unter dem Vorzeichen des Existentialismus individualisiert sich die politische Orientierung, während die Wirkungsorientierung der Literatur aufrechterhalten bleibt. Demgegenüber zielt die vitalistische Schicht in Geisslers Roman auf ein Allgemeines, das jedem Individuum gegeben ist und das jedes aktualisieren muß, um die Verhältnisse zu ändern. Die Literatur hat ihre Aufgabe darin, das im Individuum liegende Allgemeine anzuregen. Hier berührt sie sich mit dem politischen Anarchismus, der sich ebenfalls auf den einzelnen stützt. Wo sich aber weder im Kollektiv noch im einzelnen mehr Handlungsorientierungen finden, verliert sich der wirkungsorientierte Zug der Literatur, und sie wird selbstreflexiv. Die entsprechenden Tendenzen in *kamalatta* nähern den Roman der bürgerlichen literarischen Tradition an, die auf der Autonomie der Kunst beharrt. Die Literatur will nur noch sich selbst, will zeigen was ist. Sie schielt nicht auf Wirkung und wird zunehmend hermetisch und monologisch. Zuletzt streicht sie ihre eigene Anstrengung durch, indem sie verstummt. Hierhin kann der poetische Nihilismus führen.

Von der parteilichen, wirkungsorientierten bis zur resignativen Infragestellung aller Literatur reicht in *kamalatta* das Spektrum fragmentierten Schreibens. Die einzelnen Phänomene folgen im Roman aber keiner Hierarchie, sondern widerstreiten einander. Ihre relative Berechtigung und ihre relative Unwahrheit gegeneinander machen die Schreibweise *kamalattas* wesentlich aus. Die Konzeption des Fragments bietet eine Integration des Disparaten an, ohne diesem seine Eigenart zu nehmen. Zugleich webt die als ihr hypothetischer Fluchtpunkt mitgesetzte utopische Orientierung esoterisch eine Richtung ins Verfahren ein, die aktualisiert werden kann, aber nicht aktualisiert werden muß.

Die Integration von Wahrheits- und Wirkungsorientierung, den Streit zwischen engagiert-enthusiastischen und sich monologisch verkapselnden Tendenzen sowie überhaupt die Poetik der fragmentierten Schreibweise in *kamalatta* gilt es nun, unter Berücksichtigung der jeweiligen literarhistorischen Herkunft, im einzelnen aufzuzeigen.

6.3.1. Parteilichkeit

Im ersten Teil des 20. Jahrhunderts thematisierten revolutionär gesonnene Autoren und Ästhetiker, aber auch Politiker, das Verhältnis von Kunst und sozialistischer Politik in einem bis dahin unbekannten Maße. Nachdem im späten 19. Jahrhundert die Entdeckung neuer literarischer Stoffe stattgefunden hatte – Benjamin nennt die Masse als Akteur bei Hugo und Baudelaire[271] – begann mit der Jahrhundertwendeliteratur eine Phase des Experimentierens, die zahlreiche Formexperimente hervorbrachte, die sich bis zum Extrem der historischen Avantgardebewegungen radikalisierten. Ihrem Selbstverständnis nach waren Surrealismus, Futurismus, Dadaismus und Expressionismus revolutionäre Bewegungen. Damit griffen sie sowohl die in der SPD – später in der USPD und in der KPD – organisierte Arbeiterbewegung wie auch insbesondere die ihr nahestehenden Autoren und Ästhetiker an. Die sich daraufhin entspinnenden Debatten hatten einerseits zum Thema, wie die revolutionäre Bewegung vorangebracht werden könnte und ferner, wie die Kunst beschaffen sein müßte, die ihr verbunden wäre. Diese doppelte Fragestellung spitzte sich im nachrevolutionären Rußland mit der offiziellen Haltung zum Proletkult, der 1923 zur Abweichung erklärt wurde, und zum Konstruktivismus zu, der jahrzehntelang die negative Folie für die Bewertung der realsozialistischen Literatur und Ästhetik abgeben sollte. In Deutschland erreichte die Auseinandersetzung um die Avantgardekunst ihren Höhepunkt mit der im Exil geführten Expressionismusdebatte der dreißiger Jahre.

---

271 »Bedürfte es eines Zeugnisses für die Gewalt, mit der die Erfahrung der Menge Baudelaire bewegt hat, so wäre es die Tatsache, daß er es unternahm, im Zeichen dieser Erfahrung mit Hugo zu wetteifern.« (Benjamin, W., Das Paris des Second Empire bei Baudelaire, in: ders., Gesammelte Schriften, hg. von R. Tiedemann und H. Schweppenhäuser, Bd. I, Frankfurt/M. 1974, S. 511-604, hier: S. 562)

Seit Mitte der zwanziger Jahre definierte die KPD die Kulturpolitik als einen Faktor im Klassenkampf:

> Nachdem die Partei grundsätzlich die Existenz proletarisch-revolutionärer Kunst auch im Kapitalismus bejahte, war es selbstverständlich, daß der zweite Schritt, die Überlegung, wie diese neue Kunstrichtung an die Partei anzubinden sei, in der Folgezeit debattiert wurde. Der KPD-Standpunkt zur Kulturpolitik änderte sich etwa [...] im Oktober 1925.[272]

Nun wurde systematisch die kommunistische Präsenz im Kulturbereich institutionalisiert. Die kommunistischen Autoren fanden sich seit 1928 im *Bund proletarisch-revolutionärer Schriftsteller* (BPRS) zusammen. Hier gab es keine Formexperimente. Die Aufgabe des Bundes war es, mit dem Mittel der Kulturarbeit potentielle Sympathisanten an die KPD heranzuführen und leichtverständliche sozialkritische Bellektristik und journalistische Arbeiten zu publizieren.[273] Inhaltlich war die Parteilinie der KPD verbindlich. Das Hauptverdienst des Bundes stellte die Organisation eines Publikationsnetzes dar, das die Arbeiter anspornte, zu schreiben und zu veröffentlichen. Daß dieses gelang, spiegelt die Berufsstatistik der Mitglieder des BPRS wider: »Berufsschriftsteller, oder, wie wir heute sagen würden ›Freie Autoren‹, machten gegenüber den Redakteuren und Journalisten auf der einen, gegenüber den Arbeiterkorrespondenten, die ja ihren Broterwerb über die Fabrikarbeit sicherten auf der anderen Seite, nur einen Bruchteil aus.«[274]

Hanno Möbius untersucht die vom BPRS herausgegebenen Reihe der Roten Eine-Mark-Romane und gelangt zu dem Schluß, daß das operative Konzept mit ihnen aufgegangen sei. Die eigenen Vertriebswege und die Arbeit der Betriebs- und Straßenzellen garantierten die inhaltliche Eigenständigkeit gegenüber dem bürgerlichen Literaturbetrieb. Die Rekrutierung von Arbeiterkorrespondenten einerseits und die Gesamtauflage der Reihe (Ende 1931: 300.000 Stk.[275]), machten klar, daß die Arbeiterkorrespondenten die selbstgestellten Forderungen »nach

---

272 Hein, Chr. M., Der ›Bund proletarisch-revolutionärer Schriftsteller Deutschlands‹. Biographie eines kulturpolitischen Experiments in der Weimarer Republik, Münster - Hamburg 1991, S. 24

273 Helga Gallas skizziert die Aufgaben des Bundes, vgl. dies., Marxistische Literaturtheorie, Neuwied und Berlin 1971, S. 31-35.

274 Hein, a. a. O., S. 61

275 Möbius, H., Progressive Massenliteratur? Revolutionäre Arbeiterromane 1927-1932, Stuttgart 1977, vgl. S. 80

der Einheit des politischen mit dem literarischen Kampf«[276] eingelöst hätten. »In der Arbeiterpartei KPD mußten Arbeiterschriftsteller im Rahmen der klassenspezifischen Kommunikationsformen bleiben, wenn sie nicht an ihren Lesern vorbeischreiben wollten.«[277] Möbius interpretiert den Erfolg der Eine-Mark-Romane im Horizont des Desiderats, der proletarische Roman müsse eine gelungene klassenspezifische Kommunikationsform darstellen.

Während der BPRS zunächst an der Sozialfaschismusthese festhielt, versuchten die erfolgreichen Organisationen Münzenbergs, die *Internationale Arbeiter-Hilfe* oder Publikationen wie die *Arbeiter-Illustrierte-Zeitung* (AIZ) eine integrative Linie im Verhältnis von Sozialdemokraten und Kommunisten durchzusetzen. Die AIZ wurde zu einem populären Massenblatt. Der Unterschied zum BPRS drückte sich vor allem in der weiter gefaßten politischen Toleranzzone aus. Künstlerische Innovationen waren auch hier die Ausnahme, sie beschränkten sich etwa auf die Photomontagen Heartfields. Die eigentlich innovative Leistung war auch in Münzenbergs Unternehmungen die Einbindung der revolutionär gesonnenen Massen in eine kulturelle Struktur, die ihren Ansprüchen in bezug auf die Inhalte und auf das Bedürfnis nach Unterhaltung genügte.

Mit diesen kulturpolitischen Entwicklungen hatte sich, neben der sich weiterentwickelnden autonomen Literatur bürgerlichen Ursprungs, eine dem Anspruch nach proletarische herausgebildet, deren Hauptmerkmal ihre Anbindung an die Parteilinie war. Sie stellte die operativen und wirkungsästhetischen Züge in den Vordergrund und wurde mit dem Begriff der Tendenz charakterisiert. Ihm setzte Lukács 1932 den Begriff der Parteilichkeit entgegen, den er für die sozialistische Literatur reklamierte, während er jenen für diese verwarf. Lukács macht zunächst eine Opposition von Tendenzkunst und reiner Kunst auf, die er dann mit dem Begriff der Parteilichkeit überwindet. Die bürgerliche, reine Kunst hypostasiere die Form und beachte die Inhalte nicht. Umgekehrt funktioniere die Tendenzkunst. In ihr triumphiere ein nicht in der Wirklichkeit aufzufindendes Ideal, das der Realität idealistisch entgegengehalten werde: »›Tendenz‹ ist eine Forderung, ein Sollen, ein Ideal, das der Schriftsteller der Wirklichkeit gegenüberstellt; sie ist keine vom Dichter (im Sinne von Marx) nur bewußt gemachte Tendenz der gesellschaftlichen Entwicklung selbst, sondern ein (subjektiv erson-

---

276 a. a. O., S. 17
277 a. a. O., S. 74

nenes) Gebot, dessen Erfüllung von der Wirklichkeit gefordert wird.«[278] Die Moral werde der Kunst von außen aufgestülpt. Über die zeitgenössische Literatur urteilt Lukács: »An die Stelle der Gestaltung des subjektiven Faktors der revolutionären Entwicklung tritt nur allzu häufig ein bloß subjektiver (weil ungestalteter) ›Wunsch‹ des Verfassers: eine ›Tendenz‹.«[279]

Die parteiliche Literatur verwerfe die oben genannte Dichotomie. Der ›richtig‹ aufgefaßte subjektive Faktor »braucht die Wirklichkeit nicht [...] ›tendenziös‹ umzufärben, denn seine Darstellung – wenn sie eine richtige, dialektische ist – ist gerade auf die Erkenntnis jener Tendenzen (im berechtigten Marxschen Sinne des Wortes) aufgebaut, die sich in der objektiven Entwicklung durchsetzen«[280]. Da sich, wie Lukács mit Marx annimmt, das Proletariat durchsetzen wird, muß der Schriftsteller in »Parteilichkeit für jene Klasse, die Trägerin des Fortschritts in unserer Periode ist: für das Proletariat«[281] stehen. Die Wahrheit der Parteilichkeit hängt bei Lukács, mit der historischen Rolle des Proletariats, an einer außerästhetischen Kategorie. Nur sofern die Fortschrittsorientierung und die Wahrheit der historischen Aufgabe des Proletariats vorausgesetzt sind, geht die Parteilichkeit über das bloße Wollen der Tendenz hinaus.

Möbius hält Lukács entgegen, dessen Forderungen, geschult an der Literatur des 19. Jahrhunderts, seien »rückschrittlich gegenüber der operativen Literatur, deren Träger und Adressaten soziale Gruppen sind.«[282] Schon in der *Linkskurve*, dem Organ des BPRS, wurde über das gleiche Thema gestritten. Lukács kritisiert dort mit den Romanen Willi Bredels die Vorzeigetexte der Roten Reihe.[283] Im Kern geht es um die Frage, welcher Stellenwert der Wirkungs- und welcher der Wahrheitsorientierung einer sich politisch definierenden Literatur zugestanden werden soll. Während Möbius, wenn er die klassenspezifische Kommunikationsform als höchsten Wert inthronisiert, die Wirkungsästhetik bevorzugt, versucht Lukács mit dem Konzept der Parteilichkeit Wahrheit und Wirkung der Literatur

---

278 Lukács, G., Tendenz oder Parteilichkeit?, in: ders., Werke, Bd. 4, Neuwied und Berlin 1971 (zuerst 1932), S. 23-34, hier: S. 27
279 a. a. O., S. 34
280 a. a. O., S. 32
281 ebd.
282 Möbius, a. a. O., S. 52
283 vgl. Lukács, Willi Bredels Romane, in: ders., Werke, Bd. 4, Neuwied und Berlin 1971 (zuerst 1931/32), S. 13-22. Er greift besonders dessen reportageartigen Stil an und fordert »wirklich lebendig[e] und anschaulich[e]« (a. a. O., S. 17) Gestaltung.

zusammenzubringen. Da er aber von den dogmatischen Annahmen ausgeht, er wisse, wer der Träger des Fortschritts sei und wer die Klassenkämpfe gewinnen werde, integriert er die einander widerstreitenden ästhetischen Orientierungen gewaltsam.[284]

Die Frage nach der Parteilichkeit und das Verhältnis von Wahrheits- und Wirkungsorientierung ist für *kamalatta* zentral. Auch in Geisslers Roman liegt die Idee der Parteilichkeit zugrunde, jedoch anders akzentuiert als bei Lukács. Die Tendenz erscheint als Wollen einzelner Figuren, die Parteinahme des gesamten Werkes ist jedoch, vermittelt durch den Erzähler, mit einer real wirksamen Tendenz – im von Lukács zitierten Marxschen Sinne – verkoppelt, der ein Wahrheitsmoment zukommt und die deshalb über das bloße Wollen hinausgeht. Allerdings ist das Wollen aus der Parteilichkeit in Geisslers Roman nicht gänzlich verbannt. Vielmehr ist es in die Wahrheitsorientierung eingegangen. Die Einschätzung des *Kommunistischen Manifests*, daß das Proletariat siegen wird, der auch Lukács noch anhängt, ist zweifelhaft geworden. Hier setzt das existentialistische Moment der Wahl ein.[285] Parteilichkeit ist nun eine heuristische Notwendigkeit, wenn die revolutionäre Bewegung vorangebracht werden soll. Die Wahrheit eines sozialistischen Sieges muß als geschichtsphilosophische Orientierung zugrundegelegt werden, um die Wahrscheinlichkeit dieses Sieges zu erhöhen. Die Erzählerinstanz in *kamalatta* nimmt kontrafaktisch an, daß das Proletariat letztlich siegen wird. Zugleich scheint in der nihilistischen Schicht des Romans der Gedanke auf, daß der Glaube an diesen Sieg vergebens sein könnte. Das Operative überlebt in der oben herausgearbeiteten appellativen Schicht des Romans, doch es ist nur ein Moment in dessen fragmentierter Totalität. Die sozialistische Parteilichkeit Lukácsscher Provenienz wandelt sich in eine existentialistisch motivierte, enthusiastische.

Seit Mitte der dreißiger Jahre wurde die proletarisch-revolutionäre, operative Tendenz in der sozialistischen Literatur zugunsten des sozialistischen Rea-

---

284 Gallas kritisiert, »daß Lukács nicht etwa zu einer Neubestimmung der Funktion von Kunst gelangt, sondern mit dialektischen Kategorien das gleiche faßt, was die klassische bürgerliche Ästhetik als deren Bestimmung angesehen hatte: Realisation einer harmonischen Einheit, Kunst als eine andere Welt, als höchste Erscheinungsform des Menschlichen; das Kunstwerk als geschlossenes Universum, als Ganzheitliches, In-sich-Vollendetes.« (Gallas, a. a. O., S. 166).

285 Auch das aufgezeigte vitalistische ergänzt die Lukácssche Wahrheitsorientierung, indem eine vorgängige Sphäre des Lebens angenommen wird, die auf der Seite der Wahrheit steht.

lismus zurückgedrängt.[286] 1934 verkündet Maxim Gorki auf dem ersten Allunionskongreß der Sowjetschriftsteller in Moskau, daß die den sozialistischen
Schriftstellern angemessene Form ihrer Arbeit der »sozialistische Realismus«[287]
sei. Er verurteilt jede Art von Individualismus, den er bürgerlich nennt, und propagiert die Einordnung des Schriftstellers in die Reihen und unter die ideologische Linie der Partei. Auch Karl Radek wählt den bürgerlichen »Individualismus«[288] zum Feindbild. Personifiziert sieht er ihn in Joyce, dem er vorwirft, es
gebe im Leben seiner Protagonisten »nichts Großes«[289]. Wie Gorki, der behauptet: »Unsere Literatur ist der westlichen durch ihre neue Thematik überlegen«[290],
knüpft auch Radek die neue, sozialistisch-realistische Literatur an ihre inhaltliche Ausrichtung: »Die Suche der sowjetischen Kunst nach ihren eigenen
schöpferischen Methoden hat lange gewährt, denn sie mußte [...] einen neuen
Weg suchen, einen Weg zur Darstellung des Lebens, wie es wirklich ist. Dieser
Weg ist gefunden. Die sowjetische Kunst hat ihre Methoden gefunden, und sie
stehen im Einklang mit den Aufgaben, die sich die revolutionäre Literatur
stellt.«[291] Die objektive, historische Entwicklung, die sich nach Meinung der
Kommunisten in der Parteipolitik verkörpere, war seither im Einflußbereich der
Sowjetunion mit dem Postulat des sozialistischen Realismus verbunden.[292]

---

286 Diesen Übergang zeichnet M. Lefèvre nach. Auf die Genese des sozialistischen Realismus,
den die KP seit 1932 als adäquate Literatur der sozialistischen Bewegung ansah und auf seine
Kanonisierung seit dem ersten Allunionskongreß der Sowjetschriftsteller 1934, legt er besonderes Gewicht (vgl. Lefèvre, M., Von der proletarisch-revolutionären zur sozialistisch-realistischen Literatur, Stuttgart 1980, besonders die Kapitel 4 und 5).
287 Gorki, M., Über sowjetische Literatur, in: Schmitt, H.-J./Schramm G., Sozialistische
Realismuskonzeptionen. Dokumente zum 1. Allunionskongreß der Sowjetschriftsteller,
Frankfurt/M. 1974, S. 51-84, hier: S. 81
288 Radek, K., Die moderne Weltliteratur und die Aufgaben der proletarischen Kunst, in:
Schmitt, H.-J./Schramm G., Sozialistische Realismuskonzeptionen, Frankfurt/M. 1974, S. 140-
213, hier: S. 196
289 a. a. O., S. 205
290 Gorki, a. a. O., S. 81
291 Radek, a. a. O., S. 207
292 Vgl. hierzu den kritischen Artikel von Jäger, M., ›Sozialistischer Realismus‹ als kulturpolitisches Losungswort, in: Brinkmann, R. (Hg.), Begriffsbestimmung des literarischen Realismus,
Darmstadt 1987, S. 588-614, wo er dem Begriff jeglichen analytischen Wert abspricht: »Kann
der einzelne Künstler oder das einzelne Kunstwerk heutzutage überhaupt noch auf nachweisbare,
auffindbare Kriterien des sozialistischen Realismus festgelegt werden? Die vagen, abstrakten,
schlagwortartigen und in sich widersprüchlichen Beschreibungen, die sich als fiktive Kontinuität

Auch in Geisslers Text hat das Pathos, das das Proletariat und die aus ihm hervorgehenden organisatorischen Zusammenschlüsse zum Hoffnungsträger im geschichtlichen Prozeß macht, einen hervorgehobenen Platz. Insofern partizipiert er an den Avantgardevorstellungen der kommunistischen Parteien und an der inhaltlichen Ausrichtung des sozialistischen Realismus. Doch es gibt in *kamalatta* – wie gezeigt – auch ›individualistische‹ Tendenzen. Neben der Konsequenz, die der Protagonist zieht, indem er sich umbringt, ist es vor allem die sich dem schnellen Verstehen entziehende Schicht der Schreibweise, die zu nennen ist. Eklatant verstößt Geissler gegen das Konzept der Parteiliteratur, wenn er die Neuerung des erklärten Feindes Joyce, den inneren Monolog, übernimmt.[293] Obwohl er sich durch Parteilichkeit auszeichnet, gehört Geisslers Roman nicht dem sozialistischen Realismus an. Er leitet sich literarisch nicht nur aus der sozialistischen bzw. proletarisch-revolutionären Literatur, sondern zu großen Teilen aus der bürgerlichen her.

Nachdem der Begriff des sozialistischen Realismus kanonisiert war, begann unter den deutschen Schriftstellern im Exil seit 1937 einen Debatte darum, wie der Realismus auszulegen sei. Im Zeichen der von den Kommunisten nun vertretenen Volksfrontpolitik gegen den Faschismus suchten diese das Gespräch auch mit solchen Schriftstellern, die sich nicht auf Parteilinie befanden. Der Expressionismus wurde zum Kristallisationspunkt einer Erörterung darüber, wie weit der ›Individualismus‹ in der Kunst sein Recht habe. Die verschlungene Debatte braucht hier nicht verfolgt zu werden.[294] Als eines ihrer Ergebnisse darf festgehalten werden, daß der Begriff des Realismus selbst unterhöhlt wurde und einen schillernden, problematischen Charakter annahm. Die Literaturstrategen in der KP ließen sich davon jedoch nicht erschüttern; für sie blieb der einmal verkündete Leitbegriff des sozialistischen Realismus verbindlich.

Dieses galt auch für die Zeit nach dem Zweiten Weltkrieg, im deutschen Sprachraum betraf es die Schriftsteller in der DDR sowie westliche, die in Zirkeln organisiert waren, die sich dem Sozialismus verpflichtet wußten und in

---

bis in neueste Kompendien fortschleppen, erweisen sich als ungeeignet sowohl für die künstlerische Praxis wie für die kritische Rezeption. Sozialistischer Realismus wurde zur Leerformel« (a. a. O., S. 607).

293 Vgl. die Hochzeitsszene im Kleingartenverein (515-524) und meine Analyse im Abschnitt 6.1.7. (Umgangssprache).

294 vgl. hierzu: Schmitt, H.-J., Die Expressionismusdebatte. Materialien zu einer marxistischen Realismuskonzeption, Frankfurt/M. 1973

denen die offizielle Linie der KPdSU und der SED beachtet wurde. Im Westen gewann in den fünfziger Jahren jedoch die literaturpolitische Orientierung der *Gruppe 47* zunehmend an Gewicht, in der zwar vollkommen voneinander verschiedene Stile vertreten waren, die sich aber in ihrer Abstinenz von jeglicher sozialistischen Parteilichkeit trafen. Erst Tabubrüche wie der von Peter Weiss, der sich 1965 programmatisch auf die Seite der sozialistischen Weltsicht stellte,[295] änderten dieses und leiteten das Auseinanderbrechen der Gruppe ein, die sich als ein plurales Sammelbecken ohne Programmdogmatik verstand. Ihre politische Ausrichtung fand sie in der individuellen moralischen Gegnerschaft gegen Adenauers Politik. Den Autonomieanspruch der Literatur stellte sie nicht in Frage.

Diese Konzeption verdankt sich einerseits der Zurückweisung jeglicher Bevormundung der Schriftsteller, die die Erfahrung der zwangsweisen Einordnung in die faschistische Volksgemeinschaft gerade hinter sich hatten oder die im Exil die Dominanz des kommunistischen Parteiapparates erleben mußten. Im Zeichen des Kalten Krieges und der Totalitarismustheorie verloren beide Regimes gegeneinander an Trennschärfe. Andererseits erlebte der Existentialismus im Nachkriegswestdeutschland eine Blüte. Die am Individuum ansetzende philosophische Orientierung bot ein Gegenbild zu den als totalitär verworfenen Praktiken. Das im Zuge des Existentialismus diskutierte Konzept der engagierten Literatur ermöglichte die parteilose Stellungnahme unter Aufrechterhaltung eines wirkungsästhetisch motivierten, moralisch verantworteten Literaturkonzepts. Die engagierte Literatur setzt nicht, wie die proletarisch-revolutionäre oder die des sozialistischen Realismus, bei den Gruppen oder Klassen an, sondern am Individuum. Geisslers geistige Sozialisation fällt in die vom Existentialismus geprägten fünfziger Jahre. Seine ersten Werke können als littérature engagée interpretiert werden, und auch in *kamalatta* findet sich, wie gezeigt, ein breiter existentialistischer Unterstrom.

Operative Tendenzen im Sinne der proletarisch-revolutionären Literatur der zwanziger und dreißiger Jahre kehren in die deutsche Literatur mit der Bitterfelder Konferenz von 1959 zurück. Unter der Parole ›Greif zur Feder, Kumpel‹ sollten die Arbeiter in der DDR mit dem sogenannten Bitterfelder Weg zum

---

295 »Die Richtlinien des Sozialismus enthalten für mich die gültige Wahrheit« (Weiss, P., 10 Arbeitspunkte eines Autors in der geteilten Welt, in: ders., Rapporte 2, Frankfurt/M. 1971 (zuerst 1965), S. 14-23, hier: S. 22).

Schreiben angehalten werden. In der BRD begann die Renaissance operativer Literatur im Zeichen sozialistischer Parteilichkeit mit dem *Werkkreis Literatur der Arbeitswelt* erst 1970. Vorher hatte die am Karfreitag 1961 gegründete *Dortmunder Gruppe 61* die Arbeitswelt als Thema der Literatur wiederentdeckt.[296] Ihr war Geissler Mitte der sechziger Jahre verbunden, ohne Mitglied zu sein. 1965 las er als Gast der Gruppe auf deren traditioneller Karfreitagstagung aus *Kalte Zeiten*,[297] und im 1966 herausgegebenen *Alamanach* findet sich ein Text von ihm.[298] Auch inhaltlich stand Geissler der Gruppe näher als dem Werkkreis.

Die *Gruppe 61* hat ihre Orientierung an der bürgerlichen Literatur nie verleugnet. Ihr geht es vor allem um das Thema Arbeitswelt, aber auch um den Anspruch, diese künstlerisch darzustellen, eben um die »literarisch-künstlerische Auseinandersetzung mit der industriellen Arbeitswelt der Gegenwart und ihrer sozialen Probleme«[299]. Sie verlangt: »Die künstlerischen Arbeiten müssen individuelle Sprache und Gestaltungskraft ausweisen«[300]. Damit ist der Weg zur reinen Gebrauchsliteratur abgeschnitten und der traditionelle Begriff der Literatur als Bezugs- und Ausgangspunkt festgeschrieben. Geissler erfüllt die Kriterien der *Gruppe 61* in *Kalte Zeiten* vorbildlich. Seine Verbundenheit mit deren Intentionen macht sich noch in *kamalatta* bemerkbar, indem er Probleme der Arbeitswelt schildert und die Sprache der Arbeiter in die Literatur holt. Obwohl er in den sechziger und siebziger Jahren politisch radikaler wurde, ging er den von einigen Autoren vollzogenen Weg der Abspaltung nicht mit. Aus bürgerlichem Hause stammend, konnte Geissler auch den Bitterfelder Weg der DDR-Literatur nicht einschlagen, der, ganz im Zeichen der Arbeiterkorrespondenten der Weimarer Zeit, Arbeiter zum Schreiben anhielt. Er befand sich in jenem Dilemma,

---

296 Ralf Schnell stellt fest: »Wer für die Zeit von 1945 bis 1960 in der Bundesrepublik eine Literatur ausfindig zu machen sucht, die das Problem ›Arbeitswelt‹ thematisiert, wird sich enttäuscht sehen. Es gibt zwar eine solche Literatur, doch nur in einer sehr eingeschränkten, den Arbeitsprozeß zumeist mythisierenden und mystifizierenden Form und ohne größere Resonanz.« (Schnell, R., Die Literatur der Bundesrepublik, Stuttgart 1986, S. 217)
297 vgl. Kuhn, O., »Die Ratlosigkeit ist gemeinsam«. Christian Geissler las als Gast bei der Dortmunder ›Gruppe 61‹, in: Ruhr-Nachrichten vom 20. 4. 1965; vgl. weiter: Baroth, H. D., Christian Geisslers Experiment, in: Frankfurter Rundschau vom 22. 4. 1965
298 Geissler, Chr., Warum in die Ferne schweifen, sieh, das Gute liegt so nah. Episode aus einem Fernsehfilm, in: Hüser, F./Grün, M. von der, Alamanach der Gruppe 61 und ihrer Gäste, Neuwied und Berlin 1966, S. 143-154
299 Programm der Dortmunder Gruppe 61, in: Schnell, a. a. O., S. 218
300 ebd.

das Martin Walser auf den Punkt bringt, wenn er schreibt: »Es ist lächerlich, von Schriftstellern, die in der bürgerlichen Gesellschaft das Leben ›freier Schriftsteller‹ leben, zu erwarten, sie könnten mit Hilfe einer Talmi-Gnade und der sogenannten schöpferischen Begabung Arbeiter-Dasein im Kunstaggregat imitieren oder gar zur Sprache bringen. Alle Literatur ist bürgerlich. Bei uns. Auch wenn sie sich noch so antibürgerlich gebärdet. Ich bin nicht so sicher, daß sie nichts als ›affirmativ‹ sei, aber bürgerlich ist sie sicher.«[301] Diese Bürgerlichkeit behielt die *Gruppe 61* immer bei.

Der neu gegründete *Werkkreis 70* bzw. *Werkkreis Literatur der Arbeitswelt* verzichtete demgegenüber auf die Fixierung auf das bürgerliche Literaturideal und lehnte sich an die operativen Tendenzen sowohl der proletarisch-revolutionären Literatur der Weimarer Zeit als auch an deren Wiederaufnahme unter dem Vorzeichen des Bitterfelder Weges an. Sein Ziel ist primär politisch definiert, er »will dazu beitragen, die gesellschaftlichen Verhältnisse im Sinne der Arbeitenden zu verändern«[302]. Neben der Parteilichkeit ist sogar die gewerkschaftliche Orientierung in das Programm hineingeschrieben. Die Literatur ist hier primär durch ihre Funktion, also wirkungsästhetisch, legitimiert. Die Formverbindlichkeit wird im Sinne des Realismuskonzeptes festgeschrieben: »Alle erprobten und neuen Formen realistischer Gestaltung werden benutzt.«[303] Saß die *Gruppe 61* mit ihrer Ästhetik »zwischen allen Stühlen: die bürgerliche Literaturkritik akzeptiert sie nicht wegen mangelnder ›literarisch-ästhetischer‹ Qualität, und die auf seiten des Werkkreises stehenden Kritiker wollen, daß sich die Gruppe von eben dieser Bindung an die ästhetische Qualifizierung löst«[304], so gibt der *Werkkreis* die Orientierung am bürgerlichen Autonomieideal auf und nimmt Partei für die in der sozialistischen Tradition dominante, realistische Wirkungsästhetik. Hier stellt sich freilich einmal mehr die Frage, was realistisch sei, die in der Expressionismusdebatte den höchsten Reflexionsstand erreicht hatte.

Geissler wechselt nicht in den *Werkkreis* über. Er legt sich nicht auf ein realistisches Konzept fest – und doch entwickelte er Stilelemente mit, die zur Abspaltung des *Werkkreises* geführt hatten. So zeigt seine Verwendung der

---

301 Walser, M., Berichte aus der Klassengesellschaft, in: Runge, E., Bottroper Protokolle, Frankfurt/M. 1968, S. 7-10, hier: S. 9

302 Programm des Werkkreises Literatur der Arbeitswelt, in: Schnell, a. a. O., S. 224

303 ebd.

304 Arnold, H. L., Die Gruppe 61 – Versuch einer Präsentation, in: ders., Gruppe 61, München 1971, S. 11-36, hier: S. 28

Umgangssprache Parallelen zu Erika Runges *Bottroper Protokollen*, die sich der Sprache der Arbeiter halb literarisch, halb dokumentarisch nähert. Viele der oben für die bei Geissler verwendete Umgangssprache herausgearbeiteten Merkmale sind hier vorgebildet. Auch die im *Werkkreis* geforderte Parteilichkeit setzt sich in seiner Literatur immer stärker durch. In *kamalatta* beherrscht die Perspektive des Erzählers das Erzählte. Allerdings geht *kamalatta* nicht in dessen Parteilichkeit auf. Der Erzähler geht parteiisch vor, weshalb der Leser die erzählte Welt durch den Filter der Parteilichkeit wahrnimmt, doch setzen sich, gleichsam wider den Willen des Erzählers, nihilistische Tendenzen im Roman durch, die die Haltung der Parteilichkeit in Frage stellen.

Doch die Parteilichkeit ist bei Geissler nicht diejenige Lukács', in der Sicherheit über die Gesetzmäßigkeit herrscht, in der die Geschichte sich weiterentwickeln wird. Sie ist vielmehr eine beschworene, eine rhetorisch-emphatisch gesetzte, in der ein Glaubensmoment zu finden ist. Sie hat sich individualisiert, weil die objektive geschichtliche Tendenz, die Lukács noch zugrunde legen konnte, durch die geschichtlichen Entwicklungen in Frage gestellt wurde. An die Stelle eines Wissens vom Geschichtsgang tritt nun der bekennenden Glaube an den Sieg. Die Parteilichkeit wird enthusiastisch. Der Text knüpft damit an die referierten ästhetischen Überlegungen der Frühromantiker an. Zusätzlich transponiert er das Konzept der Parteilichkeit in den Rahmen der existentialistischen Ästhetik und transformiert die parteiliche Literatur in die engagierte.

6.3.2. Engagement

Geisslers Roman transformiert die Parteilichkeit von einer Kategorie, die sich auf den scheinbar objektiv abgeleiteten, siegreichen Geschichtsgang bezieht, in eine, die an die subjektive Wahl der Individuen geknüpft ist, die wiederum vitalistisch legitimiert wird. Diese Transformation kann als eine Reaktion auf den Utopieverlust gelesen werden, der die Idee des Sozialismus immer wieder heimgesucht hat und der seit den Ergebnissen von Gorbatschows Umgestaltungspolitik, mit der Abschaffung der Sowjetunion und des Warschauer Paktes, eine neue Dimension erreicht hat. *Kamalatta* ist in diesen Veränderungsprozeß hineingeschrieben. Der Roman sucht nach zersetzungsresistenten Orientierungen.

Obwohl viele Figuren in Termini sprechen, die aus der sozialistischen Überlieferung stammen, indem sie insbesondere die polarisierende Klassenkampfrhetorik benutzen, leiten sich die entscheidenden geistigen Gehalte des

Romans vom Individuum her, nicht von der Klasse. Erst durch die freie Vereinigung hindurch, nicht durch ein präsupponiertes Klasseninteresse, soll die bessere Gesellschaft entstehen. Geissler teilt den Standpunkt der parteilichen, politisch motivierten Schriftsteller der Weimarer Zeit nicht mehr, wonach der Schriftsteller die Linie der Partei als geltende Wahrheit anzuerkennen habe. Vielmehr verlegt er die Wahrheitsfindung in den einzelnen. Damit ändert sich die Funktion der Literatur. Anstatt die Welt zu zeichnen wie sie wirklich ist, versteht sie sich als ein individueller Entwurf, der den Leser braucht, um sich darüber klar zu werden, wie sie sei. Dieser Arbeit kooperierender Individuen dient die engagierte Literatur, in die die transformierte Parteilichkeit eingewandert ist. Geisslers Prosa ist auch in diesem Punkt den Auffassungen Sartres verpflichtet, die deshalb noch einmal dargestellt werden sollen. Dessen Philosophie wirft nicht nur ein Licht auf erkenntnistheoretische und politisch-praktische Implikationen von *kamalatta*, sondern stellt darüber hinaus einen tragfähigen Interpretationsrahmen für die politische Funktion der Literatur bei Geissler zur Verfügung.

Die Idee des Engagements postuliert den Konnex von emanzipativer Politik und eigensinniger Literatur im gesellschaftlichen Handlungsfeld der Individuen, Gruppen und Klassen. Engagiert in die Literatur ist der Schriftsteller dann, wenn er sich auf die Freiheit hin orientiert,[305] die für Sartre das entscheidende menschliche Vermögen darstellt: »Schreiben ist eine bestimmt Art, die Freiheit zu

---

305 Dieses gilt nicht für den Lyriker. Sartre macht gleich zu Beginn seines Buches den Unterschied zwischen Poesie und Prosa und verfolgt nur die Implikationen der Prosa weiter, da nur sie sich auf die Freiheit beziehe und an das reflexive Vermögen appelliere. Die poetische Haltung betrachte »die Wörter als Dinge und nicht als Zeichen« (Sartre, J.-P., Was ist Literatur?, Reinbek b. H. 1981 (zuerst 1948), S. 17), sie arbeite mit »Dinge-Wörtern« (a. a. O., S. 19). Vom Dichter wird kein Entwurf gefordert; kein »poetisches Engagement« (a. a. O., S. 21) ist möglich. Der Prosaist nehme dagegen die Wörter als Zeichen, wodurch sein Schreiben zum kommunikativen Akt, zu einem Sprechen und damit zu einem Handeln werde. »Er hat gewählt, die Welt und besonders die Menschen den anderen Menschen zu enthüllen, damit diese gegenüber dem derart aufgedeckten Gegenstand ihre ganze Verantwortung übernehmen« (a. a. O., S. 27). Sein Schreiben ist notwendig engagiert (vgl. a. a. O., S. 26 und S. 35). – Mit dieser Ausgrenzung der poetischen Sphäre aus der Prosa schneidet sich Sartre seinen Gegenstandsbereich willkürlich zurecht. Nun kann er die Funktion der Literatur umstandslos auf das menschliche Handeln beziehen. All jene Kunstwerke, die sich der Rezeption verschließen und sich nur in sich selbst gründen, alle hermetische Kunst, fällt aus seiner Erörterung engagierter Kunst heraus, weil sie poetischen Charakters ist.

347

wollen; wenn man einmal angefangen hat, ist man wohl oder übel engagiert.«[306] Sie wird zum höchsten Ziel aller Bemühungen des Schriftstellers: »als freier Mensch, der sich an freie Menschen wendet, hat er nur ein einziges Sujet: die Freiheit.«[307] Wenn er sich dagegen mit der Unaufrichtigkeit verbünde, die Sartre in *Das Sein und das Nichts* theoretisch herleitet,[308] falle er hinter den höchsten Anspruch der Literatur zurück. Werke, die die Freiheit des Menschen anzusprechen suchen, blieben für jegliche Legitimation von Unterdrückung untauglich: »sobald ich erfahre, daß meine Freiheit unlöslich an die aller andren Menschen gebunden ist, kann man von mir nicht verlangen, daß ich sie dazu verwende, die Unterdrückung einiger von ihnen zu billigen.«[309] Sartres Auffassung vom Engagiertsein in die Prosa enthält mit dem ontologisch abgeleiteten Freiheitsbegriff »im Kern des ästhetischen Imperativs den moralischen Imperativ«[310]. Dieser dominiert auch die politische Praxis und stellt das verbindende Glied zwischen Prosa und Politik, zwischen Ästhetik und Befreiung her.

Die Intention auf Freiheit durchzieht alle zum Wirksamwerden der Literatur notwendigen Instanzen, vor allem den Autor und die Leser. Wenn der Schriftsteller das Kunstwerk als einen »Akt des Vertrauens in die Freiheit der Menschen«[311] begreift und von dieser »tiefe[n] und unmittelbare[n] Wahl«[312] her schreibt, »entwirft«[313] er die Welt auf eine Weise, die eine Lektüre verlangt:

der Vorgang des Schreibens schließt den des Lesens ein als sein dialektisches Korrelat, und diese beiden zusammenhängenden Handlungen erfordern zwei verschiedene Handelnde. Die gemeinsame Anstrengung von Autor und Leser wird jenen konkreten und imaginären Gegenstand auftauchen lassen, der das Werk des Geistes ist. Kunst gibt es nur für und durch andre.[314]

Diese konstitutive intersubjektive Dimension ist nicht von Dauer. Sie stellt sich nur augenblicksweise her. Sartre begreift sie als eine Handlung: »der literarische

---

306 a. a. O., S. 55
307 a. a. O., S. 54
308 vgl. Sartre, J.-P., Das Sein und das Nichts, Reinbek b. H. 1991 (zuerst 1943), S. 119-160 sowie in dieser Arbeit den Abschnitt 5.1.3. (Wählen und glauben).
309 Sartre, Was ist Literatur?, a. a. O., S. 53 – Vgl. auch: »niemand könnte auch nur einen Augenblick annehmen, daß man einen guten Roman zum Lobe des Antisemitismus schreiben kann.« (ebd.)
310 a. a. O., S. 52
311 ebd.
312 a. a. O., S. 36
313 a. a. O., S. 38; im Original kursiv gesetzt.
314 a. a. O., S. 39

Gegenstand ist ein merkwürdiger Kreisel, der nur in der Bewegung existiert. Um ihn auftauchen zu lassen, bedarf es einer konkreten Handlung, die sich Lektüre nennt, und er dauert nur so lange, wie diese Lektüre dauern kann. Außerhalb ihrer gibt es nur schwarze Striche auf dem Papier.«[315] Die Lektüre ist zugleich schaffend und enthüllend. Weil sie sich am Entwurf des Autors orientiert, ist sie »gesteuertes Schaffen«[316].

Der Austausch zwischen dem Entwurf des Schriftstellers und der Lektüre kommt nur aufgrund einer freiwilligen Wahl des Lesers zustande: »die Eigentümlichkeit des ästhetischen Bewußtseins besteht darin, daß es [...] ständig erneuerte Wahl, zu glauben, ist.«[317] Diese bestimmt Sartre als Hingabe, die vor aller Vereinnahmung des Lesers durch das Werk liege: »die Affektionen des Lesers [...] haben [...] ihre ständige Quelle in der Freiheit, das heißt, sie sind ganz Hingabe – denn ich nenne Hingabe eine Affektion, die die Freiheit zum Ursprung und zum Ziel hat.«[318] Der Autor appelliert mit dem Werk an den Leser, sich seinem Entwurf hinzugeben; »jedes literarische Werk [ist] ein Appell«[319] an die Freiheit des anderen, einen »Pakt der Hingabe«[320] mit dem Autor zu schließen. Darin ist es zweckorientiert: »das Buch [...] bietet sich der Freiheit des Lesers als Zweck dar.«[321]

Das Werk, das einen Leser verlangt, der ihm in Freiheit entgegentritt, das nicht primär dessen Leidenschaften und Triebdispositionen anspricht, eröffnet ein Reflexions- und ein Handlungsfeld. An diese kommunikative Funktion knüpft Sartre die Aufgabe der Literatur. Sie ist in historische Prozesse engagiert, indem sie den Individuen mit ihren Entwürfen auf je eigene Weise einen Spiegel vorhält, mit dessen Hilfe sie ihre Position überprüfen können: »Wenn die Gesellschaft sich sieht und vor allem wenn sie sich *gesehen* sieht, kommt es allein dadurch zu einer Anfechtung der etablierten Werte und des Systems: der Schriftsteller hält ihr ihr Bild vor, er fordert sie auf, es entweder anzunehmen

---

315 a. a. O., S. 37
316 a. a. O., S. 40
317 a. a. O., S. 44
318 ebd.
319 a. a. O., S. 41
320 a. a. O., S. 47
321 a. a. O., S. 42 – Sartre wendet sich in diesem Zusammenhang gegen Kants Bestimmung des Kunstwerkes als ›Zweckmäßigkeit ohne Zweck‹: »Das Kunstwerk *hat keinen* Zweck, darin stimmen wir mit Kant überein. Aber das liegt daran, daß es ein Zweck *ist*.« (ebd.)

oder sich zu ändern.«[322] Die Literatur ist für Sartre sowohl für den Autor als auch für seine Leser wesentlich ein Mittel zur Selbstvergewisserung über die eigene Situiertheit. Die durch die Produktion des Werkes und durch die anschließende Lektüre eingeleiteten Reflexionsprozesse kommen der Freiheit zugute, die zwar ontologisch gesetzt ist, die sich aber nur in konkreten Situationen zeigen und bewähren kann:[323]

Schreiben und Lesen sind zwei Seiten ein und desselben Geschichtsfaktums, und die Freiheit, zu der uns der Schriftsteller auffordert, ist nicht das reine abstrakte Bewußtsein, frei zu sein. Sie *ist nicht* eigentlich, sie wird in einer historischen Situation errungen; jedes Buch schlägt eine konkrete Befreiung von einer besonderen Entfremdung her vor.[324]

Autor und Leser überschreiten die konkreten Unfreiheiten auf einen Möglichkeitshorizont der Freiheit hin, den sie soeben enthüllten und der in ihren Entwurf und in ihre Wahl mit einfließt. Ihm liegt ein universeller Anspruch zugrunde, an den sich die Fortschrittsidee knüpft. Der Autor und sein Publikum engagieren sich in der Geschichte, indem sie dem avanciertesten Freiheitsbegriff verpflichtet sind:

ebenso wie sich am Horizont der historischen und konkreten Befreiung, die er [der Schriftsteller allgemein, hier: der schwarze US-Bürger Richard Wright, S.K.] erstrebt, die ewige Freiheit erkennen läßt, ebenso taucht am Horizont der konkreten und historischen Gruppe seiner Leser die Allgemeinheit des Menschengeschlechts auf.[325]

Da die jeweilige historische Befreiung verschieden gelagert ist, spricht der Autor in verschiedenen Epochen verschiedene Lesergruppen an.[326] Nicht jedes Publikum ist bereit, seine Situation auf eine mögliche Freiheit hin zu überschreiten. Konservative Kräfte behindern die Fortentwicklung der Freiheitsidee, weil sie das Gegebene bewahren wollen.[327]

Demgegenüber verursacht der Schriftsteller »eine ständige Revolution«[328]:

---

322 a. a. O., S. 66

323 In dieser Doppelung liegt das Problem der frühen Werke von Sartre, in denen er Kategorien einführt, die sich aus ontologischen Bestimmungen ableiten und nicht selbst der sich wandelnden Geschichte unterworfen sind. Er bleibt der Ontologie verhaftet.

324 a. a. O., S. 58

325 a. a. O., S. 64

326 Sartre zeichnet diese historischen Autor-Leser-Formationen am Beispiel Frankreichs extensiv nach; vgl. a. a. O., S. 67 ff.

327 vgl. a. a. O., S. 66

328 ebd.

In einer klassenlosen Gesellschaft, deren innere Struktur die permanente Revolution wäre, könnte der Schriftsteller Vermittler *für alle* sein, und seine prinzipielle Anfechtung könnte die faktischen Veränderungen ankündigen oder begleiten. Das ist meiner Ansicht nach der eigentliche Sinn, den man dem Begriff *Selbstkritik* geben muß. Die Erweiterung seines realen Publikums bis an die Grenzen seines virtuellen Publikums würde in seinem Bewußtsein eine Versöhnung der feindlichen Tendenzen bewirken, die völlig befreite Literatur würde die *Negativität* als notwendiges Moment der Konstruktion darstellen.[329]

Als ein ständig erneuerter Akt der Selbstvergewisserung und Selbstüberschreitung wäre die Literatur in einer solchen Gesellschaft »wahrhaft anthropologisch«[330] als die gesteuerte »Vergeistigung«[331] der Situation, in der die Menschen sich jeweils befinden. Um an ihren Begriff heranzureichen, benötigt sie die konkrete Allgemeinheit eines ungespaltenen Publikums, das zugleich ihr alleiniges Sujet wäre. Dann könnte sie

die sich selbst gegenwärtige Welt sein, die in einer freien Handlung schwebt und sich dem freien Urteil aller Menschen darbietet, die reflexive Selbstgegenwart einer klassenlosen Gesellschaft; durch das Buch könnten die Mitglieder einer solchen Gesellschaft in jedem Augenblick Bestandsaufnahme machen, sich sehen und ihre Situation sehen. [...] die Literatur ist ihrem Wesen nach die Subjektivität einer Gesellschaft in permanenter Revolution.[332]

In diesem Ideal des immer wieder erneuerten Entwurfs in der kollektiven Praxis erreicht Sartres Begriff der Literatur seinen Zielpunkt, indem nun Literatur und kollektiver Lebensvollzug im Medium der Aneignung der Literatur zur Übereinstimmung gelangen. Unter den gegebenen kapitalistischen Bedingungen ist das Publikum jedoch gespalten in solche, die dem historisch fortgeschrittensten Freiheitsbegriff verpflichtet sind und in die Übrigen. Der Autor, dem es um den Appell an die Freiheit zu tun ist, muß sich zunächst an ein eingeschränktes Publikum wenden, das das ungespaltene sowohl vorwegnimmt als auch auf dessen Gespaltenheit reflektiert.

---

329 a. a. O., S. 67
330 a. a. O., S. 121
331 ebd.
332 a. a. O., S. 122 – Für Sartre heißt ›klassenlose Gesellschaft‹ im Jahre 1947 nicht: Diktatur nach stalinistischem Muster, vielmehr verlangt er eine ständige »Ideen*bewegung* [...], das heißt eine offene, widersprüchliche, dialektische Ideologie« (a. a. O., S. 114). Der Marxismus »hätte rivalisierende Doktrinen absorbieren, verdauen, er hätte offenbleiben müssen. Man weiß, was sich ereignet hat: zwei revolutionäre Ideologien anstatt von hundert« (a. a. O., S. 115), die Proudhonisten und die Marxisten, seien entstanden. Der Marxismus habe zwar gesiegt, doch »in Ermangelung von Widersprechern hat er das Leben verloren« (a. a. O., S. 115).

Zum Begriff der engagierten Literatur bei Sartre gehören also die folgenden Merkmale: Sie muß auf die Freiheit hin orientiert sein, indem der Autor aufrichtig die Freiheit wollen muß und indem ihr Gegenstand, über aller Handlungsführung, die Freiheit ist. Dadurch transportiert sie einen moralischen Imperativ, der die Verbindung zur Sphäre politischen Handelns herstellt. Die befreiende Funktion der Literatur setzt sich in der Lektüre durch, die Sartre als eine Handlung begreift und die das Freiheitsstreben des appellierenden Autors mit dem frei gewählten des Lesers zusammenführt. Die Haltung des Lesers charakterisiert Sartre als Hingabe, in der der Glaube wirksam ist.[333] Der kommunikative Austausch zwischen Autor und Leser ist ein gesellschaftspolitischer Akt, indem er den in historische Prozesse engagierten Individuen ihre Entwürfe zurückspiegelt und ihnen hilft, sie permanent zu revolutionieren. Da ohne den Entwurf die Tat nicht denkbar und der Entwurf mitunter schon Handlung ist, gehört er zu ihrer notwendigen Voraussetzung. Als Arbeit an den kollektiven Entwürfen ist die Literatur in historische Prozesse engagiert, die der Autor mit ihrer Hilfe im Sinne des Freiheitsstrebens beeinflussen möchte.

Diese Sartreschen Bestimmungen der engagierten Literatur finden sich in *kamalatta* wieder. Unzweifelhaft ist das Streben nach Freiheit, das sich – anders als bei Sartre – auch vitalistisch legitimiert, ein Hauptmerkmal des Geisslerschen Textes. Es erscheint zunächst als ein Streben nach Befreiung von den kapitalistischen Zwangsgesetzen. Die Parteilichkeit des Erzählers, aber auch der Roman als ganzes verbürgen das Freiheitsstreben, indem sich beide im Diskurs der auf Befreiung hinarbeitenden Oppositionellen und in der Geschichte des Sozialismus situieren. In Sartres Konzeption des engagierten Schriftstellers konvergiert die auf die Freiheit ausgerichtete Literatur mit der auf dieselbe Freiheit zielenden revolutionären und sogar terroristischen Praxis eines Teiles der Gesellschaft gegen einen anderen. Das Argument, die gewaltsame Befreiung diene nicht der Freiheit, sondern übe neue Unterdrückung und Unfreiheit aus, greift in der existentialistischen Logik nicht. Haß und Gewalt sind legitime Instrumente der Freiheit, wenn sie sich der Wahl eines Subjektes verdanken. Der mörderische Anschlag in Bad Tölz kann deshalb ebenso als ein Freiheitsentwurf gelesen wer-

---

333 Er befindet sich durchaus in Übereinstimmung zu Gedankengängen bei Novalis, wenn er schreibt: »Sogar noch der Glaube, den ich der Erzählung entgegenbringe, ist frei gebilligt. Es ist eine Passion im christlichen Sinne des Wortes, das heißt eine Freiheit, die sich entschlossen in den Zustand der Passivität begibt, um durch dieses Opfer eine gewisse transzendente Wirkung zu erzielen.« (a. a. O., S. 43 f.)

den wie Julis Entscheidung für die Verwurzelung, wie Proffs Entscheidung für seinen Tod und wie *kamalatta* insgesamt. In allen Einzelentwürfen betätigt sich die Freiheit, im fragmentarischen Entwurf der Entwürfe ebenfalls.

In Geisslers Prosa findet sich ein moralischer, auf Freiheit zielender Imperativ. Die Zweckorientiertheit der Literatur, die Sartre gegen Kant in Anspruch nimmt, kehrt in *kamalatta* wieder als der politische Impuls, den Oppositionellen den Entwurf ihres eigenen Bildes entgegenzuhalten, an dem sie ihren eigenen überprüfen können. Geisslers Text zielt dabei auf jenes eingeschränkte Publikum, das den Kern einer zukünftigen, freieren Menschheit bildet. Die engagierte Literatur wendet sich an die Unterdrückten, die einen eigenen Entwurf erst erfinden müssen, bevor sie ihn wählen können, indem sie die Potentialitäten der Welt enthüllen. Im Appell an diese Gruppe ist, bei Geissler wie bei Sartre, derjenige an die Menschheit aufgehoben. Trotz des faktischen Partikularismus ist der moralische Universalismus jederzeit emphatisch im Text enthalten. Am Entwurf der Opposition, der sich nur durch jeden einzelnen ihrer Mitkämpfer hindurch herstellt, arbeitet *kamalatta* mit, indem der Text an jeden Leser appelliert, seine Wahl im Lichte des Erzählten zu modifizieren. Da bei Sartre sowohl die ursprünglichen wie auch die abgeleiteten Wahlen die Existenz der Individuen unmittelbar bestimmen, *ist* die produktive Lektüre schon eine Veränderung der Lebenswirklichkeit und damit ein politischer Prozeß. Der Leser tut in der Lektüre einen Schritt konkreter Befreiung. Die in der Lektüre produzierte Stellung zum geschilderten Problem kann er nur noch durch die Flucht in die Unaufrichtigkeit zurücknehmen.

Auch Geisslers Roman eignet jene von Sartre und den Frühromantikern geforderte Appellstruktur, für die der Akt des Lesens von zentraler Wichtigkeit für die Konstituierung des Textes wird und die den Leser in die Produktion von Welt mit einbezieht. Auch für Geissler wird die Lektüre zum unerläßlichen Bestandteil der Literatur. Die sich dem Leser entziehenden Momente seiner Schreibweise fordern dessen tätige Mitproduktion. Nur in freier Hingabe, nach der Entscheidung, sich dem Text zu überlassen, kann der wechselseitige Produktionsprozeß in Gang kommen und jene Bewegung des Aufstellens und Verwerfens von Entwürfen gelingen, in der sich die Freiheit nach existentialistischer Auffassung betätigt. Diese intersubjektive, kommunikative Funktion ist auch in *kamalatta* wirksam.

Die Nähe zur frühromantischen Poetik wird ferner durch das Aufeinander-Verwiesensein von Appell und Glauben untermauert. Der intersubjektive Prozeß mit dem Rezipienten bedarf eines Anstoßes durch den Text, in dem mithin der Glaube sedimentiert ist, das Werk werde verständige Leser finden. Er kann sich bis zum Enthusiasmus steigern, als Appell, endlich den Dialog zu beginnen, der zur Gemeinschaft der einzelnen führen wird. Denn anders als in der sozialistischen Parteilichkeit beharrt die engagierte Literatur, wie die frühromantische, auf der individuellen Entscheidung für eine Partei und auf der Verantwortung des Individuums für sich selbst auch nach dieser Entscheidung. Mit dem Konzept der engagierten Literatur kehren im 20. Jahrhundert also Theoreme der Frühromantiker wieder, an denen auch *kamalatta* partizipiert.

Geissler hält der zeitgenössischen Linken den Entwurf eines Bildes von ihr entgegen, in das er viele ihrer Strömungen integriert und das er parteiisch akzentuiert. Mit Hilfe des Soziolekts und des Jargons, der in dieser Gruppe gesprochen wird, hält er das konservative Publikum fern, verstärkt aber durch die esoterischen Schlüsselworte zugleich den Appell an das gewünschte, das Werk zur Kenntnis zu nehmen. Durch den universalistischen Anspruch der sozialistischen Tradition hindurch, der sich im Verlaufe ihrer Entwicklung oft im Sinne einer Avantgardeposition definierte, meint der Appell an die Linke zugleich die Menschheit. Dergestalt versöhnen sich Exoterik und Esoterik in einer geschichtsphilosophischen Perspektive, obwohl sie derzeit noch auseinanderfallen. Im literarischen Verfahren kehrt die parteiliche politische Orientierung wieder.

Die Anwendung des Sartreschen Literaturbegriffs auf Geisslers Roman enthüllt einen hohen Grad von Übereinstimmung zwischen beiden. Insbesondere stellt dieses Modell einen Konnex zwischen der universalistisch orientierten, emanzipativen Politik und der Wirkungsweise von Literatur her. Die Praxisemphase vieler Figuren in *kamalatta* sowie das Bedürfnis aller tragenden Figuren, die Gesellschaft zu revolutionieren, läuft im so verstandenen Medium der Literatur nicht mehr ins Leere, sondern wendet sich als ein Entwurf an potentiell gleichgesinnte Leser, um diese gegenüber dem Beschriebenen in eine Entscheidungssituation zu bringen. Da nach existentialistischem Verständnis die Wahl je individuell getroffen und verantwortet werden muß, ist die Literatur, in der einzelne Leser in der Lektüre dem Text begegnen, für die Selbstreflexion geeignet.

Die angesprochene Transformation der Parteilichkeit in Engagement sowie die grundsätzliche Abstinenz *kamalattas* von jeglicher Propagandaliteratur[334] oder Tendenzdichtung[335] nähern das Werk dem romantischen Dichtungsverständnis noch stärker an. Wo die Klasse historisch dekomponiert ist, nährt sich die Hoffnung auf die Umgestaltung der Verhältnisse, so scheint es, wieder am Individuum. Damit ist ein Rückgriff auf bürgerliches Gedankengut, nämlich aus dessen heroischer, revolutionärer Phase verbunden, aus dem auch die Frühromantik schöpfte. Zugleich nimmt der Roman damit Tendenzen auf, die das orthodoxe Literaturverständnis der sozialistischen Parteien als ›individualistisch‹ ausgrenzt.

6.3.3. Die Wahrheit des Appells und des Zweifels

Die engagierte Kunst ist wirkungsorientiert. Sie möchte die Freiheit und die Eigentätigkeit der Subjekte anregen. Sartre schreibt den engagierten Autoren keinen Stil vor, doch die gewünschte Appellfunktion legt nahe, daß der Text sich dem Leser nicht verschließe. Hermetische Texte vermögen die appellative Funktion nicht so zügig zu entfalten wie identifikatorisch geschriebene. *Kamalatta* integriert, wie in dieser Arbeit bei verschiedenen Gelegenheiten schon gezeigt, identifikatorische Techniken in seinem Textkorpus. Doch die Wirksamkeit eines

---

334 Das Argument von Jünschke und Wackernagel (vgl. Kapitel 3), daß Passagen aus RAF-Texten wörtlich übernommen worden seien, wird entwertet durch die Tatsache, daß es sich bei diesen Passagen um eine einzige Stimme in einem vielstimmigen Chor handelt, in dem sie durch andere Stimmen kontrapunktiert wird. Geissler nimmt sein Material zwar aus der Realität, er schmilzt es aber in sein literarisches Verfahren ein und gestaltet ein Kunstwerk, das sich nicht zuletzt durch diesen Umformungsprozeß von der übrigen Realität unterscheidet.

335 Adorno nimmt implizit Lukács' Unterscheidung zwischen Tendenz und Parteilichkeit auf und wendet sie auf die engagierte Literatur an: »Theoretisch wären Engagement und Tendenz zu unterscheiden. Engagierte Kunst im prägnanten Sinn will nicht Maßnahmen, gesetzgeberische Akte, praktische Veranstaltungen herbeiführen wie ältere Tendenzstücke gegen die Syphilis, das Duell, den Abtreibungsparagraphen oder die Zwangserziehungsheime, sondern auf eine Haltung hinarbeiten. Sartre etwa auf die der Entscheidung als der Möglichkeit, überhaupt zu existieren, gegenüber zuschauerhafter Neutralität.« (Adorno, Th. W., Engagement, in: ders., Gesammelte Schriften, Bd. 11, Frankfurt/M. 1974, S. 409-430, hier: S. 412) Wie gezeigt, ist bei Geissler ebenfalls die Haltung das zentrale Anliegen und – sieht man einmal von der globalen Forderung nach Abschaffung des Kapitalismus ab – kein besonderer Inhalt.

literarischen Mittels kann nicht exakt festgelegt werden. Was den ersten Leser fesselt, läßt den nächsten kalt.[336]

Damit ist die Unsicherheit jedes wirkungsorientierten Schreibens angesprochen. Die erhoffte Wirkung eines Tendenzstückes ist die Veränderung der politischen Meinung auf seiten des Zuschauers. Doch niemand kann prognostizieren, ob es zu dieser Meinungsänderung kommt, wenn es aber dazu kommt, ob sie aus einer Reflexion hervorgegangen ist oder ob ein rein äußerlicher Einstellungswechsel stattgefunden hat. Noch schwieriger ist die Wirkungsorientierung in der engagierten Literatur durchzusetzen, da sie nicht auf bestimmt Inhalte, sondern auf eine Haltung zielt. Adorno deckt den Widerspruch in den engagierten Werken auf: »Was [...] das Engagement vorm tendenziösen Spruchband voraus hat, macht den Inhalt mehrdeutig, für den der Dichter sich engagiert.«[337] Bei Sartre bleibe keine inhaltliche Wirkungsorientierung mehr nach, sondern nur noch »die abstrakte Autorität anbefohlener Wahl«[338]. Wo die Wirkung derartig unkalkulierbar wird, gerät das Wirkungskonzept der engagierten Werke selbst unter Beschuß. Adorno betont mit Recht: »Es ist keine von den geringsten Schwächen der Debatte übers Engagement, daß sie nicht auch über die Wirkung reflektiert, welche von solchen Werken ausgeübt wird, deren eigenes Formgesetz auf Wirkungszusammenhänge keine Rücksicht nimmt«[339], und tritt für die unge-

---

336 Hieraus ergibt sich ein Problem für die Literaturwissenschaft. Die Interpretation kann und will nichts über die zugrundeliegende Haltung des Autors aussagen. Nur das Werk kann danach befragt werden, ob es im Sinne der Freiheitsorientierung engagiert ist. Denkt man Sartres Verständnis von Literatur mit einer methodischen Orientierung zusammen, so müßten dazu auch die Lektüren, also die Rezeption, die das Werk erfahren hat, hinzugezogen werden. Was im Moment der Lektüre passiert, wäre methodisch zentral. Was *kamalatta* ausgelöst hat, spiegelt sich in den Rezensionen wider. Die Emotionalität der Reaktionen zeigt, daß das Werk nicht fühllos an seinen Lesern vorbeigegangen ist. Welche Wirkung es in der Gruppe Wohlgesonnener, in der esoterischen In-Group hatte, kann nur gemutmaßt werden. Würde das rezeptionsästhetische Verfahren aber verabsolutiert werden, wie es Sartres Auffassung nahelegt, so löste sich das Werk in die Rezeption auf. Die Haltung des Leser und die im Text materialisierte des Autors, die jeweils der Freiheitswahl entsprungen sind, wären dann methodisch das Erste, der Text aber wird zu einem Medium herabgewürdigt, zu einem Mittel. Seine eigene Gestalt tritt in den Hintergrund, während die existentialistischen Haltungen von Autor und Leser seine Funktionsweise bestimmen. Das Werk bleibt nach diesem Verständnis die Projektionsfläche einer ihm vorausliegenden Orientierung.
337 Adorno, Engagement, a. a. O., S. 412
338 a. a. O., S. 413
339 a. a. O., S. 412

minderte Wahrheitsorientierung der Literatur ein: »Kunst heißt nicht: Alternativen pointieren, sondern, durch nichts anderes als ihre Gestalt, dem Weltlauf widerstehen, der den Menschen immerzu die Pistole auf die Brust setzt.«[340]

Die Wahrheitsorientierung findet sich in *kamalatta*, dies ist die nun zu erläuternde These, an der Seite der Wirkungsorientierung. *Kamalatta* ist ein engagiertes Werk, weil es mit verschiedenen rhetorischen Mitteln die Lust am oppositionellen Handeln beschwört und seine Notwendigkeit plausibel machen möchte. Der Roman verführt den Leser einerseits zum Widerstand, indem er sprachliche Mittel benutzt, deren Wirksamkeit wahrscheinlich ist (Szene-Ausdrücke, Alliterationen, linke Terminologie etc.). Er beschreibt, wie Figuren vor die Wahl gestellt werden (vgl. Proff) und stellt den Leser selbst vor die Wahl, indem er die polarisierende Sprache benutzt. Die zur Schau gestellte Parteilichkeit ist Appell und Provokation. Doch die Wahl ist nicht die einzige Möglichkeit, die dem Leser bleibt. *Kamalatta* pointiert Alternativen, doch der Text geht in ihnen nicht auf. Er verwischt die Alternativen wieder, indem keine Figur an das utopische Ziel gelangt. Er unterminiert nicht nur die bestehenden Verhältnisse, sondern auch die oft selbstsicher vorgetragene Handlungsorientierung der Figuren. Er bietet ferner die Möglichkeit, die Wahl gänzlich zu verwerfen. Das Werk, gedacht als Fragment, ist selbst uneinig über ihren Status. Nicht nur die nihilistischen Tendenzen verbürgen diese Überlegungen, sondern die in sich gespaltene Integration von hoffenden und defätistischen Momenten, die im Gesamtprozeß wiederum eine neue Wertigkeit erhalten, nämlich die des Weiterschreibens. – Des Weiterschreibens, trotz der postulierten Notwendigkeit, den Kampf aufzunehmen, trotz der drohenden Einsicht, daß der Kampf historisch verloren sein könnte. Es ist die Literatur, die übrigbleibt, nicht der Kampf, nicht das Scheitern.

Die Wahl, vor die Geissler seine Leser bringt, ist keine anbefohlene, sie ist eine aufgezeigte Möglichkeit, neben der es andere Möglichkeiten gibt. Die aufgezeigte Möglichkeit der Wahl ist ein Appell, der auf die Selbsttätigkeit des Lesers angewiesen ist, damit etwas geschehe, das sich auch außerhalb der Literatur niederschlage. *Kamalatta* gestaltet aber auch die Möglichkeit, daß der Appell ungehört verhallt. Damit erlangt das Scheitern einen festen Ort im Roman. Jeder Appell erscheint nun im Lichte seiner möglichen Wirkungslosigkeit, jedes Hoffen wird mit einem Zweifel konterkariert. Übrig bleibt ein Schweben zwischen

---

340 a. a. O., S. 413

den Extremen, das Geissler in seinem Versuch des Weiterschreibens praktiziert, ohne dabei die Leichtigkeit und das Spielerische der romantischen Ironie zu übernehmen; bei ihm hängt die Berechtigung jeder einzelnen Existenz an der Art, wie der Abgrund, der in der oben genannten Alternative liegt, überschritten werden könnte. Weil die Wahl nur eine mögliche Konsequenz darstellt, die die fragmentierte Einheit des Werkes aufzeigt, konterkariert in *kamalatta* die Wahrheits- die Wirkungsorientierung, die Kontemplation auf die Vielfalt einander widersprechender Entwürfe die Entschiedenheit für einen von ihnen.

6.3.4. Literarischer Vitalismus

Die zur Schau gestellte Weltanschauung der Figuren ist, wie die des Erzählers, tendenziös. Doch der Roman ist es, indem er auch gegenläufige Kräfte integriert, nicht. In ihm ist alle Tendenz ins Engagement enthusiastischer Parteilichkeit transformiert. Zu der in *kamalatta* vorhandenen Tradition sozialistisch-parteilicher Literatur gesellen sich literaturgeschichtliche Bezüge, die nicht aus der sozialistischen Tradition hergeleitet werden können. In Geisslers Schreibweise, von der die Aussagen der Figuren oder die Perspektive des Erzählers nur Momente sind, finden sich auch solche Einflüsse, die der operativ-revolutionären und der sozialistisch-realistischen Literatur als bürgerlich, individualistisch und daher verdammenswert erscheinen. An den Aussagen der Figuren läßt sich die Tendenz festmachen, doch die Schreibweise als ganze ließe sich nur aufgrund einer Interpretation als engagierte bezeichnen, indem die engagierten Züge den nicht engagierten gegenübergestellt werden. Dies soll nun geschehen.

Die literaturgeschichtlichen Spuren in *kamalatta* führen zum romantischen Fragment und auf die Traditionen sozialistischen Schreibens. Doch sie weisen darüber hinaus auf Einflüsse, die in den Jahrzehnten um die Wende zum 20. Jahrhundert erstmals in Erscheinung traten und die sich in der Jahrhundertwendeliteratur und im Frühexpressionismus ausformten. Der von der Forschung verwendete Name ›Jahrhundertwendeliteratur‹ spricht die Schwierigkeit aus, daß die Literatur zwischen 1890 und 1910 von einer Stilvielfalt geprägt und nicht auf einen Nenner zu bringen ist.[341] Auch die Bezeichnung ›Expressionismus‹ bietet

---

341 V. Zmegac spricht von ihr als der »Zeit eines literarischen und künstlerischen Stilgemenges« (Zmegac, V., Zum literarhistorischen Begriff der Jahrhundertwende (um 1900), in: ders. (Hg.), Deutsche Literatur der Jahrhundertwende, Königstein/Ts. 1981, S. IX-LI, hier: S. IX), in der »Stilpluralismus« (ebd.) geherrscht habe: »Obwohl eine Abfolge in der Verlagerung

Definitionsprobleme.[342] Dennoch zieht sich durch alle Abschnitte vitalistisches Gedankengut, das sich nicht nur in Lebensphilosophie, Jugendstil und Wandervogelbewegung durchsetzt, sondern auch in der Jahrhundertwendeliteratur:[343] Die

> Einheitlichkeit des Zeitstils [...] wird erkennbar in der allen [Formungsweisen, S. K.] gemeinsamen Bindung an das, was der Epoche als Grundwert gilt: an *das Leben*. Alle Formprinzipien, die in der Literatur dieser Zeit wirksam werden, lassen sich schließlich zurückbeziehen auf diesen Lebensbegriff [...]. Leben ist das Grundwort der Epoche, ihr Zentralbegriff[344].

Mit der Verwendung von Umgangssprache, besonders derjenigen der geringverdienenden Schichten, knüpft Geissler an eine romangeschichtliche Tendenz an, die im Realismus des 19. Jahrhunderts, vor allem aber im Naturalismus, vorangetrieben wurde. Nach der mißlungenen Revolution von 1848 wandten sich viele Literaten explizit gegen den philosophischen Idealismus und dessen große, weltgeschichtliche Entwürfe und versuchten, die Wirklichkeit objektiv abzuschildern. Die zugrundeliegende Poetik erlangt »in den Begriffen Objektivität und Überparteilichkeit ihre zentralen Kategorien.«[345] Der Gegenstandsbereich des Beschriebenen wird erweitert durch das »Bestreben, alle vorhandenen Interessen und Tendenzen der Zeit pluralistisch in der Literatur zu Wort kommen zu

---

von Schwerpunkten nicht bestritten werden kann, gilt es dennoch, mit Nachdruck klarzustellen, daß die wesentlichen literarischen Bestrebungen der Jahrhundertwende ungefähr gleichzeitig einsetzten« (a. a. O., S. XI). Die bewußte Zeitgenossenschaft zum Phänomen des Stilpluralismus scheint ihm ebenfalls signifikant zu sein (vgl. a. a. O., S. XII): »Das [...] Bewußtsein von der Einheit der Tendenzen des Zeitalters bekundete sich [...] allgemein in der Verbreitung des Begriffs ›Moderne‹.« (a. a. O., S. XIV)
342 So erschien zum Beispiel S. Vietta der Begriff »im Laufe der Analyse zunehmend problematisch« (Vietta, S./Kemper, H.-G., Expressionismus, München 1975, S. 24 f.). Er benutzt ihn als Epochenbezeichnung für das Jahrzehnt um den Ersten Weltkrieg und sieht »die Signatur der Epoche [...] gekennzeichnet durch die ›Dialektik‹ von Ichdissoziation und Menschheitserneuerung« (a. a. O., S. 22). Den Vorzug seines Vorgehens sieht er darin, daß er trotz der Verschiedenheit an der »Einheit der Epoche« (a. a. O., S. 25) festhalten kann.
343 Mit Zmegac und Rasch (vgl. Rasch, W., Aspekte der deutschen Literatur um 1900, in: Zmegac, V. (Hg.), Deutsche Literatur der Jahrhundertwende, Königstein/Ts. 1981, S. 18-48, hier: S. 19) gliedert diese Arbeit den Naturalismus und den Frühexpressionismus in das stilpluralistisch gefaßte Paradigma der Jahrhundertwendeliteratur ein, für das gilt: »Alle vitalistischen Anschauungen der Jahrhundertwende erscheinen damals eingebettet in einen epochentypischen Begriff von umfassender Geltung: in den Begriff des ›Lebens‹.« (Zmegac, a. a. O., S. XXXV)
344 Rasch, a. a. O., S. 27
345 Mandelkow, K. R., Artikel ›Realismus, poetischer‹, in: Krywalski, D., Handlexikon zur Literaturwissenschaft, Reinbek b. H. 1974, S. 388-393, hier: S. 389.

lassen«[346]. So gelangt auch das sich langsam organisierende Proletariat sowie dessen Lebensumstände und Verhaltensweisen in die realistischen Texte. Die »Ausstattung der Personenrede mit bestimmten sozialen, regionalen, professionalen und psychologischen Charakteristika [...] bilden ein [...] konstantes Merkmal realistischer Literatur.«[347] Der sogenannte poetische Realismus, der sich in Deutschland durchsetzte, erreicht jedoch seinem Gegenstand gegenüber nie jenen Distanzierungsgrad, den der französische realistische Roman mit Flauberts programmatischer Kälte gegen das Objekt praktizierte.[348] Er gelangt vielmehr »zur Forderung nach ›Verklärung‹ der häßlichen, unpoetischen Seiten des Lebens (Fontane).«[349] Der prosaischen Wirklichkeit sollten poetische Seiten abgewonnen werden.

Der Naturalismus gibt das Poetisierungspostulat zugunsten eines wissenschaftlichen Beschreibungsanspruches auf. Zu einer Zeit, in der es die Soziologie als Fachdisziplin noch nicht gab, meint Emile Zola, der Hauptvertreter des europäischen Naturalismus, der Schriftsteller könne beschreibend einen wissenschaftlichen Beitrag zur Erforschung der Gesellschaft leisten. Dementsprechend komponiert er sein Hauptwerk, die Romanfolge der *Rougon-Macquart*, als Zyklus, in dem die relevanten sozialen Schichten systematisch nacheinander beschrieben werden sollen. Ein besonderes Augenmerk legt er auf die beherrschten Teile der Bevölkerung. Im Gegensatz zu den kühl diagnostizierenden Erzählern Stendhal und Flaubert ergreift Zola Partei für den unteren Stand. Das soziale Engagement, die moralische Parteinahme zugunsten der Unteren, ist ein unterscheidendes Moment des Naturalismus gegenüber dem Realismus. Dieses gilt auch für den deutschen Naturalismus, zum Beispiel für die frühen Stücke Gerhard Hauptmanns. Das Engagement, das durch die Wahl des Sujets, durch die Schilderung des Elends der Untergebenen, gewährleistet ist, verbindet sich hier mit der objektivistischen Abschilderung der Wirklichkeit.

---

346 ebd.
347 Lauer, R., Der europäische Realismus, in: Neues Handbuch der Literaturwissenschaft, Bd. 17, hg. von R. Lauer, Wiesbaden 1980, S. 7-28, hier: S. 20.
348 »Flaubert verlangt vom Romancier den Rückzug aus seinem Werk, d. h. die ›impersonalité‹ (Unpersönlichkeit), die ›impassibilité‹ (Emotionslosigkeit) und die ›impartialité‹ (Unparteilichkeit) beim Erzählen.« (Heitmann, K., Der französische Roman im Zeitalter des Realismus (1830-1880), in: Neues Handbuch der Literaturwissenschaft, Bd. 17, hg. von R. Lauer, Wiesbaden 1980, S. 29-88, hier: S. 79.)
349 Mandelkow, a. a. O., S. 390

Der Naturalismus radikalisiert die literarische Verwendung der Umgangssprache: »Die mimetische Reproduktion der Alltagssprache, welche die Naturalisten als Novum in die deutsche Literatur einführen, stellt einen radikalen Bruch mit der bisherigen Dichtungssprache dar: angestrebt ist eine Form der Redeweise, die sich alles Poetischen, alles Fiktionalen im herkömmlichen Sinn enthält«[350]. Im Sekundenstil[351] wird der wissenschaftliche Anspruch auf eine objektive Beschreibung der Wirklichkeit gewahrt. Das Leben soll im Text zeitgleich simuliert werden, Erzählzeit und erzählte Zeit sollen verschmelzen. Dazu wird die Interpunktion den Ausdrucks- und Zeitvaleurs unterworfen.[352] Zugleich bringt die Intention der getreuen Abbildung gesprochener Sprache Texte in Mundartdichtung hervor.[353]

Im Naturalismus liegen die Wurzeln der oben beschriebenen Verwendung von Umgangssprache in *kamalatta*. Die gezielten Abweichungen vom Duden-Deutsch, die Unterwerfung der Schrift unter die Gesetze der gesprochenen Sprache sowie die Verwendung von Sozio- und Dialekt, waren im Naturalismus schon ausgebildet worden. Geissler bedient sich dieser Stilmittel, ohne die wissenschaftliche Beschreibungsintention des Naturalismus zu übernehmen. Dennoch kommt den umgangssprachlichen Passagen auch dokumentarischer Wert zu. Sie verzeichnen die sprachlichen Eigenarten einer bestimmten Gruppe und bewahren sie damit zugleich. In *kamalatta* folgt die Hereinnahme der Umgangssprache aber vor allem anderen Überlegungen. Sie stehen im Dienst des esoterischen Schreibens, das sich vom romantischen Fragment herleitet.

Auch die Kleinschreibung reicht zurück bis in die Jahrhundertwendeliteratur. Rasch interpretiert dieses Stilmittel mit der zeittypischen Kategorie der gewünschten Abweichung von den Normen des Wilhelminismus. George zum Bei-

---

350 Mahal, G., Naturalismus, München 1975, S. 96.
351 Dieser zeitgenössische Begriff, der noch heute in der Forschungsliteratur Verwendung findet, stammt von A. v. Hanstein.
352 Paradigmatisch hierfür ist *Papa Hamlet* vom A. Holz/J. Schlaf, wo die Gesprächspausen durch genau abgezählte Gedankenstriche in ihrer Länge bestimmt werden. Zum Beispiel: »›Gleich! Gleich, Nielchen! Wo brennt's denn? Soll ich auch die Skatkarten mitbringen?‹ / ›N...nein! Das heißt...‹ / – – ›Donnerwetter noch mal! Das, das ist ja eine, eine – Badewanne!‹« (Holz, A./Schlaf, J., Papa Hamlet, hg. von F. Martini, Stuttgart 1963 (zuerst 1889), S. 19).
353 Prominentestes Beispiel: »Von Hauptmanns Webern gibt es eine ganz im schlesischen Idiom geschriebene Fassung (De Waber)« (Scheurer, H., Der deutsche Naturalismus, in: Neues Handbuch der Literaturwissenschaft, Bd. 18, hg. von H. Kreuzer, Wiesbaden 1976, S. 153-188, hier: S. 180).

spiel sei »auf Abweichung bedacht bis in die Orthographie und die Druck-typen«[354]. Auch Geisslers Prosa ist dieser Abweichungsgestus noch einbeschrei-ben, obwohl ihm nicht mehr die gleiche Signalkraft zukommt wie es noch vor hundert Jahren der Fall gewesen wäre. Das mit der Abweichung einhergehende Moment des Zusammenschlusses in einem esoterischen Zirkel, das der George-Kreis zelebrierte, funktioniert bei Geissler ebenfalls – obschon die Ziele der jeweiligen Gruppen sich strikt voneinander unterscheiden.

Aus dem Naturalismus übernimmt Geissler auch das Bestreben, parteilich akzentuierte Milieuskizzen vorzulegen, in denen die unteren Schichten biswei-len, hier wie dort, verklärt werden. Nur wendet sich das soziale Engagement in *kamalatta* nicht – wie im Naturalismus – als moralischer Appell an die Herr-schenden, sondern konfrontiert die Beherrschten mit der Möglichkeit der Ent-scheidung, ob sie sich weiter beherrschen lassen wollen oder nicht.

Das im Naturalismus radikalisierte realistische Verfahren stellt bei Geissler das stilistische Instrumentarium bereit, in das die vitalistische Ausrichtung ein-wandert; die naturalistischen Stilmerkmale sind vitalistisch aufgeladen. Ähn-liches geschah im Zeichen der Jahrhundertwendeliteratur. Viele deutsche Natura-listen vollzogen in den neunziger Jahren eine Wandlung. Sie machten den Lebensbegriff zur Haupttriebquelle und zur zentralen Legitimationsinstanz ihres Schreibens. War Leben zuvor in oppositioneller Absicht gebraucht, so wurde es am Ende des 19. Jahrhunderts, nachdem die industrielle Revolution das Gemein-wesen radikal verändert hatte, immer mehr zu einer Instanz der Sinnsetzung. Gunter Martens schreibt:

Das Phänomen Leben, jene ›Urkraft‹, die alles Vergehen und alles Werden in sich einzuschließen vermag, scheint sich gleichsam anzubieten, das verlorene Jenseits und die entschwundene Welt der Ideen zu ersetzen; in diesem umfassenden Sinn bildet es vielleicht sogar das geheime Zentrum des künstlerischen Schaffens jener mannigfaltigen Strömungen, die sich nach dem Ende des Naturalismus in Deutschland entwickelten und deren Fixierung durch bestimmte Epochen-begriffe sich immer wieder als unzulänglich erwiesen hat.[355]

---

354 Rasch, a. a. O., S. 25
355 Martens, G., Vitalismus und Expressionismus, Stuttgart - Berlin - Köln - Mainz 1971, S. 75
– Martens behandelt den Naturalismus noch, gemäß der damals vorherrschenden Forschungs-meinung, als einen Vorläufer der Jahrhundertwendeliteratur. Rasch faßt die Wende in der For-schung zusammen: »Die Gleichzeitigkeit des Hervortretens [...] verschieden gearteter Dichter [...] war [...] als Faktum bekannt, aber sie wurde in der literarhistorischen Betrachtung kaum bewußt gemacht und eher verschleiert, weil man das Schema einer zeitlichen Aufeinanderfolge von Stilen gewaltsam festhielt und die Dinge so darstellte, als sei zunächst der Naturalismus

Martens weist auch nach, daß schon der Naturalismus von der Lebensvorstellung durchdrungen ist, ohne in ihr seinen Hauptlegitimationsbegriff zu finden, so daß sich »in der Hochschätzung des Vitalen eine gewisse Kontinuität, die [...] die Dichtung der achtziger Jahre mit den neuen Bestrebungen der Jahrhundertwende verbindet«[356], zeigt. Nun werden die Gedanken Nietzsches und Bergsons – oftmals unverstanden – aufgesogen und neben der ernstzunehmenden lebensphilosophisch beeinflußten Literatur verbreiten sich Irrationalismus sowie Antiintellektualismus.

Geisslers Text partizipiert mit den oben nachgewiesenen Faktoren[357] am Lebenspathos, das in ihm mit dem Engagement verbunden ist. Das appellierende Moment der Schreibweise möchte den Enthusiasmus unmittelbar anregen. Es ist nicht, wie bei den Frühromantikern, intellektuell vermittelt, sondern zielt auf ein vorgängiges, anthropologisch fundiertes Vermögen, das mit dem Grund für den Kampf, den viele Figuren angeben, zusammenfällt. Es ist der Lebensimpuls, der in allen vorhanden, aber in vielen verschüttet sei, so daß er angeregt und durch eine Entscheidung für das Leben gestärkt und umgesetzt werden müsse.

Damit fällt die Kulturkritik vieler Figuren in das geistige Schema der Lebensphilosophie. Danach müsse die das Leben hemmende Zivilisation bekämpft werden. Auch einige der tragenden Metaphoriken des Romans finden in diesem Horizont eine plausible Interpretation. Wie in *kamalatta* wird in der vom Vitalismus beeinflußten Literatur der Jahrhundertwende das Leben als das Dynamische, Strömende gefaßt, der schlechte, herrschende Zustand aber in den Kategorien der Erstarrung. Die Ineinssetzung von Leben und Bewegung ist in der in Rede stehenden Zeit omnipräsent. Martens hat sie untersucht: Bei Nietzsche ist die Metaphorik des Lebens an Bewegung, Aktivität, Unruhe sowie an die »häufig begegnenden Vorstellungen des Fließens und Strömens«[358] geknüpft. Bergson nimmt ein ewig in Bewegung befindliches Leben an, an das der

---

vorherrschend gewesen, der dann ›abgelöst‹ wurde vom literarischen Impressionismus; daß später die sogenannte Neuromantik sich durchgesetzt hätte, danach eine Neuklassik, schließlich der Expressionismus. Solcher Aufteilung stellt sich [...] die These von der inneren Einheit der Zeit von 1890 bis 1914 entgegen, einer Zeit, in der klar unterscheidbare Formungsweisen, die keimhaft schon im Anfang nebeneinander hervortreten, sich nebeneinander entfalten.« (Rasch, a. a. O., S. 19)

356 Martens, a. a. O., S. 85
357 vgl. das Kapitel 4.2. (Berufung auf das Leben)
358 Martens, a. a. O., S. 48 f.

verfestigende Intellekt nicht heranreiche und das einzig die Intuition zu erfassen vermöge.[359] Die Bilderwelten der Jahrhundertwendeliteratur nehmen diese Akzentuierung auf: Das Bewegte erscheint unter anderem in den Gestalten des nichthumanen Lebens, besonders des pflanzlichen, das wuchert, keimt und knospt.[360] Für den Bereich des Humanen nimmt der Sexualtrieb eine zentrale Rolle ein, der bis zur »Hingabe an den sexuellen Rausch«[361] gesteigert wird. Der Tanz, der schon bei Nietzsche reine Bewegung verkörpert,[362] findet sich ebenfalls in der positiv akzentuierten Motivwelt.[363] Hinzu kommen die Bevorzugung der Farbe Rot – als Farbe des strömenden Blutes und des bewegten Feuers[364] – und die Verherrlichung des tätigen Lebens, die sich bis zur Feier des Kampfes und des Krieges steigert.[365]

All diese Motive finden sich auch in Geisslers Text, und zwar mit der gleichen, aus Vitalismus und Lebensphilosophie stammenden Wertung. Die Bewegung ist eindeutig positiv akzentuiert, ebenso wie der Tanz, die Liebesekstase, das Fliegen, die Farbe Rot, das Feuer und das tätige Leben. Die Gegenbildlichkeit ist bei Geissler – wie in den angeführten Stilrichtungen der Jahrhundertwendeliteratur – durch Krankheit, Passivität sowie vor allem durch das Statische, also durch Erstarrung, Kälte, Eis etc. gekennzeichnet. Der Dynamik des Werdens steht das geronnene, falsche Sein entgegen.

Die lebensemphatische Zeittendenz erfaßt zur Zeit der Jahrhundertwende auch Teile der Systemopposition. Insbesondere die sich in Abgrenzung zur Politik der Sozialdemokratie entwickelnden, anarchistischen Strömungen betonen den Lebensbegriff. Die Verbindung von Veränderungswunsch und Lebens-

---

359 vgl. a. a. O., S. 58

360 vgl. a. a. O., S. 96

361 a. a. O., S. 98

362 vgl. a. a. O., S. 49

363 W. Rothe betont die Wichtigkeit des Tanzes für die Literatur der Jahrhundertwende, grenzt den Tanz im Jugendstil aber dem Gehalt nach strikt von dem im Expressionismus ab; »die spezifisch ersatzreligiöse, pseudomythische und -sakrale, ahistorisch-zeitlose Ausprägung des Tanzes in der Kunst des Jugendstils kann als irrelevant für die Expressionisten gelten.« (Rothe, W., Tänzer und Tater, Frankfurt/M. 1979, S. 50) Dieser suche vielmehr den »individuell-existentielle[n] Ausdruck« (ebd.).

364 vgl. für Nietzsche: Martens, a. a. O., S. 49; im Naturalismus a. a. O., S. 81; im Expressionismus a. a. O., S. 290

365 Vgl. auch den »Wunsch nach Kampf und Krieg« und die »Kriegsverherrlichung« (a. a. O., S. 51) bei Nietzsche sowie die Kriegseuphorie bei Simmel (a. a. O., S. 68).

emphase muß am einzelnen ansetzen und kann erst durch ihn hindurch zum allgemeinen, alle umfassenden Leben gelangen. Sie begünstigt deshalb anarchistische und spontaneistische Strömungen. Während die SPD aufgrund eines stetig voranschreitenden Wachstumsprozesses einst an die Macht gelangen will und die Tugenden der Entsagung und des beharrlichen Wartens einfordert, verlangt der Anarchismus die unverzügliche Herbeiführung einer anderen Lebens- und Gesellschaftsordnung. Das Konzept des kontinuierlichen Fortschritts, das einen Aufschub der anvisierten Gesellschaftsordnung mit sich bringt, verwirft er zugunsten der emphatischen Augenblicklichkeit. Damit sind zwei einander widerstreitende revolutionäre Strategien umrissen, die zwar in ihrem Ziel – der grundlegenden Umwälzung der Gesellschaft – übereinstimmen, sich jedoch eines diametral entgegengesetzten politischen Instrumentariums bedienen. In *kamalatta* kehrt die politische Spaltung der Opposition in der Aufsplitterung der Stile wieder. Wie gezeigt, opponiert die augenblicksbetonte Schicht einer sich entziehenden. Die auf das Jetzt zielende kommt politisch mit dem Impuls des Anarchismus überein. Obwohl die meisten Figuren in *kamalatta* sich als Sozialisten begreifen und sich in der sozialistischen Tradition stehen sehen, durchziehen radikal-linke, anarchistische Muster die Handlung. Der zugrundeliegende Spontaneismus steht in geistiger Verwandtschaft zur augenblicksemphatischen Stilschicht. Nicht nur der Sozialismus und dessen Parteilichkeit, nicht nur die Romantik und ihr Enthusiasmus, auch der Anarchismus und seine Augenblicksfixiertheit treten in Geisslers Text auf.

In den neunziger Jahren schlug sich die engagierte, naturalistische und anarchistische Augenblicksemphase auch in lebenspraktischen Experimenten nieder. »Die zum Anarchismus führende linke Opposition in der Sozialdemokratie berührte sich um 1890 zu einem Teil mit Strömungen der literarischen Opposition des Naturalismus.«[366] In der Nähe von Berlin wurde 1900 die ›Neue Gemeinschaft‹ gegründet[367] und in der Schweiz die Kolonie auf dem Monte

---

366 Fähnders, W., Anarchismus und Literatur. Ein vergessenes Kapitel deutscher Literaturgeschichte zwischen 1890 und 1910, Stuttgart 1987, S. 8
367 Beteiligt waren u. a.:»Wilhelm Bölsche, Martin Buber, Karl Henckell, Bernhard und Paul Kampffmeyer, Max Reinhardt, Ludwig Rubiner, Albert Weidner, Wilhelm Spohr, Bruno Wille« (Fähnders, a. a. O., S. 172), vor allen Dingen aber die Brüder Hart und von anarchistischer Seite besonders Erich Mühsam und Gustav Landauer.

Verità.[368] Gustav Landauer und Erich Mühsam tragen zu dieser Bohemeströmung anarchistisches Gedankengut bei. Insbesondere aus Landauers Denken findet sich viel in *kamalatta* wieder. Gegenüber der oben hervorgehobenen Unterordnung des Individuums unter die Linie der Partei erlangt nun »das Epochenmerkwort ›Individualismus‹«[369] eine zentrale Stellung in »der antiautoritären ›Offenheit‹ dieser Bewegung«[370] der Jahrhundertwende. Der Beginn der neunziger Jahre bietet »ein Bild ideologischer Heterogenität beim Grundkonsens eines sich selbst bewußten und bewußt kultivierten Individualismus«[371].

Landauer postuliert die Entwicklung des einzelnen, um diejenige der Gesellschaft zu erreichen. Seine Formel lautet: »Durch Absonderung zur Gemeinschaft«[372]. Er entwickelt »ein Modell antikapitalistischer Zellenbildung innerhalb der kapitalistischen Gesellschaft«[373], das die zukünftige vorwegnehmen und die einzelnen zu neuen Lebensformen führen soll. Hier soll sich ein neuer Geist ausbilden, in dem Landauer die eigentliche revolutionäre Triebkraft erkennt. Er verwirft jede Herleitung einer neuen Gesellschaft, die primär ökonomische Gründe angibt und bleibt einem »zutiefst idealistisch begründet[en]«[374] Begriff des anarchistischen Sozialismus verhaftet, der in den Kategorien des Geistes und des Lebens seine zentrale Ausrichtung findet und einer affirmativen Metaphysik des Willens gehorcht. Sozialismus definiert er als »die Willenstendenz geeinter Menschen, um eines Ideals willen Neues zu schaffen«[375], als einen Kulturwillen[376] und eine Kulturbewegung,[377] die in jedem einzelnen Fuß fassen müsse, denn »die Menschheit müssen wir gründen und [...] können sie nur erstehen lassen aus dem freiwilligen Bunde der Individuen«[378]. Dieser komme aber nur zustande, wenn »wir den Sozialismus, den Kampf für neue Zustände

368 Sie geht aus der Münchner Gruppe um Henri Oedenkoven und Ida Hofmann hervor (vgl. a. a. O., S. 173).
369 a. a. O., S. 10
370 ebd.
371 a. a. O., S. 11
372 a. a. O., S. 173
373 a. a. O., S. 22
374 a. a. O., S. 23
375 Landauer, G., Aufruf zum Sozialismus, Philadelphia - Hilversum - Wetzlar 1978 (zuerst 1911), S. 4 und S. 21
376 vgl. a. a. O., S. 23
377 vgl. a. a. O., S. 22
378 a. a. O., S. 116

zwischen den Menschen als geistige Bewegung erfassen«[379]. Der Sozialismus solle in den Herzen der einzelnen erwachsen,[380] impliziere aber den Zusammenschluß aller. An diesem Punkt bleibt Landauer dem Monismus der Jahrhundertwende verhaftet, der das Leben als fundierende Strömung annimmt, die alle einzelnen Individuen durchzieht und sie im Gemeingeist zusammenführt. Die Einsamkeit des Individuums wird in dieser Vorstellung durchbrochen von den »Gesellschaftstriebe[n] unsres Innern«[381], die sich im Geist widerspiegeln. Im Geist des einzelnen findet das Individuelle Anschluß an das Allgemeine:

> Geist ist Gemeingeist, und es gibt kein Individuum, in dem nicht, wach oder schlummernd, der Trieb zum Ganzen, zum Bunde, zur Gemeinde, zur Gerechtigkeit ruht. Der natürliche Zwang zur freiwilligen Vereinigung der Menschen untereinander, zu den Zwecken ihrer Gemeinschaft, ist unausrottbar da [...]. Wir haben die Wirklichkeit lebendig-individuellen Gemeingeistes [...] in uns und müssen sie nur herauf, ans Schaffen lassen.[382]

Das »Gesetz unseres Geistes«[383] wird zum »Naturgesetz«[384], das sich als »Wollen, Sollen, Ahnung bis zur Prophetie, Vision oder künstlerische Gestaltung«[385] niederschlägt: »An den Herzen der Einzelnen bricht diese Stimme und dieses unbändige Verlangen in gleicher, geeinter Weise heraus«[386]. Es ist synonym mit dem Leben,[387] und »wo kein Geist ist, ist Tod«[388]. Wie bei Geissler entspricht hier dem Lebendigen das strebende, werdende Moment, während das statische, beharrende mit dem Tod ineinsgesetzt wird. Landauer aber vertraut noch auf die einigende Kraft einer zugrundeliegenden Macht, auf »das ewige Erbteil, das Göttliche, die Übereinstimmung und Gemeinschaft, die zustande kommt, wenn jeder seine eigenste und echtere Besonderheit findet«[389] und geht hierbei zurück

---

379 a. a. O., S. 98
380 vgl. a. a. O., S. 58
381 a. a. O., S. 99
382 ebd.
383 a. a. O., S. 28
384 ebd.
385 a. a. O., S. 29
386 a. a. O., S. 3
387 vgl. a. a. O., S. 8
388 ebd.
389 Landauer, G., Skepsis und Mystik, Philadelphia - Hilversum - Wetzlar 1978 (zuerst 1903), S. 18

bis auf die Erfahrungen der Mystiker.[390] Die Kunst hat nach Landauer die Aufgabe, das »Ineinanderschwingen der Unsagbarkeiten«[391] in Sprache zu fassen. Damit dient sie dem Geist, sich als Gemeingeist zu erleben.

Der individualistische Enthusiasmus Landauers berührt sich mit der genannten romantischen Strömung, die auch bei Geissler einen Platz hat. Doch in *kamalatta* greift der Nihilismus noch die Gewißheit eines zugrundeliegenden Lebensstromes an. Die Illusion, inmitten des Kapitalismus antikapitalistische Oasen in Form von Landkommunen schaffen zu können, wird verworfen.[392] Trotzdem ringt *kamalatta* um den individuellen revolutionären Impuls, den die anarchistische Tradition zur Grundlage ihres Politikkonzeptes macht und schildert eine Vielzahl von Lebensformen, in denen oppositionelle Gruppen schon jetzt ein qualitativ verändertes Leben führen wollen.

Landauers Vorstellung von einer Verschmelzung des individualistischen mit dem lebensphilosophischen Moment, das bei ihm in der Gestalt des Geistespathos auftritt, ist in *kamalatta* gleichsam als Experiment eingebunden. Aus der fragmentarischen Organisation des Ganzen spricht der Zweifel, daß das Experiment gelingen könnte. Dennoch trägt das anarchistische Vertrauen auf das Individuum und auf den Augenblick Strömungen in den Text hinein, die nicht im überkommenen Sozialismusverständnis aufgehen und die ihren literarischen Ausdruck in einer Schreibweise finden, die auch Tendenzen integriert, die vom orthodoxen Sozialismus als individualistisch, spontaneistisch oder bürgerlich verworfen werden. Geissler verwendet sogar charakteristische Motive des Expressionismus, der zum Reizwort des sozialistischen Realismusverständnisses aufsteigt.

Martens hat detailliert nachgewiesen, daß noch der Expressionismus am Lebenskult und an der Lebensphilosophie der Jahrhundertwende partizipiert und untrennbar mit dem Vitalismus verbunden ist. Mit dem Übergang zum Expressionismus radikalisieren sich viele Motive. Harts Ausspruch »Lebensglut und Kampfesmut«[393] wird von der Kriegsmetaphorik des Expressionismus noch überboten. Auch die in *kamalatta* auf den ersten Blick radikalsozialistisch anmu-

---

390 »Weil die Welt in Stücke zerfallen und von sich selbst verschieden und geschieden ist, müssen wir uns in die mystische Abgeschiedenheit flüchten, um mit ihr eins zu werden« (ebd.).
391 a. a. O., S. 73
392 Vgl. im Abschnitt 4.2.1. (Leben als Angriff) die Passage zur Landkommune und zu den RZ. – Auch Landauers Position strikter Gewaltlosigkeit verwirft Geissler.
393 zit. nach Martens, a. a. O., S. 78

tende Rede vom Krieg läßt sich im Zeichen des expressionistischen Vitalismus interpretieren. Im Frühexpressionismus, etwa bei Georg Heym, wird der Krieg oft positiv bewertet, weil er das Alte zu erschüttern vermag. Der subkutane Zusammenhang von Revolutions- und Kriegspathos mit dem Vitalismus tritt hier deutlich hervor. Heym kommt es auf den »Intensitätsrausch«[394] an, den die »Revolution als Revolutions*rausch*«[395] und »der Krieg als das Antiprinzip der ›toten Welt‹ schlechthin«[396] mit sich bringt: »In keiner Weise wird die Zerstörung als ›Grauen‹, als das ›Böse‹ gezeigt, sondern allein in ihrer doppelten positiven Funktion: sie vernichtet die Gegenkräfte des Lebens und setzt damit zugleich die lange unterdrückte Vitalkraft frei.«[397] Die Zerstörungen des Krieges werden als Erneuerungen herbeigesehnt; in ihnen ist das Werden, die Bewegung im Gange. Die Rhetoriken des Hasses und des Krieges in *kamalatta* sind diesem expressionistischen Anliegen verpflichtet. Die weitgehende Abwesenheit theoretischer Reflexion und der Akzent auf den lebensbeschwörenden Momenten paßt in dieses Bild. Bewegung, die im Expressionismus »höchste Positivität«[398] verkörpert, soll um jeden Preis herbeigeführt werden: »die jungen Literaten [...] bezeugten mannigfach ihr Leiden an der Stickluft eines falschen Scheinfriedens, sie empfanden quälend [...] ein Stocken des Lebens, Windstille, Starre, Bewegungslosigkeit. Nichts wünschten sie sehnlicher, als daß ›Sturm‹ – und sei es der eines Krieges – erlösend in die erstarrte wilhelminische und franzjosefinische Welt fahren möge.«[399] Krieg und Revolution umschreiben bei Heym »den unbestimmten Wunsch, daß ›etws geschehe‹«[400]. Der Krieg gegen die versteinerten Verhältnisse ist auch bei Geissler zunächst ein Selbstzweck, eine Manifestation des Lebenswillens.

Mit Hilfe des expressionistischen Vorbildes lassen sich viele Motive in *kamalatta* kohärent interpretieren. Alle Bewegungsmetaphern sind – wie in der Jahrhundertwendeliteratur – positiv akzentuiert, alles Starre negativ. Der Tanz fällt darunter,[401] aber auch das Motiv des Fluges und das umfassende der

394 a. a. O., S. 255
395 Mautz, K., Georg Heym, Frankfurt/M. 1961, S. 281
396 Martens, a. a. O., S. 255
397 a. a. O., S. 256
398 Rothe, a. a. O., S. 56
399 a. a. O., S. 55 f.
400 Mautz, a. a. O., S. 279
401 vgl. Rothes Analyse der Figur des Tänzers, a. a. O., S. 47-116

Aufwärtsbewegung.[402] Im Expressionismus taucht das Flugmotiv »nicht selten in Verbindug mit der [...] Freiheitsthematik auf«[403]. Die zahlreichen Vogel- und Flugmotive belegen für *kamalatta* dasselbe. Der Bewegung initiierende Mensch ist der tätige: »Entschluß, Entscheidung und Wille gehen in Handeln über, dessen symbolisches Bild und zugleich realer Höhepunkt die ›Tat‹ ist. Mit dieser suggestiven, schon sprachlich unüberbietbar kompakten Vokabel, die im Expressionismus unzählige Male gebraucht wurde, wird eine Erscheinungsweise guten Geschehens bezeichnet. ›Tat‹ ist mit einem positiven Bedeutungsgehalt besetzt.«[404] Den Täter identifiziert Rohte als eine Grundfigur der expressionistischen Literatur.[405] In ihm vereinigt sich das Bestreben, die Erstarrung aufzubrechen, mit einem dezisionistischen Willensakt; die Analogien zu *kamalatta* sind offensichtlich.

Wo die Lebensphilosophie wegen ihrer antirationalistischen Ausrichtung, besonders bei epigonalen Denkern und in der weltanschaulichen Vereinnahmung lebensphilosophischer Philosopheme, in den Irrationalismus führt, brachte die Berufung auf das Leben im Expressionismus neue literarische Formen hervor. Die ideologisch aufgeladene rhetorische Strategie führte zu Resultaten, in denen sich künstlerisch Neues ereignete. Im Expressionismus entwarfen die Dichter eine literarische Welt mit bis dahin ungeahnten Bildern. Sie erreichten eine Radikalität des Ausdrucks, die schockierend wirkte. Der Expressionismus wurde zu »einer kreativen Kraft«[406]. Doch heute, nach den Formexperimenten der historischen Avantgardebewegungen, kann die Literatur die Ausdruckskunst nicht einfach revitalisieren. Die expressionistischen Stilmittel haben ihre Naivität verloren.

Der Expressionismus bewirkte eine Revolution *innerhalb* der Literatur, während draußen der Krieg und die politische Revolution toben. Hier schließt sich der angerissene Problemkreis, in den sich Geisslers Werk einschreibt. Die literarische Vergegenwärtigung der Revolution ist noch keine Revolution, und auch die vitalistisch inspirierte Literatur ist nicht das Leben selbst. Wo die

---

402 »Die Überwindung der Schwerkraft durch Elevation, durch das Auffliegen im Sprung ist das Ziel des Tanzes, der Triumph des Tänzers, gespiegelt im begeisterten Miterleben des Zuschauers.« (a. a. O., S. 60)
403 a. a. O., S. 74
404 a. a. O., S. 128
405 vgl. a. a. O., S. 117-168
406 Martens, a. a. O., S. 298

Literatur diesen Unterschied bedenkt, wird sie selbstreflexiv. Am Verhältnis von Augenblicksemphase und Aufschub soll nun gezeigt werden, daß der literarische Vitalismus in *kamalatta* immer wieder konterkariert wird.

6.3.5. Augenblicksemphase und Datum

Die appellative Schicht leitet sich aus vitalistischen Zügen her, die in der weiter gefaßten Zeit um 1900 ihre literarhistorische Blüte hatten. In der Lebensphilosophie gleicht kein Augenblick dem anderen, deshalb nimmt sie die Eigenwertigkeit eines jeden einzelnen in Anspruch. Auf den Augenblick, in dem Einzigartiges geschieht, lenkt auch die damalige Literatur ihr Interesse. Geissler legt ebenfalls einen Akzent auf das Jetzt des geschriebenen Wortes. Bei ihm verbindet es sich mit der Idee der Entscheidung im oben erläuterten Sinne der Wahl. Die Zeit der Entscheidung ist die eines unumkehrbaren Augenblicks, der in jeder Minute eintreten könnte. Das Angebot, das der Text bietet, könnte auf eine Hingabe des Lesers treffen, der Funke einer vital fundierten Praxis könnte geschlagen werden.

Das mit dem unberechenbaren Momenthaften rechnende Schreiben hat Karl Heinz Bohrer unter dem Begriff der Plötzlichkeit als ein Phänomen der Moderne und mit Kierkegaard und Nietzsche »das ›Plötzliche‹ als zentrale Anschauungskategorie des modernen Bewußtseins«[407] interpretiert. Das von Bohrer angesprochene »Janusköpfige des ›Plötzlichen‹ zwischen progressiver und regressiver Erwartung«[408] wird auch in Geisslers Text thematisch. Die Gruppe propagiert eine »›dezisionistische‹ Interpretation des ›Plötzlichen‹«[409], wie Bohrer sie für die »Generation des ›gefährlichen Augenblicks‹«[410] analysiert, in der auch vitalistisches Gedankengut seine Ausprägung findet. Der Aktion in Bad Tölz kommt, als dem antizipierten, die Romanhandlung fokussierenden Augenblick, zentrale Wertigkeit zu. Er ist das Legitimationszentrum des Gruppendaseins, das sich aus den Begriffen des Krieges und des Angriffs herleitet. Doch auch in

---

407 Bohrer, K. H., Plötzlichkeit. Zum Augenblick des ästhetischen Scheins, Frankfurt/M. 1981, S. 49

408 a. a. O., S. 67 – Die regressive Tendenz belegt er mit dem Gedanken, »daß noch die faschistische Absage an den Gedanken der Kontinuität mit der Emphase der ›Plötzlichkeit‹ kongruent geht« (ebd.).

409 a. a. O., S. 49

410 a. a. O., S. 43

Proffs Leben gibt es gefährliche Augenblicke; zunächst ist der unwillkürlich vollzogene Widerstandsakt in Mexiko zu nennen, dann die Erfahrungen im Faschismus sowie später die Wirkung der überlieferten Gefangenenbefreiung. Diese der Gruppe zuzurechnende Tat vermag also, neben dem Fakt der Befreiung eines Mitkämpfers aus dem Gefängnis, durch ihre Überlieferung positiv zu wirken. Sie vermittelt Proff Hoffnung und bewirkt, daß er wieder spricht.

Die ›Generation des gefährlichen Augenblicks‹, stellvertretend etwa Ernst Jüngers *Auf den Marmorklippen*, zehrt von der ins Mythische gesteigerten Überlieferung einer Augenblickserfahrung. Damit ist die Gefahr verbunden, daß das ›Echte‹ nur in der Schicksalsgemeinschaft erscheine und diese deshalb gesucht werden müsse. In *kamalatta* erfährt der Anschlag in Bad Tölz keine mythisierende Auflading. Doch die Vorbildfunktion gefährlicher Kampfesaugenblicke zieht auch in Geisslers Roman Kreise. Ihnen kommt zum Teil, etwa mit Proffs Reaktion auf die Gefangenenbefreiung, eine unmittelbar wirkende Appellfunktion zu, die den oppositionellen Hoffnungsimpuls freizusetzen sucht. Insofern steht auch hier ein herausgehobener Augenblick für eine Verpflichtung, mit der die einzelnen sich zu einer Gemeinschaft zusammenschließen.

Eine andere Art von Augenblick, die Wahl des eigenen Todes, stellt in *kamalatta* das einigende Potential der Gruppe allerdings sogleich wieder in Frage. Proffs oppositioneller Impuls, angefacht durch die Befreiungstat, wendet sich ins Resignative und kehrt sich gegen sich selbst. Sein Suizid hinterläßt keine Heldengeschichte, der eine mythisierte Vorbildfunktion zukommen könnte. Die Nachricht von Proffs Tod trifft die Leser anders als Proff die Nachricht von der Befreiung getroffen hat: sie müssen den Abgründen des Scheiterns nachgehen, während Proff sich an die Hoffnung hängen durfte. Der erste Weg ist allemal der schwierigere und er verlangt eine besondere Bereitschaft.[411]

Der Akzent auf dem Momentartigen setzt sich auch in der Schreibweise durch, indem Geissler die Kontinuität des epischen Erzählflusses zugunsten einzelner Situationen zerlegt. Die Einordnung des Einzelgeschehens in das Ganze ist oft nur durch recherchierende Konstruktion zu bewerkstelligen.[412] Beim

---

411 Ein weiterer gefährlicher Augenblick ist die Schilderung des Schußwechsels, in dem Pauli tödlich verletzt wird. Seine Geschichte steht in Spiegelstellung zu derjenigen Proffs. Die Vorbildfunktion Paulis ist verbunden mit einer Reflexion auf die Funktion eines Helden und damit immanent, weil der sozialistische Realismus den positiven Helden vorschreibt, auch mit der östlichen Literaturdoktrin.

412 vgl. z. B. die Rekonstruktion des Lebenslaufs von Proff im Kapitel 4.1.1.

ersten Lesen verwirrt sich das Geschehensganze zu einer zersplitterten Vielzahl von Einzelgeschehnissen. Einige Passagen widerstehen der Einordnung in den Handlungsstrang gänzlich.[413] Der Text behindert die gewohnte, sich dem Handlungsverlauf überlassende Lektüre und behält diese zunächst im jetzt Geschehenden zurück. Auch die Textur des Romans legt Geissler heterogen an. Auktorial-erzählerische Passagen wechseln sich mit erlebter Rede, mit einem lyrischen Ich oder mit dem inneren Monolog ab. Die auktoriale Instanz ist sprachlich in sich gebrochen, wenn sie Umgangssprache und lyrisch verdichtete Kunstsprache ineinanderfügt oder passagenweise in rhythmisierter Prosa spricht.[414]

So zeigt sich in den mikrologischen Abläufen einmal mehr der Riß, der in den vorangegangenen analytischen Schnitten dieser Arbeit sichtbar wurde. Denn in jedem Abschnitt wird die Frage neu akzentuiert, welcher Art der Augenblick sei, der sprachlich evoziert wurde. Vitalismus und Existentialismus, in die bei Geissler der politisch engagierte Impuls eingewandert ist, kommen mit der Augenblicksemphase überein, doch der Nihilismus entwertet jeden sich als absolut gerierenden Augenblick. Wo alle metaphysischen Einheiten zerschlagen wurden, ist auch die Sprache berührt. Sie löst sich von den alten Sinnbeständen und setzt keine neuen ein. Geissler gestaltet diese Tendenz, indem er die Wörter zu neuen Bildungen verformt, indem er sie zerstückelt, ihnen das gesicherte Signifikat entzieht und immer wieder, indem er sie dem Verstummen aussetzt. Mit diesem Verhalten zielt er auf ein innovatives Potential der Literatur, das Bohrer die Utopie des Ästhetischen nennt. Sie mache einen Bestandteil des Doppelaspektes des Utopischen aus:

Einerseits handelt es sich um einen vom Autor geschilderten bzw. reflektierten ›Augenblick‹ des fiktiven Subjekts. Wir nennen die Möglichkeit hypothetisch die *ästhetische* Utopie. Andererseits handelt es sich um einen aus der Fiktionalität dieser ›Augenblicks‹-Darstellung kommenden Appell an den Leser. Wir nennen diesen hypothetisch die Utopie des *Ästhetischen*.[415]

---

413 vgl. die in Kapitel 6.1.6. analysierte Brückenszene
414 vgl. zum Beispiel die Rhythmisierungen, Wiederholungen und Alliterationen in: »nicht gegen straße und wind und hamburger regensonne und tabakladen von früher, endlich wieder von früher das schuppige, zwieblige, süßsauersahnige reden der fischfrau *am felde*, gut, daß du raus bist, mein deern, komm her, pack ein, ganz frisch vom fang. kein vorwurf und gar keine ahnung, das lügen in *bild* gegen menschen schlappt lasch, wird weggewischt zwischen rollmops und karpfen, aber auch unser kampf ums leben ist für die und so viele so viele, als wär der nie gewesen« (190) und: »da waren sie wieder, geschleich, geseich, gesüffel, geschnüffel vom ortsverein münchen mitte« (210 f.).
415 Bohrer, a. a. O., S. 186

Die utopische Qualität ist hier an das literarische Verfahren selbst und an die Reaktion des Lesers auf es gebunden. Bohrers Unterscheidung wird in *kamalatta* unmittelbar anschaulich: über die Augenblickserlebnisse der Figuren hinaus setzt sich eine vitalistische Stilschicht durch. Bohrer nimmt den Glanz[416] der Literatur als utopische Kategorie in Anspruch und begreift die einhergehende Utopie des Ästhetischen als eine alle Paradigmata sprengende Kraft. Wenn er sagt, »daß jeder mögliche politische Gehalt des utopischen ›Augenblicks‹ nur in einer anarchistischen Qualität zu suchen ist«[417], daß jede »realpolitische oder gesellschaftssystematische [...] auszuschließen«[418] sei, so kommt er mit den oben für Geissler nachgewiesenen Intentionen überein.

Doch die Evokation ästhetischen Glanzes im Zeichen des Augenblicks und die an sie gebundene, anarchistisch-utopische Qualität gerät in Geisslers Roman wiederum in den Sog eines reflexiven Prozesses. Die Reflexion auf den Augenblick, dessen Bewahrung und dessen Problematisierung, steht in *kamalatta* im Zusammenhang mit dem Bekenntnis zur Parteilichkeit. Jacques Derrida hat anläßlich der Dichtung Paul Celans in diesem Sinne die Verflochtenheit des Datums mit der Losung dargestellt. Proff ist ein Leser Celans (vgl. 53). Der Interpretation *kamalattas* gibt Derrida wichtige Impulse:

Das Datum aktualisiert nach Derrida die Erinnerung an ein Ereignis, ohne es wiederbringen zu können. Das Einmalige wird in die Form der Wiederkehr transformiert und dadurch zugleich getilgt und erinnert: Im Datum »muß sich das ›Unwiederholbare‹ wiederholen und dabei das irreduzible Einzigartige, das es bezeichnet, auslöschen.«[419] Das Schibboleth hingegen funktioniert als ein Losungswort,[420] mittels dessen die Freunde von den Feinden getrennt werden können, weil nur die Zugehörigen des eigenen Kulturkreises den bedeutungstragenden Unterschied der selbst nicht bedeutsamen Äußerung, die das Wesen des Schibboleth ausmacht, erkennen können. Das Schibboleth setzt die kulturelle »Verbündung«[421] des Kollektivs voraus und nutzt ihre Eigenheit zur Identifikation von Dazugehörigem und Fremdem: »Um eine Sprache zu bewohnen, muß

---

416 vgl. a. a. O., S. 187
417 a. a. O., S. 213
418 ebd.
419 Derrida, J., Schibboleth, Graz - Wien 1986, S. 35
420 vgl. a. a. O., S. 51
421 a. a. O., S. 59

man bereits über das Schibboleth verfügen«[422]. Dieses gilt auch für die konspirative Sprache der Gruppe in Geisslers Roman[423] oder die Sprache der Eheleute.

Das Zusammenspiel von Datum und Schibboleth interpretiert Derrida anhand der Beschneidung im Judentum. Dieser Initiationsritus besteht darin, daß zum Zeichen der Zugehörigkeit eine Markierung am Körper angebracht wird. Außerdem wird in ihm eine Namengebung vollzogen, die »im Augenblick des Bündnisses und des legitimen Eintritts in die Gemeinschaft«[424] stattfindet. Derrida begreift diesen geheimen Namen als ein Schibboleth. Der unwiederholbare Moment des Bündnisschlusses ist so markiert, daß die Bündniszugehörigen ihn erkennen, andere aber nicht. Datum, Schibboleth und Beschneidung nutzen einen »bedeutungs-lose[n] Unterschied als Bedingung für die Bedeutung«[425]. Das Losungswort ist selbst ein beschnittenes.[426]

Den Augenblick der Entscheidung und des Bündnisses sucht Geissler immer wieder zu vergegenwärtigen. Proffs Verhör durch die Gruppe (vgl. 409-423, 436-440) ist ein mißlungener Bündnisschluß, während die Gruppe vor ihrer Tölzer Aktion das Bündnis noch einmal erneuert, indem sie Decknamen austauscht (vgl. 478). Die konspirativen Namen werden zu Losungen. Auch dem Namen ›Tölz‹ kommt diese Funktion zu.[427]

Zuinnerst einbeschrieben sind dem Text aber mehrere Ereignisse, die das Gelingen und das Scheitern fundamentaloppositioneller Anstrengungen betreffen. Die Handlung setzt mit dem Schlüsselereignis der gelungenen Gefangenenbefreiung ein, nach der Proff neuen Mut schöpft und wieder anfängt zu sprechen. Kurz darauf verschreibt er sich dem Plan ›Tölz‹ und aktualisiert damit die polarisierende Weltanschauung. Der Roman zeichnet die Entwicklung von Proffs Scheitern nach. Doch mit Hilfe der genannten Daten bindet er das Einzelschicksal an Situationen, die für die Opposition in der Realität insgesamt eine Schlüsselfunktion haben. So fällt die Gefangenenbefreiung in *kamalatta* mit

422 a. a. O., S. 58
423 Vgl. zum Beispiel das Losungswort ›Sechslingspforte‹.
424 a. a. O., S. 118
425 a. a. O., S. 63
426 vgl. a. a. O., S. 127
427 vgl.: »wir sagen jetzt tölz« (54) – Überhaupt steht das Vorgehen der Gruppe unter dem momentverhafteten Postulat »jetzt, heute noch« (101), das sie immer wieder beschwört. – Vgl. auch oben 5.1.3. (Wählen und glauben).

dem 15. 5. 1970 (vgl. 23) auf dasselbe Datum wie diejenige Andreas Baaders aus einem Berliner Gefängnis. Während die realen Ereignisse zeitgleich in die Romanhandlung eingewoben werden, gelangt mit den Daten, die Geissler an den Beginn und an das Ende der Erzählung setzt, die reflexive Datumsstruktur in den Roman, die Derrida aufgewiesen hat. Der 8. 5. 88 (vgl. 5) erinnert an den Tod Ulrike Meinhofs, der 18. 10. 83 (vgl. 9, 278) an diejenigen von Jan-Carl Raspe, Gudrun Ensslin und – Andreas Baader. Besonders der Tod Baaders ist bedeutungsvoll, denn die vormalige Rettung seines Lebens gab den Anstoß, der sowohl die Gründung der RAF als auch die Aktivität Proffs bewirkte. Der Roman vergegenwärtigt den ursprünglichen Impuls, denunziert ihn aber dann, indem er zeigt, wie er sich seither fortentwickelte. In Bad Tölz geht es der Gruppe nur noch darum, den Gegner zu töten. Die Gefangenenbefreiung steht nicht mehr auf dem Programm. Dagegen hält der 5. 9. (vgl. 545), der Tag der Schleyer-Entführung, immernoch an dieser Idee fest, denn die RAF entführte Schleyer 1977, um Gefangene freizupressen. Dieses mißlang: Am Ende des Textes ist das Scheitern chiffriert, jedoch nur das praktische, nicht das ideologische, denn das letzte Datum hält jene Wertung aufrecht, die den Gruppenzusammenhalt als das utopische Moment schlechthin ansieht.

Die Datumsstruktur *kamalattas* relativiert die im Roman wirkende Augenblicksemphase, indem sie sie in eine reflexive Gesamtstruktur einbindet. Alle Momente naiver Augenblicksekstase werden gleichsam vorgeführt. Idyllische, bis ins Kitschige hinüberwechselnde Passagen, denen der Roman bisweilen zu viel Raum läßt, indem er die Weltanschauungen der Figuren kritiklos schildert, können immer auch im Hinblick auf die Reflexion der entscheidenden Augenblicke wie auch auf die Augenblicksstruktur gelesen werden. Diese Relativierung geht bei Geissler allerdings nie so weit, daß die vitalistischen Elemente entmachtet würden. Er fällt keiner seiner Figuren in den Rücken, indem er sich etwa über ihre Ansichten mokierte. Die naive Augenblickserfahrung verliert nie ihren utopischen Status, doch wird sie lesbar als ein Vektor im Kräftefeld oppositionellen Handelns, in dem auch andere wirksam sind.

Dennoch schlägt die Reflexion auf die entscheidenden Augenblicke auf die Naivität ihres Vollzuges zurück. Der reflektierte Augenblick nimmt das Kairosartige, das die existentialistische Wahl mit sich führt, zurück und überführt es in den Selbstlauf der unendlichen Reflexion. Damit zerrinnt die Hoffnung, die sich an entscheidende Augenblicke heftet und die darauf vertraut, daß qualitativ Neues sich ereignen könnte. Demgegenüber schreibt die nie zum Stillstand gelangende Reflexion den herrschenden Zustand fort, indem sie das scheinbar Neue auf Altes zurückführt. Sie dekonstruiert alles, was sich als Neues ausgibt und ist diesem dennoch negativ verpflichtet, indem sie es immer wieder aufschiebt. Als reflexiv negiertes erhält es seinen utopischen Ort.

Derrida spricht davon, daß die Sprache im Zeichen des Schibboleth eine beschnittene sei. Auch in die Worte ist jene manchen unsichtbare, manchen sichtbare Einkerbung geritzt, die zum bedeutungstragenden Unterschied wird. Nicht nur ›Tölz‹ und die Decknamen der Gruppe sind nur Zugehörigen verständlich, sondern auch der Soziolekt, die in den Roman eingebauten esoterischen Zitate,[428] die Topographie sowie viele andere Bestandteile von Geisslers Prosa. Nicht zuletzt untersteht die gesamte Parteilichkeit, von der das Erzählte durchdrungen ist und die seine radikal-linke Schicht ausmacht, diesem Gesetz der Beschneidung.

In Geisslers Schreibweise ist der vitalistisch und existentialistisch – nicht also nationalistisch entlang der Sprach- und Landesgrenzen oder religiös – motivierte Bündnisschluß schon immer vollzogen. Doch er bedarf des Glaubens, der Hoffnung und des Enthusiasmus, um den Motiven gerecht zu werden, die ihn in einem Akt freier Wahl konstituierten. Diese Faktoren werden mit den Niederlagen der eigenen Partei, die bei Geissler die sozialistische ist, immer illusionärer. Das reale Scheitern löst Zweifel am Fortbestand des Bündnisses aus. Von der Parteilichkeit droht der Enthusiasmus abzufallen und ein Dogma übrigzubleiben. Die Kennzeichnungen des polarisierten Sprechens drohen zu leeren Hülsen zu werden. Die Frage tritt in den Roman ein, ob das Bündnis noch wünschbar sei oder ob es etwa aufgekündigt werden müsse. Es ist die nihilistische Drohung, die damit im Text Wurzeln schlägt.

6.3.6. Poetischer Nihilismus

Der Nihilismus betrifft in *kamalatta* auch die Schreibweise. Die oben analysierte Technik der unendlichen Verweisung setzt den Verlust derjenigen Kategorien voraus, die die nivellierende Haltlosigkeit bremsen könnten. Wo keine vorgängige Wirklichkeit mehr Sinn stiften kann, muß ihn das Subjekt aus sich selbst

---

428 Denn ein Zitat ohne Kennzeichnung – wie das oben analysierte von Buschmann (vgl. den Abschnitt 4.2.7., Das Eigene ist das Echte) – setzt die Kenntnis der Originalstelle voraus, um es als Zitat erkennen zu können.

setzen. Doch mit dem Akt der Setzung ist derjenige der Aufhebung schon mitgesetzt, da sich jener, ebenso wie dieser, auf nichts als reine Willkür berufen kann. Wo jede metaphysische Kategorie in Zweifel gezogen wurde, beginnt das Sprechen ziellos in sich zu kreisen. Das Subjekt ist nun versucht, sein Sprechen selbst zur höchsten Instanz zu erheben. Hier setzt, nach Jean Paul, der poetische Nihilismus ein; hier

muß die Willkür der Ichsucht sich zuletzt auch an die harten, scharfen Gebote der Wirklichkeit stoßen und daher lieber in die Öde der Phantasterei verfliegen, wo sie keine Gesetze zu befolgen findet als eigne, engere, kleinere, die des Reim- und Assonanzen-Baues. Wo einer Zeit Gott, wie die Sonne, untergehet, da tritt bald darauf auch die Welt in das Dunkel; der Verächter des All achtet nichts weiter als sich und fürchtet sich in der Nacht vor nichts weiter als vor seinen Geschöpfen.[429]

Der poetische Nihilist werde zum »Verächter der Wirklichkeit«[430], er sei einem Zeitgeist unterworfen, »der lieber ichsüchtig die Welt und das All vernichtet, um sich nur freien *Spiel*-Raum im Nichts auszuleeren«[431]. Mit diesen Worten greift Jean Paul den Atheismusstreit auf und entnimmt der Kritik an Fichte Argumente für die poetische Debatte, in der er die Position vertritt, Poesie müsse »*schöne*, (*geistige*) Nachahmung der Natur«[432] sein, und sich gegen den poetischen Nihilismus wendet, dem der Stoff mangele.[433]

Wie berechtigt oder unberechtigt dieser gegen Teile der Romantik gerichtete Vorwurf sein mag,[434] so deutet er doch auf die Unterminierung aller sinngebenden Instanzen in der Romantik und auf deren Folgen sowohl für das denkende

---

429 Jean Paul, Vorschule der Ästhetik, in: ders., Werke, Abt. I, Bd. 5, hg. von N. Miller, München - Wien 1987 (zuerst 1804), S. 7-456, hier: S. 31

430 ebd.

431 ebd.

432 a. a. O., S. 40

433 vgl. a. a. O., S. 43

434 Arendt weist darauf hin, daß die Reflexion auf den Nihilismus in der Jenaer Romantik selbst stattfand und in die Fragmentspekulation einging: »Im Jenaer Kreis [...] werden die Begriffe des Nichts und des Nihilismus als ironische Gegenbegriffe zur eigenen Haltung geläufig. Mitten in diesem Kreis also regt sich der vom Willen zur Wahrhaftigkeit geweckte Verdacht, daß das Ich in Konzentration auf sein eigenes Denken oder sein eigenes Gefühl die entgegenstehende, objektive Wirklichkeit subjektiviere, abstrahiere, reduziere und ›vernichte‹ und damit die Endlichkeit in hybrider Weise aufhebe, daß das Ich in schöpferischer Ausübung der transzendentalen Formen seiner Vernunft oder in der enthusiastischen Tätigkeit seiner ›Begeisterung‹ das Relative mit dem Absoluten, die Geschöpflichkeit mit dem Schöpfertum verwechsle.« (Arendt, D., Der ›poetische Nihilismus‹ in der Romantik, Tübingen 1972, S. 43 f.)

Subjekt als auch für die problematisch gewordene Gestalt und Funktion der Poesie hin.[435] Das Subjekt steht nach der Verunsicherung durch den Kantischen Kritizismus vor dem Problem,

in sich selbst Norm und Sinn finden« zu müssen: »Mit diesem Problem ist [...] eine Sinnfrage verbunden, als gleichzeitig [...] die latente Frage mitschwingt, ob die im Subjekt angelegte transzendentale Denkstruktur zugleich von transzendenter Transparenz ist oder ob das Subjekt in sich selbst befangen bleibt wie in einem bloßen Funktions-Mechanismus. Das Subjekt steht bei seiner Flucht in die Innerlichkeit vor der extremen Versuchung, sich selbst zum ideelen Welt-schöpfer zu machen, eine geistige Tathandlung, die zwar eine fiktive Welt rückerobern kann, aber die vorgegebene objektive Welt dabei verlieren muß; im Augenblick des Mißtrauens aber in die teleologische Relevanz der Denkstruktur des Subjekts kommt es zu einem bloßen Schweben zwischen einer unrealisierbaren Idee der Wirklichkeit mittels des poetischen Schaffens oder des kreativen Denkens und einer entrealisierten Wirklichkeit, und diese haltlose Lage birgt die Möglichkeit der Erfahrung des Nichts und des Nihilismus.[436]

Aus der entsubstantialisierten Welt ist der Sinn geschwunden, kehrt aber nun als Nötigung zur Sinnproduktion ins Subjekt selbst ein, das zugleich von der Gefahr des Scheiterns dieser Sinnproduktion heimgesucht wird.

Eine ähnliche Disposition liegt auch in *kamalatta* vor, denn die Transfor-mation der sozialistischen Idee seit dem späten 19. Jahrhundert ist gekennzeich-net durch den Verlust des Glaubens in die Fortschrittsgewißheit der gesellschaft-lichen Entwicklung. Der erläuterte Begriff der Parteilichkeit bei Lukács betont

---

435 In der Forschung werden immer wieder Tiecks *William Lovell* und die *Nachtwachen* des Bonaventura (Pseudonym – als Autor wird seit R. Haags Recherchen E. A. Fr. Klingemann ge-nannt; vgl. Paulsen, W., Nachwort, in: Bonaventura, Nachtwachen, Stuttgart 1990, S. 167-186, hier: S. 175) als Kronzeugen für den Nihilismus der Romantik angeführt, etwa von W. Kohl-schmidt schon 1953: »William Lovell ist die Figur der Bewußtseinsmenschen, der in der Refle-xion auf sich selbst und die Welt alles auflöst. [...] Das ist das Ich, das sich zum Weltmittelpunkt geworden ist, indessen im Innersten selbst leer ist.« (Kohlschmidt, W., Nihilismus der Romantik, in: Arendt, D. (Hg.), Nihilismus, Darmstadt 1974 (zuerst 1953), S. 79-98, hier: S. 88) Die *Nachtwachen* nennt er »ein nihilistisches Gesamtkunstwerk« (a. a. O., S. 94). Dieser Auffassung der Lovell-Figur widerspricht Weigand, der eine Vielfalt von Tendenzen in ihr angelegt sieht, von denen eine ›melancholisch‹ genannt werden könne (vgl. Weigand, K., Tiecks »William Lovell«, Heidelberg 1975, S. 107). Die Spannung zwischen den Kräften, die in Lovell wirken, bewertet er, anders als jene Forscher, die Lovell für einen Nihilisten halten, positiv. Erst die Bereitschaft, gewohnte Koordinaten radikal in Frage zu stellen, wie es bei dieser Figur der Fall sei, ermögliche innovative und kreative Prozesse und führe sie »letztlich zu sich selbst« (a. a. O., S. 130). Den Mangel an Fixierungen deutet er als eine Chance für die Neuorientierung. Die Struktur des Romans aber kennzeichne das »Nebeneinander von Zwiespalt und Offenheit« (a. a. O., S. 125).

436 Arendt, Der ›poetische Nihilismus‹..., a. a. O., S. 14

noch die Kongruenz von antizipiertem objektivem Verlauf und der subjektiven Einstellung. Wo die objektive Entwicklung aber nach den diversen – intern und extern bedingten – Rückschlägen des Sozialismus keine geschichtsphilosophische Wahrheit mehr hergibt, sind den revolutionären Subjekten die Koordinaten entzogen, mit deren Hilfe sie ihren wissenschaftlich bestimmten Standpunkt festsetzten. Wo der Realität kein Sinn mehr abgepreßt werden kann, fällt die revolutionäre Sinnproduktion auf die einzelnen zurück. Sie finden sich in jener »transzendentalen Obdachlosigkeit«[437] wieder, die Lukács in seiner vormarxistischen Phase als geistige Disposition des bürgerlichen Romans interpretiert hatte. Dieser Entzug der weltanschaulichen Fundamente holt in der zweiten Hälfte des 20. Jahrhunderts auch den Sozialismus ein. Wenn in *kamalatta* die Lukácssche, objektivistisch ausgerichtete Parteilichkeit gegen eine vitalistisch und existentialistisch orientierte, enthusiastische ausgetauscht wird, ist damit zugleich angezeigt, daß der Entzug objektiven Sinns die Produktion eines subjektiven erfordert. Diese bleibt jedem einzelnen aufgegeben.

Wie der radikale Nihilismus alle Philosophie angreift, so auch die Kunst. Wenn die Spekulation, gemäß Jacobis Vorwurf, zum hybriden Selbstlauf verkommt, zum Flug der Gedanken, der sich in seinem Wahn für den Schöpfer hält, in Wirklichkeit aber über die Schöpfung Gottes hinweggleitet, so steht der poetische Nihilismus in der Gefahr, in den Kunstglauben umzufallen, indem er eine illusionäre Welt zur einzig wahren hypostasiert und das Kunstprodukt als Gipfel der schöpferischen Möglichkeiten versteht. Der Kunstglaube treibt eine Tendenz zur Weltflucht auf die Spitze, die jedes Kunstwerk teilt. Diesen Zug der Kunst, sich ästhetizistisch selbst als die neue Sinnsetzung auszugeben, mit der der alles entleerende Nihilismus niedergeschlagen werden könne, wehrt *kamalatta* durch sein fragmentiertes Schreiben ab. Geissler integriert das einander Widerstrebende, jedoch so, daß der Riß, der es voneinander trennt, nicht gekittet wird.

6.3.7. Die fragmentierte Schreibweise

Der Blick auf die literarhistorischen Einflüsse zeigt, daß sie aus verschiedenen Traditionen stammen. Die wirkungs- und die wahrheitsorientierten Schichten reiben sich aneinander. Die unmittelbar expressive Wortverwendung widerstreitet der lyrisch durchgearbeiteten; der thesenhafte, jedem verständliche Aussage-

---

437 Lukács, G., Die Theorie des Romans, Darmstadt und Neuwied 1971 (zuerst 1920), S. 32

modus opponiert dem Verfahren des Sinnentzuges. Die esoterische, sich verflüchtigende Stilschicht, die die Bedeutung der einzelnen Worte entleert, indem sie sie freigibt für die assoziative subjektive Aufladung, wird ebenfalls konterkariert durch die auf exakte Orts- und Zeitumstände beharrende. Die Integration all dieser Momente im Zeichen des Fragments bringt die Gefahr des Eklektizismus mit sich. Dieses mag der Grund für die teilweise äußerst heftige Ablehnung des Geisslerschen Stils im Feuilleton sein. Auf engstem Raum zwingt der Autor zusammmen, was genealogisch nicht zusammen gehört. Die »rationale Durchorganisation des gesamten [...] Materials«[438], die einige Ästhetiker als Forderung an die modernen Kunstwerke erheben, treibt Geissler voran, bis die synthetisierende Tätigkeit ein Werk ergeben hat, er bricht sie aber an jenem Punkt ab, wo die Durcharbeitung Brüche nivellieren würde, die erhalten bleiben sollen. Ein gewisses Maß an Unstimmigkeit nimmt er in Kauf.

Im Motiv der Rede vom zu verändernden Ganzen überschneiden sich in *kamalatta* der politische und der ästhetische Diskurs. Es spricht zum einen die Intention des revolutionären Umsturzes an. Neben der politischen Machtfrage, die mit der Utopie eines herzustellenden ganz Anderen verbunden ist, enthält das Motiv aber auch die Intention auf die vollständige Selbstbestimmung der Subjekte: »er wollte das ganze. [...] sich selbst.« (39) Ferner wird das Ganze von einigen Figuren mit dem Leben synonymisiert: »aber wo ist das ganze, das leben.« (100) Diesem Totalitätsanspruch stehen andere Figuren entgegen, die politische Maximalansprüche für illusionär halten: »zum glück hab ich nicht mehr die illusion, irgendwo was ›ganzes‹ vorzufinden.« (426) Geissler führt verschiedene Stellungen zum Problem des Ganzen vor. Die Theologie versucht seit jeher, es mit dem Begriff Gottes zu benennen. Wenn Proff den Priesterberuf anstrebt, bevor er Kommunist wird, so ist hiermit ein identisches Moment in beiden Geisteshaltungen indiziert; es ist die Negation des Bestehenden und die Intention auf einen radikal hiervon getrennten Zustand des Beisichseins, der im einen Fall in das Paradies verlegt, im anderen schon für diese Welt gefordert wird.

Mit dem Untertitel wird programmatisch auf die ästhetische Praxis des Werkes verwiesen. Auch die Systemphilosophien des deutschen Idealismus versuchten, des Ganzen habhaft zu werden. Wurde es dort mit dem Wahren identi-

---

438 Adorno, Th. W., Philosophie der neuen Musik, Gesammelte Schriften, Bd. 12, Frankfurt/M. 1975 (zuerst 1958), S. 56

fiziert,[439] so wendet die materialistische Kritik am System ein, das Ganze könne nicht als Produkt philosophischer Spekulation hervorgebracht werden, sondern sei uneinholbar ihr Grund. Marx' Analyse des Kapitals wollte zeigen, daß in allen Fibern gesellschaftlichen Zusammenlebens das ungewollte Wirtschaftsgesetz wirkt und sich die Phänomene in seinem Sinne Untertan macht. Setzt sich die kapitalistische Wirtschaftsweise vollständig durch, so kann das ganze Seiende als »das Unwahre«[440] angesprochen werden, denn in jedem seiner Teile wirkt das ungewollte Moment. Die Romantik wirkt der Emphase der idealistischen Systeme, die zugleich ihre Hybris bezeichnet, entgegen. Sie will nicht das Ganze mit Hilfe der philosophischen Spekulation ins System bannen, sondern macht – wie gezeigt – das Fragment zum Ausgangspunkt ihres Denkens. Indem sie am Fragment verdeutlicht, daß es nur ein Teil des unfaßbaren Ganzen ist, scheint an ihm, in seinen Leerstellen, negativ auf, in welchen Dimensionen das Ganze gedacht werden muß. Weil die Form des philosophischen Systems dieser Intention nicht genügte, wandten sich die Frühromantiker verstärkt der Literatur, besonders dem Roman zu, in dem die Teile eine je spezifische Form der integrierten Darstellung fanden, in dem aber auch der Bruch zwischen ihnen durch den scheinbaren Mangel an inhaltlichem oder formalem Anschluß betont werden konnte.

In *kamalatta* ist die Auseinandersetzung mit der Frage nach dem möglicherweise notwendigen Fragmentcharakter mit eingearbeitet. Es sind nicht nur die Figuren, die diese Frage, an der Wünsche und Enttäuschungen, Illusionen und Desillusionierungen hängen, kontrovers vertreten. Auch in der Form des Kunstwerkes selbst wird diese Kontroverse ausgetragen. Mit dem Untertitel verweist Geissler auf die ästhetische Praxis des Werkes. Er gelangt zu Stilmitteln, die sich in der Gattungsentwicklung des Romans größtenteils erst in der Moderne herausgebildet haben. Damit setzt der Text voraus, daß alles Argumentieren, daß das Denken überhaupt, sich nicht ablösen kann von dem Medium, in dem es hervorgebracht wird, im Falle des sprachlichen Kunstwerkes: der Sprache. Geissler begreift die Sprache also nicht nur als ein Instrument des Denkens oder des politischen Willens. Vielmehr zeigt die sprachliche Durcharbeitung von *kamalatta*, daß sich auch in die Sprache hinein die Gewalten der zweiten Natur

---

439 vgl. Hegel, Phänomenologie des Geistes, Werke in 20 Bänden, Bd. 3, hg. von E. Moldenhauer und K. M. Michel, Frankfurt/M. 1970, S. 24
440 Adorno, Th. W., Minima Moralia, Frankfurt/M. 1951, S. 57

verlängern, daß die Sprache nie gänzlich zur Verfügung steht, sondern immer auch über das Denken verfügt, daß sich durch sie hindurch Wünsche einer besseren Welt sowie Mechanismen der Unterdrückung, am Ich vorbei, fortsetzen. Der romantische Gedanke, daß die Sprache »sich blos um sich selbst bekümmert«[441], findet hier eine Entsprechung. Wo aber das Subjekt derartig entmachtet wird von Prozessen, die es überlagern, wird dessen Integrität, dessen Ganzheit, in Frage gestellt: das Subjekt ist selbst fragmentiert.

Was aber ist im Lichte all dieser stilistischen Strömungen, die im Roman ein fragmentiertes Ganzes bilden, *kamalatta*? Es ist ein Rätselwort, das den Leser ins Außerhalb der Bedeutung verbannt. Es nimmt das Verfahren der Parteibildung auf und wendet es gegen ihn – auch gegen den sozialistischen. Kein von der Partei verordneter Sinn vermag das Chiffrierte zu enträtseln. Insofern wendet sich dieses Wort als Appell an den einzelnen. Doch in wessen Namen dies geschieht, bleibt zu erkunden. Der nihilistische Angriff auf alle Bündnisse setzt die Frage in Gang, was dieser Dekonstruktion standhalten könnte. *Kamalatta* ist ein gekennzeichnetes Wort, doch keine geheime Bedeutung ist an es gebunden, wenn nicht die Bedeutung jenes in Gang gesetzte Fragens selbst ist: die Frage nach den möglichen Fundamenten einer Opposition, die aus den Trümmern der alten konstruiert werden müssen.

Auf dieses Verfahren weist der Untertitel, dem somit neben der leichten, umgangssprachlichen Bedeutung eine schwere, poetologische zukommt. Als abgeschlossenes Werk ist *kamalatta* ein Entwurf, der die Einzelentwürfe der Figuren integriert, ohne selbst ein Metaentwurf zu sein. Er schöpft aus einer Vielzahl formgeschichtlicher Quellen und schafft eine Einheit, die jederzeit fragmentiert bleibt. Er bietet keine handlungsorientierte Lösung an, sondern verweist die Arbeit an ihr zurück an den Leser. Er ist Aufgabe im doppelten Sinne. Er hat es aufgegeben, an ein Ende zu gelangen und gibt dem Leser auf, sich auf die nötige Anstrengung einzulassen. Das Schreiben schiebt das Scheitern auf. So gilt auch für den sozialistischen Gedanken in *kamalatta*, an dem die Drohung seines Gescheitertseins nagt, was Benjamin anläßlich Kafkas *Prozeß* formuliert: »Aufschub ist [...] die Hoffnung des Angeklagten«[442].

---

441 Novalis, Monolog, in: ders., Werke, Bd. 2, hg. von H.-J. Mähl, München - Wien 1978, S. 438 f., hier: S. 438
442 Benjamin, W., Franz Kafka, in: ders., Gesammelte Schriften, hg. von R. Tiedemann und H. Schweppenhäuser, Bd. II, Frankfurt/M. 1977 (zuerst 1935), S. 409-438, hier: S. 427

6.4. Die Subversion der Literatur

Die vorangegangenen Kapitel haben gezeigt, daß *kamalatta* nicht genügsam in sich selbst ruht, sondern daß die Risse, die immer wieder gestaltet werden, auch durch das Selbstverständnis des Textes als eines Kunstwerkes hindurchgehen. Das charakteristische Bestreben dieses Romans ist das Überschreiten. Es findet sich auf vielen Feldern wieder, zuallererst aber soll die Literatur selbst, und zwar auf die Politik und auf das Leben hin, überschritten werden. Doch die Gegenbewegung liegt im Roman darin, daß die beschworenen Überschreitungen entweder noch nicht stattgefunden haben oder bereits mißlungen sind. Der Text entspinnt sich in einer Figur, die die Subversion der Literatur genannt werden soll. Er möchte subversiv auf das Bestehende einwirken, während diese Tätigkeit ihn selbst unterminiert, indem der Verlauf dieses Prozesses immer wieder die Gedanken plausibilisiert, daß erstens die Literatur kein angemessenes Mittel hierzu ist und zweitens die Veränderung außerhalb der Literatur unmöglich wurde.

Jene Subversion dekonstruiert nicht nur die Literatur, sondern auch die Politik. Einerseits sendet das Werk einen Appell aus, endlich die erstarrte politische Landschaft umzubauen. Andererseits zeigt es, wie alle Anstrengungen und Appelle – die der handelnden Figuren ebenso wie die rhetorisch-literarischen – ins Leere laufen. Die Dekonstruktion erstreckt sich vor allem auf die Zufluchtstätten revolutionären Hoffens und konfrontiert es mit den gegen es gerichteten Kräften. In der Überschreitung liegt Hoffnung, weil sie Bewegung ist; sie will anderes als das Bestehende. Aber der Wunsch nach Veränderung führt in *kamalatta* auch in den Suizid. Hier dient die Bewegung nicht mehr dem Leben, sondern der Zementierung der Verhältnisse. Der ursprünglich hoffnungsgeladene Veränderungsimpuls kann auch umgewertet werden. Wie weit die Vereinnahmung oppositioneller Kräfte durch das bestehende Herrschaftsgefüge schon vorangeschritten ist, was alles bereits umgewertet wurde, fragt *kamalatta* immer wieder. Zugleich sucht der Roman aber auch nach Neuem, und zwar im Medium der Literatur. Subversion der Literatur ist auch so zu verstehen, daß der literarische Prozeß Räume aufschließt, die sonst unerreichbar geblieben wären. In ihm selbst liegt Hoffnung.

Das prekäre Verhältnis von Kunst und fundamentaloppositioneller Politik ist in Geisslers literarisches Verfahren eingeschmolzen. Die Subversion der Literatur erscheint in *kamalatta* in mehreren Dimensionen. Zum Teil fallen sie mit politischen Handlungsorientierungen zusammen, die einzelne Romaninstanzen verkörpern. Die bewaffnete Gruppe lehnt die Produktion von Kunstwerken ab. Sie greift den Illusionscharakter der Kunst an, die eine affirmative Funktion erfülle, da sie den einzelnen aus seiner Lebensrealität in künstliche Welten entführe und ihn vom Handeln ablenke. Immer ausgehend von der Überzeugung, der Umsturz müsse betrieben werden, wenn er gelingen soll, verwirft die Gruppe die Literatur, weil diese Kontemplation, nicht Aktion, erfordere. Auch die therapeutische Funktion der Literatur läßt sie nicht gelten. Sobald ein Mitkämpfer sich in die literarische Produktion versenke, entziehe er sich ihrer Kollektivität, dem lebendigen Prozeß, den ihr Zusammenleben darstelle. Deshalb betreibt die Gruppe die Subversion der Literatur im Sinne ihrer postulierten Abschaffung. Für eine zweite Möglichkeit steht Proff. Er führt den Kampf nicht fort, weil er es nicht kann, obwohl er es möchte. Sein Fall setzt ein nihilistisches Gegengewicht zur Handlungsemphase der Gruppe, indem Geissler mit ihm die Resignation gestaltet. Existentiell wirkt sie sich als Suizid, literarisch als Verstummen aus. Im Verstummen hat der Nihilismus gesiegt, die Literatur ist an ihrem Ende angekommen, ihr Tod tritt ein.

Mit der Forderung nach der Abschaffung der Literatur und mit der Drohung ihres Zugrundegehens setzt sich *kamalatta* fortwährend auseinander. Wenn die künstlerische Anstrengung nicht mehr zur Veränderung beitragen kann, wird sie, mit den in *kamalatta* zugrundegelegten, polarisierenden Kategorien gedacht, selbst überflüssig. Dennoch präsentiert sich der Roman als ein Kunstwerk. Weder unterminieren die Verhältnisse die Literatur in dem Maße, daß sie an ein Ende gelangt, noch verursacht die Ideologie des Krieges das Ende des Erzählens. Vielmehr wählt Geissler die Möglichkeit, mit dem Mittel der Literatur sowohl die Hoffnung zu bewahren als auch die Gesellschaft zu unterminieren. Er beschreitet *diesen* Weg – wie immer seine Figuren sich verhalten mögen.[443]

---

443 W. Hildesheimer schreibt 1975 in seiner Rede *Das Ende der Fiktionen*: »Die Zeiten der ›großen Romanciers‹ sind vorbei. [...] Für den Schriftsteller heute ist es weniger eine bewußte Entscheidung als eine Herausforderung, Stellung zu beziehen. Nur eben bezweifle ich, daß er es überhaupt in seiner Funktion als Mann der Sprache kann. Er kann es, indem er Aktion ergreift oder indem er schweigt.« (Hildesheimer, W., Das Ende der Fiktionen, in: ders., Gesammelte Werke in sieben Bänden, Bd. 7, hg. von Chr. L. Hart Nibbrig und V. Jehle, Frankfurt/M. 1991, S.

Die Instanz, an die Geissler die Alternative des Weiterschreibens knüpft, ist diejenige des Erzählers. Dieser findet Proff und gestaltet dessen Erfahrungen. Nach dem Scheitern nimmt er das Erzählen auf. Dieses resultiert aus der durcharbeitenden Vergegenwärtigung sowohl der Hoffnungen wie auch der Desillusionierungen, weshalb es sich in jeder Zeile mit seiner eigenen Infragestellung auseinandersetzen muß. Es bildet eine Tradition, in die die Erfahrung der Niederlage eingegangen ist.

Das Erzählen ist durch die Widersprüche des Handelns bis hin zur radikalen Infragestellung durch den Suizid hindurchgegangen. Geisslers Roman integriert die dem Handeln eigene Emphase auf den absoluten, vitalistisch akzentuierten Augenblick und auf das Ereignis ebenso wie das entgegengesetzte Moment des Aufschubs und der ewigen Wiederkehr des Gleichen. Der Akzent auf dem Augenblicklichen führt zu einem Text, der sich an einen Leser wendet, um ihn zu begeistern und um den Handlungsimpuls in ihm anzuregen. Das Verstummen dagegen schlägt sich sprachlich in der fragmentarischen Form nieder. Das Unverbundene des Fragmentarischen, die Abgründe zwischen den Fragmenten, zeigen das Verstummen an. Der Einbruch des Nichts in die Rede fragmentiert sie. Das Erzählen, das das Verstummen gleichsam durchschritten hat, steht im Zeichen des Weitermachens, das sich in der Wendung »die mühe ums leben« (179) ausdrückt.

Der Sprung in die Literatur, den der Erzähler wählt, geht in *kamalatta* somit über eine Funktionszuweisung an die Literatur hinaus, die sich auf den rein begeisternden Effekt beschränkt. Zum Wirkungs- gesellt sich ein Wahrheitsaspekt. Er ist wesentlich an den Charakter des literarischen Scheins gebunden. Die Literatur soll nicht nur das Leben wecken und den Leser vor die Entscheidung bringen, sondern sie soll auf adäquate Weise zugleich die entgegenwirkenden Momente dieser Ziele benennen und gestalten. Damit erlangen alle formalen, alle im eigentlichen Sinne ästhetischen Erfordernisse primäre Bedeutung. Zwar ist der emphatische Verweis auf das Leben präsent, doch ist er es nur innerhalb des Gestalteten. Alles Leben im Roman ist doch nur gestaltetes und muß durch den ästhetischen Filter wahrgenommen werden.

141-158, hier: S. 152) Geissler versucht es noch einmal mit dem Erzählen, indem er die von Hildesheimer aufgemachte Alternative, Handeln oder Schweigen, als zwei Instanzen in seinen Roman integriert. Doch wie Hildesheimer verstummt, so ist auch *kamalatta* von der Drohung des Verstummens gezeichnet.

Mit seinem So-Sein als gestaltetes Kunstwerk und mit dem in ihm stattfindenden Erzählen, das als eine Alternative zum Suizid lesbar wird, durch die getroffene Entscheidung für das Schreiben also, tritt die Kunst in *kamalatta* vor das Leben. Mit der Entscheidung für die Kunst droht eine politisch resignative Haltung, die den ästhetischen Schein vor der anders gegebenen Wirklichkeit hypostasieren würde. Diese Akzentsetzung, die alle Kunst gegenüber dem Existieren vornimmt, tendiert zum poetischen Nihilismus. Die Selbstsetzung der Literatur kann bis zum affirmativen Kunstglauben vorangetrieben werden, wo das Verändernde nur in der Macht der Poesie gesucht wird, ohne daß diese noch den Impuls auf die Überschreitung zur übrigen Wirklichkeit hin und zu deren Veränderung in sich aufbewahrte. Der poetische Nihilismus kreist in seinen Illusionswelten, ohne auf den kategorialen Einschnitt zum außerhalb der Literatur Gegebenen angemessen zu reflektieren. Dies ist gleichsam die Schuld des Weiterschreibens, insbesondere der politisch engagierten Werke, also auch diejenige *kamalattas*, gegenüber dem entschlossenen politischen Handeln, eines Handelns, das gegen die Ideologie des Aufschubs revoltiert und das doch zum Scheitern verurteilt zu sein scheint. Das Erzählen ist keine Lösung, sondern ein Mangel. In seiner aporetischen Gestalt verwahrt es aber den subversiven Impuls und damit die prekär gewordene Hoffnung auf Veränderung.

7. ›Kamalatta‹ und ›Die Ästhetik des Widerstands‹

Unter den zeitgenössischen Schriftstellern war bis ›1989‹ ein Schreiben, das von einer undogmatischen Parteilichkeit für die sozialistische Opposition ausgeht und sich nicht den ästhetischen Spielregeln des sozialistischen Realismus unterwirft, kaum zu finden. Geissler befindet sich im deutschsprachigen Raum in der Isolation. *Einen* nicht minder isolierten Bundesgenossen hat er jedoch in Peter Weiss. Dessen *Ästhetik des Widerstands* verbindet mit *kamalatta* die thematische Zentrierung auf die linke Opposition sowie das Bemühen, die ästhetische Dimension dem politischen Anspruch gleich-, nicht aber unterzuordnen. Der Vergleich *kamalattas* mit der *Ästhetik des Widerstands* und die Erörterung der Bezugnahme Geisslers auf das Werk von Weiss vermögen deshalb, Geisslers Ästhetik an einem verwandten Werk zu spiegeln und dadurch die Unterschiede zu beleuchten.

Ferner macht dieser Vergleich einen ersten Schritt in die Erforschung der literarischen Trauerarbeit um das untergehende Wunschbild des Sozialismus in der deutschsprachigen Literatur der Phase ›1968‹-›1989‹. Denn beide Romane sind sich in der Themenstellung insofern einig, als sie die Erfahrungen des Scheiterns in die Waagschale werfen. Es handelt sich dabei nicht nur um ein von außen induziertes Scheitern, das in militärischen Kategorien verhandelt werden könnte, sondern vor allem um ein das Selbstverständnis des Sozialismus betreffendes, inneres Scheitern. Hierdurch unterscheiden sich beide Autoren von der bornierten Parteiliteratur. Von der etablierten Nachkriegsliteratur Westdeutschlands aber trennt sie das Bestreben, durch ihre Schreibarbeit die Sache der Unteren – wie es bei Weiss gerne heißt – voranzubringen. Die Aktualität der Texte beider Autoren liegt darin, daß es jeweils auf der Kippe bleibt, ob im Abgrund des beschriebenen Scheiterns ein neues Fundament gelegt werden kann oder ob das Scheitern bodenlos ist und es die Idee des Kommunismus dekonstruiert, bis sie aufgegeben werden muß. Die Reaktion der Literatur auf die Erfahrung des Scheiterns bildet das Erkenntnisinteresse und den eigentlichen Konvergenzpunkt des Vergleiches von *kamalatta* und der *Ästhetik des Widerstands*.

Damit ist zugleich gesagt, warum die *Ästhetik des Widerstands* hier nicht mit *Wird Zeit, daß wir leben* verglichen werden soll, was auf den ersten Blick

388

näherzuliegen scheint. Formal bieten die Äquivalenzebenen geradezu optimale Voraussetzungen; beide Romane spielen im Nationalsozialismus, beide sind in den siebziger Jahren geschrieben und beide haben, aus einer mit ihm solidarischen Perspektive, den Widerstand gegen Hitlers Regime zum Thema. Doch in dieses Werk von Geissler ist noch nicht die Erfahrung des Scheiterns oppositioneller Anstrengungen eingegangen, so daß er in *Wird Zeit, daß wir leben* die erfolgreiche Gefangenenbefreiung als eine »exemplarische Aktion«[1] darstellen kann. Dieses Vertrauen verliert er, wie gezeigt, in seiner dritten Schaffensphase, als er angesichts der unbefreit gebliebenen Gefangenen der RAF und ihrem Schicksal, aber auch angesichts des Siechtums seiner Mutter im Altersheim, angesichts der Folgen nicht gelingenden Aufstehens gegen die erstarrten Verhältnisse also, der realen Gewalt des Scheiterns innewird.

Die *Ästhetik des Widerstands* und *kamalatta* gehören im weiteren Sinne in die Literatur ›nach '68‹, in jene Phase der neuesten deutschen Literatur, die sich zum großen Teil aus den »literarischen Veränderungen und kulturellen Bewegungen, die 1968 in Gang gesetzt wurden«[2], herleitet.[3] In der Bundesrepublik wurden seit Mitte der sechziger Jahre Kategorien aus der sozialistischen Tradition lebendig. Eine ganze Generation formulierte ihre oppositionellen Anliegen in diesem Muster. Obwohl sie älter waren als die revoltierenden Studenten und insbesondere Geisslers politische Wurzeln in die traditionelle Arbeiterbewegung zurückreichten, gehören beide Autoren in diese politische Kultur hinein. Zwar wandten sie sich dem Sozialismus schon vor 1968 zu, doch ihre Politisierung entzündet sich im Vorfeld von ›1968‹[4] an den gleichen Themen wie der Studentenprotest, vor allem am verleugneten Nachleben des Nationalsozialismus in der Bundesrepublik. Setzte der politische Aufbruch von ›1968‹ Hoffnungen auf ein Gelingen des systemverändernden Handelns frei, so begann nach ›1968‹

---

1   Geissler, Chr., Wird Zeit, daß wir leben. Geschichte einer exemplarischen Aktion, Berlin/West 1989 (erste Ausgabe Berlin/West 1976)
2   Briegleb, Kl./Weigel, S., Einleitung, in: dies. (Hg.), Gegenwartsliteratur seit 1968, München - Wien 1992, S. 9-17, hier: S. 10
3   Wie sich aus der Literatur um 1968 diejenige ›nach 1968‹ im engeren Sinne herauszubilden beginnt, zeigt Briegleb (vgl. ders., 1968. Literatur in der antiautoritären Bewegung, Frankfurt/M. 1993).
4   Diese Jahreszahl steht symbolisch für den außerparlamentarischen Protest, der schon in den Jahren zuvor begann und der mit dem französischen Generalstreik im Mai 1968 seinen Höhepunkt erreichte. Geissler und Weiss bekannten sich schon Mitte der sechziger Jahre zum Sozialismus.

ein Prozeß der Desillusionierung, der ›1977‹ einen ersten Höhepunkt erfuhr. Weiss rückt seit *Trotzki im Exil* von seiner vorangegangenen Praxis des dokumentarischen Theaters ab. Wenn er das historische Scheitern der Arbeiterbewegung im Nationalsozialismus schon seit dem Beginn der siebziger Jahre zum Ausgangspunkt seines Romans macht, ist er Geissler mit der Reflexion auf die Ursachen der Desillusionierung voraus.

Erst ein Jahrzehnt später folgt Geissler Weiss nach. Und dennoch gehören die *Ästhetik des Widerstands* und *kamalatta* in denselben geschichtlichen Reflexionshorizont hinein, den das Verglimmen des ›1968‹ gezündeten utopischen Funkens kennzeichnet. Beide bleiben dem sozialistischen Anliegen auch dann noch treu, als sich andere Autoren längst der ›Neuen Subjektivität‹ verschrieben hatten und gesellschaftliche Probleme in privaten Kategorien problematisierten. Die gängige Verabschiedung jener Hoffnungen, die noch ›1968‹ eine Massenbasis hatten, trug sich in der Bundesrepublik zumeist in Gestalt eines Wechsels des Vokabulars zu. Beide Autoren legen aber weder ihre Parteilichkeit für einen undogmatischen Sozialismus noch die zugehörige Terminologie ab, beide formulieren die Drohung des Scheiterns vielmehr in den Kategorien des sozialistischen Diskurses. Weder inszenieren sie einen Bruch noch übernehmen sie klammheimlich die neuen Sprachregelungen. Weil sie dabei ihre ästhetische Selbständigkeit, insbesondere gegenüber den Normen des sozialistischen Realismus, wahren, haben sie in den siebziger und achtziger Jahren eine Sonderstellung inne. Mit der ästhetischen Reflexion auf die einst aufgeladenen Kategorien, Bilder und Terme rekonstruieren sie das Verschwinden der Hoffnung aus ihnen und kommen so den Wünschen selbst auf die Spur. Sie setzen den Zustand der kommunistischen Welt und der Idee des Kommunismus schonungslos auf die Agenda. Mit dieser radikalisierten Selbstbefragung stehen sie schon im Vorfeld von ›1989‹[5].

Die nun folgende Erörterung untersucht Geisslers Rezeption der *Ästhetik des Widerstands* und bezieht einige der aus der Analyse *kamalattas* erarbeiteten Ergebnisse fragend auf den Roman von Weiss, sie entspringt jedoch keiner neuen Gesamtinterpretation der *Ästhetik des Widerstands*. Vielmehr greift sie auf

---

5   Dieses Jahressymbol verweist auf den gesamten Prozeß der Implosion des Ostblocks, vom Amtsantritt Gorbatschows bis zur Auflösung des Warschauer Paktes und der Sowjetunion, der durch den Fall der Berliner Mauer am 9. November 1989 versinnbildlicht werden kann.

die umfangreichen und sich zum Teil auf hohem Niveau befindlichen Forschungen zu diesem Werk zurück.[6]

7.1. Geisslers produktive Rezeption der ›Ästhetik des Widerstands‹

Geisslers Rezeption der *Ästhetik des Widerstands* schlägt sich in *kamalatta* und in zwei Aufsätzen über den Roman aus den Jahren 1981 und 1990 – also vor dem Beginn und nach dem Abschluß der Arbeit an *kamalatta* – nieder. Alle Texte geben Aufschluß über Gemeinsamkeiten, aber auch über Unterschiede des literarischen Zugriffs beider Autoren.

Daß Geissler Peter Weiss und dessen Werk hochschätzt, macht er schon 1981 mit einer Hymne auf die *Ästhetik des Widerstands* deutlich. Die Parteilichkeit des Werkes auch für seinen eigenen Text zugrundelegend, nennt er es eine Zumutung[7] für die eigene Seite. Diese müsse tief in die schreckliche Geschichte hinabtauchen und auch den eigenen Unzulänglichkeiten ins Auge blicken. Dann aber erschließe sich eine mutmachende Schicht des Romans, die Geissler am Schluß seines Textes besonders hervorhebt: »Die gesamte Arbeitsbewegung dieser drei Bände ist angeleitet und durchdrungen von der Liebe und der Schönheit menschlicher Auflehnung, von der Zuversicht auf unsre Befreiung.«[8] So gerät seine Rezension zuletzt zum Aufruf, den Kampf jetzt aufzunehmen.

Dieser Umschlag ins Kämpferische ist charakteristisch für Geisslers Rezeption der *Ästhetik des Widerstands*, aber er erscheint wie ein Willkürakt, hatte Geissler doch zuvor die Kosten fundamentaloppositionellen Engagements ein-

---

6   Das Werk selbst sowie dessen Rezeption im Feuilleton und in der Forschung sind gut erschlossen. Für bibliographische Angaben bis 1989 vgl.: Cohen, R., Bio-Bibliographisches Handbuch zu Peter Weiss' ›Ästhetik des Widerstands‹, Hamburg 1989, dessen Kommentierungen der wissenschaftlichen Arbeiten allerdings völlig unzulänglich und deshalb zu vernachlässigen sind. Neuerdings begleitet das *Peter Weiss Jahrbuch* die Rezeption kritisch: Koch, R., u. a. (Hg.), Peter Weiss Jahrbuch 1, Opladen 1992, sowie: ders., u. a. (Hg.), Peter Weiss Jahrbuch 2, Opladen 1993.
7   vgl. Geissler, Chr., Von der Zärtlichkeit menschlichen Lernens. Von der Härte menschlichen Hoffens, in: Götze, K.-H./Scherpe, Kl. R., ›Ästhetik des Widerstands‹ lesen, Berlin/West 1981, S. 12-17, hier: S. 15
8   ebd.

dringlich nachgezeichnet, die bei Weiss illusionslos benannt werden. Es sind »die Ohnmacht, die hier durch fast tausend Seiten nach und nach schwarz klar aufkommt«[9], das mögliche Gescheitertsein, Wahnsinn und Suizid, jene Tendenzen also, die auch für Geissler seit seiner dritten Werkphase[10] immer wichtiger werden. Geissler hebt zwei Frauenfiguren hervor, nicht jedoch das den Roman zusammenhaltende Ich und auch nicht die kleine, sich selbst fortbildende Gruppe, der das Ich angehört. Nicht die Perspektive der Selbstbildung und der Kunstaneignung stärkt er, sondern er streicht die ›schwarzen‹ Seiten des Romans heraus. Bezogen auf die Mutterfigur heißt es: »Mitten in klarer Kampfgeschichte die furchtbar einsichtige Zulassung der Umnachtung eines Menschen. Endlich dankbar und aussprechbar unsre wirkliche Trauer mitten im Kampf.«[11] Doch auch hier tastet Geissler nach dem Umschlagspunkt und sucht die Trauer ohne den resignativen Beiklang zu denken: »Solchen schreibenden Genossen hats bisher nicht gegeben, der dieses ansieht und einsieht – *ohne* dabei, wies die Herren gern hätten, die Trauer, den Schreck, die Verzweiflung auch nur für ein Weilchen zu feiern.«[12] Geissler hält die *Ästhetik des Widerstands* keineswegs für einen Nekrolog auf den besiegten Widerstand gegen den Nationalsozialismus. Die Trauerarbeit, die Bewußtwerdung eines Verlustes, wird bei ihm vielmehr zu einer Quelle, die den Widerstandsgedanken dauerhaft speist.[13] Noch »der möglichen Selbstzerstörung des Menschen«[14] als Gattung, aber auch dem individuellen Suizid gewinnt Geissler eine hoffnungsgeladene Dimension ab: Die zweite Frauenfigur, die er hervorhebt, ohne sie beim Namen zu nennen, ist Karin Boye, »die wohlwissend ihr Leben beendet im – wie es heißt – Zerfall aller Anstrengungen gegen den Zwang zur Unterwerfung, in der Unmöglichkeit, noch länger standzuhalten.«[15] Ebenso wie er immer wieder den möglichen Umschlag ins Produktive sucht, beharrt Geissler auf dieser Grenze des Standhaltens. Ihm ist bewußt, daß sie im Widerstandskampf überschritten werden kann, daß der

---

9   a. a. O., S. 12

10   vgl. hierzu unter 2.3 (Werkentwicklung)

11   a. a. O., S. 13

12   a. a. O., S. 14

13   Es ist hier derselbe Umschlag gemeint, den schon Hölderlin kannte: »Viele versuchten umsonst das Freudigste freudig zu sagen / Hier spricht endlich es mir, hier in der Trauer sich aus« (Hölderlin, Fr., Sophokles, in: ders., Sämtliche Werke, Kritische Textausgabe, hg. von D. E. Sattler, Bd. 6, Darmstadt und Neuwied 1979, S. 79 f., hier: S. 80).

14   Geissler, Von der Zärtlichkeit…, a. a. O., S. 15

15   ebd.

Widerstand für den einzelnen tödlich verlaufen könnte. Trotzdem findet er die Liebe und die Schönheit noch in der Schilderung dieser beiden Figuren wieder.

Die Rezeptionsspur der *Ästhetik des Widerstands* in *kamalatta* ist auf mehreren Ebenen deutlich konturiert. Weiss' Name wird mehrfach genannt,[16] Geissler reinterpretiert Personen, die als Figuren schon in der *Ästhetik des Widerstands* vorkommen oder schreibt die Figuren fort, er zitiert Stilmittel aus der *Ästhetik des Widerstands* (indirektes Sprechen, vgl. 400 ff.; Namenslisten[17]) und greift Themen auf, die durch die *Ästhetik des Widerstands* geprägt wurden (u. a. Anästhesie, Verstummen). An den Themen entlang, die die Frauenfiguren – Marcauer, Karin Boye und die Mutter – bei Weiss aufwerfen, wird seine Rezeption der *Ästhetik des Widerstands* besonders deutlich.[18]

Auch die Rezeptionsspur der *Ästhetik des Widerstands* in *kamalatta* wird von Frauenfiguren dominiert, die hier wie dort auftreten. Beide kommen bei Weiss um; die erste – Marcauer – exekutiert die eigene Seite wegen des Vorwurfs des Verrats[19], die zweite – Boye – nimmt sich selbst das Leben. An den

---

16 Vgl. 53, wo Proff als Leser von Weiss vorgestellt wird; 168, wo Weiss als Signal- und Erkennungsname zwischen zwei politisch Gleichgesinnten fungiert; 273, wo Geissler »einen gedanken von peter weiss« in seinen Text montiert.

17 Mit einer Liste benennt Geissler wirklich existierende Personen, Zeugen, die den kommunistischen Widerstand gegen den Nationalsozialismus mitgetragen haben. Bantumak sucht sie auf, um nachzufragen: »wie war das damals bei euch, […] gegen die nazis, was können wir auch in gefangenschaft frei, […] wir brauchen euch, jede stimme, es eilt, doris maase, esther bejerano, sonja schwarz, marianne scheringer, emmi biermann, christa rom, greta kuckhoff, martha naujoks, gertrud lüdtke und robbi mause, harry naujoks, bruno meyer, gerd lüdtke, willi willendorf, klaus maase, willi jagow, heinz henschke, richard scheringer, karl schabrot, max lübbert, tetsche lotz.« (449 f.) Es sind Namen, die bei Weiss – mit der Ausnahme Greta Kuckhoffs – fehlen. So schreibt Geissler das Kompendium der von Weiss überlieferten Zeugenschaft fort. Inwiefern die von ihm angegebenen Namen gegenüber den von Weiss genannten einen eigenen politischen Akzent zu setzen vermögen, ob sie für ein oppositionelles Anliegen stehen, das nicht in der *Ästhetik des Widerstands* aufgeht, soll hier nicht weiter verfolgt werden.

18 Auch auf Heilmann spielt Geissler an, allerdings geht es um dessen Verhalten vor der Zeit, die Weiss erzählt. Kargow behauptet: »in börgermoor dreiunddreißig hat der *heilmann* gebellt wie ein hund, so wollte ihn die *sa*, ich war dabei, wir haben es alle gesehen, der heilmann hat seinen atem getauscht in gejaul, wir nicht, von uns keiner, der unterschied, otto« (445). Otto erwidert: »ich kenne das anders, heilmann hat gekämpft bis zuletzt« (445), womit er auf dessen Darstellung bei Weiss verweist.

19 Den Akt der Exekution spricht der Roman nicht aus, legt ihn aber suggestiv nahe, indem er dort, wo sie hätte geschildert werden müssen, die Beschreibung eines Bildes von Goya einfügt: »Und bald schon verwischte sich die Stunde am frühen Morgen, als sie von der Militärpolizei

Namen Marcauer bindet Geissler, ganz im Sinne der *Ästhetik des Widerstands*, eine Kritik des Patriarchats im eigenen, kämpfenden Kollektiv.[20] Darüber hinaus eröffnet ihre Einbindung aber noch eine andere Perspektive, die sich auf den Zusammenhalt der Oppositionellen bezieht. Er ist mit Marcauers Aburteilung und Liquidation durch die eigenen Truppen verknüpft. Geissler zitiert Marcauer bei Weiss: »ich bin für äußerste gewalt gegen den feind, diese aber braucht keine büffel als gespann, ihre wirkungskraft ist am größten, wenn das kollektiv intakt ist.« (273)[21] Mit den ›Büffeln‹ greift sie sowohl die Männer an als auch die Kaderdisziplin der KPdSU. Geissler montiert diese Kritik in seinen Roman, ohne genau zu bestimmen, welche Figur sie sich in *kamalatta* zu eigen macht.[22] Bei Weiss wird Marcauer liquidiert, weil sie den Zwang zur Unterordnung in den eigenen Reihen nicht mitmacht. An den Verurteilungen der Moskauer Prozesse, später auch an der Tötung Nins im Spanischen Bürgerkrieg setzt ihre Kritik an: »Den einen nach dem andern aus den Reihen der Gründer des Sowjetstaats habt ihr zerbrechen gesehn. Ihre Demütigungen vor Gericht, das sich Volksgericht nennt und eine Instanz der Führung ist, nehmt ihr hin.« (I, 296) Bei Weiss schließt sich eine Debatte über die Notwendigkeit der Disziplin in Kriegszeiten an. Marcauer steht isoliert mit ihrer Meinung da, der Ich-Erzähler und selbst Hodann, der Verständige, schlagen sich nicht auf die Seite des Individuums, sondern auf die des Kollektivs:[23] »Guernica, Bilbao, Gijón, Teruel, was sind das

---

abgeholt wurde, und nur der Eindruck hielt sich noch, wie sie unten in der Halle der Villa Candida den Sand beschrieb, zu fahlem Gelb beleuchtet von der abgestellten Laterne, das Weiße in den aufgerißnen Augen, die dicht aneinandergereihten Rücken des Exekutionskommandos, und seitlich hinter ihr, an der Wand, waren ein paar der gerahmten Stiche des Bankiers Merle zu sehn« (I, 313 f.).

20   Vgl. den oben schon untersuchten Hinweis auf ihre Vergewaltigung durch Genossen in *kamalatta* (400).

21   Vgl. I, 294 bei Weiss. Bei Geissler ist diese Passage kursiv gesetzt und, anders als bei Weiss, der Kleinschreibung unterworfen.

22   Es heißt: »zur marcauer gab es den gedanken von peter weiss« (273). Ob dieser Gedanke auf Feder, auf Clarisse oder auf den Erzähler zu beziehen ist, bleibt offen.

23   Der Erzähler, indem er unschlüssig ist und nicht eingreift: »Jetzt aber trat nur die beunruhigende Frage an mich heran, ob ich bereit wäre, Marcauer [...] der Liquidierung auszuliefern. Ich weigerte mich, einen solchen Gedanken anzuerkennen. Doch hatte ich oft genug bezeugt gesehn, wie Genossen ohne Widerspruch die Abführung eines der ihren zugelassen und damit erklärt hatten, daß es erforderlich war zum Schutz der Partei.« (I, 297) Hodann, indem er Marcauers Ansichten letztlich nicht teilt, sich »zornig« (I, 312) von ihr abwendet und vermutlich deshalb nicht für sie eintritt. Objektiv handeln beide im Sinne der herrschenden Parteidisziplin: »Wir ver-

für Namen, sagten wir, gegen ein paar Einzelgänger, die beseitigt werden müssen, weil sie die eigne Front gefährden.« (I, 312) Von Marcauers Einspruch gegen einen »andern Krieg, der gleichzeitig in den eignen Reihen gegen die Vertreter abweichender Meinungen ausgekämpft wird« (I, 313), wollen sie jedoch nichts hören.

Die Frage nach dem intakten Kollektiv, das Marcauer einfordert und gegen die militärische Logik des Unterordnungsdenkens ins Spiel bringt, thematisiert Weiss einerseits hinsichtlich des Kräfteverhältnisses, andererseits aber auch in bezug auf das praktizierte Miteinander im Kampf. Diese für *kamalatta* zentrale Frage[24] kommt bei Weiss mit der Beschreibung der Funktion vor, die das Bild vom Sieg erfüllt. Hodann reagiert auf Marcauer an dem Punkt emotional – »zornig« (I, 312) –, wo sie von der Sicherheit des Zusammenbruchs der republikanischen Front ausgeht. Selbst die kritischen Geister brauchen in der Situation des Kampfes den Glauben an ein Gelingen, um sich die psychischen Grundlagen ihrer Handlungsfähigkeit zu bewahren. Retrospektiv erkennt der Erzähler: »Es war, als trauten wir unserm Land, bis in den August, Unverwüstlichkeit zu, wir machten uns blind für alle Zeichen, die vom Gegenteil sprachen« (I, 310). Dieser von den meisten Kämpfenden als notwendig erachtete Glaube an den Sieg, das aktivierte Wunschbild des Sieges also, bleibt bei Weiss keine intellektuelle Angelegenheit, denn wer die kollektive Bindungskraft dieses Bildes in Frage stellt, wird aus dem Kollektiv verstoßen. Die Hinordnung auf ein kollektives Wunschbild setzt Kräfte frei, doch sie setzt auch einen Ausgrenzungsmechanismus in Gang, der die Bewahrung dieser Kräfte zum Ziel hat. Das Kollektiv läßt weder die Dekonstruktion seiner Wunschbilder noch aber die Existenz entgegenwirkender Bilder zu: hierin liegt sein totalitärer Zug, der jede Entwicklung in Richtung auf die Idee des ›intakten Kollektivs‹ zunichte macht. Die Abschaffung der Konkurrenz widerstreitender Weltentwürfe im eigenen Lager geht unmittelbar in die physische Liquidierung der Träger abweichender Meinungen über. Die Insistenz auf der Pluralität der Stimmen im Verfahren von Weiss ist deshalb mehr als die Rehabilitation abweichender Meinungen; mehr auch als die Ausformung eines anderen »Geschichtsbild[es]« (I, 312), auf der Marcauer beharrt. Es ist der angemahnte und in die Wege geleitete Beginn einer anderen

---

suchten, Marcauer zum Schweigen zu bringen, sie vor ihren eigenen Worten zu schützen.« (I, 313)
24 vgl. oben die Kapitel 4-6

Form oppositionellen Agierens. Geissler nimmt diesen Faden in *kamalatta* auf, die Form des Fragments ist seine Art, die disparaten Stimmen zu vereinen, ohne sie einander gleich zu machen.

Geissler folgt mit der Figur Boye der gleichen Spur wie im Falle Marcauers. Der Name Boye steht in *kamalatta*, mitsamt dem Stichwort Kallocain, für die Widersprüchlichkeit des Kollektivitätsgedankens, in dem sich die Idee der Befreiung und ein totalitäres Muster berühren.[25] Wird Marcauer aber liquidiert, so nimmt sich Karin Boye selbst das Leben (vgl. III, 35). Nicht die schiere Brachialgewalt bringt ihre Stimme zum Verstummen, sondern die psychische Auswirkung der Verhältnisse, in denen sie sich befindet, läßt sie sich selbst töten. Boyes Suizid bezeichnet bei Weiss den Untergang des Individuums und die Übermacht des falschen, totalitären Kollektivs.

In der *Ästhetik des Widerstands* scheitert Boye auf mehreren Feldern. Zunächst transportiert auch sie – wie Marcauer – antipatriarchales Gedankengut. Sie versucht, sich »von der männlichen Unterdrückung« (III, 33) freizumachen, verläßt ihren Mann und beginnt eine homosexuelle Beziehung zu einer Frau, die mißlingt.[26] Gescheitert ist, ihrer Selbstwahrnehmung nach, auch ihre Schriftstellerei: »Über alles, was von der geistigen Kraft erschaffen worden sei, habe sich der Körper hinweggesetzt und höhnisch und lasterhaft die Eroberungen der Poesie zerfetzt. Sie habe versucht, mit ihrem Buch diese Kluft zu überbrücken, der Versuch sei gescheitert, das Buch habe ihr Leben als Schreibende beendet.« (III, 34) Dieser Wunsch nach einer Kultivierung des Triebes, nach Sublimierung der Leidenschaft, speist sich bei Weiss aus der Scham, die er an ein Schlüsselerlebnis emotionaler Hingabe knüpft:

nie werde sie den Augenblick los, da sie, der Hypnose des Verderbens erlegen, mitten in der Masse im Sportpalast, ihren Arm steil erhoben habe, im Dickicht der hochgestreckten Arme, immer wieder, wenn sie daran dachte, wie sie dem Gesicht da oben, mit der dunklen, in die Stirn fallenden Haarsträhne, die von einer schlaffen Handbewegung zurückgestrichen wurde, verfallen sei, und dann eingestimmt habe in den Rausch der Begeistrung, wolle sie vergehn vor Schande. (III, 33)

Das Bedürfnis nach rauschhafter Begeisterung, die in diesem Moment die politische Wahrnehmungsfähigkeit behindert und Boye zeitweilig in die Arme des Nationalsozialismus führt, erkennt sie als einen unheilvollen, aber nicht zum

---

25 vgl. hierzu ausführlich unter 5.1.1. (Trauung)
26 Vgl.: »sie hatte es doch nicht fertiggebracht, mit Margot [...] eine offne, über alle Vorurteile erhabne Verbindung herzustellen« (III, 33).

Verstummen zu bringenden Teil ihrer selbst. Indem sie sich tötet, vernichtet sie auch ihn.

Geissler setzt an diesem Punkt mit einem Hinweis auf Weiss ein: »*boye, eine frau, von der man nachlesen kann, sie ist erstickt am moment verrückter verbrüderung, mißbräuchlichen vertrauens. boye kannte das. die sehnsucht und ihre verdrehung.*« (194) Dann aber kommt eine Wendung, mit der er der Figur einen völlig veränderten Sinn gibt: »*sie stellte sich deshalb in diesen namen, gegen die mutlosigkeit.*« (194) In der *Ästhetik des Widerstands* spricht Boye von ihrem »Verlust des persönlichen Lebensmuts, von der Unmöglichkeit, weiter standhalten zu können« (III, 22). Viele Enttäuschungen führen sie zu jenem »Zusammenbruch, von dem sie erfaßt worden war«, bewirken ihre »innre Leere« (III, 22). Obwohl diese »mutlosigkeit« (194) auch für Geissler zum Ausgangspunkt wird, schreibt er nicht über die Schriftstellerin Karin Boye, sondern über eine Frau, die deren Namen annimmt. Weil dieser die Mutlosigkeit bekannt sei, »hatte sie sich, die geborene antje steen, die junge kaderfrau priska, den dritten namen gegeben, *boye*« (194). Bei Weiss kündigt Boye ihren Suizid mehrfach an, er schildert ihn wie ein unabwendbares Schicksal. Geissler dagegen rettet die Figur programmatisch für das kämpfende Kollektiv, bei ihm tritt sie als Ärztin auf, die den todkranken Pauli in der Illegalität behandelt und sich später sogar am Anschlag in Bad Tölz beteiligt. Diese bedeutsame Wendung von der Selbstzerstörung zur tätigen Hilfe und zum bewaffneten Vorgehen nimmt den Skandal zurück, der bei Weiss im Suizid Boyes liegt. Geisslers Boye-Figur revidiert die Erfahrung des politischen und existentiellen Gescheitertseins und das Unabwendbare, das in dieser Erfahrung liegt. Die Besinnung auf die Mutlosigkeit macht Geissler hier zum Movens der mutigen Tat: »es wird darauf ankommen, mehr zu wissen, auch wenn es schmerzt« (478)[27], sagt Boye, um die Wahl dieses Namens zu bekräftigen. Dann führt sie, aus diesem Wahlspruch nicht ableitbar, den Anschlag aktiv mit aus.

Der Kollektivitätsgedanke nimmt bei Geissler durch die Aneignung des Namens Boye eine weitere Wendung, indem er auf die geschichtliche Dimension ausgedehnt wird. Die Nachfolgenden retten die Opfer für die Überlieferung des eigenen Kampfes. Eine ähnliche Konstruktion liegt *kamalatta* insgesamt zugrunde, wo der Erzähler, als Alter ego Proffs, dessen Geschichte für die Erinnerung rettet. Auch die *Ästhetik des Widerstands*, in der der Erzähler sich den geschei-

---

27 Im Original kursiv gesetzt.

terten Widerstand vergegenwärtigt, funktioniert nach diesem Modell. Doch die Erzählanlage ist bei Weiss eine rein rekursive, der Erzähler kontempliert das Gewesene, und weder er noch seine Figuren handeln in der Erzählgegenwart. Bei Geissler aber gelingt die Tat in Bad Tölz; Handeln ist möglich. Dabei sind sich seine Figuren zum Teil der Widersprüchlichkeit dieser Rettung bewußt. Indem sich ein Gruppenmitglied den Namen Rigo gibt, rettet es eine Figur aus *Wird Zeit, daß wir leben*, die dort ums Leben kam, für die Überlieferung der Opposition. Es sagt: »keine rettung verliert das obszöne. beweint nicht die toten, ersetzt sie« (478)[28]. Auch Boye wird bei Geissler ›ersetzt‹. Das Obszöne auch ihrer ›Rettung‹ liegt darin, daß noch aus ihrem inkommensurablen Schicksal ein Sinn gepreßt wird. Immerhin benennt Geissler das ›obszöne‹ Moment, schildert dann aber trotzig die Notwendigkeit solchen Vorgehens. Gäbe es Proffs Geschichte nicht, an der sich Boyes durch das Thema des Suizids spiegelt, könnte der Eindruck entstehen, Geissler wolle um jeden Preis die Fortführung des Kampfes propagieren. Daß dieses nicht der Fall ist, wurde oben ausführlich gezeigt. Trotzdem beschreibt er immer wieder eine Figur des Umschlags, die von der Aussichtslosigkeit in die politisch motivierte Handlung führt. In Boyes Fall zeigt sich, daß der Umschlag nicht aus der Psychologie der Figur, wie sie Weiss schildert, abgeleitet werden kann. Vielmehr trägt eine andere Figur eine Deutung an die bei Weiss entworfene Figur heran, die dieser äußerlich ist. Einzig das Bedürfnis nach Rettung motiviert hier die Umdeutung, nicht aber das ›gerettete‹ Schicksal. Diese ›Rettung‹ bleibt bloße Projektion und transportiert den politischen Dezisionismus, an dem der politisch gewendete Existentialismus mit der Kategorie der Wahl partizipiert. Das Gegenteil solcher ›Rettung‹ verkörpert das Verhalten des Benjaminschen Engels der Geschichte[29]: er wendet die Katastrophe nicht in eine Handlungsorientierung um, sondern er erstarrt, er bleibt gelähmt und sprachlos.[30]

---

28 Im Original kursiv gesetzt.

29 vgl. Benjamin, W., Über den Begriff der Geschichte, in: ders., Gesammelte Schriften, hg. von R. Tiedemann und G. Schweppenhäuser, Bd. I, Frankfurt/M. 1974, S. 691-704, hier: S. 697 f.

30 Schon bei Benjamin ist dessen Verhalten allerdings Bestandteil einer Konstellation möglicher Verhaltensweisen. So muß im Bild der 9. These neben der Perspektive des Engels auch diejenige des Lesers berücksichtigt werden, die nicht mit der des Engels zusammenfällt. Vollends handlungsfähig wird in der 12. These die »rächende Klasse« (a. a. O., S. 700) dargestellt. Dieser Rachegedanke könnte immerhin zur Interpretation der Boye-Figur in *kamalatta* mit herangezo-

Die Mutter des Erzählers verkörpert in der *Ästhetik des Widerstands* diese Reaktion.[31] Seit sie auf der Flucht vor den Nationalsozialisten Zeugin der Ermordung von Juden wurde, verstummte sie. Boye nimmt besonderen Anteil am Verstummen der Mutter, sie versteht und akzeptiert es:

> Wie aber, fragte sie, solle sich das, was jenseits unsrer Spache liege, einbringen lassen in unser Vokabular, wie solle meine Mutter eine Wirklichkeit wieder anerkennen können, die doch vor ihren Augen zuschanden geworden sei, und müsse ihr nicht jeder Versuch, sie aus ihrer Versenkung zu locken, wie eine Verführung zum Betrug erscheinen an jenen, mit denen sie in ihren Träumen zusammenlebte. (III, 25)

Die Mutter reagiert auf die Nachricht von Boyes Suizid mit Weinen, was darauf hindeutet, daß sie Boyes Affinität zu ihr erwidert. Den Abschluß der Boye-Sequenz bildet in der *Ästhetik des Widerstands* eine Vision, die der Erzähler aus der Sicht der Mutter imaginiert. Boye ersteht wieder auf, und mit ihr unzählige Opfer von Krieg und Verfolgung (vgl. III, 35 f.). Bei Geissler ersteht Boye ebenfalls, aber anders, wieder auf. Im Sinne des Umschlags zur Handlungsorientierung greift eine von seinen Figuren unter Berufung auf Boyes Schicksal in das gegenwärtige Geschehen ein. Was Weiss als vom Wunsch diktierte Vision schildert, wird bei Geissler zur erzählten Wirklichkeit. Während dort die Erfahrung des Scheiterns aller Handlungsorientierung noch für die Jetztzeit gilt, trifft dieses für Geissler nicht in der gleichen Radikalität zu.

Warum sich der Drang zur Rettung bei Geissler immer wieder durchsetzt, obwohl er ihr obszönes Moment erkennt, reflektiert er in seinem Roman nicht.

---

gen werden, entscheidet sie sich doch für die Aktion in Bad Tölz, nachdem sie als Ärztin machtlos Paulis Sterben begleitete.

31 Diese These plausibilisiert Feusthuber (vgl. dies.: Sprache und Erinnerungsvermögen. Weibliche Spurensuche in der »Ästhetik des Widerstands« von Peter Weiss, in: Garbers, J./Kramer, S. u. a. (Hg.), Ästhetik Revolte Widerstand. Zum literarischen Werk von Peter Weiss, Jena - Lüneburg 1990, S. 207-238, hier: S. 212). – Vgl. zur Diskussion der Benjamin-Spur in der *Ästhetik des Widerstands*, deren Existenz Weiss bestritt: Klatt, G., Der ›geheime‹ Benjamin in der ›Ästhetik des Widerstands‹, in: Wilhelmi, B., Alltag – Kunst – Proletarische Subjektwerdung, Wissenschaftliche Zeitschrift der FSU (Jena), H. 3/1987, S. 378-382; Koch, R., Konstruktionsbedingungen eines ›wahren Bildes der Vergangenheit‹. Die *Ästhetik des Widerstands* im Lichte der geschichtsphilosophischen Thesen Benjamins, in: Internationale Peter-Weiss-Gesellschaft (Hg.), Ästhetik, Revolte und Widerstand im Werk von Peter Weiss, Luzern - Mannenberg 1990, S. 268-280; Koch, R., Geschichtskritik und ästhetische Wahrheit, Bielefeld 1990; Rother, R., Die Gegenwart der Geschichte, Stuttgart 1990, S. 50-65 und S. 96-149; Honold, A., Trümmer und Allegorie. Konstruktion historischer Bedeutung bei Walter Benjamin und Peter Weiss, in: Koch, R., u. a. (Hg.), Peter Weiss Jahrbuch 1, Opladen 1992, S. 59-85.

Es sind die oben nachgewiesenen vitalistischen und die existentialistisch-dezisionistischen Schichten, die den Lebensimpuls entfachen oder eine mehr oder minder unmittelbare Entscheidung herbeiführen wollen und somit dem drohenden und von Geissler ebenfalls in den Roman hineingelegten Scheitern immer wieder opponieren. Unvermittelt, und aus Quellen gespeist, die keiner Begründung zugänglich sind, schlagen Nihilismus und Handlungsorientierung immer wieder ineinander um. Diese dichotomische Struktur unterscheidet Geisslers Roman von dem von Weiss, der das Scheitern zugrundelegt und die Hoffnung negativ und dialektisch aus dessen Reflexion hervortreibt.

Indem Geissler die Frauenfiguren hervorhebt, legt er den Akzent seiner Lektüre der *Ästhetik des Widerstands* auf das Verhältnis von Individualität und Kollektivität, und zwar vor allem in bezug auf die Dialektik beider Kategorien im eigenen Lager. Im patriarchalisch strukturierten Kollektiv bedeutet das Gleichbehandlungspostulat, vorgetragen von den in ihm agierenden Frauen, eine Abweichung. Die Forderung nach innerparteilicher Demokratie, in einer Kriegssituation eingeklagt, berührt ebenfalls das einigende Selbstverständnis des Kollektivs. Bezogen auf die Frage, ob in einer Welt, die den einzelnen immer stärker den Systemzwängen der Kollektive unterwirft, von Individualität im Sinne eines selbstgewählten Fernbleibens vom Kollektiv überhaupt noch die Rede sein kann, dehnen Boye und ihr Roman *Kallocain* die Frage nach dem Individuum über den speziellen Horizont der oppositionellen Betätigung hinaus aus. An den Schicksalen der Frauenfiguren spiegelt Geissler – wie Weiss – die Facetten des Kollektivitätsgedankens: die sich in der Verführbarkeit zeigende, suggestive Macht des Kollektivs, die in ihm herrschenden realen Gewaltverhältnisse, seine totalitären Züge, aber auch die Idee des intakten Kollektivs, an das sich eine Utopie gelungenen Zusammenlebens knüpft sowie die Notwendigkeit des Widerstands und des Kampfes mit Hilfe des Kollektivs.

Bei Weiss scheitern – mit der Ausnahme Lotte Bischoffs – die Frauenfiguren; sie verstummen oder werden zum Schweigen gebracht. Trotz seines Beharrens auf diesem Gescheitertsein knüpft Geissler, paradox und mit dem Scheitern nicht zu vermitteln, gerade an sie die Hoffnung auf Rettung. Nicht die traditionellen Wunschbilder des Gelingens, nicht die Mythen des oppositionellen Kampfes zitiert er in seiner Aneignung der *Ästhetik des Widerstands*, sondern die Kritik am Wunschbild des Sieges führt ihn zur Vergegenwärtigung der Niederlagen: Unvermittelt und grundlos stellt er gerade den Gescheiterten einen Impuls des Weitermachens an die Seite. Die Vereinnahmung ihrer Namen für die heutige, oppositionelle Praxis geht aber an den in ihnen materialisierten Erfahrungen vorbei. Geisslers Wiederaufnahme dieser Figuren steht in der Gefahr dieser Verkennung.

Auch in seiner zweiten größeren Auseinandersetzung mit der *Ästhetik des Widerstands* verweist Geisslers auf die Mutter und Boye.[32] Im Mittelpunkt der Betrachtung steht nun aber Hodann, dessen kranker Körper wie ein Bild für die Versehrungen ist, die sich der Widerstand mit seinen internen Kämpfen zugefügt hat. Nach *kamalatta* geschrieben, datiert vom 1. 11. 1990, nach der Maueröffnung also und mitten in den Vereinigungsprozeß hinein, legt Geissler den Akzent auf eine radikale Selbstkritik des Kommunismus. Hodann habe »den zusammenhang von selbsttäuschung und katastrophe«[33] gewußt, die Selbsttäuschung aber sei für die Kommunisten dieses Jahrhunderts die Lüge vom Sieg gewesen: »ich erinnere noch einmal an max hodann, ich sage: an ihr, der rettenden selbstlüge vom gelingen, gar gelungen sein!, ist unsere erste sozialistische arbeitsphase der vergangenen siebzig jahre gescheitert.«[34] Nach einer in ihrer Schärfe etwas selbstherrlich klingenden Schelte der zusammenbrechenden DDR[35] und einem Hinweis auf den anhaltenden Kampf der RAF,[36] gelingen Geissler dann Passagen, mit denen er zum Teil auch seine eigenen Auffassungen revidiert. Es sind Auffassungen, die Weiss nicht fremd sind. In die *Notizbücher* schreibt er 1974 thesenartig: »Zur Verteidigung des Wahren können auch Verstellungen und Lügen notwendig sein. / Das Wahre manchmal auch Utopie, Illusion. / Der Sozialismus [...] fordert, daß man gegen die eigene Skepsis, den eigenen Pessimismus spricht. Daß man lügt, Optimismus vorspiegelt, der Sache wegen.«[37] Zum Paradox verdichtet er den gleichen Gedanken in der folgenden Wendung: »man muß lügen, um der Wahrheit willen / Revolution nicht mehr möglich / trotzdem eintreten für die Revolution«[38]. Dieser Glaubensüberschuß spielt, wie gezeigt, auch in *kamalatta* eine entscheidende Rolle. Wo er abwesend ist, kann der Kampf nicht mehr gewonnen werden. Das politisch-praktische

---

32 vgl. Geissler, Chr., Peter Weiss wäre nicht erstaunt, in: Prozeß im Bruch, Hamburg 1992, S. 182-201, hier: S. 199
33 a. a. O., S. 184
34 a. a. O., S. 195
35 vgl. a. a. O., S. 188
36 vgl. a. a. O., S. 191
37 Weiss, P., Notizbücher 1971-1980, Frankfurt/M. 1981, S. 298
38 a. a. O., S. 282

Erfordernis verlangt die Hoffnung als Haltung. Daraus ergibt sich die Notwendigkeit des enthusiastischen, stimulierenden Sprechens, eines ›Sprechens gegen die eigene Skepsis‹, das *kamalatta* in einer seiner einander opponierenden Stilschichten praktiziert. Dieses Sprechen stellt Geissler nun, anläßlich einer erneuten Reflexion auf die *Ästhetik des Widerstands*, auf den Prüfstand. Er schlägt, die Marcauer-Spur aus *kamalatta* aufnehmend, vor, »auf das bild vom sieg zu verzichten«[39], weil es und die aus ihm abgeleiteten Handlungsorientierungen Unheil in den eigenen Reihen angerichtet hätten. Als Beispiele nennt er »das monströse lügen und nackenschießen in moskau 1937«[40] und »das große grubegraben im zwielicht der wälder um katyn«[41] und folgert mit bezug auf diese und ähnliche Grausamkeiten: »nichts ist unmöglich. / auch uns nicht.«[42]

Er bezieht seine Kritik an der Opposition wiederum auf den Bereich der Wunschbilder, und nun auch auf den des Traumes. Der Traum »von der *endgültigkeit* unserer befreiung«[43] sei zu überdenken, denn die auf ihn gegründete Handlungsorientierung setze die Logik unerbittlichen Vorgehens in Gang, sie »produziert aus träumerischer behauptung enthauptung konkret«[44]. Goyas Satz, »el sueño de la razon produce monstruos«[45], bedeute einerseits: »der schlaf der vernunft weckt ungeheuer«[46], aber auch: »der traum von der vernunft weckt ungeheuer«[47]. Die Rationalität, die sich einzig auf die ersehnte Befreiung hinordne, schlage leicht in das Gegenteil von Befreiung um.

Geisslers Kritik am Bild der Rettung kann als eine Kritik an der Rettung Karin Boyes durch Antje Steen gelesen werden. Das oben herausgearbeitete Moment des Verkennens ihrer inkommensurablen Erfahrung muß mit dem Begriff der Lüge zusammengedacht werden, den Geissler hier entwickelt. Er deckt dabei übrigens die Herkunft des in *kamalatta* esoterisch zitierten Wortes von der Obszönität der Rettung auf: »nach meiner erfahrung sind rettungen ohne zu lügen kaum zu haben. (eine zeile aus der arbeit des schwäbischen dichters

---

39   Geissler, Peter Weiss…, a. a. O., S. 196
40   a. a. O., S. 198
41   ebd.
42   a. a. O., S. 201
43   a. a. O., S. 198
44   ebd.
45   ebd., im Original kursiv gesetzt
46   ebd., im Original kursiv gesetzt
47   ebd.

christian peter mohn heißt: *keine rettung verliert das obszöne.*) als seien wir rettungslos, scheint alles retten in seinem grunde schon denunziert, verberge sich ins verbogene, verlogene«[48]. Die Rettung Boyes ins kämpfende Kollektiv enthält eine solche Lüge. Während *kamalatta* diese und ähnliche Rettungen im politischen Handeln als Möglichkeit gelten läßt, verwirft Geissler sie angesichts der jüngsten Erfahrungen: »nein. wir sind nicht zu retten. aber wehe denen, die aufhören, unsre rettung zu suchen«[49]. Die unablässige Suche, den Prozeß unendlicher Überschreitung, den er formal mit dem romantischen Fragment schon in *kamalatta* praktizierte, bestimmt er nun als die genuine Aufgabe des Schriftstellers: »als kommunistischer schriftsteller [...] sehe ich unsere arbeit als eine in sprachprozesse, sprachentdeckung, sprachschritte gewendete«[50], als einen »prozeß ohne ende: das rettende bestimmen«[51].

Nun ist das enthusiastische Sprechen in *kamalatta*, das sich absichtlich gegen die Skepsis wendet, kein bestimmendes. Es kann vielmehr als ein beschwörendes charakterisiert werden. Wenn Geissler die Wunschbilder kritisiert, weil sie der Lüge Vorschub leisten, so kritisiert er auch diese in *kamalatta* eingearbeitete Tendenz. Denn jedes enthusiastische Sprechen orientiert sich notwendig an Bildern eines herzustellenden Zustandes, die von den verschiedensten Kräften motiviert sein können – vom Haß, der Hoffnung oder der Reflexion. Wo die antizipierte Transzendierung des Bestehenden fehlt, findet ein auf Überschreitung ausgerichtetes Sprechen keinen Halt mehr. Nur aus der immer vorausgesetzten Rückbindung an das Utopische, das nicht anders als durch Transzendierung gedacht werden kann, bezieht das Appellative in Geisslers Literatur seine Motivation. Insofern kann im Beschwören ein Moment der Rettung bestimmt werden; Beschwörung und Bestimmung schließen einander nicht von vornherein aus. Da die Beschwörung sich immer auf etwas richtet, impliziert sie ein Wunschbild. Wenn Geissler aber alle Wunschbilder kritisiert, so kritisiert er auch den Appell und den Enthusiasmus, und damit einen wesentlichen Bestandteil der Schreibweise *kamalattas*.

Wie aber sähe die schriftstellerische Arbeit des Bestimmens aus, wenn das Rettende nicht benannt werden kann und wenn auch die Erfahrung zugelassen

---

48 a. a. O., S. 194
49 a. a. O., S. 199
50 a. a. O., S. 196
51 a. a. O., S. 194

wird, die die Mutter in der *Ästhetik des Widerstands* machte und auf die Geissler hier noch einmal verweist, nämlich daß es eine Wirklichkeit gibt, »die uns [...] überwindet; die wir nicht mehr begreifen, greifen können«, »die heißt – – nein: für die wir keinen namen mehr finden; die, wie die schriftstellerin karin boye bei peter weiss es sagt, *unser aufnahmevermögen übersteigt*«[52]? Das Bild der Rettung unterliegt einem Bilderverbot, denn es enthält die Lüge vom endgültigen Gelingen, die autodestruktiv wirkt; die Schrecken der Wirklichkeit übersteigen die Darstellbarkeit, so daß das Sprechen zum Verstummen tendiert. Die katastrophische Wirklichkeit zur ästhetischen, geistig durchgearbeiteten Darstellung zu bringen und ihr darüber hinaus rettende Züge abzugewinnen, ohne ins idyllische Bild der Rettung zurückzufallen, dieses ist der Prozeß, den Geissler als die Aufgabe des Schriftstellers ansieht und den er bei Weiss praktiziert findet. Nicht anläßlich der Figuren aus der *Ästhetik des Widerstands,* aber in anderen Schichten *kamalattas,* hat er diesen widersprüchlichen Darstellungsprozeß selbst verfolgt.

7.2. Modi fundamentaloppositionellen Schreibens

Die Parteinahme für den Sozialismus steht bei beiden Autoren außer Frage. Sie setzt jeweils Mitte der sechziger Jahre ein. Weiss bekräftigt sie mehrfach in aller Deutlichkeit: »Die Richtlinien des Sozialismus enthalten für mich die gültige Wahrheit«[53], verkündete er einer schockierten bürgerlichen Öffentlichkeit. »Der Versuch, in meiner Arbeit eine Solidarität mit den Unterdrückten und Ausgebeuteten herzustellen reichte nicht aus. Ich mußte für sie eintreten, ihr Sprecher sein, mußte ihren unartikulierten Reaktionen und Hoffnungen Ausdruck geben.«[54] Die Dokumentarstücke aus dieser Zeit stehen im Zeichen einer operativen sozialistischen Kunst. Wenngleich er seine künstlerische Praxis seit *Trotzki*

---

52   a. a. O., S. 199
53   Weiss, P., 10 Arbeitspunkte eines Autors in der geteilten Welt, in: ders., Rapporte 2, Frankfurt/M. 1971 (zuerst 1965), S. 14-23, hier: S. 22
54   Weiss, P., Rede in englischer Sprache gehalten an der Princeton University USA am 25. April 1966, in: Canaris, V. (Hg.), Über Peter Weiss, Frankfurt/M. 1970. S. 9-14, hier: S. 14

im Exil und *Hölderlin* wieder modifiziert,[55] so läßt er doch von der sozialistischen Parteilichkeit nicht ab. Dieses gilt noch für die *Ästhetik des Widerstands*,[56] wo sich zunehmend das Problem der Vielfalt in der Einheit stellt, nicht aber, ob das Desiderat der Einheit, die die Parteilichkeit erst möglich macht, aufgegeben werden müsse.

In ihrer programmatischen Parteinahme für die Unteren und deren fundamentaloppositioneller Ausrichtung finden die Romane von Geissler und Weiss einen gemeinsamen Ausgangspunkt. Durch das Zugrundelegen eines in sozialistischen Kategorien formulierten Widerspruches zwischen Beherrschten und Herrschenden schreiben sie die kommunistische Geschichtsauffassung fort, die mit dem Begriff des Klassenkampfes operiert. Weil sie dabei aber nicht in die östliche Interpretation des Klassenkampfes einstimmen, die sie vielmehr mit andern Konzepten konfrontieren, heben sie sich auch von der Literatur der DDR sowie von den dieser Auffassung verpflichteten westdeutschen Autoren ab. Beide Werke stellen die Vielstimmigkeit der Opposition dar, legen aber trotzdem deren Einheit zugrunde. Von dieser gemeinsamen Position aus verwirklichen die Autoren Schreibweisen, die sich in charakteristischen Punkten voneinander unterscheiden; sie bilden eigene Modi fundamentaloppositionellen Schreibens aus. Thesenhaft gesagt und aufs Ganze des Vergleiches gesehen, setzt Weiss einen Kampf um die Erinnerung ins Werk, Geissler einen um die Bewegung. Diese These soll nun plausibel gemacht, präzisiert und ausdifferenziert werden.

Die Anlage der Romane von Peter Weiss und Christian Geissler relativiert den individuellen Standpunkt eines Erzählers, sie schreibt aber zugleich einen

---

55   »In diesen beiden Stücken wird die Frage nach dem Verhältnis von ästhetischem Modernismus und sozialistischer Parteilichkeit eindeutig in der Form eines gleichberechtigten Nebeneinanders beantwortet« (Hermand, J., Obwohl. Dennoch. Trotzalledem. Die im Konzept der freien Assoziation der Gleichgesinnten aufgehobene Antinomie von ästhetischem Modernismus und sozialistischer Parteilichkeit in der »Ästhetik des Widerstands« und den sie begleitenden »Notizbüchern«, in: Stephan, A. (Hg.), Die Ästhetik des Widerstands, Frankfurt/M. 1983, S. 79-103, hier: S. 87 f.)

56   Für Hermand gibt es keinen Zweifel hierüber: »Überhaupt läßt Weiss nur solche ›Revolutionäre‹ gelten, die auch die ›Fähigkeit zum Träumen‹ aufwiesen (II, 62). Und diese Fähigkeit findet er im antifaschistischen Widerstand der dreißiger Jahre fast nur unter Kommunisten. Sie, die ›nie nachgegeben und die größten Opfer gebracht‹ hätten (III, 249), sind für ihn deshalb die eigentliche ›Avantgarde‹ dieses Zeitraums (III, 257). Und damit dürfte sich die Frage nach der sozialistischen Parteilichkeit in der *Ästhetik des Widerstands* wohl von selbst erledigt haben.« (a. a. O., S. 91)

anderen, denjenigen eines Kollektivsubjekts, fest. Die Grenze zum Gegner ist jeweils klar markiert, doch innerhalb der eigenen Partei treffen unzählige Individualitäten und eine Vielzahl von politischen Handlungsorientierungen aufeinander, ohne daß die mit der Setzung eines kollektiven, oppositionellen Wir in Anspruch genommene Integration gelänge. Die in der *Ästhetik des Widerstands* vielfach geforderte Einheit bleibt eine beschworene. Und obwohl in *kamalatta* der Ruf nach Einheit kaum laut wird, obwohl die Fraktionierung in den eigenen Reihen verfestigter ist als bei Weiss, bleibt auch bei Geissler die Einheit der Oppositionellen der unterstellte utopische Bezugspunkt. Dieses zeigt sich in vielerlei Hinsicht. Das Problem der geeinten Vielstimmigkeit greift *kamalatta* nicht nur durch die Wiederaufnahme der Weissschen Frauenfiguren und durch andere Figuren und Figurengruppen auf, sondern auch mit Hilfe seiner formalen Konstruktion, etwa in der schon erörterten Gattungsbezeichnung, romantisches Fragment, das immer auf ein Ganzes hingeordnet bleibt. Auch die Anlage der Erzählperspektive nimmt sich in beiden Werken dieses Problems an. Sie soll zunächst betrachtet werden.

In *kamalatta* nimmt ein Erzähler, der als Alter ego Proffs aufgefaßt werden kann, die Erzählung auf, als er den toten Protagonisten findet. Der Roman steht, indem er die Geschichte nachliefert, die zum Suizid führte, unter dem Zeichen der Nachträglichkeit und der Erinnerung. Das Erzählte ist das fiktionale Medium dieser Erinnerung. Es muß durch die integrierende Perspektive des Erzählers hindurch. Diese ist so angelegt, daß die Vielfalt der Einzelstimmen sie an den Rand der Dispersion drückt. Ihre Einheit ist in *kamalatta* nur durch Interpretation, spekulativ zu erschließen, während die *Ästhetik des Widerstands*, bei einer ähnlichen Funktion dieser Instanz, eine Erzählerfigur einführt. Weiss bindet die Herstellung der Einheit hier durch das Ich programmatisch an die aufzeichnende Erinnerung im Medium der Kunst. Die dargestellte Erinnerung gehört den Unteren an und entspringt einem kollektiven, plural verfaßten Subjekt. Durch die Anstrengung der Erinnerung eines einzelnen soll das unterdrückte Abweichende eine Stimme finden. Beiden Romanen ist die Erinnerungsarbeit und die Selbstreflexion auf den Erfahrungsprozeß der Opposition einbeschrieben.

Die Anlage der Ich-Figur in der *Ästhetik des Widerstands* war von Beginn an Gegenstand der Forschung.[57] Lindner macht 1981 auf »eine merkwürdige Veränderung der Erzählposition«[58] im Schlußabschnitt aufmerksam, in der die Erzählung in den »konjunktivischen Rückblick«[59] wechsle: »Das erzählte Ich projiziert sich auf einen späteren Zeitpunkt, wo es schreibend Klarheit gewinnen und seine Erfahrungen werde deuten können.«[60] Doch zwischen der erzählten Zeit und dem in eine zukünftige Gegenwart projiziertem Wissen liegt ein nicht zu homogenisierender Schnitt. Nach 1945

waren alle Bedingungen des Exils und des Widerstands außer Kraft geraten. Die alte Konstellation der Nationalstaaten, gegen die sich eine Internationale der Arbeiterbewegung und des antifaschistischen Widerstands zu konstituieren suchte, wurde durch die Bildung zweier Staatenblöcke nichtig. Die Befreiung erwies sich als eine ohnmächtige Nullinie, mit der rasch die Bedingungen zusammenbrachen, unter denen der Widerstand noch als gemeinsamer und von unten kommender hatte begriffen werden können.[61]

Lindner sagt an anderer Stelle, daß Weiss 1945 durch die Anlage des Romans »als epochalen *Einschnitt*«[62] markiere. Dieses Einschnittes gedenkt die *Ästhetik des Widerstands* mit ihrer Poetik ein:

Der Konjunktiv Futur I legt das Imaginäre bloß, das aus der Differenz zwischen dem dokumentarisch-objektivierenden Interesse und der realen Uneinholbarkeit des Vergangenen entspringt. […] Das erzählte Ich wird als eine quasi-autobiographische Sonde in das disparate und verschüttete Vergangene eingesenkt. Es ist ein Verfahren der halluzinatorischen Einfühlung, das dem Rekonstruierten eine eigene Sogkraft verleiht und zugleich die Unerreichbarkeit des ›wahren Bildes‹ festhält.[63]

---

57 So wurde – ausgelöst durch eine Äußerung von Weiss in einem Interview – eine lange, unfruchtbare Debatte darum geführt, ob es sich um eine ›Wunschautobiographie‹ des Autors handle. Meyer zeigt, indem er die Ich-Figur der *Ästhetik des Widerstands* analysiert, daß »sowohl formale als auch inhaltliche Einwände« gegen die »Typisierung des Romans als ›Wunschautobiographie‹« (Meyer, St., Kunst als Widerstand. Zum Verhältnis von Erzählen und ästhetischer Reflexion in Peter Weiss' »Die Ästhetik des Widerstands«, Tübingen 1989, S. 98) sprechen (vgl. seine Erörterung auf den Seiten 96-106, a. a. O.).
58 Lindner, B., Ich Konjunktiv Futur I oder die Wiederkehr des Exils, in: Götze, K.-H./Scherpe, Kl. R., ›Ästhetik des Widerstands‹ lesen, Berlin/West 1981, S. 85-94, hier: S. 91
59 ebd.
60 ebd.
61 a. a. O., S. 92 f.
62 Lindner, B., Halluzinatorischer Realismus, in: Stephan, A. (Hg.), Die Ästhetik des Widerstands, Frankfurt/M. 1983, S. 164-204, hier: S. 185.
63 Lindner, Ich Konjunktiv…, a. a. O., S. 94

Rother sieht in diesem Verfahren die Möglichkeit gegeben, das Vergangene nicht der Perspektive der Jetztzeit zu subsumieren, die nach Benjamin immer zunächst diejenige der Sieger ist.[64] Hier geschehe vielmehr »die Freisetzung der Genese als Prozeß, der nicht vom Resultat beherrscht wird«[65]. Dieser Prozeß ist durch die Erinnerung allererst in Gang gesetzt worden; hier liegt der präsentische Effekt von Weiss' Literatur: »Das nochmalige Durchlaufen des Vergangenen [...] projiziert die Zukunft in die Vergangenheit [...] und eröffnet dieser einen Möglichkeitsraum, der ihre starre Unwiderrufbarkeit neuerlich verflüssigt. Damit werden auch die im Zuge der vollendeten Fakten verlorenen Hoffnungen wiederentdeckt«[66].

Der Erzähler ist also in der Zeit der Niederschrift der *Ästhetik des Widerstands* situiert, er verleugnet die Jetztzeit keineswegs, die sich grundsätzlich von den Bedingungen der vorangegangenen abhebt. Und dennoch schildert er ein Ich, das in der vergangenen Welt Erfahrungen macht, indem er dieses – zugleich eigene und fremde – Ich dem dokumentarischen Material aussetzt: »Dieses ›Ich‹ führt eine eigenartige Doppelexistenz, es ist zugleich ein rückblickend erzählendes und ein gleichzeitig erlebtes Ich.«[67] Die *Ästhetik des Widerstands* begreift die Niederlage des Widerstandes gegen den Nationalsozialismus als eine Epo-

---

64 »Wer immer bis zu diesem Tage den Sieg davontrug, der marschiert mit in dem Triumphzug, der die heute Herrschenden über die dahinführt, die heute am Boden liegen. Die Beute wird, wie das immer so üblich war, im Triumphzug mitgeführt. Man bezeichnet sie als die Kulturgüter. Sie werden im historischen Materialisten mit einem distanzierten Betrachter zu rechnen haben. Denn was er an Kulturgütern überblickt, das ist ihm samt und sonders von einer Abkunft, die nicht ohne Grauen bedenken kann. Es dankt sein Dasein nicht nur der Mühe der großen Genien, die es geschaffen haben, sondern auch der namenlosen Fron ihrer Zeitgenossen. Es ist niemals ein Dokument der Kultur, ohne zugleich ein solches der Barbarei zu sein. Und wie es selbst nicht frei ist von Barbarei, so ist es auch der Prozeß der Überlieferung nicht, in der es von dem einen an den andern gefallen ist.« (Benjamin, Über den Begriff..., a. a. O., S. 696)
65 Rother, R., Konditional 1. Die Konstruktion des Schlußabschnittes in der »Ästhetik des Widerstands«, in: Garbers, J./Kramer, S., u. a. (Hg.), Ästhetik Revolte Widerstand, Jena - Lüneburg 1990, S. 238-257, hier: S. 256
66 Butzer, G., Erinnerung als Diskurs der Vergegenwärtigung in Peter Weiss' *Die Ästhetik des Widerstands*, in: Koch, R., u. a. (Hg.), Peter Weiss Jahrbuch 2, Opladen 1993, S. 51-86, hier: S. 80
67 Rector, M., Örtlichkeit und Phantasie. Zur inneren Konstruktion der »Ästhetik des Widerstands«, in: Stephan, A. (Hg.), Die Ästhetik des Widerstands, Frankfurt/M. 1983, S. 104-133, hier: S. 104 – Butzer unterscheidet die Ich-Figur vom Erzähler und gelangt zu dem Schluß: »alle Reden und Reflexionen der Ich-Figur sind immer schon tingiert mit dem Wissen des Erzählers« (a. a. O., S. 80).

chenwende. Erst nach ihr beginnt die Erinnerung und die Niederschrift. In *kama-latta* markieren die imaginären Ereignisse des Anschlages und des Suizids den Beginn des erinnernden Schreibens. Gescheitert ist vor allem Proff, mit dessen Tod eine Geschichte zuendegeht. Der Beginn des Schreibens über sie, die Phase des Reflektierens und Darstellens, des Eingedenkens, markiert, wie bei Weiss, einen neuen Abschnitt, die sich nicht auf das Ende einer Epoche bezieht. Mit Proff geht vielmehr die Entwicklung eines Individuums zuende, denn die Deutung der politischen Situation ist bei Geissler umstritten. Inwiefern Proffs Einzelschicksal für ein allgemeines steht, bleibt offen.

Proff erreicht einen absoluten Endpunkt, aus dem keine Handlungsorientierung mehr herausführt. Indem der Erzähler ihn findet, macht der Roman das Scheitern zu seinem Ausgangspunkt. Er überführt den Verlust politischer Handlungsorientierung in den Gewinn der Erinnerungsperspektive, die das Schreiben ermöglicht. Insofern steht die Anlage *kamalattas* derjenigen der *Ästhetik des Widerstands* nahe. Doch Proffs Suizid ist in *kamalatta* nur eine mögliche Konsequenz aus dem Geschilderten. Die Gruppe macht weiter wie bisher, nichts spricht dagegen, daß sie den Anschlag als einen ›militärischen Erfolg‹ verbuchen wird. Auch für viele Nebenfiguren gibt es den an Proff geknüpften Einschnitt nicht. Während der Perspektivenwechsel nach ›1945‹ bei Weiss zur historischen Voraussetzung der *Ästhetik des Widerstands* wird, indem er alle betrifft, ist in *kamalatta* die Frage, ob die Handlungsorientierung an ein Ende gelangt sei, umkämpft. Geissler interveniert in den politischen Diskurs der Opposition, indem er das mögliche Scheitern im Medium des ästhetischen Scheins plausibilisiert und dramatisiert. Doch *kamalatta* hält die Antwort offen.

Während die *Ästhetik des Widerstands* also gewissermaßen eine melancholische Grundstimmung durchzieht, ist *kamalatta* zerspalten von der Alternative, der Kampf sei historisch und individuell zuende oder müsse fortgesetzt werden wie bisher. Diese geistigen Dispositionen beider Werke können aus den Erzählanlagen erschlossen werden. Bei Weiss gehört hierzu neben der erwähnten Situierung der Erzählerinstanz in zwei Zeiten auch der Gebrauch der indirekten Rede und des Konjunktivs. Schulz spricht von einem Modus des Indirekten: »›Das Konjunktivische‹ färbt in diesem Werk, das vornehmlich aus wiedergegebener Rede, Meinung, Möglichkeiten etc. besteht, das Ganze – also auch die Indikativ-Passagen – so stark ein, daß der Eindruck erweckt wird, *alles* stünde im Modus des Indirekten.«[68] Dieser Modus verbürge die »epische Kohärenz«[69] des Werkes, das »den Status einer eigenen Ästhetik«[70] gewinne.

Durch das Konjunktivische und durch die anderen Verfahrensweisen indirekter Darstellung schweißt Weiss die gedoppelte Perspektive des Ichs – und damit die Vergegenwärtigung überhaupt – in jede einzelne Sequenz seines Romans ein. Er findet einen eigenen Ton, dessen Voraussetzung die Nachträglichkeit ist. Bei Geissler scheint dieselbe Ausgangsposition vorzuliegen; auch hier beginnt das Erzählen, nachdem die Aktion beendet ist. Doch die Untersuchung der Schreibweise ergab, daß nicht die Kenntlichmachung der Nachträglichkeit das Werk beherrscht, sondern im Gegenteil das Präsentische. Dieses liegt freilich in mehreren Gestalten vor, zunächst in der vitalistischen, auf unmittelbare Identifikation mit dem Leser bedachten Variante, dann aber auch – um eine weitere zu nennen – in der Vergegenwärtigung einer Abwesenheit, die als Schmerz, Verlust und Mangel aktualisiert wird. Noch die Abwesenheit von Sinn bleibt dergestalt auf die Aktualität des Empfindens hingeordnet. Die unmittelbare Artikulation des Lebendigen bleibt auch hier eine zentrale Voraussetzung von Geisslers Ästhetik. Für diese Stilschicht seines Werkes könnte, in Opposition zur Benennung von Schulz, geradezu von einem Modus des Direkten gesprochen werden. Diese Schreibpraxis unterläuft die in der Anfangssequenz aufgemachte Nachträglichkeit des Erzählens zugunsten des Präsentischen.

Die Dominanz des Nachträglichen in der *Ästhetik des Widerstands* läßt sich auch an einer weiteren Stilschicht festmachen, die mit der Debatte darüber berührt wird, ob die *Ästhetik des Widerstands* im Sinne der filmischen Montage verfährt. Claßen und Vogt machen dies geltend und führen Beispiele für verschiedene Schnittechniken an.[71] Meyer widerspricht ihnen mit dem Argument, daß letztlich die Einheit des Erzählflusses vor der Dissoziierung durch die Montage prävaliere.[72] In der Tat ist die Einheit der Erinnerung bei Weiss das charakteristische Moment. Der Roman bleibt auch von seiner Textur her immer

---

68 Schulz, a. a. O., S. 40
69 a. a. O., S. 35
70 a. a. O., S. 11
71 Vgl. Claßen, L./Vogt, J., »Kein Roman überhaupt«?? Beobachtungen zur Prosaform der »Ästhetik des Widerstands«, in: Stephan, A. (Hg.), Die Ästhetik des Widerstands, Frankfurt/M. 1983, S. 134-163 – Sie finden in der *Ästhetik des Widerstands* die Kontrast-, Parallel-, symbolische Parallelmontage sowie die montage rapid wieder (vgl. a. a. O., S. 152-154).
72 vgl. Meyer, a. a. O., S. 57-96

auf ein integrierendes Subjekt bezogen. Die Dissoziation geht bei Weiss nie so weit, daß diese Einheit aufgegeben würde, so inhaltsleer das Ich auch immer sein mag, so sehr es auch Medium ist, bleibt es doch eine integrierende Instanz – über allen Montageschnitten und Brüchen.

Der Begriff der literarischen Montage bedürfte selbst der Aufhellung. Zu bestimmen wäre, an welchem Punkt genuin erzählerische Mittel – Meyer verweist mit Lämmert auf das der Raffung – in filmische Verfahren übergehen, der sich die Literatur bedient. Ein Charakteristikum der Montage betrifft die Einfügung dokumentarischen Materials in den fiktiven Text. Weiss jedoch führt alles Dokumentarische durch das fiktive Erzählich hindurch und indiziert damit eine perspektivische und fiktionale Brechung. Bei Geissler kann, auf diesen Punkt bezogen, vereinzelt von Montage gesprochen werden,[73] zumeist unterliegen die – oft kursiv wiedergegebenen – Wirklichkeitssplitter jedoch einer sie konterkarierenden und interpretierenden Einbettung in ein literarisches Zitierverfahren. Auch ein weiteres Charakteristikum der Montage, auf das Lindner hinweist, ist bei Weiss kaum anzutreffen: der harte, kontrastierende Schnitt und die damit erzielte Freisetzung der Einzelszenen gegeneinander.[74] »Kennzeichen der Montage in der Literatur ist [...], daß das Material *als* Material erkennbar gemacht wird und die ›Schnittflächen‹ zwischen den Materialfragmenten erkennbar bleiben.«[75] Auf Geissler trifft der Montagebegriff eher zu als auf Weiss, weil er die integrierende Instanz eines Ichs nur indirekt gestaltet. Doch kann auch bei ihm die Polyperspektivik letztlich durch die Interpretation auf eine Perspektive bezogen werden. Die radikale Freisetzung der Elemente geschieht nicht. Deshalb trifft die Bezeichnung romantisches Fragment eher auf sein Verfahren zu als diejenige der Montage.

Weder bei Weiss noch bei Geissler überschreitet das literarische Verfahren jenen Punkt, von dem ab die Zuordnung einzelner Passagen zum Romanganzen

---

73   Vgl. z. B. die Zitation aus einer »killerzeitschrift« (504) der Special Forces (S. 507 f.), wo Geissler authentisches Material in einem raffenden Verfahren ohne Satzzeichen vorbeilaufen läßt.

74   Dieses weist wiederum Meyer nach: »Die Unterbrechungen der Handlungsführung in der ÄdW sind demnach keineswegs von der Radikalität, daß ihnen, wie Benjamin dies für die Montagetechnik zeigen konnte, eine organisierende Funktion in der Weise zukommt, daß die im Roman aufgegriffenen Wirklichkeitselemente im Sinne einer Art Versuchsanordnung behandelt werden, um dem Rezipienten darin eine Distanzierungsmöglichkeit gegenüber dem Dargestellten zu verschaffen.« (a. a. O., S. 79)

75   Lindner, Halluzinatorischer Realismus, a. a. O., S. 176 f.

nicht mehr sinnvoll gelänge. Vielmehr steht die Einheit des Werkes bei beiden noch über der Pluralität der Stimmen, bei Weiss durch das Erzähler-Ich, an das der selbstreflexive Modus geknüpft ist, bei Geissler durch den utopischen Fluchtpunkt der Fragmente, den die interpretatorisch erschlossene Erzähler-instanz ideell und stellvertretend für die künftige Einheit der Befreiten bildet. Beide Modelle akzentuieren die durch die Mannigfaltigkeit hindurchgeführte Einheit.[76] Sie schlagen damit einen anderen Weg ein als die historischen Avantgardebewegungen vom Beginn des 20. Jahrhunderts, die sowohl die Einheit eines rezipierenden Subjekts angriffen, indem sie Techniken zur Desautomatisierung der Wahrnehmung entwickelten, sowie auch die Einheit der Werke, indem sie die Kategorie des Werkes bekämpften und die Kunst in Aktion überführten, so daß von ihr zum Teil – etwa von den surrealistischen und dadaistischen, später den situationistischen Aktionen – keine bleibende Werkgestalt übrigblieb, die vom Kulturbetrieb hätte vereinnahmt werden können. Weiss und Geissler produzieren ›große‹ Werke, und obwohl sie eine innovative ästhetische Gestaltung anstreben, führt sie ihre Parteinahme für die Fundamentalopposition nicht zu jener Aufsprengung der Kategorie des Werkes, die für die sich selbst als revolutionär verstehenden Avantgardebewegungen charakteristisch war.[77]

Geissler setzt die desautomatisierende Kraft der Montage kaum ein; dabei hätte er mit diesem Mittel die Schockproduktion in Gang setzen und damit das Präsentische weiter betonen können. Diese Aufgabe übernehmen bei ihm andere Stilmittel, etwa das direkte Sprechen in der stilisierten Umgangssprache. An einer angedeuteten Bezugnahme auf die *Ästhetik des Widerstands* wird deutlich, daß er mit der Akzentuierung des Präsentischen absichtlich einen andern Weg als Weiss wählt. Bevor er das von Weiss praktizierte Schreiben in indirekter Rede für ein paar Absätze übernimmt, gibt er einen Hinweis auf die mit dem politischen Standpunkt zusammenhängenden Sprachregelungen. Zunächst heißt es: »karl zaun war ein tischler aus magdeburg, von leuna bis zur argandabrücke,

---

76 Auch im Film schließt die Montage einander heterogener Elemente diese zu einem Ganzen zusammen. Durch den Zusammenschnitt erlangt die Einheit der montierten Einzelteile neuen Sinn.

77 Benjamin freilich ordnet dem Surrealismus den Begriff der Revolte zu und macht geltende, er habe es versäumt, die Revolte an die Revolution zu binden. Damit kritisiert er die Vorstellung, eine Kunst, die die Werkkategorie auflöst, sei schon politisch revolutionär. Geissler und Weiss versuchen ebenfalls nicht, die vorgängige Getrenntheit der Kunst von der politischen Praxis zu leugnen.

von plötzensee bis stalinallee, von prag bis *trabant*, immer dabei« (400). Zaun selbst zitiert eine andere Terminologie für die Ereignisse: »und man kann das alles auch anders raustun, in leuna *radeks befehlen gehorcht*, am argandafluß marcauers *ehre geschmäht*, in plötzensee einen *beamten gemeuchelt*, in der stalinallee *deutsches blut denunziert*, in prag *das menschliche antlitz mit füßen getreten*« (400). Nach diesem Hinweis auf die Perspektivik allen Sprechens und Benennens setzt ein Disput zwischen Zaun und Nina ein, den Geissler im Debattenmodus der *Ästhetik des Widerstands* gestaltet. Neben der darin liegenden Hommage an Weiss geht es aber vor allem um ein sachliches Problem. Geissler zitiert Weiss' Modus des indirekten Spechens in einer Passage, wo von der Dialektik des Studierens und des Handelns die Rede ist, dadurch indiziert er, daß er die Entscheidung für das direkte Sprechen im übrigen Roman bewußt und in Abgrenzung zur *Ästhetik des Widerstands* getroffen hat.

Der Unterschied der Schreibweisen wirft ein Licht auf das, was die Werke ausfechten. Weiss stellt die Welt lesend dar: »Nicht ›Wirklichkeit‹, sondern das Nachschreiben des Redens über sie [...] – also eine schon doppelte Brechung – konstituiert das Werk und seine Ästhetik.«[78] Die »Struktur der Realitätserfahrung als Lektüre und sogar als Lektüre der Lektüre ist für die Produktion der *Ästhetik des Widerstands* konstitutiv.«[79] Dieses kann für *kamalatta* nur hinsichtlich der Handlungsführung behauptet werden, nicht aber für die Sprachfindung. Im Modus der Direkten lebt der Mythos vom unverstellten Lebensimpuls fort. Selbst Zitate bindet Geissler in der Regel so in seinen Text ein, daß sie aus der beschriebenen Situation neue Kraft schöpfen und gleichsam wiederaufleben, während dem Zitierten bei Weiss das Vergangene als Abgestorbenes anhaftet. Dadurch, daß jede Überlieferung als eine Erzählung aufgefaßt wird, kann sie der kritischen, wägenden Lektüre unterworfen werden und verliert ihre unmittelbare, suggestive Kraft.[80] Das Zerschreiben des Mythischen macht die Praxis der

---

78 a. a. O., S. 11

79 a. a. O., S. 67 – Die ausführliche Rezeption von Kunstwerken in der *Ästhetik des Widerstands* ist hierfür der beste Beleg.

80 Das konjunktivische Verfahren, schreibt Schulz, »erzwingt eine Aufmerksamkeit auf den Signifikanten« (Schulz, G., »Die Ästhetik des Widerstands«. Versionen des Indirekten in Peter Weiss' Roman, Stuttgart 1986, S. 35), der bei Geissler oft in einer identifikatorischen Lektüre verschwindet.

Ästhetik des Widerstands aus.[81] Der Mythos aber wirkt dort am nachhaltigsten, wo er undurchschaut bleibt. Weiss hat die selbstreflexive Ausgangsposition in die Feinstruktur seiner Schreibweise übernommen. Die enthusiastischen Schichten in *kamalatta* hintertreiben dagegen die Nachträglichkeit des Erzählens. Dafür indizieren sie aber die Gegenwart des Kampfes. Während dieser für Weiss entschieden ist und der retrospektive Standpunkt am Platze, liegen bei Geissler die Erfahrung des Scheiterns und die Emphase des Angreifens in einem unversöhnlichen Konflikt miteinander.

Der rekursive Blick auf das Gewesene ist bei Weiss ein realistischer, der durch die einander bedingenden Stichworte ›Anästhesie‹ und ›halluzinatorische Einfühlung‹[82] näher bestimmt werden kann. Anästhesie meint die absichtliche Selbstbetäubung, die eingenommene Emotionslosigkeit gegenüber unerträglichen Vorgängen, mit dem Ziel, deren Funktionsweise darstellen zu können und damit dem Erkennen zuzuführen. Lindner begreift sie als »eine therapeutische Anästhesie [...], die die unerträgliche Schmerzempfindung betäubt, aber dem Sehen, Sprechen, Hören und Denken zu gesteigerter Präzision verhilft.«[83] Ergänzt wird die Disposition der Schmerzlosigkeit durch den Willen, sie zu nutzen, um durch einen gleichsam halluzinatorischen Nachvollzug des Geschehens dessen Funktionieren in allen sinnlich wahrnehmbaren Einzelheiten nachzuspüren. Gerade der Kunst wird die Aufgabe zugeteilt, unbestochen durch die Gefühle, genau hinzusehen und zu registrieren, was der Fall ist. In der *Ästhetik des Widerstands* formuliert Heilmann die Idee der Anästhesie:

---

81 Meyers gegenteilige These, Weiss' Schreiben sei selbst ein mythisches, ist unbegründet (vgl. meine Rezension in: Das Argument 186/1991, S. 297 f.).

82 Lindner führt dieses Begriffspaar ein. Er faßt dessen Zusammenwirken folgendermaßen zusammen: »Intensives Nachempfinden, intensivste Empathie durch Einbildungskraft auf der einen Seite und andererseits massive Anästhesie, Abtötung des Mitleidens durch die Arbeit an der künstlerischen Formierung müssen zusammenfinden, um dem standhalten zu können, was für Weiss Thema der Kunst ist: eine Welt des Schreckens und der Selbstbehauptung gegen sie, ohne den Blick abzuwenden.« (Lindner, Halluzinatorischer Realismus, a. a. O., S. 198)

83 Lindner, B., Anästhesie, in: Garbers, J./Kramer, S. u. a. (Hg.), Ästhetik Revolte Widerstand. Zum literarischen Werk von Peter Weiss, Jena - Lüneburg 1990, S. 114-128, hier: S. 117 - Lindner macht als deren notweniges Gegenstück die identifikatorische Versenkung aus und bestimmt Weiss' Weg von den *Notizbüchern* zur *Ästhetik des Widerstands* als einen des Abrückens von dieser einfühlenden Unmittelbarkeit (vgl. Lindner, Halluzinatorischer Realismus, a. a. O., S. 198).

Die Anästhesie gehöre auch zur äußerst beteiligten, Stellung beziehenden Kunst, denn ohne deren Hilfe würden wir entweder vom Mitgefühl für die Qualen andrer oder vom Leiden am selbsterfahrnen Unheil überwältigt werden und könnten unser Verstummen, unsre Schreckenslähmung nicht umwandeln in jene Aggressivität, die notwendig ist, um die Ursachen des Alpdrucks zu beseitigen. (I, 83)

Die Schreckenslähmung kennzeichnet jedes Trauma, besonders auch das nach der Folter zurückbehaltene. Ihre Umwandlung in Aggressivität, jener Umschlag, den die Mutter nicht mehr zuwege bringt und der auch dem Benjaminschen Engel verwehrt ist, bindet Weiss an eine Sprachfindung. Symbolisierung ist hier ursächlich mit Fühllosigkeit verbunden: »Die Schrift ist das Augenaufschlagen nach der Vision« – bzw. dem Schreckerleben –, »sie setzt da ein, wo der Affekt endet. Stil ist die Mortifizierung der spontanen Empfindung.«[84]

Nicht nur auf den Stil trifft dieser Mechanismus zu, sondern auch auf die Herausbildung des Widerstandes. Die Sprachfindung markiert eine erste Differenz zum Erlebten, die Fähigkeit des Abrückens aus seinem unmittelbaren Machtbereich. Die Überwindung der Sprachlosigkeit auf seiten der Opfer ist bei Weiss ein erstes Widerstandssignal. Weil die herrschende Unterdrückung aber unmittelbar überwältigend wirkt und sich in den präverbalen, affektiven Schichten niederschlägt, indem sie die Sprachfindung blockiert, ist das Lebendige paradox an die Mortifikation der unmittelbaren Regungen geknüpft und wandert in jene kühle Distanziertheit ein, die die anästhetisch hervorgebrachte Schreibweise ausmacht. Im Ausblenden der Gefühle aus der Ansicht der grausamen Wirklichkeit spricht sich negativ das Verlangen nach Humanität aus. Aggressivität entsteht erst danach, durch die in Gang gesetzte Reflexion.

Anders verhält es sich bei Geissler. Zwar verweist er auf den Terminus Anästhesie, doch gewinnt er ihm keine produktiven Seiten ab. Anästhesiert werden, in Paulas Augen, die Beherrschten durch die Herrschenden: »ich kenne die *selbsterfahrungsgruppen*, die *transaktionsspiele*, *sensitivtrainings*, die berührungsrituale der anästhesierten, *bezuschußt* von oben, damit gegen dort kein schuß fällt von unten hier uns.« (371) Nicht negativ, wie bei Weiss, gewinnt die Idee eines besseren Lebens Gestalt, vielmehr verschwistert Geissler, worin sich einmal mehr die vitalistischen Tendenzen seines Werkes zeigen, die unverstellte Artikulation des Lebenswillens mit der unmittelbaren Affektivität. Indem er gerade die Spuren subjektiven Empfindens zur zentralen Bekundung des Lebens-

84 Schulz, a. a. O., S. 109

willens und damit des oppositionellen Impulses macht, weigert sich Geissler, das Prinzip der Anästhesie in seinen Text zu übernehmen. Betäubung und Distanziertheit deuten seine Figuren als Sieg des Gegners über die Psyche der Opponierenden. Juli wirft Proff vor, er sei harmlos, weil schmerzlos (vgl. 266).[85] Nina prägt die Formel:»schmerzlos ist harmlos« (168). Sie verweist auf Lenin, der schmerzlindernde Mittel abgelehnt habe, um nicht in seiner Denkfähigkeit getrübt zu werden. Umgekehrt stilisieren Geisslers Figuren gerne die Affektivität zum Signum echter Opposition. Neben der Lust und der Freude am kollektiven oppositionellen Vorgehen deuten auch Haß und Schmerz auf die Authentizität des Kampfeswillens.[86]

Bei Weiss kommt der Haß erst nach der Überwindung des Verstummens, durch ein Abrücken von der Ursituation der Überwältigung zustande. Die geistige Durchdringung verstärkt die oppositionelle Entschlossenheit und steigert sie bis zum Haß, der umso stärker wird, je größer der Abstand von der unmittelbaren Reaktion ist und je mehr die Reflexion diese Distanz herzustellen vermag. Bei Geissler sind die Verletzung und der mit ihr einhergehende Schmerz dagegen gleichursprünglich mit dem Aufsteigen des Hasses.

Immer wieder findet sich bei ihm die Figur des Umschlages vom Schmerz in oppositionelle Entschlossenheit, wobei der Grad des Schmerzes korreliert ist mit dem Grad an Entschlossenheit. In der Folter, sagt Feder, gelange man, im Weiß der Schmerzen,»im mittelpunkt ihrer vernichtungen auf den kern des kampfes« (293). Der Schmerz wird geradezu zum Gütesiegel des authentischen Widerstandes, er stählt den Willen der Gruppenmitglieder und dient dazu, den Angriff gegen die Herrschenden psychisch zu motivieren – »unseren schmerz zu wenden in den schmerz von pack« (311), wie Proff sagt. Wie schon im Abschnitt über die Folter gezeigt, gelingt der Umschlag ins Kämpferische bei Geissler nicht immer, was bei ihm gleichbedeutend mit dem Versiegen der oppositionellen Betätigung ist. Mit dieser Konstruktion stärkt Geissler das spontaneistische gegenüber dem reflexiven Moment. Diese Tendenz verweist auf den oben herausgearbeiteten Vitalismus, aber auch auf die Eingangsthese, daß es in *kamalatta*

---

85   Der Roman widerspricht Julis Einschätzung von Proff, wenn beschrieben wird, wie Proff Schmerz »durchläuft« (313).
86   Die lustvollen Elemente (vgl. unter 4.2) und der Haß als Movens (vgl. 5.1.4.; Rhetorik des Hasses) wurden oben herausgearbeitet.

um die Bestimmung des gegenwärtigen Angriffs- und Widerstandspotentials geht. Bei Weiss dagegen gibt es eine Szene, in der das Lebendige sich mittels eines Verrates Bahn bricht. Libertas Schulze-Boysen verrät die Mitglieder ihrer Widerstandszelle, um ihr eigenes Leben zu retten. Heilmann, der wegen dieses Verrates kurz vor seiner Exekution steht, vermag etwas Positives in ihrem Verhalten zu erkennen:

als wir hörten, daß sie uns verraten [...] hatte, weil sie hoffte, in diese morastige Freiheit entlassen zu werden, da erbrach ich mich, wenn ich an sie dachte, im Schlaf aber kam sie wirklich zu mir, rein war sie und lächelte unschuldig, und bald warf ich ihr nichts mehr vor, und auch kein andrer, glaube ich, verachtete sie, wir verstanden, daß es das Leben war in ihr, das, wie der Grashalm aus engstem Spalt im Stein ebenmäßig hervorsprießt, alles was es behindern will, durchbricht, solange die Kraft des Wachstums noch in ihm ist. (III, 206)

Es ist Heilmanns Liebe zu Libertas, die noch das Schlimmste, den Vertrauensbruch, in die Artikulation eines bewunderten Charakterzuges umdeuten kann. Während die bewaffnete Gruppe in *kamalatta* keine Ausnahme von der Gruppendisziplin duldet und das Leben einzig für den Kampf gegen die andere Seite in Anspruch nimmt, wird der Lebenswille bei Weiss in dieser Szene nicht als kollektiver, sondern als individueller gefaßt. Heilmanns Liebe entzündet sich am Individuum, das er um jeden Preis gerettet sehen möchte, erst danach kommt die Gruppe:

War mir der Verrat von allen Schändlichkeiten die ärgste gewesen, und galt mir die strenge Verläßlichkeit als Voraussetzung für die Erfüllung unsrer Absichten, so entband ich sie von allen ethischen Geboten, es gab ja genug andre unter uns, die sich daran hielten, und was auch immer sie ausgesagt haben mochte, es konnte doch unserm Tod keine Bürde sein, und, dies war das Furchtbarste, es rettete sie vor dem ihren nicht. (ebd.)

In Heilmann wirkt ein anderes Moment des ›intakten Kollektivs‹ als in der Geisslerschen Gruppe. Die Verbindung stellt sich durch die Sympathie zwischen einzelnen Menschen her, nicht aufgrund einer Idee oder dem Haß auf den Gegner.

Die Aufnahme des Schmerz- und Anästhesiethemas durch Geissler macht deutlich, daß der Modus des Direkten der geistigen Ausrichtung *kamalattas* entspricht. Diese ist gekennzeichnet vom Widerstreit zwischen der Anwesenheit und der Abwesenheit des oppositionellen Impulses, also durch den oben vielfach nachgewiesenen Riß, der das Werk in zahlreichen Momenten polarisiert. Daß er die Möglichkeit des Scheiterns als eine Hauptspur in seinen Text integriert, schlägt sich als Zerrissenheit nieder, als dessen Mittelstellung zwischen kämpferischer Hoffnung und Resignation. Geissler gestaltet einen sich in der Gegenwart ereignenden Kampf um den oppositionellen Impuls. Weiss dagegen stellt einen Prozeß des Erinnerns dar, indem er nachzeichnet, welche Bestrebungen einst, vor der Zerschlagung des Widerstandes, in Kokurrenz zueinander standen. Die Emphase seines Werkes ist deshalb nicht vom Gedanken der Selbstbildung zu trennen, dem die aufklärerische Vorstellung von der geistigen Autonomie des Subjekts zugrundeliegt, den Weiss dann programmatisch zum Gedanken der Selbstbildung des widerständigen Kollektivs umformuliert. Die reflexive Vergegenwärtigung der eigenen Geschichte ist bei ihm die Voraussetzung für das Wiederaufleben des Widerstandsimpulses. Die nur aus der Aneignung der Vergangenheit zu beantwortende Frage heißt, wo die aktuellen Quellen für den Widerstand liegen könnten, obwohl er doch historisch schon einmal gescheitert ist. Weiss' ästhetische Lösung dieses Problems ist zuinnerst an den Bildungsgedanken gebunden. Wenn von einer Wirkungsorientierung der *Ästhetik des Widerstands* gesprochen werden kann, so muß sie hier gesucht werden. Kein Weitermachen ist möglich ohne das Eingedenken des Gescheitertseins.

Das genaue Beschreiben und das die *Ästhetik des Widerstands* durchziehende Argumentative zielen auf eine reflexive Bewußtwerdung, die der Leser, dem Ich der Erzählung folgend, durchlaufen könnte. Im Gegensatz zu Geisslers ist Weiss' Buch exoterisch angelegt. Die recherchierten Fakten werden vor dem Leser ausgebreitet, jeder Vernunftbegabte, jeder, der sich die Geschichte einer geschlagenen politischen Bewegung vergegenwärtigen möchte, kann sie sich hier aneignen. So wurde die *Ästhetik des Widerstands* als ein anderes Geschichtsbuch rezipiert. Diese Rezeption reagiert auf die Bildungsemphase des Werkes, die sich am Begriff des Menschen orientiert, wie er in der revolutionären Phase des Bürgertums im 18. Jahrhundert entwickelt wurde. Danach kommt die Fähigkeit zur Bewußtwerdung dessen, was sich natürlich und naturwüchsig vollzieht, potentiell allen Menschen, weil sie vernunftbegabt sind, in gleichem Maße zu. Weiss' exoterisches Werk transportiert diese aufklärerische Emphase, allerdings überführt er die bürgerliche Bildungsidee in diejenige der Selbstbildung der Unterdrückten.[87]

---

87 Die Traum- und Halluzinationssequenzen führen allerdings auch Momente in den Roman ein, die die Exoterik unterlaufen. Sie wurden in der Forschung unter dem Stichwort des surrealistischen Schreibens thematisiert. Anders als im Surrealismus aber unterstellt Weiss seinen Text

Der Unterschied zu Geissler ist augenfällig; er liegt in der Zurückdrängung des diskursiven Elements in *kamalatta*. Geissler streut Theoriefragmente in seinen Roman wie Innervationen ein, kaum einmal führt er einen Streit über das politische Vorgehen über mehrere logische Stufen durch. Vielmehr bricht er solche Auseinandersetzungen gerne unvermittelt ab. Sicherlich wird er damit den realen Kommunikationsverhältnissen im Alltag und der faktischen Entscheidungsfindung in politischen Prozessen gerecht, doch erreicht die argumentative Durchdringung der Verhältnisse und der Situation der Oppositionellen bei ihm deshalb nicht denselben Grad wie bei Weiss. Nun wäre es ein falscher Maßstab, von der Literatur zu fordern, sie müsse eine gelehrte, diskurrierende sein. Doch das Aussparen des Theoretischen in *kamalatta* entzieht dem Buch zugleich die Weiss'sche Emphase, die auf der Selbstbildung liegt. Die Wirkungsorientierung bei Geissler richtet sich auf das sympathetische Entzünden des Lebens- und Widerstandsimpulses und auf das Herbeiführen einer in existentialistischen Dimensionen formulierten Entscheidung. Diese Orientierung auf das Jetzt muß als eine weitere Manifestation dafür gelesen werden, daß *kamalatta* einen noch andauernden Widerstreit in bezug auf die Einschätzung der Aktualität des fundamentaloppositionellen Vorgehens ausspricht. Die Frage nach der aktuellen revolutionären Orientierung stellt sich bei Weiss nicht. Die Vergegenwärtigung einstigen Scheiterns ist bei ihm die einzige Möglichkeit, das erneute zu verhindern. Jeglicher Verherrlichung revolutionärer Naivität beugt er mit den Mitteln des indirekten Schreibens vor. Ostentativ kühlt er alles suggestiv Vereinnahmende, alle Versuchungen eines auf Identifikation des Lesers mit der Figurenrede schielenden Verfahrens, durch die immer anwesende Brechung des Beschriebenen mit Hilfe der Art des Beschreibens ab.

Kamalattas Esoterik wirkt in eine andere Richtung. Die umgangssprachlichen Partikel, der Soziolekt, regionale und Lokalsprachen nehmen keine ideale Sprechergemeinschaft in den Blick, sondern gehen aus den wirklichen Artikulationen der Unteren hervor. Wie gezeigt, spaltet dieses Schreiben die Leser in Verstehende und Unverständige. *Kamalatta* schreibt sich nicht der Menschheit zu, sondern der Gemeinschaft der Kämpfenden, die jene erst hervorbringen wird.

---

nicht der Logik des Un- und Vorbewußten. Die Traumsequenzen gehen nicht aus einem automatischen Schreibvorgang hervor, sondern sind kalkuliert. Dennoch bewahren sie ein Moment, das der Exoterik des Argumentativen entgegensteht. Die Emphase des Werkes liegt jedoch auch hier auf der Bewußtmachung ihres Gehaltes und auf ihrer intellektuellen Durchdringung.

Das Individuelle faßt der Roman auch sprachlich, während die vielen Stimmen in der *Ästhetik des Widerstands* durch die eine, vom Ich gewählte Sprachlichkeit hindurch müssen, die der Hochsprache verpflichtet ist. Weiss schreibt ein Jahrhundertbuch auch in dem Sinne, daß die verwendete Sprache eine länger anhaltende Lesbarkeit gewährleistet. Außerdem setzt sie die Bildungsemphase sprachlich um, indem sie allgemeine Verstehbarkeit zu ihrer Voraussetzung macht. *Kamalatta* dagegen arbeitet mit vergänglichen Wendungen und spielt auf tagespolitische, schnell vergessene Ereignisse an. Die Esoterik ist situativ eingebunden, sie ist flüchtig wie der oppositionelle Impuls und das bewegte Leben, um die der Roman immer wieder kreist.

Der *Ästhetik des Widerstands* dagegen korrespondiert die universelle Idee der Bildung in Gestalt der Selbstbildung des Kollektivs. Bildung hat Zeit. Die Arbeit der Vergegenwärtigung gerät mit der *Ästhetik des Widerstands* zum Monument, zum tendenziell unabschließbaren Diskurs. Nur in der erzählten Handlung spielt die Zeitnot eine Rolle,[88] in der Situation der Bedrohung durch den faschistischen Gegner. Doch die Schreibarbeit des Erzählers nach ›1945‹ sowie der weit ausholende Gestus des Werkes nehmen sich Zeit und versetzen sich gleichsam in einen vom Zeitdruck befreiten Raum. Geisslers Schreibweise kennzeichnet dagegen die Dringlichkeit. Sie steht mit einem Bein im anhaltenden Kampf und mit dem anderen im Nachkampf. Sie sucht die Entscheidung; das Jetzt des Aufbegehrens oder dessen irreversibles Scheitern – den Tod, den Suizid. So sickert die Ansicht, der Kampf setze sich fort, bis in die Textur ein.

Zwei zentrale Begriffe bei Weiss und Geissler unterstreichen den verschiedenartigen Zugriff. Weiss' Rede vom Widerstand steht bei Geissler diejenige vom Angriff entgegen, der allerdings im Sinne der für Geissler charakteristischen Polarisierung immer im Widerstreit mit dem Scheitern gedacht werden muß. Widerstand meint bei Weiss zunächst historisch denjenigen der Opposition gegen den europäischen Faschismus sowie in erweiterter Sicht das Standhalten der Unteren gegen die Übergriffe der Oberen in der bisherigen Menschheitsgeschichte. Er konnotiert ein defensives, reaktives Verhalten, das bemüht ist, den status quo zu erhalten und der Gewaltanwendung der anderen Seite zu trotzen. Der in der *Ästhetik des Widerstands* geschilderte Kampf gegen den Faschismus ist ein großer Abwehrkampf, der sich nicht nur auf politischem Terrain zuträgt,

---

88 Vgl. zum Beispiel Heilmanns Brief an Unbekannt: »Ich hätte alles anders schreiben wollen. Doch die Zeit zu kurz. Und das Papier zu Ende.« (III, 210).

sondern zum Beispiel auch gegen die Sichtweise der Welt geführt wird, die die Mächtigen unablässig für die gültige erklären. Die *Ästhetik des Widerstands* zeichnet auf, wie der Widerstand niedergerungen wird, bis er versiegt, weil seine Träger physisch vernichtet wurden oder weil der für ihn nötige utopische Überschuß aufgezehrt und die mit ihm notwendig verbundenen Wunschbilder desillusioniert wurden.

Kamalatta kennt die Kategorie des Widerstandes der Sache nach ebenfalls: Figuren wie Juli, Ahlers und Bantumak wären hier zu nennen. Doch die Hauptauseinandersetzung wird um die Frage des Angriffs geführt. Geisslers Text fragt immer wieder, wie etwas ganz Neues, das weit über den status quo hinausreichen soll und zumeist in der Rede vom herzustellenden Leben repräsentiert wird, gewonnen werden kann. Gemessen an der *Ästhetik des Widerstands* findet sich in *kamalatta* eine gesteigerte Erwartungshaltung: Geissler verhandelt die Frage, wie der Kapitalismus heute umgewälzt werden könnte. Hier setzt der offensive Begriff des Angriffs ein, denn die Gruppe vertritt die Ansicht, daß der Sieg über den Kapitalismus nur gelingen könne, wenn der Angriff sofort beginne. Wer aber aufhöre anzugreifen, sei schon besiegt. In ihrem manichäischen Weltbild hat der Begriff des Widerstandes keinen Platz, denn er steht für einen lange andauernden Prozeß, der mit großer Wahrscheinlichkeit die Lebensspanne eines Individuums übersteigt. Dem opponieren die oben vielfach nachgewiesene revolutionäre Dringlichkeit und das mit ihr verbundene Präsentische. Die Emphase des kairosartigen Weltbildes ist auf das Bild eines utopischen, ganz anderen Danach angewiesen. Diese Figur entspricht strukturell dem sozialistischen Topos von der letzten zu schlagenden Schlacht, der Entscheidungsschlacht, nach der eine neue Zeit anbrechen wird. In *kamalatta* stellt Geissler dieses Bild zwar in Frage, er läßt es aber noch als eine Möglichkeit fundamentaloppositioneller Orientierung gelten. Erst im erwähnten Text über Peter Weiss von 1990 verwirft er es vollständig.

Der bei Weiss zugrundegelegte Widerstandsbegriff drängt die Spekulationen auf eine Zeitenwende, die materialistisch-messianischen Tendenzen, in den Hintergrund. Zwar haben sie ihren Ort in der Behandlung des Heraklesthemas und Weiss zitiert auch das Bild von der gelingenden Befreiung,[89] doch die

---

89 Vgl. III, 268, wo er in der berühmten Schlußwendung von einer »weit ausholenden und schwingenden Bewegung« spricht, mit der die Beherrschten »den furchtbaren Druck, der auf ihnen lastete, endlich hinwegfegen könnten«.

entsprechende Passage ist durch das verwendete Konditional als ein Wunschbild markiert. Im Vordergrund steht die unablässige Mühsal, der Verteidigungskampf als Lebensform. Mit den emphatischen, vitalistischen Tendenzen *kamalattas* und dem gesamten an sie geknüpften Modell oppositionellen Handelns kommt dieser Widerstandsbegriff nicht auf einen Nenner. Während in seiner Folge die Reflexion auf den vergangenen Widerstand zur Quelle eines neuen werden soll, sucht *kamalatta* den revolutionären Funken primär aus vortheoretischen Bereichen zu schlagen.

Weiss erweitert den Widerstandsbegriff, indem er unter ihn nicht nur das aktive politische Vorgehen faßt, sondern auch das passive Ausharren: »Widerstand ist [...] die ›Anstrengung, mitten im Dröhnen, Geschrei und Röcheln auszuharren‹ (III, 49). Durch dieses ›Ausharren‹ ist Weiss' Begriff des ›Widerstands‹ im Grunde gekennzeichnet.«[90] Die Grenze, hinter der das Widerstehen im basalen, zugleich psychologisch und physiologisch gedachten Bereich nicht mehr zu bewerkstelligen ist, thematisiert Weiss mit der Mutter und anderen Figuren. Dabei zeigt sich ein grundsätzlicher Unterschied zu Geissler. ›Kippen‹ in *kamalatta* die Gefolterten – mit Ausnahme Proffs –, weil sie den Glauben an die Gruppe und die Sache, für die sie kämpfen, aufgeben, so ist es bei Weiss die Übermacht des Unterdrückungsgeschehens, das das Verstummen und den Zusammenbruch des Widerstandes bewirkt. Bei Geissler brechen Angriff und Widerstand wegen eines Einstellungs-, letztlich wegen eines Glaubenswandels zusammen. Diesem geistigen Zusammenbruch steht bei Weiss eine unkontrollierbare, primär körperliche Abwehrreaktion gegenüber. Widerstand ist nur möglich, wo die Betroffenen sich wieder aus der Überwältigung lösen können. Diese Fähigkeit kultiviert die Anästhesie; sie gewährt die Möglichkeit hinzusehen, ohne den Nachwirkungen der Gewalt zu erliegen.

Die Mutterfigur verkörpert das Mißlingen des anästhetischen Abrückens. Machtlos zeigt der Vater ihr den Weg zur Besserung auf: »Die einzige Möglichkeit zur Genesung sehe er darin, daß meine Mutter sich der Veränderung der Lage bewußt werde und dazu komme, sich mit etwas andrem zu befassen als dem Unaussprechlichen, das sie im Bann hielt.« (III, 18 f.) Doch an der trauma-

---

90 Müller, J., Literatur und Politik bei Peter Weiss. Die ›Ästhetik des Widerstands‹ und die Krise des Marxismus, Wiesbaden 1991, S. 147

tisierten Mutter zerschellt jeder vernunftgesteuerte Rat. Die Wucht des in ihr wirkenden Erlebnisses verhindert die Besserung.[91]

Die Fähigkeit zum Abrücken ist bei Weiss die Bedingung allen Widerstandes. Abrücken heißt aber, die emotionale Unmittelbarkeit schrittweise in die Reflexion zu überführen. Die für das Widerstehen nötige Differenz, die das Standhalten vom Überwältigtsein scheidet, ist zunächst vom Grad der Gewaltsamkeit des Bestehenden bestimmt, ferner aber auch von der Fähigkeit des einzelnen, der Gewalt etwas entgegenzusetzen. Letzteres hat physische und geistige Quellen, neben der individuellen Statur entscheidet auch das Wissen um die Verhältnisse über die Fähigkeit, sich ihrem Zugriff zu widersetzen. Die Fähigkeit zum Abrücken ist also zum Teil ein Bildungseffekt, die Festigung des Widerstandes zur politischen Haltung ist es vollends. Im Gedanken der Bildung, die bei Weiss als Selbstbildung der Unteren gefaßt wird, unterscheiden sich die politischen und ästhetischen Modelle der *Ästhetik des Widerstands* und *kamalattas*. Der Augenblicksemphase opponiert die Rekursivität, dem spontanen Aufbegehren ein Widerstand, der aus einer Bildungserfahrung hervorgeht.

Das Ich spricht den Zusammenhang von Widerstand und Selbstbildung an: »Unser Studieren war von Anfang an Auflehnung.« (I, 53) Coppi beharrt auf der gegenüber dem bürgerlichen Bildungsbegriff veränderten Ausrichtung: »niemand sonst kann uns die Zusammenhänge erklären, in die wir eingespannt sind« (I, 59). Das Ich bildet sich im Verlaufe des Romans in diesem Sinne autodidaktisch aus und verzeichnet den Unterschied zum üblichen Bildungsgang: »Wir haben uns nicht als minderwertig angesehn, sagte ich, oft meinten wir uns, mit unsern praktischen Kenntnissen, den Studenten sogar überlegen, da der Stoff ihrer Lehrbücher auch für uns erreichbar war, während sie von unsrer Grundschulung nichts wußten.« (I, 337) Vollkommen anders als bei Geissler wird die Bildung dann zur Voraussetzung und zur Grundlage für die revolutionäre Arbeit erklärt: »Ehe wir uns Einblick in die Verhältnisse verschafft und grundlegende Kenntnisse gewonnen hatten, konnten die Privilegien der Herrschenden nicht aufgehoben werden« (I, 53), sagt das Ich, und Coppi stellt fest: »Um Theorien zu deuten, die vielleicht etwas über die Mittel und Wege zu unsrer Befreiung aussagen, mußten wir erst die Ordnung verstehn, in der wir uns bewegten« (I, 59).

---

91 Die Erlebnisse der Mutter, die mit jüdischen Flüchtlingen in einer Grube lag und zusah, wie deutsche Soldaten einzelne folterten und umbrachten, werden auf den Seiten III, 124 und III, 130 berichtet.

Nicht der Impuls und der Glaube, wie bei Geissler, sondern das Wissen festigt bei Weiss den Widerstand.

Die Selbstbildungsemphase tritt in der *Ästhetik des Widerstands* in der Figurenrede auf, in der Anlage des sich erinnernden Ichs, als auch im Debattenmodus, der das Buch prägt. Ferner dienen die dargestellten Erörterungen von Kunstwerken wesentlich der Positionsbestimmung, die als ein Ziel der Selbstbildung angestrebt wird. Das Bemühen um die Selbstbildung nennt Coppi »Kulturarbeit« (I, 59). Die kulturelle Sphäre ist in der *Ästhetik des Widerstands* in den Prozeß des Widerstandes integriert. Die Revolution, wird immer wieder betont, müsse auch als Kulturrevolution vollzogen werden. Münzenberg, der in der sozialistischen Arbeiterselbstbildung sozialisiert wurde (vgl. II, 54), steht für diese Idee ein: »Es ging darum, sagte Münzenberg, die Hypothese einer umfassenden sozialen und künstlerischen Revolution aufzustellen und dann den Beweis zu erbringen von der Zusammengehörigkeit der Elemente, die bisher immer getrennt voneinander behandelt worden waren.« (II, 62) Er macht die Bedeutung der Kulturrevolution »als Gegenkraft zum bürokratisierten, doktrinären Parteiapparat« (II, 62) geltend und unterstreicht die Notwendigkeit eines Zusammengehens beider Strömungen: »Heute [...] sehe ich, daß wir mit der kulturellen Revolution den Umbruch meinten, der den politischen Kampf erst zur Erfüllung bringen konnte.« (II, 63) Die Bildungsidee in der *Ästhetik des Widerstands* partizipiert am Begriff der Kultur. Das Verhältnis von Politik und Kultur in der *Ästhetik des Widerstands* ist eines gegenseitigen Durchdringenseins.

Müller untersucht die Idee der Kulturrevolution in der *Ästhetik des Widerstands*.[92] Er grenzt zunächst ein operatives Verständnis von Kulturrevolution von einem integralen ab:

Die Differenz zwischen dem operativen Verständnis bei Benjamin und dem integralen Verständnis bei Gramsci ist fundamental: sie hängt mit dem Ansatz zusammen, die Revolution zu denken, entweder – wie Benjamin – als Unterbrechung des historischen Prozesses, oder – wie Gramsci – als Umgestaltung der historischen Voraussetzungen. Beide Positionen bezeichnen m. E. die Spannbreite eines kritischen Marxismus im 20. Jahrhundert, und ausgehend von beiden ist der nomologische Diskurs des Marxismus-Leninismus über Kultur, Kulturarbeit und Kulturrevolution aufzulösen.[93]

---

92 vgl. Müller, a. a. O., S. 246-262
93 a. a. O., S. 251

Er konzediert der *Ästhetik des Widerstands* ein operatives Moment, stellt aber die These auf, daß es dominiert werde »durch die Tendenz zum integralen Verständnis von Kulturrevolution«[94]. Angestrebt werde »eine ›neue Kultur‹, in der die Abschirmung des Proletariats von den Kulturgütern durch deren Neubewertung überwunden werden soll«[95]; sie repräsentiere eine neue Totalität. Die totale Revolution gerate dabei zu einer erneuerten Version des Schillerschen ästhetischen Staates, doch »im Unterschied zu Schiller wird sie nicht elitär, von ›oben‹, sondern in der ›Perspektive von unten‹ etabliert«[96]. Zusammenfassend stellt Müller fest, »daß das Ideal einer ›revolutionären, universalen Kultur‹ (III, 258) den Rahmen der politischen Orientierung liefert«[97]. Die kulturelle Perspektive bestimme die Kritik der Politik, die Kunst werde zum entscheidenden Potential des Widerstandes.[98] In letzter Instanz beherrsche die »kulturelle Utopie einer klassenlosen Gesellschaft«[99] den kulturrevolutionären Prozeß.

Gegen Müllers Einschätzung kann eine Lesart aufgemacht werden, die die disruptiven Elemente des kulturellen Prozesses gegenüber den integralen stärker wertet. Immerhin vergegenwärtigt der aufgezeichnete Erinnerungsprozeß eine katastrophische Entwicklung, die nicht nur die Übermacht des Gegners und die Liquidierung der Mitkämpfer des Ichs durch die Nationalsozialisten beschreibt, sondern auch das Scheitern der Volksfront. Dieses Scheitern der Einheit aus inneren Gründen ist bei Weiss kein kontingentes Phänomen. Die Vielzahl der oppositionellen Perspektiven löst die Einheit der Unteren vielmehr von innen heraus auf. Der Zerfall hat notwendige Gründe. Sicherlich formulieren viele Figuren immer wieder die Notwendigkeit der Kulturrevolution am Bilde einer zukünftigen Kultur. Doch der Roman beschreibt, wie trotz dieser Einstellungen die Einheit nicht erreicht wurde. Sie ist zwar als Ideal im Kunstwerk aufgehoben – hier trifft Müllers Kritik zu –, doch entbehrt das Kunstprodukt jener realen Träger der Kulturrevolution, die die in ihm dargestellten Debatten führten. Sie waren, mitsamt ihren Selbstbildungsideen, nicht zur Einheit fähig und sind historisch mit ihnen gescheitert. Dem Werk ist diese Nachträglichkeit einbeschrieben, der retrospektive Blick auf die einstige Idee von einer anderen Kultur.

---

94 a. a. O., S. 252
95 a. a. O., S. 253
96 a. a. O., S. 256
97 a. a. O., S. 260
98 vgl. ebd.
99 a. a. O., S. 261 f.

Die Utopie der kulturrevolutionären Einheit wird als gescheiterte dargestellt. Die Idee kulturrevolutionären Fortschritts ist selbst beschädigt worden.

Deshalb sollte die *Ästhetik des Widerstands* einerseits als ein Selbstbildungsroman der Unteren gelesen werden, andererseits aber auch als ein Erinnerungsprozeß, der ihrem Scheitern eingedenkend nachgeht. Ob die selbstbildende Erfahrung im Eingedenken wiederum einen kulturrevolutionären Prozeß freisetzen kann, präjudiziert das Werk nicht. Die Vergegenwärtigung des Scheiterns und des mit ihm verbundenen Schreckens könnte beides bannen – es könnte aber auch den Betrachtenden in das Labyrinth der aporetischen Konstellation einschließen. Diese letzte Möglichkeit überliest Müller, wenn er in seiner Kernthese sagt, Weiss unternehme den Versuch, »den Marxismus-Leninismus mit literarischen Mitteln umzuarbeiten und den Marxismus im Kulturellen zu verorten. Daher unterliegt auch sein literarisches Unternehmen der Tendenz zu einer Verdrängung des Sozialen durch das Kulturelle. Sie birgt zudem die Gefahren einer Kulturalisierung der Politik.«[100] Dem ist entgegenzuhalten, daß Weiss' Roman nicht mit einem politischen Programm verwechselt werden darf. Der literarische Blick auf das Vergangene, der das Scheitern des Widerstandes beschreibt, kann nicht einfach in eine Handlungsorientierung überführt werden. Der drohenden ›Kulturalisierung der Politik‹ wirkt die Retrospektion schon immer entgegen. Das Gelingen des Werkes, das der Ich-Erzähler schließlich als Schriftsteller vermittelt, ist nicht gleichbedeutend mit dem projektierten Gelingen des kollektiven Widerstandes im Zeichen der Einheit und der Volksfront. Es ist vielmehr eine individuelle Lösung, und sie kann ebensogut als Klage wie als Aufruf gelesen werden.

Die *Ästhetik des Widerstands* zeigt, daß das Absehen von historischen Erfahrungen keinen gangbaren Weg in die sozialistische Zukunft eröffnet. Die Erinnerung ist vielmehr eine notwendige, aber keine hinreichende Bedingung für wirkliche Veränderung. Daß die Erinnerung darüber hinaus das verändernde Handeln sogar blockieren könnte, wenn sie übermächtig wird, dafür steht – neben anderen – die Figur der Mutter ein. Die Selbstbildungs- und Kulturemphase in der *Ästhetik des Widerstands* bleibt also nicht unwidersprochen, es wird nicht als eine letzte Wahrheit präsentiert. Auch das mit ihm verbundene Modell ist vom Scheitern bedroht.

---

100 a. a. O., S. 33

Eine Selbstbildungs- und Kulturemphase findet sich bei Geissler nicht. Bei ihm tritt die Überlieferung in den Hintergrund. Die Idee der anhäufenden Tradierung gelebter und reflektierter Erfahrung spielt in der Anlage *kamalattas* nur eine Nebenrolle. Jede Erfahrung ist situativ eingebunden und wird von einem konkreten Bedürfnis, das sich aus einem Mangel ergibt, ausgelöst. Paradigmatisch ist das Lernen Ahlers' über die Blindheit. Der bei Weiss mit Bedeutsamkeit aufgeladene Bildungsbegriff erscheint hier in der geminderten Form des situativen Lernens. Kultur ist in *kamalatta* vorwiegend diejenige des politischen Alltags. Eine Kanonbildung oppositioneller kultureller Errungenschaften fehlt völlig; der Bereich der ästhetischen Erfahrung und des Kunstschaffens, in dem sich bei Weiss die oppositionelle Kultur ihr Selbstverständnis erarbeitet, fehlt ebenfalls. Wie *Die Ästhetik des Widerstands* schon im Titel programmatisch das reflexive Moment trägt, so sagt der Titel *kamalatta*, daß hier nicht die Theorie oppositionellen Schreibens verhandelt, sondern oppositionelles Schreiben praktiziert wird.

Nach diesem vergleichenden Durchgang bestätigt sich die oben formulierte These: die *Ästhetik des Widerstands* führt einen Kampf um die Erinnerung, *kamalatta* führt einen um die Bewegung. Die unterschiedlichen Schreibweisen deuten darauf hin: hier das romantische Fragment, dort das Schreiben in Textblöcken. Weiss eint die vielen Stimmen in seinem Roman durch die eine Erzählerperspektive,[101] aber auch durch die metrische Gestaltung des Sprachflusses und durch das absatzlose Schreiben, welches die Perspektiven ineinanderblendet. Obwohl es verschiedene Sprechweisen in der *Ästhetik des Widerstands* gibt – zu nennen sind hier vor allem die visionären Passagen,[102] aber auch Einschübe in Briefform[103] – bleiben sie auf den gleichen Ton gestimmt, jenem Gestus verhaftet, der durch den Modus des Indirekten charakterisiert ist und alles Erzählte dem Erzählen unterwirft. Geissler gestaltet das Nebeneinander von appellativen und resignativen Schichten. Immer aber zielt er auf das Jetzt des

---

101 Sie wechselt übrigens an einer Stelle im dritten Band in derjenige Bischoffs über.
102 Unter dem Namen des Surrealismus wurden diese Tendenzen von der Weiss-Forschung schon verschiedentlich untersucht, vgl. u. a.: Nährlich-Slateva, E., Visionäres bei Rimbaud und Peter Weiss, in: Garbers, J./Kramer, S., u. a. (Hg.), Ästhetik Revolte Widerstand, Jena - Lüneburg 1990, S. 146-161; Bommert, Chr., Peter Weiss und der Surrealismus, Opladen 1991; Kienberger, S., Peter Weiss, der Surrealismus und ein Buch von Christian Bommert, in: Koch, R., u. a. (Hg.), Peter Weiss Jahrbuch 1, Opladen 1992, S. 116-130.
103 z. B. »Heilmann an Unbekannt« (III, 199)

sich ereignenden Lebenswillens, der als beseelender Impuls entweder lustvoll in Aktion tritt oder schmerzlich vermißt wird. Die Entscheidung darüber, ob der politische Kampf der Opposition noch geführt werden könne, hängt davon ab, ob die literarische Praxis den Impuls in der Lektüre spürbar machen kann; sei es als emotionsgefülltes Aktions- und Umsturzbegehren oder als Schmerz über die Abwesenheit des Impulses, der wiederum die Sehnsucht nach seiner Anwesenheit wachhält. Sucht die *Ästhetik des Widerstands* die Hoffnung im passiven Widerstehen auf, das reflexiv veranlaßt ist und wertet das Argumentative, die Selbstbildung etc. entsprechend hoch, so liegt die Hoffnung bei Geissler als jederzeit vom Versiegen bedrohter Lebensstrom, der sich offensiv, aktivisch und vortheoretisch bis hinein in die Stilschichten der Prosa artikuliert.

Die parteiisch akzentuierte, fundamentaloppositionelle Kunst bei Geissler und Weiss bindet das Politische im Formgesetz des Werkes. Das Werk präsentiert sich dem Leser als ein Angebot, sich auf es einzulassen, es attackiert ihn aber nicht – wie die Aktionen der Avantgardebewegungen – gegen seinen Willen. Erst dem geneigten Leser erschließt sich das Politische in der Lektüre. Die Auseinandersetzung mit dem Werk wird dann zum Ort, an dem sich die politische Bewußtseinsfindung vollzieht, sei es durch das enthusiastische Entzünden eines Widerstandsimpulses, sei es durch die aus der Reflexion gewonnene Einsicht in den einzunehmenden politischen Standpunkt. Beide Werke sind für eine geneigte Öffentlichkeit geschrieben, sie teilen, trotz der in ihnen verhandelten revolutionären Thematik, gegenüber den Avantgardebewegungen einen defensiven Charakter, indem sie die Kategorie des Werkes zugrundelegen.[104]

Dieser defensive Charakter entspricht dem Zustand der Systemopposition in den siebziger und achtziger Jahren, insbesondere nach ›1977‹, wo Staat und Gesellschaft in der Bundesrepublik demonstrierten, daß sie mit allen Mitteln gegen radikale Oppositionelle vorgehen würden.[105] Es zieht aber vor allem die

---

104 Die grundsätzliche Infragestellung der Kunst ist bei Geissler ein möglicher Effekt der Lektüre *kamalattas*. Erst durch die Aneignung des Kunstwerkes hindurch wird jedoch die Forderung möglich, die Kunst müsse abgeschafft werden, um die nötige Praxis nicht länger aufzuschieben.

105 Weiss' Roman ist ein historischer, doch die in ihm geführten Debatten sind auch ein Produkt der siebziger Jahre, der Zeit, in die der Autor hinein- und aus der er herausschrieb. Die vielstimmige Anlage des Romans kann in der politischen Orientierung des damals im Rahmen des sogenannten Eurokommunismus entstehenden Konzeptes eines pluralen Marxismus verstan-

Konsequenzen aus der Selbstkritik sowohl der politischen Unterordnung des einzelnen unter den Willen der Führung in den kommunistischen Organisationen als auch aus der von den sozialistischen Parteien verlangten Unterordnung der Literatur unter die Politik. Beide Werke dringen darauf, daß die Stimme des einzelnen nicht der Bewegung geopfert werden dürfe und bringen das Singuläre im handlungsentlasteten literarischen Raum selbst zur Geltung, indem sie ein neues, parteiliches Sprechen gestalten. Wirkmächtig können diese Werke nicht als verordnete werden. Erst sofern die Leser sich sympathisierend in die Lektüre begeben, entfalten sie ihre subversive Kraft. Die Versenkung ins Werk könnte dem herrschenden Diskurs ereignishaft einen Sprung versetzen und der Eröffnung neuer Orientierungen einen ersten Halt verschaffen. Doch diese Hoffnung auf die innere Erneuerung der fundamentaloppositionellen Orientierung durch literarische Werke, diese politische Funktionszuschreibung an sie, erscheint sowohl bei Weiss als auch bei Geissler wie mit einem Fragezeichen versehen. Alle politischen Effekte der Literatur vollziehen sich indirekt, wohingegen die in den sozialen und politischen Verhältnissen materialisierte Gewaltausübung einen sehr direkten Charakter hat. Weiss und Geissler wollen die Diskurspolizei in Staat oder Partei ausschalten, doch sie wollen auch den Kapitalismus abschaffen und wissen, daß hierzu ganz andere Maßnahmen erforderlich wären: Weiss zeichnet die Geschichte eines gescheiterten Versuches auf, die politische Revolution durchzusetzen, und hält dieses Anliegen damit im Bewußtsein des Kollektivs wach. Geisslers Text verhält sich subversiv gegen sich selbst und zeigt mit diesem Hinweis auf die Selbstabschaffung der Literatur, daß sie die politische Auseinandersetzung nicht ersetzen kann. Beide Werke schreiben sich auf andere Art einem Politischen zu, das erst nach dem Durchgang durch sie zur Geltung gelangt. Damit findet es in ihnen selbst einen vorläufigen Unterschlupf.

---

den werden. Müller hat das Verhaftetsein der *Ästhetik des Widerstands* in den politischen Debatten der siebziger Jahre mit einem klaren, aber stark schematisierenden Thesengang bislang am fundiertesten aufgezeigt. Er stellt Weiss' Roman in den Umkreis der Wiederaufnahme von Gramscis Konzepten der kulturellen Hegemonie und der società civile durch den Eurokommunismus.

8. Ergebnisse, Thesen und Ausblicke

Im folgenden Abschnitt sollen die Ergebnisse der Untersuchung noch einmal vergegenwärtigt und thesenartig zugespitzt werden. Neben der Informations- und Überblicksfunktion möchte diese Zusammenfassung aber auch Anschlüsse für weitere Untersuchungen aufzeigen. Daß die Lektüre dieses Abschnittes diejenige der Untersuchung nicht ersetzen kann, bleibt vorausgesetzt.

Die Bewertung von Geisslers Werken ist im Feuilleton strittig, zum Teil sogar heftig umkämpft. Bezüglich des Stils läßt sich eine insgesamt ansteigende Linie der Zustimmung nachweisen, hinsichtlich der Wahl der Sujets und ihrer parteilichen Behandlung bleibt die Reaktion gespalten. Oft betreiben die Rezensenten die eigene politische Standortsuche und werden dann der ästhetischen Qualität der Geisslerschen Texte nicht gerecht.

Die Forschungslage zu Geisslers Werk ist dürftig. In der Bundesrepublik wurde es in den sechziger Jahren im Zusammenhang mit Fragestellungen zur Arbeiterliteratur und in den Siebzigern im Rahmen einer Reflexion auf die Literatur der Studentenbewegung beachtet. In der DDR beherrschte der offiziöse kulturpolitische Standort die Rezeption. Der Mangel aller Erörterungen liegt darin, daß das spezifisch Ästhetische von Geisslers Arbeiten bislang nicht zum zentralen Untersuchungsgegenstand gemacht wurde. *Kamalatta* wurde von der Forschung noch nicht beachtet.

Geisslers bisherige Werkentwicklung kann in vier Phasen eingeteilt werden. In der Frühphase greift er herrschende politische Mißstände an, indem er sie an einem den Werken zugrundeliegenden rigorosen Moralismus mißt. In der zweiten Phase unternimmt er einen Perspektivwechsel von der distanzierten zur identifikatorischen Schilderung oppositioneller Akteure. Immer extensiver beschreibt er den politischen Widerstand gegen das Bestehende und nimmt immer deutlicher Partei für ihn. Er bildet einen unverwechselbaren Personalstil aus, der die Lust am Leben textuell einzufangen sucht. In der dritten Phase wechselt er zur Lyrik über, wo seine Texte sich verdichten und der Sprachstrom stockender fließt, bis er an den Rand des Verstummens gelangt. Wandte sich Geissler in der zweiten Phase vorwiegend an das eigene politische Spektrum, so scheint er jetzt nur noch für sich selbst zu sprechen. Dergestalt verarbeitet er den Schock von

›1977‹, der der außerparlamentarischen Bewegung deutlich ihre Ohnmacht vor Augen geführt hatte. In der vierten Phase, die mit *kamalatta* beginnt, synthetisiert er die beiden vorangegangenen. Er integriert das monologische und das appellativ-dialogische Sprechen literarisch und knüpft dafür an die Tradition des romantischen Fragments an. *Kamalatta* muß als Geisslers Hauptwerk gelten, in dem er sich ästhetisch noch einmal radikalisiert.

Die Rezeption *kamalattas* erstreckt sich bis heute fast ausschließlich auf das Feuilleton, wo der Roman ausgiebig besprochen wurde. Die Rezensionen heben in der Regel politische und ästhetische Gesichtspunkte hervor. In beiden Bereichen gibt es starke Zustimmung und starke Ablehnung: das Werk ist höchst umstritten, es fehlen Kriterien zu einer konsensfähigen Bewertung in der literarischen Öffentlichkeit. Dieses hängt mit der spezifisch Geisslerschen Schreibweise zusammen, die das Politische und das Ästhetische gegeneinanderführt und aus den gewohnten Bezügen drängt. Es zeigt aber auch ein umkämpftes Diskursterrain an, auf dem nach dem Beitritt der DDR zur Bundesrepublik neue Standortdefinitionen der widerstreitenden politischen Gruppierungen erst noch fixiert werden müssen. Hier fänden diskurstheoretisch orientierte Untersuchungen einen lohnenden Gegenstand.

Die Folter sowie die Folter- und die Todesdrohung sind von besonderer Bedeutung für *kamalatta*. Zusammen mit dem Lebensthema, zu dem sie spiegelbildlich stehen, bilden sie ein diskursives Gerüst, in dessen Koordinaten sich zentrale formale und inhaltliche Strukturen des Romans fügen. Über beiden Themenkreisen steht dabei die Frage nach den Quellen und nach den Grenzen des Widerstandes gegen das bestehende politische System.

Der Roman situiert die Folter sowohl in der ›Dritten‹ wie auch in der ›Ersten Welt‹. Er suggeriert, es gäbe einen universellen Unterdrückungszusammenhang im Kapitalismus, der sich als Unterdrückungserfahrung der gegen ihn Aufbegehrenden weltweit niederschlage. Damit unterschlägt er die Unterschiede der politischen Systeme, die dem kapitalistischen Bereich eingeordnet sind und trägt zur Dämonisierung des Kapitalismus bei.

Die Mitglieder der bewaffneten Gruppe können der Folter widerstehen, weil sie die Gruppe als Zufluchtsort definieren, der nicht kritisch befragt werden darf. Sie erreichen dadurch eine Panzerung nach außen, die ihren Grad an Widerstandsfähigkeit erhöht. Proff dagegen kann der Folterung nicht widerstehen. Der

Roman suggeriert, es gäbe eine Schlüsselszene für das Gebrochenwerden Proffs, die sich jedoch der Interpretation lediglich als eine Station erschließt, die sich bruchlos in Proffs psychologische Strukturiertheit einfügt. Proff wird nicht erst in der Folter gebrochen, sondern er war schon seit seiner Kindheit im National-sozialismus versehrt.

Geissler benutzt für den Moment des Aufgebens unter der Folter das Bild des Kippens. Dagegen muß in kritischer Absicht der Gehalt des in der Forschung und in der Literatur verwendeten Bildes vom Brechen vergegenwärtigt werden. Obwohl es selbst problematisch ist, weil es viele verschieden gelagerte Einzel-fälle unter das grobe Kriterium des Gebrochenseins faßt und damit die Unter-schiede nivelliert, geht es doch von einem Menschenbild aus, das die Menschen als gegen ihren Willen versehrbare begreift. Dieser Aspekt findet sich in *kama-latta* nicht.

Indem Geissler der Möglichkeit nicht nachgeht, daß ein Widerstand, obwohl er entschieden ist der Folter standzuhalten, unter ihr zusammmenbrechen könnte, läßt er die Kategorie der Entscheidung unangetastet und knüpft die Möglichkeit gelingenden Widerstandes an einen Willensakt, der zugleich existentialistische wie auch vitalistische Züge trägt. Das Gesetz des Handelns bleibt auf der Seite der Oppositionellen. Nur wo der Staat die Lebensenergie schon im Kindesalter zerstört, wie in Proffs Fall, ist bei Geissler der Widerstand zum Scheitern verur-teilt.

Eine Hauptquelle der fundamentaloppositionellen Einstellung bildet in *kama-latta* der sich betätigende Lebensimpuls. Den Text durchziehen vitalistische Muster, so tritt z. B. in der Figurenrede die Berufung auf das Leben vielgestaltig und nachdrücklich auf. Die bewaffnete Gruppe definiert das Herrschende als das Tote und sieht im Angriff auf das politische Sytem eine Lebensäußerung. Sie kämpfe, so ihr Selbstverständnis, um das Leben zu erringen. Jeder Kämpfer muß sich für es entscheiden und es dann im Kollektiv schon hier und jetzt herbeizu-führen suchen. Die Gruppe biete einen Raum, der dem Zugriff des Staates entho-ben sei und ein Vertrauensverhältnis ermögliche, das einer liebenden Gemein-schaft den Weg bereiten könne. In letzter Instanz legitimiert die Rede vom Le-ben die herbeizuführende Revolution. Hieran zeigen sich anarchistische Züge *kamalattas*.

Proffs Frau Juli beruft sich ebenfalls auf das herbeizuführende Leben, das für sie aus der Dauer, der Ruhe und der Berechenbarkeit einer zwischenmenschlichen Beziehung erwächst, die sich bis zur Verschwörung gegen die übrige Welt steigern kann. Sie glaubt, daß das so verstandene Leben in Enklaven der Privatheit kultiviert werden könne.

An Nina spielt Geissler die Hypostasierung des Lebensbegriffs bis zu seinem möglichen Umschlagen in Inhumanität durch und warnt damit zugleich vor dieser Einstellung. Er deutet ideologische Berührungspunkte von Ninas kommunistischer Sicht und der nationalsozialistischen Auffassung vom lebensunwerten Leben an und thematisiert dergestalt die Totalitarismusthese von links. Mit Hilfe des von Horkheimer und Adorno benannten Mechanismus der falschen Projektion lassen sich die Strukturgleichheiten beider Positionen benennen. Beide Male führt die Idealisierung eines Zustandes, der als der natürliche und gesunde gesetzt wird, zu dem Willen, das nicht in dieses Schema passende Kranke zu isolieren, zu bekämpfen und zu vernichten. Das führt zu einem am Ideal der Makellosigkeit gebildeten, rigorosen Handeln, das im politischen Bereich totalitäre Entwicklungen begünstigt. Geissler spricht diese Tendenzen in jener Bewegung an, für die *kamalatta* Partei ergreift, er unterzieht die eigene Parteilichkeit einer Selbstkritik.

Die zentrale Stellung des Lebensthemas schlägt sich in *kamalatta* auch stilistisch nieder. Dynamik signalisiert Lebendigkeit, Statik den Tod, etwa wenn die Motive des Fliegens und des Tanzes dem Motivkreis des Steines und der Versteinerung entgegengesetzt werden. Die nicht durch Menschenwerk versehrte Natur steht auf der Seite des Lebens und dient, zum Teil in idyllisierender Weise, als utopisches Bild für den befreiten Zustand. In den Milieuschilderungen überformt das lebensbeschwörende Pathos gelegentlich den Text, so daß eine kitschige Wirkung entsteht. An das Milieu als den Ursprungsort gewachsenen Widerstandes knüpft *kamalatta* eine verklärende Hoffnung. Hier finden sich die schwächsten Passagen des Romans.

Der Gedanke des Eigenen ist in *kamalatta* mit dem des Lebens zuinnerst verknüpft; er stellt jenen Kern dar, der unter der Folter nicht gebrochen wird und dessen Inhalt das sich betätigende Leben ist. Einerseits bestätigt der Roman – z. B. mit der Rede von der Selbstentfremdung –, daß das Eigene als etwas Angeborenes und als eine zu vereinnahmende Kategorie angenommen werden müsse, andererseits unterläuft er durch sein Verfahren der verdeckten Zitation diese Vorstellung auch. Das Herbeizitierte, Zu-eigen-Gemachte, ist ursprünglich etwas Fremdes. Wer nach dem Kern des Eigenen sucht, der von vielen Figuren beschworen wird, gerät in einen Verweisungsstrudel, in dem es zwar Endlosspiegelungen, aber kein Original gibt, das für das Authentische einstünde. Geisslers Roman ist in die ideologischen Netze seiner Figuren eingebunden, konterkariert sie aber auch durch sein eigenes Verfahren. Hieraus ergibt sich ein charakteristisches Schwanken zwischen Parteilichkeit und Skeptizismus in seiner Schreibweise.

Mit Bantumak stellt Geissler einen gemäßigten Lebensbegriff vor. An diese Figur knüpft er ein politisches Vorgehen, das auf die sofortige Einlösung dessen, was die Vorstellung vom Leben enthält, verzichtet und eine Strategie der unendlichen Annäherung an das Ziel favorisiert. Das Leben bleibt hier ewig aufgeschoben, der unbedingte Wille zur Veränderung erlahmt, Bantumaks Weg führt in den politischen Reformismus. Diese Orientierung interessiert Geissler in *kamalatta* jedoch nicht weiter.

Im Vergleich mit Adornos Prägung, es gäbe kein richtiges Leben im falschen, auf die Geissler anspielt, wird deutlich, daß Adornos Auffassung, nach der es keinen Persönlichkeitskern gibt, sondern alles Persönliche schon immer gesellschaftlich vermittelt ist, in *kamalatta* abgewiesen wird. Viele Figuren beziehen sich hier auf ein unzerstörtes Lebenspotential, das der Kapitalismus noch nicht gemodelt habe. Proffs Versehrung, die der Berufung auf das Leben zu widerstreiten scheint, ist dagegen kontingent. Adorno geht aber von der Unvermeidbarkeit des Versehrtseins aus. *Kamalatta* fundiert den Widerstand gegen den Kapitalismus in einer anthropologischen Konstante, Adorno verlegt ihn in die Reflexion auf die Aporien, in denen jeder einzelne steht.

Bezüglich des Widerstandsbegriffs läßt sich das diskursive Feld von *kamalatta* auf die Vorstellung vom Willen zum Leben zentrieren, dessen höchste Instanz er bildet. Leben ist das Hauptbegründungswort für die Politik der Systemgegner in *kamalatta*. Die Berufung auf es stellt das einigende Moment innerhalb der vielgestaltigen oppositionellen Glieder dar, deren Verwendungsweisen des Lebensbegriffs einander ansonsten widersprechen. So findet sich neben der Vorstellung, das Leben sei schon jetzt anwesend eine andere, nach der es etwas Utopisches, erst zu Erkämpfendes meint.

Der Wille zum Leben beherrscht in *kamalatta* die Beziehung von Folterdrohung und Gewaltverhältnis. Indem Geissler den Mythos unterstützt, der Gefolterte habe es selbst in der Hand, ob er gebrochen werde, wendet er das kontingente persönliche Schicksal der Gefolterten in eine anthropologische Gesetzmäßigkeit um. Damit unterlegt er der Handlung von *kamalatta* eine weltanschauliche Position, die mit Hilfe des Gedankens aus der Folterforschung kritisiert werden kann, daß die Folterung auch gegen den Willen des Gefolterten zu dessen Zusammenbruch führen kann. Diese Möglichkeit in Rechnung gestellt, enthüllt Geisslers Handlungsführung ihre ideologischen Momente.

Alle Figuren, die sich auf das Leben berufen, haben Recht, weil sie im Modus der Wahrhaftigkeit sprechen. Das authentische Bekenntnis zum Lebenswillen ist das gemeinsame Kennzeichen aller Rede vom Leben. Die Willensenergie, nicht die Einsicht in den historischen Stand der Produktionsweise, bringt in *kamalatta* den Kampf und mit ihm die bessere Gesellschaft voran.

In *kamalatta* wirken starke existentialistische Kräfte Sartrescher Herkunft. Sie schlagen sich in den Inhalten der Figurenrede und in der Konstruktion der Handlung nieder, und sie reichen bis in die Textur von Geisslers Schreiben herein. Die Vorstellung von einem Akt freien Handelns, der sich in einer Entscheidung materialisiere, teilt *kamalatta* mit Sartre. Auch die Entscheidung vieler Figuren für das verschworene Kollektiv und für die Aufrichtigkeit gegenüber der eigenen und dem unbedingten Kampf gegen die feindliche Seite läßt sich am Leitfaden der Sartreschen Ideen entwickeln. Die Vorstellung vom möglichen Widerstehen unter der Folter leitet sich ebenfalls von ihm her. Insgesamt gibt das engagierte Subjekt weder in *kamalatta* noch in Sartres Philosophie die Idee auf, selbst der erste Akteur in jeder Situation zu sein und sie in Regie nehmen zu können. Eine offensive, hoffnungsgeladene Auffassung von den Möglichkeiten politischen Handelns ist die Folge.

Vor allem die bewaffnete Gruppe bedient sich in *kamalatta* existentialistischer Muster. Sie vertraut auf die Möglichkeit, durch eine Entscheidung radikal das eigene Leben ändern zu können. Dem entspricht das Bild des Sprunges; die Metapher des Kippens wiederum trägt der in der Gruppe herrschenden Idee Rechnung, der Geist könne durch die getroffene Entscheidung die eigenen Körperfunktionen in hohem Grade beherrschen. Die für Sartre wichtigen Begriffe des Glaubens und der Aufrichtigkeit nimmt auch die Gruppe in Anspruch. Im Unterschied zu Sartre vermischt sie allerdings zahlreiche existentialistische Begriffe mit einem auf Objektivierbarkeit angelegten Maßstab, während für Sartre die letzte Wahrheitsinstanz immer die subjektive Entscheidung bleibt. So partizipiert die Gruppe an Sartres Philosophie, modifiziert sie aber im Sinne traditioneller sozialistischer Theorien.

Der Existentialismus schlägt auch in einigen sprachlichen Verfahrensweisen des Textes durch. Das Thema der Entscheidung motiviert in hohem Grade jene

Sprachschicht, die einen Akzent auf die Gegenwart und die Vergänglichkeit des Augenblicks legt. Die gesamte Appellstruktur steht im Dienste der Entscheidungsemphase. So dient das Stichwort ›Tölz‹ der selbstversichernden Aufrechterhaltung der getroffenen Entscheidung und somit der Identitätsbewahrung der Gruppe.

Aus existentialistischen Motiven leitet sich auch die Rhetorik des Hasses her, die *kamalatta* produziert. Sie beruht auf der Entscheidung, für eine Seite des Konfliktes Stellung zu nehmen und dem gegnerischen politischen Lager den Krieg zu erklären. Diese Polarisierung spaltet auch die Redeweisen. Gegenüber den Feinden praktizieren die Kämpfer ein haßerfülltes Sprechen, das Unversöhnlichkeit signalisiert und die eigene Identität durch Ausgrenzung der anderen festigt. Dem Identitätsstreben wird eine befreiende Kraft zugemessen. Die Rhetorik des Hasses beschwört die Einheit der Opposition.

Das Sprechen innerhalb der Opposition befindet sich in einer doppelten Frontstellung. Unversöhnlich gegenüber der feindlichen Seite, möchte es sich auch gegen zahlreiche Bestrebungen eigener Mitstreiter abgrenzen. Je nach dem Grade der Diskussionsbereitschaft einer Figur oder einer Gruppierung, der sie angehört, wird eine Debatte zugelassen oder abgeblockt. Die Zulassung zur Debatte bemißt sich an der jeweiligen Grenzziehung der alles dominierenden Klassenspaltung, daran also, ob der Kontrahent der Seite der Genossen oder der Feinde zugeordnet wird.

Im Roman ist eine aus geschichtlicher Erfahrung begründete nihilistische Tendenz wirksam. Sie knüpft sich an die Drohung des weltgeschichtlichen Scheiterns des sozialistischen Umsturzes. Der mögliche Bankrott des Sozialismus treibt die metaphysische Frage auch als existentielle hervor. Schon vor ›1989‹ also lotet Geisslers Literatur die Implikationen des Scheiterns aus.

In *kamalatta* tut sich ein konzeptioneller Bruch zwischen den hoffnungsgeladenen – existentialistischen und vitalistischen – Momenten und den resignativen – nihilistischen – auf. Der nihilistische Unterstrom betrifft die existentielle, die philosophische, die politische und die poetische Sphäre. Die beiden Strömungen stehen polar zueinander, den Roman durchzieht ein Riß.

Die Spaltungsstruktur ist ein besonders wichtiges Formprinzip des Romans. Sie erstreckt sich auf die Konstruktion der metaphorischen Welten wie auch auf diejenige der geistigen Gehalte der Figurenrede und findet sich auch in weiteren ästhetischen Verfahrensweisen. Wie Folterdrohung und Berufung auf das Leben spiegelbildlich zueinander stehen, so auch die existentialistischen und die nihilistischen philosophischen Implikationen. Dualismus, nicht Dialektik, kennzeichnet somit Geisslers poetisches Verfahren über weite Strecken. Die Integration des Disparaten, die keine Vermittlung ist, sondern eine Nebeneinandersetzung, vollzieht er dann mit dem Rückgriff auf das Fragment.

In Proff liegen die beiden Strömungen im Widerstreit miteinander. Durch ihn zieht sich der Riß zwischen Utopie und Nihilismus. Das mit Proff verbundene Hauptmotiv ist das Scheitern. Seine Biographie greift alle utopisch aufgeladenen Denkmuster an, so auch die Berufung auf das Leben sowie die existentialistische Handlungsemphase. Den in *kamalatta* vorherrschenden Lebensbegriff dekonstruiert Proffs Fall, indem er zeigt, daß Leben keine anthropologische Konstante ist, sondern daß sich seine Erscheinungsform je nach den gesellschaftlichen Gegebenheiten ändert. Bezogen auf das Leben im Kapitalismus heißt dieses, daß es nicht zu trennen ist von den Mechanismen kapitalistischen Funktionierens, sondern sie im Gegenteil selbst reproduziert. Proffs Suizid stellt auch die Möglichkeit fundamentaloppositioneller Praxis in Frage und unterstreicht den möglichen Sieg des Systems über den Willen zum Leben. In ihm gewinnt die gesellschaftliche Determiniertheit des einzelnen gegenüber seiner Freiheit ein erdrückendes Gewicht.

Die resignative Tendenz, die an Proff gebunden ist, geht mit dem Nationalsozialismus auf eine historische Ursache zurück. Diese Ausnahmesituation verdankt sich aber einer wiederholbaren Konstellation von Herrschenden und Beherrschten. Das Scheitern der Systemopposition droht universell zu werden, je totaler sich die kapitalistische Vergesellschaftungsform etabliert. Der politische Nihilismus macht sich an der Drohung fest, für die Hoffnung auf eine Wendung zum Sozialismus sei der geschichtliche Realgrund nicht mehr gegeben.

Proffs Tod bietet zwei Lektüren an, von denen die eine am Begriff der Entscheidung festhält und den Suizid zu einer freien Wahl erklärt, während die andere sagt, jede Möglichkeit der Entscheidung sei aus Proffs Person gewichen, er sei in den Tod getrieben worden. Die Infragestellung der jeweils entgegengesetzten Position macht ein Verfahren des Textes aus, das in der Konstruktion des gesamten Romans wiederkehrt. Es kann mit de Man als eines der Dekonstruktion bezeichnet werden. Die polarisierte Alternative zwischen Kampf und Resignation wird nicht geschlichtet, sondern offengehalten.

Die Gruppe fällt in affirmative Metaphysik zurück, um handeln zu können. Aus Proffs zweifelnder Haltung erwächst dagegen keine mögliche Handlungsorientierung. Mit Proff scheitert der Versuch einer Praxis, die im Wissen um die eigene Versehrtheit zum kollektiven Handeln gelangen möchte.

Das politische und existentielle Scheitern ist in *kamalatta* mit dem Verstummen verbunden. Proff spricht wieder, als die Hoffnung zurückkehrt. An das Sprechen selbst ist Hoffnung geknüpft, weil es einen Mangel und ein Bedürfnis artikuliert. Dieses läßt sich auch auf Geisslers Textproduktion beziehen. Solange sie andauert, wirkt sie subversiv auf das Bestehende ein, verebbte sie, so hätte der stumme Zwang der Verhältnisse gesiegt.

Der Nihilismus stellt alle letzten Gründe in Frage. Da jedes vernunftgeleitete oppositionelle Handeln solche Gründe in Anspruch nehmen muß, trifft er es an seiner Legitimationsbasis. Er rührt an den metaphysischen Grund aller Opposition und damit an deren Existenzberechtigung.

Die *kamalatta*-Sprache, wenn ›kamalatta‹, mit Hölderlin/Conz/Waiblinger und März/Kipphardt, probeweise auf die Sprache angewendet wird, hat viele Bestimmungen, die einander teilweise widerstreiten. Nur durch die Pluralität der Sprechweisen hindurch läßt sie sich beschreiben. Dabei treten immer wieder Dualismen wie die von Fülle und Aufschub, von Präsenz und Abwesenheit auf. Sie prägen diese Sprache von den kleinsten bis zu den größten Einheiten. Auch die Sprachverwendung in *kamalatta* muß also mit Hilfe der Kategorie des Bruches beschrieben werden.

Das Titelwort bietet ein Rätsel; der Roman läßt es undefiniert. Nur der Recherche und der Interpretation eröffnen sich seine Deutungshorizonte, die durch hinzugezogene Parallelstellen Kontur gewinnen. Keiner der Bezüge schreibt ihn aber eindeutig fest, jede Parallelstelle beschwert ihn im Gegenteil mit neuer, unaufgelöster Bedeutsamkeit. Das Bedeutungsschwerste, das Titelwort, ist zugleich das sich immer wieder Entziehende. Seine Rätselhaftigkeit verlangt nach Ergänzung, die immer wieder Bedeutsamkeit anhäuft und damit neue Verweise produziert. Ein Haupteffekt solcher Schreibweise ist die omnipräsente Aufforderung zur Recherche. Die provozierte Deutungstätigkeit ist tendenziell unendlich. Sie trägt so lange, wie das vom Text im Leser angeregte Bedürfnis vorhanden ist, sie auszuüben.

Das Bild der Brücke kann einige Operationen umschreiben, die die *kamalatta*-Sprache maßgeblich ausmachen: die Konstruktion virtuell vorhandener geistiger ›Brücken‹ durch den Leser, das Bereitstellen sinnlicher Brücken in Form von Reimen und Alliterationen durch den Erzähler und die immanente Reflexion auf das Sinnbild der Brücke im Roman.

Der Text kreiert gereimte Wortpaare, deren Ausdeutung er dem Leser überläßt. Erst durch Recherche geben sie einen esoterischen Gehalt frei. Doch die freigelegten Bezüge führen nicht zur Festschreibung eines esoterischen Sinnes. Das Arkanum erstarrt nicht zur dogmatischen Lehre. Wen der Text affiziert, tritt in eine aktive Lektüre ein und schreibt ihn weiter. Die Leser bauen sich einen eigenen Deutungszusammenhang auf. Der Roman hofft auf diese Ergänzung durch den Leser, er kalkuliert, wie das romantische Fragment, ein intersubjektives Moment mit ein.

Lautliche ›Brücken‹ bietet *kamalatta*, in Gestalt von Alliterationen, Stab- und Endreimen, auf Schritt und Tritt an. Während sich der esoterisch-geistige Sinn des Brückenschlagens verbirgt, vereint die Lautdoppelung fortwährend Sprachpartikel miteinander. Das Zueinanderkommen gelingt. Das Gleichlautende symbolisiert eine Totalität, in der das Verschiedene aufgehoben wäre, ohne daß es seine Individualität aufgeben müßte.

Geissler verwendet die Lautgleichheiten oft, als seien sie eine Vorwegnahme des angestrebten Besseren oder eine authentische Bekundung des vitalen Eigensten. Die Sprache der Herrschenden gibt sich im Roman dagegen aseptisch und antialliterativ. Mit Reimen und Alliterationen ist die Lust an der Regression verquickt, die sich an frühe Spracherfahrungen knüpft. Lautgleichheiten gewährleisten einen reichen, poetischen Text, der sinnliche Fülle produziert. Die Freisetzung von Lust durch den metaphorisch und lautlich gesättigten Stil, durch den ›Modus des Direkten‹, bildet ein Reservoir, aus dem eine Mut zusprechende und eine den Leser zur Aktivität herausfordernde Funktion erwächst.

Das Bild der Brücke ruft konkrete Brücken auf, fungiert aber auch als ein Sinnbild für das Zusammenkommen des Getrennten. Jede einzelne Brücke aktualisiert und variiert zugleich den sinnbildlichen Gehalt. Exoterische und esoterische Momente halten sich die Waage. Ähnliches gilt für die Metaphorik des Fliegens und für andere Metaphoriken.

Die Analyse des Brückenthemas ergibt, daß ein Widerspruch durch die Konzeption des Romans hindurchgeht. Während er exoterisch sinnliche Fülle bietet, die das identifikatorische, rauschhafte Leseerlebnis steigert, schiebt er den esoterischen Sinn immer wieder auf. Der textuell-sinnliche Brückenschlag ist schon immer hergestellt, doch die geistigen ›Brücken‹ öffnen sich dem Leser nie ganz.

Den metaphorischen Korrespondenzen, die eine imaginäre Topographie entwerfen, steht eine nichtüberhöhende Stilschicht gegenüber, in der wirklich vorhandene Orte genannt werden. Wer die angegebenen Orte kennt, wird eines Wiedererkennungseffektes teilhaftig. Dieses Leseerlebnis ist aber esoterisch begrenzt. Auch hier löst die Recherche die Esoterik in gewissem Maße auf. Doch mit den Anspielungen, Orts- und Namensnennungen ist das lebensweltliche Universum einer oppositionellen Szene verbunden, das letztlich nur solche entziffern können, die eigene Erfahrungen in diesem Milieu gemacht haben. Diese realistische Erzählschicht kommt auch in der Verwendung der Umgangssprache zum Tragen. Der Soziolekt ist orts-, schichten- und zeitspezifisch abgegrenzt. In ihm bannt Geissler das Flüchtige der gesprochenen Sprache. Der metaphorisch-sinnbildlichen Dimension, die gerne mit beständigen Bildern arbeitet, setzt er eine schnell veraltende Textsorte entgegen und stärkt dadurch den Augenblickscharakter und das vitalistische Moment. Die Aufsplitterung der Sprechweisen im Roman fällt also nicht mit der Exoterik-Esoterik-Dichotomie zusammen. Sie durchquert sie vielmehr.

In die vielfältigen Sprachverwendungen flicht Geissler eine schmale autoreflexive Schicht ein. Hier liefert er Versatzstücke einer immanenten Poetik, die jedoch an die komplexe Sprachverwendung des Romans begrifflich nicht heranreichen. Letztlich bleibt die Auffassung von Sprache unter den Figuren strittig. Eine Utopie des gelingenden umgangssprachlichen Sprechens gewinnt Kontur, die mit der in der Sprache des Alltags materialisierten Versehrung zusammengedacht werden muß. Geisslers Verwendung der Umgangssprache bewegt sich zwischen beiden Extremen. Eine Figur möchte ›ganz andere Wörter finden‹ und die Sprache auf diese Weise verändern. Die poetisch-innovative Sprache, die sie anstrebt, wird wegen ihrer Flucht ins Als-Ob von der bewaffneten Gruppe kritisiert. Diese Sprache entferne sich vom Lebensvollzug der realen Kämpfe. Doch die sprachinnovative Perspektive ist es letztlich, die den interpretatorischen Weg für *kamalatta* weist. Ihre Thematisierung bricht im Roman schon früh ab. Die Modi des Als-Ob, in denen der Roman geschrieben ist, muß der Interpret ohne argumentative Unterstützung von seiten der Figuren herausarbeiten.

Der Indifferenzpunkt von Benennen und Verstehen wird in *kamalatta* unter dem Thema des Namens verhandelt. Eigennamen bezeichnen mit größtmöglicher Benennschärfe das Individuelle. Die verschiedenen Figurengruppen verfahren mit den Eigennamen entsprechend ihrer Sprachauffassung. Für Proff verbindet sich mit dem Nennen des Namens eine Utopie des vertrauensvollen, wahr-

haftigen Umgangs miteinander. Die Verschmelzungssehnsucht mit Gleichgesinnten findet im Namennennen ihren sprachlichen Ausdruck. Proff gibt die
Sehnsucht nach der Wahrheit des Namens nirgends auf. Immer wenn diese ihm
aber unerreichbar erscheint, verstummt er.

Die Gruppe führt das Argument der Täuschung und der Täuschbarkeit
gegen die authentische Namensnennung ins Feld. Ihre Mitglieder nennen sich
häufig um. Dadurch verliert der Eigenname sein Gewicht als einzigartige
Benennung eines Individuums. Proffs Bedürfnis nach dem ›wirklichen‹ Namen
läuft in solch einer Namensverwendung ins Leere. Die Namensnennung ist ent-
schlackt vom Ballast der Wahrhaftigkeitsfrage, sie hat weitgehend technischen
Charakter, und der Name funktioniert als konspiratives Codewort. Zugleich
transportiert das Benennen aber auch den Glauben der Gruppe, sich die Lebens-
bedingungen schon jetzt nach ihren eigenen Vorstellungen gestalten zu können.
Ihre Namengebungen sind zugleich Situationsbestimmungen und existentialistische Entscheidungen. Sie suggerieren, jeder könne sich für die Befreiung
entscheiden, jeder könne seine Grundkoordinaten durch die Entscheidung verwandeln.

Die zentrale Benennung des Romans, der Titel *kamalatta*, ist eine Setzung
des Autors. Jener deckt sein Innerstes nicht auf, er entzieht vielmehr seine
Bedeutungen, so daß gar nicht angenommen werden kann, er sei um ein Innerstes gebaut. Während er materialiter anwesend ist und genannt werden kann,
verbirgt er seinen Sinn. Er ist der treffende Name für etwas Unkenntliches. Mit
dem Titelnamen gelingt Geissler die produktive Integration der im Roman entwickelten Aspekte der Namensfrage. Er problematisiert die Namensverwendung
und unterzieht sich selbst der künstlerischen Anstrengung der Benennung auf
höchstem reflexiven Niveau.

Wenn *kamalatta* als eine Sprache interpretiert wird, so ist diese Sprache
selbst noch unkenntlich. Sie führt einen geschichtsphilosophischen Index mit
sich, der an den Leser appelliert, sie zur Verständlichkeit zu entbinden. *Kamalatta* ist ein Name aus der projektierten Zukunft; er ist zugleich der Deckname
für Kommendes und der wahre Name für den Zustand der Verschlossenheit, in
dem es sich noch befindet.

Die Verrückung der Perspektive zu einer künftigen Sichtweise hin hat neben
dem geschichtlichen auch einen individuellen Horizont. Die auf Kipphardts
März und auf dessen Kamelattasprache verweisende Parallelstelle problematisiert die herrschende Zuschreibungspraxis, die die Normalen von den schizo-

phrenen Wahnsinnigen abspaltet. Die Verrückung der Perspektive offenbart die Verrücktheit des Normalen. Es muß zwanghaft alles abspalten und verschweigen, was nicht in seine Dienste gebracht werden kann. Damit holt der Roman die progressiven Momente in den Blick, die in der Auseinandersetzung mit dem Wahnsinn gewonnen werden können. Geissler interpretiert die Verrückung der Perspektive politisch und knüpft an sie, besonders indem er die Auffassung der bewaffneten Gruppe schildert, eine drastische Entscheidungsalternative. Entweder, man steht im herrschenden Wahnsinn und gilt als normal oder man opponiert ihm und gilt als verrückt. Die Kipphardtsche Parallelstelle unterstützt eine mögliche Totalrevision der gewohnten Wertekoordinaten.

Den ins Werk gesetzten, in sich heterogenen Sprachstrom knüpft Geissler an eine individuelle Instanz. Er kann einem ›verrückten‹, parteilichen Schriftsteller-Erzähler zugeschrieben werden, der sich im Vorspann in Ich-Form zu erkennen gibt und im Verlaufe des Buches seine Forderung, unter die Leute zu gehen, um Proffs Tod zu verstehen, einlöst. Die Aufsplitterung des Textkörpers kann auf diese Einheit hin interpretiert werden: Ein Erzähler entläßt die heterogenen Sprechweisen aus sich, er schreibt in den verschiedenen Modi. *Kamalatta* ist ein Entwurf, der die Einzelentwürfe der Figuren integriert, ohne selbst ein Metaentwurf zu sein. Es ist Fragment. Der parteiliche Diskurs, aus dem sich *kamalatta* herschreibt, spreizt sich nicht zu einer objektiven Wirklichkeitsbeschreibung auf, sondern wird durch die Form des Romans als eine individuelle Weltanschauung definiert und damit in ihrem Geltungsanspruch relativiert. Der Erzählerstandpunkt ist – dies muß gegen die teilweise heftigen Angriffe der Rezensenten auf Geissler festgehalten werden – systematisch von der Autormeinung zu trennen.

Der Text ist ein Experiment, auch weil er erprobt, ob und wie es möglich ist, über die Fundamentalopposition eingedenkend zu schreiben, ohne ›über‹ sie zu schreiben, sondern, trotz aller notwendigen, metierbedingten Absonderung des Schriftstellers, aus ihrer Mitte heraus. Das von Geissler gewählte Verfahren bietet eine Objektivation dieses Sprechens an. Die in dieser Analyse herauspräparierten Sprachschichten müssen in ihrem komplexen Zusammenhalt gesehen werden. Sein Name, der gesetzte und verflüssigte, ist *kamalatta*.

Die Erzählerinstanz kann als Alter ego Proffs interpretiert werden. Wo sich für Proff alle Hoffnung zerschlagen hat, einen politisch engagierten Weg zwischen den Lagern zu finden und er deshalb im Suizid verstummt, entfaltet sich das Erzählen des Romans im Anschluß an Proffs Tod programmatisch rekursiv.

Es befindet sich auf der Suche nach einem Punkt, der die Hoffnung im Eingedenken des Scheiterns bewahren könnte und ist selbst die experimentelle Einlösung dieses Programms. Es erschreibt sich eine Alternative zur Selbsttötung.

Zur Analyse der Poetik des Romans, dessen Gattungbezeichnung Geissler als romantisches Fragment angibt, ist ein Rückgriff auf die Form des romantischen Fragments unerläßlich. Dessen paradigmatische Ausbildung bei Novalis und Fr. Schlegel umfaßt vor allem die folgenden Elemente: die philosophische Reflexion, die Ausrichtung auf einen noch herzustellenden utopischen Zustand, einen emphatischen Begriff geistiger Erfahrung, das Konzept symphilosophischen Denkens, die Einheit von Textrezipient und -produzent im Leser, die in Anspruch genommene Unverständlichkeit, das esoterische und exoterische Produzieren von Texten, die Integration der Rhetorik in die Verfahrensweise, den Experimentalcharakter, den unendlichen Prozeßcharakter, den setzenden Gestus, die Erweckung des Enthusiasmus im Leser, die allmähliche Verallgemeinerung der Liebe als herrschender Umgangsform, die Inanspruchnahme des Glaubens, die Verwendung einer besonderen Sprache dem Ton nach – einer ›Tropen und Rätselsprache‹.

Geissler macht sich zahlreiche Verfahrensweisen des romantischen Fragments zu eigen. Die Verwendung einer Tropen und Rätselsprache, die enthusiastisch-thetische Rhetorik, das damit zusammenhängende Verstehensmodell, das den Leser einschließt und einen bestimmten Typus esoterischer Öffentlichkeit hervorbringt, sind besonders hervorzuheben, wenn es um die Parallelen geht. Insbesondere benennt der Begriff die Integration des Disparaten in *kamalatta*, die sich sowohl auf die Inhalte der Figurenrede wie auch auf die verschiedenen Sprechweisen des Textes bezieht. Geisslers Text hebt sich jedoch – neben anderen Faktoren – fundamental vom historischen romantischen Fragment ab, weil die philosophische Reflexion auf die eigene Produktion in ihm zurückgedrängt bleibt. Der symphilosophische Austausch kommt nicht zustande, weil die überredende Kraft des Textes nicht an das philosophisch überzeugende Argument gebunden wird. Die wechselseitige Stärkung beider macht im romantischen Fragment erst deren Wirkungsgrad aus. Wenn *kamalatta* demgegenüber die Reflexion auf das zugrundegelegte Weltbild mit einem setzenden Gestus und mit der Emphase der Entscheidung abbricht, so bewirkt dieses oft die Hohlheit der überredenden Textfunktionen. Die präskriptive Stillstellung des ›Reflexionsmediums‹ unterscheidet *kamalatta* grundsätzlich vom Geist des romantischen Fragments, das auf unendliche Reflexion im Medium der Poesie aus ist und jede Setzung wieder verflüssigen möchte.

Das Auseinanderstrebende, das Geissler mit Hilfe des fragmentarischen Schreibens integriert und das die Spaltungsstruktur *kamalattas* bewirkt, ist auch eines dem historischen Ursprung der verwendeten Stilmittel nach. Die literarhistorischen Vorläufer, von denen der Text beeinflußt wurde, sind nicht nur in den Werken des bekennenden Sozialismus zu finden, sondern Geissler bindet absichtlich auch ›bürgerliche‹ Autoren wie Hölderlin, Jean Paul und Büchner ein.

Auch hinsichtlich der Schreibweise *kamalattas* integriert der Text zwei einander opponierende Momente, die zwei verschiedene literarische Traditionen geprägt haben. Das Bürgertum orientierte sich in seiner heroischen Phase an der Idee individueller Freiheit, die allen gleichermaßen zukommen sollte. Auch die Literatur dieser Zeit fand hierin einen zentralen Gegenstand. Die parteiisch-sozialistische Literatur arbeitet dagegen an der Durchsetzung des kollektiven Anliegens der Unterklasse, das freilich – der Theorie zufolge – mit dem der Menschheit zusammenfallen soll. Die Literatur des an die Macht gelangten Bürgertums richtet sich am Autonomie- und am Wahrheitsgedanken aus, die parteilich-sozialistische Literatur soll für die Durchsetzung des oppositionellen Anliegens funktionabel gemacht werden und tendiert zur Wirkungsorientierung. *Kamalatta* nimmt beide Tendenzen auf, um zuletzt der Wahrheitsorientierung den Vorzug zu geben.

Aus der sozialistischen Tradition stammt die politische Parteilichkeit des Werkes, die sich vor allem in der Figurenrede und der Erzählanlage niederschlägt. Geissler modifiziert sie und reichert sie mit existentialistischen Momenten an. Diese verbinden sich mit den erwähnten frühromantischen zur enthusiastischen Parteilichkeit. Das Realismusprogramm des organisierten Kommunismus übernimmt er nicht. Bei der literarischen Verarbeitung der enthusiastischen Momente knüpft er viel eher an den Vitalismus der Jahrhundertwendeliteratur an.

Die skeptischen Momente bringen eine Individualisierung des Textes mit sich und tragen zur Steigerung seiner Undurchdringlichkeit bei. Sie entziehen sich der Wirkungsorientierung und antworten auf die reale Drohung politischen und persönlichen Scheiterns. Dem Vitalismus stellen sich skeptische und aufschiebende Momente entgegen, der Augenblicksemphase die unendliche Reflexion. Der textuellen Heraufbeschwörung eines Jetzt steht dessen reflexive

Verflüssigung gegenüber. An der von Derrida aufgewiesenen Struktur des Datums kann dieser Prozeß für *kamalatta* aufgezeigt werden.

Wo die vitalistische Naturgegebenheit dem Zweifel anheimfällt und die existentialistische Wahl von der politischen Entwicklung vor immer schmalere Alternativen gestellt wird, schlägt sich die skeptische Tendenz als literarischer Nihilismus nieder. Das sprechende Subjekt setzt eine Welt aus sich selbst und für sich selbst. Die Gefahr des Kunstglaubens – eine andere Seite des Autonomiepostulats – droht. Mit den extrem individualisierten, esoterischen Momenten partizipiert *kamalatta* am poetischen Nihilismus. Der produktiven Offenheit eines solchen Prozesses, sich dem eigenen Abgrund zu überlassen, steht die Möglichkeit des Sich-Verlierens und des existentiellen Scheiterns gegenüber. Damit ist der äußerste Gegenpunkt zur Parteilichkeit und zum wirkungsorientierten Schreiben bezeichnet.

Geisslers Schreibweise bildet sich am Schnittpunkt des ästhetischen und des politischen Diskurses. Einerseits transportiert sie das Umsturzbegehren und verlangt nach der außerliterarischen Herbeiführung des Umsturzes. Der Text überschreitet sein eigenes Medium, die Literatur, und unterminiert sie damit zugleich. Er verwirft jedes kunstgläubige und genießerische Verweilen in der Welt des schönen Scheins. Andererseits findet dieses Überschreiten im Medium der Kunst statt. Nur im Durchgang durch sie gelangt ihr Gehalt ins Gesichtsfeld der Leser. Was der Text ausspricht, wirft ein Licht auf die Verhältnisse, das anders nicht erzeugt werden könnte und gewinnt ihnen bislang unterbelichtete Seiten ab. Indem es sie in der parteilichen Perspektive darstellt, die immerzu auf die Veränderung ausgerichtet ist, trägt es zur Bewußtwerdung der Systemopposition über ihre eigene Lage bei und wirkt dergestalt subversiv auf das Bestehende ein. Die Subversion der Literatur betrifft diese selbst, sie trifft aber auch die Gesellschaft, die sie beschreibt und aus der sie erwuchs. Wie Proff sich schließlich gegen sich selbst wendet, streicht die Literatur sich zugunsten des Lebens und der politischen Praxis durch – doch wie Proffs Fall nur im Medium der literarischen Rede existiert, so kommt auch die Systemopposition nicht von der handlungsentlasteten Literatur als eines Reflexions- und Erfahrungsmediums los. Solange es einen Impuls zur Veränderung des Bestehenden gibt, wird weitergeschrieben werden.

Mit Peter Weiss verbindet Geissler das Festhalten an einem undogmatischen, fundamentaloppositionellen Sozialismus und die Verwendung sozialistischer

Begrifflichkeit. In der Phase ›1968‹ bis ›1989‹ stehen beide Autoren abseits von den gängigen Parteinahmen für den östlichen Sozialismus oder für die Demokratie westlichen Zuschnitts. Sie gehen vom möglichen Scheitern ihres eigenen, systemoppositionellen Lagers aus und schreiben auf je andere Weise einen Text, der auf diese Erfahrung reagiert. Dabei gehen beide auch formal neue Wege. Sie unterwerfen sich nicht dem sozialistischen Realismus.

Ein Blick auf Geisslers Rezeption der *Ästhetik des Widerstands* erhellt Übereinstimmungen und Unterschiede zwischen ihm und Weiss. Beide machen die Widersprüchlichkeit des Kollektivitätsideals zu einem zentralen Sujet. Die Notwendigkeit des Glaubens an das Kollektiv im politisch-militärischen Kampf wird ebenso vorausgesetzt wie die der Abgrenzung des eigenen Lagers gegen die Gegner. Doch der Ausgrenzungsmechanismus richtet sich bei Geissler zwangsläufig auch gegen eigene Mitglieder. Im Stalinismus, auf den beide Autoren verweisen, erreichte diese Tendenz ihren Höhepunkt. Anhand der Frauenfiguren aus der *Ästhetik des Widerstands* dramatisiert Geissler diese Widersprüche.

Beide Autoren legen das mögliche Scheitern zugrunde und beide erschreiben sich einen Ort möglicher Hoffnung. Während Weiss ihn durch die Negation, aus der Reflexion auf das Scheitern hervortreibt, stellt er sich bei Geissler immer wieder als vitalistisch und dezisionistisch motivierter, theoretisch aber nicht abgesicherter qualitativer Umschlag ein.

Auch das von der sozialistischen Tradition vereinnahmte Wunschbild des Sieges, mit dem das der Revolution zuinnerst verbunden ist, wird in den Werken beider Autoren kritisiert. Es bewirke Unheil, weil es zur Rechtfertigung von Opfern in den eigenen Reihen funktionalisiert werden könne. Das ästhetische Problem lautet für Geissler und Weiss, wie die politische Parteilichkeit im Schreiben erhalten werden könne, wenn Wunschbilder nicht mehr aktiviert werden sollen. Anhand der Mutter aus der *Ästhetik des Widerstands* kann gefragt werden, ob die Literatur möglicherweise verstummen müsse. Geissler sieht in seinem zweiten Text über Weiss' Roman die Aufgabe des Schriftstellers darin, das Rettende durch den Scheibprozeß zu bestimmen. In *kamalatta* praktiziert er ein Erzählen nach dem Verstummen.

Beide Werke kreisen um das Thema der Vielfalt in der vorausgesetzten Einheit, das sowohl in der Figurenrede als auch in der erzählerischen Ordnung zum Tragen kommt. Ein Erzähler sucht die disparaten Stimmen im Text zu integrieren, ohne sie zu nivellieren. Bei Weiss tritt er als eine Figur auf, bei Geissler ist die erzählerische Zentralperspektive nur interpretatorisch zu erschließen. Die gewonnene Erinnerungsperspektive bleibt bei Weiss die einzige noch verfügbare, bei Geissler ist jedoch unentscheiden, ob der praktisch-politische Kampf nicht doch noch geführt werden könne.

Geissler und Weiss bilden eigene Modi fundamentaloppositionellen Schreibens aus. Weiss setzt einen Kampf um die Erinnerung ins Werk, Geissler einen um die Bewegung.

Während Weiss' Text sich im ›Modus des Indirekten‹ entspinnt, integriert Geisslers Roman mit seinen wirkungsorientierten Momenten geradezu einen ›Modus des Direkten‹. Er unterläuft die Nachträglichkeit des Erzählens, anders als Weiss, zugunsten des Präsentischen. Weiss stellt die Welt lesend und als Ergebnis einer Lektüre dar. Bei Geissler lebt im Modus des Direkten der Mythos vom unverstellten Lebensimpuls fort. Er gestaltet einen sich in der Gegenwart ereignenden Kampf um diesen oppositionellen Impuls.

Weiss' Verfahren der Anästhesie findet sich bei Geissler nicht. Bei Weiss meint dieses Stichwort das Schreiben über die grausame Wirklichkeit; Anästhesie bietet die Möglichkeit des Abrückens von ihr. Für Geissler hingegen ist der authentische Impuls, der die Empfindungen möglichst unverfälscht in den Text bringt, besonders wertvoll. Haß zum Beispiel entsteht bei Weiss erst nach dem Abrücken von der unmittelbaren Situationsgebundenheit, bei Geissler aber gleichursprünglich mit ihr. Die Schmerzerfahrung wird bei Geissler geradezu zum Gütesiegel oppositioneller Entschlossenheit.

Weiss' Buch ist vollständig exoterisch angelegt und zielt auf die Nachvollziehbarkeit durch den Leser. In *kamalatta* tritt das Argumentative dagegen hinter das enthusiastische Sprechen zurück. *Kamalatta* schreibt sich nicht der Menschheit zu, sondern der Gemeinschaft der Kämpfenden. Geisslers Schreibweise ist von der Dringlichkeit gezeichnet, während die *Ästhetik des Widerstands* sich – z. B. mit der beharrlichen Entfaltung der politischen Standpunkte – Zeit nimmt. Sie zählt auf den Erfahrungs- und Bildungseffekt, während Geissler die Bewegung entzünden möchte.

Der Rede vom Widerstand bei Weiss opponiert diejenige vom Angriff bei Geissler. Während diese die Hoffnung auf einen herbeizuführenden Umsturz beinhaltet, bleibt jene reaktiv und primär auf das Ausharren in der feindlichen Umgebung bezogen.

Bei Weiss wird Widerstand erst nach einem Abrücken aus der unmittelbaren Unterdrückungssituation möglich. Das Verfahren der Anästhesie trägt zu diesem Abrücken bei. Es markiert den ersten Schritt zur Reflexivität, aus der Widerstand allererst erwachsen kann. Die Selbstbildung der Unteren festigt den so gewonnenen Widerstand; Weiss denkt das Revolutionäre immer auch als Kulturrevolutionäres. Als ein vormals aktiviertes kulturrevolutionäres Potential freilich, von dem noch nicht feststeht, ob es wiederbelebt werden kann.

Geisslers Text dagegen betont mit Hilfe der entsprechenden poetischen Verfahrensweisen das Gegenwärtige. Der Impuls des Aufbegehrens soll – als rhetorischer Effekt des Textes – auf den Leser überspringen. Ob dieses gelingt, ist ungewiß. Zwischen dem möglichen Gelingen ekstatischen Angreifens und dessem Scheitern, mit dem Isolation und Tod drohen, erschreibt sich *kamalatta* einen Spielraum für das Weiterleben, das in Gestalt des Weiterschreibens auftritt.

Zum Abschluß dieser Untersuchung sollen nun einige Punkte skizziert werden, die nach weiterer Erforschung verlangen. Überflüssig zu erwähnen, daß die Literaturwissenschaft die Werke Christian Geisslers zukünftig stärker beachten sollte. Dieser Autor ist von ihr zu Unrecht links liegengelassen worden. Insbesondere *kamalatta* sollte der ihm gebührende Stellenwert zugemessen werden. Diese Arbeit hofft, eine wissenschaftliche Debatte über diesen Roman zu eröffnen.

Kamalatta bietet einen Anlaß dafür, die Aporien modernen Schreibens am Schnittpunkt von Politik und Ästhetik zu untersuchen. Die Frage, wie sich die Literatur zu politischen Anliegen zu stellen habe, ist schon oft diskutiert worden, sie konnte bislang jedoch noch nicht zu den Akten gelegt werden. Sie betrifft die Literatur im Innersten, denn die politische Wirkungsintention, die manche Ästhetiker von der Literatur gefordert und die manche Schriftsteller bereitwillig umzusetzen versucht haben, kann unter dem Oberthema des Dialogischen, das jede Ästhetik berücksichtigen muß, erörtert werden. Neben wirkungsorientierten Momenten, die in *kamalatta* vor allem vitalistisch eingefärbt sind, thematisiert dieses Werk gerade auch die Fragen, wer der mögliche Adressat eines solchen Sprechens sein könnte und, wichtiger noch, wer eigentlich der Sprecher ist und ob es ihn noch gibt. Mit der ersten Frage droht die Konsequenz, daß alles Sprechen monologisch geworden sei und daß die dialogische Intention ins Leere gehen könnte. Die Literatur, zumal die politisch engagierte, hätte dann ihr Publikum verloren. Die zweite Frage öffnet den Blick für Probleme der Textkonstitution. Die Sprechweisen wechseln und werden nur fragmentarisch integriert. Ein sich seiner selbst gewisses Subjekt des Sprechens gibt es nicht mehr. Hier spräche kein Autor mehr zu seinem Publikum, das er überzeugen oder überreden möchte, sondern ein Sprechen bräche sich durch die Autorintention hindurch eine Bahn, dessen Ursprung zugleich sein Formgesetz festschreibt. Es handelt sich um ein Sprechen, in dem das Politische als Motiv und als Movens vorhanden ist, bei dem aber von einer Intention nicht mehr die Rede sein darf. Wem spricht es sich zu? Von woher spricht es? Was ist es? Diese scheinbar simplen Fragen markieren den Horizont, in den sich die Debatte um *kamalatta* einschreiben könnte.

Neben der auf Geisslers Werk ausgerichteten Fragerichtung sollten nach ›1989‹ auch bestimmte sensible Themen neu angegangen werden. Das in dieser Arbeit erörterte Wunschbild des Umsturzes gehört zu ihnen. Aufzuschließen wäre von der Literaturwissenschaft, aber auch von jenem Zweig der Politologie, der sich mit der politischen Kultur in der BRD beschäftigt, der Diskurs um das Thema ›Terrorismus‹ seit den siebziger Jahren. Die vorliegende Arbeit macht hier einen ersten Schritt. Geisslers sympathisierender Blickwinkel hebt sich von anderen Darstellungen, etwa denen F. C. Delius', ab. Die diskursiven Linien in der Literatur müßten – interdisziplinär – zusammen mit jenen im tagespolitischen Feld analysiert werden. Hier könnten genuine Funktionsweisen der Literatur in Abgrenzung zu denen der Politik erschlossen werden. Nach ›1989‹ und nach dem Gewaltverzicht der RAF von 1992 wird langsam ein von Tabus durchsetztes Stück jüngster deutscher Zeitgeschichte zugänglich.

Sicher ist, daß die Reflexion auf die Themen Systemopposition und Revolution gerade nach dem Zusammenbruch des Ostblocks auf die Tagesordnung gehört, weil das diskursive Feld völlig neu geordnet wurde und die Chance bietet, Sachverhalte zu benennen, die zuvor durch das diskursive Spiel der Macht zugeschüttet waren. Worum diese Studie immer wieder kreiste, um die Reflexion auf die Hinterlassenschaften einer zuendegehenden Epoche, mag weiteren Forschens und Nachdenkens wert sein. Es handelt sich um jene Epoche, in der der Sozialismus noch als ein kommender gedacht werden konnte. Diese Zuversicht haben die historischen Entwicklungen zunichte gemacht. Wo das Gemeinwesen nicht auf den Verlust der Bindungen an Heilsversprechen reflektiert, geht es neue Bindungen naturwüchsig ein. Sie heften sich an Vorhandenes und sind deshalb ihrer Natur nach restaurativ. Nur das Eingedenken der eigenen Geschichte kann der Regression entgegenwirken. Deshalb sollte die begonnene Trauerarbeit fortgesetzt werden.

9. Liste der Publikationen

Die Fußnotenzählung beginnt aus Gründen der Übersichtlichkeit mit jedem Kapitel neu. Die in der Arbeit nachgewiesenen Werke werden bei ihrer ersten Erwähnung im jeweiligen Kapitel auszitiert. Titel sind im Text kursiv gesetzt. Zitatnachweise aus Geisslers *kamalatta* werden direkt im Haupttext zitiert, indem der Nachweis in arabischen Ziffern in einfachen Klammern nachgestellt wird. Zitatnachweise aus Weiss' *Die Ästhetik des Widerstands* werden ebenfalls im Haupttext zitiert, indem der Nachweis des Bandes in römischen Ziffern, gefolgt vom Nachweis der zitierten Seite in arabischen Ziffern in einfachen Klammern erscheint. Unter 9.1. und 9.3.2. sind die Publikationen in der chronologischen Folge ihres Erscheinens verzeichnet, sonst in alphabethischer.

9.1. Publikationen von Christian Geissler

9.1.1. Bibliographie

Anfrage, Hamburg 1960 (mit gesondertem Vorwort des Autors: Berlin/DDR 1961)

Das Dritte Reich mit seiner Vorgeschichte (als Herausgeber), Ebenhausen b. M. 1961

Schlachtvieh, Hamburg 1963

Kalte Zeiten, Hamburg 1965

Ende der Anfrage, München 1967

Altersgenossen, in: kürbiskern H. 2/1970, S. 181-219

Wer das aus dir gemacht hat, Max, der zahlt!, in: kürbiskern H. 3/1971, S. 356-375

Das Brot mit der Feile, Berlin/West 1986 (erste Ausgabe München - Gütersloh - Wien 1973)

Wird Zeit, daß wir leben. Geschichte einer exemplarischen Aktion, Berlin/ West 1989 (erste Ausgabe Berlin/West 1976)

Die Plage gegen den Stein, Reinbek b. H. 1978

Im Vorfeld einer Schußverletzung, Berlin/West 1980

spiel auf ungeheuer, Berlin/West 1983

kamalatta, Berlin/West 1988

dissonanzen der klärung, Kiel 1990

winterdeutsch, in: Die Aktion, Heft 89/92, S. 1451-1513

Prozeß im Bruch, Hamburg 1992

Der Pannwitzblick. Filmtext, in: U. Sierck/D. Danquart, Der Pannwitzblick, Hamburg 1993, S. 99-128

9.1.2. Filmographie

9.1.2.1. Drehbücher für Fernsehspiele

Anfrage, Regie: H. Dahlberg, ARD 26. 10. 1961, nicht gesendet

Anfrage, Regie: E. Monk, ARD 15. 2. 1962 und 8. 11. 1963, HR 25. 3. 1974

Schlachtvieh, Regie: E. Monk, ARD 14. 2. 1963 und 4. 9. 1964

Wilhelmsburger Freitag, Regie: E. Monk, ARD 19. 3. 1964 und 13. 5. 1966 und 26. 7. 1968, DRS 22. 4. 1966

Immer bloß Fahrstuhl ist blöde, Regie: R. Busch, N 3, 25. 10. 1969

Altersgenossen, Regie: H. Mueller-Stahl, ARD 18. 11. 1969

9.1.2.2. Andere Fernsehproduktionen (Dokumentarbeiträge) mit Sendedatum in der ARD[1]

Volkstrauertag, 9. 11. 1964

Sozial-Report: Ein Jahr Knast – Teil 1 bis 3, 8., 12. und 15. 1. 1971

Sozial-Report: Sie nennen sich Schießer, 29. 6. 1971

Karolinenviertel, 26. 10. 1971

Nahaufnahme – Wir gehen ja doch zum Bund, 14. 3. 1972

Die Woche hat 57 Tage, Teil 1 und 2, 29. 3. und 5. 4. 1976

Die eigene Geschichte/Die ersten Soldaten, 25. 11. 1980

9.1.3. Hörspiele

Unser Boot nach Bir Ould Brini

Walkman Weiß Arschloch Eins A

Taxi Trancoso

---

1   Für freundliche Hinweise danke ich dem Fernseharchiv des NDR.

9.1.4. Sonstiges

Warum in die Ferne schweifen, sieh, das Gute liegt so nah. Episode aus einem Fernsehfilm, in: Hüser, F./Grün, M. von der, Alamanach der Gruppe 61 und ihrer Gäste, Neuwied und Berlin 1966, S. 143-154

Wahlen als Alternative? (zusammen mit Yaak Karsunke), in: kürbiskern 4/1968, S. 664-672

Anstelle eines Berichtes aus Prag, in: kürbiskern 1/1969, S. 82-84

Interview in: Kultur und Gesellschaft, Nr. 1/1971, S. 10

Von der Zärtlichkeit menschlichen Lernens. Von der Härte menschlichen Hoffens, in: Götze, K.-H./Scherpe, Kl. R., ›Ästhetik des Widerstands‹ lesen, Berlin/West 1981, S. 12-17

Nachwort 1986, in: Das Brot mit der Feile, Berlin/West 1986 (erste Ausgabe München - Gütersloh - Wien 1973), S. 477-484

Kriegsgespräche (Interview), in: konkret, H. 2, Februar 1989, S. 54-57

Peter Weiss wäre nicht erstaunt, in: Prozeß im Bruch, Hamburg 1992, S. 182-201

»Einer kriegt hier blumen. nicht knast«. Christian Geisslers Dankesrede zur Verleihung des Irmgard Heilmann-Literaturpreises, in: die tageszeitung vom 3. 12. 1988

»So möge es sein«. Christian Geisslers Dankesrede bei der Hörspielpreis-Verleihungsfeier, in: Der Kriegsblinde, Juli/Aug. 1994, Nr. 7/8, 45. Jg., S. 3-5

9.2. Ausgewählte Schriften von Peter Weiss

Weiss, P., 10 Arbeitspunkte eines Autors in der geteilten Welt, in: ders., Rapporte 2, Frankfurt/M. 1971 (zuerst 1965), S. 14-23

Weiss, P., Die Ästhetik des Widerstands, 3 Bände, Frankfurt/M. 1983 (zuerst 1975, 1978, 1981)

Weiss, P., Notizbücher 1971-1980, Frankfurt/M. 1981

Weiss, P., Rede in englischer Sprache gehalten an der Princeton University USA am 25. April 1966, in: Canaris, V. (Hg.), Über Peter Weiss, Frankfurt/M. 1970, S. 9-14

9.3. Sekundärliteratur zu Christian Geissler

9.3.1. Wissenschaftliche Sekundärliteratur zu Geisslers Werk und Person

Hosfeld, R./Peitsch, H., ›Weil uns diese Aktionen innerlich verändern, sind sie politisch‹, in: Basis. Jahrbuch für deutsche Gegenwartsliteratur, hg. von R. Grimm und J. Hermand, Bd. 8, Frankfurt/M. 1978, S. 92-126

Möbius, H., Arbeiterliteratur in der BRD, Köln 1970 (besonders S. 77-91)

Munzinger-Archiv/Internationales Biographisches Archiv 42/90, Artikel ›Christian Geissler‹,

Neumann, O., Christian Geissler: Das Brot mit der Feile, in: Weimarer Beiträge, H. 12/1974, S. 139-146

Reinhold, U., Literatur und Klassenkampf, Berlin/DDR 1976

Röhner, E., Arbeiter in der Gegenwartsliteratur, Berlin/DDR 1967 (besonders S. 159-167)

Schneider, J., »Die Plage gegen den Stein«. Der Schriftsteller Christian Geissler zwischen Resignation und »zorniger Hoffnung«. Zur politisch-weltanschaulichen Standortfindung eines BRD-Autors in den Jahren 1960-1976, Diss. (masch.) Humboldt-Universität, Berlin/DDR 1984

Schröder, H. J., Artikel ›Christian Geissler‹, in: KLG, 34. Nlg./1990

9.3.2. Rezensionen

Anfrage

Mudrich, H., Blick um dich im Zorn, in: Saarbrücker Zeitung vom 2. 4. 1960

Her–, Das aktuelle Buch, in: Deutscher Ostdienst, Nr. 15/16 vom 13. 4. 1960, Ausgabe B

Helwig, W., Die Wiederkehr des Vatermords, in: Frankfurter Allgemeine Zeitung vom 14. 5. 1960

Liepman, H., »So haben sie ausgesehen, die es getan haben«, in: Die Welt vom 14. 5. 1960

Reich-Ranicki, M., Abrechnung mit dem Vätern, in: Die Zeit vom 27. 5. 1960

Wilk, W., Die Väter ins Verhör genommen, in: Tagesspiegel vom 3. 7. 1960

Wieser, Th., Anklage gegen die Väter, in: Neue Zürcher Zeitung vom 23. 9. 1960

Ordnung, C., Die Väter und die Spuren ihrer Schuld, in: Neue Zeit vom 4. 11. 1960

Semmer, G., Auf der Suche nach den Vätern, in: Deutsche Woche vom 23. 11. 1960

Kant, H., Ein echtes Versprechen, in: Neue Deutsche Literatur, H. 10/1960, S. 111-114

H., R., Der Ruf nach dem Staatsanwalt, in: Neue deutsche Hefte, 1960, S. 359 ff.

Kleist, W. v., Zu Christian Geisslers ›Anfrage‹, in: Deutsch-Polnische Hefte, 1960, S. 456 f.

Hirschauer, G., Angriff auf das schlechte Bewußtsein der Deutschen, in: Werkhefte katholischer Laien, H. 5/1960, S. 180 ff.

Giordano, R., Landesverräter?, in: Allgemeine Wochenzeitung der Juden in Deutschland vom 20. 1. 1961

Schallück, P., Die Schuld der Väter, in: Germania Judaica, H. 1/1961

B., W., Die Antwort auf die ›Anfrage‹, in: Werkhefte katholischer Laien, H. 1/ 1961, S. 25-32

Ansprenger, F., Anfrage par Christian Geissler, in: Documents, H. 3/1961, S. 368 ff.

Moebius, J., Man wird fragen dürfen, in: Frankfurter Hefte, Sept. 1961, S. 635 f.

Das Dritte Reich und seine Vorgeschichte

Köpstein, H., Das Dritte Reich und seine Vorgeschichte. 1918-1945, in: Zeitschrift für Geschichtswissenschaft, H. 7/1962, S. 1698-1701

Schlachtvieh

»Ich will wissen, was geschieht«, in: Ruhr-Nachrichten vom 16. 2. 1963

Holm, Die Ermordeten sind schuldig, in: Die Andere Zeitung vom 21. 2. 1963

Alt–, Um ein aktuelles Fernsehspiel, Die Andere Zeitung vom 23. 5. 1963

Wilhelmsburger Freitag

Hermsen-Moes, G., Ein Lohntag wie jeder andere, in: Hamburger Echo vom 14. 3. 1964

Kalte Zeiten

Brüdigam, H., Kalte Zeiten, in: Die Andere Zeitung vom 2. 9. 1965

Grün, M. v. d., Der seelenlose Alltag, in: Frankfurter Rundschau vom 15. 10. 1965

Hagen, R., Literatur für Arbeiter?, in: Sonntagsblatt vom 17. 10. 1965

Baumgart, R., Aus zweiter, heißer Hand, in: Der Spiegel vom 24. 11. 1965

Karasek, H., Täuschung durch Wohlstand, in: Süddeutsche Zeitung vom 4. 12. 1965

Hirschauer, G., Die Zeit der totalen Selbstentfremdung, in: Werkhefte katholischer Laien, H. 12/1965, S. 396-399

Walter, H.-A., Porträt der Opfer, in: Frankfurter Hefte, 1965, S. 797 ff.

Schonauer, F., Geisslers Sorge um den kleinen Mann, in: Stuttgarter Zeitung vom 15. 1. 1966

Brenner, H./Fülberth, G., Die Romane Max von der Grüns und eine Erzählung von Christian Geissler, in: alternative H. 51/1966, S. 163-169

Gallas, H., Über neue Besonderheiten des Alltäglichen, in: alternative H. 51/1966, S. 170-173

Lehmann, W., Geissler, Christian: Kalte Zeiten, in: Der Bibliothekar, H. 4/1967, S. 408-410

Ende der Anfrage

Schonauer, F., Ende eines politisch engagierten Autors?, in: Die Weltwoche vom 10. 11. 1967

Jansen, P. W., Der militante Pazifist, in: Frankfurter Allgemeine Zeitung vom 10. 10. 1967

Altersgenossen

hs, Altersgenossen, in: Frankfurter Rundschau vom 21. 11. 1969

Altersgenossen, in: Der Spiegel vom 17. 11. 1969

Das Brot mit der Feile

Vormweg, H., Sozialismus – fürs breite Publikum, in: Süddeutsche Zeitung vom 15. 11. 1973

Karsunke, Y., Der Krimi, wo wir mitmachen, in: Frankfurter Rundschau vom 22. 12. 1973

Baier, L., Zum Zähneausbeißen, in: Frankfurter Allgemeine Zeitung vom 16. 4. 1974

Högemann-Ledwohn, E., Wohin mit dem Haß?, in: kürbiskern, H. 2/1974, S. 109-116

Becker, R., Das Ziel heißt Parteinahme, in: Der Spiegel Nr. 6/1974

Wird Zeit, daß wir leben

Schoeller, W. F., Geschichte im Fadenkreuz von heute, in: Frankfurter Rundschau vom 18. 9. 1976

Lüdke, M. W., Von der Kraft des Widerstands, in: Die Zeit vom 12. 11. 1976

Schütt, P., Literarische Verzweiflungstat, in: die tat, Nr. 46/1976, S. 15 f.

Quack, J., All die Brüder von meiner Frau sein Schwager, in: Frankfurter Allgemeine Zeitung vom 16. 11. 1976

Vormweg, H., Eine Jeanne d'Arc der Roten, in: Süddeutsche Zeitung vom 9. 12. 1976

Herms, U., Wird Zeit, daß wir lesen!, in: das da, Dezember 1976, S. 40 ff.

Karsunke, Y., Einer macht Ernst mit dem Realismus, in: konkret, H. 1/1977, S. 32

Böll, H., Blank wie ein Stachel, in: Die Weltwoche vom 16. 3. 1977

Roth, K. H., Auf den Spuren des Widerstands, in: Autonomie, Nr. 5/1977, S. 43-48

Schröder, H. J., Allein für dich selbst bist du nichts, in: Frankfurter Hefte, H. 5/1977, S. 67 f.

Hammer, J.-P., Christian Geissler. Wird Zeit, daß wir leben ou Histoire d'une histoire exemplaire, in: Allemagnes d'Aujourd'hui, September/ Oktober 1977, S. 78-81

Gellermann, U., Exemplarische Aktion, in: Unsere Zeit vom 20. 10. 1989

Im Vorfeld einer Schußverletzung

Götze, K.-H., schlußkürze/kurzschlüsse, in: Frankfurter Rundschau vom 11. 10. 1980

Vormweg, H., Suche nach Worten, in: Süddeutsche Zeitung vom 22. 11. 1980

Kesting, H., Im Vorfeld einer Schußverletzung, in: Literatur Konkret, 1980, S. 50-52

Buchwald, Chr., Hier ist vom Leben die Rede, in: die horen, H. 120/1980, S. 202 f.

spiel auf ungeheuer

Krolow, K., Wörterfeuer, Wörterqualm, in: Frankfurter Allgemeine Zeitung vom 3. 10. 1983

Riha, K., du tränen geschlucht aufblitzend, in: Frankfurter Rundschau vom 12.
10. 1983

Pickerodt, G., Berühren sich die Extreme?, in: Deutsche Volkszeitung vom 14.
10. 1983

Lasinger, W., Ungeheuerliches Spiel, in: Münchner Buchmagazin, 1983/84

Lehn, J., spiel auf ungeheuer, in: Deutsche Bücher, H. 1/1984, S. 23

kamalatta

Rothschild, Th., Motiv Gefangenschaft, in: Frankfurter Rundschau vom 3. 10.
1988

Wackernagel, Chr., Politik als Religion, in: Basler Zeitung vom 5. 10. 1988

Hüfner, A., ›ach, wer hat uns so festgebunden‹, in: Süddeutsche Zeitung vom 5.
10. 1988

Krauss, H., Mit einem Bein im Stachelgelände, in: Deutsche Volkszeitung/ die
tat vom 7. 10. 1988

Lerchenmüller, Fr., Ein Bericht über Politik aus dem Bauch, in: die tageszeitung
vom 3. 12. 1988

Schulze, K., Die schwere Kälte der allgemeinen Gewalt, in: Szene Hamburg,
12/1988

Hielscher, M., Leben und kämpfen gegen das Pack, in: Deutsches Allgemeines
Sonntagsblatt vom 4. 12. 1988

Bielefeld, Cl.-U., Epos des Widerstandes, in: Frankfurter Allgemeine Zeitung
vom 20. 12. 1988

Hammerschmidt, U., Wut der langen Jahre, in: Nürnberger Nachrichten vom 7.
2. 1989

Jünschke, Kl., ›begreifen, daß Krieg ist, und sich entscheiden‹, in: Der Spiegel,
Nr. 12 vom 20. 3. 1989

Wildenhain, M., Linke Kämpfe in einer recht dürftigen Zeit, in: der literat, 31.
Jg., Nr. 4 vom 15. 4. 1989, S. 116-118

Meyer, B., Literarischer Umsturz, in: Neue Zürcher Zeitung vom 27. 6. 1989

Hage, V., Schriftproben, Reinbek b. H. 1990, S. 209-214

9.4. Sekundärliteratur zu Peter Weiss

Bommert, Chr., Peter Weiss und der Surrealismus, Opladen 1991

Butzer, G., Erinnerung als Diskurs der Vergegenwärtigung in Peter Weiss' *Die Ästhetik des Widerstands*, in: Koch, R., u. a. (Hg.), Peter Weiss Jahrbuch 2, Opladen 1993, S. 51-86

Claßen, L./Vogt, J., »Kein Roman überhaupt«?? Beobachtungen zur Prosaform der »Ästhetik des Widerstands«, in: Stephan, A. (Hg.), Die Ästhetik des Widerstands, Frankfurt/M. 1983, S. 134-163

Cohen, R., Bio-Bibliographisches Handbuch zu Peter Weiss' *Ästhetik des Widerstands*, Hamburg 1989

Feusthuber, B., Sprache und Erinnerungsvermögen. Weibliche Spurensuche in der »Ästhetik des Widerstands« von Peter Weiss, in: Garbers, J./Kramer, S. u. a. (Hg.), Ästhetik Revolte Widerstand. Zum literarischen Werk von Peter Weiss, Jena - Lüneburg 1990, S. 207-238

Garbers, J./Kramer, S. u. a. (Hg.), Ästhetik Revolte Widerstand. Zum literarischen Werk von Peter Weiss, Jena - Lüneburg 1990

Götze, K.-H./Scherpe, Kl. R. (Hg.), ›Ästhetik des Widerstands‹ lesen, Berlin/ West 1981

Hermand, J., Obwohl. Dennoch. Trotzalledem. Die im Konzept der freien Assoziation der Gleichgesinnten aufgehobene Antinomie von ästhetischem Modernismus und sozialistischer Parteilichkeit in der »Ästhetik des Widerstands« und den sie begleitenden »Notizbüchern«, in: Stephan, A. (Hg.), Die Ästhetik des Widerstands, Frankfurt/M. 1983, S. 79-103

Honold, A., Trümmer und Allegorie. Konstruktion historischer Bedeutung bei Walter Benjamin und Peter Weiss, in: Koch, R., u. a. (Hg.), Peter Weiss Jahrbuch 1, Opladen 1992, S. 59-85

Internationale Peter-Weiss-Gesellschaft (Hg.), Ästhetik, Revolte und Widerstand im Werk von Peter Weiss, Luzern - Mannenberg 1990

Kienberger, S., Peter Weiss, der Surrealismus und ein Buch von Christian Bommert, in: Koch, R., u. a. (Hg.), Peter Weiss Jahrbuch 1, Opladen 1992, S. 116-130

Klatt, G., Der ›geheime‹ Benjamin in der ›Ästhetik des Widerstands‹, in: Wilhelmi, B., Alltag – Kunst – Proletarische Subjektwerdung, Wissenschaftliche Zeitschrift der FSU (Jena), H. 3/1987, S. 378-382

Koch, R., Geschichtskritik und ästhetische Wahrheit, Bielefeld 1990

Koch, R., Konstruktionsbedingungen eines ›wahren Bildes der Vergangenheit‹. Die *Ästhetik des Widerstands* im Lichte der geschichtsphilosophischen Thesen Benjamins, in: Internationale Peter-Weiss-Gesellschaft (Hg.), Ästhetik, Revolte und Widerstand im Werk von Peter Weiss, Luzern - Mannenberg 1990, S. 268-280

Koch, R., u. a. (Hg.), Peter Weiss Jahrbuch 1, Opladen 1992

Koch, R., u. a. (Hg.), Peter Weiss Jahrbuch 2, Opladen 1993

Lindner, B., Anästhesie, in: Garbers, J./Kramer, S. u. a. (Hg.), Ästhetik Revolte Widerstand. Zum literarischen Werk von Peter Weiss, Jena - Lüneburg 1990, S. 114-128

Lindner, B., Halluzinatorischer Realismus, in: Stephan, A. (Hg.), Die Ästhetik des Widerstands, Frankfurt/M. 1983, S. 164-204

Lindner, B., Ich Konjunktiv Futur I oder die Wiederkehr des Exils, in: Götze, K.-H./Scherpe, Kl. R., ›Ästhetik des Widerstands‹ lesen, Berlin/ West 1981, S. 85-94

Meyer, St., Kunst als Widerstand. Zum Verhältnis von Erzählen und ästhetischer Reflexion in Peter Weiss' »Die Ästhetik des Widerstands«, Tübingen 1989

Müller, J., Literatur und Politik bei Peter Weiss. Die ›Ästhetik des Widerstands‹ und die Krise des Marxismus, Wiesbaden 1991

Nährlich-Slateva, E., Visionäres bei Rimbaud und Peter Weiss, in: Garbers, J./ Kramer, S. u. a. (Hg.), Ästhetik Revolte Widerstand, Jena - Lüneburg 1990, S. 146-161

Pischel, J., Peter-Weiss-Lektüre nach der Wende, in: Koch, R. u. a. (Hg.), Peter Weiss Jahrbuch, Bd. 1, Opladen 1992, S. 131-146

Rector, M., Örtlichkeit und Phantasie. Zur inneren Konstruktion der »Ästhetik des Widerstands«, in: Stephan, A. (Hg.), Die Ästhetik des Widerstands, Frankfurt/M. 1983, S. 104-133

Rother, R., Die Gegenwart der Geschichte, Stuttgart 1990

Rother, R., Konditional 1. Die Konstruktion des Schlußabschnittes in der »Ästhetik des Widerstands«, in: Garbers, J./Kramer, S., u. a. (Hg.), Ästhetik Revolte Widerstand, Jena - Lüneburg 1990, S. 238-257 (auch erschienen in »Die Gegenwart der Geschichte«)

Schulz, G., »Die Ästhetik des Widerstands«. Versionen des Indirekten in Peter Weiss' Roman, Stuttgart 1986

Söllner, A., Peter Weiss und die Deutschen, Opladen 1988

Stephan, A. (Hg.), Die Ästhetik des Widerstands, Frankfurt/M. 1983

9.5. Sonstige Literatur

Adorno, Th. W., Ästhetische Theorie, in: ders., Gesammelte Schriften, Bd. 7, Frankfurt/M. 1970

Adorno, Th. W., Engagement, in: ders., Gesammelte Schriften, Bd. 11, Frankfurt/M. 1974, S. 409-430

Adorno, Th. W., Jargon der Eigentlichkeit, in: ders., Gesammelte Schriften, Bd. 6, Frankfurt/M. 1973, S. 413-523

Adorno, Th. W., Kierkegaard, in: ders., Gesammelte Schriften, Bd. 2, Frankfurt/M. 1979 (zuerst 1933)

Adorno, Th. W., Marginalien zu Theorie und Praxis, in: ders., Gesammelte Schriften, Bd. 10, Frankfurt/M. 1977, S. 759-782

Adorno, Th. W., Minima Moralia, Frankfurt/M. 1951

Adorno, Th. W., Negative Dialektik, in: ders., Gesammelte Schriften, Bd. 6, Frankfurt/M. 1973 (zuerst 1966), S. 7-412

Adorno, Th. W., Philosophie der neuen Musik, Gesammelte Schriften, Bd. 12, Frankfurt/M. 1975 (zuerst 1958)

Adorno, Th. W., Rückblickend auf den Surrealismus, in: ders., Noten zur Literatur, Gesammelte Schriften Bd. 11, Frankfurt/M. 1974, S. 101-105

Adorno, Th. W., Versuch, das Endspiel zu verstehen, in: ders., Noten zur Literatur, Gesammelte Schriften Bd. 11, Frankfurt/M. 1974, S. 281-321

Aly, G./Heim, S., Vordenker der Vernichtung. Auschwitz und die deutschen Pläne für eine neue europäische Ordnung, Frankfurt/M. 1993

Amati, S., Reflektionen über die Folter, in: Psyche 1977, S. 228-245

Améry, J., Die Tortur, in: ders., Jenseits von Schuld und Sühne, Stuttgart 1977, S. 37-58 (zuerst 1966)

Améry, J., Hand an sich legen, Stuttgart 1976

Amnesty International, Guatemala. The Human Rights Record, London 1987

Amnesty International, Nicht die Erde hat sie verschluckt, Frankfurt/M. 1982

Amnesty International, Report on Torture, London (2)1975

Arendt, D., Der ›poetische Nihilismus‹ in der Romantik, Tübingen 1972

Arnold, H. L., Die Gruppe 61 – Versuch einer Präsentation, in: ders., Gruppe 61, München 1971, S. 11-36

Bachmann, I., Der Umgang mit Namen, in: dies., Werke, Bd. 4, München 1978, S. 238-254

Baroth, H. D., Christian Geisslers Experiment, in: Frankfurter Rundschau vom 22. 4. 1965

Barthes, R., Am Nullpunkt der Literatur, Frankfurt/M. 1982 (franz. zuerst 1953)

Baumann, ›Bommi‹, Wie alles anfing, Frankfurt/M. (2) 1976

Benjamin, W., Das Kunstwerk im Zeitalter seiner technischen Reproduzierbarkeit, Zweite Fassung, in: ders., Gesammelte Schriften, hg. von R. Tiedemann und H. Schweppenhäuser, Bd. VII, Frankfurt/M. 1989, S. 350-384

Benjamin, W., Das Paris des Second Empire bei Baudelaire, in: ders., Gesammelte Schriften, hg. von R. Tiedemann und H. Schweppenhäuser, Bd. I, Frankfurt/M. 1974, S. 511-604

Benjamin, W., Der Begriff der Kunstkritik in der deutschen Romantik, in: Gesammelte Schriften, Bd. I,1, Frankfurt/M. 1974, S. 7-122

Benjamin, W., Der Sürrealismus, in: ders., Gesammelte Schriften, hg. von R. Tiedemann und H. Schweppenhäuser, Bd. II, Frankfurt/M. 1977, S. 295-310

Benjamin, W., Franz Kafka, in: ders., Gesammelte Schriften, hg. von R. Tiedemann und H. Schweppenhäuser, Bd. II, Frankfurt/M. 1977 (zuerst 1935), S. 409-438

Benjamin, W., Goethes Wahlverwandtschaften, in: ders., Gesammelte Schriften, hg. von R. Tiedemann und H. Schweppenhäuser, Bd. I, Frankfurt/M. 1974 (geschrieben 1921/ 22)

Benjamin, W., Karl Kraus, in: ders., Gesammelte Schriften, hg. von R. Tiedemann und H. Schweppenhäuser, Bd. II, Frankfurt/M. 1977, S. 334-367

Benjamin, W., Paris, die Hauptstadt des XIX. Jahrhunderts, in: ders., Gesammelte Schriften, hg. von R. Tiedemann und H. Schweppenhäuser, Bd. V, Frankfurt/M. 1982, S. 45-59

Benjamin, W., Über den Begriff der Geschichte, in: ders., Gesammelte Schriften, hg. von R. Tiedemann und G. Schweppenhäuser, Bd. I, Frankfurt/M. 1974, S. 691-704

Benjamin, W., Über Sprache überhaupt und über die Sprache des Menschen, in: ders., Gesammelte Schriften, hg. von R. Tiedemann und H. Schweppenhäuser, Bd. II, Frankfurt/M. 1977, S. 140-157

Bertaux, P., Friedrich Hölderlin, Frankfurt/M. 1978

Bettelheim, Br., Aufstand gegen die Masse, Frankfurt/M. 1980 (zuerst 1960)

Bloch, E., Erbschaft dieser Zeit, Frankfurt/M. 1962 (zuerst 1935)

Bohrer, K. H., Plötzlichkeit. Zum Augenblick des ästhetischen Scheins, Frankfurt/M. 1981

Bongartz, W., Hypnose contra Schmerz, in: Schultz, H. J. (Hg.), Schmerz, Stuttgart 1990, S. 142-155

Boye, K., Kallocain, Leipzig 1992 (zuerst 1940)

Brecht, B., Die Maßnahme (Fassung von 1931), in: ders., Werke, Bd. 3, hg. von W. Hecht u. a., Berlin - Weimar - Frankfurt/M. 1988, S. 99-125

Briegleb, Kl., 1968. Literatur in der antiautoritären Bewegung, Frankfurt/M. 1993

Briegleb, Kl., Unmittelbar zur Epoche des NS-Faschismus, Frankfurt/M 1989

Briegleb, Kl./Weigel, S., Einleitung, in: dies. (Hg.), Gegenwartsliteratur seit 1968, München - Wien 1992, S. 9-17

Brunkhorst, H., Vom richtigen Leben im falschen, in: Lutz-Bachmann, M./ Schmid Noerr, G. (Hg.), Die Unnatürlichkeit der Natur, Frankfurt/M. 1991, S. 146-154

Büchner, G., Dantons Tod, in: ders., Werke und Briefe, hg. von K. Pörnbacher u. a., München 1988, S. 67-133

Büchner, G., Lenz, in: ders., Werke und Briefe, hg. von K. Pörnbacher u. a., München 1988, S. 135-158

Bürger, P., Der französische Surrealismus, Frankfurt/M. 1971

Buschmann, Kl., United States Army Special Forces 1952-1974, Frankfurt/M. - Bern - Las Vegas 1978 (Diss. Univ. Münster)

Cameron, E., Das Dunkle und das Helle, in: Shoham, Ch./Witte, B. (Hg.), Datum und Zitat bei Paul Celan, Bern - Frankfurt/M. - New York - Paris 1987, S. 156-169

Camus, A., Der Mensch in der Revolte, Reinbek b. H. 1953, (zuerst 1951)

Camus, A., Der Mythos von Sisyphos, Hamburg 1959 (zuerst 1942)

Cardona, G., Die Militäroperationen, in: Tuñón de Lara, M. u. a., Der Spanische Bürgerkrieg, Frankfurt/M. 1987, S. 296-407

Celan, P., Der Meridian, in: ders., Gesammelte Werke, Dritter Band, hg. von B. Allemann und St. Reichert, Frankfurt/M. 1983, S. 187-202

Celan, P., Gespräch im Gebirg, in: ders., Gesammelte Werke, Dritter Band, hg. von B. Allemann und St. Reichert, Frankfurt/M. 1983 (zuerst 1959), S. 169-173

Chomsky, N., Vom politischen Gebrauch der Waffen, Berlin - Wien - Mülheim a. d. Ruhr 1987

Dakin, D., The Greek Struggle for Independence 1821-1833, London 1973

Derrida, J., Gesetzeskraft, Frankfurt/M. 1991

Derrida, J., Schibboleth, Graz - Wien 1986

Diner, D. (Hg.), Zivilisationsbruch. Denken nach Auschwitz, Frankfurt/M. 1988

Diner, D., Aporie der Vernunft, in: ders., Zivilisationsbruch. Denken nach Auschwitz, Frankfurt/M. 1988, S. 30-53

Diner, D., Rassistisches Völkerrecht. Elemente einer nationalsozialistischen Weltordnung, in: ders., Weltordnungen, Frankfurt/M. 1993, S. 77-123

Dörner, Kl., Bürger und Irre, Frankfurt/M. 1984 (überarb. Neuauflage)

Drees, A., »Wer der Folter erlag, kann nicht mehr heimisch werden in dieser Welt«, in: Schulz, H. J. (Hg.), Schmerz, Stuttgart 1990, S. 188-201

Faber, R., Apokalyptische Mythologie, in: ders. (Hg.), Romantische Utopie – Utopische Romantik, Hildesheim 1979, S. 66-92

Fähnders, W., Anarchismus und Literatur. Ein vergessenes Kapitel deutscher Literaturgeschichte zwischen 1890 und 1910, Stuttgart 1987

Fanon, F., Die Verdammten dieser Erde, Frankfurt/M. 1966 (zuerst 1961)

Foucault, M., Archäologie des Wissens, Frankfurt/M. 1973

Foucault, M., Der Wille zum Wissen, Frankfurt/M. 1977

Foucault, M., Die Ordnung des Diskurses, Frankfurt/M. 1991 (zuerst 1972)

Foucault, M., Wahnsinn und Gesellschaft, Frankfurt/M. 1969

Freud, S., Totem und Tabu, in: ders., Studienausgabe Bd. 9, Frankfurt/M. 1974, S. 287-444

Freud, S., Trauer und Melancholie, in: ders., Studienausgabe, Bd. III, Frankfurt/M. 1975 (zuerst 1917), S. 193-212

Frühwald, W., Der Zwang zur Verständlichkeit, in: Vietta, S. (Hg.), Die literarische Frühromantik, Göttingen 1983, S. 129-148

Gallas, H., Marxistische Literaturtheorie, Neuwied und Berlin 1971

Gawoll, H.-J., Nihilismus und Metaphysik, Stuttgart - Bad Cannstatt 1989

Generalversammlung der Vereinten Nationen, Erklärung über den Schutz vor Folter und anderer grausamer Behandlung vom 9. 12. 1975, in: Keller, G., Die Psychologie der Folter, Frankfurt/M. 1981, S. 88-90

Genette, G., Paratexte, Frankfurt/M. 1989 (zuerst 1987)

Gockel, H., Friedrich Schlegels Theorie des Fragments, in: Ribbat, E. (Hg.), Romantik, Königstein/Ts. 1979, S. 58-79

Goerdt, W., Artikel ›Nihilismus‹, in: Historisches Wörterbuch der Philosophie, hg. von J. Ritter und K. Gründer, Bd. 6, Darmstadt 1984, Sp. 846-854

Göpfert H. G., Kommentar zu *Ernst und Falk*, in: Lessing, G. E., Ernst und Falk, in: ders.: Werken in drei Bänden, hg. von H. G. Göppert, Bd. 3, München - Wien 1982, S. 809-818

Gorki, M., Über sowjetische Literatur, in: Schmitt, H.-J./Schramm G., Sozialistische Realismuskonzeptionen. Dokumente zum 1. Allunionskongreß der Sowjetschriftsteller, Frankfurt/M. 1974, S. 51-84

Greiffenhagen, M., Totalitarismus, München 1972

Haag, K. H., Kritik der neueren Ontologie, Stuttgart 1960

Habermas, J., Strukturwandel der Öffentlichkeit, Darmstadt und Neuwied 1962

Habermas, J., Theorie des kommunikativen Handelns, Bd. 2, Frankfurt/M. 1981

Habermas, J., Wahrheitstheorien, in: H. Fahrenbach (Hg.), Wirklichkeit und Reflexion, Pfullingen 1973, S. 211-265

Haritos-Fatouros, M., Die Ausbildung des Folterers, in: Reemtsma, J. Ph. (Hg.), Folter, Hamburg 1991, S. 73-90

Hegel, G. W. F., Vorlesungen über die Ästhetik I, hg. von E. Moldenhauer und K. M. Michel, Werke in 20 Bänden, Bd. 13, Frankfurt/M. 1970

Hegel, Phänomenologie des Geistes, Werke in 20 Bänden, Bd. 3, hg. von E. Moldenhauer und K. M. Michel, Frankfurt/M. 1970 (zuerst 1807)

Heidegger, M., Nietzsches Wort ›Gott ist tot‹, in: ders., Holzwege, Frankfurt/M. 1950, S. 205-263

Hein, Chr. M., Der ›Bund proletarisch-revolutionärer Schriftsteller Deutschlands‹. Biographie eines kulturpolitischen Experiments in der Weimarer Republik, Münster - Hamburg 1991

Heitmann, K., Der französische Roman im Zeitalter des Realismus (1830-1880), in: Neues Handbuch der Literaturwissenschaft, Bd. 17, hg. von R. Lauer, Wiesbaden 1980, S. 29-88

Hildesheimer, W., Das Ende der Fiktionen, in: ders., Gesammelte Werke in sieben Bänden, Bd. 7, hg. von Chr. L. Hart Nibbrig und V. Jehle, Frankfurt/M. 1991, S. 141-158

Hölderlin, Fr., Hyperion, in: ders., Sämtliche Werke, Kritische Textausgabe, hg. von D. E. Sattler (abgekürzt FHA = Frankfurter Hölderlin-Ausgabe), Bd. 11, Darmstadt und Neuwied 1984

Hölderlin, Fr., Sophokles, in: ders., Sämtliche Werke, Kritische Textausgabe, hg. von D. E. Sattler, Bd. 6, Darmstadt und Neuwied 1979, S. 79 f.

Holthusen, H. E., Sartre in Stammheim, Stuttgart 1982

Holz, A./Schlaf, J., Papa Hamlet, hg. von F. Martini, Stuttgart 1963 (zuerst 1889)

Horkheimer, M., Die Juden und Europa, in: Zeitschrift für Sozialforschung, Jg. 8 (1939/40), Nachdruck: München 1970, S. 115-137

Horkheimer, M./Adorno, Th. W., Dialektik der Aufklärung, in: Horkheimer, M., Gesammelte Schriften, hg. v. A. Schmidt und G. Schmid Noerr, Bd. 5, Frankfurt/M. 1987, S. 11-290

Huber, J., Wer soll das alles ändern, Berlin/West 1981

ID-Archiv im IISG/Amsterdam (Hg.), Früchte des Zorns. Texte und Materialien zur Geschichte der Revolutionären Zellen und der Roten Zora, 2 Bde, Berlin 1993

Jacobi, Fr. H., Jacobi an Fichte, in: Friedrich Heinrich Jacobi's Werke, hg. von Fr. Roth und Fr. Köppen, Leipzig 1816, Bd. 3, S. 1-57

Jäger, M., ›Sozialistischer Realismus‹ als kulturpolitisches Losungswort, in: Brinkmann, R. (Hg.), Begriffsbestimmung des literarischen Realismus, Darmstadt 1987, S. 588-614

Jean Paul, Der Komet, in: ders., Werke in zwölf Bänden, hg. von N. Miller, Bd. 11 und 12, München - Wien 1975, S. 567-1036

Jean Paul, Vorschule der Ästhetik, in: ders., Werke, Abt. I, Bd. 5, hg. von N. Miller, München - Wien 1987 (zuerst 1804), S. 7-456

Jelinek, E., Lust, Reinbek b. H. 1989

Keller, G., Die Psychologie der Folter, Frankfurt/M. 1981

Kipphardt, H., März. Roman, München - Gütersloh - Wien 1976

Kohlschmidt, W., Nihilismus der Romantik, in: Arendt, D. (Hg.), Nihilismus, Darmstadt 1974 (zuerst 1953), S. 79-98

Kondylis, P., Die Aufklärung im Rahmen des neuzeitlichen Rationalismus, Stuttgart 1981

König, Tr., Zur Neuübersetzung, in: Sartre, J.-P., Das Sein und das Nichts, Reinbek b. H. 1991, S. 1073-1088

Kramer, S., Aporien der Revolution, in: Schweppenhäuser, G. u. a. (Hg.), Krise und Kritik II, Lüneburg 1989, S. 74-108

Kramer, S., Rätselfragen und wolkige Stellen. Zu Benjamins Kafka-Essay, Lüneburg 1991

Kraus, K., Die Sprache, in: ders., Schriften, hg. von Chr. Wagenknecht, Bd. 7, Frankfurt/M. 1987 (zuerst 1937)

Krauss, W., Französische Aufklärung und deutsche Romantik, in : Peter, Kl. (Hg.), Romantikforschung seit 1945, Königstein/Ts. 1980, S. 168-179 (zuerst 1962)

Krüger, H., Über den Aphorismus als philosophische Form, München 1988 (zuerst 1957)

Kuhn, O., »Die Ratlosigkeit ist gemeinsam«. Christian Geissler las als Gast bei der Dortmunder ›Gruppe 61‹, in: Ruhr-Nachrichten vom 20. 4. 1965

Kurzke, H., Romantik und Konservatismus, München 1983

Landauer, G., Aufruf zum Sozialismus, Philadelphia - Hilversum - Wetzlar 1978 (zuerst 1911)

Landauer, G., Skepsis und Mystik, Philadelphia - Hilversum - Wetzlar 1978 (zuerst 1903)

Larbig, W. u. a., Thetaaktivität und Schmerzkontrolle, in: Keeser, W. u. a. (Hg.), Schmerz, München - Wien - Baltimore 1982, S. 83-112

Larbig, W., Schmerz, Stuttgart - Berlin - Köln - Mainz 1982

Lauer, R., Der europäische Realismus, in: Neues Handbuch der Literaturwissenschaft, Bd. 17, hg. von R. Lauer, Wiesbaden 1980, S. 7-28

Lauret, J.-Cl./Lassiera, R., La Torture Propre, Paris 1975

Lefèvre, M., Von der proletarisch-revolutionären zur sozialistisch-realistischen Literatur, Stuttgart 1980

Lessing, G. E., Ernst und Falk, in: ders.: Werken in drei Bänden, hg. von H. G. Göppert, Bd. 3, München - Wien 1982, S. 599-636

Levi, Pr., Ist das ein Mensch? München - Wien 1991 (zuerst 1958)

Löwith, K., Kierkegaard und Nietzsche oder philosophische und theologische Überwindung des Nihilismus, in: Sämtliche Schriften, Bd. 6, Stuttgart 1987 (zuerst 1933), S. 53-74

Lugmeier, L., Flickstellen, Speyer 1988

Lukács, G., Die Theorie des Romans, Darmstadt und Neuwied 1971 (zuerst 1920)

Lukács, G., Tendenz oder Parteilichkeit?, in: ders., Werke, Bd. 4, Neuwied und Berlin 1971 (zuerst 1932), S. 23-34

Lukács, G., Willi Bredels Romane, in: ders., Werke, Bd. 4, Neuwied und Berlin 1971 (zuerst 1931/32), S. 13-22

Lyotard, J.-F., Der Widerstreit, München [2]1989 (franz. zuerst 1983)

Mahal, G., Naturalismus, München 1975

Mähl, H.-J., Die Idee des goldenen Zeitalters im Werk des Novalis, Heidelberg 1965

Mähl, H.-J., Einleitung zu *Die Christenheit oder Europa*, in: Novalis, Werke, Bd. 3, hg. v. H. J. Balmes, München - Wien 1987, S. 579-604

Mähl, H.-J., Philosophischer Chiliasmus, in: Vietta, S. (Hg.), Die literarische Frühromantik, Göttingen 1983, S. 149-179

Man, P. de, Allegorien des Lesens, Frankfurt/M. 1988 (zuerst 1979)

Mandelkow, K. R., Artikel ›Realismus, poetischer‹, in: Krywalski, D., Handlexikon zur Literaturwissenschaft, Reinbek b. H. 1974, S. 388-393

Marcuse, H., Existentialismus. Bemerkungen zu Jean-Paul Sartres *L'Être et le Néant*, in: ders., Schriften, Bd. 8, Frankfurt/M. 1984 (zuerst 1948), S. 7-40

Marcuse, H., Über den affirmativen Charakter der Kultur, in: Zeitschrift für Sozialforschung, Jg. 6, 1937, Reprint: München 1970, S. 54-94

Martens, G., Vitalismus und Expressionismus, Stuttgart - Berlin - Köln - Mainz 1971

Marx, K., Das Kapital, in: Marx Engels Werke, Bd. 23, hg. v. Inst. für Marxismus-Leninismus beim ZK der SED, Berlin/DDR 1962

Marx, K., Zur Kritik der Hegelschen Rechtsphilosophie. Einleitung, in: Marx Engels Werke, Bd. 1, Berlin/DDR 1956, S. 378-391

Marx, K., Zur Kritik der politischen Ökonomie, in: MEW 13, Berlin/DDR 1961, S. 1-160

Marx, K./Engels, Fr., Manifest der Kommunistischen Partei, in: Marx Engels Werke, Bd. 4, Berlin/DDR 1972, S. 459-493

Mautz, K., Georg Heym, Frankfurt/M. 1961, S. 281

Meinhof, U., Brief einer Gefangenen aus dem Toten Trakt, in: Brückner, P., Ulrike Marie Meinhof und die deutschen Verhältnisse, Berlin 1976, S. 156-158

Meixner, H., Politische Aspekte der Frühromantik, in: Vietta, S. (Hg.), Die literarische Frühromantik, Göttingen 1983, S. 180-191

Mennemeier, F. N., Fragment und Ironie beim jungen Friedrich Schlegel, in: Poetica, Jg. 2 (1968), S. 348-370

Michel, K. M., Zu diesem Heft, in: Kursbuch 32, hg. von K. M. Michel und H. M. Enzensberger, Berlin 1973, S. 1-10

Mitscherlich, A. und M., Die Unfähigkeit zu trauern, München 1977 (zuerst 1967)

Möbius, H., Progressive Massenliteratur? Revolutionäre Arbeiterromane 1927-1932, Stuttgart 1977

Nancy, J.-L., Die entwerkte Gemeinschaft, in: ders., Die undarstellbare Gemeinschaft, Stuttgart 1988 (zuerst 1986), S. 9-92

Neuberger, G./Opperskalski, M., CIA in Mittelamerika, Bornheim-Merten 1983

Neumann, G., Ideenparadiese, München 1976

Niederland, W., Folgen der Verfolgung: Das Überlebenden-Syndrom Seelenmord, Frankfurt/M. 1980

Nietzsche, Fr., Also sprach Zarathustra, in: ders., Werke in drei Bänden, Bd. II, hg. von K. Schlechta, München 1966, S. 275-561

Nietzsche, Fr., Aus dem Nachlaß der achtziger Jahre, in: ders., Werke in drei Bänden, Bd. III, hg. von K. Schlechta, München 1966, S. 415-925

Nietzsche, Fr., Die fröhliche Wissenschaft, in: ders., Werke in drei Bänden, Bd. II, hg. von K. Schlechta, München 1966, S. 7-274

Novalis, Die Christenheit oder Europa, in: ders., Werke, Tagebücher und Briefe, Bd. 2, hg. von H.-J. Mähl, München - Wien 1978, S. 729-751

Novalis, Glauben und Liebe, in: ders., Schriften, Zweiter Band, hg. von R. Samuel in Zusammenarbeit mit H.-J. Mähl und G. Schulz, Darmstadt 1965, S. 483-498

Novalis, Logologische Fragmente, in: Novalis, Schriften, Zweiter Band, hg. von R. Samuel in Zusammenarbeit mit H.-J. Mähl und G. Schulz, Darmstadt 1965, S. 522-563

Novalis, Monolog, in: ders., Werke, Bd. 2, hg. von H.-J. Mähl, München - Wien 1978, S. 438 f.

Novalis, Vermischte Bemerkungen, in: ders., Vermischte Bemerkungen und Blüthenstaub, Schriften, Zweiter Band, hg. von R. Samuel in Zusammenarbeit mit H.-J. Mähl und G. Schulz, Darmstadt 1965, S. 412-471

Orwell, G., 1984, Frankfurt/M. - Berlin - Wien 1976, (zuerst 1950)

Ostermann, E., Das Fragment, München 1991

Paulsen, W., Nachwort, in: Bonaventura, Nachtwachen, Stuttgart 1990, S. 167-186

Peter, Kl., Einleitung, in: ders. (Hg.), Romantikforschung seit 1945, Königstein/Ts. 1980, S. 1-39

Peter, Kl., Stadien der Aufklärung, Wiesbaden 1980

Peters, E., Folter. Geschichte der Peinlichen Befragung, Hamburg 1991

Peters, U. H., Hölderlin. Wider die These vom edlen Simulanten, Reinbek b. H. 1982

Pöggeler, O., ›Nihilist‹ und ›Nihilismus‹, in: Archiv für Begriffsgeschichte, Bd. XIX, Bonn 1975, S. 197-210

Pohrt, W., Gewalt und Politik, in: Kl. Bittermann (Hg.), Die alte Straßenverkehrsordnung, Berlin ³1987, S. 7-19

Powers, Th., CIA, Hamburg 1980

Programm der Dortmunder Gruppe 61, in: Schnell, R., Die Literatur der Bundesrepublik, Stuttgart 1986, S. 218

Programm des Werkkreises Literatur der Arbeitswelt, in: Schnell, R., Die Literatur der Bundesrepublik, Stuttgart 1986, S. 224

Radek, K., Die moderne Weltliteratur und die Aufgaben der proletarischen Kunst, in: Schmitt, H.-J./Schramm G., Sozialistische Realismuskonzeptionen, Frankfurt/M. 1974, S. 140-213

Rasch, W., Aspekte der deutschen Literatur um 1900, in: Zmegac, V. (Hg.), Deutsche Literatur der Jahrhundertwende, Königstein/Ts. 1981, S. 18-48

Reemtsma, J. Ph. (Hg.), Folter. Zur Analyse eines Herrschaftsmittels, Hamburg 1991

Reemtsma, J. Ph., »Wir sind alles für dich!«, in: ders. (Hg.), Folter, Hamburg 1991, S. 7-23

Reemtsma, J. Ph., Das Heer schätzt den Menschen als solchen, in: ders. (Hg.), Folter, Hamburg 1991, S. 25-36

Reichel, P., Der schöne Schein des Dritten Reiches, München 1991

Ricœur, P., Die lebendige Metapher, München 1986

Riedel, M., Artikel ›Nihilismus‹, in: Geschichtliche Grundbegriffe, Bd. 4, hg. von O. Brunner u. a., Stuttgart 1978, S. 371-411

Rohrmoser, G., Ideologische Ursachen des Terrorismus, in: Bundesministerium des Innern (Hg.), Analysen zum Terrorismus, 1. Bd.: Ideologien und Strategien, hg. von G. Rohrmoser und I. Fetscher, Opladen 1981, S. 273-339

Rote Armee Fraktion (RAF), Das Konzept Stadtguerilla, in: GNN (Hg.), Ausgewählte Dokumente der Zeitgeschichte: BRD – RAF, Köln ⁴1988 (zuerst 1970), S. 5-13

Rote Armee Fraktion (RAF), Erklärung vom 10. 4. 1992, in: konkret, Heft 6/1992, S. 20 f.

Rote Armee Fraktion (RAF), Gründungsaufruf, in: GNN (Hg.), Ausgewählte Dokumente der Zeitgeschichte: BRD – RAF, Köln ⁴1988, S. 4

Rote Armee Fraktion, Die Aktion des Schwarzen September in München, in: GNN (Hg.), Ausgewählte Dokumente der Zeitgeschichte: BRD – RAF, Köln [4]1988, S. 31-40

Rothe, W., Tänzer und Tater, Frankfurt/M. 1979

Rühmkorf, P., agar agar – zaurzaurim. Zur Naturgeschichte des Reims und der menschlichen Anklangsnerven, Reinbek bei Hamburg 1981

Samuel, R., Einleitung zu *Die Christenheit oder Europa*, in: Novalis, Schriften, Dritter Band, Darmstadt 1968, S. 497-506

Samuel, R., Einleitung zu *Glauben und Liebe*, in: Novalis, Schriften, Zweiter Band, hg. von R. Samuel in Zusammenarbeit mit H.-J. Mähl und G. Schulz, Darmstadt 1965, S. 475-482

Samuel, R., Einleitung zu *Vermischte Bemerkungen/Blüthenstaub*, in: Novalis, Schriften, Dritter Band, Darmstadt 1968, S. 399-411

Sartre, J.-P., Das Sein und das Nichts, Reinbek b. H. 1991 (zuerst 1943)

Sartre, J.-P., Ist der Existentialismus ein Humanismus?, in: ders., Drei Essays, Frankfurt/M. - Berlin - Wien 1977, S. 7-36

Sartre, J.-P., Kritik der dialektischen Vernunft, Reinbek b. H. 1967 (zuerst 1960)

Sartre, J.-P., Materialismus und Revolution, in: ders., Drei Essays, Frankfurt/M. - Berlin - Wien 1977, S. 52-107

Sartre, J.-P., Vorwort, in: Fanon, F., Die Verdammten dieser Erde, Frankfurt/M. 1966 (zuerst 1961), S. 7-27

Sartre, J.-P., Was ist Literatur?, Reinbek b. H. 1981 (zuerst 1948)

Scarry, E., Der Körper im Schmerz, Frankfurt/M. 1992

Scheerer, S., »Folter ist kein revolutionärer Kampfbegriff«, in: Reemtsma, J. Ph. (Hg.), Folter, Hamburg 1991, S. 209-237

Scheurer, H., Der deutsche Naturalismus, in: Neues Handbuch der Literaturwissenschaft, Bd. 18, hg. von H. Kreuzer, Wiesbaden 1976, S. 153-188

Schlegel, Fr., Athenäums-Fragmente, in: ders., Kritische Friedrich-Schlegel-Ausgabe, hg. von E. Behler unter Mitwirkung von J.-J. Anstett und H. Eichner, Zweiter Band, München Paderborn Wien 1967, S. 165-255

Schlegel, Fr., Über die Unverständlichkeit, in: Kritische Friedrich-Schlegel-Ausgabe, hg. von E. Behler unter Mitwirkung von J.-J. Anstett und H. Eichner, Zweiter Band, München Paderborn Wien 1967, S. 363-372

Schmid Noerr, G., Das Eingedenken der Natur im Subjekt, Darmstadt 1990

Schmitt, H.-J., Die Expressionismusdebatte. Materialien zu einer marxistischen Realismuskonzeption, Frankfurt/M. 1973

Schnädelbach, H., Philosophie in Deutschland 1832-1933, Frankfurt/M. 1981

Schnädelbach, H., Politischer Existenzialismus – zur philosophischen Vorgeschichte von 1933, in: Universitas, Jg. 38 (1983), S. 1203-1211

Schnell, R., Die Literatur der Bundesrepublik, Stuttgart 1986

Der Spiegel, Nr. 41/1968

Schröder, D., Fragmentpoetologie im 18. Jahrhundert und bei Friedrich von Hardenberg, (Diss.) Kiel 1976

Schweppenhäuser, G., Ethik nach Auschwitz. Adornos negative Moralphilosophie, Hamburg 1993

Senghaas, D. (Hg.), Peripherer Kapitalismus. Analysen über Abhängigkeit und Unterentwicklung, Frankfurt/M. 1974

Stadler, U., Novalis: Heinrich von Ofterdingen, in: Lützeler, P. M. (Hg.), Romane und Erzählungen der deutschen Romantik, Stuttgart 1981, S. 141-162

Stanslowski, V., Natur und Staat, Opladen 1979

Stockinger, L., »Tropen und Räthselsprache«. Esoterik und Öffentlichkeit bei Friedrich von Hardenberg (Novalis), in: Müller, Kl.-D. (Hg.), Geschichtlichkeit und Aktualität, Tübingen 1988, S. 182-206

Stockinger, L., Einleitung zu *Glauben und Liebe*, in: Novalis, Werke, Bd. 3, hg. von H. J. Balmes, München - Wien 1987, S. 367-379

Stockinger, L., Einleitung zu *Vermischte Bemerkungen/Blüthenstaub*, in: Novalis, Werke, Bd. 3, hg. von H. J. Balmes, München - Wien 1987, S. 332-345

Teuns, S., Isolation/Sensorische Deprivation: die programmierte Folter, in: Kursbuch 32, hg. von K. M. Michel und H. M. Enzensberger, Berlin 1973, S. 118-126

Theunissen, M., Der Andere, Berlin – New York [2]1977 (zuerst 1964)

Timm, H., Die heilige Revolution, Frankfurt/M. 1978

Timm, H., Gott und die Freiheit, Frankfurt/M. 1974

Türcke, Chr., Der tolle Mensch, Frankfurt/M. 1989

Türcke, Chr., Habermas oder Wie kritische Theorie gesellschaftsfähig wurde, in: Bolte, G. (Hg.), Unkritische Theorie, Lüneburg 1989, S. 21-38

Türcke, Chr., Sexus und Geist. Philosophie im Geschlechterkampf, Frankfurt/M. 1991

Tzermias, P., Neugriechische Geschichte, Tübingen 1986

Vanderbeke, B., Kein Recht auf Sprache?, in: Weigel, S. (Hg.), text + kritik, hg. von H. L. Arnold, Sonderband ›Ingeborg Bachmann‹, München 1984, S. 109-119

Vesper, B., Die Reise, Reinbek b. H. 1983 (zuerst 1977)

Vietta, S./Kemper, H.-G., Expressionismus, München 1975

Waiblinger, W., Friedrich Hölderlins Leben, in: ders., Werke und Briefe, textkrit. und komm. Ausg. in fünf Bänden, hg. v. H. Königer, Bd. 3, Stuttgart
1986, S. 379-407

Waldenfels, B., Phänomenologie in Frankreich, Frankfurt/M. 1983

Walser, M., Berichte aus der Klassengesellschaft, in: Runge, E., Bottroper Protokolle, Frankfurt/M. 1968, S. 7-10

Weigand, K., Tiecks »William Lovell«, Heidelberg 1975

Wergin, U., Zwischen Strukturalismus und Kritischer Theorie, in: DVjs, Nr.
3/1985, S. 349-379

Zmegac, V., Zum literarhistorischen Begriff der Jahrhundertwende (um 1900),
in: ders. (Hg.), Deutsche Literatur der Jahrhundertwende, Königstein/Ts.
1981, S. IX-LI